U0608626

英国崛起进程中的
区 域 和 城 市

REGIONS AND CITIES IN THE
PROCESS OF BRITAIN'S RISE

刘景华 主编

人民出版社

责任编辑：王璐　李小娜

图书在版编目（CIP）数据

英国崛起进程中的区域和城市 / 刘景华主编 . -- 北京：
人民出版社，2019
ISBN 978-7-01-021599-0

Ⅰ.①英⋯　Ⅱ.①刘⋯　Ⅲ.①区域经济发展－研究－
英国　Ⅳ.①F156.14

中国版本图书馆 CIP 数据核字（2019）第 263723 号

英国崛起进程中的区域和城市
YINGGUO JUEQI JINCHENG ZHONG DE QUYU HE CHENGSHI

刘景华　主编

人民出版社 出版发行
（100706　北京市东城区隆福寺街 99 号）

北京汇林印务有限公司印刷　新华书店经销

2019 年 12 月第 1 版　2019 年 12 月北京第 1 次印刷
开本：787毫米 ×1092毫米 1/16　印张：34.25
字数：506千字

ISBN 978-7-01-021599-0　定价：98.00元

邮购地址 100706　北京市东城区隆福寺街 99 号
人民东方图书销售中心　电话（010）65250042　85924738

版权所有·侵权必究
凡购买本社图书，如有印制质量问题，我社负责调换。
服务电话：（010）65250042

目 录

第二编 —— 伦敦和东部

第三编 —— 西北工业区

第四编 —— 西南农业区

导　言

对崛起进程中英国的区域经济和城市经济进行探讨，或者说，探寻区域和城市经济发展与近代英国崛起之间的内在关系，是主编在长期从事英国经济史研究的过程中逐渐形成的学术思考，主要基于以下几点考虑：

其一，国内学界对西欧经济社会史的研究，比较多地从经济社会关系、制度等较为抽象的质的规定方面进行，而对经济社会发展的具体过程则很少进行描述和归纳，这样，往往使得我们对西欧或其中某个国家的经济社会发展难有明确的时空概念。从某种意义上说，这种与传统历史编纂学相左的研究方法，体现了历史学的学术性、思想性，使历史学从"描述"历史上升为"分析"和"研究"历史，能够总结规律，辨明得失，对现实和未来提出指导性或导向性认识，这是将历史学从人文学转变为社会科学的一种努力。但这种过于讲究科学的方法也有弊病，即易于让人们对经济社会发展的阶段特征和地理差异的认识模糊化，也不利于更宏观地把握经济社会发展的总体历程和时空状态。历史的发展本来是以地理为舞台的，搬走了地理舞台的历史往往十分抽象，难以让社会读者有具象的理解。以往那种有血有肉的历史、活生生的历史，现在变得有点干巴了，只剩下几条惟有专门家才能懂的框框条条。因此，无论是满足社会理解的需要，还是历史学自身发展的趋势，都应将地理因素和空间概念重新纳入历史研究范畴当中，让历史的叙述变得更加生动，让历史的总结也变得十分有趣。其实，有些西方学者在这方面做得相当突出。如阅读年鉴学派代表布罗代尔《法兰西的特性（1）：空间和历史》

的第一章，①这样的感受就会很强烈。我国很少见到这一类的著作，因此有必要在研究方法上做出这样的努力。

其二，英国是世界上第一个工业化国家，其兴起的过程、原因一直是历史学界最为关注的话题之一。然而，以往的研究者往往只将英国（本成果所论述的英国，主要指19世纪工业革命完成前的英格兰地区）作为一个经济整体来看待，在研究诸如庄园制和农奴制、土地制度、圈地运动、乡村工业、农业革命、工业革命、商业市场、城市体系等经济社会现象和经济社会要素时，很少注意到英国各个地区之间的差异，也很少注意到英国经济发展具有较为显著的区域性特征，很少有人研究区域经济发展与全国经济整体进步之间的关系，很少有人研究不同地区、不同城市因全国经济总体变化态势而出现的不同命运。以至于有学者在论述英国经济发展时，有以某一局部情况来说明英国经济总体的现象，甚至还有用A地区经济事例来说明B地区经济问题的不妥当做法，从而导致对英国崛起过程和原因出现一定误读。这一问题目前还没有被学术界所完全意识到。而在国外如英国史学界，虽然有多如牛毛的研究区域经济或地方经济、城市经济的学术论著，但一般又都是就地区而论地区，就城市而论城市，基本停留在地方史研究和城市史研究的程度，即使能将区域和城市置于英国兴起这一大背景大视野中考察和认识，也很少有人关注在英国兴起过程中各区域、各城市发展的特殊性，地区之间的差异性和不平衡性，它们相互之间的联系、交流、交换和互动，它们各自在英国兴起过程中的地位和作用及变化，它们面临共同机遇时为何却有不同的命运；很少有人对英国各地区和城市发展的不同特征与趋势进行比较；很少有人探讨英国是怎样从分散发展的各个地区逐渐整合成国内市场体系和统一生产分工体系的。那么，本成果就是在这一方面的初步尝试。

其三，从现实反观历史，世界上大多数主要国家在崛起进程中都呈现了经济区域化或板块化的趋向。美国在发展中有东部和西部两大板块，甚至还

---

① 参见 [法]F. 费尔南·布罗代尔:《法兰西的特性（1）：空间和历史》，顾良、张泽乾译，商务印书馆1994年版，第17—97页。

可分成中西部、中北部等次级的板块。法国经济和社会发展很早就有北方和南方之分。北方历来发达，尤其是工商业，南部也有自己的特色，甚至南北法国人在文化性格上也有很大差异。日本从19世纪一崛起，也形成了以东京为核心的关东板块，和以大阪为中心的关西板块。意大利经济从中世纪起就分成了南北两部分，中部和北部工商业发达，是意大利的经济重心所在；南部则是传统的农牧业地区，田园风光令人迷醉。至于德国，也有南德城市群、西部莱茵河城市带、北部城市区分别导领着南北西三大经济区。今天的中国，也存在着经济社会发展的区域不均衡，可以分成东部、中部、西部和东北四大板块。虽然英格兰在地理面积上并不大，但它崛起时期的经济总量为世界第一，而且维持世界第一大国的地位将近两个世纪。那么，它在崛起前后其国内是不是也形成了若干经济板块、若干具有不同特性的经济区域呢？这种区域发展或板块化与英国经济的整体崛起之间又有多大的交互作用呢？如果能深入探讨，无疑能丰富和深化对英国为何能在西欧国家中率先崛起的认识。

不是说国内学术界没有人涉及经济发展区域性特征和全国性整合这类问题，相关的论述常散见于许多论著之中，但对这些问题进行专门性探讨和系统性研究的确属不多。如经济学界有不少关于区域经济发展、城市发展的理论研究，以及我国经济建设的区域性和全国性关系的研究等。史学界也有关于中国各个历史时期经济区域发展及其特征的研究。而对英国经济发展的区域性特征和全国性分工及整合这种具体层面的外国经济史问题，国内世界史学界真还没有展开过专门研究。包括笔者在内的一些国内学者仅在宏观上讨论过近代早期英国经济的一体化问题，并形成了多种看法。随着经济史研究的不断深入，经济的区域性发展，区域中的城市及发展特征和差异，区域和城市发展与国内市场体系和生产分工体系的关系，区域和城市发展与全英国经济的整合，经济的区域性、板块性特征与近代英国的崛起等问题，必将引起国内英国史研究界的重视。

在国外尤其是在英国本国，区域经济和城市发展问题是史学界研究的重点之一。有的大学设有专门的地方史和城市史研究机构，如莱斯特大学地方史研究中心已有将近一个世纪的传统，该大学城市史研究中心从20世纪

70 年代起还开始主办《城市史评论》杂志并在全世界发行。埃克塞特大学自 20 世纪 50 年代开始出版《农业史评论》，这是世界知名的权威杂志。伯明翰大学对地方城市尤其是中小城镇的研究也有较大国际影响。不过，英国学者所进行的地方经济史和城市经济史研究往往有局部化、细碎化倾向，其研究内容大致包括：（1）某个局部地区的农业史或乡村史研究；（2）某个局部地区的工业史及技术史研究；（3）某个局部地区的商业史研究；（4）某个局部地区的经济现象、经济运动和经济变革研究；（5）某个局部地区的城市史研究，或某单个城市的发展研究；（6）地方史的一般性问题，等等。从成果数量来说，可谓是不计其数、汗牛充栋。但他们的研究有一特点，即在西方史学传统的影响下，一般只以力图弄清某个史实为目标指向，不愿总结规律性的或普遍性的结论，也不大从宏观或全局角度对各区域予以考量。那些对经济总体趋势进行宏观考察的论著，又往往不大考虑经济的区域性特点。因此，总结和吸收他们的研究成果，可以为开展进一步研究提供空间。他们的研究成果，也为论述英国经济的区域性特征与全国性整合、论述区域和城市发展的不同道路、不同命运提供了丰富材料。其实，近年来西方学者对区域经济的形成和发展也逐渐有了新认识。如 20 世纪 90 年代，有加拿大学者以这方面素材为题来作博士论文，试图从一种宏观视野来考察英国某一具体区域的经济发展。[①] 当代英国学者还提出了"区域崛起"这样的命题，把今天的英格兰分成若干经济区域。[②]

　　虽然英格兰在政治上统一较早，但在经济上它也与德国、法国、意大利、低地国家等类似，中世纪里一直处于分散发展状态。这一局面直到 15 世纪才发生改变。研究 15 至 19 世纪崛起进程中英国的区域和城市经济发展，在区域和城市发展的基础上怎样形成了全国性的生产分工体系，从经济版图的演变这样一个侧面来阐释近代英国崛起的经济发展历程，对深入揭示英国崛起的内在原因、动力及过程，具有重要的学术意义：（1）有助于了解英国从中

---

① 如 James Masschaele, *A Regional Economy in Medieval England*, 加拿大多伦多大学 1990 年博士论文，将英国亨廷顿郡视为一个经济区域，对其 1100～1350 年的经济状况进行专题研究。

② Irene Hardill, *The Rise of the English Regions? Regions and Cities*, London: Taylor & Francis, Routledge, 2006.

世纪时代落后的、分散的经济发展状态，到崛起时期逐渐形成区域性特征，形成生产的地区性分工态势，在分工中又相互联系、相互协作，最终凝聚成全国性的经济整体，认识各地区经济在发展过程中具有哪些特质，使自身能在全国性生产分工体系和经济整合进程中取得应有的位置；（2）探讨促使英国经济区域性特征形成的各种特有要素，及其走向全国性整合的各种凝聚因素，有助于加深对这一时期英国若干重大经济运动和经济现象的认识，诸如资本流动、人员移徙、技术传播、交通和运输条件改善、市场关系培育、城市转型和近代城市萌芽、国家的重商政策、乡村工业发展、农业革命、煤铁等工业部门兴起等；（3）有助于认识中世纪以来英国经济发展的不平衡性，以及旧的不平衡如何解决，新的平衡如何产生，新的平衡中蕴藏着什么样的生机，如何促使英国经济不断提升自身品质和发展水平，越来越向近代状态迈进。总之，本书是从区域（包括区域中的城市）发展及走向全国性整合这种新的切入点，来研究英国社会经济的转型问题，探讨英国崛起的原因和进程。

　　崛起中的英国呈现着经济重心由东南向西北转移的趋势。东南地区作为从中世纪以来的先进地区，一直保持着领先地位，并且在近代早期形成了伦敦这样一个全国整体化经济的聚核；中世纪落后的西北地区，到近代早期由于乡村工业兴起而成为英国经济的新增长极，并使英国经济整体趋于平衡化；中部密德兰地区作为传统的农业区域，在近代早期则演变为连接东南伦敦经济区和西北工业区的过渡地带，并为东南和西北两极的发展做出了原材料和农业资源等方面的贡献；东盎格利亚地区和西南地区可以视作英国经济发展的两个侧翼，它们在英国崛起早期率先发展乡村工业走上"原工业化"道路，后又在工业革命前后根据资源和区位特点及时调整经济发展方向，与密德兰地区一道担当起为东南和西北这两个经济增长极服务的功能，在全国生产分工和市场体系格局下起到策应作用。这些态势与当前我国的情况何其相似！因此，这一研究对于我国经济建设中地区经济分工与产业布局，应该有一定的借鉴和启发作用。

　　面向现实社会探讨历史问题，这是研究历史的重要意义所在。本书成果凝聚过程中，正值我国领导人提出要加强新型城镇化建设和促进乡村振兴。城市是本书的一个研究重点，欧洲城镇化的道路值得我国借鉴，[①]尤其是英国。2011年，我国城市人口超过总人口的50%。这与1851年英国第一次工业革命完成时的城市化程度几乎一致，即这一年英国城市人口也超过了总人口的50%。到1900年左右时，英国城市人口或非农业人口已达到了总人口的80%左右。英国城市化进程主要是与工业化进程联系在一起的。

本书主要围绕崛起时期英国经济逐步形成区域性特征，在区域经济基础上逐步整合成全国性分工体系和市场体系，从而极大促进英国发展这个主题来展开。城市是各区域发展中的主体和骨干，也是主导，因此若干重要城市的研究在成果中占有一定比例，特别是在国内分工体系和国际市场体系中占有重要地位的伦敦等大城市。

大约从15世纪起，以往分散的、联系并不紧密的各地区经济开始走向全国性整合。促使整合的前提条件主要源于社会经济内部发生的深刻变革，如封建关系的松弛对区域发展壁垒的打破，经济的市场化倾向，乡村工业发展推动地区联系的加强，参与国际市场体系要求有国内经济整体化凭靠，以及统一的民族国家兴起对全国经济一体化的要求等。在英国经济整合的过程中，不少因素参与了这一进程，如人口（也包括外来移民）的流动和迁徙，资本的流动和转移，地区间的市场沟连，技术的传播，交通和运输条件的改善，城市职能的商业化、专门化和开放化，伦敦的吸引力和凝聚力，国际贸易对国内市场网络的带动等，这些都是促进经济整合的强有力的动力。

自11世纪至19世纪，英国经济形成区域性特征是有一个过程的，大致可分三个阶段。

第一阶段，自11世纪至15世纪。中世纪时，英国经济发展总的来说是落后的、分散的。但由于自然条件、地理区位、习惯与传统等多方面因素影响，英国经济区域大致可分成两大块：从沃什湾附近林肯郡的波士顿到西面的布里斯托尔湾画一条东北至西南走向的线，线之东南为农牧混合经济区，

---

① 参见刘景华：《欧洲农村城镇化道路的历史思考》，《中国社会科学报》2013年7月10日。

略微先进；线之西北为牧业经济区，较为落后。颇似中国的"胡焕庸线"（从东北黑龙江的黑河到西南云南的腾冲）。但这并不表明英格兰形成两大经济板块，因为这两大地区各自内部除了生产模式和经济水平有些相似外，内部各地的经济都是分散发展的，相互间并无实质性的有机联系。

到 15 世纪即中世纪末时，英国经济发展的区域性特征开始显现。整个英国范围内的 40 个郡，这时大致可划分成 5 个主要经济区，即以伦敦为核心的东南地区；东盎格利亚地区；西南部地区；密德兰地区；北部地区。各区域内部经济发展的共性愈来愈多，开始显现与其他区域不同的经济发展特征、不同的经济发展水平，在英格兰经济全局中的不同作用和地位。除一些边远区一直落后之外，各区域内部也出现了经济联系逐渐加强并走向整合的趋势，区域性的经济整合是整个英格兰经济整合的准备和前奏。

第二阶段，16 和 17 世纪，也是通常人们所说的近代早期。一方面是经济的区域性特征日渐显著：以伦敦为中心的东南地区在国内外贸易方面极其发达；西部地区则以传统毛纺业为经济支柱；东盎格利亚发展了"新呢绒"生产；密德兰地区成为羊毛最大产区和圈地运动主要爆发地；北方地区依然远落后于全国水平，但开始兴起简陋的毛纺业、棉纺业和铁器制造业等，以及初期的采煤业。另一方面，则是经济出现全国性整合的趋势，伦敦成为国内市场体系和民族经济的核心，它从全国各地攫取资源、财富和劳动力，因此这个新整合的全国经济体系是不平衡的、偏倚东南的。

第三阶段，从 18 世纪初到 19 世纪中叶工业革命基本完成。北部地区以及密德兰西部崛起，其棉纺业、毛纺业、铁工业和采煤业等兴起，并率先开展工业革命，从而成为英国新兴的经济区，与伦敦及周边地区相对应，构成英国经济的南北两极，原来的经济重心倾于东南的态势演变成东南和西北渐趋平衡。伦敦及附近以发展商业贸易以及金融业为主要方向。而密德兰东部、东盎格利亚、西南地区则逐渐褪去了原工业化特征，这些地区发生了"农业革命"，商品化农牧业成为主要特色，但经济水平和地位相对下降。

促使区域经济整合成全国性生产分工体系和市场体系的前提条件和动力，整合的进程，经济地理格局的演变，这也是必须研究的对象。对此可以进行专题性探讨，也可结合在对各区域、各城市的个案考察中。这种结合，在一定程度上可以更好地体现其相互间的有机联系和互动作用。当然个案研究是有限的，而且个案研究不一定都具典型性，但多少具有代表性。本成果一共对五个城市进行了个案考察：伦敦是全国首都和最大城市，约克和诺里奇都曾在中世纪至近代早期某个时段里是仅次于伦敦的全国第二大城市，利物浦是18世纪至今英国仅次于伦敦的第二大港口城市，埃克塞特是英国西南部重要的港口城市。

本书在结构上大致分成四编。

第一编从总体上论述英格兰的区域和城市以及相关问题。经济发展的区域性特征和全国性整合对英国崛起具有重要意义。在对英国经济的区域性特征和全国性整合作宏观纵向考察时，分成三个阶段来认识其进程。区域性发展和全国性整合进程进入关键时期即近代早期时，城市的商业化、专业化和开放化趋向是其重要促进机制。这时期的英国城市体系由伦敦、地方重要城市和中小城镇三个层级构成。以城市体系为骨架，英国得以构建区域经济体系和全国性的市场与经济体系。到工业革命时期，英国形成了明确的地区分工：英格兰西部和北部为现代工业区；伦敦及周边发展服务业；西北和伦敦之间的广大地区则以商品化农牧业为主。地区性分工对城市发展产生了深刻影响，各地区在城市功能、城市规模和城市体系等方面都呈现出自身特点。同时，英国农村的城镇化进程也由于工业革命而大大加速。至于在英国经济史上产生过总体性影响的养羊业，也可通过考量养羊业性质、养羊数量、羊毛出口量和呢绒出口量、养羊业地位等因素而进行阶段划分。

第二编关注伦敦与东部地区。伦敦是英格兰东南部乃至全英国经济发展的龙头，这个龙头是在历史过程中逐步形成的，其形成也是与英国崛起进程同步的，16～19世纪的伦敦是考察重点。16、17世纪，伦敦突然加速度发展，它与英国其他地区的差距迅速拉大，甚至造成了伦敦膨胀、各地萎缩的反差局面。18世纪至19世纪上半期的伦敦虽不是工业革命发祥地，但也在多个方面体现了对工业革命的影响，如伦敦消费社会的形成提供了工业革命原动力，伦敦供应着工业革命所需的大量资金等。在东部各区域中，以东盎格利亚的经济发展最具特性，也最具探索价值。东盎格利亚是一个相对独立的地理单元。它是中世纪相对发达的传统农业区，并具有自己的经济社会特点。在英国社会转型进程中，东盎格利亚也在国内地区分工体系中根据自身资源、传统和优势不断探寻本区域的经济发展方向，走了一条"传统农业→原工业化→商品化农业"的曲折道路。东盎格利亚经济"首府"诺里奇，则经历了毛纺业从盛到衰的过程。东盎格利亚转型的这一经历，既反映了近代英国崛起进程的复杂性，亦体现了社会转型道路的多样化。

第三编主要考察对近代英国崛起起着关键作用的西北工业区。西北区作为工业革命发源地而成长为英国经济的一极，这一动向实际上开始于工业革命前半个世纪。这一区域乡村工业的崛起，是"原工业化"走向工业化的典型。鉴于以曼彻斯特为中心的兰开夏棉纺业地区长期为人们所关注，本书仅将视点对准兰开夏最重要的外港利物浦，讨论它怎样与腹地工业区的经济变化产生互动，怎样将兰开夏与外部世界连接起来，其贸易增长怎样随着这种互动和连接而演变。约克郡西莱丁毛纺织业构成西北工业区的重要组成部分。紧靠西莱丁毛纺区、曾是英国第二大城市的约克，随着西莱丁毛纺业的兴起而改变发展方向、实现经济转型。从某种意义上说，约克是中世纪老城在近代早期转型的一个样本。构成西北工业区组成部分的还有以伯明翰为中心的西密德兰"黑乡"铁工业区。西密德兰与东密德兰本来都属于传统的密德兰农业区，在发展过程中，密德兰区出现了经济分化，同时也形成地区分工，东密德兰除西北部出现棉纺工业外，其余仍为农牧业区。而西密德兰则在乡村铁制品工业基础上发展了煤铁工业，成为英国仅次于兰开夏的最重要工业区。

第四编专题研究英格兰西南部这一特有区域。西南区近似大不列颠的一个半岛，区域性特征突出，其发展过程亦具一定特殊性。其中世纪农牧业生产较为发达，且有独特的土地制度和耕作制度。中世纪晚期作为英国原工业化的发源地，乡村毛纺业极其发达，是英格兰最富裕的地区之一。这里还较早出现包买商制度和集中手工工场等新的生产组织形式，可称为英国"原工业化"的先锋。17世纪后西南区毛纺业走向衰落，但它仍能根据自身优势和资源开展农业革命，呈现一条"传统农牧业发达→先进的乡村工业→商品化农牧业"的转型轨迹。埃克塞特作为英国西南部重要港口，其商业命运也随着西南区经济走势而起伏跌宕。它是传统型港口贸易城市经济演变的一个缩影，也折映着英国经济发展的总体趋势。

总之，本书对英国各区域和城市发展的特征进行论述，选取的考察对象虽然有限，但还是具有典型性的，是主编在多年研究基础上进一步转换角度、拓宽视野的思考结果。自 2003 年至 2012 年，主编曾五次在英国访学、开会、考察和开展合作研究，前后游历时间长达 20 个月，深入英格兰及威尔士各地城乡作田野调查，投宿过村镇的民宿旅馆（B＆B）和背包旅社，对研究对象和研究内容有不少直观切身感受。造访过许多大学及图书馆、档案馆、博物馆、艺术馆等，考察过各地的历史遗迹，搜集了较多的第一手、第二手材料。在早期的游历中萌发了研究英国经济发展区域性差异的学术构想，在后来的考察中调研之目的性更强，进一步坚定了对英国经济发展区域性特征、城镇化以及全国性整合的认识。本书如能对认识英国崛起问题有所裨益，对我国区域经济发展和城镇化道路的思考有所启发，研究的初衷和目的也就达到了。

· 第一编 ·

英格兰总论

第一章
英国经济的板块化特征与全国性整合

在近现代，由于地理区位、经济要素、发展参数等多种因素，大多数重要国家在崛起过程中都有经济区域性发展即板块化的趋向。英国是世界上最早的工业化、现代化国家，其崛起的进程和原因一直是学术界热烈讨论的话题之一。那么它在崛起时是否也有经济的区域性或板块化发展趋向？板块化经济怎样实现全国性整合？20世纪后期，欧美学者对英国经济的区域性特征和差异逐渐形成了明确认识。① 近年英国学者还提出了"区域崛起"命题，把当代英格兰分成了九个经济区，并对其进行历史溯源。② 对英国经济板块化及全国性整合问题进行深入探讨、做出合理阐释，学术上有助于解答英国为何率先崛起问题，有助于更准确地描述其崛起进程，并能对我国的现实有一定的启发借鉴作用。

---

① 代表性论著有：E. J. Buckatzsch, "The Geographical Distribution of Wealth in England, 1086-1843: An Experimental Study of Certain Tax Assessments", *Economic History Review,* New Series, Vol. 3, No. 2, 1950, pp.180-202; R. S. Schofield, "The Geographical Distribution of Wealth in England, 1334-1649", *The Economic History Review*, New Series, Vol. 18, No. 3 (1965), pp. 483-510; George C. Homans, "The Explanation of English Regional Differences", *Past and Present*, No. 42, (Feb. 1969), pp.18-34; D. Massey, "In What Sense A Regional Problem", *Regional Studies,* Vol.13, 1979, pp.233-243; J. Langton, "The Industrial Revolution and the Regional Geography of England", *Transactions of the Institute of British Geography,* Vol.9, No. 2, 1984, pp.145-167; E. H. Hunt, "Industrialization and Regional Wages Inequality: Wages in Britain 1760-1914", *Journal of Economic History,* Vol.46, No. 4,1986, pp.935-966; G. Turnbull, "Canals, Coal and Regional Growth in the Industrial Revolution", *The Economic History Review,* New Series, Vol.40, No. 4, 1987, pp.537-560; Pat Hudson, *Regions and Industries: A Perspective on the Industrial Revolution in Britain,* Cambridge, 1989; James Masschaele, *A Regional Economy in Medieval England,* PhD thesis in University of Toronto, Canada, 1990.

② 九个经济区为：伦敦、东部、东南部、西南部、东密德兰、西密德兰、约克郡、西北部、东北部。Irene Hardill, *The Rise of the English Regions? Regions and Cities*, London: Taylor & Francis, Routledge, 2006.

过去，英国往往仅被当作一个经济主体来对待，在探讨其崛起的过程时，学术界很少注意英国内部的地区差异，很少注意各地区经济怎样被整合进全国经济整体，更很少注意在崛起的进程中英国经济地理格局的不断变化及其意义。可以说，这种经济地理格局的演变不仅是英国经济社会总趋势的产物，是它的一种标识和反映，反过来也对总趋势起到了一定的推动作用。同时，揭示和阐明这种地理格局演变态势，势必要论及英国各种社会经济要素的宏观性调整、流动、重组、凝聚等，从而可从一个侧面来深化对近代英国崛起进程和原因的认识。

一　中世纪英国：经济落后、分散发展

今日英国称"联合王国"（United Kingdom），由英格兰、苏格兰、威尔士和北爱尔兰四部分组成，英格兰是其核心和主体。中世纪英国主要指的是英格兰，其总面积大约为 13 万平方公里。11 世纪后，由于自然条件、地理区位、习惯传统等因素影响，其经济发展的地区性特征日渐明显。同时，由于经济发展模式和经济水平的相似性等因素，组成经济区的地理单元经常有分有合，经济区域的划分不断变化。从 11 世纪中期诺曼征服到 19 世纪中期工业革命完成，英格兰经济呈现板块化趋向并最终完成全国性整合，大致历经三个阶段。

第一阶段从 11 世纪至 1500 年，这时全国经济总体上落后，各地区经济分散发展，并呈现出明显的水平梯度：北部属于落后地区；中部、东部、西南部以农业为主，经济水平处于中间状态；以伦敦为中心的东南部农业相对发达，工商业经济亦较为繁荣。虽然经济发展有地区性差异，但并未有明确的板块化态势；各地区内部经济也是分散发展的，区域内经济联系不密切，区域内生产分工体系没有真正出现，总之未能结成密致的板块，但从濒临沃什湾的波士顿到布里斯托尔湾画一条东北西南走向的线，线的东南和西北两

大块呈明显差异：东南农牧混合区略微先进；西北牧业区相对落后。[1] 不过，这并不能说是两大经济板块。

中世纪英国经济水平在西欧相对低下。主要经济部门农业虽广泛推行二圃制，但精耕农业并未出现，农民基本不做田间管理，很少使用肥料，粮食广种薄收。1250～1299 年，英国小麦每英亩产量约为 10.8 蒲式耳，1400～1449 年也只有 12.9 蒲式耳（约合每中国市亩产量 60 公斤）。[2] 水草条件适合养羊，因此英格兰相当广阔的土地用于牧羊。14 世纪前，英格兰羊毛主要作为原料输往国外，年出口 3 万大袋（sack）以上，推算羊只应为 1,000 万头左右。[3] 1549 年，一位建议征收羊头税的备忘录作者，以羊毛产量反推羊只数量，估计全国养羊约为 841 万头或 1,109 万头。[4] 14 世纪起毛纺业发展较快，15 世纪英国由羊毛输出国转变为呢绒输出国。

由于远离国际贸易中心区，英国与外部市场联系不多，羊毛和呢绒出口贸易中相当大的比例掌握在意大利商人、德国汉萨商人等外国商人手中。显示社会经济水平的人口指数也相对较低。1500 年，英国人口总数不超过 300 万，不及法国或意大利的 1/3。城市化水平偏低，大小城镇虽有 750 个左右，[5] 但多数是不到 500 位居民的"集镇"（market town），达到 1 万人口的

---

[1] 这条线颇似中国的胡焕庸线（从黑龙江黑河至云南腾冲），线之西落后，线之东发达。不同的是，胡焕庸线直至现在都没有发生根本变化，仍然是线之西落后，线之东发达；而英格兰的这条线则从工业革命开始发生了根本变化，线之西北是近代工业发达，线之东南（伦敦除外）则依然以农牧经济为主，只不过演变成了为工业化和城市化服务的商品化农业，政治格局也随之变化，比较几张历史地图即知。参见 [英] 马丁·吉尔伯特：《英国历史地图》，王玉菡译，中国青年出版社 2009 年版，第 26、31、75 页；中国地图出版社、人民教育出版社：《历史地图册②》，2009 年版，第 2 页；[英] 诺尔曼·庞兹：《中世纪城市》，刘景华、孙继静译，商务印书馆 2015 年版，第 86 页。

[2] Gregory Clark, "Yields Per Acre in English Agriculture, 1250-1860: Evidence from Labour Inputs", *The Economic History Review*, New Series, Vol. 44, No. 3 (Aug., 1991), p. 456. 将产量换算成公斤 / 市亩，其依据是小麦比重（约 0.70 公斤 / 升）、蒲式耳容量（约 36 升）、土地面积换算（1 英亩约合 6 中国市亩）。

[3] H. L. Gray, "The Production and Exportation of English Woolens in the Fourteenth Century", *English Historical Review*, Vol.39, No.153 (Jan., 1924), pp.13-35.

[4] M. W. Beresford, "The Poll Tax and Census of Sheep, 1549", *Agricultural History Review*, Vol.1, 1954, pp.9-15.

[5] Joan Thirsk (ed.), *Chapters from the Agrarian History of England and Wales, 1500-1750, Vol.4: Agricultural Markets and Trade, 1500-1750,* Cambridge University Press, 1990, pp.17-24.

仅有布里斯托尔、约克等三四个，只有伦敦可以进入欧洲大城市之列，1520年约 5.5 万人。大多数城市在国王的直接或间接控制下，自治权和自由度不如大陆城市。大部分城镇很少同国际市场打交道。它们一般只是地方性工商业中心，与周围乡村结合成自我循环的经济圈，颇具封闭性。就其商业功能而言，城镇主要是本地产品交换中心，手工业也主要是为本地居民服务。城市间的工商联系也不频繁，各自固定了市场区域，互不相扰。

1500 年的英国虽已初步形成了中央集权的民族国家，但其经济发展仍处在分散状态。从中世纪至近代早期，整个英国在行政区划上共 39 个郡，在经济地理上大致形成 5 个主要区域。[①] 各经济区各有不同的特征，区域内自成循环体；都有区域性的经济中心，以及对外联系窗口；区域间有一定经济联系，但互为沟壑更甚，属于分散发展。

以伦敦为中心的东南部地区不但农业经济较为发达，工商业也在英格兰居于领先。这一地区除伦敦（密德尔塞克斯）这个中心外，还包括了邻近的所谓近畿诸郡（Home Counties），即肯特、苏塞克斯、萨里、汉普、亨廷顿、白金汉、牛津、赫特福德、贝德福德和伯克等郡，以及埃塞克斯郡和剑桥郡的各一部分。伦敦是该区域最大的经济中心和对外窗口。

东盎格利亚包括诺福克、萨福克两郡，以及剑桥郡和埃塞克斯郡的各一部分。这一地区农业经济水平较高，工商业和对外贸易也有一定发展。诺里奇是这一地区的主要经济中心，大雅茅斯、金斯林和伊普斯威治是主要对外窗口。

西南区包括格洛斯特、萨默塞特、多塞特、威尔特、德文和康沃尔等郡。这一地区农业经济水平偏低，但盛产羊毛等原料，1500 年前后是英国乡村毛纺业最兴旺的地区。对外贸易因其地理位置而相对较多，布里斯托尔和埃克塞特是主要中心和对外窗口。

密德兰主要是农业区，包括北安普顿、莱斯特、拉特兰、德比、诺丁汉、林肯、伍斯特、沃里克和斯塔福德郡，以及西部威尔士边境的赫里福德郡、什

---

① Peter Clark (ed.), *The Cambridge Urban History of Britain, Vol.2: 1540-1800*, Cambridge Histories Online © Cambridge University Press, 2008, pp.31-132.

罗普郡。区内的考文垂、莱斯特、诺丁汉和林肯城等中心也有一定的工商业。

北部区包括兰开夏、坎伯兰、切郡、威斯特摩兰、约克、达拉姆、诺森伯兰等郡，约克是主要中心。除约克、纽卡斯尔等个别地方外，这一地区经济极其落后，与外界的经济来往和商业贸易也相对较少。

因此，要对 1500 年前英国经济作一个总观的话，完全可用落后、分散、封闭来予以概括，表现在经济地理格局上就是分散性。这种状况在进入 16 世纪后迅速改变了。以伦敦为中心的东南区不但农业发达，工商业也居于领先地位。东盎格利亚农业水平较高，工商业和外贸也有一定发展；西南区农业水平偏低，但盛产羊毛，1500 年前后是毛纺业最兴旺的地区，对外贸易因其地理位置而相对较多。密德兰（中部）是农业区；北部区经济极其落后。各区域内部经济共性增多，显现与其他区域不同的经济特征和经济水平，在全国经济整体中的地位也有不同。

从整个英国来看，各区域均以农牧业或畜牧业为主，基本属于分散发展；以伦敦为中心的东南区经济在全国处于领先地位；经济发展水平从东南向西北倾斜，呈梯度下降格局。各区域经济特征显现，内部经济联系有加强的趋势；有地方性的工商业经济中心或对外窗口，如东盎格利亚的诺里奇、大雅茅斯、金斯林和伊普斯威治，西南的布里斯托尔和埃克塞特，密德兰的考文垂、莱斯特、诺丁汉和林肯，北方的约克和纽卡斯尔；区域间有一定经济联系，但仍互为沟壑，即便伦敦这个全国首都和最大港口，经济影响力也没有超出邻近地区。

二 16、17 世纪：区域性特征与畸形的全国性体系

第二阶段即 16、17 世纪，这是英国初步崛起时期。从总体上看，16、17 世纪英国进入了西欧经济发展的先进国家行列。与这一先进地位相联系，16、17 世纪英国经济形成了两大特征，一是在国内经济领域，统一的国内市场和民族经济体系形成，英国经济发展趋向全国整体化；二是在国际经济领域，英国成为国际市场体系以及正在形成中的世界市场体系的重要组成部分。

　　这时，一方面是经济的区域性特征日益显著，板块式发展开始出现：以伦敦为中心的东南区在商业贸易方面最为发达；西南区以传统毛纺业为经济支柱；东盎格利亚发展了"新呢绒"生产；密德兰成为羊毛最大产区和圈地运动主要爆发地；北方依然远落后于全国，但开始兴起简陋的毛纺业、棉纺业和铁器制造业等，以及初期的采煤业。另一方面是经济出现全国性整合趋势，伦敦成为国内市场和经济体系的核心，全国经济重心倾向于东南。伦敦能成为核心，非经济因素的作用较大，即它依靠从中央政府获得的特权，压制其他地区的对外联系功能，并形成垄断；它还从整个英格兰攫取资源和财富。因此这一全国经济体系不如说就是伦敦经济体系。这种畸形的全国性整合，对英格兰的均衡发展不利，但毕竟构建了全国性的市场与流通体系，为后来实质性的全国经济整合铺垫了基础。

　　经济板块式发展之所以出现，国内市场和经济体系之所以形成，主要推动力来自于乡村毛纺业兴起。毛纺业在英国久有传统，而其强劲发展则始于14世纪爱德华三世时期。15世纪中叶英国呢绒出口总值超过羊毛出口总值。但也从这个时候起，英国毛纺业发展主要成了乡村毛纺业的发展。正由于乡村毛纺业广泛兴起，毛纺业才开始成为真正的"民族工业"。据估计，15、16世纪的英格兰大约有1/3人口卷入了毛纺业，其中多为乡村人口。相对正在衰微的中世纪城市而言，乡村有发展毛纺业的有利条件。乡村有较多的廉价劳动力。因为此时农奴制在英国已经瓦解，农民们有较多的人身自由；由于人口不断增加，每户农民占有的土地越来越少，需要从事工副业来补充家用。农村不存在保守的行会组织，能吸引城市资本到农村来。农村自然条件优越，离羊毛产区更近，又有丰富的水力资源适宜于建造工场。这些优势，促使乡村毛纺业发展迅速超过城市，几乎遍及英格兰土地上每一个村庄。[①]从15世纪中期至16世纪中期，乡村毛纺业最发达的西部格洛斯特、威尔特等郡，以生产优质宽幅呢绒而享誉国内外市场。16世纪后期至17世纪中期，毛纺业最兴旺的地区是东盎格利亚，这里大陆尼德兰宗教难民带入了"新呢布"

---

① 　W. G. Hoskins, *The Age of Plunder, England of Henry VIII 1500-1547*, New York: Longman, 1979, p.151.

（New Draperies）生产技术，适应了发育中的大众消费市场对中档产品的需求。

乡村毛纺业创造了巨大的财富，更引起了英国社会经济的深刻变化。它使萌芽中的新兴生产关系冲破城市行会的束缚而来到乡村发展。毛纺业使得养羊业有利可图，从而诱发了圈地运动，促使英国资本主义发展高潮的到来。乡村毛纺业普遍发展，也促使农村的传统经济发生变化，从自给自足的谋生型经济转变为面向国内外市场的谋利型经济，加快了农业的商品化和农村的城市化。在毛纺业发展和圈地运动中诞生的新社会阶层——新贵族和乡绅，成为英国社会结构中极富生气的力量。毛纺业和养羊业发展更助推了英国经济的全国性整合。由毛纺业的原料、产品、副产品在全国范围内的流动，构架了国内市场的骨架。大量从事乡村毛纺业的人口非农业化，其基本生活资料需要从粮食产区运来，促使农产品国内市场的形成。毛纺业兴盛使英国对外贸易建立在坚实的生产基石上，英国在16世纪能成为国际贸易大国，正是因为有毛纺业作主要支柱的国内经济背景。在这个日渐形成的国内市场和经济体系中，原来各自封闭的大小城市也不再固守传统市场区域，经济功能开始转变，呈现日益商业化、专业化、开放化的趋势，演变为国内市场体系中的有机成分。

英国海上力量的发展，保证了英国能更好、更主动地参与国际市场；国家的重商主义政策，为英国强势进入国际市场提供了政治凭靠；国际商路变更和国际贸易中心区移到大西洋沿岸，为英国从国际贸易边缘区提升为国际贸易核心国家提供了机遇。因此，英格兰东部、南部和西南部沿海的港口城市，越来越多地参与了国际市场体系和形成中的世界市场体系。如17世纪中期后，布里斯托尔商人的贸易范围就非常广，他们在大西洋贸易中占有重要位置，这里还是英国西部矿产品和农产品的出口地；埃克塞特则以进口为特征，每年从这里入境的有来自欧洲大陆以及北美的红酒、亚麻、烟草和糖料等商品；东部纽卡斯尔的煤炭、木材和鱼类贸易，大雅茅斯的鱼类贸易，在西欧市场上都是很有影响的。

在16、17世纪英国经济发展中，伦敦以国际商贸中心、英国的首都和经济核心这三重形象出现。对内，伦敦是英国国内市场和经济体系的核心。16、

17 世纪英国商品流通和运输网络，都向着伦敦这个"心"。伦敦是全国最大的消费中心，各种基本消费品从全国各地源源而来，满足着伦敦人的消费需求。1700 年，伦敦人口达 57.5 万，占英格兰总人口的 11%，每年要消费粮食 100 万夸脱、8.8 万头牛、60 万头羊、15 万头猪、8,000 吨奶酪、8,000 多吨黄油以及 50 万吨煤。1653 年，伦敦交纳的啤酒税就占全国总量的将近 40%。[①] 1683 年，68 个地方港口向伦敦发运了 4,131 船货物。[②] 伦敦作为集散中心，也有相当大部分货物从伦敦流向全国。如 1628 年，伦敦向 66 个地方港口发运货物达 1,001 船。[③] 伦敦商人及代理人渗透到英国各地城乡，各地的乡村工业、采矿冶炼业，都有伦敦人的大量投资，利润源源不断地回流伦敦。发迹了的地方商人也纷纷移居伦敦。如 1480 至 1660 年伦敦的 172 任市长里，有 158 人是移居伦敦的外地人。伦敦几千个大商人中，出生本市的不到 10%。[④] 这些商人与原籍有密切联系，有利于强化伦敦对各地工商业乃至全国经济的控制。

伦敦在 16、17 世纪控制了英国大部分对外贸易。1600 年，在有所缩减的情况下，仍占全国外贸总额的 75%。[⑤] 从事呢绒出口的"商人冒险家公司"取得出口呢绒专卖权，所有的国内呢绒出口须在伦敦布莱克威尔大厅批发给外贸商人。伦敦出口的短匹呢绒，从 1500 年的 5 万匹，增加到 16 世纪 40 年代的 10 万匹，最高达到 1550 年的 13.2 万匹。[⑥] 呢绒出口是全国出口总量的 2/3 甚至 3/4，最多时达 93%。[⑦] 谷物出口占全国的 40%。伦敦也是英国进口国外商品的主要口岸，占全国进口总量和总额的 4/5。[⑧] 进口货物包括普通生活品、高档消费品和奢侈品，以及国内工业所需的某些原材料。17 世纪 30 年代后期，每年从伦敦入关的烟草达 200 万磅以上。伦敦也是重要的国际转

① Francis Sheppard, *London, A History,* Oxford University Press, 1998, p.132.

② Peter Clark (ed.), *The Cambridge Urban History of Britain, Vol.2: 1540-1800,* p.323.

③ T. S. Willan, *The Inland Trade, Studies in English Internal Trade in the Sixteenth and Seventeenth Centuries,* Manchester University Press, 1976, p.101.

④ G. D. Ramsay, *Tudor Economic Problems*, London: Gollancz, 1963, p.110.

⑤ Stephen Inwood, *A History of London,* London: Macmillan, 1998, p.200.

⑥ Stephen Inwood, *A History of London,* p.196.

⑦ G. D. Ramsay, *The English Woolen Industry 1500-1750,* London: Macmillan Press, 1982, p.39.

⑧ L.W. Moffit, *England on the Eve of the Industrial Revolution,* London: King & Son, 1963, p.86, p.72.

运贸易中心，17世纪末从伦敦进口后再出口的货物总值，占英国再出口商品总值的4/5多。^① 不少伦敦商人还常年在国外直接进行转运活动。16、17世纪的世界市场上，到处都可找到伦敦商人的足迹。几乎所有的英国外贸商人和海外贸易商人都以伦敦为基地。从早期的羊毛出口商公司、商人冒险家公司，到16、17世纪的诸多殖民贸易公司，不仅其总部多设于伦敦，成员主要是伦敦人，其获得的巨大财富也多安放于伦敦。伦敦还吸引了不少外国商人。英国对外贸易逐渐由16世纪初的出口导向，转变为17世纪末的进口导向，这种变化使得伦敦商人取代了地方呢绒制造商的主导作用。他们通过发展伦敦的再出口业、提供船运和金融服务等来抵付进口，这样一来财富成倍增长，使得伦敦到1700年左右又从商业贸易中分离出一个新的金融商阶层。^②

这时的伦敦，好像是英国经济发展的枢纽点，一头联结着国内市场，一头联结着国际市场；或者说，英国经济主要通过伦敦而同国际市场对接。在国内，伦敦的经济辐射力和吸引力覆盖了全国城乡，全国范围内的发展与调节都有赖于伦敦。这一时期英国的社会经济变动，都差不多转化成了为伦敦发展服务。对外贸易和海外贸易的繁荣，使伦敦商人积聚了巨额财富；毛纺业创造的财富，也落入了控制产品出口的伦敦商人之手；全国大量的流动人口，成为伦敦人口增长的主要源泉，为其工商业发展提供了劳动力保证；各地致富的社会上层，纷纷云集伦敦。这两个世纪里伦敦人口膨胀性增长，从1520年的5.5万人，增加到1670年的47.5万人，^③ 一个半世纪增长近8倍；而全国总人口则最多增长1倍。因此还在17世纪初，英国国王詹姆士一世就大为感叹："伦敦真像一个佝偻小儿的硕大的头。"^④ 在某种意义上，16、17世纪整合的英国国内市场和经济体系，实则是财倾东南的伦敦经济体系。

不过，这一初步整合的国内经济体系虽然偏倚，但对英国经济成长的作用仍然重大。它打破了中世纪时代那种彼此隔绝的旧有经济格局，有利于地区

---

①   Francis Sheppard, *London, A History,* Oxford University Press, 1998, p.144.

②   Francis Sheppard, *London, A History,* p.130.

③   Peter Clark, *The Cambridge Urban History of Britain, Vol.2: 1540-1800,* p.197.

④   P. Burke (ed.), *The New Cambridge Modern History,* Vol.4, Cambridge University Press, 1971, p.72.

之间的联系和竞争，有利于物质和技术在更大的范围内交流，为后来的地区分工和经济专门化以及全国范围内更加紧密、更加平衡的经济整合奠定了基础。

三　1700～1850年：经济板块化与全国性整合

第三阶段从1700年到1850年左右英国工业革命完成。从17世纪末起，偏倚的全国经济体系开始出现改变趋向。这种趋向在于乡村工业使英格兰西北部成为英国经济的新增长极，工业革命在这一地区率先发生强固了这一增长极，打破了伦敦掠取全国的局面。西北地区很快成为英国工业最发达、经济水平最高的地区之一。而东南部的伦敦，则主要发展商业、国际贸易和金融业，成为英国的经济心脏，世界性的国际金融贸易中心。这样，19世纪初期的英格兰，其西北和东南形成了经济发达的两极，互为呼应；广大中间地区则在这南北两极造成的全国性经济整合中，变成两极间的过渡带，主要提供人力和农产品资源。作为两极的腹地或辐射区，它们亦承担着相应的生产分工。由此，英国经济不但在这一整合中达到了全国性平衡，而且各个地区也在新整合的全国体系中，根据自身区位和资源优势寻找准确定位，从而形成经济发展既有全国性整合、又有板块化特征的合理格局。从整体上看，英格兰明显呈现出一种"两极凸起、中间塌陷"的三大板块现象。

西部和北部一共出现了六个乡村工业区，即以曼彻斯特和利物浦为中心的兰开夏纺织区，以利兹为中心的西莱丁毛纺区，以伯明翰为中心的西密德兰"黑乡"铁器制造区，以设菲尔德为中心的"哈兰姆郡"铁器制造区，以纽卡斯尔为中心的达拉姆-诺森伯兰采煤工业区。此外，还有毗邻的东密德兰西北部纺织区。正是这些乡村工业区最终成了英国工业革命最先发生的地区。所以有学者认为工业革命发生本身就是一个乡村现象。[1]

1700年后，兰开夏是英国最主要的纺织区，包括了三个主要的纺织业区

---

[1]　N. J. G. Pounds, *An Economic History of Medieval Europe,* London and New York: Longman, 1994, p.288.

域。一是以曼彻斯特为原点，向东部和北部的乡村伸展，形成了一条 5～15 英里宽的棉麻混纺地带，经过博尔顿，通往北部的布莱克本。曼彻斯特四周的村庄几乎全部从事棉麻混纺工作。二是兰开夏西部和南部，大部分村庄以从事麻纺业为主，这一乡村工业区南连切郡，北接威斯特摩兰郡，以普雷斯顿为主要生产中心。三是兰开夏东部毛纺区，与约克郡西莱丁区相连，罗奇代尔是主要中心。兰开夏从事纺织业的乡村人口比例很大，一般还多于农业人口。个别乡村的纺织业人口比例高达 85%。[①]

西莱丁亦即约克郡西区，是 18 世纪英国最重要的毛纺区。1740 年生产呢绒达 10 万匹，1750 年为 14 万匹。[②] 整个 18 世纪里，英国毛纺品增长 150%，而西莱丁毛纺品在全国毛纺品中的比重由 20% 左右增加到 60% 左右，[③] 由此推算，1800 年西莱丁毛纺品产量应是 1700 年的 7.5 倍。西莱丁毛纺业大致分两个生产区：一是以利兹和威克菲尔德为中心的普通呢绒生产区；二是以哈利法克斯为中心的绒线呢和哔叽呢生产区。呢绒生产者主要住在乡下，即使到 19 世纪早年，乡村工业仍是该地区毛纺业的主体，英国政府特别委员会报告说："大多数织造者都住在村庄和孤立的住所里。"[④]

西密德兰"黑乡"铁器制造区也是著名的乡村工业区，以伯明翰为中心，包括斯塔福德郡南部和伍斯特郡东北部，以及沃里克郡相邻地带。17 世纪后期，该地区工商人口占总人口的 60% 以上，铁器制造业人员占总人口 1/3 强。[⑤] 18 世纪，该地区成为英国最大的煤铁工业区。制钉工业在达拉斯顿、西布罗米奇、塞奇利等村镇扩张。沃尔沙尔、伍尔弗汉普顿、温斯伯里和斯托布里奇等地，则生产金属器皿、刀刃工具和玻璃等。伯明翰原本生产铁钉和刀具，18 世纪这些部门转移到附近农村后，它在铜器、珠宝、珐琅、镀金银器、玩

---

① S. D. Chapman, *The Cotton Industry in the Industrial Revolution*, London: Macmillan, 1977, p.13.

② [法] 保尔·芒图：《十八世纪产业革命》，杨人楩、陈希秦、吴绪译，商务印书馆 1983 年版，第 42 页。

③ [法] Pat Hudson, *The Industrial Revolution*, London: Edward Arnold, 1996, pp.115-116.

④ [法] 保尔·芒图：《十八世纪产业革命》，第 396 页。

⑤ M.B. Rowlands, *Master and Men, in the West Midlands Metalmare Trades before the Industrial Revolution*, Manchester University Press, 1975, pp.18-25.

具、钮扣、搭扣等高档品和奢侈品生产上享有盛誉，还是枪支业生产中心。①

　　"哈兰姆郡"铁器制造区位于约克郡西南部，以生产刀剑而著称，同时也制造斧、锉、锤等生产工具。铁器制造在设菲尔德以及附近乡村广泛分布。

　　达拉姆–诺森伯兰采煤区以纽卡斯尔为中心。17世纪末期，该区采煤量达到整个英格兰产量的53.2%，18世纪末仍占全英格兰产量的40%左右。②由纽卡斯尔港口运出的"海煤"，抵达英国南部伦敦等地，成为17、18世纪英国东部沿海国内贸易的重要货物。

　　诺丁汉郡以织袜业著称。莱斯特郡的棉纺业及其工厂化趋向在18世纪颇有影响。而在德比郡，1717年托马斯和约翰·隆贝兄弟引进意大利技术及人员，在德比城郊德文特河畔所建水力丝织厂被认为是世界上第一个近代工厂。

　　乡村工业发展和集中的结果之一，是一大批新型城市涌现。它们具有许多新的品质，即经济功能的开放化、专业化、自由化。开放化，是指其产品主要面向国内国际市场，并对外地商人和外地产品进入本地不加任何限制。专业化，是指各城市在市场分工体系中承担特有的生产或交换功能，生产特色产品。自由化，是指市政不再对生产和交易活动进行控制，也没有行会之类的垄断组织。如当时就有人赞誉伯明翰："伯明翰极其光荣强大之源泉，人口增长经济昌盛之根由，就在于它是一个自由城市，城内没有任何来自个人或团体的阻碍。"③这种"放任自由"，是经济发展的必要前提。工业革命前兴起的这些新型自由城市，以曼彻斯特、利物浦、伯明翰、利兹、设菲尔德和纽卡斯尔为代表，是现代城市的最早萌芽，今天仍是英格兰除伦敦之外的最著名城市。

　　这些城市对农村具有强大的渗透与控制力。周围农村是它们的工商业腹地，是它们的直接经济领地，它们可以调动其一切因素来为自己服务。它们同周围农村结成了经济社会整体，形成了独立循环的经济运行圈。这五个乡村工业区加上东密德兰北部，在地理上是基本相连的，因而不但形成了较大的西北区域

---

① Pat Hudson, *The Industrial Revolution*, p.122.

② J. U. Nef, *The Rise of the British Coal Industry, Vol.1*, Frank Cass Co. Ltd, 1966, p.23.

③ P. Clark & P. Slack, *Crisis and Order in English Towns 1500-1700, Essays in Urban History*, London: Routledge, 1972, p.12.

性经济系统，而且往南与密德兰相联系，西面通过利物浦、东面通过赫尔港同国际市场对接，从而打破了伦敦在对外联系中的垄断。还因修建了运河网络而趋向整体化，逐渐形成一个区域性工业世界，成长为工业革命摇篮。由于较早进入工业化，西北地区经济水平迅速上升，过去偏倚的伦敦体系便被突破了。

英国各郡财富水平的变化反映了这一态势。表1-1"14至19世纪英格兰各郡地均财富水平排名变化"中的财富水平，是指单位面积土地上（每英亩）所产生的财富均量，不妨叫作地均GDP。该表显示，经过18世纪的发展，1803年东南部和西北部已占据了前10名中7个位置；到1843年工业革命完成时，东南和西北几乎包揽了前10名。西北工业区的核心区是兰开夏、沃里克郡、斯塔福德郡、伍斯特郡、约克郡。约克郡面积广袤，乡村工业只占1/3地域。即使将郡内西莱丁或"哈兰姆郡"单独考量，它们的经济总量及地均财富排位都能进入前10名。18世纪初征收财产税时北方尚是最穷地区，到1780年，奔尼山区及密德兰东北部的户均财富水平已高于全国，西密德兰仅低于东南部和东盎格利亚。[1]

由于西北部崛起，19世纪初的英格兰形成了经济发达的两极，或者发达的两大板块，即西北部工业区和东南部商贸区。东南区（伦敦及其东南）板块是英国的传统优势地区。伦敦在商业贸易方面的垄断虽然被打破，但其出口在18、19世纪仍然占全国一半以上。19世纪，伦敦还是英国的金融中心、世界最大的金融中心。1800年伦敦有将近100万人口，超过巴黎成为欧洲最大城市，10倍于英国第二大城市。

两极之外，再把偏远地区除开，大部分郡是两极之间的"中间地带"，从东部到西南，地理上连成一片，可以看成第三大板块。三大板块的经济水平差异极大。1843年，英格兰39个郡按地均GDP排名，前20名中，伦敦及附近（共3郡）有3个，西北（共10郡）有10个，中部（共20郡）有7个；前10名中，东南区3个，西北区6个，中部区仅1个。

东南和西北间的中间地带似乎在18、19世纪"坍塌"了。17世纪之前

---

[1]　John A. James, "Personal Wealth Distribution in Late Eighteenth-Century Britain", *The Economic History Review,* New Series, Vol. 41, No. 4 (Nov., 1988), p. 555.

的农业经济时代，中部是相对发达的。14 至 17 世纪的排名前 20 位中，中部（20 郡）总有 14～15 个郡；前 10 位中，中部占 7～8 郡；但 19 世纪的排名完全变了。中部地区包括南部西南部 7 个郡，密德兰 8 个郡，东部 5 个郡，曾在 15～17 世纪里各领风骚。南部南安普敦曾是最大外贸港口之一，15 世纪的外贸规模堪与伦敦匹敌。西部是英国最早的毛纺业中心，优质呢绒生产占全国一半以上，布里斯托尔出口呢绒有的年度还超过伦敦。密德兰是早期圈地运动的主要发生地。东盎格利亚是 16、17 世纪"新呢布"产地，17～18 世纪英国农业革命也是从这里开始的。然而它们最终都没能演变成工业革命的发动机，却成了东南和西北两极的辐射区，蜕变为工业原材料、生活资料、劳动力的输出地，经济地位大为降低。密德兰、西南部、东盎格利亚等地的中世纪繁荣景象，已成明日黄花。与伦敦和西北区厂房住宅密布的热闹景象相比，近现代的中部则田连阡陌，牧草青青，田园味十足。

四　英国经济板块化与全国性整合的特征与启示

19 世纪初英国形成的经济板块化及全国性整合，具有很多新质。这些新质为英国经济的长时段良性发展奠定了基石，因此其经济格局历经两个世纪而基本稳定。对其进行探讨性总结，对我国当前的经济板块化发展也有一定的启发借鉴意义。

首先，英国崛起时期的经济板块化和全国性整合，在地理上达成了一种平衡。这种平衡的意义有多方面。（1）不但改变了英国西部和北部的落后面貌，而且还有利于带动与西部和北部相连的威尔士和苏格兰的经济发展。（2）西北部的崛起，在地理上有利于英国在新兴大西洋贸易中具有更多优势。（3）有利于全国人口和财富均衡分布，减少过于集中伦敦和东南部所带来的种种隐患。（4）整合形成的国内市场体系，有利于广大中部地带诸多资源多方向流动，促使中部地带更好实现经济转型。

其次，英国中部的农业区虽然"坍塌"了，似乎落后了，但人均经济水平并不低。原因在于，一方面中间地带人口和劳动力向南北两个方向流动，本地反而地广人稀，由此本地居民拥有的资源和财富均量上升；另一方面，中部地带不再以工商业为发展重点，而是重新确立经济生长点。如东盎格利亚大力发展商品化粮食生产；伦敦北邻诸郡以向都市提供肉奶蔬菜为发展战略；西部地区则着力打造休闲、娱乐与度假基地，各得其所。虽然其地均 GDP 不高，但其人均富裕程度未见得比工业区低。如 1780 年，伦敦之外的最富裕地区是西南区和东盎格利亚，人均拥有财富量约高于全国平均水平 20%。[①] 至当代的 2004 年，若以整个英格兰人均 GDP 指数为 100，那么以农业为主的东密德兰（91.7）、东英格兰（96.2），比以工业为主的西密德兰（90.3）和西北区（89.9）还要高许多。[②]

再次，英国的经济板块并非是相互间分割隔绝，而是在全国市场体系和分工体系内，三大板块各自担负不同的经济角色。若按现代产业部门划分，伦敦以第三产业为重点，西北以第二产业为特色，中间地带则以第一产业为本业。三大板块间的联系是有机的、紧密的，并不存在从属关系。如伦敦商人开始移居各地，伦敦资本仍能向西北工业区扩展，兰开夏纺织制造商就从伦敦银行及商人那里获得短期和长期基金贷款。伯明翰的金属珠宝大量向欧洲、美洲和非洲输出，也多因借助了与利物浦、伦敦所建立的市场网络。[③] 密德兰的羊毛运到北方，东盎格利亚的粮食输往伦敦，再没有任何阻隔了。

经济板块化与全国性整合是互补的，并不是同一的。在板块化基础上实现全国性整合，必须具备一定的前提条件，必须合乎经济发展的理性规律。

其一，整合是以板块化为基础的，板块化的实质应是合理的地区性分工。英国崛起时期经济逐渐形成区域性特征，其实就是形成了生产的地区性分工态势。在分工中相互联系、相互协作，才能凝聚成全国性的经济整体。因此，各板块只有认识自身的资源和生产特质，才能在全国性分工体系和经济整合进程中找准恰当定位。

---

① John A. James, "Personal Wealth Distribution in Late Eighteenth-Century Britain", p. 555.

② Irene Hardill, *The Rise of the English Regions? Regions and Cities*, pp.105-106.

③ Put Hudson, *The Industrial Revolution*, pp.121-122.

其二，整合必须具备充足的条件和动力。促使英格兰的经济板块化及全国性整合的凝聚因素有许多，乡村工业发展是关键动力，还有资本流动、人员移徙、技术传播、交通条件改善、市场关系培育、城市转型、国家政策、国际贸易等。整合的社会背景还包括，封建关系的松弛对区域经济壁垒的打破，商品货币关系发展要求市场的统一和扩张，农业变革所导致的市场化倾向，参与国际市场要求有坚挺的国内经济凭靠，等等。

其三，整合必须是经济发展的自然结果和必然要求，而不是人为的强制。16、17世纪伦敦依靠特权强行整合的全国性经济体系，就不是一种自然结果，最终势必要被突破。伦敦的畸形膨胀是以全国财富及外贸功能的集中为代价的，严重损伤了其他地区的造血功能，造成了"大树底下不长草"的不良局面（这与我国某些地区何其相似）。当然，也不能反过来将已有经济中心的资源强行分散化、细碎化，这样难以形成强劲产业。

崛起时期英国的经济板块化和全国性整合是成功的，然而这一维系了两百年的传统格局目前似乎又受到了挑战。今日英国将第二产业大量向国外转移，西北区工业已颓势初现，以往生气勃勃的工厂如今萧条冷清，许多厂房破败或移作他用。英国中世纪晚期城市的衰落景象，恐怕又要在今天的曼彻斯特、设菲尔德等地重演了。

总结本章，还可以得出这样几点认识。（1）从中世纪分散落后的经济发展，到19世纪初实现实质性的良性的全国性整合，呈现出明显的三阶段。（2）中世纪落后状态的英国经济也是分散的经济格局，在国际经济体系中几乎没有竞争力。（3）16、17世纪英国以伦敦为聚核，形成了统一的国内市场和民族经济体系，这在整体上提高了英国经济水平，增强了英国经济的国际竞争力，但伦敦实际上又吸走了地方上发展经济的大量资源，从而形成全国经济发展的偏倚状态。（4）如果这种偏倚得不到改变，伦敦以商为主的经济导向，也可能会使英国走威尼斯或荷兰那样的老路。（5）西北工业区崛起不但使英格兰经济出现了两极的平衡，而且还率先进行工业革命。英国工业革命的摇篮是西北区，而不是伦敦。（6）在两极之外，中间地带虽然经济水平和经济地位下降，但在找准定位后，其生存和发展也能适得其所。

附:

表 1-1 14 至 19 世纪英格兰各郡地均财富水平排名变化

地区	郡名	年份							
		1332	1453	1503	1636	1660	1693	1803	1843
东南区	伦敦（密德尔塞克斯）	1	1	1	1	1	1	1	1
	萨里郡	22	23	22	18	15	2	2	3
	肯特郡	9	11	13	14	4	9	11	6
西北工业区及附近	兰开夏	37	35	35	36	35	35	3	2
	沃里克郡	16	10	17	19	20	12	5	4
	斯塔福德郡	27	28	29	32	33	30	16	5
	伍斯特郡	26	26	26	16	13	14	7	7
	切郡	—	—	—	32	32	28	9	9
	莱斯特郡	18	18	18	7	18	15	6	10
	达拉姆郡	—	—	—	36	36	36	27	13
	诺丁汉郡	19	20	10	21	28	24	21	14
	德比郡	29	31	31	30	31	32	26	16
	约克郡	31	30	32	33	34	34	18	20
中间地带	萨默塞特郡（西南）	23	15	16	9	10	13	4	8
	格洛斯特郡（西南）	8	14	12	20	23	21	10	11
	威尔特郡（西南）	12	7	7	12	22	20	22	32
	德文郡（西南）	34	32	33	28	25	26	28	24
	多塞特郡（西南）	21	21	20	13	21	23	30	36
	赫特福德郡（中）	11	16	14	2	5	3	8	12
	牛津郡（中）	2	2	2	17	16	8	14	15
	北安普敦郡（中）	14	12	3	5	11	11	15	21
	白金汉郡（中）	17	19	19	4	9	4	12	25
	贝德福德郡（中）	5	5	5	3	3	5	17	26
	伯克郡（中）	7	4	4	6	14	6	19	18
	亨廷顿郡（中）	10	8	9	8	12	16	31	29
	拉特兰郡（中）	4	6	6	11	7	22	20	30
	林肯郡（中）	6	13	11	30	30	27	32	31
	剑桥郡（东）	13	9	8	23	19	19	33	17
	埃塞克斯郡（东）	20	25	23	15	6	7	13	19
	萨福克郡（东）	15	17	15	10	2	10	25	23
	诺福克郡（东）	3	3	21	25	17	18	24	27
	苏塞克斯郡（南）	25	24	24	29	8	27	37	22
	汉普郡（南）	24	22	25	26	24	25	29	33
	什罗普郡（西）	30	29	30	27	29	33	23	28
边远地带	康沃尔郡（西南）	33	33	34	24	27	31	35	34
	赫里福德郡（西）	28	27	28	22	26	29	34	35
	诺森伯兰郡（北）	36	36	36	—	38	37	36	37
	坎伯兰郡（北）	32	37	37	36	39	39	38	38
	威斯特摩兰郡（北）	35	34	27	34	37	38	39	39

注：数据来源于 E. J. Buckatzsch "The Geographical Distribution of Wealth in England, 1086-1843: An Experimental Study of Certain Tax Assessments"。

表 1-2　2004 年英格兰各区域人均 GDP 指数（以英格兰为 100）

区　域	面　积 （平方公里）	所包含的郡（按中世纪区）	人　口 （百万）	人均 GDP 指数
伦　敦	1,572		7.4	156.2
东北区	1,857	诺森伯兰、达勒姆	2.5	76.1
西北区	14,106	兰开夏、切郡、威斯特摩兰、坎伯兰	6.8	89.9
约克郡	15,408	包括亨伯尔	5.0	86.2
东密德兰	15,697	林肯、诺丁汉、德比、北安普顿、莱斯特、 拉特兰	4.3	91.7
西密德兰	12,998	斯塔福德、沃里克、伍斯特、赫里福德、 什罗普	5.3	90.3
东部区	19,110	诺福克、萨福克、埃塞克斯、剑桥、 赫特福德、亨廷顿	5.5	96.2
东南区	19,069	肯特、苏塞克斯、萨里、伯克、牛津、 汉普、白金汉	8.1	109.9
西南区	23,837	德文、威尔特、格洛斯特、康沃尔、 多塞特、萨默塞特	5.0	89.0
全英格兰	130,281		50.81	100.00

资料来源：Irene Hardill, *The Rise of the English Regions? Regions and Cities,* London, Taylor & Francis Routledge, 2006, pp. 105-106.

第二章
区域性发展与全国性整合进程中的城市

就对城市发展史的研究而言，首先有必要区分城市化和城市现代化这两个概念。城市化是指越来越多的乡村地区变成城市，或者说一个国家或地区的城市人口越来越多。这样的城市化过程，在世界各个国家的各个文明时代都有，譬如古代中东、古代中国和中世纪欧洲。而城市现代化则意味着城市的经济和社会具有现代性，这一过程开始于英国的工业革命。城市化和城市现代化进程在当今世界的发展中国家仍在进行着。本章主要集中讨论与英国城市现代化相关的问题，虽然它也与城市化问题密切相关。

学术界普遍认为，在 11 至 13 世纪中世纪城市兴起到 18 世纪后期和 19 世纪"二次城市革命"之间，欧洲城市发展史上存在着一个沉寂时期。也就是说，从 14 世纪至 18 世纪前期，欧洲很少出现新的城市，原有城市也很少见到规模上的扩大。那么，量上的变化是如此之小，质上的变化又如何呢？本章试图探讨 1500～1750 年即近代早期英国城市性质的变化，认为它们越来越具有现代品质。从某种程度上说，这一时期可以看作英国城市走向现代化的准备阶段。这一准备主要表现为两个方面：老城市的转型和新城市的兴起。

一 1500 年的英国城市

16 世纪开始的时候，若用当时的"发达国家"标准来衡量，英格兰仍是一个"欠发达国家"。那时欧洲的"发达国家"有意大利、低地国家、法国和南德意志等。同样，英国的城市化水平也远低于大陆欧洲国家。英国城市兴起较晚。虽然罗马不列颠时代已有伦丁尼、科尔切斯特等城市，虽然盎格鲁萨克森时期也出现了一些工商业中心，但英国城市的普遍兴起是在诺曼征服之后，12～13 世纪达到了高潮。到 1500 年时，英国的城镇总数达到了 800 个左右（按照《剑桥英国城市史》的估计，英格兰、苏格兰和威尔士从中世纪承续下来的城镇为 800～900 个；① 在琼·瑟斯克主编的《英格兰和威尔士农业史章节选》中，英格兰拥有市场的城镇即所有的城镇被统计为 742 个，见表 2-1。② 克拉克和斯莱克认为，16、17 世纪英格兰有多至 700 个数目的城市不算夸大；格里高利·金和约翰·亚当斯分别提出 17 世纪末英格兰有 795 个和 780 个城市；乔克林认为 1700 年时，英格兰的人口在 400 至 500 以上的城市有 600 个左右③），但城市人口在英国总人口中占的比例很低。

各地城镇的规模都很小，除了伦敦外，在英国任何城市步行都只需两三个小时就能走遍全城。④ 绝大部分英国城镇的人口不到 1,500 人。⑤ 即使英国最重要的城市伦敦，无论是在财富拥有上还是在人口规模上，以及在政治和文化影响上，都不能与同时期欧洲大陆的那些特大城市相比，它大致与维罗纳或苏黎世处在同一行列，⑥ 只能算作欧洲的二流城市。

---

① Peter Clark (ed.), *The Cambridge Urban History of Britain, Vol.2: 1540-1840*, p.30.

② Joan Thirsk (ed.), *Chapters from the Agrarian History of England and Wales, 1500-1750, Vol. 4: Agricultural Markets and Trade, 1500-1750*, pp.17-24.

③ [英] 彼得·克拉克、保罗·斯莱克：《过渡期的英国城市 1500—1700》，薛国中译、刘景华校，武汉大学出版社 1992 年版，第 7—8 页。

④ 即使现代还是如此。笔者曾于 2003～2012 年在英国实地考察了 40 多个大中城市，一个突出印象是，除伦敦外，英国城市的市中心（city centre）比较小，它主要包括商业、娱乐和行政机构设施，与居民区截然可分。一般来说，用两个小时左右的时间就可以步行走遍整个市中心。

⑤ Richard Holt and Gervase Rosser (eds.), *The English Medieval Town, A Reader in English Urban History 1200-1540*, London and New York: Longman, 1990, p.1.

⑥ D. C. Coleman, *The Economy of England 1450-1750*, Oxford University Press, 1982, p.48.

表 2-1 英格兰各郡拥有市场的城镇分布情况（1500～1640 年）

郡　名	城市数量	郡　名	城市数量	郡　名	城市数量
埃塞克斯	27	白金汉郡	15	伯克郡	12
北安普顿	15	贝德福德	10	达拉姆	7
德比郡	10	德文郡	45	多塞特	21
格洛斯特	34	汉普郡	21	赫里福德	9
赫特福德	20	亨廷顿郡	8	剑桥郡	8
坎伯兰	16	康沃尔	25	肯特郡	33
拉特兰	2	兰开夏	31	莱斯特	13
林肯郡	37	密德尔塞克斯	6	牛津郡	13
诺丁汉郡	9	诺森伯兰	8	诺福克	31
切郡	13	萨福克	33	萨里郡	10
萨默塞特	39	什罗普郡	18	斯塔福德	19
苏塞克斯	21	威尔特	23	威斯特摩兰	8
沃里克郡	17	伍斯特	11	约克郡	54

1500 年左右，英国城市发展仍处在中世纪水平上，具有这样一些传统特点：

（一）没有形成一个全国性的城市体系。虽然从规模上看，城市可分成中小城镇、地方城市、伦敦三个层次，但城市之间的联系和交往并不很多，也未以城市间联系网络为骨架形成有机的国内市场体系。各个城市都在相对孤立隔绝的状态下发展着，只有一些小的市场网络联结着某些城市，这些各自分立的地区性城市网络都是松散型的，更没有被整合成全国性的。较为典型的松散的地区性城市网络包括：以伦敦为中心的东南部地区城市网络；以布里斯托尔为中心的西南部各郡城市网络；东盎格利亚地区城市网络；以考文垂、莱斯特、诺丁汉、林肯等为骨干的密德兰城市网络；以约克为中心的北方城市网络。

（二）大多数城市的主要经济功能是为周围农村以及城市自身服务的，因此，它们在自己所深深植根的农村地区只能算是一个功能齐全的中心地，只有伦敦有所例外。^①总的来说，每个城市与其周围地区组成了一种经济社会圈，这个圈表现出强烈的乡村基调。虽然城市是这个圈的中心，但它同邻近农村的经济联系是表层次的，它只是一个地方手工业品与剩余农产品相交换的市场地、周围农村剩余农产品相互交换的市场地而已。"城市被融进乡村社会结构这一点，被中世纪英国城市的另一个突出特征所强化，这就是城市行业的不发达特性。"^②这种不发达特性，指的就是城市大多只需维持满足周围乡村较低生活需求的手工行业和服务行业，而缺乏生产高档手工业消费品和奢侈品的行业。

（三）英国城市的经济腹地在范围上都很有限，一个市镇辐射区域的半径通常为 7 至 11 英里，以一个农民在一天内能够往返市场为限。地方郡城的影响范围通常是一个郡，一些区域性的工商业中心如布里斯托尔、考文垂和约克，其经济影响力能达到两三个郡。即使伦敦的经济影响范围也只是在近畿诸郡，很难到达北方、密德兰大多数郡，甚至对西部各郡以及东盎格利亚地区影响也很小。大部分城市市民的原籍也离城市很近。如爱汶河畔的斯特拉福（莎士比亚的故乡），建城最初的五十年即 13 世纪前期，所吸引的移民全是来自半径 16 英里以内地区。西密德兰地区所有城市里的人口绝大多数来自 30 或 40 英里以内。13 世纪中叶前伦敦人主要来自近畿诸郡和东南部，以后则多来自密德兰和东盎格利亚。^③

（四）每个城市都有一个传统市场区域，从国王或领主手中获得的城市特许状，给了它们商业垄断特权。有的手工业行会甚至还抛开市政，直接从国王手中取得特许状，以维护其对行业的垄断。城市市场一般不向外地商人和外地商品开放。只有几个海港城市维持着同国外市场或其他英国港口的松散联系，主要出口羊毛一类的原料、毛织品和谷物等地方产品。

---

① John Patten, *English Towns 1500-1700,* Folkestone: Wm Dawson & Sons Ltd, 1978, p.148.

② R. Holt and G. Rosser (eds.), *The English Medieval Town, A Reader in English Urban History 1200-1540,* p.1.

③ Susan Reynolds, *An Introduction to the History of English Medieval Towns,* p.70.

二 中世纪老城市的转型

从 15 世纪中期到 16 世纪中期，几乎所有较大的英国地方城市都经历了一个危机时期。但是，危机也给老城市提供了一个机会，来改造它们从中世纪带过来的传统品质。因此，"16 世纪见证了中世纪城市在各个基本方面的转型"[①]。在 1500 年至 1750 年这一时期里，它们的经济向着三个方向发展：（1）商业化；（2）开放化；（3）专门化。

英国城市体系中有三类城市：中小城镇、地方重要城市、首都伦敦。英国中世纪城市向现代城市的转型，或多或少都是沿着这三个方向进行。

（一）中小城镇

英格兰大约有 600～650 个城市属于这一类。1500 年左右时，这些中小城镇的人口一般都在 1,000 人以下；18 世纪早期时，中小城镇的人口一般都增长至 2,000 人以下。有的小城镇人口甚至只有 500 人左右。它们大多数是小市镇（market town），在全国广泛分布。一个明显的特点是，越是大中城市较少的郡，中小城镇的数量就越多。

这一时期，这些中小城市的经济变化发生在许多方面。在商业上，一个小城市通常是地方市场的中心和对外联系窗口，向外地市场转运像谷物羊毛之类本地产品，将一些生活必需品运入本地市场。因此一个城市往往是地方产品和外地商品在本地区的集散中心。例如，牛津郡班伯雷的"星期四市场"就划分为好几个分区：牛市、羊市、马市、麻市、鹅市、谷市等。[②]伊丽莎白统治时期，亨廷顿郡的圣内奥茨是一个大麦专业市场，负责将邻近贝德福德郡、剑桥郡和亨廷顿郡所生产的大麦转运至伦敦和其他外地市场。约克郡的但卡斯特是英格兰最大的羊毛市场之一。17 世纪后期，格洛斯特郡的图克斯伯里是当地针织产品的主要汇集中心，将其转运至格洛斯特城或布里斯托

---

①   R. Holt and G. Rosser (eds.), *The English Medieval Town, A Reader in English Urban History 1200-1540,* p.2.

②   John Patten, *English Towns 1500-1700,* p.204.

尔。[①] 16 和 17 世纪里，零售行业如小旅馆、小商店在这些城市普遍发展起来。

至于小城市服务功能的变化，表现在为地方服务的越来越多的行业出现，城市和周围农村原来比较松散的联系现在变得越来越紧密。许多高档次的行业也从大城市逐渐渗透到小城市，例如药商、书商。[②]

在手工业方面，乡村工业地区的小城市生产出毛织品、铁钉等特色产品供应国内外市场，它们变成了"单一型"手工业城市，例如西部地区的奇平康普敦、图克斯伯里、纽伯利，东盎格利亚的拉文翰、沃斯特德，是毛纺业城市；西密德兰的达德利、沃尔沙尔和伍尔弗汉普顿是制铁工业城市。

（二）地方城市

英格兰大约有 80～100 个左右的地方城市，每个郡至少一个。一个地方城市的人口一般在 2,000 人以上，有些地方中心城市人口在 1 万人以上，如布里斯托尔、诺里奇、约克、纽卡斯尔和埃克塞特等。表 2-2 是对 16、17 和 18 世纪某些地方城市人口的一些估计。[③] 表 2-3 是"1524～1525 年城市补助税征收排行表"，内中显示了 16 世纪英格兰城市纳税前 100 名。它反映了各个城市工商阶层人数的多寡、拥有财富的多少、重要性的高低，也间接反映了这些城市的人口规模排序。

地方城市一般都是一个郡或一个区域的工商业中心，具有"混合型经济"特点。这些城市行业的数量和类型逐渐地增加，而且逐渐地更加专业化和高档化。例如在约克这个英格兰北方最大的城市，出现了各种新行业，包括书籍装订工、书商、煮皂工、烟杆制作工、钟表工、衣柜制作工、舞师、音乐师等等。这些行业的发展表明城市生活舒适甚至奢侈标准的提高，也表明其与外部世界联系的加强。更重要的是，城市过去那种面向乡村的服务功能型经济，或乡村引导型经济，正在向一种新的城市引导型经济转变。

---

① 　J. Thirsk (ed.), *The Agrarian History of England and Wales, Vol. 4: 1540-1640*, Cambridge University Press, 1967, pp.502-503.

② 　John Patten, *English Towns 1500-1700*, p.169.

③ 　主要根据 John Patten, *English Towns 1500-1700*, p.100, p.103, p.106, p.109 之材料整理编制；18 世纪人口数据主要来自 C. M. Law, "Local Censuses in the 18th Century", *Population Studies*, Vol. 23, No. 1 (Mar., 1969), pp. 87-100.

表 2-2 16～18 世纪英国地方城市人口

城市	年份	人口	年份	人口	年份	人口
莱斯特	1509	3,000	1660	5,000	1785	12,784
奇切斯特	1520	2,000			1700	3,000
约克	1548	8,000	1650	12,000		
格洛斯特	1563	4,068	1670	5,397	1743	5,211
伍斯特	1563	4,250	1646	8,300	1779	13,104
北安普敦	1570	3,500	1676	4,500	1746	5,136
南安普敦	1596	4,200	1697	3,000	1757	3,297
布里斯托尔	1600	12,000	1660	16,000	1760	60,000
诺丁汉	1600s	3,540	1670	3,328	1779	17,711
诺里奇	1524	8,000	1670	20,000	1752	36,169
金斯林	1524	4,500	1670	9,000	1700	5,000
大雅茅斯	1524	4,000	1670	10,000	1784	12,608
伯里圣爱德蒙	1524	3,550	1670	6,200	1700	5,000
伊普斯维治	1524	3,100	1670	7,900	1700	8,000
索尔兹伯里	1520s	7,000	1630	6,800	1775	6,856
坎特伯雷	1520s	7,000	1650	6,000	1676	7,431
埃克塞特	1520s	7,000	1688	13,000		
纽卡斯尔	1520s	6,000	1660	12,550		
科尔切斯特	1520s	7,000	1660	10,305		
剑桥	1520s	4,000～5,000	1670	9,000	1700	10,000
利奇菲尔德	1520s	2,000～3,000			1781	3,771
林肯	1520s	4,000～5,000	1626	4,100		
温切斯特	1603	3,000	1670	3,100		
切斯特	1520s	3,000～4,000	1660	7,600	1774	14,713
沃里克	1563	2,000	1676	3,300		
牛津	1520	5,000	1676	9,000	1751	8,292
赫里福德	1520s	4,000～5,000			1757	5,592
施鲁斯伯里	1520s	3,000～4,000			1750	8,141
考文垂	1520s	6,000			1749	12,117
波士顿	1563	2,000			1778	5,476
德比	1563	2,500			1788	8,563
里丁	1520s	4,000～5,000				
圣阿尔班斯	1520s	4,000～5,000				
达拉姆	1520s	3,000～4,000				
纽伯里	1520s	3,000～4,000			1768	3,732
斯塔福德	1563	1,200				
贝德福德	1563	1,000				
赫尔			1650	6,000	1792	22,286
多佛尔			1650	3,000	1780	8,000
赫特福德			1676	1,670	1747	2,660
肯达尔			1676	2,193	1793	8,089

表 2-3 1524～1525 年城市补助税征收排行表（英镑）[①]

1. 伦敦 [无具体数字]		35. 剑桥	97	68. 布鲁顿	55
2. 诺里奇	749	36. 圣阿尔班斯	95	69. 卢顿	55
3. 布里斯托尔	479	37. 温莎	94	70. 惠特尼	55
4. 泰因河上纽卡斯尔		38. 多佛尔		71. 阿宾顿	54
5. 考文垂	448	39. 北安普敦	91	72. 蒂弗顿	53
6. 埃克塞特	441	40. 陶顿	86	73. 吉尔得福德	52
7. 索尔兹伯里	411	41. 温切斯特	86	74. 德韦泽斯	50
8. 金斯林	302	42. 达拉姆		75. 莫得伯雷	50
9. 伊普斯维奇	282	43. 马尔博罗	85	76. 沙克斯特德	49
10. 坎特伯雷	269	44. 普利茅斯	85	77. 戈戴尔明	48
11. 约克	230	45. 亨廷顿	82	78. 巴斯	45
12. 里丁	223	46. 奥特里圣玛丽	79	79. 伍德布里奇	45
13. 科尔切斯特	204	47. 多切斯特	77	80. 怀蒙得哈恩	45
14. 伯里圣爱德蒙	180	48. 贝索尔斯	74	81. 上怀康姆	44
15. 拉文翰	180	49. 克列迪顿	74	82. 彼得博罗	44
16. 伍斯特	171	50. 马尔顿	72	83. 韦斯比治	44
17. 梅德斯通	169	51. 巴辛斯托克	67	84. 刘易斯	43
18. 托特内斯	144	52. 巴尔京	66	85. 格拉斯顿伯里	42
19. 格洛斯特	134	53. 朗默尔福德	65	86. 泰晤士河上亨利	41
20. 雅茅斯	125	54. 奇切斯特	63	87. 顿尼治	40
21. 拉伊 [估计]		55. 科利顿	63	88. 斯帕尔丁	39
22. 赫里福德	124	56. 泰晤士河上金斯敦	62	89. 巴恩斯特普尔	38
23. 切斯特及周围		57. 格雷夫森德	61	90. 东德里翰	38
24. 林肯	124	58. 萨夫戎瓦尔敦	61	91. 埃勒斯伯里	37
25. 纽伯里	121	59. 萨德伯雷	61	92. 克罗伊登	37
26. 波斯顿	111	60. 韦尔斯	61	93. 波德敏	37
27. 哈德雷	109	61. 卡尔隆普顿	60	94. 利奇菲尔德	36
28. 赫尔	108	62. 沙夫特斯伯雷	60	95. 纽瓦克	36
29. 莱斯特	107	63. 法恩翰	59	96. 埃尔斯翰	34
30. 牛津	105	64. 耐伊兰	59	97. 欧恩德尔	34
31. 施鲁斯伯里	101	65. 沃尔辛翰	58	98. 圣内奥茨	34
32. 南安普敦	101	66. 赛伦赛斯特	58	99. 塞特福德	34
33. 斯坦福德	100	67. 阿尔顿	55	100. 伯尔福德	33
34. 贝弗利（低估）	63				

---

① D. M. Palliser (ed.), *The Cambridge Urban History of Britain, Vol. 1: 600-1540*, Cambridge Histories Online: Cambridge University Press 2008, pp.765-767.

16 世纪里，许多地方港口城市原有的对外贸易特权被伦敦褫夺了，特别是在毛纺品出口贸易方面。例如，像德文郡和约克郡这样一些地方的呢绒出口贸易就掌握在伦敦商人手中，比起埃克塞特和约克的地方商人来，他们更能得到用于交换呢绒的大陆商品。[①] 16 世纪 40 年代，地方港口出口呢绒的总量全部加起来也不足 15,000 匹，而伦敦出口的呢绒则达到将近 10 万匹。17 世纪早期，地方港口重新获得了呢绒出口权，因此到 1640 年时，地方港口出口的短匹呢绒总量增加到了 4 万匹，而伦敦则下降到了 87,000 匹。[②]

有些地方大城市经济走向了专门化。例如诺里奇变成了一个纺织业城市，在 16 世纪后期和 17 世纪早期以生产"新呢布"而著称。1670 年，它成为最大的地方城市，人口超过了 2 万。布里斯托尔再次成为贸易城市，在 17 世纪后期和 18 世纪作为大西洋贸易和爱尔兰贸易的港口城市出现，18 世纪中叶成为英国第二大城市，人口超过了 6 万。约克城根据附近西莱丁区毛纺织业发展的条件，发展了服装业和皮革业。诺丁汉成为织袜业的中心。纽卡斯尔成为"海煤"贸易港口。

有些地方城市的服务功能也越来越强化。如 17 世纪早期，约克就有了各种专业化的服务业。1510 年，该城仅一家书商就运进了宗教祈祷书 1,200 多册。城里有许多医生、金饰匠、赛马场和斗鸡场，主要为满足进城乡绅的需要。1577 年，该城的小旅店占全郡的 1/3。17 世纪中期，该城至少有 70% 的劳动者为消费者的需要提供服务。而诺里奇则在 16 世纪正成为"令人注目的消费中心——小伦敦"。埃克塞特之所以著名，是因为"一方面是绅士和佳宾如云，另一方面是商业和制造业林立"[③]，城市对周围地区的服务功能极强。

更重要的是，所有这些城市都可与其他城市自由地进行商业往来。有的

---

① David Nicolas, *Urban Europe, 1100-1700,* Palgrave Macmillan, 2003, p.61.

② P. Kriedte (ed.), *Peasants, Landlords and Merchant Capitalists, Europe and the World Economy, 1500-1800,* Cambridge University Press, 1984, p.35.

③ [英] 彼得·克拉克、保罗·斯莱克:《过渡期的英国城市 1500—1700》，第 54—55 页。

城市之间还签订了互为通商协议。城市垄断的市场和商业势力范围现在都向国内外商人开放。到外地城市经商被认为是天经地义的事情，不应该遭到当地城市排斥，于是便有商人抗议所去城市排挤他们的申诉。[①] 商业活动的自由化，是城市经济现代化最重要的表征之一。

（三）伦敦

从 1500 年到 1750 年，伦敦的发展非常之快。在这一时期里，它的人口增加了 10 倍以上。1700 年，伦敦是西欧最大的城市，几乎是英格兰第二大城市人口的 20 倍!

表 2-4 16～18 世纪伦敦人口估计[②]

年份	人口	年份	人口	年份	人口
1500	50,000	1550	100,000	1600	200,000
1650	400,000	1700	575,000	1750	675,000

有研究者指出，英国在 16 世纪前期的经济发展，主要基于伦敦—安特卫普贸易轴心的建立和繁荣。这就解释了在这一时期为什么英格兰南部特别是东南部成为一个越来越富、越来越活跃的地区，吸聚着全国的人口、物资和贸易。许多地方港口小商人发现自己已不能同越来越富的、有势力的伦敦商人展开竞争。于是，布里斯托尔这个重要老港口的贸易衰落了。同样的厄运也降落到像赫尔、波士顿和桑德维奇等港口，即使某些发展了新贸易项目（如供应伦敦急剧增长人口的沿海煤炭贸易和粮食贸易）的城市也未能幸免。[③] 因此 1543 年，伦敦所交纳的世俗补助税，等于其他所有地方城市所纳补助税的总和。[④]

---

① H. E. Fisher and A. R. J. Jurica, *Documents in English Economic History: England from 1000 to 1760,* London G.Bell & Sons Ltd, 1977, p.256.

② E. A. Wrigley, "A Simple Model of London's Importance in Changing English Society and Economy 1650-1750", *Past and Present*, No. 37 (Jul., 1967), pp. 44-70.

③ Carlo M. Cipolla, *Before the Industrial Revolution: European Society and Economy 1000–1700,* London: Routledge, 2007, p.204.

④ 参见 [英] 彼得·克拉克、保罗·斯莱克:《过渡期的英国城市 1500—1700》，第 9 页。

依靠从国王那里取得的特权，伦敦控制了英国出口贸易的 80% 以上，特别是在羊毛和呢绒出口贸易上。16 世纪 30～70 年代，从伦敦港出口的呢绒占全国呢绒出口总量的 3/4 以上。[①] 个别年份更高，如 1559 年，呢绒出口关税的 93% 是从伦敦港取得。[②] 17 世纪中叶，从伦敦出口的谷物占全国谷物出口总量的 40%。[③] 伦敦也是英国主要的进口贸易港口，占全国进口贸易总量和总值的 4/5 左右。[④] 伦敦还是英国国内贸易市场体系中最大的集散中心。并且，正是伦敦将英国国内市场领向国际市场或世界市场网络。

除了经济功能，伦敦作为英国政治、文化、社会中心的地位也在进一步加强。相对于其他城市而言，伦敦具有王国政治之都的中心地位，是英国中央政府机构所在地、全国的司法中心，也是最大的宗教中心和文化教育中心。由于人口的急剧膨胀，英国社会上层聚集于伦敦，伦敦因此也是国内最重要的社会生活中心，其服务业特别发达。例如 1704 年，伦敦光是药剂师就有 1,000 人之多，比 1500 年大约增加了 10 倍。[⑤]

16、17 世纪里，英国城市体系形成了。地方城市是这个全国城市体系的网结，这个城市体系是英国民族经济体系的骨架。位于城市体系顶端的伦敦，成了民族经济的核心，聚集着全国大量的财富，吸引着来自全国各地的有进取心的人们。例如，在 1480～1660 年期间伦敦的 172 个市长里，有 158 人是来自全国各地的移民。伦敦数千个最富有商人中，出生于伦敦的比例不到 10%。[⑥] 表 2-5 显示了伦敦许多公会的学徒主要是来自伦敦以外地区，而籍贯为伦敦的学徒比例很小。

---

① G. D. Ramsay, *The English Woolen Industry 1500-1750*, p.39.

② David Nicolas, *Urban Europe, 1100-1700*, p.16.

③ L. W. Moffit, *England on the Eve of the Industrial Revolution*, London: King & Son, 1963, p.86.

④ L. W. Moffit, *England on the Eve of the Industrial Revolution*, p.72.

⑤ [英] 彼得·克拉克、保罗·斯莱克：《过渡期的英国城市 1500—1700》，第 69 页。

⑥ G. D. Ramsay, *Tudor Economic Problems*, p.10.

表 2-5　1630～1660 年伦敦某些公会的学徒籍贯（各地区之比例）[1]

公会名称	学徒数量	伦敦	近畿诸郡	密德兰	北部	东部	南部和西部	籍贯不清
盔甲匠公会	399	21.30	20.80	28.82	12.03	2.25	11.52	3.28
面包师公会	1,049	6.51	28.51	32.63	12.37	2.96	14.06	2.96
外科医师公会	374	24.33	23.53	22.19	12.03	5.39	8.82	3.71
屠宰匠公会	390	12.56	22.31	36.66	10.00	4.10	13.84	0.53
木工公会	528	12.31	22.53	34.84	9.84	1.32	15.34	3.82
铸造工公会	255	17.32	14.44	22.74	18.93	5.88	13.72	6.97
细木工公会	1,709	16.21	24.62	32.70	10.06	2.04	10.59	3.78

从某种程度上说，伦敦将整个英国当成了自己的"经济领地"；或者说，英国各地都变成了伦敦的腹地。换句话说，16、17 世纪英国形成的民族经济体系就是伦敦经济体系。伦敦变成了世界上最大、最繁忙、最富有的都市。"一个人若厌倦了伦敦也就是厌倦了生活，因为伦敦提供了所有的生活。"[2]

三　新城市的兴起

从 1650 年左右开始，一些新城市在英国逐渐兴起。它们大多数位于英格兰的北部和西部地区，处在自布里斯托尔海峡至沃什湾一线以北地带。主要的新城市有伯明翰、曼彻斯特、利物浦、利兹和设菲尔德。它们可称为"后中世纪"城市，几乎没有中世纪时代的城市传统和制度。[3] 表 2-6 显示了 17 和 18 世纪一些主要新城市的人口增长。

我们可将利物浦作为这些新城市的样本来分析。利物浦在 16 世纪的爱尔兰贸易中极为重要。17 世纪，利物浦从法国进口盐和红酒，从西班牙进口铁和盐。利物浦依靠这些贸易生存下来了，却并没有繁荣起来，仍然非常小。但是从 17 世纪中叶开始，这两项贸易和整个城市都飞速发展。1650 年，利物浦只有 6 条街；1667 年达 11 条街；1677 年，18 条街；1697 年，28 条街；

---

[1]　John Patten, *English Towns 1500-1700*, p.240.

[2]　Carlo M. Cipolla, *Before the Industrial Revolution: European Society and Economy 1000-1700*, pp.212-213.

[3]　John Patten, *English Towns 1500-1700*, p.82.

1708 年，34 条街；1708 至 1725 年间，又建了 16 条街。利物浦新的繁荣主要基于它从 17 世纪 60 年代后期起进入了北美和西印度贸易，基于它分发大西洋贸易商品包括奢侈品，供应它的腹地兰开夏日益富裕的乡村工业人口。[①]

表 2-6 16～18 世纪英国主要新城市的人口估计[②]

城市	年份	人口	年份	人口	年份	人口	年份	人口	年份	人口
伯明翰	1520s	1,000	1603	2,000～3,000	1660s	6,000	1770	30,804	1801	73,000
利兹	1550s	3,000	（全教区）		1626	5,000～6,000	1775	17,117	1801	53,000
利物浦	1565	700	1642	2,000～2,500	1708	7,000	1773	34,407	1800	82,000
曼彻斯特	1550s	2,000	1700	5,000	1773	36,250	1788	42,821	1801	84,000
设菲尔德							1736	14,105	1801	46,000

总的来看，这些新城市的兴起是乡村工业发展即所谓"原工业化"的结果。乡村工业发展集中在一地的趋势，导致了它们的出现和成长。如此，伯明翰成长于"黑乡"制铁工业区；曼彻斯特和利物浦兴起于兰开夏棉纺工业区；利兹出现于西莱丁毛纺工业区；设菲尔德出现于约克郡西南部的"哈兰姆郡"制铁工业区。

这些新城市有许多新的品质，包括：（1）经济专门化；（2）面向外来商人和国内外市场开放；（3）可以自由地从事工商行业；（4）新的工业组织，等。

笛福曾在他的《游记》中说，伯明翰专门生产枪炮、纽扣和挽具，沃尔沙尔生产刀钻、马勒，达德利生产铁钉，伍尔夫汉普顿生产铁锁。1760 年，伯明翰生产的铁货总价值超过 60 万英镑，其中有价值 50 万英镑的产品供出口之用。[③] 它还是这一"黑乡"铁工业生产区最主要的货物集散中心。在 18 世纪 60 年

[①]　John Patten, *English Towns 1500-1700,* pp.232-233; Paul G. E. Clemens, "The Rise of Liverpool, 1665-1750", *The Economic History Review,* New Series, Vol. 29, No. 2 (May, 1976), pp. 211-225.

[②]　John Patten, *English Towns 1500-1700,* p.103, p.106, p.109; L. W. Moffit, *England on the Eve of the Industrial Revolution,* pp.140-141; C. M. Law, "Local Censuses in the 18th Century", *Population Studies,* Vol. 23, No. 1 (Mar., 1969), pp. 87-100; Irene Hardill, *The Rise of the English Regions? Regions and Cities,* p. 122; [英] 马丁·吉尔伯特：《英国历史地图》，王玉菡译，中国青年出版社 2009 年版，第 75 页；[英] G. 巴勒克劳夫、R. 奥弗里主编：《泰晤士世界历史》，毛昭晰等译，希望出版社 2011 年版，第 201 页。

[③]　P. Mathias, *The First Industrial Nation, An Economic History of Britain 1700-1914,* London: Methuen, 1983, p.94.

代，伯明翰的旅店老板有248人，大大超过第二行业纽扣制作工（129人），[1] 可见其作为集散中心流动人口之多。曼彻斯特是兰开夏棉纺区最大的生产中心、最重要的市场，也是英格兰西北部最大的商业中心。从这里出发的商人们走向全国售卖商品，"曼彻斯特人"成了其时英国行商的代名词。作为一个海港城市，利物浦最初是兰开夏工业产品的输出口，后来主要从事大西洋贸易，包括为兰开夏纺织区进口棉花等原材料、销售和出口纺织品，18世纪50年代时超过布里斯托尔成为英国最大的地方港口。[2] 利兹是工业革命前夜英国毛纺工业最大的生产中心，也是英格兰除伦敦之外的最大的呢绒交易中心，到18世纪中叶时，其拥有的呢绒交易大厅就有三个。[3] 设菲尔德因其生产的刀剑而享誉国际市场，刀剑业是城内占绝对主导地位的生产部门。如通过教堂关于洗礼和婚礼的登记看到，受洗儿童的父亲和新郎中，40%左右的人从事刀剑业及相邻行业。[4]

这些城市几乎没有行会的规定和限制。个人的经济活动比较自由，也不受到城市当局的干预。19世纪一个叫邦斯的人说："伯明翰极其光荣强大之源泉，人口增长经济昌盛之根由，即在于它是一个自由城市。城内没有任何来自个人或团体的阻碍。"[5] 18世纪伯明翰富商赫顿的发迹史表明了这一点，此人18岁来到伯明翰，当过织袜工人，开办过书店和图书馆，从事过书刊装订和造纸业，后来又成了土地经纪人。二十多年后，他积累的财富达到了2,000多英镑。[6] 又如，从1624年到1799年，虽然"哈兰姆郡"的刀剑生产由刀剑工公会做出规章限制，但进入该行会并不限定于那些曾经有正式学徒经历的人。在该公会注册的大约24,000从业者中，4,700个注册者未必正式当过学徒。[7]

①　Roy Porter, *English Society in the Eighteenth Century,* London: Penguin Books Ltd, p. 97.

②　H. E. Fisher and A. R. J. Jurica, *Documents in English Economic History: England from 1000 to 1760,* p.328.

③　L.W. Moffit, *England on the Eve of the Industrial Revolution*, pp.218-219.

④　E. J. Buckatzsch, "Occupation in the Parish Register of Sheffield, 1655-1719", *The Economic History Review,* New Series, Vol.1 (1949), pp.145-150.

⑤　Peter Clark and Paul Slack (eds.), *Crisis and Order in English Towns 1500-1700, Essays in Urban History,* p.12.

⑥　Roy Porter, *English Society in the Eighteenth Century,* p. 94.

⑦　E. J. Buckatzsch, "Places of Origin of A Group of Immigrants into Sheffield, 1624-1799", *The Economic History Review,* New Series, Vol.2, No.3(1950), pp.303-306.

表 2-7　14～19 世纪通过估税反映的英格兰东南和西北各郡地均财富排名变化 [①]

	1334	1341	1453	1503	1636	1649	1660	1672	1693	1803	1814	1843
东部和南部：												
贝德福德郡	4	4	5	5	3	11	3	6	5	17	26	26
伯克郡	7	6	4	4	6	21	14	14	6	19	15	18
牛津郡	1	3	2	2	17	17	16	17	8	14	11	15
诺福克郡	3	2	3	21	25	7 or 10	17	11	18	24	34	27
肯特郡	9	5	11	13	14	3 or 6	4	5	9	11	9	6
伦敦	2	1	1	1	1	1	1	1	1	1	1	1
萨里郡	24	14	23	22	18	10 or 4	15	3	2	2	3	3
西部和北部：												
兰开夏	35	37	35	35	35	35	35	36	35	3	4	2
斯塔福德郡	28	28	28	29	32	31	33	33	30	16	13	5
沃里克郡	17	18	10	17	19	25 or 20	20	23	12	5	2	4
伍斯特郡	26	27	26	26	16	20 or 13	13	18	14	7	7	7
约克郡	31	32	30	32	33	32	34	34	34	18	25	20
切郡					32	33	32	35	28	9	10	9
达拉姆郡					36	36	36	37	36	27	30	13

乡村工业的发展和这些新城市的兴起，促使英国西北部地区经济走向繁荣，并可与东南部地区相媲美，英国经济地图开始改变。18 世纪中叶，随着工业革命的开展，在西北部和东南部形成了经济发展的两极。伦敦经济体系被打破了。英国经济发展的这一地理格局一直维持到今天。

表 2-7 中显示了 14 世纪至 19 世纪英国财富分布的地理格局的不断演变。每一英亩版图拥有的财富越多，其排名就越靠前。从表中排名变化情况可以看出，18 和 19 世纪，英国形成了经济发达的两极：一极是伦敦和周围地区，萨里和肯特；另一极是北部和西部，即兰开夏、伍斯特郡、沃里克郡和斯塔福德郡，后三个郡与伯明翰和黑乡地区有关。约克郡的排名往前推进了很多，这和利兹周围西莱丁地区毛纺业的发展有关。

具有众多现代品质的这些新城市，是英国现代城市社会的前驱，正是它们孕育了世界上第一个工业化国家。

---

① 　E. J. Buckatzsch, "The Geographical Distribution of Wealth in England, 1086-1843: An Experimental Study of Certain Tax Assessments", *The Economic History Review,* New Series, Vol. 3, No. 2 (1950), pp. 180-202.

第三章
工业革命时期英国的地区分工和城市发展

工业革命使英国的生产地区性分工和区域经济最终形成。地理区位、经济因素、历史传统等参数是引起这种分工和实现区域化的多重因素。生产的地区分工和经济的区域性对英国城市发展和城镇化产生了巨大影响。本章从讨论英格兰各地区的生产分工和区域经济形成开始，进一步分析地区分工和经济区域化对城市发展的影响，最后考察工业革命前后英国农村城镇化的阶段性历程。

一　工业革命时期英国的地区分工

生产的地区分工必须以全国性的经济整合为前提。这一整合在工业革命时期（18世纪中期～19世纪中期）全面完成，工业革命和工业化是推动这一整合最终完成的基本条件。但这一整合经历了一个很长的历史过程。

中世纪里，英国经济发展水平总的来说是落后的，而且各个地区的经济都是分散发展的。经济水平以伦敦为最高点，离伦敦越远就越落后。在这一时期，英国经济大致可分为两种类型。若从东北方向沃什湾附近的波士顿到西南方向的布里斯托尔湾画一条直线，线之东南地区为农牧混合经济地区，生产水平略高；线之东北则主要为畜牧业区，生产水平相对较低。但这种两分法并不意味着生产的地区性分工，而只是意味着这两个地区内部各地的生产模式在一定程度上较为接近而已。中世纪英国的工商业并不很发达。由于

35

离欧洲国际贸易中心区较远，英国与外部市场的联系不是很多，英国羊毛和呢绒的出口长期掌握在意大利商人、德国汉萨商人及其他外国商人手中。大多数城市的工商业主要是为地方上的需要服务。

到 15 世纪末，英国开始成为一个中央集权的民族国家，经济发展的地区性特征开始显现。这时的英国大致可以分为 5 个主要地区。[1] 以伦敦为中心的东南地区有较为发达的农业，它的工商业也在全国处于领先水平。东盎格利亚的农业水平较高，其工业、商业和对外贸易也有一定程度发展。西部地区的农业发展水平不是很高，但它出产大量的优质羊毛，是 1500 年前后英国最为繁荣的毛纺业地区，其羊毛和毛织品的出口十分兴旺。密德兰主要为农业区。北方地区则极为落后。各个地区越来越形成自身的经济特征，并显示着与其他地区不同的某些特点和经济水平。它们在整个国家经济中的地位也各有不同。

16、17 世纪是英国早期崛起时期。这一时期，一方面，经济发展的区域性特征越来越显著。英国东南部是农业和商业最为发达的地区，伦敦是其巨大的中心。西南地区以宽幅呢绒的制造和出口作为经济支柱。东盎格利亚地区发展了"新呢布"生产。密德兰成为最大的羊毛产地和圈地运动主要发生地。北方仍然远远落后于国内其他地区，但已开始发展了初步的毛纺业、棉纺业和铁制品工业，以及采煤工业。另一方面，出现了全国性经济整合趋向，伦敦成为国内市场网络和民族经济体系的核心，全国经济重心倾向于东南。伦敦的地位归因于其从国王政府手中获得了不少工商特权，以及许多经济和地理上的有利因素。它以许多途径攫取了来自全国各地的财富。因此这一民族经济体系可以视之为伦敦经济体系，不过它是一种偏倚状态的全国性经济整合，不利于全国经济的平衡发展。但它毕竟建立了一个原生型的民族市场网络和商品流通系统，为全国经济一体化奠定了一块基石。

工业革命时期（1750～1850 年），英国全国经济体系已实质性形成；在

---

[1]　D. M. Palliser (ed.), *The Cambridge Urban History of Britain, Vol.1, 600-1540*, Cambridge University Press, 2000.

这个经济体系里，生产的地区性分工最终形成。工业革命发端于英格兰西北地区，这一地区很快成为英国新的经济增长极，成为英国工业最为发达的地区，成为英国经济发展水平最高的地区之一。而随着"金融革命"的发生，伦敦主要发展国内商业、国际贸易和金融、服务业。它变成了国际金融和贸易中心之一，也是世界经济的心脏。这样，英格兰的西北部和东南部构成了经济发展的两极，并且相互影响。在由两极发展所引起的全国经济整合中，大部分地区成了南北两极之间的过渡地带，主要向这两极提供人力资源和农产品。它们也是两极的腹地或者辐射区，在分工基础上承担着相应工作。因此，若考察工业革命时期的经济地图，英格兰实际上由三大经济区域构成，即西北工业区（主要发展第二产业）；两极之间的农牧业区（主要发展第一产业）；伦敦及其周边，主要发展商业、金融和服务业（第三产业）。这种地区分工模式一直持续到 20 世纪。仅在 19 世纪后期有一点点小变动，即某些工业部门出现了南下现象。

（一）西北：现代工业区

西北现代工业区是英国经济的一个新增长极。它覆盖了兰开郡、切郡、什罗普郡、斯塔福德郡、约克郡、伍斯特郡、沃里克郡、德比郡、诺丁汉郡、莱斯特郡的北部、达拉姆郡、诺森伯兰郡的南部等。它们在地理上已经连成一片，构成了英国北部工业带。它包含了 6 个次级工业区，即兰开夏工业区、约克郡西莱丁工业区、西密德兰工业区、"哈兰郡"工业区、东北工业区和东密德兰北部工业区。从工业分布来看，煤田和采煤业主要位于东北部（尤其是泰因河畔）和密德兰；兰开夏则几乎成了棉纺工业的同义词，它还有重要的玻璃工业和化学工业；棉纺工业在东密德兰有许多生产点（德比郡和诺丁汉郡）；炼铁工业和铁器制造部门集中于西密德兰（伯明翰和"黑乡区"、什罗普郡）、南约克郡（特别是设菲尔德）和东北部（尤其是纽卡斯尔，它也是化学工业中心）。毛纺工业逐渐集中于约克郡西莱丁地区（特别是布雷德福和利兹），斯塔福德郡的陶瓷工业无可匹敌，铁工业也很重要。[①]

---

① Ronda Cameron, *A Concise Economic History of the World: from Paleolithic Times to the Present,* Oxford University Press, 1993, pp.185-186.

　　兰开夏是工业革命的摇篮，棉纺织业是发生工业革命的第一生产部门。该地区原本包括了三个纺织工业区：以曼彻斯特为中心、包括波尔顿和布莱克本等城市在内的棉纺织带；兰开夏西部和南部的麻纺织区，普雷斯顿是主要生产中心；紧靠约克郡西莱丁毛纺区的兰开夏东部毛纺区。在18世纪中期开始的工业革命，首先就发生在兰开夏的棉纺织业中。从1700年到18世纪40年代，英国棉纺业的年均增长率约为1.4%。工业革命开始后明显加快：18世纪40年代～18世纪70年代的年均增长率比前一个时期增长了一倍；18世纪80年代后飞跃到年均增长8.5%，并一直维持到进入19世纪。[①] 1802年，英国棉纺织品出口开始超过毛纺织品出口。1816年，棉纺织品出口占出口总值的40%，已经远超毛纺织品；1835～1840年间，各种棉纺织品包括棉纱、棉布、棉袜和蕾丝等，年均出口总值将近2,400万英镑，接近所有其他出口品总值之和（2,600万英镑）；这时英国进口三种最重要的原材料（棉花、羊毛和木材），一年需要花费2,000万英镑，棉花是其中最重要的进口物。[②] 虽然棉纺织业在英国许多地区均有发展，但兰开夏一带在整个棉纺织业中所占比例极大。1790年，兰开夏及周围各郡的棉纺织品占全国总产量的70%；到1835年时，则占到了90%。[③] 1797年，兰开夏一带的大小棉纱厂达900个左右。最大的棉纺企业皮尔公司在布莱克本、波尔顿等地拥有23座纱厂。威廉·道格拉斯与合作者的企业，也在曼彻斯特等地拥有9座纱厂。18世纪末曼彻斯特的康内尔–肯尼迪公司在棉纺织业中应用蒸汽机成功，棉纺织业发展进入新阶段。1812年普雷斯顿的塞缪尔霍罗克斯共拥有8个纱厂、10万多纱锭；斯托克波特的彼得马什兰公司、曼城的康内尔–肯尼迪公司、默里兄弟公司都拥有纱锭8万多个。[④] 1838年，兰开夏拥有的棉纺工人数量占全英格兰和威尔士的69%，1850年达到74%。1838年，兰开夏及其附近的德比

① 　Richard Brown, *Society and Economy in Modern Britain 1700-1850,* London and New York: Routledge, 1991, p.84.

② 　W. H. B. Court, *A Concise Economic History of Britain, From 1750 to Recent Times,* Cambridge University Press,1976, p.75.

③ 　Richard Brown, *Society and Economy in Modern Britain 1700-1850,* p.86.

④ 　S. D. Chapman, *The Cotton Industry in the Industrial Revolution,* London: Macmillian, pp.29-30.

郡、切郡还因为应用机械而成为丝绸业工人最多的地区。[①]

约克郡西莱丁区是 18、19 世纪英国最重要的毛纺工业区。1750 年，它的毛织品达到了 14 万匹。[②] 18 世纪里，英国毛织品产量增加了 150%，而西莱丁毛织品在全国总产量中所占份额从 1700 年的 20% 左右增加到 60% 左右，[③] 也就是说，1800 年西莱丁毛纺品产量是一个世纪前的 4.5 倍。整个 18 世纪里，毛纺织品仍然是英国最重要的出口产品；1816 年，毛纺织品出口值仍占英国出口总值的 22%；1835~1840 年间，毛纺织品年均出口值仍接近 600 万英镑。羊毛还是英国三大主要进口原材料之一。[④] 英国毛纺业的维持与发展，主要是西莱丁区的贡献。西莱丁毛纺业主要由两个生产地区构成：一个是普通呢绒生产区，以利兹和威克菲尔德为生产中心；另一个是绒线呢和哔叽呢生产区，以哈利法克斯为中心。1830 年时，约克郡实际上垄断了绒线呢织造业。1850 年，约克郡已有 418 个绒线呢工厂，雇用 70,905 个工人；1835~1850 年，约克郡的毛纺厂从 406 个增加到 880 个，雇工从 23,600 人增加到 40,600 人。[⑤] 西莱丁区毛纺业的机器生产革命却姗姗来迟。如珍妮机 18 世纪 70 年代就传入了这里，但直到 18 世纪 80 年代才开始推广。直到 1830 年，骡机的应用还不是很普遍。1850 年，毛纺织的动力织机在全国只有 9,500 台，不到棉纺织动力织机（10 万台）的 1/10。[⑥] 不过，约克郡还发展了亚麻纺织业，主要织造帆布，18 世纪后期主要以克耐博罗、达林顿为中心。后来利兹建起麻纺厂，成为英国麻纺织业的主要中心。[⑦]

西密德兰铁工业区集中在伯明翰、达德利（黑乡）和伍尔夫汉普顿周围，包括斯塔福德郡、伍斯特郡、沃里克郡和什罗普郡。早在 17 世纪，这一地区

① Edward Royle, *Modern Britain, A Social History 1750-1985*, London: Edward Arnold, 1988, p.37.

② [法] 保尔·芒图：《十八世纪产业革命》，杨人楩等译，商务印书馆 1983 年版，第 42 页。

③ Put Hudson, *The Industrial Revolution*, London: Edward Arnold, 1996, pp.115-116.

④ W. H. B. Court, *A Concise Economic History of Britain, From 1750 to Recent Times*, p.75.

⑤ Edward Royle, *Modern Britain, A Social History 1750-1985*, p.37.

⑥ Richard Brown, *Society and Economy in Modern Britain 1700-1850*, p.88.

⑦ Ibid, p.90.

的工商业人口就占了总人口的 60% 以上。[①] 18 世纪,该地区成为英国最大的采煤和制铁工业区。铁钉制造业在达拉斯顿、西布罗米奇等小城镇和村庄发展。而沃尔沙尔、伍尔夫汉普顿和斯托布里奇等城镇,则发展了金属器皿、刀具和玻璃的生产。最初,伯明翰生产铁钉和铁制工具,但这些生产部门 18世纪转移到附近乡村后,它便发展了铜器、珠宝、搪瓷、镀金银器、玩具、纽扣等高质产品或奢侈品生产,享有盛誉。它也是火枪制造业的中心。[②] 瓦特发明联动蒸汽机后,最先是与博尔顿合作,在伯明翰城外造出第一个应用型蒸汽机。工业革命时期,密德兰还成为英国最大采煤工业区。1781~1790年密德兰地区年均采煤 400 万吨,超过以纽卡斯尔为中心的东北采煤区 300万吨,占全国产量的 39%。[③]

所谓"哈兰姆郡"铁器制造业,位于约克郡西南部。它的刀剑生产享誉欧洲市场。这里也制作斧子、锉子、锤子等工具。铁器制造业主要分布在设菲尔德城市以及周围。18 世纪被有的学者称为设菲尔德的"第二次工业革命"(第一次"革命"是 15 世纪引进水力),同时有的工业部门使用机器较早,有的较晚。四个主要工业部门提供了不同发展范式。银制餐具是最盈利的,也最先从家庭工业转变为工厂生产。第二个部门是传统的刀剑业。采煤业也在这里发展起来了。第四个部门是炼钢工业,在 1780 年左右小规模地起步,但发展很快,1815 年时便可称得上"钢城"了,[④] 它是英国炼钢工业的主要中心。[⑤]

达拉姆-诺森伯兰采煤工业以泰因河畔的纽卡斯尔为中心。17 世纪末,该地区生产了全国采煤总量的 53.2%。18 世纪末,它仍占英格兰采煤总产量

---

① M. B. Rowlands, *Master and Men, in the West Midlands Metalmare Trades Before the Industrial Revolution,* pp.18-25.

② Put Hudson, *The Industrial Revolution,* p.122.

③ J. U. Nef, *The Rise of the British Coal Industry,* Vol.1, London: Frank Cass Co. Ltd, 1966, p.19, p23.

④ Mary Walton, *Sheffield, Its Story and Its Achievements,* The Sheffield Telegraph & Star Limited, 1948, pp.112-114.

⑤ Richard Brown, *Society and Economy in Modern Britain 1700-1850,* p.98.

的30% 左右，年均采煤300万吨。[1] 从纽卡斯尔向伦敦和英国南部输出的"海煤"，是18、19世纪英国沿海贸易最重要的货物之一。工业革命中，纽卡斯尔一带还成长为英国第二大炼钢中心。[2]

东密德兰地区是工业革命期间仅次于兰开夏的棉纺业基地。1769~1800年间，密德兰地区至少建立了100个棉纱厂。诺丁汉是与曼彻斯特齐名的纺织中心。当时这里有许多著名的棉纺企业家。如鲁滨逊是第一个应用瓦特蒸汽机建立棉纱厂的人。塞缪尔·奥尔德诺是第一个将纺纱新发明全面用于生产优质细棉布的成功者。有些伦敦商人也来到诺丁汉投资棉纺业，如塞缪尔·费洛斯、蒂莫西·哈里斯等。[3] 在德比郡，1770年，理查德·阿克赖特在克朗福德村建起了世界上第一个水力棉纺厂。更早一些时候，托马斯和约翰·隆贝兄弟引进了意大利技术，于1717年在德比近郊德文特河上建起了一个水力丝织厂。它被认为是世界上第一个现代工厂。[4] 1783年，本地企业家托马斯·埃文斯也在德比附近建立了一个棉纺企业。[5] 16世纪后期以来就发展了织袜业。到19世纪40年代时，英国织袜业的90%位于诺丁汉郡、莱斯特郡及德比郡。虽然仍多是家内手工业，但1839年在拉夫堡（莱斯特郡）引进了第一架蒸汽动力织机，1851年后在诺丁汉郡广泛推广，19世纪60年代在这一带建起了许多织袜厂。[6]

（二）伦敦及周边：商业、金融和服务业区

伦敦及其周围是英国经济的另一极。伦敦的快速发展始于16世纪。到工业革命前，以伦敦为中心的民族经济体系已基本形成。工业革命期间，伦敦仍有众多的手工行业，手工艺技术十分精湛。当西北工业区崛起后，伦敦主要发展国内商业、国际贸易、金融、高端服务行业，以及满足消费

---

[1]　J. U. Nef, *The Rise of the British Coal Industry,* Vol.1, p.19, p.23.

[2]　Richard Brown, *Society and Economy in Modern Britain 1700-1850,* p.98, p.91.

[3]　S. D. Chapman, *The Cotton Industry in the Industrial Revolution,* pp.38-41; George Unwin, "The Transition to the Factory", *English Historical Review,* Vol.37 (1922), pp.383-397.

[4]　这几个工厂被联合国教科文组织确定为世界文化遗产。

[5]　S. D. Chapman, *The Cotton Industry in the Industrial Revolution,* p.43.

[6]　Richard Brown, *Society and Economy in Modern Britain 1700-1850,* p.91.

者需要的较为高档的手工行业。附近的肯特郡、萨里郡、伯克郡、赫特福德郡等，如同伦敦的郊区，几乎仰伦敦经济之鼻息，发展了直接面向伦敦人口的服务行业。

（三）两极之间的中间地带：农业区

两极之间的中间地带包括将近 20 个郡，从东北方向的林肯郡一直伸展到西南方向的康沃尔郡。这一地带实际上由三个地区组成。

第一个地区是东盎格利亚（诺福克郡、萨福克郡，以及剑桥郡和埃塞克斯郡大部分）。这是中世纪英国较为先进的农业区之一。从 15 世纪到 17 世纪，它逐渐发展为英国主要的毛纺业生产区之一，以生产"新呢布"而著称。东盎格利亚毛纺业主要在乡村地区发展。在这里，新的工业组织如"外放制"（putting-out system，即分散的工场手工业）比较流行。然而，由于羊毛供应不足、羊毛质量变差和西莱丁地区竞争等因素，东盎格利亚的毛纺业从 18 世纪初期起开始衰落。这个英格兰原工业化的先锋，没有迈向工业革命，也没有将本地区引向工业化。到工业革命期间，东盎格利亚绒线呢织造业简直已难觅踪迹，1830 年只剩下 11 个工厂、1,400 名雇工，仅为西莱丁区绒线呢织造企业的 1/38 和不到 1/50。[①] 但是，这里从 17 世纪后期和 18 世纪初期在英国率先开始了农业技术革命，并将商品化农业发展到一个很高的水平。

第二个地区是东密德兰及英格兰东部和南部一些郡，包括林肯郡、亨廷顿郡、白金汉郡、贝德福德郡、拉特兰郡、莱斯特郡南部、北安普敦郡、牛津郡、伯克郡、汉普郡和苏塞克斯郡等。这是传统的农业区域。除了种植谷物外，这一地区的养羊业非常发达，特别是林肯郡。因此，圈地运动最先在这里发生，并且产生了严重的社会影响。从近代早期到工业革命时期，这些地区仍保留着农业社会的特点，并成功地实现了从传统农业向商品化农业的过渡。

第三个地区是西部各郡，包括威尔特郡、多塞特郡、格洛斯特郡、萨默塞特郡、德文郡、康沃尔郡、赫里福德郡。这一地区在 14 至 17 世纪时曾是

---

① Edward Royle, *Modern Britain, A Social History 1750-1985*, p.37.

英国主要的毛纺区，出现过一些雇佣上千名手工工人的大型毛纺业工场，其宽幅呢绒是英国的主要出口商品，畅销国际市场。但从 17 世纪后期起，西部地区的毛纺业没有走向工业革命，而是走向衰落，甚至在工业革命期间，仅存的小量毛纺企业也日渐式微。1835～1850 年，毛纺厂从 205 个减少到 147 个，雇工从 12,600 人减少至 11,100 人。[①] 这一地区逐渐向商业化农牧业过渡，仅有少数几个地方拥有较为先进的工商业。

两极之间的这些中间地区虽主要以农业为主，但它们不一定很穷。它们有非常肥沃的土地，也有先进的农业生产组织，还有若干正在发展着的城市。国内对于食物的较高需求也保证了南部的农民和地主能获得较好的劳动或资本回报。[②]

地区分工的前提是这些地区间的密切联系和交互影响。它们相互之间并不存在从属关系。伦敦的商人可以在全国范围内活动，伦敦的资本能够渗入西北工业区；而兰开夏的纺织品制造商和商人可以从伦敦获得短期和长期贷款。通过伦敦和利物浦建立的市场网络，伯明翰的金属产品和珠宝饰品可以出口到欧洲大陆、美洲和非洲市场。[③] 当密德兰羊毛运输到北方时，东盎格利亚的粮食则可毫无障碍地运往伦敦。

二 三大地区城市发展的不同特征

工业革命大大加快了英格兰的城市发展速度和城市化过程。我们可以先看一些数据。

① Edward Royle, *Modern Britain, A Social History 1750-1985,* p.37.

② Ronda Cameron, *A Concise Economic History of the World: from Paleolithic Times to the Present,* p.186.

③ Put Hudson, *The Industrial Revolution,* pp.121-122.

表 3-1 英格兰城市人口所占比例和城市人口增长率，1776～1851（%）[1]

年份	占总人口的比例		城市人口	备注
	城市	乡村	年增长率	
1776	25.9	74.1	2.10	
1781	27.5	72.5	1.84	
1786	29.1	70.9	2.23	
1791	30.6	69.4	2.19	
1801	33.8	66.2	2.18	
1806	35.2	64.8	2.09	1776～1811
1811	36.6	63.4	2.43	年平均 2.10
1816	38.3	61.7	2.42	
1821	40.0	60.0	2.64	
1826	42.2	57.8	2.36	
1831	44.3	55.7	2.44	
1836	46.3	53.7	2.11	
1841	48.3	51.7	2.44	1811～1846
1846	51.2	48.8	2.07	年平均 2.35
1851	54.0	46.0	2.08	

表 3-2 19 世纪前期英格兰城市人口的分布[2]

城市人口规模	1801 年		1851	
	城市数量（座）	总人口（万）	城市数量（座）	总人口（万）
20,000 人以上	15	150	63	620
10,000～20,000 人	31	38	60	80
5,000～10,000 人	60	41	140	96
5,000 人以下		650		980
城市人口占总人口百分比	26.85%		50.08%	
乡村人口占总人口百分比	73.15%		49.92%	

注：表 3-1 和表 3-2 略有差异（如城乡人口比例），系不同学者的不同估计。

---

[1]　Jeffrey G. Williamson, *Coping with City Growth during the British Industrial Revolution,* Cambridge University Press, 2002, p.23.

[2]　Kate Tiller, *English Local History: An Introduction,* Stroud: Alan Sutton Publishing Ltd, 1992, p. 178.

1801 年时，英格兰最大的 72 座城市人口总计为 2,221,753 人，在 1861 年则上升到了 7,667,622 人。[①]

从以上各种不同数据资料可以看到，到 1850 年或工业革命结束时，城市人口肯定占到了英格兰总人口的一半。这就表明在工业革命期间，英国的城市和城镇得到了急速发展。但我们也必须看到，随着地区分工出现，三大地区的城市发展分别呈现了不同趋向和不同水平。我们拟从三个方面讨论之。

（一）城市功能

1. 西北区

在西北工业区的城市和城镇里，其工业产品主要面向国内和国际市场。几乎所有的城市和城镇都有专业化的生产部门，有一个至几个主打工业；或以商业或贸易作为中心功能。如曼彻斯特是棉纺工业；布雷德福是绒线呢工业；诺丁汉是机制花边工业；施鲁斯伯里在 1790 年后是亚麻纺织工业；利物浦则是对外输出兰开夏工业区产品、对内输入棉花等工业原材料的窗口，也是切斯特所产食盐、西密德兰所产铁器产品的输出港。

工业革命前期的主要动力是水力，但城市适合进行大规模制造活动的水力坊数量有限，没有哪个城市会拥有充足的水能资源。而蒸汽动力使得机器工业生产在城市里扩张成为可能。第一个蒸汽推动的棉纺厂，于 1786 年出现在诺丁汉郡的帕普尔威克，很快就在曼彻斯特、普雷斯顿、斯托克波特等城市推广。1800 年，毛纺业中大约应用了 80 多台蒸汽机，到 1840 年，蒸汽已是西约克郡毛纺厂中的主要动力。[②] 如同门德尔斯所说，城市提供了市场设施，拥有纺织生产的最后完成工序，也是资本的来源地，因此它是 18 世纪纺织业

[①]　G. M. Young and W. D. Handcock (eds.), *English Historical Documents, Vol. 12, 1874-1914*, London, 1977, pp. 177-178.

[②]　Barrie Trinder, "Industrialising Towns 1700-1840," in Peter Clark (ed.), *The Cambridge Urban History of Britain, Vol.2, 1540-1840*, Cambridge: Cambridge University Press, 2000, pp. 810-811.

所有生产过程的核心所在。[①] 在 19 世纪的蒸汽机工厂时代，这一点更为突出。

当然，不论规模有多大，每个城市都具有服务于本地经济社会生活需要的功能，不过在西北工业区，这一功能只是第二位的。

2. 伦敦及周边

伦敦有众多的工业和商业部门。伦敦有许多手工行业来为本城巨大的消费人群服务，从高档的奢侈品制作到日用品的生产。伦敦也有一些工业部门以其特色产品来满足国内和国际市场的需要，如丝绸工业、造纸工业、酿酒业[②] 及其他轻工业。[③] 在商业方面，伦敦是全国最大的物资集散中心，是全国市场体系的核心，是最大的对外贸易中心和港口。它也是国内主要的金融中心，是世界最大的金融中心之一。伦敦也是特大的社会中心，吸引着来自全国各地的人们，以及来自欧洲大陆的外国人。

至于伦敦周边的城镇，其工业和商业功能都是服务伦敦的，或者是伦敦工业和商业的补充。当然，它们也为本地的需要服务。

3. 中间地带

中间地带城市和城镇的功能主要是为周围地区服务，如同中世纪和前工业化时期的城市那样，可以概括为三种主要功能。最主要的是经济功能。城市经济是对周围乡村经济的反映和补充，由于城市在交换、制造和服务方面的专业化功能，周围地区对城市便有着强烈的依赖性。城市基本上与周围农村组成了经济生活圈。除一些特殊产品外，如丝绸商售卖的货物、纺织品、袜子，干货食品，纸张，药品，化学品，铁器商售卖的金属制品等，1700 年左右城市所消费的大部分商品都是本地生产的，到 1840 年时还基本上由本地

---

①   F. F. Mendels, "Proto-Industrialization: the First Phase of the Industrialization process," *Journal of Economic History,*32 (1972), pp.241-261; L. A. Clarkson, *Proto-Industrialization: The First Phase of Industrialization?* London: Palgrave, 1985, pp.25-26, pp.53-54; M. Berg, *The Age of Manufactures*, second edition (London: Routledge, 1994), pp.66-70. Cited from Barrie Trinder, "Industrialising Towns 1700-1840," in Peter Clark (ed.), *The Cambridge Urban History of Britain, Vol. 2, 1540-1840*, p.814.

②   Ronda Cameron, *A Concise Economic History of the World: from Paleolithic Times to the Present,* p.186.

③   例如，什罗普郡的铁工场老板亚伯拉罕·达比三世，1785 年从伦敦零售商手中购买了帽子、鞋子和长袜子。对一些特殊商品，如邮车等，伦敦几乎就是垄断性的供货商。Peter Clark (ed.), *The Cambridge Urban History of Britain, Vol. 2, 1540-1840*, p. 806.

生产。[①] 城市经济功能体现为多个方面。首先，城市是周围乡村所产粮食等生活品的市场中心。由于城市里的非农业人口比例极高，这一功能实际上是城市的中心功能，而且城市所辐射的周围地区还会因城市的不断发展而逐步扩大。其次，城市也是周围乡村工业产品和城市自身工业品的市场交易中心。再次，城市还是商业以及与商业相联系的日益增多的服务行业，如银行、金融以及交通运输业的中心。城市一般还有第二、三种功能，即城市既是某一地区的社会活动中心，又是知识和文化生活的中心；大大小小的城市又是行政中心，有法院、主教驻所、地方或中央政府，以及日益扩大的官僚阶层。[②]

由于西北工业区的竞争，这一地带原有的一些面向国内和国际市场的特色工业消失了，或衰落了，例如东盎格利亚地区的绒线呢工业和西南部各郡的毛纺工业。只有少数为地方市场需求的手工业还继续存在。19世纪晚期，英国工业发展出现了南移的趋势，靠伦敦近一些的地区再次发展了工业，尤其是面向消费市场的轻工业。东盎格利亚地区承接了伦敦转移来的丝织业，萨福克郡也根据本地需要发展了农业机械制造业。[③] 这样一来，按照有些学者统计，从1841年至1911年，若将东南区视为一个整体，它在木材和家具行业中占有40%的份额，在造纸、印刷和出版行业中占44.2%，在服装行业占37.8%，在工具机械行业占48%，在发电机行业占41.4%，在各种服务与建筑行业占40.3%，在所有的新兴行业中占31.9%。[④]

商业方面，它们作为周围乡村地区农产品集散中心的角色进一步加强，并负有将这些农产品转运到伦敦和西北工业区的功能。中间地带的沿海港口不但为本城及本地区从事进出口贸易，而且还在不大规模上为西北工业区进口原材料和出口工业品。这样，它们也与国际市场有着一定联系。

看看这一区域几个著名城市的例子。

---

① Peter Clark (ed.), *The Cambridge Urban History of Britain, Vol. 2, 1540-1840,* p. 806.

② Richard Brown, *Society and Economy in Modern Britain 1700-1850,* London and New York: Routledge, 1991, pp.396-397.

③ Edward Royle, *Modern Britain, A Social History 1750-1985,* pp.36-37.

④ The South-East includes 12 counties near London, see C. H. Lee, "Regional Growth and Structural Change in Victorian Britain", *The Economic History Review,* New Series, Vol. 34, No. 3 (Aug., 1981), p.450.

　　诺里奇。18世纪前，这是个繁荣兴旺的、颇为自豪的城市。但从1700年后，诺里奇面临的困难增多，造成了它的毛纺工业衰退。18世纪初年，诺里奇的困难部分地在于其织袜工业的转移。东印度棉织品的竞争又压抑了对该城毛纺品的需求。而当禁止从印度进口棉织品后，诺里奇毛纺品又遇到了本国棉织品的竞争，结果造成了诺里奇城穷人的增加。1719年，一份请愿书递交到下院，抗议使用美洲印花布，指出织布行业曾经让诺里奇特别受益，也使这个王国都受益，毛纺业和丝织业曾经为12万人提供了工作。1730年上交的一份请愿书，抗议从爱尔兰大量进口毛纺织品。几年后，诺里奇自己也试图制造棉纺织品，但未取得成功。从18世纪40年代起，迹象表明诺里奇正在感受来自约克郡的竞争。乔治二世统治的最后几年和乔治三世统治的初年，诺里奇比较兴旺。但在1765年后，诺里奇开始衰落。1777年诺里奇工商业又一度繁荣，但在1780年再次跌入低谷。诺里奇所产的黑皱纱广为穿着，但这一颜色不悦人的织物在教会影响下而得不到支持，因而很快就不受欢迎，被更加优雅的织品所取代。较粗糙的绒线呢织造，又在很大程度上转移到了约克郡。诺里奇在18世纪最后二十五年里的萧条，也反映在对穷人的救济上。1773年，诺里奇为救济穷人花费了1.1万英镑，而1800年增加到了2.4万英镑。1831年和1832年几封当时人写的信件，分析了诺里奇工商业衰落的原因，大致有棉织品的竞争、战争使传统欧洲市场的丧失、约克郡在绒线呢生产方面率先使用机器、东印度公司订单的减少等几个因素。19世纪初，诺里奇具有传统优势的纺织品羽纱、丝经毛纬布等的生产也开始凋谢。1829年，诺里奇城尚有1,500张织机在工作。九年后，有报告声称，诺里奇的羽纱制造业几乎全部消失了。诺里奇工业发展所受的阻碍，来自于国内的严酷竞争、国外市场的丧失、欣赏消费趣味的变化、燃料的昂贵、过时的生产技术等，因而在进入19世纪时就被约克郡所超越。[1] 诺里奇的人口增长也极其缓慢。1821年它有居民61,304人；过了十年，增加不到1,000人

---

[1]　M. F. Lloyd Prichard, "The Decline of Norwich", *The Economic History Review*, New Series, Vol. 3, No. 3 (1951), pp. 371-377.

（1831 年，62,294 人），即使到了 1871 年，也才刚过 8 万人。[1]

金斯林。18 世纪里，金斯林的商业和贸易比较繁荣，而从来就没有兴旺过的手工业，这时更加衰落了。1690 年，城内有 23 个织呢工和梳毛工；但到 1764 年，城内所登记的 700 多名男性成年居民中，仅仅只有 3 名梳毛工，没有一个织工。另一方面，该城的港口却非常忙，进口煤炭、木材和红酒，出口粮食。1764 年的港口记录显示，金斯林的商船与里加、但泽、瑞典、奥波托、里斯本、莱戈恩和北卡罗莱纳有贸易往来，也同来自挪威和丹麦的外国船只进行贸易。1757 年，金斯林有 400 名水手。这里也是社会活动中心，在一些特有节日如火药节、国王生日节里，组织大规模的庆典活动，吸引周围居民和远方客人。城内有众多的大小旅馆、啤酒馆，如 1764 年至少有 85 家。1840 年后英国铁路网的建立给金斯林带来了不利影响，原来经过金斯林的一些商业活动严重受损，许多既有的国内市场丧失，因为通过铁路从原料产地直接输送到目的地要快捷、便宜得多，特别是煤和其他大宗物资。1847 年金斯林到伦敦的铁路线开通，在某种程度上弥补了这一损失。[2]

伊普斯维治。1470 年，萨福克郡在英国纺织业各郡中名列首位，作为郡城的伊普斯维治之经济地位自然很重要。东盎格利亚原工业化地区为英国生产了 1/4 的毛纺织品和绝大部分绒线呢，萨福克郡是这一工业区的重要组成部分。18 世纪里，东盎格利亚毛纺织业衰落，伊普斯维治成了一个为邻近的英国东部乡村农业地区输出大小麦的主要港口。它也是为这些农业区腹地制造农业工具、磨面设施以及肥料的主要中心之一；即使当地小麦生产衰落后，这些制造业还长期存在。[3]

---

[1]　Asa Briggs, *Victorian Cities, A Brilliant and Absorbing History of Their Development,* London: Penguin Books, 1990, p.364.

[2]　Lindsay Campbell, June Howling, Peter Sykes, and Bob Willars, *King's Lynn: The First Thousand Years,* King's Lynn Town Guides, 1997, pp.33-34, p.37, p.41.

[3]　Chauncy D. Harris, "Ipswich, England", *Economic Geography*, Vol. 18, No. 1 (Jan., 1942), pp.1-2, p.8.

（二）城市规模

1. 西北工业区

工业发展需要聚集大量的劳动力，因此该地区城市主要在下述三个方面发展极快：其一，城市和城镇的数量大大增加。其二，出现了许多人口规模极大的城市。其三，该地区乡村城镇化的水平非常高。

城市的急速成长与大量人口从农村地区迁移来密切相关。工厂工人所得工资，要比农业工人和家内制手工业工人高得多。不光成年男劳动力是这样，妇女和儿童也如此。工厂之所以能付给较高工资，在于其劳动生产率较高，这是技术进步和劳动力平均占有资金率更高的结果。在这种情况下，工厂吸引了越来越多的劳动力，实际工资的总趋势也向上增长。因此1750～1850年期间，这些工业城镇里工作的工人阶级，其生活标准是逐步得到改善的。[1]总之，近代工业发展是城市人口增多的主要原因。我们看一些统计数据。

表 3-3 英国若干最大城市的人口增长，1801～1850 年（单位：千人）[2]

城市	1801	1851	增长率	城市	1801	1851	增长率
伦敦	1,088	2,491	229%	利物浦	82	376	459%
伯明翰	71	233	328%	曼彻斯特	75	303	404%
布里斯托尔	61	137	225%	设菲尔德	46	135	294%
利兹	53	172	325%	布雷德福	13	104*	800%
纽卡斯尔	33	70*	212%	桑德兰	24	53*	221%

* Data of 1841. Sourse: Leonard Schwarz, "London, 1700～1840"; and Barrie Trinder, "Industrialising Towns, 1700～1840", in Peter Clark (ed.), *The Cambridge Urban History of Britain, Vol. 2, 1540-1840*, p.679, p.811, p.816.

曼彻斯特的人口在 19 世纪 20 年代的年增长率为 3.9%；布雷德福在 19 世纪 30 年代为 5.9%；西布罗米奇在 19 世纪 20 年代至 19 世纪 30 年代为 5.1%；达金菲尔德在 19 世纪 20 年代几乎增加 3 倍。[3] 到 1850 年，利物浦

---

[1] Ronda Cameron, *A Concise Economic History of the World: from Paleolithic Times to the Present,* pp.189-190.

[2] B. R.Mitchell & P. Deane (ed.), *Abstract of British Historical Statistics,* Cambridge: Cambridge University Press, 1962, pp. 20-27.

[3] Jeffrey G. Williamson, *Coping with City Growth during the British Industrial Revolution,* p.2.

和曼彻斯特这两个成长最快的城市，分别在欧洲的特大城市中名列第 7 位和第 9 位，仅略低于几个首都城市。[①]

2. 中间地带

这一地带所发生的农业革命带来了大量的农业剩余劳动力。他们必须离开自己的家乡村庄去寻找工作。乡村工业的衰落也迫使许多原工业化工人外迁至西莱丁等工业区。由于工业不发达，当地的城市也不需要更多的劳动力，所以它们的人口增长非常缓慢。除了某些特殊情况外（如布里斯托尔），[②] 很难在这一地区发现大城市。这一地区许多城市的重要性已大不如前。17 世纪，诺里奇曾是国内第 2 大城市，埃克塞特曾是第 6 大城市，而到 1801 年时，它们分别下降为第 8 位和第 15 位。从 1801 年至 1851 年，在这一中间地带，只有一个城市人口超过了 10 万人（布里斯托尔），而在西北工业区，超过 10 万人的城市多达 6 座，即曼彻斯特、利物浦、利兹、伯明翰、设菲尔德和布雷德福（见表 3-3）。

随着毛纺业衰落和乡村工业人口的迁出，这一地带的许多小毛纺业城镇发展停滞了，甚至衰落了。例如，曾经名闻遐迩的毛纺业城镇，格洛斯特郡的斯特劳德、温奇康姆，诺福克郡的沃斯特德（这三个城镇笔者曾于 2011 年考察访问过），再也不是以往的名声了。特别是沃斯特德，现在只有几百口人，颇似一个小村庄，而一个巨大的教堂耸立在几条低矮的街道当中，虽然不很相称，但却似乎还在诉说着三四百年前该镇毛纺业兴旺的辉煌历史。当工业革命时期英国城市化进程加速时，东盎格利亚（诺福克和萨福克两郡）出现的却是相反趋势：1603 年城市化率就高达 26%，达到了全英格兰 1776 年的平均水平（25.9%）。但工业革命并没有引起该地区城市化水平的上升，1801 年的人口城市化水平还低于 1670 年（表 3-4 和表 3-5）。城市的数目在近三个世纪（1520～1801 年）也都没有增加。

---

① Kate Tiller, *English Local History: An Introduction*, p. 179.
② 布里斯托尔主要因参与大西洋贸易而受益，同时也成了英国西密德兰工业区的对外联系港口之一。因此，它虽处于中间地带，经济功能却是面向全国，包括西北工业区。

表 3-4　1520～1801 年东盎格利亚的城市数目

城市规模	1520	1603	1670	1801
10,000 人以上	0	1	2	4
5,000～9,999 人	1	4	5	5
2,000～4,999 人	5	5	8	11
2,000 人以下	43	40	34	29
城市总数	49	50	49	49

Source: John Patten, *English Towns 1500-1700*, p. 251;

Jan de Vries, *European Urbanization 1500-1750*, London and New York: Routledge, 2007, p. 60.

表 3-5　1520～1801 东盎格利亚城市人口占该地区总人口的比例 (%)

城市规模	1520	1603	1670	1801
10,000 人以上	0	6	10	15
5,000 人以上	4	14	17	16
2,000 人以上	12	16	20	21
所有城市合计	c.25	26	32	c.30

Source: John Patten, *English Towns 1500-1700*, p. 251;

Jan de Vries, *European Urbanization 1500-1750*, p. 60.

　　西南区城市的情况略好一点（表 3-6）。虽然从 1660 年到 1841 年城镇数目没有增加，但城市人口还是增加了近 3 倍，大部分城市都在缓慢发展，而且还有几个像布里斯托尔、埃克塞特和普利茅斯那样的大港口城市。但由于缺乏作为近代国家支柱的新兴工业，西南区城市缺乏聚集大量人口的能力，城市化进程缓慢。结合表 3-1 来看，西南区在 1660 年的城市化水平（26.3%）就高于一个多世纪后（1776 年）全英格兰的平均水平（25.9%），1801 年（36.6%）还略高于全英格兰平均水平（35.3%），而到 1841 年（40.4%）时，就已远低于全英格兰平均水平（48.3%）了。不但城市化进程缓慢，而且现有城市的经济重要性和政治地位也急速下降。从 1832 年议会改革地图看，被让出议席的"衰败城镇"多位于西南区。[①]

---

① 　参见 [英] 马丁·吉尔伯特:《英国历史地图》，第 84 页。

表 3-6 1660、1801 与 1841 年英格兰西南区六郡城市化水平（单位：万人）[1]

年份	1660	1801	1841
城市人口	22.48	49.58	87.87
地区总人口	85.60	135.49	217.41
城市人口占地区总人口的比例（%）	26.3	36.6	40.4

3. 伦敦及周边

伦敦是英国最大的商业中心和国际贸易中心，需要众多的人员从事商业活动及其相关的上游和下游工业。作为王国的首都，全国最大的社会和文化中心，伦敦也吸引来自全国各地的上层社会及其财富，吸引着大量的人员来从事服务行业。因此，伦敦的人口急速增长（见表3-7）。它也对毗邻地区产生过度的吸力，从周边地区抽走了人力资源，从而压制了周围地区的城市成长。在伦敦为圆心的 100 公里半径内，也就不再有一个工商发达的独立大城市。这有点像中国的谚语："大树底下不长草。"

表 3-7 伦敦人口估计，1700～1851[2]

年份	人口	年份	人口
1700	575,000	1821	1,247,000
1750	675,000	1831	1,595,000
1801	900,000	1841	1,948,000
1811	1,050,000	1851	2,362,000

（三）城市体系

1. 西北工业区

在西北工业区内，每个次级工业区都有一二个居于核心地位的大城市。

---

[1] 西南区六郡包括康沃尔、德文、萨默塞特、多塞特、格洛斯特和威尔特。C. M. Law, "The growth of urban population in England and Wales,1801-1901", *Transactions of the Institute of Britain Geographers,*1967, pp.125-143.

[2] Peter Clark (ed.), *The Cambridge Urban History of Britain, Vol. 2, 1540-1840*, p. 650.

兰开夏纺织工业区的中心是曼彻斯特和利物浦。约克郡西莱丁毛纺区的中心是利兹、布雷德福和哈利法克斯。伯明翰和伍尔夫汉普顿是西密德兰铁煤工业区的中心。"哈兰姆郡"金属加工区的中心是设菲尔德。达拉姆-诺森伯兰采煤工业和煤炭贸易以纽卡斯尔为中心。东密德兰纺织区是多核的，其中心城市有诺丁汉、德比和莱斯特。曼彻斯特因其拥有 100 多个工厂，并为本地区内 2,000 多个工厂提供市场而著称。利兹、布雷德福、诺丁汉、莱斯特和考文垂对所在地区也有同样的地位。工业区内的大城市和中小城市有着复杂的联系。如伯里、摩尔利和海德等不但有许多工厂，也在较小程度上具有与曼彻斯特、利兹和布雷德福等大城市一样的为本地工业服务的商业功能。[①]

在每个次级工业区里，都有一个以上的中心城市作为聚核，组成一个城市等级体系，包括了各个层次和各种类型的城市和城镇。第一类城市是工业城市或城镇，它们都有某种专业化的生产部门，相互之间还有生产分工。中心城市或大城市是生产的最后加工部门或最后完成部门的所在地，也是工业产品和原材料的集散中心。中小城镇则从事各种初级产品的生产。例如，在兰开夏 19 世纪初年和 19 世纪 20 年代的"工厂时代"，小城彭德尔河上的纽切奇 80% 的新郎是织工，布莱克本、奥尔德翰、罗奇代尔和波尔顿的新郎是织工的比例在 50% 上下。[②]

第二种类型是海港城市。它们为整个工业区和工业城市出口工业产品、进口原材料。西海岸的主要港口是利物浦，是兰开夏纺织区和西密德兰铁工业区的对外口岸，东海岸的赫尔可看成约克郡西莱丁毛纺织区的外港，纽卡斯尔既是本区域煤炭生产中心，又是外运口岸。

第三类城市是海滨度假休闲城市。它们兴起于 19 世纪早期。普通的工业劳动者可以在这里度假休闲、得到一定放松。西海岸著名的海边休闲城市是

---

①   Peter Clark (ed.), *The Cambridge Urban History of Britain, Vol. 2, 1540-1840*, pp. 814-815.

②   John K. Walton, "Proto-Industrialisation and the First Industrial Revolution: the Case of Lancashire", in Pat Hudson (ed.), *Regions and Industries, A Perspective on the Industrial Revolution in Britain,* Cambridge and New York: Cambridge University Press, 1989, p.67.

布莱克本，东海岸的主要海边休闲城市是斯卡博罗。

在各个次级工业区之间，城市间的经济联系纽带也比较多。例如，西密德兰工业区缺乏海港，因此它依靠利物浦或布里斯托尔来与国际市场联系。总的来看，西北工业区城市之间的相互联系在18世纪中期后主要依赖运河系统；在19世纪中期后，新的铁路网络的建立使其交通运输系统更加完备。①

2. 中间地带

虽然这个地带里有个别大城市，但没有一个大的经济和社会中心城市能对整个地区起聚核作用。这一地带的城市层级系统与中世纪和前工业化时期的城市体系颇为相似。每一个郡有自己的郡城，但它不一定就是能够组成本郡城市体系的聚核，也许只有较大的埃克塞特或诺里奇有所例外。在这里，城市和城镇之间不存在那种主导与从属关系，相互间只是规模大小的不同而已。它们或许有一点程度的商业联系，但还没有达到生产分工的程度。

3. 伦敦及周边

这里根本不存在城市体系，只有一个特大的城市伦敦。它周围的中小城镇只是它的附属城镇或卫星城镇而已。但聚居的人口较多。1831年，英格兰有155个人口过万的居民点（城镇），其中38个就在伦敦周围。②略远一点还有些海滨休闲度假地，如南面的布莱顿和东面的马尔盖特。

除这三个方面外，所有的英国城市和城镇都在发生社会关系的变化。在18世纪和19世纪上半叶，传统的城市社会结构在变革，面对面的人身从属关系逐渐解除，血缘关系的重要性在降低，家族纽带在弱化。城市社会的不稳定性已很寻常，社会流动的重要性日益增强。城市或城镇再也不是村庄那样的共同体。③这正是城市现代性的本质特征之一。

---

① 1850年，英国铁路总长度达到1万公里。B. R. Mitchell & P. Deane, *Abstract of British Historical Statistics*, pp. 225-226.

② Edward Royle, *Modern Britain, A Social History 1750-1985*, pp. 21-22.

③ Richard Brown, *Society and Economy in Modern Britain 1700-1850*, p.397.

综上所述，工业革命和工业化不但是英国城市发展和城市化的根本推动力，而且也因地区分工而决定了城市发展的不同方向。工商业发达地区城市得到较大发展，是工业化进程的最大受益者。而为工业化服务的商品化农业区，早期的发展受到一定局限，因而城市化进程较为缓慢。但到工业化的成熟阶段，英国的商品化农业区却显现出自己的新优势，不但保留了良好生态环境，而且在19世纪开始了乡村改造运动，村庄逐渐变成宜居城镇，农村居民亦普遍市民化，人均经济水平也不低于城市地区，全国城市发展的地理分布更趋均衡。

三 英国农村的城镇化进程

工业革命启动了工业化进程，也启动了城镇化进程。所谓城镇化，有两种意义的视角。一是从全局上看，指总人口中城镇人口所占的比例。二是从农村这个角度看，指"农村"的"城镇化"过程。后者也包括两种表达。一是在社会学意义上，农村人口变成城镇人口，有两条途径，要么是人口就地市民化，要么是前往外地城镇或附近城镇工作生活变成市民。另一是人文地理意义上，也有两种含义，要么是农村地区变成城镇，要么是农村地区生活方式城市化。那么，"农村""城镇化"着眼的重点更应是地理意义上的"农村"，着眼于它们怎样"城镇化"的过程，即"变"村庄为城市城镇，或变成城市生活方式的过程。

因此，"农村城镇化"（rural urbanization）有多种情形，包括：（1）村庄最终发展为大中城市的，其初期阶段即村庄变城市城镇的过程（如18世纪中叶前的曼彻斯特、伯明翰等），可视为"农村城镇化"；其后期阶段即由小城市或城镇成长为大中城市的阶段，则不能再视为"农村城镇化"阶段，只能看成该城市（城镇）的继续发展和成长阶段。（2）村庄就地变成中小城镇的，其变为城镇后的早期阶段涉及其城镇管理体制和基础设施的建立和完善，因此还属于"农村城镇化"过程。（3）村庄虽未变成城市或城镇，但村民已以从事非农职业为主。（4）村庄未变城市或城镇，村民中农业人口较多，但其生活方式已类似城市，或者说具有"城市性"。此外，农村人口流动到大中城市，市民化了，属于"农村人口城镇化"。

英国是原发型农村城镇化的国家，其农村城镇化进程也极具典型性。

（一）英格兰农村城镇化的阶段性

农村城镇化实际上就是就地城镇化。从一般意义上理解，所谓就地城镇化，就是让农民在本地从事非农行业；乡村改造为城镇，具备城市一样的居住和生活条件；原有农民就地转变成城市居民，而不是大量涌入异地城市。英国是原发型工业化国家，并最早实现城镇化。1851年，其人口城镇化率达到50%；1891年，超过72%，农村基本实现城镇化；[①] 2001年，英伦三岛（英格兰、威尔士、苏格兰）城市和城镇人口占总人口的92.9%。[②] 对英国历史进行回望就会发现，其农村城镇化除具有前述特征外，其进程具有明显的阶段性。

1. "原工业化"时期：部分农民离土不离乡，就地非农化

在欧洲，15～18世纪即近代早期的"原工业化"（乡村工业）时代，就地城镇化以部分农民"离土不离乡"、就地非农化为特点，部分村庄演变为手工业村庄。在英国，这一进程大致走过四步。在一定条件下，这四步又是四种状态，常常多种状态并存。

第一步，农民以农业为主业，以非农业为副业，所谓亦农亦工。英国乡村毛纺业初始期就是这种样态。毛纺业作为英国的民族工业，15世纪后期起遍及全国乡村。从事毛纺业者主要为农民，一是因为他们原本都有一定的家庭纺织工作基础；二是此时农奴制已废除，农民可以自由支配自己的劳动；三是随着人口增长，农民保有的土地越划越小，农业收入不足以养活全家，必须以从事工副业来补充家用。从事方式有二，一是农民本人农忙时务农、农闲时务工；二是农民家庭中妇女儿童从事纺纱等工作。

---

① Adna Ferrin Weber, *The Growth of Cities in the Nineteenth Century, A Study in Statistics,* New York: Cornell University Press, 1967, p.46.

② Tony Champion, *The Changing Nature of Urban and Rural Areas in the United Kingdom and other European Countries,* Newcastle University, Centre for Urban and Regional Development Studies, 2005.

第二步，农民以工业为主业，以农业为副业，所谓亦工亦农。随着人口增长，家庭拥有土地越来越少，纺织等工副业在家庭收入中比重越来越大，农业收入在农民家庭中比重越来越小。因此，诚如马克思所论，16 世纪的英国逐渐形成了"以种地为副业，而以工业劳动为主业"的"一个新的小农阶级"[1]。

第三步，部分农民不再从事农业，完全从事乡村工业。这就是农民非农化，在 16、17 世纪英国两大毛纺区即西南各郡（West Country）[2]和东盎格利亚（East Anglia）[3]非常突出。西南农村出现了许多专业的毛纺业者（clothier），他们由兼营毛纺业的农民演变而来，兼有组织外销呢绒的功能，因此还在一定程度上支配着村庄里兼作毛纺工作的邻居。东盎格利亚乡村的"新呢绒"生产者大多不会从事农业生产，因此当本地毛纺业出现颓势时，他们中很多人没有转回农业，而是向北边的约克郡西莱丁毛纺区流动了。

第四步，乡村工业趋向工场化，吸附了大量乡村手工业人员，人口开始集中，于是在诸多乡村工业区出现了手工业村庄和手工业城镇。手工业村镇如西南毛纺区的纽伯里、陶顿、马尔梅斯伯里、斯特劳德、卡斯尔库姆、比斯利，东盎格利亚的拉文翰、沃斯提德、克西村等。传说纽伯里约翰·温奇库姆开办的毛纺工场雇工上千人，富可敌国。[4] 该城多尔曼家的毛纺工场一关闭，致使许多人失业。马尔梅斯伯里的斯顿普家的毛纺工场，雇工也达几千人。拉文翰的斯普林开办毛纺工场，家族因此兴旺了三代一个多世纪。[5] 斯特劳沃特和卡斯尔库姆作为优质染色呢绒名称蜚声于欧洲

---

[1] 马克思：《资本论》，第 1 卷，人民出版社 1975 年版，第 816 页。

[2] 包括威尔特、萨默塞特、格洛斯特、多塞特和德文 5 郡，以及伯克、牛津和汉普等郡各一部分。

[3] 包括诺福克郡和萨福克郡，以及剑桥郡、埃塞克斯郡各一部分。

[4] 参见周一良、吴于廑主编：《世界通史资料选辑》，中古部分（郭守田主编），商务印书馆 1989 年版，第 380—381 页。据说亨利八世曾在路上碰到温奇库姆家运呢绒的车辆，惊呼道："纽伯里的小约翰这家伙比我还富有。"参见 [法] 保尔·芒图：《十八世纪产业革命》，第 18 页。

[5] 参见 [苏] 梅舍亮柯娃：《论十七世纪英国资产阶级革命前夜英国工业的发展》，《历史译丛》（东北师大编），第 1 集，1960 年，第 48 页。

市场。绒线和绒线呢（Worsted）得名于发源地诺福克郡北面沃斯提德村（Worstead），萨福克郡克西（Kersey）村的村名则成了一种最普遍的窄幅粗质呢绒的名称，英国到处都在生产这种呢绒。[①] 不过这些乡村工业的本质是手工生产，生产手段没有发生变革，因此当毛纺业丧失竞争优势而衰落时，这些手工业村镇很快衰落，后来默默无闻。今天的沃斯提德村仍有个巨大教堂，见证了其毛纺业兴旺、人口聚集的辉煌过去，而几条简陋街道则表明这一辉煌早已是明日黄花。

2. **工业化启动期：工业村镇就地成长为工商业城市**

英格兰西北部乡村工业区则和传统毛纺区不同，是另一种命运。这里的兰开夏棉纺区、"黑乡"铁制品生产区、约克郡西莱丁毛纺区、约克郡的南部"哈兰郡"金属品加工区，它们作为乡村工业区，其发展晚于传统毛纺区，16、17世纪起步，17世纪晚期后进入高潮。最初也是手工业性质，出现了许多手工业村镇。18世纪中期，这一地区率先在乡村工业中发生了工业革命，乡村工匠演变为工厂老板或工人。随着工业化的启动和深入，这些工业村镇就地成长为工商业城市，对资源和人口的吸附力大为增强，不但促使所辐射的附近农村走向城镇化，其农民就地转变为城镇居民，还吸引着和吸收了大量来自区域内外的城乡人口。

兰开夏棉纺区。工业革命前，兰开夏已成长为英国最重要的纺织区，包含三个纺织业地带，即中部棉纺和棉麻混纺业地带、西部和南部麻纺业地带、东部毛纺业地带。三个地带都出现了许多工业村镇。工业革命最先在兰开夏的乡村棉纺业中发生，因生产需要更多劳动人手，从而聚集了大量人口，原有的手工业村镇就地成长为工商业城市。曼彻斯特这个在18世纪末还被视为"大村庄"的地方，实际已是英国第二大城市、第一大工业城市；为兰开夏工业服务的利物浦成为英国第二大港口城市；工商业城市星罗棋布在兰开夏中部和南部，这里成了世界上第一个现代工业化城市化地区。

---

① M. W. Beresford and J. K. S. St. Joseph, *Medieval England; An Aerial Survey,* Cambridge University Press, 1979, p.267.

"黑乡"（Black Country）铁制品生产区。位于西密德兰，铁制品生产起步早，较快发展则始于 17 世纪，伯明翰和达德利等是铁制品业小城镇，区内还有达拉斯顿、蒂普顿等一大批手工业村庄。该区也是工业革命发祥地之一，瓦特蒸汽机最早就是在伯明翰投入应用的。工业革命中，资源和传统优势使西密德兰成为英国最重要的煤铁生产基地，就地城镇化速度加快。伯明翰逐步成长为英国第二大城市（20 世纪），达德利和伍尔夫汉普顿都是一流的工业城市。这个工业化城市化地区，今天叫做西密德兰都市区。

约克郡西莱丁（West Riding）毛纺区。这是 18 世纪英国最大最重要的毛纺区，利兹、布雷德福和哈利法克斯等成为著名工业城镇。由于毛纺业传统和优势惯性，西莱丁区最初对工业革命有一定抵触，19 世纪初期全面采用机器新技术，工业大发展，以利兹和布雷德福等为中心，西莱丁形成了英国又一个重要的工业化城市化地区。

"哈兰姆郡"（Hallamshire）金属品加工区。以约克郡南部设菲尔德为中心的乡村地区，中世纪晚期就形成了刀剑五金品制造业。它虽然并不在工业革命中率先，但很快兴起了钢铁业，成为英国最重要的钢铁生产中心。设菲尔德成长为英国最著名的工业城市之一。

随着工业化进程，工业城镇发展为工商业城市，需要吸纳更多劳动力。因此，新城区所覆盖的原有乡村，以及城市的郊区农村，人口大多转为城市人口，或直接为城市服务的人口。离城市稍远的乡村区，也因大工商业城市就业机会多、生活条件好，农民们纷纷向城市迁移，而不是以"就地"非农化为主。

3. 工业化完成期：就地改造乡村，使其生活方式具有城市性

到工业化接近完成时，城市人口已居多数，剩下的乡村区则有两类。一类是工业地区城市之间的农村，它们实际已演变成附近城市的从属物，其经济社会差不多与附近城市一体化。另一类则是典型农业地区或乡村地区，仍以农业和农民为主体，如英格兰的东北区、东密德兰、东盎格利亚和西部西南部等。工业化完成期的就地城镇化主要指第二类乡村区。

在工业化启动期，工业主要坐落于乡村地区，乡村的竞争力不逊于原有

城市，甚至更具优势，因此村庄就地成长为城市、农民就地演变为工人不会受到大的阻碍。而到工业化高潮后，大中城市优势已十分强大，与农村拉开了很大差距，普通农村基本不具备与城市竞争、发展现代工业的能力。同时，城市的地理布局也呈饱和状态，因此在典型农业区，走村庄演变为工业村镇、再成长为城市的就地城镇化道路，走农民离土不离乡、就地转化为非农人员和城市居民的途径，已是困难重重。

因此，工业化完成期的英国农村"就地城镇化"，主要转向了让乡村生活条件城市化，因地制宜依照城镇标准改造乡村。自19世纪中期始，英国开展了大规模的"乡村改造"运动，在农村人口生活方式中引入城市性，使其生活状态和管理体制"就地"城市化，缩小城乡差别。改造工作涵盖面广：构筑商业、金融、邮电等公共服务体系；建设道路、交通、供排水、供电等基本设施；发展教育文化事业，提高农村人口的文化素质和现代品质，使其有能力从事现代化工作；建立和健全医疗卫生、体育、福利、养老保障等社会公益事业；构建适应于乡村社区的管理体制，让人口自由流动，农民能进城，市民可下乡。

19世纪中期后，英国加速了农业集约化、专业化进程，如东盎格利亚成为肉奶产品基地，伦敦周围农村成为花草苗木供应基地，东密德兰和西部西南部成为商品粮食生产基地；而农业实现机械化、规模化，则大大减少了农业的劳动力需求。为了经济发展地区性平衡，19世纪后期又开始了"工业南下"运动，在东部、东南部、西南部大力发展消费品工业，提供大量就业机会，消化农村剩余劳动力，乡村居民职业逐步非农化。在农村扶持旅游业等新经济部门成长，增加乡村就业机会，增强乡村的经济实力。西部科茨沃兹山区旅游业的发展是最成功的典型。

英国农村就地城镇化的阶段性进程带来了许多启示。到工业化高潮期以后，一定要防止以"就地城镇化"为标签硬性将农民固定在本地，要改变只让农民就地非农化的做法，转变让农民离土不离乡的观念。为实现个人愿景，农民既可留在本地，也可就近进入周围城镇，更可迁徙至远方城市。大城市不应为防止"城市病"而反对人口流入。"人往高处走"体现了积极向上的能动性，应予鼓励。关键是，如果农村生活条件、就业和创业机会都与城市一样了，农村居民就业和创业能力和市民相等了，他们自然会"就地"谋发展。

（二）农村城镇化典范：科茨沃兹地区

在今天的欧洲，乡村的美景和舒适度以英国为最。而英国乡村中，又以英格兰西部科茨沃兹地区（Cotswolds）的景色和情调最为迷人。科茨沃兹有"英格兰心脏"之誉，其山系主要位于格罗斯特郡，其地区范围则跨越了沃里克、伍斯特、牛津、威尔特、赫里福德和萨默塞特等郡。[①] 从中世纪晚期以来的几次转型，最终使科茨沃兹成为了农村城镇化的典范、美丽乡村的世界级代表。

1. 原工业化兴起促使科茨沃兹早期城镇化起步

由于自然条件的原因，科茨沃兹农村在中世纪早期就是农牧业混合型经济，养羊业非常重要，所产优质羊毛闻名西欧。12世纪有人认为，欧洲最好的羊毛出在英格兰，英格兰最好的羊毛出在科茨沃兹。最初羊毛多输出国外市场。12、13世纪，由于呢绒生产中应用水力漂洗轮，河流众多而又湍急的科茨沃兹山丘地带，便吸引着城市工匠和外国移民聚集，13世纪，斯特劳德河谷出现了毛纺业和漂洗坊。14世纪后英国毛纺织业迅速发展，15、16世纪成为民族工业，以科茨沃兹为中心的格罗斯特郡毛纺业，与邻近的威尔特郡、萨默塞特郡一道，成为其时英国最重要的毛纺织区。除优质羊毛和充足水力资源外，这里还有斯特劳德河谷的漂白土，也有当地赭红岩石制成的染料，往西南又靠近布里斯托尔港口，便于联系国外呢绒市场。15世纪，斯特劳德河谷的漂洗坊达到150多个，出现很多呢绒制造商，"斯特劳沃特"（Stroud Water）作为优质猩红色宽幅呢，蜚声英国和大陆市场。16世纪亨利八世末年，科茨沃兹地区以漂洗、染色和完成最后工序而闻名遐迩。

随乡村毛纺业发展而来的，是城镇化推进和非农业人口增多。1561至

---

① www.cotswolds.info/Cotswolds History and Heritage, August 4, 2014.

1562 年伦敦呢绒出口统计中，列举了格罗斯特郡有 26 个呢绒生产中心，其中只有少数几个是原有城市。17 世纪初一项职业普查，搜集了格罗斯特从事纺织业的 2,637 人的材料，其中格罗斯特等三个老城市仅 135 人，占 5%；来源于乡村的被调查者则达 2,502 人，占了 95%。三个城市中从事纺织业者，占该三个城市职业清楚者（1,232 人）的 11%；而乡村从事纺织业者，却占职业清楚的乡村人口（15,814 人）的 15.8%。科茨沃兹共 5 个百户区，普查中从事纺织业的比例分别为 45.2%、39.4%、37.9%、31.6%、28%，比例极高。[①] 如果再加上乡村中其他非农人员，科茨沃兹乡村的非农业人口当在一半以上。

乡村毛纺业这个典型的原工业的发展，使得科茨沃兹地区遍布新兴纺织小城镇和纺织村庄，它们拥有的财富甚至还超过老城市。如科茨沃兹老纺织城市温奇库姆 1523 年上缴税收少于 1334 年，而比兹利这个斯特劳德河谷村庄 1523 年上交的税是 1334 年的 13 倍。罗德伯罗村 1523 年交税是 1334 年的 5 倍。赛伦赛斯特这个科茨沃兹首府城市，1334 年缴税是比兹利村的 6 倍，而 1523 年比兹利上缴的税反超过了赛伦赛斯特。1523 年，在比兹利这个毛纺村庄 251 个纳税人中，有 112 个是挣工资的人。[②] 正是大量的比兹利这样的村庄演变为新兴城镇，如到 1660 年时，比兹利和斯特劳德都拥有 3,000 多位居民。[③] 这个时期，这里的富有制造商还修建了大量豪华宅第，以及一些"羊毛教堂"，这些建筑至今犹存。

2. 工业革命落伍刺激科茨沃兹向多样化经济转型

科兹沃兹所在的英国西部地区毛纺业，从 16 世纪中期开始动荡。这主要由于它生产传统的宽幅呢市场狭窄，竞争不过大众化的东盎格利亚"新呢绒"价格低廉的优势。虽然国王查理二世颁布奇特的"羊毛裹尸法令"，要求死

---

① A. G. Tawney and R. H. Tawney, "An Occupational Census of the Seventeenth Century", *Economic History Review*, V.5, 1934-1935, pp.25-58.

② E. M. Carus-Wilson, "Evidences of Industrial Growth on Some Fifteenth-Century Manors", *Economic History Review*, Second Series, V.12, No.2, 1959, p.191.

③ Peter Ripley, "Village and Town: Occupations and Wealth in the Hinterland of Gloucester, 1660-1700", *Agricultural History Review*, V. 32, No.2, 1984, p.173.

者需用羊毛裹尸才能下葬，并在 1667 年强制推行（苦主家须宣誓执行，否则罚款 5 英镑；只有死于瘟疫者除外），但仍未能阻挡科茨沃兹养羊业和毛纺业的颓势。从 1660～1699 年格罗斯特城及其腹地的法庭案卷中可以看到，925 个职业明确的当事人里，属于纺织业的为 150 人，仅占 16.2%；其中乡村当事人 805 人中，属于纺织业的 136 人，占 16.9%，比例较 17 世纪初大幅度下降。毛纺业创造的财富也在减少，上述 925 人中，毛纺业者占有财富的平均值（小城镇 47 英镑、村庄 38 英镑）低于非农业者的总平均值（小城镇 58 英镑、村庄 46 英镑）。村庄中从事毛纺业者的财富平均值（38 英镑）远低于务农者的财富平均值（101 英镑）。①

由于纺织业不再是科茨沃兹地区的优势，大量纺织工失业后，迁徙到了东部或成为流浪者。因此，虽然 1690～1760 年间科茨沃兹毛纺业出现了复兴态势，但由于从业人员减少，加上羊毛原料多来自外地和外国，生产自然大受限制，呢绒年产量也只达到 5 万匹。② 而 18 世纪中后期约克郡西莱丁区产量最多时为 40 万匹，孰优孰劣一望即知。由于没有广泛的生产基础，科茨沃兹等西南地区不但没有率先发生工业革命，甚至还未追随而行。当英格兰西北和东南机器隆隆轰响之时，留在这里的人们只好回望乡野，再次将自己的土地变成青草茵茵的牧场，变成供应西北工业区人口和东南工商业人口的肉奶粮基地了。

从科茨沃兹经济出现波折的时候起，这里的人们并没有消沉，因此从 17 世纪到 20 世纪，科茨沃兹有不少创造新经济部门的例子。17 世纪初，特拉西（Tracy）家族开始在这一带试种烟叶，后被视为不合法而查处。他们不甘罢休，又试种亚麻，同时偷偷种烟叶。18 世纪，丝织业在这里兴起，丝织工厂主要位于温奇库姆、布洛克利、布劳德威一带。在布劳德威，1810 年由曼恩先生建立了一个丝织工厂，直到 1864 年才关闭，其遗迹至今尚存。在温奇库姆，今天还有条丝绸巷。布劳德威塔修建于 1797 年，曾有一段时间用于当

---

① Peter Ripley, "Village and Town: Occupations and Wealth in the Hinterland of Gloucester, 1660-1700", p.173.

② R. P. Beckinsale, "Factors in the Development of the Cotswold Woollen Industry", *The Geography Journal,* V.90, No.4, 1937, p.349.

地的手套制造业。后在1822～1862年间，托马斯·菲利普又将该建筑用作他个人的印刷厂。于是，出版和印刷又成为该地区的传统行业。2011年秋笔者到斯特劳德城考察问路时，指路人大为惊讶：一个中国人居然访问这样一个僻远小镇，笔者告知这里几百年前原有兴旺的毛纺织业时，她始恍然大悟。现在这里办有20多家出版社，虽然某些出版社门面不忍卒看，但其出版的书籍却发行全世界。19世纪末至20世纪初，威廉·莫里斯在奇平坎登开创了艺术和技艺运动。但是这些都不能根本上改变科茨沃兹的落伍面貌，它必须凤凰涅磐，在浴火中重生。

3. 美丽乡村建设提升科茨沃兹为世界级乡村旅游区

科茨沃兹地区具有丰富的旅游资源。这里的岩石为侏罗纪石灰石，通体呈土黄色，当地人普遍用这种岩石筑房，从中世纪就留下了这种传统。1966年，科茨沃兹地区被规划成英格兰和威尔士最大的"卓越自然美区域"，南北绵延80英里，面积2,038平方公里，其中80%是农田。而村镇上则是大量的传统建筑遗存物。2000年列为国家公园。除黄石砌成的村庄住宅外，这里还留下了用黄色石头垒砌的土地和道路界墙。当地宣传资料甚至说其长度达3,000英里，可比肩中国长城。为吸引旅游者，还精心构筑了四通八达的道路网。值得一提的是，沿科茨沃兹山脊有一条专供游览的国家级步行小道（national trail），砂石土路，从东北方奇平坎登，中经布劳德威、温奇库姆、切尔滕纳姆、斯特劳德、德尔斯利、奇平索德伯雷等著名村镇，一直往西南延伸到温泉旅游度假胜地巴斯城，全长166公里。[①]旅游者身在高处行走，远近风景尽收眼底。

在科茨沃兹发展旅游业的进程中，又一件大事值得书上一笔，那就是英国皇家在切尔滕纳姆建立了赛马场，赛马每年10月举行，吸引着全英以及欧洲各地的赛马爱好者们，也扩大了科茨沃兹的知名度，为这里的旅游业带来了更多的客源。

---

① *Great Britain: Road Atlas,* Automobile Association Developments Limited, 2012, p.15; Vikypedia: Cotswolds.

  这一地区人口也保持着较大的流动性，经常吸引富人们来此购买第二套房，或选择退休后在这里颐养天年。为了保护这里的独特遗产，依照 2004 年一条法令成立了独立的公共组织科茨沃兹保护委员会（Cotswolds Conservation Board），其资金来源于"自然英格兰"组织及这个"卓越自然美区域"所覆盖地区的 17 个地方当局。科茨沃兹的美丽景色还被许多文学家、艺术家所关注，将之写入了他们的文学或音乐作品中。

  现在，科茨沃兹地区居民不过 8.5 万人，是英格兰人口密度最小的地区之一，大约有一半教区人口密度每平方英里未达到 300 人。旅游业从 20 世纪后期成为该乡村地区经济新增长点后，21 世纪更成为这里的第一大经济部门，每年接待国内外一日游旅客 3,800 万人，创造收入 1.3 亿英镑，是英国非城市区经济增长速度最快的地方。居民收入也远高于伯明翰、曼彻斯特、利物浦、利兹等大工商业城市。据英国伯克莱银行 2007 年报告的数据，科茨沃兹户均收入为 60,800 英镑，是排名前 20 位中仅有不属伦敦和英国东南部的两个地方之一（另为柴郡的塔屯，62,350 英镑。最富的伦敦肯辛顿和切尔西区，户均超过 10 万英镑；其次是伦敦老市和威斯敏斯特，81,425 英镑）。[①]科茨沃兹乡村的这种成功转身，是农村城镇化的最佳典范。

---

① www.cotswolds.info/Cotswolds History and Heritage, August 4, 2014.

第四章
英国养羊业的历史发展与地理分布

养羊业是促使早期英国逐步崛起的关键性产业。因养羊业而出现的圈地运动牵动了英国城乡和朝野，是其历史上最为引人注目的经济现象之一。因此，关注和探讨养羊业的发展史以及地理分布，有助于理解英国经济的全局性特点及区域性差异。

早在诺曼征服之前，英格兰便已出口羊毛。[①] 从《末日审判书》的记载来看，当时的领主有时将精明的心思用在了养羊上，说明当时的养羊已达到了一定规模。11 世纪后，英国的养羊业有了较大发展，无论是养羊业的分布，还是羊肉和羊毛的质量及用途，都有了很大变化。养羊不仅代表英国农牧业，同时也是市场流通中的重要因素。因养羊而带来的羊毛贸易、毛纺业和呢绒贸易兴盛，圈地运动的出现，是此时期英国最重要的经济现象之一。

不列颠岛气候温和湿润，草地遍布，适宜于养羊。从很早时候起，养羊业地位便得到了承认。《末日审判书》记载的"牧羊特权区"，表明养羊者被迫将羊群赶往领主土地上放牧，这显然是认识到了羊粪具有肥料价值。三个爱德华时期，国王政府对养羊更为重视，认为羊毛是国家收入的主要来源，出口羊毛可以换进"外汇"。14 世纪初的英格兰各地，如南部苏塞克斯郡，中部林肯郡等，羊群大都是在领主管家监督下以村庄为单位饲养的；在北部，则多由牲畜管理人支配牧场，所产羊毛大部分用于出口。重要的羊毛生产者和生产集团很早就与羊毛购买者如佛兰德尔人和意大利商人等发生间接接触。

---

① 参见 [英] 约翰·克拉潘：《简明不列颠经济史：从最早时期到 1750 年》，范定九等译，上海译文出版社 1980 年版，第 147 页。

15 世纪，一些农民通过交换或购买条地，进行了圈地，并变成养羊的牧场。圈地经营获利更大，不少地主还圈占了村社公地。对 11～19 世纪英国的养羊业进行考察分析，有利于认识养羊业与经济社会发展息息相关。

国内一些论著偶尔提到了英国养羊业的规模、羊毛和羊肉产量、出售羊毛的收入等，但很少见到对 11～19 世纪英国养羊业的地理条件、区域划分、羊群喂养以及羊群归属等问题的专门论述和分析。长期以来，英国史学界对养羊业的研究有丰富成果，而且多在微观层面讨论养羊业的规模、产出、喂养、羊毛贸易等，这对本章以时间为经、区域为纬，全面论述和宏观分析 11～19 世纪英国养羊业奠定了极好的研究基础。通过对养羊业的考察，有助于透视崛起时期英国经济的巨大变革和区域性特征。

一　英国养羊业的早期历史与地区差异

养羊在英国有悠久的历史。早在新石器时代，从苏塞克斯丘原向西延伸到德文郡一带的农民，主要依靠饲养山羊、绵羊和猪，在小块土地上种植小麦等作物为生。不过，当时羊和猪等动物还未明确地分开饲养，因此尚不能称已经有了养羊业。

随着时间推移和技术发展，《末日审判书》已详细记录了羊群的增长。12 世纪，西斯妥修道院在奔宁山地饲养绵羊获得成功，养羊业随之迅速扩大到整个西部区域，并逐渐成为英国最主要的农业部门，羊毛大量出口。[①] 英国养羊业发展与其自身地理环境有着密不可分的关系。因此，首先应对 11 世纪以前英国的养羊业发展、养羊业发展的地理环境和自然条件以及养羊业的地理差异等问题作一概述，以期建立对英国养羊业发展的宏观认识框架。

---

① 参见曾尊固等:《英国农业地理》，商务印书馆 1990 年版，第 212 页。

（一）英国养羊业的早期历史

养羊技术是新石器人从中东带进欧洲的。欧洲森林茂密，极适合养殖绵羊、生猪和牛。在瑞士新石器湖岸遗址中，发现驯化了的绵羊角类似山羊角，这种羊可称为直角羊（palustris）。公元前 3000 年左右，绵羊出现在不列颠。考古发掘的新石器时代养羊遗址，有英国西部威尔特郡爱弗伯雷附近的风磨山、多塞特郡的美登堡，这些地方的羊骨与瑞士直角羊颇为相似。青铜时代早期的不列颠却很少发现养羊遗址，这时的养羊者可能是游牧性质，特别是在奔尼山区和湖区这样的山区。这时养羊主要是为了食用其肉和奶，但羊毛的产出也激发人们将其制造成精巧的毛织品。毛织物的最早标本，是约克郡莱尔斯通发掘的一个早期青铜时代橡树棺木中的一片呢布。[①] 青铜时代晚期，前 750 年左右，来自瑞士的移民将一种大角羊（studeri）带进了不列颠，他们定居在泰晤士河流域。设得兰岛还发现了这两种羊的杂交品种。

青铜时代的羊毛多为棕色的，到了铁器时代才主要为白色。从考古发现看，铁器时代和罗马不列颠时代主要养大角羊，其遗址有威尔特郡德韦泽斯附近的坎宁克罗斯。而在多塞特郡美登堡的铁器时代地层中，也发现有直角羊羊骨。由于森林被清伐，羊被大量饲养，遗址中发现的牛羊骨头比例大致相当。在罗马不列颠遗址中，大多是牛骨和羊骨各占 35% 的比例；个别地方羊骨比例更高，如格拉斯通伯雷湖村羊骨比例高达 88%，牛骨比例仅 5%。罗马时期的不列颠毛纺业已有发展。这里所产羊毛极好，有人说可与蜘蛛网媲美，非常白亮，截面直径为 17 微米。这时不列颠兴起了长羊毛生产，长毛羊可能是罗马人引进的。此前不列颠主要饲养炭白杂色的花脸羊（Soay），这种羊在今天的苏格兰以及不列颠西部还有存在。[②]

盎格鲁萨克森时期，羊的重要性被进一步认识。有资料可说明不列颠已有毛纺品出口。796 年查理大帝在给麦西亚国王奥发的信中，说到其臣民喜欢"过去时代我们已习惯了的"那种类型的斗篷。各地羊品种的独特性

---

① 　M. L. Ryder, "The History of Sheep Breeds in Britain", *The Agriculture History Review*, V.12, No.1, 1964, p.3.

② 　M. L. Ryder, "The History of Sheep Breeds in Britain", p.5.

也通过许多萨克森地名体现出来，如舍普利、舍普顿马勒特、施普利、斯基普顿等。考古发现，盎格鲁萨克森时期英国的羊毛标本大多是未有色素沉着的，包括1个优质羊毛标本，3个中高档羊毛标本和3个粗质羊毛标本。对其中一个采自林肯郡丰纳比的羊毛标本作检测，发现它是棕色的，羊毛直径同上述罗马羊毛一样好，为18微米。[①] 不过不如世界上最好的羊毛即西亚死海羊皮卷记载的羊毛标本。养羊业使得盎格鲁萨克森时期英国毛纺业有一定发展，据说国王阿尔弗雷德的母亲就擅长纺纱。8世纪时，英国呢绒极有可能出口到欧洲大陆。[②] 11世纪《末日审判书》记载，英国港口伊普斯维治已将东部各地所产呢绒运往大陆，其中包括贝弗利和林肯的彩呢，以及科奇索尔、科尔切斯特、马尔登和萨德伯里等地的呢绒。[③] 既然已向国外出口，说明毛纺业已有一段时期的发展，并建立了一定的市场声誉。

（二）英国养羊业的自然条件和地区差异

从总体上看，英国的地理环境适合养羊业发展。从地形看，英国以平原、丘陵和低山为主。这样的地势，造成可供农业开发利用的土地面积广大，而且方便于交通联系，有利于养羊规模的扩大和养羊业专门化发展。从土壤看，棕色森林和腐殖质石灰土对于养羊业有很大促进作用。棕色森林土广泛分布于低地带，以及高地带内的谷地和沿海低地，是英国最重要的土壤，既可作为优良的人工草地，也可垦为良好农田。腐殖质石灰土是发育于石灰质母质上的非地带性土壤，广泛分布于英国东南部由白垩岩组成的丘陵和坡地上，此类土壤多用作放牧草地。从气温看，英国冬季温和，夏季凉爽，年温差较小。这种气温特点，使秋播作物和果树等多年生作物越冬条件好，牧草和农作物生长期长。这样就使草场利用时间长，牲畜圈养时间短，畜牧业成本低。从水分条件看，英国降水充足，明显多于同纬度其他地区，这种温带并湿润的地区适合发展畜牧业，包括养羊业。这些地理环境因素都适合发展养羊业。

---

① M. L. Ryder, "The History of Sheep Breeds in Britain", p.6.

② E. Lipson, *Economic History of England*, Vol. I, 9ed edition, London: A. & C. Black, 1947, p.443.

③ 参见刘景华、范英军：《工业化早期英国西部呢绒业的兴衰》，《世界历史》2011年第6期，第5页。

当然并不是英国所有地区都适合养羊，适合羊群生长的地区也各有自身条件和差异。

整个英格兰从沃什湾林肯郡的波士顿至布里斯托尔湾可以画一条东北—西南走向的斜线，线之西北是畜牧区，线之东南是农牧混合区。但也不能绝对化。一般来说，西北畜牧区牲畜种类包括牛马羊，主要采取放养形式，因此养羊业主要集中在高地、高地边缘和丘陵，这些地方是纯粹的自然牧场；河谷与平原地带则发展农牧混合业，包括羊在内的牲畜有圈养和放养等形式，其牧场主要是庄园的公共牧场及休耕地和收割后的庄稼地。畜牧区并非是专门的养羊区，养羊其实在西北地区畜牧业中所占比重较小。有研究者根据大量遗嘱资料，整理出16～18世纪伍斯特郡东部所饲养牲畜的大致比例，他把伍斯特郡东部的牲畜饲养分成了四个时期，无论哪个时期羊的比例都比较小，甚至还低于马（表4-1）。

表 4-1　1540～1750 年伍斯特郡东部各类牲畜的分布比例（%）[①]

年份	牛	马	羊	猪	牲畜头数合计
1540～1599	65	17	14	4	21,945
1600～1660	59	20	17	4	15,504
1670～1699	55	24	18	3	13,545
1700～1750	50	27	20	3	20,334

东南农牧混合区以种植农业尤其是粮食种植为主，但绝大部分地区都养了羊，牧场以敞地制下的休耕地和收割后的庄稼地为主，但也有极少数地区不大养羊。

当然，英国养羊业的区域划分也会因时代不同而有所不同。从中世纪起，英国的养羊业虽然广泛分布，但形成了四个主要养羊区：西南养羊区、东盎

[①]　J. A. Yelling, "Probate Inventories and the Geography of Livestock Farming: A Study of East Worcestershire, 1540-1750", *Transactions of the Institute of British Geographers*, No. 51 (Nov., 1970), p.120.

格利亚养羊区、北方养羊区、密德兰和东南部养羊区。① 四个养羊区中有三个基本上位于上述波士顿—布里斯托尔线之东南,可见英格兰养羊业主要集中在东部和南部。前三个养羊区所产羊毛主要供应本地的毛纺业,养羊业也受到了来自本地乡村毛纺业发展的较大刺激。密德兰和东南部养羊区土地辽阔,土质肥沃,是英格兰最主要的农业区,也是最重要的养羊区,但这一地区自身的毛纺业并不很发达。各区域羊群数量的多少,可以在《末日审判书》等各种史料和统计中分析。各区域内羊群数量、种类的变化,甚至养羊方式的变化,还会受到与之相关的政治经济制度等因素的影响。如 14 世纪国王下令禁止羊毛出口,羊群饲养必然会受到影响。不仅在养羊数量、养羊方式上有地区差异,羊毛质量的差异更大、更多。中世纪里,英国最好的羊毛出自东部的林肯郡和西部的科茨沃兹山区,而北方的羊毛质量则普遍较差。但到 16、17 世纪,圈地运动使得养羊数量大增,然而羊只更肥更壮,羊毛变长,羊毛质量则变差了。

二 11～19 世纪英国养羊业的阶段划分

(一)英国养羊业阶段划分的多维考量

从诺曼征服起,直到 19 世纪初毛纺业退出最重要的手工业部门之地位,英国养羊业呈现出明显的阶段性。考察英国养羊业发展的历史,将这一过程与社会经济变化总趋势相联系,阐述两者间的互动关系,由此进行历史阶段划分,非常具有意义。英国养羊业的阶段划分,要考量养羊业性质的变化、养羊数量变化、羊毛出口量和呢绒出口量变化等多种因素。

黑死病的爆发对英国养羊业的变化有重大影响。黑死病登陆英国后,土地上的牲畜也难以幸免。例如一个牧场有 5,000 头羊突然死亡,它们的尸体

---

① 参见刘景华:《走向重商时代——社会转折中的西欧商人和城市》,中国社会科学出版社 2007 年版,第 88 页。

散发出恶臭，连野兽和鸟都不愿意碰一下。在农村，羊群和其他牲畜在田野里四处漫游，没有人照管它们，听凭它们死在农田、沟渠里。同时"在文献中很难找到在黑死病以后畜牧业大规模地代替耕种的痕迹"[①]。相反，某种证据却接近正确地证明了在大鼠疫后的一百年中，英国羊毛总产量总的来说是减少了。[②] 羊的数量减少，导致羊毛数量的减少，羊毛的减少也必然导致呢绒减少，出口贸易受到一定影响。同样，从温切斯特庄园领地账册中观察到，1345～1349 年及 1350～1354 年之后的羊毛产量低于总体平均值的年份，比这两个时间段之前低于平均值的年份多得多。[③]

英国羊毛出口约在 13 世纪末达到高峰。后由于种种原因，例如爱德华三世将羊毛的来源和收益作为一种手段，使得羊毛出口衰落下来。与羊毛出口下降相反的是，同期毛纺业得到了较大发展。此时英国并未增加养羊数量来满足羊毛出口和毛纺业的需要。有关著作描述了 15 世纪羊毛出口减少的具体情况，"根据各个口岸各别统计的数字所示，在 15 世纪末（1472～1482 年的平均数字），羊毛的出口量较之两百年前减少了，……赫尔和波士顿的羊毛出口量减少得更为突出。……南安普敦的出口量减少了将近 2/3。只有伦敦在 15 世纪末的出口数字还可以和 13 世纪末的数字相比拟，……但出口量也减少了约 1/3。"[④]

14 世纪中叶以前，英国基本上是个以羊毛输出为主的国家。有关 1350 年以前有关呢绒出口的具体情况，所能查询的资料非常少。14 世纪中叶，英国每年出口羊毛在 3 万袋（一袋羊毛重量合 164 公斤，约为 26 "斯通" stone）以上，可加工成 13 万匹宽幅呢绒；1347～1348 年，英国的呢绒出口量仅为 4,422 匹，前者与后者之比约为 30∶1。随着国内毛纺业的发展，到了 15 世纪中叶，呢绒出口量上升为年均 54,000 匹（相当于 12,500 袋羊毛），而羊毛出

---

① 　E. E. Power, *Wool Trade in Medieval*, London: Oxford University Press, 1941, p35.

② 　参见 [英] 约翰·克拉潘：《简明不列颠经济史：从最早时期到 1750 年》，第 171 页。

③ 　M. J. Stephenson, "Wool Yields in the Medieval Economy", *The Economic History Review,* New Series, V.41, No.3, 1988, p.377.

④ 　[英] 约翰·克拉潘：《简明不列颠经济史：从最早时期到 1750 年》，第 229 页。

口量则下降到平均每年 8,000 袋，羊毛与呢绒的出口比例变为了 1 : 1.5。[1]
14 至 15 世纪出口量中羊毛数量与呢绒数量发生了显著变化（表 4-2）。14
世纪 60 年代后，羊毛的出口量显示出递减趋势，与之相反，呢绒出口量则
显示递增趋势，最终在 15 世纪 30 年代时，呢绒出口量（换算为所用羊毛
量）超过羊毛出口量，英国实现了以出口羊毛原料为主向以出口呢绒为主
的转变。

表 4-2　1361～1500 年英国羊毛和呢绒年均出口情况 [2]

年份	羊毛（袋）	呢绒（相当羊毛的袋数）
1361～1370	28,302	3,024
1371～1380	23,241	3,432
1381～1390	17,988	5,521
1391～1400	17,679	8,967
1401～1410	13,922	7,651
1411～1420	13,487	6,364
1421～1430	13,696	9,309
1431～1440	7,377	10,051
1441～1450	9,398	11,803
1471～1480	9,299	10,125
1481～1490	8,858	12,230
1491～1500	8,149	13,891

　　14 世纪英国开始出现圈地，15 世纪后期起圈地运动比较有声势地进行。
至 16 世纪末，已有约 20% 的可耕地被圈作养羊牧场。圈地运动对英国养羊
业发展的促进无疑是巨大的。因此可将它作为衡量养羊业变化的重要依据，
也可将其作为养羊业阶段划分的一个因素。

　　到 17 世纪末，一方面被圈之地不再是单纯用于养羊，而是更多地用于粮
食生产；另一方面，随着农业革命发生，养羊业无论是羊的品种，还是养育
方式，以及羊的个体重量及羊毛质量，都发生了巨大变化，因此 17 世纪末至

---

① Gillian Hutchinson, *Medieval Ships and Shipping,* Fairleigh Dickinson University Press, 1994, p. 93.

② Carlo M. Cipolla, *Before the Industrial Revolution: European Society and Economy, 1000-1700*, p.260.

19 世纪初可作为英国养羊业的一个新阶段。

据此，可将 11～19 世纪英国养羊业的演变分成三个阶段，即：第一阶段，从诺曼征服到 15 世纪末，这一阶段主要特征是英国作为羊毛出口国，养羊业是英国的支柱性产业；第二阶段，从 15 世纪末到 17 世纪末，这一阶段圈地运动发生，养羊业和毛纺业对经济社会产生巨大影响，同时养羊业本身的生产组织等也发生变革；第三阶段，从 17 世纪末到 19 世纪初，养羊业以及与之密切联系的毛纺业的经济社会影响减弱，但养羊业自身则因农业革命发生而出现生产手段重大变革。下文即对这三个阶段做出简要论述。

（二）第一阶段：11 世纪～15 世纪末

1066 年，英国养羊业进入较大发展时期。《末日审判书》显示，诺曼征服后不久，羊的数量比其他所有牲畜数量加在一起的总和还要多。但这时候羊的主要功能是提供羊奶；对羊毛、羊粪和羊肉的利用只是副产品，其重要性也是依此顺序。《末日审判书》一个世纪后，羊的重要性增加了。产优质毛的羊与产粗质毛的羊的价格有较大差异，前者每只为 10 便士，后者每只仅为 6 便士，这时的优质毛羊极少。[1] 不久后，羊毛开始出口，后来则主要用于国内毛纺业。那么，究竟有多少羊呢？当时是不可能有统计数字的，但可从各方面的材料来推断养羊在英国的广泛性和重要性。

考古发现表明，这一时期羊的饲养在牲畜饲养中占有极大比例，约接近 50%，其数量差不多等于其他牲畜之总和。20 世纪 50 年代在约克郡考古发现了四处有大量家畜骨头的遗址。如彭特弗拉克特小修院是个克吕尼修道院，1957～1959 年考古发现其有不少家畜遗骨，其中羊骨占 45%。约克城彼得门发掘的大量家畜遗骨，时间约在 11～15 世纪间，其中羊骨占 30%。华拉姆佩西是一个中世纪村庄，位于约克郡马尔顿城南 6 英里。该村在 1500 年前已遭废弃。1953～1959 年发掘的家畜遗骨，年代主要为 13～15 世纪，羊骨占到

---

[1]　M. L. Ryder, "The History of Sheep Breeds in Britain", *The Agriculture History Review*, V.12, No.1, 1964, p.6.

60%。[1] 只有利兹的科克斯托尔修道院（西斯妥派修院）遗址，1956～1959年考古发掘的 15 世纪中期至 1540 年修道院解散前的家畜骨头中，羊骨仅占5%，牛骨占 90%。赖德尔认为，这与另一个方廷修道院情况相似，方廷修道院在 16 世纪宗教改革被解散时，拥有 2,356 头有角牛，却只有 1,326 头绵羊，而一般应该是羊多于牛。出现这种情况，特劳·史密斯认为是该修道院的畜牧业商品化倾向加强，它向市场提供牛肉和牛奶。[2] 赖德尔认为科克斯托尔修道院可能也是这种情况。这种说法似乎有道理，但情况并不完全类似，因为牛骨遗存在修道院，那么牛肉应主要是在修道院里食用的，而方廷修道院那里指的是拥有牛的数量，其最后去向并不确切。

这一阶段养羊业无疑是英格兰的支柱产业，但养羊数量无法得出确切的数字。只有通过各种方法予以推断。譬如，可从英格兰羊毛出口的数量结合每个个体羊产毛的重量来估算羊的数量，再加上国内毛纺业甚至家庭纺织对羊毛的消费。还可从当时对羊毛品种、质量多样化，甚至羊只计量单位的多样化来判断中世纪英格兰养羊业的兴盛。

可以说，正是因为中世纪英格兰养羊业的发达，故而也使得羊只计量单位、羊只出售单位、出售价格的多样化。英国经济史家对此已有较多的深入研究和计算。中世纪英国计算羊群数量时，多数时候、多数地区特别是东部用"大百"（great hundred）或"长百"（long hundred）为单位，约等于 112只；有的地区用"六斯各尔"（six scores），等于 120 只。羊的买卖中，依品种不同而有较大价格差异。产优质羊毛的羊大约每只价格为 10 便士，甚至更高；产普通羊毛的羊每只售价 6 便士，甚至更低。如 1197 年，汉普郡梅昂地方卖出的羊，每只仅 4 便士；1199 年坎伯兰两个庄园买得 500 只羊，共花去 25 英镑，即每只平均 12 便士。羊的买卖数量较大，如 1195 年的档卷记载了 60 起羊只交易，有 42 起记录了羊只买卖的数量，其中一起是以"百"来

① M. L. Ryder, "Livestock Remains from Four Medieval Sites in Yorkshire", *The Agriculture History Review*, V.9, No.2, 1961, p.105.

② R. Trow-Smith, *A History of British Livestock Husbandry to 1700.* 转引自 M. L. Ryder, "Livestock Remains from Four Medieval Sites in Yorkshire", p.106。

计算的，两起是以"五百"来计算的。全部羊只交易价格为每只平均 6 便士。东部诺福克、萨福克郡羊价更低，1185 年，有些村庄以每"百"1 英镑来计算，平均每只 2.4 便士；有村庄购进 60 只羊，仅需付 10 先令，平均每头羊为 2 便士。[①]

由于各地林草植被、气候、土壤、传统、技术等各种条件不同，羊毛也有多种类型（表 4-3），这也反映了英国养羊业的多样化和丰富性。

表 4-3 中世纪不列颠不同类型羊毛比例（%）[②]

检测地	时间	粗羊毛	中粗羊毛	普通中等羊毛	普通中上羊毛	中等羊毛	短羊毛	优等羊毛
温切斯特	11 世纪	14	57	29	—	—	—	—
伦敦贝纳德城堡	1200 年	—	25	63	—	—	—	12
约克	12～13 世纪	27	37	27	—	9	—	—
南安普敦	13～14 世纪	—	11	58	—	5	5	21
贝纳德城堡	14 世纪	13	8	8	38	4	13	16
贝纳德城堡	15 世纪	7.5	11	15	18	11	30	7.5
约克郡	15 世纪	—	33	66	—	—	—	—
佩斯	12～14 世纪	19	44	18	6	8	5	—
亚伯丁	13～14 世纪	12.5	19	44	6	12.5	—	6
	总计	13	30	26	10	7	8	6

某些郡，或某些庄园、某些村庄关于羊只、羊群的零散资料，也可使我们对羊只数量做出一些判断。吴于廑先生在其名作《世界历史上的农本与重商》中，曾经援引英国一些论者对养羊数量的估计。如 1086 年清查时，埃塞

---

① Reginald Lennard, "Statistics of Sheep in Medieval England, A Question of Interpretation", *The Agriculture History Review*, V.7, No.2, 1959, pp.75-81; M. J. Stephenson, "Wool Yields in the Medieval Economy", *The Economic History Review*, New Series, Vol. 41, No. 3 (Aug., 1988).

② M. L.Ryder, "Medieval Sheep and Wool Types", *The Agriculture History Review*, V.32, No.1, 1984, p.26.

克斯郡平均每庄园有羊 100 头，多的达到了 810 头。《末日审判书》还记载，11 世纪后期东部的诺福克郡 516 个村庄，共有羊 43,848 头。13 世纪养羊业有更大的发展。英国一匿名作者所作《理家要术》，建议庄园主在庄上建 3 个羊圈，分别圈养 400 头阉羊、300 头母羊、100 头没有剪过头年毛的小羊。尽管这只是一种建议，但毕竟以一定的认识为基础，或有可能实现。13 世纪中叶，英国汉普郡一座属于温切斯特主教的庄园，持有耕地的每一农户，平均有羊 50 头。[①]

从 13 世纪温切斯特主教庄园的材料来看，有些羊群的羊只数量相当大（表 4-4）[②]，最多的平均达到 3,000 多只，只有几个庄园在 1,000 只以下。

表 4-4　1209~1454 年温切斯特主教各庄园羊群平均规模（只）

庄园名称	每羊群平均羊只数量	庄园名称	每羊群平均羊只数量
惠特尼	1,059	欧弗顿	3,798
克诺伊尔	1,967	沃格雷夫	1,078
哈韦尔	264	梅昂	3,558
特韦福德	3,424	陶恩顿	205
阿尔列斯福德	2,664	法尔翰姆	652
道恩顿	2,137	尔汶霍伊	422

类似的还有波斯坦做出的统计。1225 年，威尔特郡南部 23 个村庄共养羊 14,987 只。[③] 萨福克郡南部布莱克博内百户区养羊 17,128 只（其中羊羔 3,674 只）；1275 年米迦勒节温切斯特主教 32 个庄园，共养羊 27,843 只（其中羊羔 4,418 只）；1296~1297 年康沃尔公爵所属伯克翰姆斯迪德庄园养羊 344 只（其中羊羔 88 只），所属贝德福德郡的萨恩顿庄园养羊 88 只（其中羊羔 25 只）；1306~1307 年汉普郡伯克修道院所属康姆庄园养羊 851 只（其

---

① 吴于廑：《世界历史上的农本与重商》，《吴于廑文选》，武汉大学出版社 2007 年版，第 94—95 页。

② M. J. Stephenson, "Wool Yields in the Medieval Economy", *The Economic History Review,* New Series, Vol. 41, No. 3. (Aug., 1988), p.372.

③ M. M. Postan, "Village Livestock in the Thirteenth Century", *The Economic History Review,* New Series, Vol. 15, No. 2. (1962), p.230.

中羊羔 151 只）；第二年养羊 951 只（其中羊羔 227 只）。[1]

那么，我们能不能估算中世纪英国养羊的总量呢？可以英国出口羊毛数量、每只羊产毛重量等来反推羊只数量。我们知道，13 至 14 世纪英国羊毛出口每年约为 3 万大袋左右，加上出口呢绒用去 3,000 袋左右，共约 33,000袋，每袋羊毛为 164 公斤，折合羊毛共 541 万公斤，以羊均产毛 1.35 磅[2]计算，产毛的羊应为 890 万只左右。加上国内包括农户家内自产自织的羊毛10%；再加上不能产毛的羊羔 20% 左右，英格兰养羊总数量应在 1,175 万只。若按经济史家拉姆齐的算法：一袋羊毛为 365 磅，需要 260 只羊提供，[3] 那么33,000 袋羊毛则需要 858 万只羊。再加上农户自产自织 10%，不能产毛的羊羔 20%，羊只总数也应在 1,132 万只左右。如果 13、14 世纪英格兰总人口为300 万左右，那么人均养羊便将近 4 只。总之，不论怎样看，养羊业是中世纪英国除种植农业（即粮食生产）之外最重要的产业部门。

（三）第二阶段：15 世纪末～17 世纪末

这一阶段英国的养羊业与圈地运动有密切关系，或者说，圈地运动使养羊业得到了新的发展，并且产生了备受关注的社会影响，著名的空想社会主义者托马斯·莫尔甚至还发出了"羊吃人"的惊呼。因此，将这一时期作为英国养羊业的一个独立阶段具有特殊意义。

这一阶段的羊只总量未见得比中世纪多。如果我们用出口的呢绒数量来折算羊毛用量，那么仅出口而言，15 世纪末至 16 世纪的羊毛产量可能还少于 14 世纪。1491～1500 年英国年均出口羊毛 8,149 袋，出口呢绒折算成用去羊毛 13,891 袋，两者合计为 22,040 袋（按上一阶段算法，羊只总数应在756 万只左右），远不及 1361～1370 年年均合计 31,326 袋（1,075 万只），即出口羊毛 28,302 袋加上出口呢绒折算成羊毛 3,024 袋。[4] 1549 年，一位备忘录

---

[1]　M. M. Postan, "Village Livestock in the Thirteenth Century", p.249.

[2]　根据 1208～1454 年温切斯特主教 41 个庄园羊均产毛重量换算而来，见 M. J. Stephenson, "Wool Yields in the Medieval Economy"，第 371 页。温切斯特主教的地产多位于英国南部，自然条件较好，取其作为英国羊毛产出平均值应该具有代表性。

[3]　G. D. Ramsay, *The English Woollen Industry 1500-1700*, London: The Macmillan Press Ltd, 1982, p.18.

[4]　Carlo M. Cipolla, *Before the Industrial Revolution: European Society and Economy, 1000-1700*, p.260.

作者建议征收羊头税，他以羊毛产量反推羊只数量，估计英国全国养羊量约为841万只或1,109万只，[1] 与我们估计的中世纪养羊数量（1,200万只）差不多。

　　圈地运动的发生地多是养羊-种粮（sheep-corn farming, 或 sheep-corn husbandry）混合型农业区，即英格兰南部、东盎格利亚和密德兰。由于养羊排挤种粮，因此粮食反而更为珍贵。这一时期养羊业所产价值未必比种植粮食多，反过来倒是粮食价格增长更快。如果以1540～1549年这十年的物价指数为100，那么一个世纪后，即1640～1649年这十年，粮食价格指数上升到440，而羊的价格指数则只上升到324，[2] 远低于粮食价格上涨幅度。

　　可以看一个地区的具体例子。东盎格利亚是典型的养羊-种粮混合型农业区。从中世纪末到16世纪，若除开低洼地和沼泽地，诺福克郡大约有2/3的地区属于养羊-种粮混合型农业区，其余1/3是森林-牧场区（Wood-Pasture Region）。也就是说，整个诺福克郡都与养羊业有关。当然，在诺福克的混合型农业中，种粮的重要性仍大于养羊。如1617年普丁诺顿村领主去世时，其在该村的羊群价值240英镑，而其土地上的庄稼则价值334英镑。但不论怎样，养羊是庄园领主或租户的重要关切。领主并不只是在庄园自领地上放牧羊群，还有权到佃农的敞地（即收割后的庄稼地）上放牧。而诺福克的村庄大多不归属于某一单个庄园，即使到1600年大多数庄园已经稳定的情况下，该郡637个村庄中还有30.3%的村庄包含了两个以上的庄园。因此一个村庄里的敞地往往要分配给两个以上的领主的羊群。领主所得到的这一地块被称为"放牧地"。大多数"放牧地"一般能放牧几百只羊，最多也有超过2,000只的。[3] 那么，诺福克郡养羊到底有多大规模，表4-5 [4] 提供了一些具体数字。

---

① 刘景华、范英军：《工业化早期英国西部毛纺业的兴衰》，《世界历史》2011年第6期，第11页。

② J. A. Yelling, "Probate Inventories and the Geography of Livestock Farming: A Study of East Worcestershire, 1540-1750", *Transactions of the Institute of British Geographers*, No. 51 (Nov., 1970), p.115.

③ K. J. Allison, "The Sheep-Corn Husbandry of Norfolk in the Sixteenth and Seventeenth Century", *The Agriculture History Review*, V.5, Part 1, 1957, pp.12-30.

④ K. J. Allison, "Flock Management in the Sixteenth and Seventeenth Centuries", *The Economic History Review*, New Series, Vol. 11, No. 1 (1958), p.100.

表 4-5　15 世纪末～17 世纪末诺福克郡若干牧场主养羊数量

牧场主	年份	羊群数量	羊只总数	羊群平均规模
汤森德	1489	8	9,335	1,167
	1546	4	3,960	990
	1566	5	4,563	12
	1637	6	5,433	906
斐尔默尔	1521	20	15,568	778
诺里奇大教堂	1495	6	7,163	1,194
	1505	8	5,804	726
	1515	8	8,421	1,053
	1523	7	8,155	1,165
骚斯维尔	1544	14	15,480	1,106
	1550	14	9,880	706
	1561	18	17,771	987
科尔伯特	1554	5	5,502	1,100
	1555	6	5,119	853
	1556	7	5,432	776
伯丁菲尔德	1553	8	5,327	666
	1555	8	5,444	681
高迪	1655	3	1,585	528
	1665	5	3,112	622
科克	1535	9	6,985	776
勒斯特兰奇	1693	4	2,146	537
沃尔波尔	1665	3	2,801	934
	1675	3	1,331	444
	1685	3	2,220	740
	1695	6	3,556	593

　　还可看一个更微观即养羊单位的例子。英格兰南部汉普郡的埃克思顿庄园，是一个中型的养羊-种粮混合型农庄，其保留的遗嘱账本可让我们知道16 世纪英国南部农村养羊的点滴情况。账本记载，1559～1560 年，该农庄所耕种的庄稼地达 197 英亩（约相当于 1,200 市亩，与中国一个村的耕地差

不多）。1558～1559 年两年间，它饲养的大小羊只共计 1,275 只，除两年里食用以及出售共 418 只外，1560 年遗嘱中羊的存栏头数为 857 只。从材料看，该庄园养羊主要是为了获得羊毛来出售，1558 年出售羊毛 32 托德（tod，每托德为 28 磅），获收入 22 英镑 12 先令；1559 年同样出售 32 托德羊毛，获得的收入却为 25 英镑 10 先令，这显然是羊毛价格上涨的原因。1558 年，该农庄还卖出小羊 20 头，获收入 1 英镑 3 先令 4 便士，卖出不合格的羊（质次的羊，或有残疾，或可能不产优质羊毛）35 头，获收入 6 英镑；1559 年卖出不合格的羊 38 只，获收入 7 英镑 3 先令。[①] 由此可见其时英国农村养羊业之一斑，并看到它与市场的密切联系。

（四）第三阶段：17 世纪末～19 世纪初

17 世纪末以后，随着英国经济的全面发展，新的经济生产部门不断涌现，毛纺业以及与之相关的养羊业不再是国内最重要的支柱产业。就羊只数量而言，也不比上一时期增加多少。有的经济史家分析，从对 1798～1804 年间英格兰 8 个郡（约占英格兰总面积的 25%）养羊数量的调查（表4-6）[②]，可估计英格兰 1800 年前后养羊总量约在 1,064 万～1,220.8 万头之间。比照 1866 年英国官方第一次对羊进行普查的数量（英格兰和威尔士养羊总量为 1,700 万头），[③] 这一估计应该是比较恰当的，当然也有一些不同看法。[④]

虽然毛纺业和养羊业的重要性相对减小了，但养羊业在以往基础上有更新的发展，最重要的发展与 18 世纪农业革命相联系，即养羊技术和方法的进步。所以，对这一阶段英国养羊业的特点，更应关注其新技术和新方法的应用。

---

① Michael Zell, "Accounts of a Sheep and Corn Farm, I558-60", *The Agriculture History Review*, V.27, No.2, 1979, pp.122-128.

② Michael Turner, "Counting Sheep Waking up to New Estimates of Livestock Numbers in England c.1800", *The Agriculture History Review*, V.46, No.2, 1998, p.148.

③ M. W. Beresford, "The Poll Tax and Census of Sheep, 1549 (continued)", *The Agriculture History Review*, V.2, 1954, p.27.

④ 如有学者认为 18 世纪里大不列颠养羊数量增长了一倍，达到 2,600 万只，见 Richard Brown, *Society and Economy in Modern Britain 1700-1850*, p.54, 但该作者在说了这一估计后又接着说："但随后就减少了。"

表 4-6　1800 年前后英格兰若干郡养羊数量调查

郡名	调查覆盖面（%）	调查年份	羊只数量
伯克郡	100	1798	81,369
康沃尔郡	88	1803	265,928
多塞特郡	100	1804	393,670
埃塞克斯郡	100	1798	306,797
林肯郡	100	1798	784,435
诺福克郡	100	1803	433,915
诺森伯兰郡	100	1803	451,547
苏塞克斯郡	100	1801	346,589
8 郡小计（覆盖英格兰总面积的）25.1%			3,064,250

最重要的技术之一是饲料种植。17 世纪后期开始的农业革命中，种植牲畜饲料作物三叶草、萝卜、红豆草、黑麦草、紫花苜宿等颇为流行，其中尤以大田作物三叶草和萝卜最为引人注目。在以往，牲畜的过冬饲料总是很难准备。16 世纪末，东盎格利亚的农民尝试着在沙性土地上种红萝卜来解决这一问题。但沙性土壤不是到处都有，因而这种做法难以推广。1650 年后，原来只是作为园艺观赏植物的萝卜，被东盎格利亚的农民试种到大田里。萝卜根适合于在各种土地上生长，因而从 17 世纪 60 年代中期起，萝卜遍布整个东盎格利亚。尔后又扩展到其他地区。到 17 世纪末，萝卜在所有适合生长的土地上都种植了，为牲畜提供了过冬饲料。饲料的种植替代了自然草的生长，使牲畜饲养有了保障。与饲料种植有关的生产技术还有诺福克轮作制。这种四区轮作制，分别种植苜蓿、小麦、萝卜和大麦，不让任何土地闲置。[1] 如在汉普郡的三个堂区，草料种植和用耕地作短期牧场非常重要。在本特沃思堂区，种了 100 英亩萝卜，600 英亩苜蓿和牧草；北沃尔塔姆堂区种了 100 英亩萝卜，400 英亩二年生苜蓿；马尔提沃施堂区种了 80 英亩萝卜，将近 1,000 英亩苜

---

[1]　参见刘景华、张功耀：《欧洲文艺复兴史·科学技术卷》，人民出版社 2008 年版，第 409—410 页。

蓿及其他牧草。① 另还有草场漫灌技术。即开渠挖沟将河水引入草场，大水将草场全部覆盖一周乃至一月，既能让淤泥沉淀使草地变肥，还能保护绿草不受霜冻，春夏季时土壤又有充足水分，有利于草的生长，大大增强了农民饲养牲畜的能力。这种做法在 17 世纪传播到了英格兰南部多塞特、威尔特及汉普等郡，是英国人很引以为豪的一项新技术。在威尔特郡应用的草场漫灌技术，可使草饲料增加 4 至 5 倍，从而保证了养羊所需和养羊数量的增长。②

同样重要的技术是羊的品种改良。18 世纪农业革命中，贝克威尔、卡利和埃尔曼等牧场主，托马斯·威廉·科克和贝德福德公爵等宣传家，为牲畜饲养的进步及品种改良做出了重大贡献。改良羊品种中的矮种羊（Chunky），先是有"新莱斯特羊"（New Leicester），后又有"南丘陵羊"（Southdowns），因萝卜饲料的推广和牧场的改善而能迅速养肥，被誉为"体积小，价值大"。它们传播得很快，如在诺福克郡，很快就替代了本地的有角羊。③ 18 世纪末，集约化养羊业推广到英格兰南部低地区，传统羊只已不再适应新的养羊方式，从而导致对羊的新品种的选择。如汉普郡低地区，就是在 1792 年引进"南低地羊"的。④

18 世纪后，市场导向也影响着养羊业变化。有学者研究了 18、19 世纪英国南部市场变化与养羊业发展之间的关系，认为从 1750 年至 19 世纪前期，英国南部养羊业的发展是普通农民对羊肉、羊毛和羊油价格变化反应的结果。1750~1790 年间羊油的价格很高，导致农民改进传统的有角羊，饲养一种可使躯体含油脂最大化的羊。1790 年后羊油价格下跌了，农民们便引进"南丘

---

① G. G. S. Bowie, "Northern Wolds and Wessex Downlands Contrasts in Sheep Husbandry and Farming Practice, 1770-1850", *The Agriculture History Review*, V.38, No.2, 1990, p.120.

② Eric Kerridge, "The Sheepfold in Wiltshire and the Floating of the Watermeadows", *The Economic History Review,* New Series, Vol. 6, No. 3 (1954), pp. 282-289.

③ Susanna Wade Martins, "From Black-Face to White-Face, An Aspect of the Agricultural Revolution in Norfolk", *The Agriculture History Review*, V.41,No.1, 1993, pp.20-30.

④ G. G. S. Bowie, "New Sheep for Old-Changes in Sheep Farming in Hampshire, 1792-1879", *The Agriculture History Review*, V.35, No.1, 1987, p.15.

陵羊"，使羊群饲养能够满足对优质羊毛的需要。1815 年后，这时高品质的羊肉价格很高，养羊的主要目的则是为获得羊肉。[1] 最终，在 18 世纪末 19 世纪初，英格兰实际上发展了两种不同的农牧混合型模式。一个是林肯郡和约克郡东部白垩高地模式，一个是威尔特郡南部、多塞特郡东部、伯克郡和汉普郡的低地模式。前者是高投入集约型，高产出；后者则是低投入，以更少的资金和成本获得可接受的收入。[2] 即使像设得兰这样的偏僻地区，也在 18 世纪 30 年代开始养羊，19 世纪初完全确立了商品化养羊业。[3]

　　总结起来，可形成两点认识。其一，从 11 世纪至 19 世纪，英格兰养羊业的阶段性是非常明显的。但是划分阶段的标准并非是羊只在量上的发展，而是各阶段各有特征。第一阶段养羊的目的以出口羊毛为主；第二阶段因毛纺业发展而促使养羊业发展，从而发生了圈地运动，使得养羊业的社会经济影响超过任何一个时期；第三阶段，养羊业的重要性降低，但养羊技术出现革新，养羊业的市场导向更强。其二，从 14 世纪至 19 世纪，尽管英国养羊业不断发展变化，但英国羊只的总数量并没有随着时间推进而有很大增加，大多数时候都在 1,200 万头上下。不过，随着生产技术进步，每只羊的重量增加了，每只羊产羊毛的重量也增加了，所以在这几个世纪中，英国养羊业的产品总量还是在增长的。

三　养羊业与毛纺业

　　毛纺织业与养羊业密切相关。养羊业发展的好与坏，左右着毛纺织业的发展，而毛纺织业在英国经济发展中十分重要。从这个角度讲，养羊业对英

---

[1]　A K Copus, "Changing Markets and the Development of Sheep Breeds in Southern England 1750-1900", *The Agriculture History Review*, V.37, No.1, 1989, pp.36-51.

[2]　G. G. S. Bowie, "Northern Wolds and Wessex Downlands Contrasts in Sheep Husbandry and Farming Practice, 1770-1850".

[3]　Malcolm Bangor-Jone, "Sheep farming in Sutherland in the Eighteenth Century", *The Agriculture History Review,* V.50, No.2, 2002, pp.181-202.

国经济有举足轻重的作用。要深入研究英国养羊业和毛纺织业的关系，就必须分析羊的种群分类、产出、饲养方式等方面。

（一）羊群的饲养、放牧与生长

在 11～19 世纪的英国，羊群的饲养和放牧方式也有变化和发展。即便在同一时代，不同地区的饲养放牧方式也会有一定差异。

就羊群所有权来说，有领主的羊群和农民的羊群之分。在不同所有权占优势的地方，饲养和放牧方式也是不同的。在领主占有土地较多、人口比较稀少的地区，如果这些村庄靠近比较空旷的草原，那么庄园主的大规模养羊业就会逐渐发展起来，慢慢地，养羊业的规模不只是单独的一个村庄，而是联合几个村庄或几个庄园。在每个庄园中，各自的分工也会有所不同：有的庄园专门饲养母羊，有的庄园专门饲养阉羊，有的庄园专门饲养羔羊。虽然各个庄园养的羊种类有不同，但整个羊群的管理还是统一于一个系统之下。在这样由几个庄园联合起来的养羊模式中，羊群放养的主要任务由专门的牧羊人来负责。牧羊人在羊群放养过程中是极其重要的角色，他本身是具有自由身份的人，可以说牧羊人是早期意义上的产业人员。关于养羊的几个庄园联合饲养的例子，我们可以从温彻斯特主教地产的账本中看到。其账本显示，"1259 年，温彻斯特主教在他的大批庄园中，饲养了约 29,000 只羊。半世纪后，温彻斯特主教的另一宗教界权威，圣斯威辛修道院副院长，拥有两万只羊。同时，可罗兰各修道院院长也设立了总管理处，从这里把羊分送到各个庄园，在总管理处保存有总的账目，羊毛也储存在那里以待出售。"① 从这些资料中可以看出，不仅在羊群饲养上有统一的管理人——牧羊人，在账目管理和羊毛储存上，在领主所辖领地内也有统一管理。不过，尽管在羊群饲养、账目管理、羊毛储存等方面有统一安排，但范围还是有所区别的。在羊群管理方面，是牧羊人负责将几个庄园的羊群合并起来放养，而账目管理、羊毛储存等方面事务则由各庄园分别负责，再在领主那里进行统一备案。可以说，羊群的放养、管理以及羊产出物的管理是和庄园组织相结合的，庄园始终在

---

① ［英］约翰·克拉潘：《简明不列颠经济史：从最早时期到 1750 年》，第 148—149 页。

各个环节介入养羊业，由此羊群的饲养也是大范围的，成体系的，羊只数量也比较多，羊群所产的羊毛及羊肉种类丰富。

在人口较少的山区，要发展比较大规模的养羊业，主要靠那些不成系统的、分散的村庄来为领主的养羊业服务。

与以上两种情况不同的是，在北部、威尔士边区一带以及类似地区，羊群的饲养和放牧更为自由些、松散些，规模也比较小一些，这种自由体现在养羊完全超出了庄园和村庄的例行工作。而农民的羊群更偏重于依赖农民自身力量来饲养和放牧，所产出羊毛的使用范围也相对多元化，或出售，或自用，羊只对于农民来说显得更重要。

羊群的饲养、放牧和生长往往还与其他因素有关。在养羊的过程中，英国中世纪存在着羊群饲养和谷物种植交叠混合的方法。在这种混合农业中，羊群和谷物是一种共生状态，即羊群等的粪便可以进入耕地土壤中，当作农作物的肥料，同时农作物的生长也为羊群提供饲料。中世纪的农作物主要需要氮、磷、钾等三种养分，但仅靠这三种养分是不够的。这种混合农业是这样运行的：白天，羊群吃的食物，里面包含了植物矿物质的营养，而在夜里，羊群的粪尿里的各种养分沉积在农场耕地里。① 寒冷的冬天成为羊群产量减少的重要因素，由于天气寒冷，羊群不得不圈围在室内，喂养燕麦和豌豆，所产生的排泄物撒入耕地。由于营养物并不是均匀地撒入，对农作物生长还是有一定影响。

黑死病之后，羊群的生产率有了改变。在此之前，农民大多愿意养羊，因为养羊业是一种有利可图的行业，投入劳动较少，但收入可观。黑死病之后，谷物价格上涨，导致养羊减少。这个时期，羊只是否增加的主导因素是母羊数量，母羊产仔量直接影响着羊只的多少。而人类的劳动常常被忽略，包括技术的因素，由于劳动力稀少而珍贵，人们不大常愿意用增加劳动的方

---

① 　Edward I. Newman, "Medieval Sheep-Corn Farming: How Much Grain Yield Could Each Sheep Support?" *The Agriculture History Review*, V.50, 2002, p.165.

法去增加羊只数量。[①]

（二）羊毛的产出量

羊群的产出（主要是指羊毛的产量）是分析和研究养羊业的重要指数。将羊毛产量进行前后比较，或将羊毛产量和价值与耕地的产量和价值进行比较，会得出一些规律性东西。

研究羊群产出最重要的原始资料之一，是记载有账目的档卷。许多档卷上给出了羊毛产量的数目与总重量，同时还直接记载了每只羊所产羊毛的数量。档卷上偶尔还会提及一些细节：如羊毛运往的目的地、羊毛质量的评价、羊毛重量变化的原因等。有的研究者分析了羊群产出最具代表性且记录最详细账目的六块地产：即温彻斯特主教管辖区、拉姆齐修道院、克罗兰修道院、彼得伯勒修道院、奥梅尔伯爵夫人领地、默顿学院领地。还有一系列的庄园资料作补充。[②] 这些资料中最为可靠的是 13 世纪末以前的数据，当时的羊群通常都很大，平均整个领地有 2,000 只羊以上。而羊毛个体的产毛量有地区差异、种群差异和时间差异。

先看地区差异。在温彻斯特主教领地，最普通羊的个体产毛重量范围在1.25 磅～1.50 磅之间；1209 年至 1454 年间平均值为 1.35 磅。1317 年该领地羊个体产羊毛最高值达 1.93 磅，最低值 1435 年仅 0.88 磅。

一些独立领地的个体羊产毛量高于平均值。某些领地持续记录的羊毛产量都在 1.75 磅之上：牛津郡的惠特尼羊毛重量平均值达到了 1.68 磅，1318年达到最高值 2.64 磅。羊毛个体产量最高的领地是牛津郡的安德伯雷，1317年羊毛平均产量达到了 4.55 磅，1326 年达到 3.11 磅，1210～1454 年间平均值达到 1.67 磅。汉普郡通常不是高产量区，1317 年该郡比特尼的羊毛平均

① David Stone, "The Productivity and Management of Sheep in Late Medieval England", *The Agriculture History Review*, V.51, 2003, p21.

② Cambridge University Library, Crowland Abbey Accounts Q.C. 1,2,8. Merton College Library, Oxford, Manorial Accounts, 4633-4673, 4799-4850, 5260-5305, 5342-5403, 5690-5728, 5735-5762.Northamptonshire Record Office, Fitzwilliam Accounts Rolls. B.L., Add. Ch. 39270. P.R.O. 1001/1-17.Hampshire Record Office, Eccl.Comm.159270-159444,cited from M. J. Stephenson, "Wool Yields in the Medieval Economy", *The Economic History Review*, New Series, Vol. 41, No. 3 (Aug., 1988), pp.368-391.

产量达到 3.60 磅；1329 年范尔汉姆达到了 3.19 磅；1319 年北沃尔瑟姆达到
3.13 磅；1348 年阿斯曼沃斯达到 3.00 磅。

另一些领地个体羊的产毛量则少于平均值。在斯多克主教领地邻近许多
领地所生产的羊毛质量都能达到普通标准，但所生产的羊毛重量很少有超过
1 磅的；1419 年是一个最低值，每只羊平均产毛 0.47 磅；1210～1454 年整
个时期总的平均值仅有 0.87 磅。

其他地区所产羊毛量要比英格兰南部所产羊毛要高一些。在奥梅尔伯爵
夫人持有领地上，1264～1292 年间个体羊毛平均重量达到 2.42 磅，1280 年
达到最高值 3.19 磅。[①] 其实这些年头的产量多少还低于往年，那是因为羊身
上长痂使得羊只饲养艰难。另如约克郡所产羊毛也比南部地区要高。

东英格兰某些地区的羊个体所产羊毛也高于平均值。如彼得伯勒修道院
所产的羊毛重量在 13 世纪中叶就达到了 2.18 磅。1361 年在东密德兰和东
盎格利亚的拉姆齐修道院的领地，羊毛产量略低于彼得伯勒个体产量平均数
1.61 磅，[②] 但高于温切斯特主教庄园平均值。

默顿学院所属的庄园与温彻斯特主教庄园相似，13 世纪 70 年代末和
14 世纪 50 年代末期，其个体羊产毛平均值接近 1.42 磅。

从最大程度获得的零星的资料看，大多数羊产毛量在 1.25 磅～1.75 磅
之间。[③]

讨论羊毛产量时，还不能忽略种群因素，即羊只也有年龄和性别的分
类——阉羊、母羊、小羊，所产羊毛量自然不同。一只阉羊（成年阉羊）所
产羊毛，多于一只轮流产毛的母羊所产羊毛，而母羊比两岁小羊所产羊毛要
多些。1328 年，汉普郡陶依福德 1,700 只羊，产毛量平均为 2.37 磅，这个
羊群由 600 只阉羊、803 只母羊和 296 只小羊组成。根据罗伯特·卡朋特所
给数据显示，1260 年威廉姆·德·李斯勒领地的一名农事长，从阉羊身上所

---

①　M. J. Stephenson, "Wool Yields in the Medieval Economy", *The Economic History Review,* New Series, Vol. 41, No. 3 (Aug., 1988), p.374.

②　M. J. Stephenson, "Wool Yields in the Medieval Economy", pp.374-375.

③　M. J. Stephenson, "Wool Yields in the Medieval Economy", p.375.

获羊毛平均为 3 磅，母羊身上 2.25 磅，小羊身上 1.5 磅。[1]

对羊毛产量趋势的分析，也因年代不同、信息不同而有差别。经济史家对三个时段获得的信息量也不同：对 1209～1310 年，获得了 63% 的信息；对 1310～1364 年，获得了 92% 的信息；对 1370～1454 年，得到了 76% 的信息。第一个时段中，最初 50 年的资料并不是十分可靠的，可以信赖的信息是在 1265 年以后。13 世纪最后 1/4 时期，羊毛产量大约高于长期平均值的 5%。但在 13 世纪 80 年代时，个体羊产毛量大跌；90 年代中期后有一个缓慢恢复期，然后又下跌。1310 年后逆转了，全领地的羊毛重量攀升，达到了中世纪的最高水平，14 世纪 30 年代前期又回落，但总体上还是高于长期平均值的 10%～20%；1280～1310 年间高于普遍值的 30%～40%。

1370～1454 年间呈现一种不确定的下降趋势。14 世纪 70 年代急剧下降，个体产毛量跌至长期平均值以下，并长时间维持在平均值下。仅在 1400～1405 年这个短时段里达到了平均值，但后来又下跌了。1415～1429 年间保持稳定，此后又直线下降。到 15 世纪 50 年代中期，个体产毛量比 14 世纪中叶顶峰时期足足低了 50%。如果牧场经营者在 1430～1454 年这 25 年里，维持着与 1330～1354 年那 25 年里同样数目的羊，他获得的羊毛只是一百年前的 2/3。

影响产毛量的有很多因素。如英国羊群在很多时候容易生疮，导致自身抵抗力较弱。一些领主在绝望中往往一年中需要两次修剪羊身以获得有用的羊毛。一方面羊只大量死亡，一方面羊毛脱落现象严重，因此羊毛生产者在 13 世纪晚期常常受到三个方面的沉重损失：羊只大量死亡；产毛量严重下降；治疗羊群需付出昂贵的费用。

1370 年前产毛量严重下降，还有气候变化因素的作用。低生产水平的农业社会，对自然环境条件的变化相当敏感。气候可导致羊的某些主要疾病，如肝损伤、背部下凹和妊娠毒血症。肝损伤主要是因为每年 5 月到 10 月降雨太多。每年的前三个月低气温容易导致羊群死亡。长期雪霜冻天气导致死亡

---

[1]　M. J. Stephenson, "Wool Yields in the Medieval Economy", p.375.

数上升，小羊丢失。严寒冬天持续，会导致羊群身体状况下降，羊毛产量自然也会下降。如严冬出现频率的增长就是 14 世纪晚期和 15 世纪温彻斯特领地羊毛产量下降的原因之一。在这一时期，温彻斯特领地的账本记录着每五年就有一个严冬，气候寒冷，雪多，还有暴风雨。[①]

（三）羊毛种类与毛纺织业

英国所产羊毛主要分长羊毛和短羊毛两种。博登认为在 16、17 世纪的圈养中，经过不断地增加营养，英国的羊毛更长而且更粗糙。博登认为，增加营养并不能使羊毛从一个种类直接变成另一个种类。他还认为："在都铎王朝以前，长毛羊所产的羊毛可以忽略不计。"赖德用显微镜仔细地观察粘在羊皮纸上的纤维，试图验证种群普遍发展的争论和调查：那就是中世纪英国的短羊毛因其细微精细而获得了声誉。研究表明，中世纪羊毛是短而细密、高质量的。中等长度的羊毛，或许是初期的长羊毛，最早出现于 14 世纪。中等长度的羊毛是后来形成的长羊毛的基础。若将中世纪的短羊毛与贝克威尔的新莱斯特羊毛比较，就好比是"一辆客车与一辆货车"之间的比较。[②] 在以后几个世纪中，长而粗糙的羊毛不断生产出来。

中世纪英国的优质短羊毛，最初主要供应佛兰德尔和意大利的毛纺织业。外国商人把握了英国羊毛的出口。1273 年一份文件提到，当年羊毛出口量为 32,743 袋，其中 35% 由英国人经手，21.75% 由法国人经手，11% 由布拉邦特人经手，4.5% 由德国人经手，1% 由西班牙人经手，2.5% 由列日的商人经手，24.5% 由意大利人经手（将近 1/4 ）。[③] 特别要提到意大利商人。1273 年至 1285 年，里科曼尼家兄弟乔万尼和多纳托，在英国分别签订了 33 个有关待剪羊毛的交货合同。[④] 意大利商人在英国所获得的羊毛，不仅仅是来自采集羊毛这一环节，他们还直接向从事养羊业的贵族和领主

---

① M. J. Stephenson, "Wool Yields in the Medieval Economy", p.370.

② M. J. Stephenson, "Wool Yields in the Medieval Economy", pp.374-375.

③ 刘景华：《外来因素与英国的崛起——转型时期英国的外国人和外国资本》，人民出版社 2010 年版，第 91 页。

④ [美] J. W. 汤普逊：《中世纪晚期欧洲经济社会史》，徐家玲等译，商务印书馆 1996 年版，第 358 页。

及修道院预付订金，订购羊毛，也直接向当地的养羊者和中间商购买羊毛。在羊毛运输方面，意大利商人，尤其是佛罗伦萨和热那亚商人有专门的商船队来负责运输。运输羊毛的船队也有英国的船只和西班牙的船只。在销售方面，意大利商人从英国获得的羊毛，除了一部分转销到其他国家和地区，获取高额利润外，其余都用来满足意大利呢绒业自身的需要。意大利商人在英国所获得的羊毛在经过一套完整的采集、运输、销售过程后，不但增加了商业利润，同时这一完整体系对英国的羊毛出口也有十分重要的影响。从主观上讲，意大利商人从英国出口羊毛是为了获得更大利润，但他们的活动又在客观上为英国的羊毛开拓了更广阔的国际市场，也为英国毛纺织业的发展积累了资本。

另一个不可忽略的因素是汉萨商人。中世纪的德国在政治上长期处于四分五裂状况，没有强大王权来支持工商业的发展，于是工商业城市便依靠结成同盟来保护自己，其中以汉萨同盟最为突出。当汉萨同盟正逐渐走向壮大之时，英国还只是一个经济落后、政权分散、意识闭塞的岛国，英国对外贸易方面很大程度上依赖于外国商人。汉萨商人在其中有着举足轻重的分量。汉萨同盟凭借自身的优势和特权在英国对外贸易中起了很大的作用。汉萨商人在英国经营的羊毛贸易，有助于英国国内经济联系，也有助于与其他地区的交往，扩大国内外市场，也刺激了英国的生产发展，尤其是羊毛和呢绒等优势领域的生产。

在英国羊毛出口贸易和呢绒出口贸易中，两家商人公司即"羊毛出口商公司"（Society of Staplers）和"商人冒险家公司"（Merchant Adventurers）作用渐显。羊毛出口商公司总部长期设在加来，它主要控制羊毛出口，是英国最早享有特权的海外贸易商人组织。1617年，羊毛出口被禁止，羊毛出口商公司转而从事呢绒贸易。商人冒险家公司建立于1486年，主要从事呢绒出口，他们在国王政府帮助下，逐渐从汉萨商人手中夺回呢绒出口权，到16世纪中叶几乎垄断了大部分呢绒的出口。比较之下，羊毛出口商公司对乡村工业影响甚微，而商人冒险家公司则为了国际市场需要，在很大程度上引导着英国毛纺业生产的方向及规模。

当英国由羊毛输出国演变为呢绒出口国后，毛纺业发展便因羊毛种类不同而呈现着明显的地区差异。如科茨沃兹山区等地生产优质短绒羊毛，这里生产优质宽幅呢绒（broadcloth）主要供出口用。所以，15、16世纪从西部毛纺区通往伦敦的大道上运送宽幅呢绒的车辆络绎不绝。东盎格利亚地区羊毛略见粗长，因此这里便发展了绒线呢工业。特别是圈地运动使羊养得更肥、毛更长之后，16世纪中期尼德兰难民又带来了专以长羊毛为原料的"新呢布"技术，使得这一地区在16世纪末17世纪初成为英国毛纺业新的中心。北方的羊毛较为粗糙，因此北方发展的毛纺业是以粗羊毛为原料的"克西呢"织造，产品也只供本地农民穿用。

密德兰和东南部也产优质羊毛，最初主要销往国外市场，但14世纪国内毛纺业发展起来后，它们也就主要转向国内市场了。于是英国形成了一个巨大的羊毛运输网络。产于林肯郡、莱斯特郡和北安普敦郡的优质长绒羊毛，往南运到格洛斯特郡的西伦斯特和图克斯伯利的羊毛市场；向东运到诺里奇和伯里圣爱德蒙；向北运到约克郡的最偏远地方，甚至进入威斯特摩兰郡和坎伯兰郡。[1] 出产在诺福克的短绒羊毛，却在约克郡消费；出产在林肯郡和莱斯特郡的长绒羊毛，则在诺里奇被织造；哈利法克斯毛纺工匠占用的优质羊毛大部分出于林肯郡；而他们自己的粗糙羊毛则卖给了罗奇代尔的人们。[2]

于是，羊毛在进入呢绒业产业链之前，就有各种羊毛贸易商人了，包括：[3]（1）羊毛经纪商（Brogger，Broker），多为出口商、大羊毛商或批发商的代理人或经纪人，主要在固定地区向固定卖主收购羊毛，再打包发运外地。（2）羊毛批发商（Jobber and Merchant）。其羊毛或来自生产者，或来自第一手买主。他们的出现是因为两个情况：一方面，羊毛生产者在不到一个月内

---

[1] L. W. Moffit, *England on the Eve of the Industrial Revolution*, p.195.

[2] E. Lipson, *The Economic History of England,* Vol.2, pp.21-22.

[3] R. B. Westerfield, "Middleman in English Business", *Transaction of the Connecticut Academy of Arts and Science,* XIX, pp.265-279, Yale University Press, 1915, see L. C. Marshall, *Industrial Society,* Chicago University Press, 1924, pp.180-186.

要剪下一年的羊毛，不可能把羊毛储集起来，因为这要造成损失；另一方面，呢绒制造商也不可能一下子把羊毛全买下来，只需要羊毛能连续不断地供应。这样，羊毛批发商就在短时间内买下羊毛生产者的羊毛，然后源源不断地供应给呢绒制造商。（3）羊毛分类商（Wool-Stapler）。指那些将羊毛按纤维进行分类工作的人，也起了许多接近羊毛经纪商的作用，主要工作是将羊毛捶打和分类，然后将分拣好的羊毛卖给呢绒制造商。（4）毛纱商人（Yarn merchant，Yarn chopper）。专门收集各地已纺好的毛纱，转卖给毛纺业区的呢绒制造商，其存在是因为纺和织的地方化。呢绒生产区缺乏纺纱工，这就可以从羊毛产区取得羊毛，交给本地纺纱工，再把毛纱收集后卖给呢绒制造商。也可从各地纺纱工那里收集剩余毛纱，再运到呢绒生产区。他们一般结合了羊毛分类商的功能（如分类、梳理、清洗、整理等）和毛纱商的功能。一些富有的呢绒制造商也直接从养羊区农民那里购买羊毛（如9月是埃塞克斯呢绒制造商买足全年羊毛最主要的时节）。1615年一位制造商声称，他通常提前买足一年的原料储备起来，到了冬天（这时工资最低）自己雇用纺工、织工、漂工来工作。[1]

正是养羊业有较大发展，英国的毛纺织业才有较大发展。正是羊毛种类有较大的地区差异性，所以才有各地毛纺织业及产品的较大差异性。正是由于羊毛产区和毛纺织业区之间需要有大量的羊毛流动，才使英国从中世纪就有了各种羊毛贸易商人，这有利于商品流通体系的形成。所以，中世纪晚期以后，养羊业和毛纺织业就是一种共生共荣的关系。

四　与养羊业相关的社会经济关系

长期以来，养羊业是英国的支柱产业之一。养羊业也关联着社会经济生活的许多方面。剖析养羊业所体现的社会经济关系，有利于全方位地认识养

---

[1]　E. Lipson, *The Economic History of England,* Vol.2, pp.21-22.

羊业在英国的重要地位，也有助于对这一时期英国的社会经济生活和社会经济关系有更为深入的探析。下文主要考察英国羊群所有权的演变，讨论养羊业与早期圈地运动的关系，以及圈地运动的社会经济影响。

（一）11～19世纪羊群所有权的演变

英国羊群所有权涉及的主要是与英国的土地制度、政治权利以及经济制度有关的问题，对羊群所有权的认识应该从分成时段及不同时段所处的历史背景入手。

随着土地制度、人身权利等方面的发展，我们可以14世纪黑死病的爆发为界，将此前时期的羊群归属划分为两大类，即领主的羊群和农民的羊群。

由于所处的地区各有差异、领主的身份不同以及饲养方式的不同等，领主和领主之间对羊群的所有权也有不同之处。占有土地较多的领主在养羊业中占据了重要地位。在南部，我们已熟知温切斯特主教庄园养羊的例子。再如，兰开斯特公爵领地内的养羊业规模也相当大，完全超出了庄园或村庄。兰开斯特公爵14世纪初即在英格兰各地，从南部丘原地带到林肯郡，从彼克林到蓬特夫拉克特，拥有大量的地产，其中很多地方都是优良的养羊区。在苏塞克斯和林肯郡，领主的羊群都是在管家监督下以村庄为单位进行饲养的，北部情形则有所不同。

修道院也是领主，其羊群占有相当大的比例。僧侣们开始在不列颠建立修道院后，便向西和向北发展，原因有两点，一是在南方那些具有优良条件的土地已经被其他人所占有，二是他们希望自己能够成为新的土地的开拓者。1128年后，一些修道院附近，例如在丁腾或刻克斯塔尔、里弗克斯或美洛斯的修道院四周，在那些人口稀少的地方，发展起大的牧羊场来，形成了一定的养羊规模。北部及威尔士边区，也有修道院团体饲养了羊群。

在那些主要从事耕种的地区以及那些特别适合放牧的地区，到处都有羊群。在小村庄占优势并拥有大量荒地的地方，则以农民养羊为主。农民们都缩小了耕地面积，扩大了羊群放养所需的土地面积。在这种村庄中，放养羊群并不是独立的事情。在两圃制或是三圃制村庄中，养羊业是一个传统行业，大多数农民都拥有羊群，只是羊只数量上有差别。在人口较少的山区，养羊业差不多完全和庄园分离开来。除了领主拥有大量的羊群外，富裕农民和农民团体（很可能是维兰）也拥有着自己的羊群。进行羊毛贸易的买主不但要和商人资本家的代理人进行交易，也要与农民和农民团体进行交易。但不同的是，农民的羊群用途不一样。对于农民来说，羊毛首先是用于自己家，可以将羊毛用来做衣服，或由妇女们纺成毛线出售，13世纪时，农民饲养了许多羊群，大部分羊毛是拿到市场上出卖。在许多地方，例如靠近沃林福德的斯文科姆，10个维兰佃户中，每户只拥有8英亩可耕地，可是却拥有在公共牧场上自由放牧的50只羊。在南威尔特郡三个修道院所属的地产中，有一半以上的佃农拥有羊群——在一个大村庄中，平均每个佃户约有20只羊。这些地区都是条件良好的畜牧地区，佃农的羊群往往要超过领主。

按照波斯坦的研究，13世纪时，即使是在农民中，羊群的所有权也不是均衡分布，羊只往往集中在少数人手中。据波斯坦研究，在威尔特郡南部的博威尔查尔克村，养羊共913只，其中265只属于4个最富的人；阿尔弗蒂斯顿28户纳税人共养羊931只，其中4户为548只，占将近60%；伯里克圣约翰村25户纳税人养羊共786只，其中4户占560只，将近71%；"威克冯特"村49户纳税人养羊共1,053只，其中7户占560只，将近53%；西哈切村233只羊，几乎全由3个富人饲养；霍明顿村养羊共238只，其中1个富人（肯定不是庄园主）占了127只，达54%。[①] 也有些农户完全不养羊，有不少村庄超过了50%，见表4-7[②]。

---

① M. M. Postan, "Village Livestock in the Thirteenth Century", p.244.

② M. M. Postan, "Village Livestock in the Thirteenth Century", p.245.

表 4-7 威尔特郡南部村庄中不拥有羊只的农户数量及比例

村庄	纳税户总数	未养羊者	比例（%）	村庄	纳税户总数	未养羊者	比例（%）
阿普契	47	8	17	博威尔查尔克	40	9	22
霍明顿	10	3	30	阿尔弗蒂斯顿	28	8	29
伯里克圣约翰	25	6	24	"威克冯特"	49	10	20
布里德莫尔	16	0	0	丹默尔翰	124	44	35
马尔丁	85	6	7	巴尔福德	5	1	20
柴尔马克	54	3	6	蒂斯伯累及西哈切	109	72	66
丹希德	137	80	58	伯里克	8	0	0
丁顿和特冯特	79	44	55	"斯迪奇"	25	1	4
贝弗斯托克	9	8	91	伯尔库姆	20	4	20
尤格福德	15	7	47	塞奇希尔	17	16	94
塞姆利	38	34	89	小切福里尔	22	17	77

1347 年至 1349 年的黑死病对英国的影响是不可避免的。英国作为养羊大国，黑死病使羊群大幅度下降，随之羊群的归属问题也发生了变化。黑死病后，英国的敞田开始有了系统的圈围。因为放养羊群只需要很少的劳动力，联合饲养羊群可以更有利地进行繁殖。黑死病后的一个世纪里，英国羊毛产量总的来说是减少了。至 1400 年时，大而有组织的牧羊场消失了，被分割了，譬如转租给了兰开斯特公爵在皮克和约克郡以及在林肯等郡庄园中的佃户。15 世纪，以前的公爵或主教或修道院长不再是典型的羊群所有人，取而代之的是大大小小的农民，偶尔还包括一些从事农业的小"乡绅"。都铎王朝初期，除了小农和农民的羊群外，已经很少有别的羊群了。但这种分割不一定会导致产量的增加，或不一定会立即导致产量增加。[①] 14、15 世纪英格兰牧羊场正是这种情况，羊毛的总产量实际上减少了。

15 世纪末圈地运动发生后，养羊业逐步集中，羊群的所有权又开始发生根本性变化。以前每家每户养羊的情况逐渐不见了，羊群越来越集中于少

---

① 参见 [英] 约翰·克拉潘：《简明不列颠经济史：从最早时期到 1750 年》，第 171 页。

数牧场主手中。如诺福克郡，养羊业基本上由庄园领主及其租户经营。以往的佃农很少成为羊群主人的。诺福克郡的牧场主，16 世纪所拥有的羊只在 5,000 只以上，有的达到了上万头，如斐尔默尔 1521 年拥有羊只 15,568 只，骚斯韦尔 1544 年拥有 15,480 只，1561 年为 17,770 头。北安普顿阿尔索普的斯宾塞，1576～1578 年间拥有羊只在 13,000～14,000 只之间。① 羊群所有权的这种变化，从 16 世纪一直持续到近代。

（二）养羊业与早期圈地运动

1381 年，英国的农民起义被镇压，也在这一年英国出现了"圈围"这个词，此时的"圈围"还不能与我们习惯上所说的"圈地"所等同，但圈地这一实际现象已经包括在其中。此时所"圈围"的主要指：一是对荒地和灌木丛生地以及森林和沼泽地等的圈围；二是在多石地区用一种简陋的墙来圈围，在沼泽地区则筑堤坝，在森林地区用某种栅栏来防止野兽侵入；三是在业已有人定居的地方将那些用作正式放牧的公有地圈围起来。上述三种"圈围"只能算是"圈地运动"的雏形，并未形成如同圈地运动如此大规模的历史现象。

所谓的圈地，就是领主用暴力或各种欺诈的手段强占公有地和农民份地，用栅栏、篱笆、壕沟圈围起来，变成领主私有的大牧场或大农场，失去土地的农民沦为雇工或流亡城市，或成为乞丐、流浪汉。14 世纪末，随着羊毛出口增长和养羊业发展，出现了这种圈地现象。

15、16 世纪，随着国际市场扩大，英国毛纺业蓬勃发展，羊毛价格不断上涨，养羊成为特别有利可图的事业。同时美洲金银大量流入欧洲，西欧各国物价普遍上升，这使那些按照传统习惯征收固定地租的英国贵族领主们的实际收入减少，固定货币地租的僵硬和稳定无法满足日益上涨的物价的需求，表面上看征收固定货币地租的贵族领主地位无太大改变，但实际上已大不如从前。而当这些贵族领主们的经济利益受到损害时，他们加剧了圈地活动，圈占农民赖以生存的公有地，变为私有牧场；剥夺农民的份地，把原来租给

---

① K. J. Allison, "Flock Management in the Sixteenth and Seventeenth Centuries", pp.99-100.

小佃农的土地收回（夺佃）；把敞田圈围起来变成大农场或大牧场，租给大租佃农场主经营。

类似圈地运动的还有宗教改革对教会土地的没收。教会是当时英国最大的封建主。在 16 世纪 30 年代，英国国王亨利八世以摆脱对罗马教皇的依赖为名，进行了宗教改革，封闭了数以千计的修道院，没收了它们的领地。这些领地一部分被国王赐给了宠臣亲信，一部分以低价卖给了乡绅、土地投机者和商人等。这些土地的新主人把教会领地上世世代代耕作的农民赶走，把土地变成牧场或租给大租地农场主。在这样的情况下，一批又一批的农民失去了土地，或变成雇工，或背井离乡、乞讨为生。

在不同的时期，养羊业对圈地活动的程度和范围来说大有不同。都铎王朝以前，很多乡村土地就已经被圈围。[①] 都铎王朝前期，随着农奴制消失、货币地租流行、国内市场发展和领主自营地出租，农民的贫富差距分化越来越严重，一些有进取心的资本主义性质的个体小农渐渐占有更多的土地，另一些农民则走投无路，成了无地的农业雇工。通过继承、婚姻、购买等形式，地主对土地的兼并日益加剧。如莱斯特郡的大威格斯顿，外村地主占有全村50% 的土地，教会占 30% 的土地，余下土地中 38% 为 20 户农民占有，而有60 户农民是无地农业人口。[②] 类似于这样的"土地兼并"现象成为严重的社会问题，在当时普遍存在。

整个 15 世纪里，个体农民通过交换或者购买条地，加强了这种土地占有方式。圈地经营显然比敞田经营获利更大些。在农民通过各种方式来圈占土地的时候，有些地主还圈占了村社的公地，而且为了把农作地变为畜牧场而赶走了租佃农。由于圈地运动使很多人无地可种，无家可归，无业游民数量也大大增加，影响了社会稳定。同时，随着农田减少和牧地增多，有可能造成粮食供应问题，于是，议会于 1489 年通过了《禁止圈占农田和拆毁农庄的法令》。但圈地运动仍无法控制，1485～1500 年间，北安普顿、沃

---

① 参见 [英] 约翰·克拉潘：《简明不列颠经济史：从最早时期到 1750 年》，第 270 页。
② 钱乘旦、许洁明：《英国通史》，上海社会科学院出版社 2002 年版，第 119—120 页。

里克、牛津、白金汉和伯克等郡共圈占了 16,000 英亩土地，其中 13,000 英亩成了牧场。①

　　都铎王朝初期，人们将养羊和圈地运动之间的关系看得过分密切，夸大了养羊业对圈地运动的影响，以致托马斯·莫尔提出"羊吃人"的说法。事实上，由于养羊业大规模发展，对农业劳动力的需求降低，从而使村庄的人口减少，荒芜的村庄出现。这种荒芜的现象是畜牧业逐步代替农业的结果。1517 年调查中，有很多收回租地的事件，不过并不是完全为了给牧羊业让出土地。实际上，在任何被调查地区，佃户被逐的情况并不多。

　　圈地运动总体而言是经济起因，主要是因为羊毛和肉类市场价格不断上涨，雇主付给农业工人的工资又居高不下，而从事养羊业往往只需要几个牧羊人和一只牧羊狗就可以管理和饲养一大群羊，收益是极大的，抵得上雇用几百个农业工人从事耕作所带来的利润，这种诱惑是无法阻挡的。于是，在经济利益推动下，圈地运动大规模地开展起来。

　　圈地运动起因中有雇主付给农业工人的工资日益增加这一因素。可以说，农业工人工资的增加，意味着雇主的成本无法降低，从另一个侧面推动雇主去从事养羊业，去大规模地进行圈地行为。这里的农业工人是雇佣劳动者。雇佣劳动者作为一个阶层独立出现并进而在农村中形成雇佣劳动力市场，大约开始于 13 世纪。② 从宏观角度看，黑死病以前，雇佣劳动者基本是封建经济的补充，主要向自给或半自给性农业出卖劳动力，与庄园尚维系一定程度的封建依附关系。黑死病以后，雇佣制更多地与农村资本主义经营相联系，主要作为商品化农业或农村工副业的劳动力，脱离了对庄园的依附纽带，是农村自由的工资劳动者。③ 黑死病后，由于人口大量减少，雇主们很难找到价格合适的雇佣劳动者。另一方面，随着地租折算和 1381 年农民大起义的打击，农民的封建人身关系进一步松弛，农民有更多的人身自由，这就意味着农民在雇主家做工不再是义务而是有偿劳动。谁给的报酬高，农民就会选择

① 钱乘旦、许洁明：《英国通史》，第 129 页。
② 参见徐浩：《论中世纪晚期英国农村生产要素市场》，《历史研究》1994 年第 3 期，第 123 页。
③ 参见徐浩：《论中世纪晚期英国农村生产要素市场》，第 124 页。

为谁劳动。雇主间由此也形成了价格竞争。而给出高价的雇主所得到的收益有时不一定能完全弥补成本，因此雇主们与其选择用人较多的农业，还不如选择收益高、成本低的畜牧业尤其是养羊业，来使自己获得更多的利润。

如果说养羊业对圈地运动的影响仅仅是促使了圈地运动大规模进行，那么从更深层次来讲，也正是由于养羊业所引起的大规模圈围，租佃农利益受到了很大损失。圈地使得习惯租佃农和短期租佃农遭受了很多困苦，圈地者是把自己的经济利益建筑在租佃农的悲惨命运之上。不仅养羊业的兴起引起了圈地，反过来圈地也影响着养羊业所需要的周边环境，从狭义上看，像土地的耕种、饲料的投入、羊毛的产出、羊毛的价格等都受到圈地运动的影响。

都铎王朝初期，由于大规模的圈围，英国已经进入农业和手工业并行发展的时期。农民兼作手工业已经较为普遍。乡村工业中最重要的还是毛纺织业，毛纺织业主要集中在西部的威尔特和萨默塞特，东部的东盎格利亚和北部的约克郡西部地区。国内市场和国际市场的需求是乡村毛纺织业发展的强大动力，而远距离市场需求的波动往往会造成英格兰的阶段性失业，这是16世纪经济发展的新现象。

18世纪之前的圈地运动受到了一定阻拦，但由于城市工业的进一步发展和城市人口的增加，使得对农产品的需求扩大了，而耕作技术的改进和应用，在客观上也要求打破原来条田碎割的敞田制，使得地主、资产阶级加速了圈地运动。但从18世纪开始，圈地变成了由社会法令批准的"合法"行为了。按照法令规定，申请圈地需得到本牧区土地持有者的4/5的同意后才能向议会提出。所谓4/5，实际上并不按实际户数而是以同意者的土地占该区土地面积的比重计算。因此，圈地经常只凭几个大领主、乡绅的意志决定，持有小块份地的农民只是受害者。取得议会圈地许可后，主持人就把被圈的彼此交错间杂的条田集中起来，在土地持有者之间进行重新分配，而独立小农分到的土地一般都是最差的，而且往往被迫廉价出卖，被圈的土地绝大部分集中在少数大地主手中，有的租给大租佃农场主经营，有的变为大牧场，甚至成为贵族的狩猎场，这种通过议会法令批准的圈地活动，到18世纪中叶以后，特别加强起来，一直延续到 19 世纪初。长达一个多世纪的这种"合法"圈地，终于使曾在英国农业中占据优势的独立小农阶层在 18 世纪末基本消失了。

11～19 世纪英国的养羊业涉及英国经济社会生活的各个方面，直到现在养羊业仍然在英国农业经济中占有重要地位。在中世纪晚期和近代早期的英国，养羊业既是农业中的一个重要分支，又与工业发展密不可分。它不但提供了工业原料，也改变着英国的经济发展格局；同时它也是对外贸易中的一个重要产业链。因此无论从哪个角度讲，养羊业的发展都是能折射英国经济发展路程的一面镜子。

相对于中世纪其他国家，养羊业在英国的作用和地位十分突出。养羊业的重要性在时间上具有连续性，范围上具有广泛性。之所以选择 11～19 世纪这一个漫长时段，主要是因为时间跨度较长，更便于将英国养羊业的发展史做一个比较完整的梳理，而且在这个时间段里，养羊业几乎是英国经济发展和社会变革的风向仪。至于诺曼征服前英国就有了养羊业，但那时英国还不是一个统一国家，研究在一定意义上就存在着很大的分散性。同样，20 世纪英国也仍然有养羊业，但其在经济中的比重已大大下降，研究意义已大打折扣。因此，11～19 世纪又是研究英国养羊业最适宜的时间段。

· 第二编 ·

伦敦和东部

第五章
经济聚核初成：16、17世纪的伦敦

英国经济的全国性整合，必定有一个聚核，这个聚核毫无疑问就是伦敦。伦敦成为英国经济聚核是历史发展到一定阶段的结果，16、17世纪即是其初成聚核时期。

16世纪末，法国人在同英国人辩论时说："在你们英格兰国土上，除了伦敦，其他没有一个地方称得上城市。"[①] 17世纪初，英国国王詹姆士一世也曾自嘲说，伦敦"真像一个佝偻小儿硕大的头"[②]。可以看出伦敦在英国的特有地位。伦敦在中世纪时已是英国第一位城市；伦敦在16、17世纪人口的增长速度，远超过英格兰其他城市；18世纪工业革命前夕，伦敦超过巴黎，成为欧洲最大城市；1800年，伦敦人口上升到100万，是世界上最大、最重要的城市。从16世纪起，伦敦就以国际贸易主要港口，英国首都和经济核心这三重地位出现。19世纪，伦敦完全可以称为世界经济之都。而16～17世纪是伦敦发展为"世界之都"过程中的重要阶段。

伦敦在量上的急剧发展，与其经济结构和经济功能的变化相关。从15世纪中后期开始，伦敦由工商并举的城市向商业贸易城市转化，主要以贸易中心的形象出现。其商业职能体现在国内贸易和对外贸易两方面。其时英国国内贸易体系呈现着强烈的向心性，伦敦是这个体系的核心，是全国商贸网络的总枢纽点。伦敦是英国进出口贸易和国际转运贸易的主要中心。

---

① Wrigley, "A Simple Model of London's Importance in Changing English Society and Economy 1650-1750".

② J. P. Cooper, *The New Cambridge Modern History*, Vol. IV, Cambridge University Press, 1971, p.72.

伦敦手工业门类众多、技术先进，并逐渐形成了面向全国的高级消费品与奢侈品生产、需要资金技术密集的手工业品生产、为出口服务的最后加工工业和为再出口服务的加工业生产等新特点。伦敦这种经济结构和经济职能变化的过程，是与英国国内市场体系形成过程同步的。可以说，近代早期英国的经济体系，是以伦敦为核心的。同时，16、17世纪伦敦作为英国政治中心地位更加巩固，社会文化中心角色日益突出，对全国具有极大的吸引力和辐射力。

16、17世纪伦敦的发展并非是偶然的成功，而是历史因素的长期积累和客观优势积聚升华的共同结果。从罗马时代起，伦敦逐步打下了良好的发展基础，具备了多方面的有利条件和因素。考察16、17世纪伦敦膨胀性成长，有利于深化对英国经济社会转型的认识。

一 16、17 世纪伦敦发展的基础和条件

16、17世纪伦敦的发展，是历史因素长期积累的结果，也和伦敦所具备的客观优势条件密切相关。

（一）从罗马时期到 15 世纪伦敦的发展

伦敦是在罗马时代所建的城市基础上发展而来的。罗马人奠定了伦敦城的最早格局，直到中世纪结束，其城市面积和城区布局都没有大的变化。伦敦城建立的确切年代已不可考。多数学者认为，它是作为罗马人的供应港口而出现的。[①] 罗马人在不列颠确立统治地位是克劳狄皇帝时期（41～54 年）。公元 43 年，克劳狄亲率罗马军团远征不列颠，征服了东南沿海一带。不列颠即成为罗马帝国的一个行省，帝国选派有声望的卸任执政官担任不列颠总督。不列颠行省对罗马帝国的重要意义主要体现在两个方面：一是作为新征服的地区，它成了罗马政治家和军事家们通过军功赢得荣誉的地方；二是丰富的

---

① John Richardson, *The Annals of London,* Cassel Paperbacks, 2000, p.6.

矿产使该地区成为帝国重要的物资供应基地。① 罗马对不列颠的统治主要是军事统治，并没有多少罗马人移居这里。

罗马人登陆不列颠后，其在不列颠的最早统治中心是科尔切斯特。公元49年之后，这一统治中心逐渐转移至伦敦。根据考古资料推测，罗马人建立伦敦城的时间约在公元50～55年之间。罗马之所以将统治中心由科尔切斯特向伦敦城转移，是因为"伦敦作为未开发的地带，没有当地人定居，有利于罗马制度的移植"②。罗马人所选的伦敦城址，位于泰晤士河上，离出海口又很近，这就为其日后的发展奠定了良好基础。

公元1世纪的罗马不列颠分为两大行政区：上不列颠以伦敦为首府，下不列颠以约克为首府。作为主要行政中心的伦敦，用于市政建设的投入自然较大，各种公共建筑在这时开始建立起来。到公元1世纪末，罗马人对不列颠东南部的征服活动最终结束，伦敦成为罗马不列颠的行政中心。③ 在城市建设方面，1世纪的伦敦已建有作为不列颠总督行政管理中心的总督官邸，还出现了公共浴室、横跨泰晤士河的桥梁和码头。到2世纪末，伦敦落成了圆形剧场、用于防御的城防要塞、用于宗教祭祀的密特拉神庙等。④ 伦敦作为一个行政中心的市政建设规划更加完善。

大约在190～225年间，罗马人针对帝国的政治混乱状况，开始在伦敦建造城墙。城墙东端位于现在的伦敦塔，向西环绕延伸连接早已建成要塞的城墙，直抵现在的上泰晤士大街西端的黑修士教堂，全长3.2公里。城墙高6.4米，宽2.74米，城墙外掘有宽约4.2米、深1.6米的V字形护城河。起初，城墙有四道城门：爱德门、主教门、新兴门和卢德门，后又增加了爱慈门。连同要塞出口科瑞波门，罗马时期的伦敦共六座城门。罗马城墙对伦敦城日后发展产生了深远影响，此后一千多年里，伦敦基本上都以罗马时期城墙为界，至今它还是伦敦老城界限。现代伦敦的四条主干道还是以罗马时期的四大城门

---

① 参见 [古罗马] 塔西佗：《阿古利可拉传·日耳曼尼亚志》，马雍等译，商务印书馆1997年版，第21页。
② Francis Sheppard, *London History,* Oxford University Press, 1998, p.13.
③ Francis Sheppard, *London History,* p.29.
④ Stephen Inwood, *A History of London,* p.21.

向外辐射的。①

伦敦城是罗马人创建的，最早的居民主体是罗马人，因此其兴衰和繁荣与罗马帝国政治密不可分。"罗马和平"时期，各行省城市发展较快，伦敦也大兴土木，泰晤士河上的码头也呈现出一派繁忙景象。但这一切都是围绕着罗马人的城市生活而展开的。②

13 世纪以前，在罗马人建造的城墙内，共划分了 24 个城区。13 世纪最后三十年，伦敦城的范围才突破城墙局限向西南推进到弗利特河畔。1300 年后，伦敦城继续往西部的威斯敏斯特王宫区发展，1394 年时形成独立的城外法灵顿区。泰晤士河以南的萨瑟克在经济上长期以来依靠伦敦，区内划分为五大领地，但一直没有形成有组织的权力中心。直到 1550 年，伦敦最终直接控制了位于伦敦桥南头的、五大领地中最小的、但也是人口最多的一个领地，建立了伦敦的第 26 个城区，即城外的大桥区。③

伦敦人口在各个时期是不断增长的。在罗马时代的伦敦作为统治中心，人口不断聚集，成为不列颠的中心城市。250 年，伦敦约有 30,000 人口，规模超过科尔切斯特成为不列颠最大城市，也是罗马帝国在阿尔卑斯山以北的第五大城市。④

中世纪的伦敦在英国城市体系中无可争议地名列第一，其人口比第二大城市多 3 倍以上。14 世纪初期伦敦的人口已超过 4 万人，是第二大城市诺里奇的 4 倍。黑死病使人口数量有所减少，但相对其他城市而言，伦敦的人口规模仍然是巨大的。1348～1349 年，在黑死病影响下伦敦的死亡率是 16：1；1360～1361 年，这个比率上升到了 9：1。瘟疫造成的人口死亡对伦敦的影响极大。1400 年伦敦的人口只有 1300 年的一半。⑤ 伦敦城公共场所的廉价租房数目减少，表明伦敦人口在这一时期是处于较低水平的。此后伦敦人口

---

① 参见李增洪:《13—15 世纪伦敦社会各阶层分析》，中国社会科学出版社 2005 年版，第 53 页。

② 参见李增洪:《13—15 世纪伦敦社会各阶层分析》，第 53 页。

③ D. M. Palliser, *The Cambridge Urban History of Britain, Vol. 1, 600-1540*, London: Cambridge University Press, 2000, pp.397-398.

④ Roy Potter, *London: A Social History*, Cambridge Massachusetts: Harvard University Press, 1995, p.16.

⑤ D.M. Palliser, *The Cambridge Urban History of Britain, Volume 1, 600-1540*, pp.396-397.

规模没有明显增长，保持 14 世纪初的状况一直到 16 世纪初。16 世纪伦敦人口急剧增长，超过了英国人口的增长速度，更远高于英国其他城市。由于人口规模大，中世纪伦敦很少受到劳动力短缺的影响。

从罗马时代起伦敦就是不列颠岛的交通和经济中心。罗马时代的伦敦作为国道系统的枢纽，决定了它是分配输入品的首要中心，也是首要的集散中心。伦敦地处泰晤士河三角洲的顶端，是极好的交通要道和商业集散地。对不列颠岛来说，伦敦是通往不列颠内陆腹地贸易区的门户。向东通过坎特伯雷、罗彻斯特可以直达肯特海岸港口累利奇巴罗、多佛尔等；面向南部沿海区，以伦敦为中心从来姆普尼到朴次茅斯呈扇形通向海滨。这些东南部的沿海港口，在某种程度上看起来像是伦敦的外港，或者至少因为与伦敦维持良好的联系才得以很好的发展。[①] 另有若干交通干线从伦敦分别通往英格兰中部、北部和东盎格利亚。[②] 对外联系上，伦敦仅隔一道海峡便可与欧洲大陆最繁忙的水路航线莱茵河相连，处于欧洲工商业中心区的西缘。[③] 这一地理区位使伦敦易于成为国内外贸易的枢纽和联结地。

从罗马时代起，伦敦的转运业就十分发达。从伦敦转运出去的有军队、军用物资，还包括大批的民用物资，如酒类和油类，奢侈品和日用器皿。对于进口的商品，有盛装酒类和油类的双耳瓶、金属器皿和陶器以及各式耐用的奢侈品。这些商品往往都打上了制造者的名称，或从样式上就容易辨别出它们是通过船舶从外运来的。[④]

盎格鲁萨克森时期伦敦的商业十分繁荣。8 世纪比德所著《英吉利教会史》中，称早在公元 604 年，伦敦"这座城市是通过海陆交通到达那里的许多人进行贸易的商业中心"[⑤]。公元 686 年以后三百年间，伦敦也有着发展健全的正规管理的长途贸易。如伦敦有对来自鲁昂的酒类和鱼类的管理条例，

① Susan Reynolds, *An Introduction to the History of English Medieval Towns,* Oxford: Clarendon Press, 1977, p.57.

② 参见 [英] 约翰·克拉潘：《简明不列颠经济史：从最早时期到 1750 年》，第 49—50 页。

③ Francis Sheppard, *London History,* Oxford University Press, 1998, p.17.

④ 参见 [英] 约翰·克拉潘：《简明不列颠经济史：从最早时期到 1750 年》，第 50 页。

⑤ [英] 比德：《英吉利教会史》，陈维振等译，商务印书馆 1991 年版，第 106 页。

泰晤士河畔的圣克莱门特·丹尼斯礼堂和萨沃克的圣奥拉夫礼拜堂，则是为信奉基督教的丹麦人和北欧人服务的。伦敦的铸币业发展也说明这个时期伦敦商业贸易的繁荣。伦敦所铸钱币占英国铸币总量的大约 1/4。[①]

12 世纪后，伦敦商人成长起来并日益活跃。伦敦商人最初的获利来源之一是替国王进行买卖或担当管理工作，如供应国王宫廷所需要的物品，代国王铸造钱币，收税或承包税收，充当军需承包人等。亨利二世统治时，商人收入一部分来自都市地产，一部分来自替王室办理各项事务。伦敦这些商人在未担任王室工作前，一般已在贸易上积累了较多财富，迫切需要通过政治手段获取更大利益。他们绝大部分是伦敦市民，有些人是诺曼征服后被称为"市邑豪贵"阶级的后裔，并在伦敦中心商业区继承有地产。12、13 世纪伦敦社会最上层的人物，多是移居进来拥有地产的地主。如 1280 年迁入的亨利·威利斯，1380 年迁来的北安普敦的约翰，1420 年迁来的查理·惠廷顿等。伦敦的首任市长亨利·菲茨阿尔文，还在自己的家乡拥有大量土地。[②] 13 世纪的伦敦市参议员和市长大多是商人出身，有的还经营几种行业，轮流地作为"羊毛商、葡萄酒商、皮货商、杂货商，或者一个人控制许多行业"。有实力的人构成了利益集团，其成员包括商人、王室代理人、都市地主，还有一些农村地主，形成了12 和 13 世纪伦敦的城市统治集团，商人已逐渐成为伦敦城里的新兴社会阶层。

14 世纪后，伦敦商人的买卖不再限制在一个行业内。伦敦的行会组织和商业公会成立后，公会人员可同时经营另一行业，如鱼商可以兼营羊毛业。这成了伦敦的惯例。伦敦织工行会 1130 年前就成立了，行会成员还包括了商人。1180 年伦敦金匠行会成立。[③] 伦敦公会的成员都是世袭的。行会对贸易和手工业的推动作用，在 1350 至 1450 年间发展到顶峰，尤其促进了出口贸易的发展。15 世纪末期后，它们开始取得特许权。1500 年，伦敦出现"十二大商业公会"，它们是商人组织的布商、杂货商、绸缎商、鱼商、服饰用品商、铁器商、葡萄酒商公会，还有一些原属于工匠组织的商业公会——

---

① Susan Reynolds, *An Introduction to the History of English Medieval Towns*, p.34.

② 参见 [英] 约翰·克拉潘：《简明不列颠经济史：从最早时期到 1750 年》，第 175—176 页。

③ 参见 [英] 约翰·克拉潘：《简明不列颠经济史：从最早时期到 1750 年》，第 178 页。

金匠、皮革商、盐商公会；1503 年，成衣匠和衬衫业联谊社重组，成立了"服装商人公会"；1528 年，已是法人组织的漂练工人公会和剪绒工人公会合并，组成了呢绒工人公会。[①] 十二大商业公会的出现和发展，是伦敦工商业经济被商人资本所控制、并向资本主义性质转变的体现。

总之，进入 16 世纪时，伦敦已形成了比较完备的工商业体系。伦敦这种工商业完备的自足型经济结构，在 16、17 世纪遇到了国际性的商业革命和国内经济变革与转型的良好机遇。总之，16 世纪前伦敦的渐进式发展，为其16、17 世纪的迅速成长做好了准备。

（二）16、17 世纪伦敦发展的有利条件

伦敦在 16、17 世纪能获得快速发展，在于其时它具备了许多客观有利条件。

1. 地理条件

伦敦的区位优势，为其发展提供了极为有利的条件。伦敦位于英格兰东南部，地处泰晤士河三角洲的顶端，是交通要道和商业集散地。泰晤士河横贯东西，沿河而上可深入英国南部腹地。经过詹姆士一世时期的整治，航道得到了拓宽，通航达到了牛津郡。[②] 从伦敦出发下行至泰晤士河口后，可沿海岸航行抵达英格兰东部和南部的港口。陆路交通方面，1541 年伦敦已有 8条道路通往全国各地，到 1570 年又增加了 8 条，来往于全国各地都很方便，使伦敦成为全国最大的交易市场和各种商品的集散地。[③] 伦敦是不列颠内陆贸易区的门户。这种四通八达的优势表现在向东通过坎特伯雷、罗彻斯特可以直达肯特海岸多佛尔等港口；向南部，呈扇形通向沿海海滨；向西部、中部、北部的交通干线也都是从伦敦出发的。[④] 优越的地理位置对伦敦具有巨大的经济意义，使它有条件成为全国市场网络的中心地。伦敦的港口优势更有利于其发展对外贸易。

---

① 参见 [英] 约翰·克拉潘：《简明不列颠经济史：从最早时期到 1750 年》，第 202 页。

② W. Besant, *London in the Time of the Stuarts,* London: Adam & Charles Black, 1903, p.195.

③ T. S, Willan, *The Inland Trade, Studies in English Internal Trade in the Sixteenth and Seventeenth Centuries*, p.2.

④ 参见 [英] 约翰·克拉潘：《简明不列颠经济史：从最早时期到 1750 年》，第 49—50 页。

2. 政治条件

伦敦的优势还在于它是一个统一民族国家的首都，是王国的政治中心。这里不仅有宫廷成员、政府官员，而且住有议会议员。一旦议会开会，地方政客和贵族及其随从就会蜂拥而至。随着王权加强和王室对地方事务的干预，首都的官僚机构不断膨胀，官员和办事人员也越来越多。17 世纪 30 年代王室每年大约支付 60 万英镑给高级官员和特权者，相当于 1640 年英国商人从事的伦敦出口货物的官方统计值。政府机构和人员规模的膨胀，大大增加了消费需求，扩大了消费品市场，有利于伦敦工商业经济的发展。

16 世纪随着中央集权制加强，王室司法权力增大，伦敦作为司法中心的地位进一步体现。伦敦不仅驻有四法学协会（内殿法学协会、中殿法学协会、林肯法学协会、格雷法学协会），而且驻有若干王室法庭。1540 年至 1660 年随着修道院和王室土地的出售，土地买卖交易引起的纠纷常在这里的王室法庭审理。这样，伦敦又聚集了许多来参诉的乡绅和贵族。

3. 经济条件

在国内贸易上，伦敦商人建立了穿越近畿诸郡的商业联系网络，使伦敦成为全国最大的物资集散中心和商业贸易网络的枢纽。仅 17 世纪郊区就新开设了 16 个新的市场以接收谷物与牲畜的流入。[1] 从 16 世纪 80 年代到 18 世纪初货物输入量增加了 15 倍。17 世纪初每年伦敦卸载海煤 10 万吨左右，17 世纪末超过 40 万吨，占了整个英国海岸贸易总量的 40%。[2] 伦敦拥有船只总吨位 1582 年仅 1.23 万吨，1629 年上升到 3.53 万吨，1688 年增加到 15 万吨。[3] 单是 1683 年，就有 4,131 艘从事沿海货运的船只从各郡港口涌向伦敦。[4] 经营陆上运输业的人数 1715 年比 1637 年增加了 2 倍。还有数万人从事船只的修理、维护和补给、提供货物卸载、装载、搬运和储藏等岸基服务。

---

① ［英］彼得·克拉克、保罗·斯莱克：《过渡期的英国城市 1500—1700》，第 67 页。

② Peter Clark, *The Cambridge Urban History of Britain*, Vol. 2, p.323.

③ C. G. A. Clay, *Economic Expansion and Social Change: England 1500-1700*, Cambridge University Press, 1984, p.202.

④ Peter Clark, *The Cambridge Urban History of Britain,* Vol. 2, p.323.

在对外贸易上，伦敦处于欧洲商业和工业中心的最西端。[1] 伦敦是连接国内外贸易货物的转运中心。它作为一个港口，坐落在国内最大的河流上。伦敦与安特卫普隔海相望，安特卫普是 16 世纪欧洲的商业和金融中心，通过它可以与西欧大陆进行贸易。都铎王朝时期，伦敦商人冒险家公司控制了英国出口贸易，向尼德兰和北德销售呢绒半产品。16 世纪中期后，又兴起了非洲公司、利凡特公司和东印度公司等，廉价呢绒品牌输往地中海地区。

随着新航路开辟、美洲的发现和殖民地贸易发展，伦敦出现了一批私商集团，他们从事殖民地贸易和转口贸易，将欧洲以外地区正在日益形成的商业网络连结在一起。海外贸易发展反过来也促进了国内工业的发展，如土耳其公司和东印度公司的活动有利于丝织业发展；莫斯科公司和格陵兰公司的活动有利于肥皂工业；莫斯科公司与东方公司输入的原料为造船业和与航海业有关的其他工业发展提供了条件。1686 年，从伦敦出口到西印度和北美的商品价值达 212,000 英镑，其中大多数是手工业品。[2]

16 世纪伦敦市郊建立了新型的工场手工业。1700 年大约有 20 万伦敦人以制造业为生，是 1560 年的 10 倍以上。[3] 如随着贸易业的发展，伦敦造船业发展迅速，沿泰晤士河出现许多船坞。人口增长带来了建筑业的繁荣。1666 年大火后的重建，使伦敦拥有一支庞大的建筑工人队伍。在服务业方面，伦敦有大量旅店、酒店、啤酒屋、小饭馆和咖啡馆，吸引了大量的地方贵族、乡绅和商人。旅店是当时商人进行私下交易摆脱市政税收的最好场所。经济史家埃弗里特指出："伊丽莎白和斯图亚特时期的旅店是旅馆、银行、货栈、交易所、公证人办公室和许多暗中交易者的市场。"[4] 咖啡馆是上流社会聚会的场所，贵族、乡绅和大商人在这里谈论政治和趣闻，交换商业信息，阅读最新报纸。16 世纪后，在伦敦拥有或租有住宅的地方贵族越来越多。贵族、乡绅

[1]　Francis Sheppard, *London History,* Oxford University Press, 1998, p.17.

[2]　Peter Clark, *The Cambridge Urban History of Britain*, Vol. 2, p.321.

[3]　R. A. Dodgshon and R.A.Butlin (eds.), *A Historical Geography of England and Wales*, London: Academic Press, 1990, p.214.

[4]　J. Patten, *English Towns, 1500-1700,* Folkestone, 1978, p.34.

和大商人的迁入加速了伦敦的财富积累。如 1690～1700 年间菲茨威廉家族在北安普顿郡的收入转移到伦敦的数额，可能高达 77%。[①] 他们迁入，一方面是伦敦吸引的结果，反过来又有利于伦敦发展为更引人注目的消费中心和时尚都会。

当然，上述各方面条件所发挥的作用不能等量齐观，作用的路径和性质也不完全一样。地理位置是客观的自然条件，关键在于现实中的人们如何提高主观认识去利用这种优势。政治中心在某种意义上属于社会客观条件，因为作为政治中心的活动者社会上层，本身并不参与伦敦城的经济活动，他们与伦敦市民分属不同的社会群体，本来是不相干的，但伦敦市民（工商业者）可以利用政治中心的吸引力、政治人物的云集来开拓工商市场，创造时尚激起上层社会的消费需求和购买欲望，从而刺激城市工商业发展。至于经济条件，它与伦敦的成长是互为条件、互相促进的，或者说就是伦敦发展过程的两个方面。不管怎么说，伦敦的发展和成长主要还在于伦敦城和伦敦人如何认识并利用这些优势，进一步创造优势。16、17 世纪的伦敦就很好地做到了这一点。对内它极力加大自身的吸引力和辐射力，并且还取得大量特权，吸纳、集聚以及掌控国内各种资源，来为自己的发展服务；对外则努力使自己成为英国的"代言人"，集中掌握英国对外经济交往和对外贸易的特权，排挤地方竞争，独享国际商业革命成果。如此，伦敦的主观努力促成了自身在16、17 世纪里的膨胀性发展。

16、17 世纪的伦敦，以人口规模的急剧扩大和经济发展的绝对强势最为引人注目，与此相关的是伦敦的政治影响力和社会影响力的极大加强。

二 伦敦人口膨胀性增长和结构性变化

16、17 世纪是英国从农业社会向工业社会、传统社会向近代社会转型的时期。伦敦人口在此时期的迅速增长，是保证伦敦人口和社会结构相对稳定

[①]　[英] 彼得·克拉克、保罗·斯莱克：《过渡期的英国城市 1500—1700》，第 69—70 页。

的重要条件。这也与英国整体的社会变化相一致，并反映了这一时期英国社会的基本特征及其变化趋势。

（一）伦敦的人口规模

1588 年，意大利乔万尼·巴特罗说，伦敦在英国是唯一"称得上伟大的"城市。[1] 其实，中世纪的伦敦只是一个普通城市。伦敦城作为一个市民共同体，在地理上虽与作为英王都邑的威斯敏斯特相邻，但不相干。到 17 世纪末 18 世纪初，伦敦在人口规模上成为欧洲最大的城市。与欧洲其他大城市相比较，伦敦的人口增长极其迅速。如 17 世纪初法国巴黎的人口是 40 万左右，到 17 世纪末接近 55 万，18 世纪前期仍然少于 55 万。伦敦的速度则在翻番：1500 年约为 5 万人，1550 年为 10 万人左右，半个世纪翻了一番；1600 年为 20 万人，半个世纪又翻了一番；1650 年达 40 万人，半个世纪再翻了一番；1700 年约为 57.5 万人，半个世纪增长 45%，是两个世纪前的 11.5 倍。[2] 16、17 世纪，法国的总人口大约是英格兰人口的 4 倍。1650 年，法国大约有 2.5% 的人居住在巴黎；到 17 世纪末，这个比例稍有增加。而伦敦在全国总人口中的比率变化则大得多：1500 年约占全国人口的 2%；1600 年约为 5%；1650 年，约为 7%；17 世纪末，扩大到 11%。[3]

由于人口快速增长，伦敦在欧洲城市的排位也发生了很大变化。在 16 世纪欧洲主要城市中，它排名第六，次于那不勒斯（第一）、威尼斯（第二）、巴黎（第三）、里斯本（第四）、安特卫普（第五）。[4] 1600 年伦敦成为那不勒斯和巴黎之后的欧洲第三大城市；1650 年成为仅次于巴黎的欧洲第二大城市。伦敦已从一个英国首都城市发展为一个欧洲国际性都市。其人口包括了定居城内及其联系紧密的城外居民，城外还形成了众多卫星城镇。

---

① ［英］彼得·克拉克、保罗·斯莱克：《过渡期的英国城市 1500—1700》，第 63 页。

② Wrigley, "A Simple Model of London's Importance in Changing English Society and Economy 1650-1750".

③ Wrigley, "A Simple Model of London's Importance in Changing English Society and Economy 1650-1750".

④ Peter Clark, *The Cambridge Urban History of Britain*, Vol. 2, pp.315-316.

表 5-1　1550～1700 年欧洲主要城市人口 [①]

城市	1550	1600	1650	1700
伦敦	75,000	200,000	400,000	575,000
阿姆斯特丹	30,000	65,000	175,000	200,000
安特卫普	90,000	47,000	70,000	70,000
巴黎	130,000	220,000	430,000	510,000
威尼斯	158,000	139,000	120,000	138,000
那不勒斯	212,000	281,000	176,000	216,000
里斯本	98,000	100,000	130,000	165,000

（二）伦敦人口增长的原因

1. 伦敦人口增长在英国的占比

伦敦人口的变化与英国人口变化的总趋势基本一致，但占比越来越大。14 至 15 世纪英国人口变化的基本趋势是：14 世纪初，英国的人口增长出现过一个高峰期，1348 年前夕达到 375 万人；黑死病引起人口下降，1374 年减少到 225 万人；1400 年，人口降为 210 万人左右。[②] 15 世纪 70 年代开始缓慢回升，到 16 世纪 20 年代，英国约为 230 万人，此后增长迅速（表 5-2）。

表 5-2　1541～1651 年英国人口估计 [③]

年份	人口	年份	人口
1541	2,774,000	1601	4,100,000
1551	3,011,000	1611	4,416,000
1561	2,985,000	1621	4,693,000
1571	3,271,000	1631	4,893,000
1581	3,598,000	1641	5,092,000
1591	3,899,000	1651	5,228,000

---

① 　J. de, Vries, *European Urbanization 1500-1700,* London,1984, p.270, cite from Peter Clark (ed.), *The Cambridge Urban History of Britain,* Volume II, p.316.

② 　Peter Ramsey, *Tudor Economic Problems,* London: Gollancz Press, 1963, p.44.

③ 　Wrigley, Schofield, R .S, *The Population History of England 1541-1871,* London: Cambridge University Press, 1981, pp.208-209.

伦敦作为英国首都，它在 16、17 世纪的人口增长比全国总增长率大得多。1500 年伦敦人口为 5 万，至 1700 年增长了 11 倍，而同期英格兰总人口只增长 2.5 倍，从 220 万增加到 557 万。从伦敦人口占整个英格兰人口的比例看，1550 年仅 4%，1600 年近 5%，1650 年 7.2%。1700 年约占10%，1750 年占近 12%。从 1550 年到 1750 年，全国人口由 301 万人增长到 578 万人，增长约 1 倍，而同期伦敦人口由 10 万人增长到 67.5 万人，增长 5 倍多。[①]

中世纪伦敦虽在英国城市中名列第一，但人口比第二、三位城市仅多 3 倍左右。到 16、17 世纪，伦敦人口增长速度已远超其他城市。1500 年，伦敦人口 5 万，第二大城市诺里奇 1520 年为 1 万人，伦敦的首位度约为 5.0；[②]1700 年，伦敦人口 57.5 万，而 1693 年第二大城市诺里奇人口不到 3 万，首位度近 20（表 5-3）。伦敦占英国城市总人口将近一半。[③]

16、17 世纪伦敦人口急剧增长，还体现为城区的扩张。人口增长率最大的是城外郊区，1700 年，伦敦老城的四周地区人口达到 20 余万。1500 年城东地区大多数还是乡村；16 世纪后期，东伦敦遍布高度密集的下层阶层住宅，出现了重要的纺织业和造船业生产。

伦敦新增人口大部分集中在西郊。在威斯敏斯特区等外围城区，[④] 1580 年到 1695 年间人口增长了 8 倍。郊区人口增长在复辟王朝之前最为明显。复辟时期，伦敦市长直接管辖的那些地区（即泰晤士河以北老伦敦城的 25 个行政区），人口已不占首都总人口的一半。[⑤]

---

① A. L. Beier, F. Roger, *London 1500-1700: the Making of the Metropolis,* London and New York: Longman, 1986, p.39.

② 首位度指第一大城市和第二大城市的人口比值。见于洪俊、宁越敏：《城市地理概论》，安徽科学技术出版社 1983 年版，第 106 页。

③ C. G. A. Clay, *Economic Expansion and Social Change: England 1500-1700,* p.197.

④ 其实，除了中世纪最初的伦敦城（London City）之外，伦敦城区在后来主要是向密德尔塞克斯（Middlesex）、萨里郡（Surrey）等扩展。

⑤ Peter Clark (ed.), *The Cambridge Urban History of Britain,* Vol.2, p.317.

表 5-3　伦敦人口的首位度 [1]

年份	伦敦人口	第二大城市人口	首位度
1377	23,314（14 岁以上）	约克 7,248（14 岁以上）	3.2
1400	约 40,000	布里斯托尔 12,000	3.3
1500	约 50,000	诺里奇 10,000（1520 年）	5.0
1550	约 90,000	布里斯托尔 10,000	9.0
1600	约 200,000	诺里奇 11,000（1603 年）	18.0
1650	约 400,000	诺里奇 20,000（1670 年）	20.0
1700	约 575,000	诺里奇 29,000（1693 年）	20.0
1760	约 750,000	布里斯托尔 60,000	12.5
1811	约 1,010,000	曼彻斯特 99,000	10.0

2. 影响人口增长的因素

16、17 世纪伦敦人口增长的速度是引人注目的，但这不是由人口自然增长造成的。从整体上看，这一时期伦敦人口的自然死亡率明显大于人口的自然出生率，并且这两者之间的差距不断地变化。伦敦人口的死亡率高、出生率低，以致在都铎王朝的一百二十年里，平均每年人口的自然增长率仅略高于 1%。伊丽莎白时期，东伦敦的出生率略微超过死亡率，但 17 世纪大多数城市教区仍是死亡率占上风。为了弥补这一人口的差额，维持伦敦的增长，除了自然增长外，外来移民的迁入成为了主要因素。

死亡率高于出生率现象的原因是多方面的：居住过于拥挤，卫生条件不完善，有时还缺乏食物，发生地方性的流行病等。所有这一切都促成了高的死亡率，特别是婴儿和儿童的高死亡率。由于医疗卫生和保健条件差，通常每出生婴儿 1,000 人，约有 200 人以上死亡。如 17 世纪头三年，伦敦某个最贫困的堂区，每出生 1,000 人死亡 250 人。[2] 据估计，17 世纪上半期，人口能活到 15 岁的人不到出生人口的一半，也就是说，出生于伦敦的孩子最多只

---

[1]　R.A. Butlin, R. A. Dodgshon, *A Historical Geography of England and Wales,* London, 1987, p.191.

[2]　[英] 彼得·克拉克、保罗·斯莱克：《过渡期的英国城市 1500—1700》，第 86 页。

有一半活到结婚年龄。从统计资料看，伦敦人的平均生育间隔同别的地方相比起来要短，富裕的伦敦城市教区更是如此。因此，虽然伦敦生育率比较高，但存活的婴儿并不多，从而造成平均家庭规模小。[1] 在一些特殊年份（如瘟疫、战争等爆发时），城内死亡的人口更多。如 1603 年伦敦就死了 4 万多人，约占居民的 1/5，其中大部分是城郊居民。[2] 死亡率高也与城市公共卫生设施退化和生存空间过于拥挤有关，移民聚集的城区尤为突出。[3]

伦敦人口经常受到死亡危机的威胁。瘟疫是死亡率高的一个重要原因。里格利估计，伦敦 1603 年至少有 3.3 万人死于瘟疫，1 万人死于其他原因；1625 年至少 4.1 万人死于瘟疫，总死亡人数达 6.3 万人，假如该年伦敦的人口是 30 万，那么死亡率大约是 21%，也就是说每 5 人就有 1 人死亡；1636～1637 年的瘟疫延续时间更长；1665 年伦敦有 6.9 万人死于瘟疫，总死亡人数是 9.7 万人，也就是说，伦敦有 1/4 的人口在短短几个月内死亡。[4] 1665 年前，淋巴腺鼠疫造成伦敦人口大量死亡。1580 年到 1650 年间，大约有 6.6% 到 19% 的死亡人口是瘟疫造成的。在一些特殊年份以及夏天，疾病使人口大量地死亡。造成破坏最严重的瘟疫发生在 1563 年、1603 年、1625 年和 1665 年，其中 1563 年瘟疫的影响最为严重。各种流行性感冒、斑疹伤寒和天花等病也一再发生，对城市人口的生命构成很大威胁，直到 1700 年还在对伦敦产生不利影响。17 世纪 60 年代以后，鼠疫在英格兰基本消失，但痢疾、麻疹、流感、猩红热、天花和肺病这类疾病又成为人口死亡的主要原因，人口死亡率并未下降多少。

然而，16、17 世纪伦敦的人口不但没有下降，反而迅猛增长。瘟疫造成的危机是短暂的，因为伦敦有着异常的恢复能力。这个异常能力来自于伦敦人口结构中的两个重要特征：一是单身人口多；二是移民数量大。单身人口多，一旦死亡导致劳动力减少，为了工作条件和工资收入的改善，他们就会

---

① Wrigley, "A Simple Model of London's Importance in Changing English Society and Economy 1650-1750".

② ［英］彼得·克拉克、保罗·斯莱克：《过渡期的英国城市 1500—1700》，第 65 页。

③ Peter Clark (ed.), *The Cambridge Urban History of Britain*, Vol.2, p.319.

④ ［英］彼得·克拉克、保罗·斯莱克：《过渡期的英国城市 1500—1700》，第 91 页。

降低结婚年龄，提高生育率。移民进入则更是直接弥补死亡人员的手段。如
1604 至 1643 年间，伦敦城由于瘟疫，死亡人数超过出生人数 10 万人，但伦
敦总人口却从 20 万人增加到 40 万人，这中间的差额 20 万人加上 10 万人，
当属外地来的移民。[①] 据分析，每年当有 8,000 移民进城才能维持伦敦的人
口增长水平。[②] 据估计，1550～1750 年大约有 100 万人迁入伦敦，17 世纪后
期每年以 8,000 人到 1 万人的规模迁入，使伦敦在极高死亡率的条件下，人
口仍能以年均 1.5% 的速度增长。[③]

（三）外来人口的迁入

在这个时期，人口出生率、婚姻率是影响英格兰人口增长的主要因素。
而伦敦的人口增长模式则相反，人口死亡率和迁移是决定性因素，人口增长
完全依靠外来人口迁入。17 世纪伦敦共吸收了 90 万移民，占了英格兰人口
自然增长数的 80%。[④] 我们可从伦敦的吸力和移民来源地的推力两方面来分
析伦敦外来移民的动力。

1. 吸引外来移民的因素

蜂拥而来到伦敦的既有寻欢作乐的贵族、乡绅，也有寻求发展的贵族、
乡绅的幼子们，更有大量穷人。人口的迅速增加，主要是由于商业贸易发展
的需要，虽然商人和批发商人口比例不是很高，然而他们雇用的人，如在办
公机构中，在商品陈列室和仓库里，在客栈、皇家交易所、布莱克威尔大厅
和皮革交易中心等工作的人数相当可观，还有受雇服务于运输业和港口的大
量劳动力。伦敦不断巩固和增强的政治、经济和文化中心地位，对外地人口
产生了巨大吸引力，促使外地人口源源不断地涌入。伦敦能够吸引大量外来
移民迁入，主要是因为它作为英国经济、贸易中心的需求。

伦敦在经济、贸易方面吸引外地人口的主要因素有：第一，作为商业贸
易和制造业中心，伦敦需要大量劳动力。伦敦庞大的经济系统与低微的人口

---

① 刘景华：《走向重商时代——社会转折中的西欧商人和城市》，第 254 页。
② ［英］彼得·克拉克、保罗·斯莱克：《过渡期的英国城市 1500—1700》，第 87—88 页。
③ Wrigley, "A Simple Model of London's Importance in Changing English Society and Economy 1650-1750".
④ Wrigley and E.A., Schofield, R.S, *The Population History of England 1541-1871*, p.168.

自然增长率形成了城市劳动力供求的巨大矛盾，需要吸收大量劳动力来弥补自身供应不足。第二，伦敦的经济优势决定它的工资水平较高。根据对1590～1750年伦敦和南部其他地区建筑工人工资水平的调查结果可知，伦敦工人对南部其他工人的工资最高要多出67%（1745～1749年），最低时也要多出43%（1690～1702年）；[1] 同英格兰其他地区的差距更为明显：17世纪末，工资劳动者在伦敦工作300天，平均挣25英镑；在英格兰西部，同样的时间只有17英镑；而北部更少，只有11英镑。[2] 而同期伦敦的粮食价格又比其他城市偏低：根据对1693～1700年伦敦和南部两城镇威科姆和圣奥尔本小麦和面包价格的对比显示，伦敦的粮食价格要低。[3] 伦敦是移民的主要选择地，是因为相对较高的劳动力价格与相对偏低的粮食价格。而郊区制造业存在着的巨大发展空间和更多工作机会，同样吸引外地人口前来。

其次是伦敦作为英国政治、司法中心的吸引力。中央政府常驻伦敦，使贵族领恩和讨职有了集中和固定的去处，导致地方政客、贵族不断涌向伦敦。在伦敦居住的贵族（拥有永久房产的）从1560年的30个增加到1630年的90个；[4] 1632年，政府调查发现全国有25%的贵族和1%的乡绅居住在伦敦。[5] 这些迁入的贵族和乡绅也许人数不算多，但其所带的家眷、仆从加起来总人数却相当可观。议会也会吸引人口。威斯敏斯特长期是英国的司法中心，16世纪和17世纪初期，随着土地利润的增加，人们为争夺土地及其附带权利，在土地方面的诉讼日益增加，英国宗教改革后1540～1660年间修道院土地大批出售，土地买卖更加频繁，最终敲定并需在伦敦办理的法律手续增多，使得更多的人涌向伦敦。[6]

伦敦剧院众多，城市文化活动繁荣。伦敦拥有数量众多的旅馆、酒馆和

---

[1]　A. L. Beier, F. Roger, *London 1500-1700: the Making of the Metropolis*, p.171.

[2]　M. J. Kitch, "Capital and Kingdom: Migration to later Stuart London", in A. L. Beier, F. Roger (eds.), *London 1500-1700: the Making of the Metropolis*, p.239.

[3]　A. L. Beier, F. Roger, *London 1500-1700: the Making of the Metropolis*, p.173.

[4]　L. Stone, *The Crisis of the Aristocracy*, Oxford: Clarendon Press, 1965, p.397.

[5]　D. Hirst, *Authority and Conflict*, London: Edward Arnold, 1986, p.7.

[6]　L. Stone, *The Crisis of the Aristocracy*, pp.240-242.

咖啡馆等，构成了良好的服务条件，这些都是吸引外地贵族、乡绅和商人的重要因素。

2. 外来移民的来源

移民从农村来到城市也有自身的主导因素。一方面，就业希望、财富、娱乐、升官发迹和慈善救济等城市所具有的引诱力起着激励作用；另一方面，乡村压力也促使着人口流动。这些压力包括将年少儿童撵出去干活这样的普遍行为，和长子继承权这样的传统习俗。

伦敦人口的快速增长主要在郊区。传统上认为 17 世纪有两个伦敦，一个是旧城，城墙内的老商业区；一个是西区，贵族、富人和职业人员的定居地和白厅官的所在地。实际上，这一时期，伦敦人口的增长不在这两个地区，而是在旧城城墙外的北部和东部郊区以及泰晤士河南岸萨瑟克地区。这些城外郊区很少受行会的限制和政府的管束干预，能自由聚集大量的劳动力，因而工业生产发展快，人口增长也很快。如东部郊区 1500 年后，不仅有高度密集的下层阶级住宅，还有重要的纺织业与造船业生产。人口增长速度十分惊人，从 1560 年到 1680 年的一百二十年间，增长了 14 倍。1560 年，郊区人口只占伦敦总人口的约 27%；1680 年郊区人口占 76%，与 1560 年比例正好倒了个，3/4 的人住在郊区。[①] 老市区 1560 年人口占 73%，而到 1709 年只占17%。[②]

从移民者的社会成分看，既有学徒、仆役、手工业工匠和工资劳动者等社会下层人员，也有商人、职业人员、官员、贵族和乡绅等社会中上层人员。人数最多的要算学徒。16 世纪和 17 世纪早期全国人口迅猛增长，使生活水平普遍下降，因此人们背井离乡到首都寻找生计。这反过来又增加了伦敦对食物的需求，刺激农业经营方式的改革和生产技术的改良，并再一次造成农村出现剩余劳动力，他们离开生产效率提高的农村，前往伦敦另谋生路。

从移民的职业构成和身份看，以往到伦敦的移民中，大量未成年人来到

---

① A. L. Beier, F. Roger, *London 1500-1700: the Making of the Metropolis*, p.43.

② A. L. Beier, F. Roger, *London 1500-1700: the Making of the Metropolis*, p.42.

伦敦的目的是取得学徒资格，并希望上升为城市自由人、师傅，在城市立业。据贝耶尔估计，16世纪50年代早期，每年进入伦敦的学徒大约有1,500人，17世纪大部分时候在4,000～5,000人之间。17世纪中叶，伦敦的学徒可能多达2万人，其中来自北方和密德兰者达40%。① 格拉斯根据1692年40个教区人头税资料估计，学徒约占伦敦总人口的4.3%。许多小手工业行会给予那些虽有身份但后台不硬的人成功的希望。相对于其他人口，年轻人和单身汉通常更容易迁入伦敦。一个当时英格兰的人口增长册证明，17和18世纪人们在结婚前的流动性很大，结婚后这一现象便会减少。迁入伦敦的人大多在20岁左右。②

对伦敦发展极具意义的是，伦敦吸收了大量从外地城乡迁来的商人，使得移民对伦敦发展的贡献率甚至还超过了伦敦原籍居民。资料表明，1480至1660年间伦敦共有172任市长，其中只有14人是出生于伦敦的；403个"大商人"中，出生于伦敦的不到10%；813个号服公会商人中只有75人（9%），389个店主和零售商中不到4%是伦敦原籍人。大约有1/3到1/2的外地移民在工商业上仍同原籍的本家族保持联系。③

从移民的籍贯看，融入到伦敦的外来人口中许多是来自其他城市的。17世纪，英国各地区的人口已由自我发展逐渐变成向伦敦迁入人口，从而使得本地区人口失衡，而伦敦人口却能持续不断地增加。从整体上看，17世纪英国并未出现因人口持续增长带来的压力，这意味着人口增长并未削弱人们收入的缓慢增长；相反，促进了收入的增加。伦敦人口的增加一方面促使不断扩大就业，就业面扩大使得伦敦工人工资水平稳定；另一方面，新迁入的人口带来了新的消费观念和生活方式，如17世纪晚期18世纪初期，商店在伦敦普遍发展起来，糖、茶叶和烟草成为大众的消费品。④ 新的消费方式反过

---

① A.L. Beier, F. Roger, *London 1500-1700: the Making of the Metropolis,* p. 9；[英]彼得·克拉克、保罗·斯莱克：《过渡期的英国城市1500—1700》，第66页。

② Wrigley, "A Simple Model of London's Importance in Changing English Society and Economy 1650-1750".

③ G. D. Ramsay, *Tudor Economic Problems,* p.110.

④ Wrigley, "A Simple Model of London's Importance in Changing English Society and Economy 1650-1750".

来又扩大了市场需求。

伦敦作为全国的政治、经济和文化中心，处在全国移民体系的中心地位。来到伦敦的移民，既有来自近畿诸郡的，也有远距离而来的，形成一个固定的长距离移民流。中世纪时，进入伦敦城内的移民来源地区就很广泛，而其他城市的移民原籍都离城市很近。如爱汶河畔的斯特拉福（莎士比亚的故乡），建城最初五十年所吸引的移民，全都是来自半径16英里内地区。西密德兰地区所有城市里的人口大多来自30或40英里以内地区。而伦敦不一样，它的人口来自整个不列颠，虽然其中大多数来自附近地区。从伦敦口音的变化即先是南部口音或萨克森口音后是密德兰口音或盎格鲁口音就可以看出这一点。从居民姓氏（surname）来看，13世纪中叶前伦敦人主要来自近畿诸郡和东南部，此后则多来自密德兰和东盎格利亚。[①] 15世纪后，伦敦大量新增人口部分来自北部。移民者大多是有身份的人，他们在城市当学徒，部分人学徒期满后升为城市自由人、作坊师傅甚至行会执事。16世纪和17世纪上半期，移民的类型与空间模式也有变化，来源区域日益广泛，学徒从英格兰和威尔士各郡来到首都，北部和西密德兰的远距离移民比例不断上升。如皮革商公会和裁缝公会的新会员61%以上来自从迪（Dee）到沃什湾一线以北。[②] 除了医生外，其他公会学徒中北部和密德兰人都占了学徒总人数的40%以上，像屠宰等行业还占到近50%。[③]

17世纪后半期，迁移的空间模式再度发生变化，来自远距离的学徒人数减少。如鱼商、木工公会的学徒内战前大约40%～50%来自高原地带，17世纪末仅为20%。而来自伦敦和近畿地区的比例从内战前的20%，上升到1700年的50%，1750年达到70%。再如1562～1640年间进入书业公会当学徒的3,780人，仅仅678人（18%）被记载出生于伦敦。而从1630年到1660年

---

① Susan Reynolds, *An Introduction to the History of English Medieval Towns,* p.70.

② J. Wareing, "Changes in the Geographical Distribution of the Recruitment of Apprentices to the London Companies 1486-1750", *Journal of Historical Geography,* 6, 3(1980), p.241.

③ S. R. Smith, "The Social and Geographical Origins of London Apprentices, 1630-1660", *Guildhall Miscellany,* IV(1973), pp.195-206.

间 8 个不同的城市公会的抽样调查看，约有 2/5 的人出生于伦敦。1690 年在以学徒身份被接纳为市民的约 1,600 人中，约 317 人（20%）出生于伦敦，只有大约 10% 的人来自英格兰北部和西部，出生于近畿诸郡者占了另外 1/4。也就是说 17 世纪 90 年代由学徒获准成为自由人总数的大约一半来自伦敦和近畿地区。[①]

16 世纪起的重要变化还在移民的类型方面。中世纪的迁移人口中，包括一些有身份的人，这些人逐渐成了城市行会的学徒；而 1500 至 1700 年移居伦敦的人群主要是穷人和赤贫者，他们来到这里的主要动机是想找到临时的工作和得到施舍。他们挤住在贫民区狭小的棚屋里，或栖身在市郊的贫民窟内。斯图亚特时期，这个群体每年向伦敦移居的人数大约有 8,000 人之多。他们之中有许多是年轻人和单身汉，妇女占有很高的比例。17 世纪初期，每年准许 1,000 位流浪者进入布里德威尔。[②] 有许多人住在过分拥挤的寓所里，因而发生严重疾病的比例很高，有很多的人因此死亡。

从人口统计结果看，也有大量的苏格兰人、威尔士人、爱尔兰人进入了首都。伦敦作为一个国际性中心城市，16、17 世纪先后有尼德兰宗教难民、法国胡格诺教徒、德国工匠和企业家、荷兰工匠和商人、犹太人群体等进入。外国移民最多时，曾占到伦敦总人口的 5% 左右。他们对伦敦工商业的发展做出了重要贡献。[③]

至于国内移民迁移空间范围的缩小，可以说是人口增长、地区社会经济发展和劳动力供求关系变化共同作用的结果。一方面由于 1650 年后北部和西部地区人口生育压力的减轻，人口增长率下降，人口与经济矛盾缓和，而密德兰和近畿地区出生率提高，人口持续增长。另一方面在于劳动力雇佣机会在地理上的变化。都铎时期，北部和西部属于贫困地区，畜牧业生产难以吸收更多劳动力。大量农村剩余劳动力向低地迁移。16 世纪下半期后，北部高地地带的羊毛纺织、煤和金属冶炼、食盐和玻璃制造等工业迅速发展，特

---

① J. Patten, *English Towns, 1500-1700*, p.240.

② [英] 彼得·克拉克、保罗·斯莱克：《过渡期的英国城市 1500—1700》，第 65 页。

③ 刘景华：《外来移民和外国商人：英国崛起的外来因素》，《历史研究》2010 年第 1 期。

别是乡村工业和畜产品加工业的发展，为农村劳动力提供了就业机会，因此，外迁者人数大大减少。

总之，伦敦的人口变化不是孤立的，它与英国整体的经济社会变化存在密切联系，也是该时期伦敦和英国经济社会转型在人口层面的反映。

三　伦敦政治社会文化角色的强化

16、17世纪里，无论是都铎王朝时期，斯图亚特王朝的前期和后期，还是英国内战时期，伦敦始终是全国最重要的政治和社会中心，是英国最大、最重要的城市。伦敦具有王国政治之都的中心地位，是中央政府机构所在地，是全国的司法中心，也是最大的宗教中心和文化教育中心。由于人口膨胀以及社会上层聚集伦敦，伦敦因此也是最重要的社会生活中心。

（一）王国的政治中心

16、17世纪伦敦的迅速成长，重要原因之一在于它是一个新兴民族国家的首都，是王室和王国政府机构的所在地。随着王权的加强，王室对各地事务的干预，首都的官僚机构在不断地膨胀，如16世纪30年代和16世纪40年代伦敦建立了"增收法院"和"监护法院"，各机构的官员和办事人员也越来越多。17世纪30年代王室每年大约支付60万英镑给高级官员和特权者，相当于1640年英国商人控制的所有由伦敦出口货物的官方统计价值。① 伦敦的行政财政机构及其分支也日益复杂，人员不断地增加。17世纪30年代的统计表明，包括廷臣和仆人在内的王室成员达到2,500人。15、16世纪之交都铎王朝亨利七世在位的时候，王室财务署每年发给廷臣的年金和费用约为1万英镑，加上王室的日常支出和贵族、王室成员的服装费用，每年的开支达到2.5万英镑左右。一个多世纪后，斯图亚特王朝查理一世统治时，每年发给官员的俸禄及各种开支共达34～36万英镑，是亨利七世时的

---

① A. L. Beier, F. Roger, *London 1500-1700: the Making of the Metropolis*, p.14.

十几倍。① 这些数字说明了政府机构不断膨胀，政府官员和雇用人员不断增加。政府机构和威斯敏斯特区的王室法庭很近，这不仅把州郡地主们的习俗和住宅带到了伦敦，也使伦敦享有政治上的声望。伦敦这种政治上的多样功能，无疑成为首都发展的巨大推动力量。②

伦敦城市规模的扩大和人口激增，除了其重要的政治地位，也反映了许多其他因素的作用。其中商界财富的增长十分重要。从 17 世纪 70 年代起，英国政府就较多地依赖城市贷款，特别是在 17 世纪 90 年代后与英格兰银行的关系。这样，政府常常需要从伦敦大商人中寻得一批忠实的追随者。这反过来又加剧了伦敦市政当局与基层行会之间的紧张政治气氛，造成城市自治体行政管理的削弱。而大伦敦的许多外围地方受到来自于教区机构、庄园领主以及郡府机构等多重统治。一方面这些地方更易于受到政治动荡的冲击，成为市政统治的软肋。另一方面这些地方却成了更多政治势力聚集和较量之地，这从另一个侧面强化了大伦敦地区的政治重要性和政治影响力。伦敦在国家政治生活中尤其是在激进的政治活动中，越来越具有领导政治新潮的重要性，成为政治新观念的诞生地，成为政治新姿态的领导中心，其政治作用在16、17 世纪里进一步加强。③ 地方暴发户和富有商人也千方百计将子弟送进伦敦学艺。有人估计，17 世纪早期每年至少有 750 名上层阶级的年轻人入列伦敦当学徒和进入四法律协会学习，这个数字占伦敦每年移民总人数的 1/10以上。

（二）全国的司法中心

伦敦也是全国的司法中心。王国一些重要的司法部门如御前会议、财税法庭、王室民事法庭和王座法庭等，在 1500 年以前就集中在伦敦。15 世纪晚期后，随着一些特权法庭建立和诉讼案件增多，伦敦的司法中心地位进一步加强。伦敦不仅驻有法律界的总部即伦敦四法学协会（内殿法学协会、中殿法学协会、林肯法学协会、格雷法学协会），而且驻有多种王室法庭。

---

① A. L. Beier, F. Roger, *London 1500-1700: the Making of the Metropolis*, p.14.
② 参见［英］彼得·克拉克、保罗·斯莱克：《过渡期的英国城市 1500—1700》，第 63 页。
③ 参见［英］彼得·克拉克、保罗·斯莱克：《过渡期的英国城市 1500—1700》，第 63 页。

16、17 世纪，随着土地价值的提升，拥有土地有着丰厚的利润和特权，人们对土地的争夺日趋激烈，提交威斯敏斯特法庭审理的法律纠纷案件数量不断增加。由于地方法院逐渐衰落，案件越来越多地上诉到伦敦，由此导致"星室法庭"和"申诉法院"的权力日增。1540 年后，随着宗教改革修道院土地出售，以及王室土地的出售，英国的土地买卖许多交易行为往往是在伦敦进行，土地纠纷也通常由拥有最终裁决权的王室法庭来审理。17 世纪早期每年大约有 200 件诉讼案件要在伦敦审理，这种情况在复辟王朝后依然存在。[①]

高等法院受理的诉讼案件，在 16 世纪里上升了 10 倍，大法官法庭受理的诉讼案件，从 16 世纪 60 年代每年 200 件跃升至 16 世纪 90 年代每年 500 件。登记在册的律师人数也同样地增加，他们接受的诉讼案件在 1578～1633 年期间从 342 件增加到了 1,383 件。[②] 在 1550～1625 年间，王座法庭和民事诉讼法庭每年受理案件分别增加了 2 倍和 6 倍，由星室法庭和诉讼法庭受理的案件增加了至少 10 倍。[③] 相对应的是法庭不断增加，如增收法庭、监护法庭等。也有更多的人加入律师行列，尤其是地主阶层的长子也越来越多地被送去法学会研习法律。17 世纪前十年，伦敦各个法学会人数一度增加到 1,000 人之多，法学会的声望不断提高。这些情况，都体现了伦敦的司法地位和司法组织机构的重要性，伦敦成了当时的"法律之都"。

（三）宗教中心

伦敦还是全国最大的宗教中心。虽然这个时期坎特伯雷仍为大主教驻地，是国教会的名义之都，但实际上也受伦敦支配。在王朝复辟之后，伦敦的宗教多元化更为繁荣，并逐渐为大众所接受。在革命年代至 17 世纪后期，英国的宗教教派极多，除长老派主张建立全国的统一教派外，较小的教派还有浸礼派、教友派、求正派、千年至福派、震颤派等。[④] 还有大陆难民在伦敦建

---

①　Peter Clark (ed.), *The Cambridge Urban History of Britain*, Vol.2, p.336.

②　P. Clark, P. Slack, *English Towns in Transition 1500-1700*, Oxford University Press, 1976, p.69.

③　C. G. A. Clay, *Economic Expansion and Social Change: England 1500-1700*, Vol.1, p.203.

④　参见钱乘旦、许洁明：《英国通史》，上海社会科学院出版社 2003 年版，第 173 页。

立的教会组织，如法国人教会、瓦隆人教会、荷兰人奥斯汀修会等。伦敦市内有130多个教区教堂和小教堂，各个派别都有立足之地，都拥有大量信仰的个体和机构，都有自己独立的教士布道。16世纪70年代，只有15个教区拥有教士讲师职位，然而到16世纪80年代这个数目增长了3倍。[1]

圣保罗大教堂是伦敦宗教的支柱象征，也是正统派的基地，吸引了国内所有新老传教士；欧洲大陆的新神学思想传入英国后先在伦敦立足，大众化的清教讲坛遍布市内各教区；激进派在郊区等宗教自由区找到生存空间，吸引了各地大批信奉者。16世纪晚期到17世纪，伦敦大多数年轻人是宗教活动虔诚的参与者，宗教信仰在家庭和公共场合都得到了普遍认同。

在宗教改革前，伦敦就已是大陆新教神学思想的重要传播中心。此后伦敦人对激进的神学更表现了坚定的信仰。没有伦敦人支持，亨利八世的宗教改革不会成功。16世纪后期17世纪初期，伦敦还给地方传教士广泛资助，价值约2万英镑。[2] 伦敦商人和海外贸易公司也是伦敦宗教运动的主要支持者。他们或直接参与其宗教活动或出资支持清教运动。宗教在伦敦的巨大影响，也是伦敦成为政治中心的因素之一。

（四）文化教育中心

伦敦是一个重要的教育中心。四大法学会、格勒善学院等协会和学校，使伦敦成为重要的高等教育中心，从16世纪初就产生了影响，后来更是成为教育发展一支有生气的力量。科莱特的圣保罗学校，是所有地方民间捐赠学校的样板。威斯敏斯特学校（1500）及麦肯特·泰勒学校（1561年），在国内是名列前茅的教育机构。特别是威斯敏斯特学校，它从国内各地广泛吸收学生。16世纪，伦敦城内外还建立了一些较小的文法学校。伦敦在教育中的影响还通过慈善事业而扩大。1480～1600年间，大约有将近20万英镑善款由伦敦人捐赠给各地发展教育事业。兴建了主要受民间捐助的学校。为移居城内的土地贵族子弟而建立的专科学校，通常位于上流社会居住的郊区，主

---

[1]　Peter Clark (ed.), *The Cambridge Urban History of Britain,* Vol.2, p.337.

[2]　[英] 彼得·克拉克、保罗·斯莱克：《过渡期的英国城市 1500—1700》，第 73 页。

要教授骑马、击剑、跳舞、操练武器等课程。例如 17 世纪 80 年代，绅士福伯特就在伦敦的戏院区"草市"附近建立了一所教授骑马、击剑、跳舞、操练武器和数学的专科学校。[①]

此时伦敦也具有高水平的城市文化。17 世纪早期伦敦的一次调查中，只有 24% 的商人和手工业工匠不能写自己的名字。市民的精神素质不断提高，并由于经常聆听在医外科之家、医科学院及格雷沙姆学院等处的公开讲座而不断优化。演讲主题包括天文学、几何学、物理学和法学等各个方面，主要目的是满足乡绅与律师们的子弟的需要。市民之间的文化交流也不断加强。依据特定目的建造的会议场所，如 1571 年建造的皇家交易所，威斯敏斯特大厅等，成为商人贸易集会交流的重要场所。新式的咖啡厅为伦敦居民面对面交流提供了固定场所。行会和公司举行的宴会也成为社会文化交流的地点。这些逐渐成为伦敦的一种新社会现象。伦敦又是文化娱乐中心，17 世纪早期，由伦敦印刷的大量廉价出版物源源不断出现，这种情况在 1650 年之后更为普遍。[②] 17 世纪末期，有 20 多种报纸每周在这里出版，发行全国。伦敦剧院众多，经常上演各种传奇剧、悲剧、讽刺剧和喜剧等。[③]

英国的行政、司法、财政、宗教、教育等大权集中于伦敦，使伦敦在全国政治社会文化生活中独树一帜。这种优势，吸引了国内外诸多希望得到政治经济特权的移民。总之，伦敦作为一个政治中心，其权力的集中，必然会对其经济发展产生强大的推动作用。

四　伦敦经济结构和功能的演变

16、17 世纪伦敦经济的发展，与其经济结构和经济职能的变化联系在一起。中世纪里，伦敦是一个工商并举城市，其经济结构和经济职能与其他城

---

① [英] 彼得·克拉克、保罗·斯莱克：《过渡期的英国城市 1500—1700》，第 75 页。

② Peter Clark (ed.), *The Cambridge Urban History of Britain,* Vol.2, p.336.

③ 参见 [英] 彼得·克拉克、保罗·斯莱克：《过渡期的英国城市 1500—1700》，第 76 页。

市并无二致。伦敦工商业服务范围逐渐形成了三个逐渐外延的同心圈，即面向本城及附近，面向临近诸郡和面向英格兰，但其辐射着力最多处还是最内的圈，即本城及附近乡村地区。至于对外贸易，当时还更多地控制在外国商人手中。16世纪初这种局面开始发生根本变化，伦敦由工商共举城市向贸易占优势的商业城市转化，在16、17世纪主要以商业贸易中心面貌出现，经过伦敦的贸易活动和伦敦商人从事的商贸活动，在全国占绝对统治地位。伦敦商业职能主要体现在国内商业和对外贸易两方面。这种贸易职能的发挥过程也是伦敦为中心的商业网络的形成过程。

（一）国内市场体系的核心

16、17世纪是英国国内市场体系的形成时期。英国的国内贸易和商业体系呈现着强烈的向心性，伦敦是成为这个体系的核心，表现在几个方面。

1. 伦敦消费市场带动各地生产和市场的专业化

16、17世纪，英国国内商业网络围绕伦敦逐步形成。首先，伦敦是全国最大、最重要的消费中心，吸纳了来自各地的大量商品，成为国内最大的市场，同时也带动了各地市场专门化的发展。16、17世纪伦敦人口增长速度很快，而伦敦自身所产对市场的供应却很有限。因此为了维持伦敦居民的生活需要，各种基本的消费品——食物、呢绒、燃料从全国各地源源不断地运送而来。种类繁多的商品也满足了伦敦各个不同阶层的消费需求。全国各郡许多农产品的生产就是为了满足伦敦这一巨大消费市场的需求。伦敦的需求拉动了英国经济，也促成了各地农业、手工业生产专业化，市场专门化，促进了国内统一市场体系形成。

（1）伦敦消费市场的供应

除灾荒年代外，伦敦所需粮食主要从沿海各郡取得。1579～1638年，每年通过沿海运进伦敦的谷物从17,380夸脱增加到95,714夸脱，小麦增加了3倍，燕麦增加了9倍，麦芽增加了16倍。[①]小麦的主要供应区是埃塞克斯、诺福克和肯特郡北部，麦芽和大麦主要来自肯特郡。在正常年份，伦敦需要

---

① J. Chartres, *Agricultural Markets and Trade 1500-1700,* Cambridge University Press, p.56.

2 万夸脱谷物，其中 75% 由肯特郡供给。① 输入到伦敦的谷物还来自牛津郡、伯克郡、白金汉郡，沿泰晤士河船运而来。1568～1573 年河船运到伦敦 121 艘船谷物。大量的麦芽、粗麦粉来自米德尔塞克斯郡、赫特福德郡、贝德福郡、剑桥郡、萨里郡、白金汉郡的集镇，以罗伊斯顿、恩菲尔德、克罗伊登、卢顿、邓斯特布尔、海威科姆和韦尔最重要。这些集镇从周围乡村吸收农产品，再转运到伦敦。从 1632 年伦敦城的小麦价格由邻近市场小麦价格调节这一情况，可看出伦敦市场与邻近市场的密切联系。随着时间推移，它的粮食供应区逐步扩展，到 17 世纪中叶已达到康沃尔和威尔士。②

伦敦的肉食品和奶制品来自更大的地区，说明伦敦肉奶市场在全国所牵动的地区极广。牛、羊等牲畜从威尔士、英国北部被成群地驱赶到中部的牲畜中心市场，如什鲁斯伯里、考文垂、马基特哈伯勒、北安普顿和圣艾夫斯出售，由买主送到靠近伦敦的林肯、诺福克、埃塞克斯、肯特等郡的牧场喂养，养肥后再卖给伦敦城里的屠夫。伦敦的牛奶和新鲜黄油主要来自邻近各郡，16 世纪埃塞克斯、萨福克的奶酪、咸黄油大量运往伦敦，主要由伊普斯威奇和伍德布里奇以及两郡的沿河村庄供应。据说，一年中仅从萨福克郡一个港口运到伦敦的黄油、奶酪就有 900 船。17 世纪时伦敦商人甚至亲自进入诺福克、林肯、约克、达勒姆、诺森伯兰等郡购买伦敦所需奶制品。伦敦所需的蛋类、家禽来自贝德福和诺森伯兰郡。③

伦敦市场的园艺产品主要由内地直接运入。由于引进荷兰新的栽培技术，泰晤士河畔的切尔斯、福尔汉姆、金斯顿地区园艺业发展迅速，并于 1605 年成立了伦敦园艺公司。17 世纪中叶，这里有 1,500 个劳动力从事园艺种植业。虽然直到伊丽莎白时期伦敦消费的水果主要还是来自低地国家和法国，但肯特郡的苹果和樱桃对伦敦的供应量已超过进口量。肯特郡的果园自从亨利八世时代建立以来一直繁荣，到 16 世纪末已扩展到伦敦邻近地区，如波

---

① F. J. Fisher, "The Development of the London Food Market 1540-1640", *Economic History Review*, Vol.5, 1935, pp.50-51.

② F. J. Fisher, "The Development of the London Food Market 1540-1640", p. 65.

③ F. J. Fisher, "The Development of the London Food Market 1540-1640", p. 66.

顿、哈特利普、雷汉和纽因顿。① 随着伦敦人口的急剧增长，为其供应园艺产品的地区也越来越广。

（2）为伦敦服务的各地专业化生产和市场

对伦敦的供应网络基本上是围绕伦敦这个中心呈环状外张。近郊供应蔬菜和牛奶；邻近的肯特、哈德福、埃塞克斯、萨里等郡主要供应粮食；这些地区的外围则是畜产品供应区。市场随着伦敦人口增加、需求扩大而向外延伸，服从伦敦的需要，为伦敦服务。任何地方一旦与伦敦发生经济联系，生产无不朝着专业化的方向发展。这种专业化也将不同地区的农民引向了不同的专门经营方向。苏塞克斯的小麦、埃塞克斯的燕麦、诺福克的麦芽都实现了生产的专业化，肯特郡的谷物果品、啤酒花也是为专门供应伦敦市场而种植。专业化的发展说明英国商品经济逐渐向广度和深度发展，在这一过程中伦敦消费大市场的刺激作用巨大。如对于剑桥郡的谷物商，苏塞克斯南部、肯特郡东北部、萨福克郡牛奶场的主人以及中部、南部的杂货商来说，伦敦市场就是他们的经济活动中心。

专业化的趋势并不限于食品，还包括许多手工业产品和矿产品。如英格兰东北部的纽卡斯尔就是将附近的煤通过海路源源不断南运，供应伦敦。17世纪头十年每年从纽卡斯尔运进伦敦的煤大约为10万吨，到17世纪最后十年每年达40万吨，② 纽卡斯尔也因此发展成重要的煤炭工业和煤炭贸易中心。埃克塞特和利兹市场因向伦敦市场运送呢绒而著名，它们所在的英格兰西南地区和约克郡西区，是16、17世纪英国毛纺织生产最专业化的地区。

2. 伦敦是全国商业网络的总枢纽

伦敦是全国最大的物资集散中心，是全国商业贸易网络的总枢纽点。全国各地向伦敦运送的货物，不仅是为了供应首都市场的需求，还有相当大一部分是运送到伦敦集中，经过加工或未加工后，再从伦敦向各个地方分配运送的。如呢绒除了出口和在伦敦本地消费外，很多也向其他一些非呢绒产区

---

① J. Chartres, *Agricultural Markets and Trade 1500-1750*, pp.59-60.

② C. G. A. Clay, *Economic Expansion and Social Change: England 1500-1700*, p.200.

销售。从 17 世纪中期伦敦商人贾尔斯·普利的账册上可以看到，他是一个面向全国的呢绒批发商。他的呢绒大部分从诺里奇购买，那里还有他的代理人，这些呢绒的很大一部分卖给伦敦的呢绒出口商、批发商和零售店主，还有一部分向其他地方商人批发出售。[①] 各个地方大量的小麦、大麦和牲畜等运送到伦敦，进过加工后，又以面粉、肉制品、淀粉、烈酒、啤酒，皮革和黄蜡之类的成品半成品形式再分发到各地。[②]

从沿海运来的各郡原材料物资，通过伦敦再分发。如伦敦向东南部沿海港口如赫尔，金斯林和大雅茅斯运送了大量的铁；还有些锡、钢、沥青、焦油从伦敦运往各郡，尤其是与呢绒生产有关的原材料，如西班牙优质羊毛、亚麻、明矾，以及靛兰、茜草等染料。从伦敦运往各郡的制成品大部分是成衣商的货物、金属商的货物、家具商的货物，主要有亚麻、羊毛制成的服装以及肥皂、玻璃、眼镜、纸、盘子、锅、壶、钉子、缆绳等。[③]

总之，伦敦是一个巨大的商品分配中心，以它为起点向各地伸展开全国市场网络。

（二）对外贸易中的垄断地位

16、17 世纪的伦敦处于作为英国的经济中心，也表现在对外贸易的垄断上。伦敦的商业特征主要表现为它是英国对外贸易活动的基地，其对外职能贸易表现在以下几方面。

1. 伦敦是英国出口贸易的中心

自 15 世纪中叶以来，呢绒就是英国最重要的出口商品，伦敦从 16 世纪开始控制了英国呢绒出口贸易。这也是伦敦在 16、17 世纪成长为大都会的一个关键因素。[④]

---

① T. S. Willan, *The Inland Trade, Studies in English Internal Trade in the Sixteenth and Seventeenth Centuries,* Manchester University Press, 1976, pp.126-133.

② T. S. Ashton, *An Economic History of England, the 18ᵗʰ Century,* London: Routledge, 1966, p.64.

③ T. S. Willan, *The Inland Trade, Studies in English Internal Trade in the Sixteenth and Seventeenth Centuries,* p.122.

④ G. D. Ramsay, *The City of London: in International Politics at the Accession of Elizabeth Tudor,* Manchester, 1975, p.37.

伦敦是国内产品向外输出的主要港口。16、17 世纪，伦敦的出口贸易量在整个英国出口贸易中占有极大比重，主要出口品——呢绒绝大多数是通过伦敦输出的。拉姆齐曾说，伦敦的积累，实际上主要归因于它对外的呢绒贸易。① 毛纺织业是英国中世纪晚期以来最重要的一种手工业，英国西南部、约克郡西莱丁地区，东盎格利亚是毛纺织业生产三个最重要的中心。据统计，16 世纪 40 年代，英国所产呢绒约有一半输出国外，一半在国内市场销售，三个生产中心的产品主要供出口。② 从 16 世纪初开始，英国的呢绒出口贸易迅速向伦敦集中。1503～1507 年期间，全国年均出口为 7.5 万匹，其中从伦敦运出 4.6 万匹，占 61.3%。1533～1537 年，全国年均出口为 10.2 万匹，经伦敦运出的是 8.5 万匹，占 83.3%。1543～1547 年期间全国年均呢绒总出口量 12.6 万匹，而伦敦为 11.2 万匹，占 88.8%。1598～1600 和 1601～1603 年期间经伦敦出口的传统呢绒年均仍保持在 11.4 万匹和 11.6 万匹水平，价值分别为 11.9 万英镑和 13 万英镑。到 17 世纪后期，呢绒出口开始减少。地方港口再次争得了呢绒出口权，伦敦所占份额也有所减少。其他商品出口开始增加：1663 年呢绒出口值为 57.6 万英镑，其他商品的出口值是 146.5 万英镑；1669 年分别为 68.4 万英镑和 137.2 万英镑。③ 在其他商品出口中，伦敦也占有很大份额。如 17 世纪中叶，从伦敦出口的谷物占全国谷物出口总量的 40%。④ 1601 年通过伦敦出口的其他商品价值 120,860 英镑，1640 年达到 694,858 英镑，净增率为 474%。⑤ 1700 年经由伦敦再出口的商品如烟草、糖、胡椒粉和其他商品如亚麻、白棉布以及丝织品等，占伦敦出口贸易总额的 38%。⑥

伦敦的出口贸易对英国经济影响深远。首先，国家关税大部分依靠呢绒

① T.S.Willan, *The Inland Trade, Studies in English Internal Trade in the Sixteenth and Seventeenth Centuries,* p.37.

② D. M. Palliser, *The Age of Elizabeth: England under the Later Tudor 1547-1603,* London: Longman, 1992, p.250.

③ R. Davis, *English Oversea Trade 1500-1700,* London: Macmillan, 1973, pp.52-53.

④ L. W. Moffit, *England on the Eve of the Industrial Revolution,* p.86.

⑤ F. J. Fisher, "London' Export Trade in the Early Seventeen Century", *Economic History Review,* 2nd series, Vol.3, 1950, p.153.

⑥ Peter Clark (ed.), *The Cambridge Urban History of Britain,* Volume II, p.321.

出口税，主要由伦敦缴纳。如 1559～1560 年财政年度，英国关税总收入 8.3 多万英镑，其中 5.08 万英镑来自伦敦，占 61%。在随后一年关税总收入下降至 7.45 万英镑时，伦敦提供了 5.26 多万英镑，超过了 2/3。其次，伦敦商人的财富积累使他们组成强有力的商业组织，可以为政府提供贷款。伦敦商人是为都铎君主提供短期贷款的主要来源。伊丽莎白女王在 1562～1563 年和 1569 年两次分别向伦敦人借款 1 万英镑和 1.7 万英镑。[1] 此外，这时出现的贸易公司，从冒险商人公司到东印度公司等殖民贸易公司，都是伦敦商人控制的，这为英国海外贸易的发展奠定了基础。

2. 伦敦是进口商品的分发站

各郡以各种物品供应伦敦市场，伦敦也向地方提供进口商品。"伦敦作为海外进口商品的分配中心，其重要性超过了它作为本国商品的分配中心的地位。"[2] 伦敦从海外进口的商品，除了供首都消费外，还通过沿海和内路运到各地港口，再转运到内地。1585～1586 年的港口书记载，从伦敦运往各郡的商品主要有食品、饮料、原材料、制成品。饮料主要包括白酒和啤酒，白酒贸易并不特别重要，更重要的是啤酒，每年都有大量啤酒从伦敦运出，1585～1586 年，从北部到西南部，共 24 个港口有啤酒贸易。食品包括干果（葡萄干、无核葡萄干、李子脯）、蔗糖、糖浆、食盐、醋，还有香料（胡椒、丁香、豆范、桂皮等）、各种食品盒子、篮子等。这些物品从伦敦进口后，再运到各地的零售商手中。

呢绒从伦敦输出，同时也带动了伦敦的进口贸易。伊丽莎白时期第一年，进口货物价值是 28.6 万英镑，1562～1563 年超过 36.2 万英镑，1565～1566 年接近 50 万英镑。[3] 16 世纪后期，伦敦进口贸易总额占全国的 2/3 至 3/4，有时比例甚至更大。[4] 这种情况一直持续到 17 世纪后期。1663 年和 1669 年

---

[1]　G. D. Ramsay, *The City of London,* Manchester University Press, 1975, p.50.

[2]　T.S.Willan, *The Inland Trade, Studies in English Internal Trade in the Sixteenth and Seventeenth Centuries,* p.122.

[3]　G. D. Ramsay, *The City of London,* Manchester University Press, 1975, p.39.

[4]　C. G. A. Clay, *Economic Expansion and Social Change: England 1500-1700,* p.200; R. Davis, "English Foreign Trade 1660-1700", *The Economic History Review,* 2nd ser., V.7, 1954, No.2, p.160.

伦敦的出口占英国出口总值的49.7%，进口占进口总值的79.4%；1699年、1700年和1701年这三年伦敦出口占英国出口总值43.1%，进口占进口总值的79.7%。^①单从进口看，17世纪伦敦作为英国主要的进口港，占全国进口总量和总值的4/5左右。由伦敦进口商品再分配，形成了以伦敦为起点向全国伸展的国际贸易商品销售网络。

3. 伦敦是国际贸易体系的中转站

伦敦也是国际贸易线上的商品转运站。1640年伦敦商人转运的商品价值，相当于除了纺织品外所有商品价值的总和。^②

17世纪前期，伦敦商人将西印度群岛商品船运到俄罗斯、德国、尼德兰，以及意大利和东方；将弗吉尼亚烟草转运到汉堡；将地中海产品转运到尼德兰；将欧洲的制造品转运到非洲和美洲。不少商品是进口后经过若干加工过程再度出口的。也有不少伦敦商人不经过英格兰而直接在海外进行转运活动。如伦敦商人将纽芬兰的鱼，俄罗斯的皮张、蜡和毛皮，波罗的海的谷物、木材和亚麻，德国和低地国家产品，直接船运到地中海地区。^③17世纪末，伦敦商人甚至深入中欧内陆，还将西西里岛谷物运到意大利半岛，将新英格兰食品运到加勒比海岛屿。^④可以说，凡是已被纳入世界市场体系的地方，都可以看到伦敦商人的足迹。

伦敦在海外探险与扩张中也处于中心地位。航海探险需要大量资金，需要政府的大力支持和帮助，需要相应的天文、地理、数学等知识，更需要大量具有冒险精神的探险家。伦敦作为全国的政治、经济、文化教育中心，具备了这些条件，因此这个大都市也就成了英国海外探险活动的发源地，几乎所有的探险活动都开始于此。1557年，伦敦的大商人安德鲁·祖德、乔治·巴尼、安东尼·休斯、威廉·加德勒和威廉·切斯特先后派遣安托尼·詹金斯进行过3次探险。1579年，伦敦人先后组织过7次探险活动。德

---

① R. Davis, "English Foreign Trade 1660-1700", p.160.

② F. J. Fisher, "London's Export Trade in the Early Seventeen Century", p.154.

③ F. J. Fisher, "London's Export Trade in the Early Seventeen Century", p.159.

④ Peter Clark, Paul Slack, *Crisis and Order in English Towns, 1500-1700*, p.315.

文郡商人探险家约翰·霍金斯组织的远航都是在伦敦筹集资金。伦敦成为探险活动的中心也是其他城市所不能比拟的。只有伦敦才能提供丰裕的资金支持探险，探险活动也使得伦敦的海外贸易优势更加明显。当时有地方上的商人说："所有贸易都集中在伦敦，其他港口没有船只往来，贸易很快就衰弱下去了，在我们的港口感觉最明显。"①

总之，16、17 世纪伦敦与国际市场体系的联系极为紧密，它成了将英国国内市场与国际贸易和国外市场相联系的枢纽点。

（三）伦敦手工业的发展

伦敦也是英国最大的手工业中心，拥有众多手工业生产部门，尤其是较高级的手工产品和奢侈品生产。产品大多供应本城尤其是中上层社会的生活和奢侈需要，也有相当一部分运至国内外市场。由于人口增长迅速，需求量大，伦敦调整生产结构，使手工业生产发展与人口增长同步。而其产品外运，则是促使以伦敦为中心的全国商业网形成的重要因素。

伦敦工业种类繁多，包括造船、呢绒生产、皮革鞣制、金属加工、钟表制造、建筑业和食品加工等，还有各种专门职业和服务业。16、17 世纪，呢绒生产一直是主要工业，从事呢绒生产的劳动力占 1/5。食物供应、加工和运输贸易也是这一时期主要行业，因为伦敦的发展对粮食提出了不断增长的需求。从事建筑业、皮革业、金属加工业者也占劳动力的 1/4。还有为富人装饰房子的装饰工和"各种生产者"如编篮工、制弓者、造箭者、制箱者、表匠。"各类服务人员"包括药剂师、产婆、代笔者、士兵、运水者、贩木材者等。

伦敦城手工业的分布有很强的地域特点。基本分三个区，城内教区、城外教区、西部教区。城外教区手工业比较集中，如圣波特尔夫教区造船业发达，这里还有许多皮革工、铁匠、裁缝、织工、刀匠，面包师、屠夫，人数不断增加。圣顿斯坦教区主要发展与船舶、航运有关的行业，这里有许多海员、船长、修帆工、造船木匠、驳船夫、捻船缝工人、滑轮制造者、铁锚制

---

① F. J. Fisher, "London's Export Trade in the Early Seventeen Century", p.160.

造者及指南针制造者。圣吉斯教区成衣业发达，1583～1637年间织工增加了
2倍，皮匠增加3倍多，手套制造者增加了6倍，从事运输的人增加近3倍。[1]
城内教区也有些手工业如丝绸业，皇家圣迈克尔教区的制桶业，大圣马丁教
区的制鞋业，圣迪奥尼斯教区还新发展了酿酒业、台历制造业、钟表加工业。
但城内教区从事商业的人要远多于城外教区。西部教区则富人聚居，专门职
业者较多，如律师、医生、公证人等，也有一定的手工业。各行业人员所占
比例分别是：建筑业6%，呢布业22%，皮革业12%，金属业10%，鞋匠、
裁缝、刀匠也很多。[2] 西部教区最著名的技术含量高的金属业，有霍尔本、
弗利特街的金匠，圣马丁·莱·格兰德的刀匠，威斯敏斯特的珠宝匠、银匠、
雕刻师、镀金工人、锁匠闻名遐迩。

市郊建立了新型的工场手工业，而且吸引了大批市区的手工业者。1700
年大约有20万伦敦人以制造业为生，是1560年的10倍以上。伦敦的手工
业在门类众多和技术先进方面都令英国其他城市望尘莫及。伦敦在手工业方
面的功能，一是生产高级消费品和奢侈品以及技术密集型产品，满足日益壮
大的中上层社会的需求，因此有一支庞大的手工工匠队伍专门从事水晶玻璃、
刀剑、搪瓷、马车、钟表、金银首饰、丝织品、家具、肥皂、明矾、火药和
兵器等的制造和生产；二是为出口和转口服务的加工工业。如伦敦呢绒匠号
服公会控制着对各地汇集而来的素色呢绒进行染洗和最后修整加工，以便出
口。再出口的加工工业有制糖、卷烟、麻织品和印花棉市生产等。随着贸易
的发展，伦敦的造船业发展迅速，沿泰晤士河出现许多船坞。随着人口增长
特别是上层人士迁入，产生了对中高档住宅的大量需求，由此带来了建筑业
的繁荣。尽管政府在1580年到1660年间多次宣告禁止扩建，但收效甚微。
到17世纪末，伦敦城区面积比旧城区扩大10倍以上。加上旧城区改造，特
别是1666年大火后重建，伦敦出现了一个庞大的建筑工人队伍，接收和消化
了大量农村剩余劳动力。

---

[1] A. L. Beier, F. Roger, *London 1500-1700: the Making of the Metropolis,* p.154.

[2] A. L. Beier, F. Roger, *London 1500-1700: the Making of the Metropolis,* p.155.

16、17 世纪伦敦更多地以商业贸易城市的面貌出现，但其门类众多、技术先进的手工业在这一时期也有很大发展。然而伦敦手工业的这些新发展，是在全国商业贸易网络核心的基础上，在商人财富集中的基础上发展起来的，同时也是为对外贸易服务的。因此从某种意义上说，伦敦手工业的较大发展实质上是伦敦商业贸易职能发展的产物和补充，反过来又促进了它的商业贸易活动的昌盛和繁荣，加强了伦敦作为国际商业贸易城市的地位。

伦敦经济结构和经济职能的转变的过程，是与英国国内市场体系形成和经济一体化发展同步的。这种变化与伦敦的发展密切相关。16、17 世纪伦敦经济辐射力和吸引力日益增强，最后形成了一个以伦敦为中心的商业网络。伦敦发展成了国内统一市场体系的核心，并成为英国进行对外经济交往，联系国际市场和世界市场体系的主要窗口，因此它也成为了早期近代英国经济体系的核心。总之，统一市场和民族经济的最后形成，需要有一个强有力的聚核，伦敦的发展和成长正适应了历史发展的这一必然趋势。

在考察伦敦成长的诸多方面和诸多因素时，不仅要看到伦敦对全国资源的吸纳和集中，更要看到伦敦与全国这个整体的互动；不但要看到伦敦对全国各地的"抽血"，更要看到伦敦面向全国范围的"反哺"。正由于英国有了伦敦这样一个极其强大的经济政治核心，它也就能在这个核心的带动下将全国经济凝聚为一个整体，带动全国的经济社会发展上升到一个新水平，为即将在英国西北地区发生的工业革命提供资金上的支持，提供工业产品的广阔市场基础，并推动工业革命向英国各地的扩展，带领整个英国向着近代工业社会迈进。这一点，可以看作 16、17 世纪伦敦成长对英国历史发展最重要的意义。

第六章
工业革命与伦敦

工业革命并非孤立地发生于英格兰西北工业区，也并非仅是生产技术的进步和产量的简单增长，工业革命与英国各地区都有不同程度的关系，与商业、金融、社会、文化等诸方面因素都有联系。伦敦是英国的首都，从中世纪以来就是全国最大的商业城市，在经济、政治、文化等方面都有极其重要的地位。但从表象上看，工业革命这样一个重大事件最初并不是在伦敦发生的，而是在远离伦敦的英格兰西北部起源的。那么，伦敦与英国工业革命的发生、扩展究竟有多大的关系？本章拟将伦敦与工业革命之间的关系为切入点，论述伦敦对英国工业革命的作用，并揭示伦敦在18、19世纪之交最终成长为世界最大城市的历史过程。

一 伦敦消费社会形成与工业革命市场前提

工业革命生产了大量的产品，产品的大规模消费与销售是生产大规模进行的市场前提。当18世纪后期工业革命在英国西北部地区发生的时候，在英国东南部的伦敦则成了巨大的消费市场，由伦敦时尚的带动，英国逐渐形成为消费型社会。这不是历史的偶合，而是具有一定的必然性。从某种意义上说，消费型社会的形成是英国工业革命兴起和扩展的市场前提。

（一）伦敦是工业革命产品的巨大消费市场

伦敦从中世纪开始就是英国最大的城市，据估计，近代以来伦敦的人口大体情况上如以下：1600 年伦敦有 20 万人，到 1700 年大约有 57.5 万人，1750 年有 67.5 万人，而到 1801 年第一次人口普查时约有 90 万。此时的伦敦不但是欧洲最大的城市，而且也很可能超过了东京，成为世界最大城市。[①] 而同时期的工业城市伯明翰的人口是 7.3 万，设菲尔德 4.5 万，曼彻斯特 9.5 万。[②] 据统计，全国的人口在 18 世纪上半叶增长了大约 100 万，[③] 而伦敦人口增长了约 10 万，约占全国增长率的 10%。到 1900 年，英国七大工业中心和爱丁堡加起来的人口也不及伦敦。[④] 因此，从人口上来讲，伦敦并未落后，而只是工业革命的先行地区开始跟上伦敦的脚步而已。毋庸置疑，工业革命时期英国人口向西部和北部工业革命地区移动，但伦敦的人口增长速度并未因此而明显减慢。伦敦是英国的首都和最大的城市，一直拥有相对庞大的人口，而且从来不曾对外地人失去巨大的吸引力。工业革命时期伦敦人口数量更是发展迅速，到 1831 年高达 180 万，[⑤] 1841 年达到约 230 万，约占全国人口的 14.9% 和全国城市人口的 26%，而其他大型城市人口总和为 150 万。[⑥] 1670 年，伦敦人口占全国人口的 9.5%，而 1801 年这个比例上升到 11%。[⑦] 1851 年大伦敦的人口占整个英格兰和威尔士人口的 13.2%，1901 年达 16.4%。[⑧] 工业革命前的 18 世纪上半叶，大伦敦地区（包括密德塞克斯、萨里、肯特、埃塞克斯等郡）的人口迁入率高达 1.14%，到 19 世纪初这一数字还保持在 1% 左右。[⑨] 得益于农业革命带来的农产品产量大增，伦敦可以

---

① Roy Potter, *London: A Social History*, p131. Also see Stuart E. Prall and David Harris Willson, *A History of England,* Volume II, Wadsworth Group, 2001, p.487.

② ［法］保尔·芒图：《十八世纪产业革命》，第 289—294 页。

③ M. C. Buer, *Health, Wealth and Population in the Early Days of the Industrial Revolution*, Routledge, 1968, p.23.

④ ［美］保罗·M. 霍恩伯格、林恩·霍伦·利斯著：《都市欧洲的形成 1000—1994》，阮岳湘译，商务印书馆 2009 年版，第 206 页。

⑤ E.A. Wrigley and Schofield R.S., *The Population History of England 1541-1871*, London, 1981, p. 315.

⑥ Andrew Hinde, *England's Population: A History Since the Domesday Survey*, Oxford University Press, 2003, p.251. Also see Mitchell, *British Historical Statistics*, tab. I.3, p. 11 and tab. I.6, p. 25.

⑦ Roderick Floud and Paul Johnson (eds.), *The Cambridge Economic History of Modern Britain, Volume I: Industrialisation,1700-1860*, Cambridge University Press, 2004, p.90.

⑧ Roy Potter, *London: A Social History*, p.136.

⑨ Phyllis Deane and W. A. Cole, *British Economic Growth 1688-1959: Trends and Structure*, Cambridge University Press, 1962, p.115.

养活这些新增人口，为进一步的发展提供了空间和动力。反过来讲，大量人口聚居于伦敦，也产生了巨大的消费市场，这就为附近地区农业生产的变革提供了动力。大量的农业技术革新都首先应用于伦敦周边各郡。从汤森勋爵引进芜菁和诺福克轮作制到条播机的应用，从改良牛羊品种到乔治三世的模范农场，大都是在距伦敦一百英里左右的范围内出现的。[1]

伦敦作为英国首都和最大的城市，对工业革命的兴起发挥了重要的牵引作用。伦敦就像一个火车头，牵引着英国这辆经济列车开进了工业时代。所谓牵引作用，是指伦敦作为全国经济的聚核，对工业革命的发生，起到了领导作用。尽管工业革命并没有首先出现在伦敦地区，但伦敦的这种牵引力为消费工业革命的大量产品提供了有力的市场支持。

工业革命带来了巨大的生产进步，从而使社会总产品的数量大大增加，而产品是用来消费的，只有消费掉的产品才能实现价值的转换，从而变为资本再次流入生产领域。没有充分的消费，工业革命不可能发生和持续发展。伦敦对促进工业革命产品的消费可谓功不可没。

伦敦本身为工业革命过程中生产的大量产品提供了巨大市场。

首先，为了维持伦敦人的正常生活活动和生产活动，伦敦需要消费大量工业品。与棉纺织业和煤铁产区依靠其大量生产的产品所激发出来的消费需求不同，伦敦地区的发展主要依靠其自身的内部动力。伦敦的这种内部消费动力主要来自于惊人的人口数量和大量的中间阶层消费。伦敦对工业品的消费按用途可以分为生活消费和生产消费两种。生活消费指伦敦人口为了生存而消费的食品、燃料、衣物、家具、建材等必需品。生产消费是指伦敦的各种生产活动所要消耗的工业品，如工厂的建设和制造业需要的燃料、机器等。下面看看最能代表工业革命产品的煤和铁在伦敦的消费情况。

伦敦是英国最重要的燃料和原料消费市场，并且是重要的中转站。中世纪时，英国人烧木材取暖。随着木材的逐渐耗尽，从伊丽莎白一世时代起，

---

[1]　Stuart E. Prall and David Harris Willson, *A History of England,* Volume II, p.537.

英国人的煤炭消耗量开始增长。17世纪，伦敦人大量使用煤来作为燃料取暖，平均每个伦敦人一年要消耗一吨煤，[1] 这也导致了伦敦在冬季终日烟雾弥漫，从此成了著名的"雾都"。输入伦敦的煤也成倍增长。1850年由铁路运进伦敦的煤炭仅为5.5万吨，而在1860年这个数字却是150万吨；1870年，350万吨；1880年，620万吨；1886年，725万吨。1850年供应伦敦的海运煤有350万吨，1860年为360万吨，在1872年降到了250万吨的最低额，而在1886年又上升到474万吨。[2] 1750年，仅每年从泰恩河畔和威尔河畔运进伦敦的煤炭就有65万吨，随后一百年中，这个数据翻了一番，几乎占到全国产煤量的1/6。

1807年后，所有运到伦敦的煤炭都必须要在煤炭交易所进行交易。交易完毕后，大的买家可以继续倒手把煤炭卖给下一级买家，开始零售环节。当时伦敦消费的煤炭主要有三种零售途径：第一种是"驳商"用驳船把大船上的煤炭转运下来，然后再行出售；第二类是煤炭捐客，他们把煤炭直接卖给伦敦人，占到伦敦家庭消费燃料的5/6；第三种是从码头所有人手中购买煤炭，再分成小袋卖给伦敦贫民。[3] 早期码头工人需要完全用手工把煤炭卸下船，后来随着码头设施的不断完善，煤炭装卸逐渐采取了机械手段。

伦敦对铁的需求量也很大，小到各家各户需要的炊具、烛台、水壶等日用品，大到工厂的机械设备，无不需要大量的金属。这也使伦敦的金属制品厂日益繁荣起来。伦敦的造船工业在这一时期生产了大量铁壳船，对铁的需求也很大。19世纪20年代，伦敦至少有1,241家金属加工企业，投保资金高达118.2万英镑，约占伦敦制造业投资的7%。[4]

其次，由于伦敦庞大的人口需要消费大量的农产品，伦敦周边地区便借助于自身的区位优势，优先发展农副产业，逐渐形成了农产品生产的专门化

---

① E. A. Wrigley, *Poverty, Progress, and Population*, Cambridge University Press, 2004, p.280.

② ［英］J. 克拉潘：《现代英国经济史》，中卷，姚曾廙译，商务印书馆1997年版，第387页。运到伦敦的煤有部分又转运到了国内其他地方。

③ ［英］J. 克拉潘：《现代英国经济史》，上卷，姚曾廙译，商务印书馆1997年版，第299页。

④ David Barnett, *London, Hub of the Industrial Revolution: A Revisionary History 1775-1825*, London & New York: I. B. Tauris, 1998, p.75.

区域。这些地区农业专门化生产一方面提振了当地经济，增加了当地的消费人口，另一方面也制约了它们的工业生产能力，使这些地区的人口不得不依赖于其他地区的工业品，从而为工业革命中生产的工业产品提供了市场。在17世纪前后，伦敦周围和英格兰东南部一些地区的主要生产活动就已经变成为伦敦提供相应的农产品。[1] 19世纪时，伦敦周边各郡的商品化农业比例为30%，远高于其他工业化地区的6%和英国其他地区4%的比例。[2] 工业革命的发展使伦敦与其他地区的交通联系更加紧密，伦敦周边地区的农业专门化生产进一步扩大和发展。据估计，1732年伦敦消费2,800万磅公牛肉和1,400万磅阉羊肉，1794年，消费5,000万磅公牛肉和2,500万磅阉羊肉。[3] 由于交通发展，一些地区向伦敦供应的产品类型也发生了变化，如多塞特郡在铁路时代来临后由向伦敦供应奶酪变为主要供应鲜牛奶，而肯特郡则主要负责提供新鲜水果。[4]

（二）伦敦推动了英国消费型社会的诞生

伦敦刺激了英国消费社会的诞生，从而为工业产品准备了不竭的国内市场，为工业革命提供了持续的牵引力。随着全社会对物质生活品质的要求越来越高，社会各阶层越发对财富充满渴望。伦敦就像财富的橱窗，展示了全国各地的财富和时髦的消费环境，从而刺激了全国企业家队伍的发展壮大和全社会进取思想的传播。工业革命不仅带来了工业品消费的增长，它还意味着全社会整体消费水平的提高。对于工业品以外其他产品的消费也是工业革命中消费需求的一个重要部分，全社会消费水平的提高为工业革命创造出的财富提供了合理的流向，普通劳动者着力改善自己的饮食，中间阶层则在衣食住行等各方面效仿上流社会，他们消费掉的财富和通过各种途径最终流回生产领域，从而完成资本积累的结果。

---

[1] Roy Potter, *London: A Social History*, p.134.

[2] E. A. Wrigley, *Poverty, Progress, and Population*, pp.108-109.

[3] 舒晓昀：《分化与整合：1688—1783年英国社会结构分析》，南京大学出版社2003年版，第82页。

[4] Elizabeth Griffiths and Mark Overton, *Farming to Halves The Hidden History of Sharefarming in England from Medieval to Modern Times*, Palgrave Macmillan, 2009, p.124, p.145.

18、19 世纪，以农业革命和工业革命为标志的英国社会生产力的提高，带来了城市化和工业化社会的发展，使英国在人口持续增长的同时生活水平没有出现明显的下滑，长期地看则实现了上升。在温饱的基础之上，全社会生产的各类产品不断增多，对于消费品的渴望不断被激发出来，人们的消费意识开始增强。一些从前的奢侈品开始逐渐变得普通，并进入大众的生活。普通大众第一次开始追求享受更高层次的物质生活富足，追求时尚的意识也开始逐渐进入普通人的头脑。这一社会思想变化被称为消费主义。伦敦在英国消费社会形成中作用的发挥，也意味着伦敦对工业革命的兴起产生着影响。

第一，伦敦聚集了大量人口，他们的消费促进了工业革命的兴起。

对于普通劳动者来说，工业革命给日常生活带来的最大变化莫过于吃得更好，甚至还可能消费得起买来的衣服，而不是自己做衣服。当时英国人消费的食品种类很多。主食方面，中间阶层会吃到更多的肉，普通劳动者则主要以面包和奶酪为食。面包是伦敦人的日常食品。早期伦敦人吃的面包和其他地区一样，主要是自己家烤出来的粗面包，很少有人吃得上小麦面包。工业革命开始后，随着农业产量的持续增加和居民收入的提高，人们对面包口感的要求开始提高并逐渐得到满足，许多人开始倾向于只吃面包房烤出来的精麦面包，而舍弃之前吃的粗面包，这种情况最早主要出现在以伦敦为首的英国南部城市。精麦面包与普通面包相比要消耗更多的小麦，所以价格也较高。伦敦人为了追求更好的口感，他们吃的面包中有一半都是在烤好的当天就被买走并吃掉的。所以在 1801 年对法战争期间，英国政府曾出台措施禁止销售热面包，以减少精麦面包的销售，以达到节约粮食的目的。但追求高品质食物的热情是难以阻挡的，在富人集中的伦敦精麦面包的销路未受很大的影响。[①]

在伦敦的带动下，全国的小麦消费量开始大幅上升。1688 年，格利高

---

① Jan de Vries, *The Industrious Revolution: Consumer Behavior and the Household Economy, 1650 to the Present* , Cambridge University Press, 2008, p.168.

里·金的统计表明，小麦面包只占英国面包消费总量的20%，英国人用于制作面包的谷物中，小麦的比例只占38%。查尔斯·史密斯估计，在18世纪前六十五年，在伦敦及东南部地区大约有90%的人吃小麦面包，其他地区这个比例相对较低，但除了北部的两个地区和威尔士，小麦的消费比例都超过了一半。假定当时英格兰和威尔士有约600万人，那么约有375万人以小麦为主食。[①] 对高品质面包的需求刺激了面粉业的发展。伦敦的磨坊开始扩大规模，并在全行业中首先采用蒸汽机作动力，工业革命中最早生产的实用型蒸汽机就首先装备了伦敦的蒸汽磨坊。[②]

工业革命时期，普通英国人的早餐也发生了变化。自中世纪以来英国人每天只吃两餐，并不吃早餐，到17世纪中期英国人才逐渐开始吃早餐。而到工业革命时期，由于城市和工业的发展，越来越多的劳动者聚集在各大城市，靠出卖自己的劳动力为生。他们为了一天的工作需要在早餐获得足够的热量，而且由于麦片粥和加糖的红茶都不需要很长的时间去准备，于是这些高热量的食物便成了早餐的主要选择。而且，由于普通工人的工作过于辛苦，又由于午餐和晚餐之间的间隔较长，喝下午茶的习惯也逐渐从社会上层传到了下层，喝茶时一般要一边喝茶，一边吃些点心之类的东西，所以有助于恢复体力继续工作。另外红茶也具有提神的功效，这对于经常在危险环境中工作的维多利亚时代的工人来说也十分重要。虽然红茶和糖的价格并不便宜，但是在这一时期却在不断降低，使越来越多的人可以消费得起。

工业革命时期的棉纺织企业开足马力生产了大量的棉布，1796年，英国生产了2,100万码棉布，1830年上升到34,700万码。[③] 用这种轻便、廉价又很舒适的材料制作的衣物开始广泛流行，首先受益的就是普通劳动者，他们逐渐成为廉价棉布衣物的主要消费者。

第二，伦敦聚集了大量中间阶层人士，他们的消费活动是工业革命时期消费的重要组成部分。英国中间阶层大约诞生于17世纪，主要由律师、医

---

①   Phyllis Deane and W. A. Cole, *British Economic Growth 1688-1959: Trends and Structure*, p.63.

②   参见 [英] J. 克拉潘：《现代英国经济史》，上卷，第547页。

③   Stuart E. Prall and David Harris Willson, *A History of England*, Volume II, p. 544.

生、银行家、商人等专业人员组成。工业革命时期，他们纷纷追逐时尚，追求更多的消费，希望以此来显示自己的社会地位。虽然中间阶层也在提高他们的饮食消费水平，但与社会下层的劳动阶级不同的是，他们最主要的消费对象是高档服饰、家具等奢侈品。伦敦的中间阶层数量居全国第一。1680 年至 1730 年间，伦敦的律师、公务员、医生等中间阶层的人数有一个很大的增长，18 世纪，伦敦的律师和医生数量比全国其他地方的总数都多。[1] 中间阶层在伦敦的大量聚集也使为他们服务的人员大增，1841 年的人口普查显示，伦敦当时有 168,701 个家仆，29,780 个衣帽商，16,220 个洗衣工人和 13,103 个贴身随从。[2] 这些人显然主要是为中间阶层和上层贵族服务的。

中间阶层与社会下层在经济上的一个主要不同点在于他们的消费习惯。中间阶层本质上也主要靠工资生活，只不过工资较高而已。但他们的消费意识却与社会上层极为接近，并且从未停止向社会上层靠拢。他们吃喝不愁，想的主要是如何在吃穿住用等方面使自己更像个贵族。所以他们消费的主要方面是体现品位的奢侈品，如华丽的服饰、精美的珠宝、奢华的住宅等等。一本当时的时尚指南记载，一个男士至少需要四件不同种类的衣服，包括晨礼服、礼服大衣、燕尾服和大风衣。一个节俭的人可以暂时用四件晨礼服代替，但以后每年都要补齐其余三种中的一种。女性在穿衣方面更是花销惊人，已婚女性一年的服装花费一般在 100 至 500 英镑不等，依所属的阶层而定。[3] 中间阶层还很注重室内装饰，1765 年，著名的瓷器生产商约书亚·维奇伍德在伦敦格罗夫纳广场开了一个产品展示室，吸引了大量客源。[4]

伦敦人的消费活动为全国提供了范本，由此对英国的消费进步产生了巨大影响。随着工业革命的进行，在经济进步的前提下，社会整体收入水平有

---

[1]　L. D. Schwarz, *London in the Age of Industrialization: Entrepreneurs, Labour Force and Living Conditions, 1700-1850*, Cambridge University Press, 1992, p.4, p.43.

[2]　Roy Potter, *London, A Social History*, p.187.

[3]　*The Habits of Good Society*, in Kristine Hughes, *The Writer's Guide to Everyday Life in Regency and Victorian England*, Writer's Digest Books, 1998, pp.53-55.

[4]　Roy Potter, *London: A Social History*, p.134.

了一定提高。社会各阶层产生了不断攀比的消费主义思想，社会各阶层的人们纷纷想方设法提高自己的生活质量和消费水平，向比自己地位高的阶层靠拢。于是，社会下层主要从饮食上，中上层则主要从服饰、家居、出行等方面大量消费工业革命中生产的产品。这种消费行为的扩展和变化大大刺激了工业发展。伦敦在这一过程中起到了领头羊式的示范作用。

红茶刚开始在英国社会上层流行时，由于其本身不含热量且价格昂贵而遭到了许多人的反对，其中不乏名人。卫理会的创始人约翰·卫斯理就曾痛陈饮茶的弊端，并两次宣称戒茶。商人乔纳斯·汉威也曾撰文批评饮茶浪费金钱，甚至会损害英国的经济。但由于喝加糖的红茶是高贵身份的象征，所以在以伦敦为代表的南部城市仍十分流行。随着工业革命的发展，普通消费者的收入水平也不断提高。总部位于伦敦的英国东印度公司的茶叶贸易进一步做大，红茶和砂糖开始走入普通百姓的生活，而不再仅仅是上流社会显示身份的道具。在伦敦，茶很早就被社会各阶层所喜爱，18 世纪 30 年代中期，伦敦集中了全国九成的经营茶和咖啡的代理商。[①] 18 世纪 20 年代，茶叶超过丝绸成为东印度公司的最大宗进口项目。[②] 全社会兴起了喝加糖红茶的风潮，英国饮下午茶的习惯在这一时期传入社会中下层，就连在工厂女工也开始享受"茶歇"。19 世纪初对英国 117 个家庭的调查发现，一周之内一次红茶也不喝的家庭只有 10 户，喝不加糖的红茶只有 14 户。尽管早在中世纪英国人就对糖情有独钟，但直到 16 世纪时，糖还只是少数富人才消费得起的奢侈品，达官显贵纷纷把糖做成各种形状来装饰宴会。18 世纪时在伦敦开设一家糖果店需要 1,000 到 5,000 美元的资金。[③] 可见糖还是比较昂贵的。有数据显示，1734 年的英国中间阶层每周每人消费价值 7 便士的茶和糖，而普通劳动者则根本不消费。[④] 在喝加糖红茶的风气带动下，糖的消费量开始飙升。

---

①   L. Weatherill, *Consumer Behavior and Material Culture in Britain, 1660-1760*, Routledge, 1988, p.62.

②   Carol. M. Cipolla, *Before the Industrial Revolution: European Society and Economy, 1000-1700*, p.174.

③   [德] 维尔纳·桑巴特：《奢侈与资本主义》，王燕平等译，上海人民出版社 2005 年版，第 211 页。

④   Peter Earle, *The Making of the English Middle Class Business, Society and Family Life in London, 1660-1730*, Berkeley and Los Angeles: University of California Press, p.28.

由西印度公司运进伦敦的糖大幅增长，从 1663～1669 年的年均 1,500 万磅，猛增到 1699～1701 年的每年 3,700 万磅。从 1650 年到 1700 年，伦敦糖价下降了大约一半，糖逐渐开始成为生活中颇受欢迎的日常消费品。[①] "糖的平均消费量从 18 世纪初每人 4 磅上升到 18 世纪末的 13 磅。"[②] 布罗代尔认为 19 世纪时英国每年消费 15 万吨糖，几乎是 18 世纪的 15 倍。[③] 如此大的消费量带来了英国制糖工业大发展，制糖工业所需的设备、厂房等建设投资又带动了相关产业的发展。

无论社会地位高低，啤酒对于英国人是必不可少的。[④] 汤普森指出，啤酒对于很多普通英国体力劳动者来说更是不可或缺的，基本上相当于"饮料"的同义词。[⑤] 伦敦集中了全国几乎所有的大型啤酒厂。除啤酒以外，英国人还爱喝蒸馏酒。这种酒种类很多，从上层喝的威士忌到不分阶层都迷恋的杜松子酒。许多西方学者认为英国当时的酗酒情况严重。沃勒斯坦甚至认为，"伦敦工人增加的实际工资几乎可以说全都消耗在'杜松子酒的泛滥'之中。"[⑥] 而"18 世纪初伦敦社会无分贵贱都以饮杜松子酒为能事"[⑦]。英国人是如此善饮杜松子酒，以至于贺加斯著名版画"杜松子酒小巷"和"啤酒大街"被英国政府用来教育人民节制饮酒。政府又于 1736 年和 1751 年对杜松子酒课税，[⑧] 以防止全民豪饮而引发社会问题。

伦敦在全国其他地区人们心中的地位是独一无二的。伦敦的繁华吸引了大批富人居住于此，他们创造的富足的物质生活方式又反过来吸引了全国各阶层的目光。伦敦在某种意义上确实是世界上第一座现代化城市。那里有世

---

① 　Carol M. Cipolla, *Before the Industrial Revolution: European Society and Economy, 1000-1700*, p.174.

② 　[英] 杰里米·帕克斯曼：《英国人》，严维明译，上海世纪出版集团 2000 年版，第 275 页。

③ 　参见 [法] 费尔南·布罗代尔：《15—18 世纪物质文明、经济和资本主义》，第 1 卷，顾良等译，生活·读书·新知三联书店 1993 年版，第 263 页。

④ 　G. M. Trevelyan, *English Social History*, Longmans, Green and Co., 1942, p.471.

⑤ 　参见 [英] E.P. 汤普森：《英国工人阶级的形成》，钱乘旦等译，译林出版社 2001 年版，第 364 页。

⑥ 　[美] 伊曼纽尔·沃勒斯坦：《现代世界体系》，第 2 卷，庞卓恒等译，高等教育出版社 1998 年版，第 346 页。

⑦ 　[法] 费尔南·布罗代尔：《15—18 世纪物质文明、经济和资本主义》，第 1 卷，第 289 页。

⑧ 　参见 [法] 费尔南·布罗代尔：《15—18 世纪物质文明、经济和资本主义》，第 1 卷，第 296 页。

界上第一条地铁，有最早的路灯，有繁华的商业街和琳琅满目的商品。伦敦就像消费主义的橱窗，展示着英国的产品。是英国奢侈品生产的大本营，马车、首饰等奢侈品的流行风尚都由伦敦主导。伦敦的奢侈品工业为伦敦人提供了名贵的食品、豪华的家具、精美的服饰、华丽的珠宝……伦敦则为全国和世界展示了财富能给人类带来的巨大满足感，人们开始争先恐后地追逐财富，国家开始竭尽全力开展工商业，历史不再沉迷于过去的辉煌，而开始了对财富永不满足的攫取。

　　工业社会到来之前，经商被大多数英国人认为是卑贱的职业，为有较高社会地位的人所不齿。但随着工业革命的发展，过去人人得温饱，贵族得享受的所谓"快乐的英格兰"式社会图景一去不复返：失去土地的贫民要么靠出卖苦力苟延残喘，要么失去最后的谋生手段而流落街头；传统贵族也不断走向没落，无法再像从前一样坐享其成。反观新兴的社会上层，除了仅剩的传统大贵族，占据主流的是勤奋进取的商人、企业家。他们纷纷移居伦敦，或在伦敦开设企业或进入政界，成为社会上的"新贵族"。这种状况促使贵族的意识也不断变化，许多贵族不再执着于自己的身份，开始从事一些从前想都没想过的活动。著名的"芜菁勋爵"汤森是英国的大贵族，曾官至国务大臣和枢密院院长。他退隐后却开始从事农业生产，并致力于实验荷兰的先进农业技术。起初人们还对他颇有不屑之意，但随着他的成功，越来越多的贵族开始效仿，贵族务农开始在英国形成风气。贵族经商就更顺理成章了，近代的英国贵族并不强烈排斥商业活动，只是因为根据惯例贵族的头衔和土地只能由长子继承，其他儿子则往往从事商业等活动，所以才容易被轻视。但随着商业的成功和传统收入的减少，经商（这里的"经商"既指从事单纯的商业活动，也指经营工矿企业）越来越被看成一项卓越的事业。笛福就曾表示，"财产只是一塘池水，而商业却是一汪清泉。"① 伏尔泰也发现（英国）贵族家的小儿子们不会不屑于进入商界，国务大臣汤森勋爵就有个弟弟对自己的伦敦商人身份非常满意，而当牛津公爵统治英国时，他的弟弟却在阿勒

---

① 　Asa Briggs, *A Social History of England*, Penguin Books, 1987, p.206.

颇做代理商，并且乐不思蜀。①

　　然而使这种观念真正深入人心的是伦敦。伦敦奢华而富有情调的生活吸引了很多商人在此居住，他们的生活方式被越来越多的人了解并羡慕。维格利认为英国至少有 1/6 的成年人曾经在伦敦生活过，而那些富裕阶层则至少会在一年里到伦敦住几个月。伦敦的生活确实舒适，第一部英文词典的编纂者约翰逊博士曾感叹，"谁厌倦了伦敦就是厌倦了生活，因为它能给人生活的全部。"当时伦敦兴建了很多公园、环形广场和高档住宅以吸引更多的富人。肯辛顿公园附近的别墅里居住的就都是很富有的人，有三个建筑承包商、一个布商、一个茶商、一个木材商、一个西班牙商业银行家和一个钢铁制造商。②

二　伦敦对工业革命的直接推动

　　从地理上说，英国工业革命最早兴起于英格兰西北部的兰开夏、密德兰北部和约克郡西区，而后开始向其他地区扩展；从生产部门来说，工业革命是从棉纺织业开始的，随后向采矿、冶金、毛纺织以及其他工业部门扩展。在工业革命兴起和扩展的历史过程中，伦敦以其特有的地位和优势，起到了巨大推动作用。

（一）伦敦商人和商业对工业革命的作用

　　16 世纪以后，伦敦一直是英国商业体系的核心。在工业革命时期，伦敦的商人和商业对工业革命的兴起和扩展更有不可低估的作用。

　　就伦敦商人来说，其作用主要体现在资金投入、信息传递和销售经营等方面。

　　伦敦是工业革命时期英国商人的基地和投资活动的主要策源地。工业革

---

①　Voltaire, *Philosophical Letters*, translated Ernest Dilworth, Prentice Hall, 1961, p.40.

②　[美] 马克·吉罗德：《城市与人：一部社会与建筑的历史》，郑炘等译，中国建筑工业出版社 2007 年版，第 283 页。

命中诞生了许多新技术、新设备以及工厂制生产组织,这些新因素对英国经济发展的作用十分巨大。但在工业革命初期,应用和推广这些新因素却面临资金不足的困难。许多新技术、新设备的研发费用和专利申请费用很高,以个人之力很难负担,伦敦商人则提供了较大的资金支持。伦敦企业家在首都建立了许多机械制造企业和研究机构,既促进技术革新,又获得了商业回报,其中最典型的要数约瑟夫·布拉默和亨利·莫兹利合作的企业。新型工业企业的规模普遍较大,工厂所需设备的购买费用也普遍较高,需要资金较多,伦敦商人对此也贡献良多。伦敦商人的投资对南威尔士的铁工业起了重要作用。18 世纪中叶前,这里没有本地工业可言,所有投资均来自外地,尤其是伦敦和布里斯托尔。此外,迟至 19 世纪中期,德比郡最大的工业企业还是靠商人在伦敦经营瓷器贸易所获利润建起来的。[1]

其次,伦敦商人还在工业革命的生产和产品销售各环节发挥着关键作用。第一,伦敦商人在生产原料的交易中占有重要地位。例如在供应约克郡毛纺织业的羊毛贸易中,很重要的一条途径就是通过伦敦商人派驻在羊毛产地的代理人购买羊毛,然后再销往约克郡。不但产自国内的羊毛交易主要由伦敦商人组织,就连最早从西班牙、葡萄牙和德国的羊毛也主要由伦敦的进口商和经销商经手。这种趋势进一步加强了约克郡的羊毛市场和伦敦的关系。[2]西莱丁地区毛纺织业需要的羊毛,多由伦敦商人代理采购。布罗代尔也记载了一个引人注目的类似事实:伦敦的啤酒酿造商几乎不在本地购买麦芽,而是在英格兰东部的大麦产区靠代理人进行采购。[3] 第二,伦敦作为商人的聚集地,必然汇聚了各地的工商业消息,在这个意义上伦敦商人对其他地区的工业发展也十分重要。从一个啤酒酿造商与代理人的通信中可以知道,他在伦敦可以通过与代理人通信很好地掌握代理人所采购麦芽的质量情况,并对

① Stanley Chapman, *Merchant Enterprise in Britain: from the Industrial Revolution to World War I*, Cambridge University Press, 1992, p.39.

② Pat Hudson, *The Genesis of Industrial Capital: A Study of the West Riding Wool Textile Industry 1750-1850*, Cambridge University Press, 1986, p.118.

③ 参见 [英] J. 克拉潘:《现代英国经济史》,上卷,第 295 页。

他的代理人进行控制。[①] 当许多商人都采取这种采购模式时，伦敦自然也就成为了商业信息的中心。因此伦敦商人可以为某些生产领域提供信息咨询服务。如英国从印度进口的棉布通常都是在伦敦卸船然后再销往全国，所以伦敦的商人对质量上乘的印度棉纺织品非常熟悉。国内棉纺织品生产者便向伦敦的商人寻求市场和式样方面的建议，以获得更好的效益。[②] 第三，伦敦商人在各地从事商品销售和代理，有的伦敦商人不但从事商品的批发还从事商品零售，显示出极强的商业才能。罗伯特·卡尔是伦敦城的一个绸布商，他经营许多种类的高档丝绸面料获得了巨大财富，从 1733 年到 1764 年，他名下的资产从 7,000 英镑上升到 3 万英镑，这使他比同时期其他商人更加成功。[③]

伦敦是工业革命原材料及产品的商业交易平台。工业革命兴起，新兴的棉纺织业、采矿业、冶金业蓬勃发展，这些工业生产需要大量的原料，加工成工业制成品后，需销往英国甚至世界各地。在这个过程中，伦敦就像一座桥梁，把原料和产品的供求双方连结了起来。伦敦作为英国国内外贸易中心，为工业革命提供了最重要的原料和产品交易市场。国内各地和海外的大量原材料和产品大都是先运到伦敦，再进行转运或在伦敦市场上进行交易。

伦敦是工业革命时期英国进出口贸易和转口贸易的主要口岸。1700 年左右，伦敦就占全国 80% 的进口量，69% 的出口量和 86% 的再出口量。伦敦进口货物的种类多得令人吃惊，而且主要以原料为主：从茶叶、瓷器、药材、青花瓷、平纹布、印花布、棉线、香料、靛青、生熟丝、糖，到朗姆酒、咖啡、可可豆、生姜、烟草、大米、玉米、皮毛、松香，再到大麻、亚麻、油脂、冷杉等等。储存蚕丝、茶叶、糖和烟草等原料的仓库沿伦敦池排列开来，商品交易所也随之遍地开花。17 世纪伦敦的进口量增加了 3 倍，18 世纪又增

---

① 参见 [法] 费尔南·布罗代尔：《15—18 世纪物质文明、经济和资本主义》，第 3 卷，顾良等译，生活·读书·新知三联书店 1993 年版，第 692 页。

② M.J. Daunton, *Progress and Poverty: An Economic and Social History of Britain 1700-1850,* Oxford University Press,1995, p.138.

③ Peter Earle, *Making of the English Middle Class,* Methuen and the University of California Press, 1989, p. 32；N. K.A. Rothstein, "The Silk Industry in London 1702-6", M.A. thesis, L.S.E, 1961, p. 225.

加了 3 倍；1797 年伦敦的出口额是 17,721,441 英镑，比全国其他所有港口的总和还多。即使在其他港口崛起后，伦敦还控制着与欧陆、印度和远东地区的贸易。[①] 这些原料，除了一部分被伦敦本地人口和企业消化外，大多数被运往其他工业区参与生产。

伦敦还有各种新型商业组织如煤炭交易所、谷物交易所等，它们对于英国工业革命时期的消费活动产生了重大影响。建立于 18 世纪中期的伦敦谷物交易所是一家私营公司，谷物交易所里不销售实体的粮食，而是展示由代理商提供的谷物样品，其他代理商可以选择买进或卖出，形式就像现代的期货交易。18 世纪末，伦敦谷物交易所的主导权被 14 个大代理商所掌握，由于伦敦的关键地位，他们进而控制了全国谷物的定价权。[②]

工业革命时期企业生产的各种产品，有些不在本地消费，而是要作为商品出售到其他地区的，在这些产品的销售过程中，伦敦也起到了重要作用。伦敦不但向全国各地发售各种货物，各地的零售商贩通常还倾向于到伦敦批发货物，因为他们不但可以检验货物或者下订单，还可以得到流行货物的种类等资讯，这些资讯不但包括实体的货物还包括无形的流行风尚。

伦敦的百货商店和商业街也起了重要作用，工业革命时期伦敦的零售业发生了巨大变革。从中世纪开始的集市贸易开始出现固定化的趋势，伦敦的各种专门市场成为早期的主要零售场所，小贩们在这里叫卖商品。伦敦在 18 世纪时有许多各种类型的市场，这些市场分工明确，一般只专注于特定的商品销售，另外还有许多定期的集市。但随着经济社会的发展，这种集市和市场越来越不适合衣着华丽的中间阶层和上层富商的消费和审美需求，带大橱窗的百货商场和繁华的商业街逐渐开始取代它们，成为销售活动的主要场所。

新潮的服装店和商业街首先出现在伦敦富人最多的西区和中心城区，这

---

① Roy Potter, *London: A Social History*, p.138.

② Susan E. Brown, "'A Just and Profitable Commerce': Moral Economy and the Middle Classes in Eighteenth-Century London", *Journal of British Studies*, Vol. 32, No. 4, Making the English Middle Class, ca. 1700-1850 (Oct., 1993), pp. 305-332.

里聚集了各类商人：装潢商、首饰商、裁缝、文具商、香水商、药剂师、茶商、酒商、瓷器商、衣帽商和皮毛商等。梅费尔区出现了大量时髦商店，以高档商店闻名的邦德街就在这里，伯灵顿商业街也在摄政时期开业。一个德国人对伦敦商业街印象深刻："街道两边的建筑都装着玻璃，建筑下层的商店橱窗展示着明亮烛光照亮的银器、雕刻、书籍、钟表、玻璃制品、蜡器、油画、女装以及其他时髦商品，这里还有似乎数不清的咖啡馆和彩票店。这些街道似乎为了节日特别做了装饰，药剂师展示着颜色悦人的药水，糖果商则用耀眼的烛光挑逗你的食欲。"[①]

（二）伦敦为工业革命提供了技术支持

英国工业革命的过程，也是一个新技术、新发明不断得到应用的过程。工业革命中出现了很多新技术、新发明，这些发明的不断积累并互相促进，这一直被视为工业革命的一个重要特征和工业革命取得成功的关键之一。例如飞梭、珍妮纺纱机、骡机、水力织布机等加快了工作效率，使纺织业脱颖而出，成为工业革命的龙头产业；为了排干矿井的积水，蒸汽机技术开始发展，而随着纺织业生产的扩大，对动力的需求又促进了蒸汽机不断地进行改良，最终是蒸汽机成为工业革命时期的主要动力机械；煤炭工业因为蒸汽机而更加繁荣起来，为了运输煤炭，原始的铁路也最早在矿区出现，最终成为被广泛采用的现代交通工具。在这种技术进步的过程中，伦敦作为英国的技术发明中心扮演了重要角色。

首先，伦敦是全国科技和文化中心，是新技术、新设备的发明重镇。伦敦是英国首都和最大城市，许多发明家居住于此，许多自然科学组织的总部（如皇家科学院）也设在伦敦，还有的发明家在此实验和应用新技术，这都为伦敦创造了浓厚的科学氛围，为新技术、新发明的出现奠定了基础。1808年，首先试验蒸汽机车的煤矿工程师理查德·特里维西克在伦敦建了一条环形轨道，并且进行了蒸汽机车的运行实验。[②] 18 世纪末时，伦敦的蒸汽机数

---

① 　Roy Potter, *London: A Social History*, p.143, p.145.

② 　H. Sussman, *Victorian technology: Invention, Innovation, and the Rise of the Machine*, California: Praeger Publishers Inc, 2009, p.15.

量和马力比工业革命时期英国的主要棉纺织业中心兰开郡的还多还大。①

其次，伦敦商人和工程师还为传播新发明、新技术做了很多工作。有的伦敦人为了经济利益，积极从事新发明、新技术的推广活动。蒸汽机的发明者詹姆斯·瓦特曾在一份报告中说，一家伦敦化学企业派人去全国各地的漂白场推广贝托莱的氯漂白技术，每处收取十畿尼的费用。②伦敦还走出了许多如约瑟夫·布拉默和亨利·莫兹利这样的优秀工程师，为工业革命发明了大量先进设备。1778 年，布拉默发明了以他名字命名的抽水马桶用活塞，还开发出啤酒酿造机和几种新型锁。1789 年，布拉默与莫兹利合作，他们研制的水压机，后被罗伯特·史蒂芬森和伊萨姆巴德·金德姆·布鲁内尔分别用于布列塔尼铁路桥和大西线铁路的建设。莫兹利还发明了螺纹切削机床等多种革命性机械。1810 年，他搬到伦敦的朗伯斯区，在那里他培养出了大批在 19 世纪后期非常出名的工程师，如标准平板（对机械部件的标准化贡献颇多）的发明者约瑟夫·惠特沃思和蒸汽锤的发明者詹姆斯·内史密斯等。他还为担任大西线铁路的总工程师布鲁内尔做了大量工作。③莫兹利的弟子詹姆斯·内斯密斯在 1839 年发明的蒸汽锤，使铸造工人在进行精确控制方面具有了前所未有的巨大力量，④一举提高了熟铁加工水平，扩大了熟铁加工业的经营范围，拉动了冶铁业的发展。而约瑟夫·惠特沃思发明的标准则使生产标准化零件成为可能，从而为大规模生产机械设备奠定了基础。

再次，专利制度的建立为知识财产的所有权提供了法律依据，在一定程度上保护了发明人的权益，从而鼓励了发明。伦敦是办理专利权许可的政

---

① A. E. Musson, "Industrial Motive Power in the United Kingdom, 1800-1870", *Economic History Review*, 2nd ser., 29 (1976), p. 426; J. Kanefsky and J. Robey, "Steam engines in the eighteenth-century Britain: A Quantitative Assessment", *Technology and Culture*, 21(1980), pp. 175-176. In L. D. Schwarz, *London in the Age of Industrialization: Entrepreneurs, Labour Force and Living Conditions, 1700-1850*, p.1.

② Christine MacLeod, *Inventing the Industrial Revolution, The English Patent System, 1660-1800*, Cambridge University Press, 2002, p.91.

③ David Barnett, *London, Hub of the Industrial Revolution: A Revisionary History 1775-1825*, pp.102-103; [英]W.H.B. 考特：《简明英国经济史》，方廷钰等译，商务印书馆 1992 年版，第 211 页。

④ 参见 [意] 卡洛·M. 奇波拉主编：《欧洲经济史》，第 6 卷上册，王铁生等译，商务印书馆 1989 年版，第 305 页。

府部门的所在地，在专利权制度体系中占有主导地位。英国的现代专利权制度萌芽于中世纪。中世纪英国城镇的手工业与商业活动日益繁荣，行会制度逐渐盛行。行会的诸多规定如限制从业人数、规定学徒期限等与日后的专利权制度有着千丝万缕的联系。最晚从爱德华三世开始王室就已经开始给外国工匠颁发"保护文书"，以鼓励他们定居英国并把技术传授给英国人。这种"保护文书"主要目的在于引进技术，并不涉及现代专利权关心的排他性的商业利益。1624 年英国颁布了《垄断法》，禁止一切垄断技术与发明的行为，但它的第六项仍授予发明者对其发明 14 年的垄断期，期满后如不再续期，则专利作废。该规定更多立足于促进工业和增长就业，保护发明者劳动的公正理念并不是最主要的。

由于最早的专利权证书——"保护文书"是由国王颁发的，伦敦作为首都自然就成了专利权制度的起源地。伦敦有政府的专利权申请办事机构，专利申请人必须与政府官员进行交涉，商讨和签署相关协议文件。由于申请程序过于繁琐，许多人不得不雇用掮客或已经获得专利许可的人代为办理申请事宜，申请人还必须常驻伦敦，以应对官员不定期的"召见"。

工业革命开始后，英国专利注册数量出现了高速增长，18 世纪 60 年代第一次超过 200 项，18 世纪 70 年代几乎达到 300 项，19 世纪第一个十年达到 910 项，19 世纪 30 年代达到 2,453 项。[①] 由于先天的优势，伦敦一直是专利申请数量最多的地区。从 18 世纪 50 年代，大伦敦地区（包括密德塞克斯、萨里、肯特、埃塞克斯等郡）的专利申请数量几乎占到了全国的六成，直到 19 世纪一直保持在一半以上。[②] 在整个 18 世纪，伦敦和东南地区还是英国纺织技术的发明中心，有些取得了专利，有些则未取得专利。前者的数量占全国已注册的纺织技术专利的 44.6%，后者的数量占全国未注册的纺织技术

---

① ［意］卡洛·M. 奇波拉主编：《欧洲经济史》，第 4 卷上册，王铁生等译，商务印书馆 1989 年版，第 143 页。

② Christine MacLeod, *Inventing the Industrial Revolution, The English Patent System, 1660-1800*, pp.118-119.

专利的 36.5%。①

伦敦在专利权制度的传播上也发挥了重要作用。尽管已实行多年，专利权这种保护发明者利益的新生事物却并不为广大发明者和企业家所熟知，专利制度的相关消息一开始很难传到伦敦以外地区。研究表明，一个地区与伦敦的商业关系越密切，那里的居民了解专利权制度的机会就越大。1749 年，德比郡的人才拥有了第一项专利，而这项专利的产生得益于申请人在伦敦的合作伙伴带来的消息。1834 年，著名的转炉炼钢法的发明人亨利·贝塞麦承认，直到在伦敦居住了三年之后，他才知道了专利权制度，以致在这之前他早期的一些发明被廉价卖了出去。② 18 世纪下半叶，伯明翰的织袜商和金属制品商、伦敦的钟表、器械和马车制造者都把专利权申请集中在相关法规未加规范的领域，以求得先机。③

（三）伦敦的交通优势为工业革命扩展创造了基础性条件

长期以来，伦敦因其优越的地理位置和重要的政治、经济地位而成为英国内外交通的最重要枢纽。在工业革命扩展的过程中，伦敦与全国各地的交通联系起到了重要作用；同时，伦敦的交通也得到了不断发展。可以说两者互相促进。

首先，便利的交通有利于伦敦与发生工业革命的地区之间进行人员、物资、信息等的交流，从而使工业革命不断扩展。伦敦商人可以随时派助手去各地打听消息、采办货物、学习技术等等，其他地区的企业也可以很方便地到首都办理专利登记，处理商业事务等。其次，便利的交通使各地的工业产品可以比较低廉的运费运抵伦敦出售或转运，投入国内外市场。伦敦作为首都、商业中心和国际港口，国内外各行业的生产、销售信息比较集中，各工业地区通过驿路、铁路和航运与伦敦保持信息联通，也有利于工业革命的持续发展。再次，工业革命时期伦敦建设了大量铁路、车站、隧道、高架桥等交通基础设施，这也刺激了对钢铁、玻璃、水泥等工业品以及大量劳动力的

---

① David Barnett, *London, Hub of the Industrial Revolution: A Revisionary History 1775-1825*, pp.54-55.

② David Barnett, *London, Hub of the Industrial Revolution: A Revisionary History 1775-1825*, pp.77-78.

③ David Barnett, *London, Hub of the Industrial Revolution: A Revisionary History 1775-1825*, p.89.

需求。最后，交通的发展还刺激了伦敦马车制造业、机械制造业和造船业等制造业的发展。

工业革命的不断扩展，也为伦敦交通的发展提供了极佳机遇。工业革命使各地工业品产量不断增加，工业区对原材料和设备的需求，全社会对快捷廉价运输方式的需求也越来越迫切，伦敦作为首都和商业金融中心，势必加速发展交通业，结果使得伦敦与各地之间的交通流量猛增。工业革命又提供了如蒸汽机、冶金等新技术，使铁路、汽船等交通方式的改进和普及变得可能，人们因此可以享受到更加便捷的交通，经济也借此获得了更大的发展。

铁路时代到来之前，英国的客货运输主要依靠驿路与航运。1760 年至 1780 年间，包括运河的可通航河流和硬面公路已经把北部主要工业中心与密德兰、伦敦、赛弗恩盆地和北大西洋地区连接了起来。① 通过驿路，伦敦与英国的其他主要城市建立起了陆路交通联系，可以说整个驿路系统主要是围绕伦敦发展的。工业革命之前，这些路大都是各地方政府自发修建和管理的，而且大多数路况较差。一个旅行者在 1735 年描述从伦敦到格兰特汉姆的"大北驿路"是"一条狭窄的驿道，两边的辅路都未曾加固"。18 世纪上半叶，从伦敦到约克大概要花一周的时间，甚至从伦敦到牛津还要花两天。工业革命开始后，收费公路渐渐盛行起来，随着麦特卡夫、特拉福德和马卡丹等人等不断改进，道路的质量也不断提高，加上快速马车的应用，到 1766 年伦敦到兰开郡的时间已经缩短到三天以内了。② 还有一个估计指出 1780 年到 1820 年间，走完伦敦到伯明翰间路程需要的时间从四至五天缩短到了 36 个小时以内。到 1820 年，英格兰拥有近 21,000 英里驿路，③ 英国的现代公路网就脱胎于此。1750 年坐马车从伦敦到曼彻斯特需要三天，而 1836 年只要不到 18 个小时；1754 年从伦敦到布里斯托尔需要两天，1800 年时只要不到 12

①　参见 [英]M. M. 波斯坦等主编：《剑桥欧洲经济史》，第 6 卷，王春法等译，经济科学出版社 2002 年版，第 265 页。

②　David Bayne Horn and Mary Ransome, *English Historical Documents 1714-1783*, Routledge, 1996, p.27.

③　[英]M.M. 波斯坦等主编：《剑桥欧洲经济史》，第 6 卷，第 204 页。

小时。[1] 有人估算了 1830 年从伦敦通过驿路到达几个城市需要的时间：到伯明翰需 16 个小时，到大雅茅斯需 21 小时，到曼彻斯特需 28 个小时，到利物浦需 32 小时，到卡莱尔需 41 小时。[2] 虽然驿路状况差强人意，但伦敦的出租马车数量一直受法令限制，直到 1830 年解除限制后出租马车数量才大量增加，到 1881 年大约有 15,000 辆。[3] 公共马车公司也开始在伦敦涌现并不断发展，它们不但固定了票价，甚至还开始做广告。各公司之间还开展合作，避免了压低票价的恶性竞争，还联合要求改进伦敦的道路状况。威廉·查普林经营着当时伦敦最大的马车运输企业，他通过一系列收购活动，在 1830年拥有了 2,000 名员工、68 部马车和 1,800 匹马，每年的营业额达 50 万英镑。而他的对手爱德华·查普林也不逊色，他最引以为骄傲的是他的"曼彻斯特快车"，可以在是半个小时内从伦敦到达曼彻斯特，尽管路程长达 186英里。[4] 1855 年时，伦敦最大的马车公司是伦敦通用公共马车公司，创办不到一年它就买下了伦敦一半以上的公共马车，到 1877 年它拥有了近 8,000 匹马，并掌握了伦敦超过 3/4 的公共马车运输业务。[5]

由于成本较低，水路航运在早期的运输中占很重要的地位，其中又以修建费用和运费都较低的运河为重。18 世纪末，运河系统通过泰晤士河与赛汶河，把伦敦与布里斯托尔连接了起来。1801 年，延伸后的大联通运河将密德兰地区与伦敦连接了起来。1820 年，摄政运河在帕丁顿内港与大联通运河连在一起，通过一系列复杂的河道最终与泰晤士河交接，北伦敦从此与全国运河系统直接相联，这条航路运输了大量煤炭和木材。[6] 1827 年，由于伯明翰和利物浦船闸的开通，伦敦与兰开夏也有了直接联系。[7] 沿海航运主要以运输大宗物资为主。在铁路时代以前，纽卡斯尔的煤炭主要通过近海运到伦敦，

① Roy Potter, *London: A Social History*, p.135.

② ［英］马丁·吉尔伯特：《英国历史地图》，第 76 页。

③ ［英］J. 克拉潘：《现代英国经济史》，中卷，第 263 页。

④ Roy Potter, *London: A Social History*, p.135.

⑤ ［英］J. 克拉潘：《现代英国经济史》，中卷，第 263、264 页。

⑥ Roy Potter, *London: A Social History*, p.192.

⑦ 参见［英］J. 克拉潘：《现代英国经济史》，中卷，第 210 页。

故又被称为"海煤"①。在笛福时代，伦敦至少有 3 座湿船坞，22 座干船坞和
33 个造船场。② 进入 19 世纪以后，建设了西印度船坞、伦敦船坞、东印度
船坞、萨里船坞等，直到今天伦敦仍是英国最大的港口。③ 1823 年，伦敦开
通了到国外的班轮服务。④

　　铁路时代开始后，伦敦又逐渐成为了铁路交通枢纽。一般认为，英国的
第一条铁路斯托克顿至达灵顿线于 1825 年建成通车，但在此之前就有提议
在伦敦和朴茨茅斯之间修一条货运铁路，这条铁路在 1804 年部分建成通车
了。⑤ 第一条现代化铁路从利物浦到曼彻斯特，建成于 1830 年，这也被普遍
看作铁路时代的开端。随后，铁路时代似乎进入了伦敦时间：1833 年，议会
允许修建伦敦到伯明翰和伯明翰到曼彻斯特的铁路线，1834 年，伦敦到南安
普顿的铁路开始修建。次年，连接伦敦和西部地区的大西线开工建设。尽管
建造成本高达每英里 5 万镑（伦敦到伯明翰铁路）到 6 万镑（伦敦到布赖顿
铁路），但铁路建成后的利润率高达 6%～10%。⑥ 截至 1836 年，直接通往伦
敦的铁路有 6 条，通过铁路与伦敦（直接或间接）相连的主要城市有布赖顿、
曼彻斯特、伯明翰、利物浦、布里斯托尔、约克、纽卡斯尔、兰开斯特、索
尔兹伯里等。而同期的伯明翰拥有 4 条铁路，纽卡斯尔有 3 条。⑦ 到 1841 年
时，人们甚至能把从伦敦到纽卡斯尔的旅行时间控制在 17 个小时左右，虽然
要乘火车和汽船水陆并进。⑧ 1845 年，伦敦—西北铁路上最快的快车车速是
每小时 37 至 41 英里。⑨ 19 世纪中期以后，铁路开始了大规模的合并。尽管
遇到了轨幅不一致的问题，但最终伦敦与英国主要工业区和大城市形成了全

---

① 　C. P. Hill, *British Economic and Social History, 1700-1982*, London: Hodder Education, 5th Revised edition, 1985, p.45.

② 　L. D. Schwarz ,*London in the Age of Industrialization: Entrepreneurs, Labour Force and Living Conditions, 1700-1850,* p.8.

③ 　Roy Potter, *London: A Social History*, pp.139-140.

④ 　[英] J. 克拉潘：《现代英国经济史》，中卷，第 210 页。

⑤ 　Stuart E. Prall and David Harris Willson, *A History of England*, Volume II, p.620.

⑥ 　[英] M.M. 波斯坦等主编：《剑桥欧洲经济史》，第 6 卷，第 215 页。

⑦ 　[英] 马丁·吉尔伯特：《英国历史地图》，第 90 页。

⑧ 　[英] J. 克拉潘：《现代英国经济史》，上卷第二分册，姚曾廙译，商务印书馆 1997 年版，第 482—483 页。

⑨ 　[英] J. 克拉潘：《现代英国经济史》，中卷，第 235 页。

覆盖的铁路网。1846 年 7 月 16 日，拥有 379 英里铁路的伦敦—西北线诞生，1863 年，伦敦出现了世界上第一条地铁。

伦敦的交通基本建成时，伦敦与其他地区的交通联系开始以铁路交通为主，以干线铁路连接主要工业城市如曼彻斯特、伯明翰和英吉利海峡以及苏格兰地区，以支线铁路连接地方城镇。公路成了铁路的支线，提供有保障的定期和经常性的短途服务。[①] 公路交通的流量开始减少，"在 1838 年伦敦—伯明翰铁路开通 3 个月之后，提供定期运输服务的马车数已经从每天 22 趟减少到每天 4 趟"[②]。1843 年，即大西线铁路完工两年后，伦敦到布里斯托尔之间就没有马车运行了。[③] 铁路对运河航运的打击更是致命的，虽然有极少数运河支持得更久一些，到 19 世纪晚期还有盈利的情况，但大多数运河已沦落到主要负责"运送草料"和"把伦敦的粪肥运出"的地步。[④]

交通的发展，使伦敦进一步加强与全国甚至世界的经济联系，从而更好地为工业革命服务。首先，不但周围地区越来越依赖伦敦市场，而且由于交通改善缩短了运输时间，鲜活农产品可在短时间内运到消费市场，从而改变了以往的贸易方式。如伦敦周围提供鲜肉的农场主不必把牲畜赶到伦敦市场上销售，而是在本地宰杀后再运进伦敦，降低了成本，还避免了对牲畜的损害。据钱伯斯的记载，一个诺福克农民就表示铁路使他每年减少了 600 英镑的花费，因为原来把牲畜赶到伦敦后总要减重很多。[⑤] 一些较远的地区也开始向伦敦运输工、农业产品，"菜牛或鲜肉会由铁路或轮船从阿伯丁运到伦敦。"[⑥] 甚至国外也向伦敦供应农产品，"几乎所有外国牲畜以及菜蔬和奶制品都是轮船横渡英吉利海峡和北海而装运进口的；其中大部分都运入泰晤士河去供应伦敦……1852 年，外国牲畜——牛、羊和猪的总进口额据报告为 334,000

① ［英］J. 克拉潘：《现代英国经济史》，中卷，第 230 页。

② ［英］M.M. 波斯坦等主编：《剑桥欧洲经济史》，第 6 卷，第 229 页。

③ C. P. Hill, *British Economic and Social History, 1700-1982*, p. 79.

④ 参见［英］J. 克拉潘：《现代英国经济史》，中卷，第 261 页。

⑤ Chambers, *The Workshop of the World*, p. 54, in E. A. Wrigley, *Poverty, Progress, and Population*, p.75.

⑥ ［英］J. 克拉潘：《现代英国经济史》，中卷，第 383 页。

头。伦敦市场每周到货报告书中所列那里的交货数字计不下 268,000 头"①。

其次，有些货物先运到伦敦再向其他地区转运，会更方便，而且节省运费。如 19 世纪时利兹的羊毛商罗伯特·约维特父子就发现，先把格洛斯特郡的羊毛通过海路运到伦敦，再转运到赫尔或塞尔比较合算。②

再次，交通发展带来的通讯条件的改善也使伦敦商人可以更广泛地投资、更好地管理企业。由于驿路和铁路的发展，18 世纪末期从伦敦到兰开郡和威尔士的邮政信函的速度已经跟现在相差无几了。例如托马斯·威廉斯可以藉此建立起对铜的垄断，并经营分散在康沃尔郡和设德兰群岛一带的各项商业。③

（四）伦敦作为金融中心为工业革命扩展提供了有力的资金支持

随着工业革命的发展，工业企业的规模不断扩大，经营的风险和运营成本也不断增大，资金问题又逐渐出现在人们的视野里。与之前主要靠商人投资不同，这一时期伦敦的金融业已经发展起来，在固定资产和流动资金两方面为工业革命的扩展提供了坚实的金融支持。

尽管在工业革命早期企业的固定资产来源主要是个人借贷而非金融业务，但在工业革命后期，企业获得固定资产的主要途径是向银行贷款和成立合股公司两种。工业革命之前，由于政府担心"南海泡沫"事件重演，对于成立合股公司有严格的限制，但这并没有消除社会对于投资和融资的需求。随着社会对资本的需求不断增大，政府也逐渐放宽了对金融业的控制，成立合股公司成了工业企业筹集固定资产的另一重要手段。

18 世纪时英格兰的银行系统大致分为三个层次。第一层是逐渐演变成为中央银行的英格兰银行，下一层是城市商业银行（早期以伦敦的银行为主），再下一层是广泛分布于各地的乡镇银行。按照考特的说法，英格兰最早从事银行业的金首饰商都是伦敦人，这些人是城市银行的鼻祖。以至于早期的银行常被分为伦敦的银行和其他地区的银行两种，"伦敦以外的银行都叫做乡镇银

---

① ［英］J. 克拉潘：《现代英国经济史》，中卷，第 18 页。

② Derek Howard Aldcroft and Michael J. Freeman (eds.), *Transport in the Industrial Revolution*, Manchester University Press, New edition, 1986, p.15.

③ 参见［法］费尔南·布罗代尔：《15—18 世纪物质文明、经济和资本主义》，第 3 卷，第 680 页。

行"①。工业革命前，伦敦的金融业发展比较缓慢，从18世纪末期开始，银行开始涉足固定投资以来，除了造船业、运河业和农业以外，固定资产的投资还很少，股份合作制也一般只在特许经营公司（如东印度公司、哈德逊湾公司等）中得到应用。直到1750年，伦敦以外的银行还不超过12家。② 工业革命开始后，各级银行开始广泛设立，银行业务也开始趋于多样化。根据1851年的统计数据，施瓦茨指出伦敦从事银行和保险业的男性的比例占全国的40%以上。③

　　1694年刚成立时，英格兰银行只是一个主要向政府提供应付战争所需借款的合股银行，并非真正的中央银行。其主要业务是进行汇票和金银交易，随着政府一系列特许状的颁布，18世纪时英格兰银行成为了伦敦地区唯一可以发行纸币的银行，尽管其发行的纸币也只能在伦敦地区（包括伦敦的商业区和周围30英里的范围）流通。英格兰银行的钞票作为金币的媒介而流通，伦敦以外地区的贸易则以伦敦的银行开出的商业汇票为媒介，到期后可到伦敦的银行兑换成现金。1844年银行法颁布以后，英格兰银行成为了现代意义上的中央银行。

　　伦敦的商业银行不能发行纸币，但起到了联系农业区乡镇银行和工业区乡镇银行的关键作用，所以发展很快。伦敦的私人银行数目在1725年是24家，到1785年增长到52家。它们分为两类，一类是伦敦城的银行，另一类是伦敦西区的银行。前者的主要作用是担任乡镇银行的代理行，另外还经营政府债券和一些特许公司的股票。伦敦西区的银行则主要与贵族和绅士打交道，向他们提供借款，因此这些借款不是流向投资领域就是流向消费领域，对工业发展都是有好处的。④

---

① ［英］W.H.B. 考特：《简明英国经济史》，第102页。

② J. L. Hammond and Barbara Hammond, *The Town Labourer 1760-1832,The New Civilisation*, Longmans Green and Co., 1917, p.7. ［美］查尔斯·P. 金德尔伯格：《西欧金融史》，何健雄等译，中国金融出版社2010年版，第111页。

③ L. D. Schwarz, *London in the Age of Industrialization: Entrepreneurs, Labour Force and Living Conditions, 1700-1850,* p.24.

④ 参见［美］查尔斯·P. 金德尔伯格：《西欧金融史》，第108—109页。

伦敦的银行在伦敦地区开展业务，把伦敦商人的闲散资金吸收起来，并通过透支和支票的形式向外贷款，也可以（通过乡镇银行）把富裕的农业地区的剩余资金吸引过来，然后再贷款给伦敦和其他工业地区。[①]这样，伦敦成为了一个地区向另一个地区投资的中介。伦敦的银行与贷款投放地银行之间通过票据来进行结算，乡镇银行以此向伦敦的银行贴现。这样的方式既使伦敦的银行家获得了利益，又为地方工业企业募到了发展资金。通过信誉支付的方式，伦敦的银行将东盎格利亚之类农业区的剩余资金转移到了兰开郡这样的工业区。[②]

居于最基层的乡镇银行直接服务于当地的生产与交易活动，数量上增长较快，从1784年的120家，增加到1793年的400家，1810年超过了700家。[③]乡镇银行的业务与伦敦有很大关系，它们与伦敦的银行合作开展业务。如诺丁汉的纺织品商人兼银行家托马斯·史密斯一家的经营活动基本上都与伦敦有关，他的公司与伦敦的金匠银行家有长期的金融业务联系，1758年史密斯家族又在伦敦设立了史密斯-佩恩银行，这家银行同时兼作14家其他地方银行的代理，其客户包括很多诺丁汉针织品贸易商人。[④]

伦敦的银行除了为工业企业提供了充足的投资外，在流动资金的补充上，伦敦的金融机构也发挥了重要作用，其中之一就是票据贴现服务。所谓票据贴现就是指买方暂时无法支付现金于是先向卖方开具汇票，再由银行代替买方向卖方以现金形式支付货款并获得可靠票据，再由买方在一定期限内向银行支付比货款稍多的金额换回票据以弥补银行损失的金融业务。这种业务在运河、铁路、棉纺织等工业革命时期发展起来的行业中应用很普遍，乡镇银行和伦敦银行都可提供贴现服务。早期的商业交易中，由于工业企业的实力较弱，所以经常需要赊买原料，而卖方也急需现金。这样一来就需要银行提供贴现服务，构成双方交易的桥梁，银行也从中获得效益。随着长期贴现率的不断减低，抵

---

① 参见 [美] 马克·吉罗德：《城市与人：一部社会与建筑的历史》，第270页。

② M.J. Daunton, *Progress and Poverty: An Economic and Social History of Britain 1700-1850*, p.138.

③ [英] 约翰·克拉潘：《英格兰银行》，第2卷，第1页。转引自 [英] 考特：《简明英国经济史》，第102页。

④ [美] 查尔斯·P. 金德尔伯格：《西欧金融史》，第112页。

押市场和政府公债也开始逐渐兴起，从而更好地为工业革命提供了金融支持。

19 世纪初，伦敦贴现市场的兴起使工业地区的银行可以通过伦敦的代理人将汇票贴现，这给予了各工业地区企业极大的流动资金支持。[1] 英格兰银行的地方分支银行为支持地方的工业化发挥了巨大作用。1827 年开业的英格兰银行利兹分行，就依托伦敦的金融优势地位为约克郡西莱丁地区的客户提供服务，使得地方企业享受到了更多的低利率贴现业务，从而增强了竞争力。另外，采用背书的方式可以很便捷地将伦敦银行的资金通过英格兰银行转移到地方银行，以便支持地方银行和当地企业的发展。[2]

伦敦的保险业也对工业活动的发展很有帮助。英国保险事业开始于伦敦，伦敦的咖啡馆老板爱德华·劳埃德于 1688 年创办了劳埃德咖啡馆，由于顾客多为船主和外贸商人，于是也逐渐吸引了不少保险经纪人到此洽谈业务。经过一段时间的发展，劳埃德咖啡馆最终成为了一个民间保险市场，主要经营航海保险业务，如今已是世界上最大的保险业务联合体。18 世纪末，伦敦的三家大型金融企业太阳保险公司、凤凰保险公司和皇家交易保险公司就负责了新兴的纺织企业的金融保险服务。直到 19 世纪前十年，以伦敦为基地的保险公司还为全国的企业提供了超过保险总额 90% 的保险。[3]

可能是由于历史上几次大火留下的记忆，伦敦的火险业务也走在全国前面。工业革命时期的新型工业大多应用了蒸汽机等机械，多数企业都面临火灾的威胁，伦敦火灾保险业务也就更加发达，成立于 1680 年的太阳保险公司是英国的第一家火灾保险公司。[4] 到 1806 年，太阳保险公司、凤凰保险公司和皇家交易所承担了英国火灾保险业务的 60%。[5] 根据克拉潘的观点，1832 年，

---

[1]　L. D. Schwarz, *London in the Age of Industrialization: Entrepreneurs, Labour Force and Living Conditions, 1700-1850,* p.20.

[2]　Pat Hudson, *The Genesis of Industrial Capital: A Study of the West Riding Wool Textile Industry 1750-1850,* p.189.

[3]　J. P. Higgins and Sidney Pollard: *Aspects of Capital Investment in Great Britain 1750-1850: A Preliminary Survey,* Routledge, 2006, p.60.

[4]　参见 [美] 查尔斯·P. 金德尔伯格:《西欧金融史》, 第 255 页。

[5]　Oliver M. Westall,*The Historian and the Business of Insurance,* Manchester University Press, 1984,p.4.

英格兰和威尔士的火险业务掌握在 39 家公司手中，其中伦敦的 15 家公司的业务量占了 7/11。[1] 除了火灾保险，伦敦保险公司和皇家交易所还在 1721 年开始经营主要针对船员的人身保险业务，这也促进了海上运输的不断发展。

三　工业革命中伦敦工业的变化及影响

工业革命使英国大多数地区出现了工业上的不同变化：有的地区失去了工业上的优势地位，成为主要农业区；有的后来居上，成为主要工业区。一些史家认为，在工业革命后期即 19 世纪早期，相对于地方来说，伦敦在工业上的重要性下降了。尤其是纺织业、造船业和化学工业，伦敦落到了后面。[2] 总体来看，伦敦并没有完全失去工业革命前就有的工业优势，这是该时期伦敦经济经常被史家忽略的一个特点。

1851 年，伦敦拥有 37 万制造业人口，占伦敦工人总数的 1/3，是英国最大的制造业中心。[3] 根据 1851 年普查结果分析伦敦人的职业结构，伦敦男性就业人数最多的前三种职业分别是制造业、商业和交通业，比例分别为 33.86%、14.12% 和 11.6%。女性就业人数最多的前三种职业分别是家庭服务业、制造业和商业，比例分别为 52.83%、32.83% 和 8%，制造业就业比例相当高。[4] 1850 年，由于巨大人口带来的消费需求的影响，伦敦的工业品产量仍然居全国首位。[5] 工业革命前，伦敦工业与全国大部分地区一样多采用小规模的、作坊式的、以手工劳动为主的工业生产形式，而工业革命时期，伦敦的食品制造、日用品制造、马车制造业等传统工业出现了规模化、工厂

---

① ［英］J. 克拉潘：《现代英国经济史》，上卷第一分册，第 360 页。

② Asa Briggs, *Victorian Cities, A Brilliant and Absorbing History of Their Development*, pp.311-312.

③ L. D. Schwarz, *London in the Age of Industrialization: Entrepreneurs, Labour Force and Living Conditions, 1700-1850*, p.11.

④ L. D. Schwarz, *London in the Age of Industrialization: Entrepreneurs, Labour Force and Living Conditions, 1700-1850*, pp.15-25.

⑤ Roy Potter, *London: A Social History*, p.187.

化和机械化的变革，化学工业、成衣业等新兴工业也开始出现和发展。工业革命时期的伦敦工业以深加工为主，主要生产最终消费品，一些伦敦企业从外地收购半成品，进行加工后再销往各地。

虽然受到新兴工业城市的冲击，但伦敦在很多方面仍保持了一定程度的发展，这主要在于伦敦作为英国首都和传统经济中心的优势地位。这种优势地位首先表现在其巨大的人口数量和吸引力上，大量的人口聚集于此，必然意味着巨大的市场，可以节省大量运费，消费品制造业因此直接受益，食品和饮料生产业、肥皂等日用品制造业、奢侈品制造业，以及与建筑相关的制砖行业都相当繁荣。[①] 其次，伦敦作为传统经济中心积累了大量工业基础和传统，许多产业利用传统优势继续在国内贸易中独领风骚。再次，伦敦在工业革命时期作为全国最大的港口、重要的运河和道路枢纽，保持着和全国主要工业区的密切交通联系。最后，英国的殖民活动和海外贸易也为伦敦消费品生产提供了充足的原料和市场，极大地推动了伦敦消费品制造业的发展。

伦敦的工业没有完全衰落下去，仍保持了一定的活力，并且由于工业革命的影响发生了一些新变化。一方面伦敦许多传统工业采用了新技术、新生产形式，另一方面，伦敦又兴起了许多新型工业。这本身就是工业革命的一部分，并且对其他发生工业革命的地区的工业发展也起到了促进作用。许多伦敦的企业为适应生产需要，改进生产方法，大量购买工业革命中出现的新设备，为工业产品提供了销路；有的企业采用了工厂形式组织生产，获得了巨大成功，为其他地区树立了榜样；有些新兴工业本身就是工业革命的产物。

（一）传统工业在工业革命中的变革

伦敦的传统工业如食品制造、日用品制造业等在工业革命的影响下发生了较大变革。虽然其中有些开始衰退，但更有不少企业发生了资本的聚集，采用工业革命中诞生的新技术或新的生产组织形式，在变革的基础上不断发展。

在变革中，有些行业一度出现了衰退，如肥皂制造业。18世纪时，伦敦是英国的主要制皂中心。伦敦周边的屠宰场、饭馆和私宅为肥皂厂提供了大量

---

① Asa Briggs, *Victorian Cities, A Brilliant and Absorbing History of Their Development*, p.312.

作为原料的骨头和油脂，使得成本下降，但到18世纪末逐渐被靠近煤炭产区而且油脂、棕榈油、粗碱等原料的供应也很充足的墨济河畔地区所超越。1835年伦敦的硬质肥皂产量为3,265万磅，全国最重要的肥皂产区墨济河沿岸的产量是4,775万磅，相差不是很多。[1] 随着消费需求的增长，伦敦制皂业在1853年取消土产税后更加兴旺了起来。[2] 许多肥皂厂也生产蜡烛，因为使用的原料几乎一样。伦敦最大的蜡烛品牌是"特价"蜡烛，建立于1830年。起初用椰油做原料，改用化工合成材料后发展迅速，到1849年工人达700人。[3]

更多的伦敦传统工业在工业革命时期发生了较大规模的资本聚集，这种聚集即使在全国范围内看也是很显著的。表6-1说明了伦敦工业在1851年的集中程度。

表6-1　1851年伦敦工业集中度指数：

高度集中产业	指数	集中度较高的产业	指数	一般集中产业	指数	一般产业	指数	集中度较低的产业	指数
造纸、印刷及出版业	3.1	公共管理	2.0	食品、饮料及烟草	1.5	机械工程	1.2	砖、陶、玻璃和水泥制造业	0.7
工具制造	2.5	交通与通讯	1.9	造船及航海工程	1.4	建筑业	1.2	金属冶炼业	0.6
煤气、电力、供水	2.5	分销业	1.8	车辆制造	1.3	金属制品业	1.1	纺织业	0.3
其他制造业	2.3	金融及商业服务	1.7					采矿与采石业	0.2
化学及相关工业	2.1	杂务	1.7					农业等	0.1
皮毛加工业	2.1	制衣业及鞋袜业	1.6						
专业与科学服务	2.0	木材与家具业	1.6						

资料来源：Michael Ball and David Sunderland, *An Economic History of London, 1800-1914*, London: Routledge, 2001.p.75.

[1]　[美]大卫·兰德斯：《解除束缚的普罗米修斯》，谢怀筑译，商务印书馆2007年版，第111页。
[2]　Michael Ball and David Sunderland, *An Economic History of London, 1800-1914*, London: Routledge, 2001, p.131.
[3]　Michael Ball and David Sunderland, *op. cit.*,p.132.

上表中，指数为 1 代表该行业在伦敦从业人数与伦敦所有行业从业人数占全国的平均水平一致，2 代表其从业人数为伦敦占全国所有从业人数的 2 倍，即集中程度较高。可见大多数伦敦工业的集中程度达到或超过了全国平均水平。在一些伦敦工业中出现这种资本集中的主要原因是市场的扩大。工业革命带来的经济进步，使人口的消费量大增，为企业扩大规模提供了动力。伦敦的金融业和商人能为伦敦工业提供了大量资金，使他们可以扩大生产规模。

伦敦消费的食品在这一时期既有零售商加工的，也有从外地进口的，但也有不少是本地生产的。有人统计 1826 年左右伦敦有 24 种不同的食品企业，有的记载更多，达 31 种：油脂加工厂、食醋厂、糖果厂、饮料厂、腌肉厂等等，它们的总投保资产高达 734,000 英镑。[①]

伦敦的食品生产中，以啤酒、蒸馏酒等企业的资本集中最为突出。这个时期，伦敦的酒类生产已经由零散的个体生产转向集中的工业化生产。啤酒酿造厂在火灾保险公司投保的资产数额占到了同期伦敦制造业的 7%，和所有伦敦企业的 2%。约翰·克拉潘爵士认为伦敦的啤酒酿造业到工业革命时期已经具有相当大的规模，而同时期的其他地区却仍然由领有执照的自酿酒店业者主导。随着时间的推移，资产集中情况更加凸显，早期酿酒企业的平均参保资本是 2,621 英镑，至 19 世纪 20 年代已增至 6,607 英镑。[②] 1700 年时，在伦敦开办一家酿酒厂至少要投资 2,000 英镑，1740 年，向伦敦居民供应啤酒的"维特百得公司"资金高达两万英镑，[③] 1786 年，它一家生产了 15 万桶浓啤酒，其他企业共生产了 500 万桶黑啤酒，150 万桶淡啤酒和超过 50 万桶佐餐啤酒。[④] 1760 年，伦敦杜鲁门、汉伯里和巴克斯敦酿造厂的总资产高达 13 万英镑，[⑤] 1748 年 12 家大型酿造企业的产量占到伦敦总产量的 42%，

---

① David Barnett, *London, Hub of the Industrial Revolution: A Revisionary History 1775-1825*, p.47.

② David Barnett, *London, Hub of the Industrial Revolution: A Revisionary History 1775-1825*, p.41.

③ [法] 费尔南·布罗代尔:《15—18 世纪物质文明、经济和资本主义》，第 2 卷，第 359 页。

④ Roy Potter, *London: A Social History*, p.140.

⑤ 舒晓昀:《分化与整合：1688—1783 年英国社会结构分析》，第 130 页。

到 1830 年这个比例上升到了 85%，^①可见其资本集中与产量扩大之速度。据布罗代尔记载，一个法国人曾于 1812 年说道："（啤酒厂）确实可算是伦敦市引人入胜的地方之一。巴克莱公司是最大的啤酒厂之一。最后调制完毕的酒液被倾入体积极大的酒池或酒桶……最小的酒池如装满啤酒价值约 3,000 英镑：按这个比例计算其他，仅酒池一项，就占资金 30 万英镑……每年出厂啤酒约 25 万桶，足以装满 150 艘载重为 200 吨的船……"^②

与啤酒酿造厂一样，英国的大型蒸馏酒厂也大都设在伦敦。^③伦敦的蒸馏酒厂在 18 世纪 70 年代平均投保资本是 2,719 英镑，到 19 世纪 20 年代几乎增长了 3 倍，达到 10,328 英镑。19 世纪 20 年代，伦敦的蒸馏酒业中 1/3 的企业投保额超过 1 万英镑。这种情况还表现出了相当的连续性，1777 年约翰·伯克特和约瑟夫·霍兰德为他们酒厂的办公室、蒸馏车间和仓库投保 1,700 英镑，为货物投保 16,000 英镑。19 世纪 20 年代，约瑟夫·伯克特和其子则投保达 21,000 英镑。^④

伦敦的糖厂在工业革命时期发展并不迅速，从 18 世纪 70 年代到 19 世纪 20 年代平均投保资本增长了 14%，但资本集中程度却比啤酒和蒸馏酒两种产业都大。19 世纪 20 年代超过 15% 的企业投保资本超过 1 万英镑，超过 2/3 的企业投保资本超过 3,000 英镑。^⑤在欧洲消费的糖中，大量的是先从海外进口粗糖，然后运到几个大港就地提纯而成的，伦敦是其中最大的一个。伦敦的糖厂多建在萨福伦斯码头附近，从西印度运来的原料主要在这里卸载。^⑥由于 1860 年自由贸易法案的通过，国外糖厂在英国的销售量大增。甜菜制糖法推广后，英国本土的糖厂也开始从中欧地区大量进口甜菜，伦敦渐渐失去了作为原料港口的区位优势。1800 年伦敦有 100 家左右的糖厂，约占全国的 2/3，到 1900 年时下降到只有 4 家，但仍占全国的 1/4。早期产品种类较

---

① David Barnett, *London, Hub of the Industrial Revolution: A Revisionary History 1775-1825*, p.42.

② [法] 费尔南·布罗代尔：《15—18 世纪物质文明、经济和资本主义》，第 3 卷，第 693 页。

③ 参见 [英] J. 克拉潘：《现代英国经济史》，上卷第一分册，第 220—223 页。

④ David Barnett, *London, Hub of the Industrial Revolution: A Revisionary History 1775-1825*, p.44.

⑤ David Barnett, *London, Hub of the Industrial Revolution: A Revisionary History 1775-1825*, p.46.

⑥ Michael Ball and David Sunderland, *An Economic History of London, 1800-1914*, p.129.

单一，经过一段时间的发展，到 1850 年时伦敦的糖厂不但可以生产方糖和白糖，还生产少量的红糖和糖饴，并且开始专为大众消费制造品牌产品。他们重新在东伦敦的斯沃尔顿设立新厂，因为原来的工厂靠近伦敦池，运原料大型运输船难以靠岸，而且新址还有便利的铁路运输。[①]

当时伦敦人日用消费品有火柴、肥皂和蜡烛等，这些都与需要大量煤炭作原料的化学工业有关。19 世纪伦敦的火柴厂多雇佣童工，而且工作条件极差。童工们把一捆捆小木棍在烧得滚烫的液体硫磺锅里蘸一下，然后交给另一人放到砧板上搓开，再将浸过硫磺的一头蘸上氯酸钾。这一切都是在没有任何防护措施下进行的，硫磺和氯酸钾的气味几乎令人窒息。尽管如此，工厂的规模却比较大，"据说那里雇佣了 180 多个男女成年工和童工"[②]。

早在查理一世时代，威廉·亚德里为了获得特许制皂权而支付了大笔费用。他不但创立了世界上第一个肥皂品牌，还最早采用了薰衣草香型，到 1770 年已被广泛采用。[③] 1718 年，伦敦皂业商威廉·考普兰发明了一种液体肥皂的制造技术，并试图为其申请专利。[④] 伦敦的肥皂产业是一种投资较大的行业，而且在工业革命时期也发生了资本集中。根据火灾保险的记录，18 世纪 70 年代伦敦的大型肥皂企业占总体的 1/4，其平均投保额约为 2,081 英镑；19 世纪 20 年代，大型肥皂企业的比例上升到 60%，平均投保金额也上升到 4,760 英镑。全行业平均保额是伦敦制造业平均保额的 3 倍。

奢侈品制造业是伦敦的传统行业。1500 年一个意大利人就曾这样描述伦敦："伦敦没有意大利风格的建筑，只有法国式的砖房。但伦敦人生活舒适，追求奢侈品，从斯特兰街到圣保罗教堂，就有 52 个金店，这是米兰、威

---

①　Michael Ball and David Sunderland, *An Economic History of London, 1800-1914*, pp.129-130.

②　[英]E·多伊斯顿·派克编：《被遗忘的苦难：英国工业革命的人文实录》，蔡师雄等译，福建人民出版社 1983 年版，第 180 页。

③　Luis Spitz (ed.), "The History of Soaps and Detergents", in *Soap Manufacturing Technology*, Urbana: AOCS Press, 2009, p.5.

④　Christine MacLeod, *Inventing the Industrial Revolution, The English Patent System, 1660-1800*, p.23.

尼斯、罗马的金店加在一起的数字。"① 随着工业革命的发展，工业革命造就的富人越来越多，伦敦金银饰品制造商所需的资本也不断攀升。18 世纪时，"伦敦金首饰匠必需的最低资本是 500 到 3,000 美元。"②

马车制造业是英国的传统奢侈品工业。18 世纪末 19 世纪初时一辆伦敦产的马车平均价格在 170 英镑左右，一般人难以承受，这样的产品也只能在伦敦这样的城市找到销路。③ 在伦敦，马车制造者一般负责除车轮以外的部件的建造，所以这个行业需要多种工人的合作，包括皮革匠、裁缝、雕刻工、铜匠和木匠等，④ 也带动了相关行业的发展。

丝织业是伦敦的传统产业，从胡格诺教徒大量涌入前的 17 世纪早期开始就一直是伦敦的主要工业之一。尽管受到了政府进口禁令及限制法规的影响，但伦敦的丝织品贸易仍保持了活力。⑤ 1851 年，博内尔格林和怀特柴泊都有约 5,500 个织工，而斯皮特菲尔德区在精细织物的生产上仍然领先于兰开郡和柴郡。⑥

在生产组织形式方面，工业革命时期的伦敦丝织业已逐渐形成了下述生产形式：首先把原料从各地运入伦敦，伦敦商人再把原料分发到周边小城进行粗加工，半成品再被运进伦敦进行最后的精加工，并行销各地。埃塞克斯、萨福克、伯克、汉普等郡都被纳入了这一生产体系。⑦ 这些地区的许多丝织企业并非诞生于本地，而是由伦敦迁来的。例如，纽伯里的织缎企业霍克斯与菲尔德公司最初就以伦敦为基地，⑧ 而一些企业在迁出伦敦后还将其原来在

---

① Manly Lawrence (ed.), *London in the Age of Shakespeare: An Anthology*.p.29. 转引自陈晓兰:《城市意象：英国文学中的城市》，广西师范大学出版社 2006 年版，第 9 页。

② [德] 维尔纳·桑巴特:《奢侈与资本主义》，第 211 页。

③ David Barnett, *London, Hub of the Industrial Revolution: A Revisionary History 1775-1825*,p.85.

④ 参见 [德] 维尔纳·桑巴特:《奢侈与资本主义》，第 226 页。

⑤ David Barnett, *London, Hub of the Industrial Revolution: A Revisionary History 1775-1825*, p.55.

⑥ Roy Potter, *London: A Social History*, p.194.

⑦ Neil Raven, "'A Humbler, Industrious Class of Female': Women's Employment and Industry in the Small Town of Southern England, c. 1790-1840", in Penelope Lane, Neil Raven and K. D. M. Snell (eds.), *Women, Work and Wages in England, 1600-1850*, Woodbridge, UK: Boydell & Brewer, 2004, p.178.

⑧ *Handloom Weavers: Assistant Commissioner's Reports,* P.P.1840, XXIII, pp.285-288, in Penelope Lane, Neil Raven and K. D. M. Snell (eds.), *Women, Work and Wages in England, 1600-1850*, p.177.

伦敦的地址作为第二地址使用。① 出现这种情况的主要原因是伦敦的劳动力价格较高,不适合大规模发展劳动密集型产业,但交通便利且资本集中,比较适合进行深加工。

伦敦作为英国的丝织业中心之一发挥了不小的作用。19世纪20年代,伦敦共有纺织企业及相关企业1,224家,占所有制造业的8.4%,投保资本达234.1万英镑,超过伦敦所有制造业投保资本的13%。伦敦有一系列与丝织业相关的产业,如印染、漂白、砑光、熨烫、成衣及丝印等行业,与伦敦周边地区其他行业相关的还有厚篷帆布、地毯、毛呢、蕾丝等行业。伦敦还负责消化这些已迁出伦敦的企业的产品。一个伦敦的货运马车公司运往伦敦的货物中就包括厚篷帆布、地毯、纽扣和丝织床罩等产自伦敦周边地区的产品。②

许多传统工业在工业革命影响下采用了新技术、新设备或革新了产品种类。

啤酒酿造业是伦敦工业企业中采用新技术并且革新产品种类的典型。瓦特与合伙人博尔顿制造的第一批蒸汽机里,就有一台被一家伦敦的啤酒厂所使用。上文提到的啤酒酿造企业伦敦巴克莱公司也应用了新的动力机械,"厂内的机器都由一台20匹马力的火力泵带动,虽然啤酒厂使用将近200名工人和大量马匹,但几乎只干厂外的杂务;这所庞大的制造厂内杳无人影,一切都靠看不见的手在操作"③。除此以外,啤酒业还开始大量生产受到伦敦消费者青睐的黑啤,由于生产黑啤对原料和生产技术的要求不高,而且可以长期贮存,便于大规模生产和消费。所以,黑啤的流行对啤酒酿造业意义重大。

成衣业是伦敦的传统优势行业,在工业革命时期也有新的发展,这也直接导致了中间阶层女性的购物热潮和带大橱窗的豪华商店的出现。19世纪30

---

① Neil Raven, "'A Humbler, Industrious Class of Female': Women's Employment and Industry in the Small Town of Southern England, c. 1790-1840", p.177.

② David Barnett, *London, Hub of the Industrial Revolution: A Revisionary History 1775-1825*, pp.177-179.

③ [法] 费尔南·布罗代尔:《15—18世纪物质文明、经济和资本主义》,第3卷,第692页。

年代，包括家庭作坊式的企业和其他成品纺织企业，伦敦共有 1,139 家企业涉足成衣制造，总保险金额达 132.7 万英镑，占全部伦敦制造业的 8%。伦敦成衣业产品种类很多，包括各种衬衣、罩服、宽松上衣、礼服大衣、夹克衫等等。伦敦也是手套、帽子的重要产地，1834 年伦敦生产了 5 万打手套。由于不需要单独对顾客量体裁衣，制帽业成为了伦敦成衣业中最具现代化大生产特点的行业。由于采用了托马斯·查普曼发明的将光滑羊毛缝到粗糙毛皮上的新技术，南瓦克的制帽工七年间就生产了 500 万顶毡帽。[1]

（二）伦敦传统工业变革产生的影响

伦敦工业的变革，刺激了对煤、铁等生产资料的消费的增长。伦敦的面粉厂是应用蒸汽作动力的先驱。由于伦敦的人口实在太多，工业革命时期使用传统动力运转的面粉厂已经不适应当地生产的需求，许多磨坊成为第一批使用蒸汽机作动力的伦敦企业。18 世纪末，伦敦的很多企业如糖厂、啤酒厂、蒸馏厂、化工厂等也大都采用了蒸汽机或内燃机之类的动力设备，这些都导致伦敦对煤的需求不断增大。伦敦传统工业的集中，使得各企业的规模不断扩大，所需的厂房和设备也不断增多，对铁的需求也随之增大。

伦敦工业的集中，还造成了英国东南部地区工业化程度降低，这为其他主要工业地区生产的工业品提供了市场。更重要的是，伦敦就像一个孵化器，许多新产业诞生于此，然后为了节约劳动成本再向工资较低的地区转移，从而引起了更大范围的工业化和经济繁荣。

随着伦敦工业的发展，它成为了大型工业品生产城市，吸引了大批技术工人和非技术工人。伦敦的劳动力市场日趋繁荣，这对其他地区的发展也起到了重要作用。据统计，在 1750 年到 1830 年间，伦敦人的年劳动时间至少增加了 40%。过去伦敦人和所有英国人一样要过所谓的"神圣星期一"，即由于在周末喝的酩酊大醉，到周一还不能准时正常工作的现象。而到了工业革命时期尤其是 19 世纪，伦敦人即便是星期一也在工作。[2] 这与政府反对饮

---

[1]　David Barnett, *London, Hub of the Industrial Revolution: A Revisionary History 1775-1825*, p.73.

[2]　Jan de Vries, *The Industrious Revolution: Consumer Behavior and the Household Economy, 1650 to the Present*, pp.91-92.

酒而提倡饮茶有一定关系，但最主要的原因还是工业革命带来的生产组织的
变化，工人必须遵守相对严格的工厂制度的管理，不得不放弃古老的习惯。
伦敦及周围地区的工资水平和物价水平不断走高，也导致了一些劳动密集型
工业企业开始向其他地区发展，于是制造业在英格兰南部也有了一定发展，
促进了工业革命在英国的扩展。[①] 18 世纪时，伦敦的织袜业转移到了东密德
兰地区，成衣业和制鞋业也紧随其后。廉价丝织品的生产也从伦敦的斯皮特
菲尔德转移到了英国北部地区。1832 年，就有一个伦敦的丝织业主到多塞特
郡的小城舍伯恩允诺将雇佣当地穷人为其生产服务。[②]

（三）伦敦在工业革命中诞生的新兴工业

工业革命期间，伦敦出现了一些与工业革命密切联系的新兴工业，如新
型化学工业、机械制造业等。这些新兴工业是受工业革命的影响才出现的，
所以也自然而然地融入到工业革命的过程中去，为工业革命的继续发展起到
了重要作用。

工业革命的一个显著特点是发明和应用机械设备，以燃烧化石燃料来带
动机器进行生产。这时出现了许多新型设备，伦敦是这些设备的主要产地。
伦敦是工业革命时期蒸汽机等新型机械主要制造和应用中心之一，18 世纪末
伦敦的蒸汽机比兰开郡还要多，主要应用于蒸汽磨坊和城市供水。[③] 伦敦工
程企业可以制造许多机械设备，包括抽水泵、刻花机、酿酒机、压模机、研
磨机、印刷机等。[④] 前述莫兹利公司就可以制造各式各样的机器如磨粉机、
锯木机、铸币机等，后来又转而制造船舶用机器，[⑤] 1825 年他的企业在火险
保险公司注册的资本达 8,600 英镑，是伦敦业界的龙头。[⑥]

---

① P. Clark, "Small Towns in England, 1550-1850: National and Regional Population Trends", *Small Towns in Early Modern Europe*，ed. by P. Clark, Cambridge University Press,1995, pp.90-120.

② Neil Raven, "'A Humbler, Industrious Class of Female': Women's Employment and Industry in the Small Town of Southern England, c. 1790-1840", p.183.

③ Roy Potter, London: *A Social History*, p.187.

④ David Barnett, *London, Hub of the Industrial Revolution: A Revisionary History 1775-1825*, p.101.

⑤ 参见 [英] J. 克拉潘：《现代英国经济史》，上卷第二分册，第 200 页。

⑥ [英] J. 克拉潘：《现代英国经济史》，上卷第二分册，第 103 页。

　　由于工业革命时期纺织工业、机器制造业等工业的大繁荣，这些企业对漂白剂、染色剂、清洁剂、强酸、工业盐等化工产品的需求不断增大，这为伦敦新型化学工业的兴起创造了有利条件。所谓新型伦敦化学工业是指主要为满足本地区其他工业如酿酒、蒸馏、制醋、食品加工、印刷、制皮、制肥皂、制蜡烛等行业对各种化学品的需求而存在的工业，其产品主要是作为原料或催化剂应用到其他工业品的生产当中，与之前在小作坊里熬制油脂的化学工业迥然不同，因此也可以说工业革命前的伦敦化学工业并非现代意义上的化学工业。在 19 世纪 20 年代，伦敦的化工企业共有 388 家，投保资本达 77 万英镑。①

　　1851 年 5 月 1 日，万国工业品博览会在伦敦海德公园开幕，这是人类历史上第一次世界博览会。尽管英国对外宣称其目的是"为人类已经取得的进步提供一个真实而生动的图景，并为今后各国的发展指出明确的方向"，但实际上首届世界博览会在伦敦召开，既彰显了英国工业实力的强盛，又无意中体现了伦敦对于工业革命及英国工业化进程的贡献。

　　为了显示强大的工业生产能力，伦敦万国工业品博览会的会场被设计成了一座由许多的钢架和 29 万多块玻璃组成的巨型温室（1,848 英尺长，404 英尺宽），鉴于它巨大的体积和玻璃在当时的地位，它也被称为水晶宫。在这座人类工业文明的"万神殿"里，展出了很多前人闻所未闻的新事物，例如最令女王陛下感到惊奇的可以像人手一样灵巧地折信封的折纸机和后来广为流行的缝纫机，也首次亮相于这次博览会。就像水晶宫的建筑材料一样，这些设备体现出的是工业化时代的生产特点：标准化的部件、大量的生产以及以分工来代替手工。②

　　综合来看，伦敦在工业革命时期对英国经济以及工业革命的进行都发挥了重要作用。伦敦这个"众城之城"，在工业革命大潮中更彰显了其厚重、内敛的气势。随着世界经济向着电气化、信息化迈进，伦敦的经济也在不断转型；而伦敦在第一次工业革命时期的经济变化和作用，就是这种转型的最早体现。

---

① ［英］J. 克拉潘:《现代英国经济史》，上卷第二分册，第 88 页。
② Herbert Sussman, *Victorian Technology Invention, Innovation, and the Rise of the Machine,* California: Praeger Publishers Inc, 2009, p.56.

第七章
东盎格利亚：传统农业区的曲折转型

东盎格利亚是英格兰东部一个相对独立的地理单元。本书采用《不列颠百科全书》中的说法：东盎格利亚由诺福克、萨福克两郡和剑桥郡、埃塞克斯郡各一部分组成。[①] 从作为一个中世纪经济区域来说，这一界定可能最具合理性。[②] 它是中世纪传统的农业区，并有一些与典型封建农业区不同的经济社会特点。在英国崛起的进程中，东盎格利亚也在国内分工体系中根据自身的资源、传统和优势而不断探寻本区域发展方向，走了一条"传统农业→原工业化→商品化农业"的曲折道路，最终找到了较为适当的经济定位。东盎格利亚转型的这一经历，反映了近代英国率先崛起过程的复杂性；其从传统农业区最终转向了商品化农业区，亦体现了从农业社会向工业社会转变道路的多样化。

一　中世纪：相对发达的传统农业区

中世纪英国经济落后，而东盎格利亚却是相对发达的农业区。一方面它具有农本经济社会的一切本质，另一方面，其经济社会面目也有与西欧典型封建农业区明显不同的特征。

---

① 《不列颠百科全书》，第 5 卷，中国大百科全书出版社 1999 年版，第 483 页。
② 1994 年，英格兰分成九大行政区；1999 年东盎格利亚合并到"东英格兰区"。

（一）独特的农村经济社会关系和发达的农牧混合经济

东盎格利亚属于丹法区，其地名、语言、法律和制度中有不少北欧因素。如诺福克郡东福莱格和西福莱格百户区，有一半地名和村名以"bys"（村庄或家园）结尾，而"bys"正是北欧的地名常用词。[1] 受北欧人聚落分散的特点影响，东盎格利亚遍布分散型村庄（dispersed village），尤其是偏远的地方。[2] 在诺福克郡临近萨福克郡一带，原来一些围绕教堂建立的核心型村庄（nucleated village），也被围绕"公共地"而建的分散型村庄所替代。这是中世纪东盎格利亚农村聚落的突出特征。[3]

东盎格利亚自由农民比例较大。末日审判书统计的自由人和索克曼共37,000余人，占所统计人口的14%，领有土地占所统计面积的20%，这里的自由人是指有人身自由，有权自由处理其土地并可自由迁徙的人。索克曼也是自由人，只是因为封建主审判权的赐予，所以应受封建主审判，但实际上也有不受封建主审判的索克曼。通常认为二者的区别不大。[4] 其中有96%的自由人集中在东盎格利亚。[5] 在诺福克和萨福克两郡人口中，自由农民比例分别为41.1%和45.4%，在英格兰仅次于林肯郡（50.7%）。一些百户区自由人比例高达80%，如诺福克郡帕哈姆百户区为87%，萨福克郡威尔福德等两个百户区超过了80%。[6] 这还只是就身份明确的自由人而言，如果考虑到这时的维兰还未完全变成农奴，那么自由人的比例还要大。自由农民比例大这一特点在东盎格利亚长期保持了下来。

与此相应，是东盎格利亚的庄园制较弱。诺曼征服后，庄园制在英国得到了快速发展，领主强迫自由人和索克曼进入庄园，或重组新的庄园。东盎

[1]　R. H. C. Davis, "East Anglia and the Danelaw", *Transactions of the Royal Historical Society*, 5th Ser., Vol. 5 (1955), p.30.

[2]　H. C. Darby, "The Domesday Geography of Norfolk and Suffolk", *The Geographical Journal*, Vol. 85, No. 5 (May, 1935), p.433.

[3]　H.C Bill, *Medieval East Anglia*, Woodbridge: the Boydell Press, 2005, p.18.

[4]　F. W. Maitland, *Domesday Book and beyond*, Chambridge University Press,1897, pp.66-68.

[5]　朱寰主编：《亚欧封建经济形态比较研究》，东北师范大学出版社2002年版，第127—128页。

[6]　R. H. C. Davis, "East Anglia and the Danelaw", p.25, pp.32-33.

格利亚的贫困地区也有这一过程，贫困的自由人为了生计不得不投靠领主；较富裕地区自由农民则长期维持了自由身份，他们拥有一定经济实力，具有较强抵抗能力。[1] 故而，尽管诺曼征服后东盎格利亚庄园制有一定发展，但多数地方还是自由的农村和较自由的农民。有的索克曼分属于不同封建主，这可能是由于委身而产生依附关系，但他们有权自由离开主人，有权转让土地，对主人没有劳役，只有象征性义务。[2] 即使到 13 世纪，庄园制在诺福克和萨福克也未普及。[3] 这里的土地租佃单位称"尔汶"（erving），社会阶级称"留迪曼"（leudimen）和"兰德塞茨"（landsetts），与其他地方很不相同。[4]

庄园和村庄的不一致性是东盎格利亚庄园制较弱的表现之一。在中世纪英国，村庄（农民公社）和庄园是乡村组织的两种形式，并经常结合在一起，而在东盎格利亚，这种结合非常松散，规则常由村庄而不是庄园来制定和实施的。在包括有几个庄园的大村庄里，村庄的作用更显重要。[5] 庄园面积狭小是这里庄园制较弱的又一表现。中世纪英国农民份地的理想面积为 1 维尔格特（30 英亩），而东盎格利亚的庄园由于面积较小，所属的份地也不大，通常为 12 英亩左右，有的不到 5 英亩。[6] 卷宗记载这里领主自营地面积也不大，其中 1/3 少于 100 英亩，3/4 少于 200 英亩，没有超过 400 英亩的，只有教会领主才拥有较大地产。[7]

中世纪的东盎格利亚有比较发达的农牧混合经济。从地理上区分，其西部主要是畜牧区，中部和东部则是混合农耕区。混合农耕区多采用谷物-绵羊（corn-sheep system）相结合的方式。为了提高土壤肥力，领主要求佃农在

---

① R. H. C. Davis, "East Anglia and the Danelaw", pp.35-36.

② D. C. Douglas, *The Social Structure of Medieval East Anglia,* Oxford University Press, 1927, p.3.

③ D. C. Douglas, *The Social Structure of Medieval East Anglia,* p.219.

④ George C. Homans, "The Explanation of English Regional Differences", p. 28.

⑤ 参见 [英]M.M. 波斯坦等主编：《剑桥欧洲经济史》，第 1 卷，第 492 页。

⑥ D. C. Douglas, *The Social Structure of Medieval East Anglia,* p.40.

⑦ Bruce M. S. Campbell, "Arable Productivity in Medieval England: Some Evidence from Norfolk", *The Journal of Economic History*, Vol. 43, No. 2 (Jun., 1983), p.382.

自营地里放牧，以便利用畜粪作肥料。东盎格利亚各郡《末日审判书》中有不少关于"牧羊特权区"的记载，养羊者有将羊群赶往领主土地里放牧的义务，[①] 其意是截留羊粪。《末日审判书》记载，埃塞克斯郡每个庄园平均有羊100只；诺福克郡516个村庄共养羊46,864只。[②] 该郡东部地区每年5月至11月时，羊群白天在牧场上放养，晚上被圈在耕地上过夜。[③] 东盎格利亚土地实行休耕制，佃农可以在收割后的土地上放牧。"牧地积肥权"（foldcourse right）对领主的最大意义是使庄稼获得好收成，因为"有羊群和牧场优先权的地主更能够使他的土地处于肥沃的状态"[④]。14世纪70年代后，随着谷物价格下降和劳动力工资上涨，许多领主把自营地租出去了，但仍控制"牧地积肥权"[⑤]。领主和佃农养羊还为了满足自身需要和增加收入。羊毛首先是制成自己的衣服和其他织物，剩余的羊毛还可以拿到市场上出售给羊毛商人。

东盎格利亚混合农耕区主要种植大麦、小麦和燕麦。一般认为，中世纪英格兰农作物产出比较低，小麦的种子与收获之比为1∶3～5，大麦为1∶2.5～5.5，燕麦为1∶2.2～4.0。[⑥] 而在诺福克郡东部30多块地产上，每英亩产量平均为：小麦10.8～13.6蒲式耳，大麦14.7～15.6蒲式耳，燕麦12.2～13.1蒲式耳，豆类作物7.2～7.5蒲式耳。产量最高的弗勒格等地领主自营地上，1350年前每英亩产量为：小麦22.5～25.1蒲式耳，大麦19.3～22.6蒲式耳，燕麦20.7～24.6蒲式耳，豆类10.7～18.9蒲式耳。[⑦] 这种高产量在英国其他地方很难见到。

坎贝尔认为，诺福克郡东北部之所以农业劳动率高，与当地的土质、农

---

① 参见[英]约翰·克拉潘:《简明不列颠经济史：从最早时期到1750年》，第147页。

② M. E. Seebohm, *The Evolution of English Farm*, Harvard University Press, 1927, p.136, p.156.

③ Bruce M. S. Campbell, "Agricultural Progress in Medieval England: Some Evidence from Eastern Norfolk", *The Economic History Review*, New Series, Vol. 36, No. 1 (Feb., 1983), p.35.

④ [英]M. M. 波斯坦等主编:《剑桥欧洲经济史》，第1卷，第514页。

⑤ Bruce M. S. Campbell & Mark Overton, "A New Perspective on Medieval and Early Modern Agriculture: Six Centuries of Norfolk Farming c.1250-c.1850", *Past and Present*, No. 141 (Nov., 1993), p.77.

⑥ Bruce M. S. Campbell, "Arable Productivity in Medieval England: Some Evidence from Norfolk", p.382.

⑦ Bruce M. S. Campbell, "Arable Productivity in Medieval England: Some Evidence from Norfolk", p.388.

业技术、田间管理是分不开的。早在黑死病之前，东诺福克等地就种植豆科作物，这类作物可以凝聚土壤里的氮，维持土壤肥力，还能作为粮食的补充。在耕作技术上，14 世纪初的东诺福克已开始使用两匹马组成的犁队。这里农业生产率较高，也与取消了休耕制有关。如东诺福克最早取消休耕制是1268～1269 年间诺福克伯爵在南沃尔舍姆庄园自营地。随后，该伯爵的另外两个庄园自营地也取消休耕。1350 年前，东诺福克庄园虽大多保留有休耕制，但其比例仅占全部耕地面积的 7%。这里的十一个领主自营地，每年用于种粮的耕地占总面积的 3/4，大于三圃制下的耕地面积。休耕地减少，意味着耕地面积扩大、农业生产率提高。

黑死病爆发对东盎格利亚产生了重大影响：人口大量死亡，使佃农土地重新回到领主手中；佃农的自然死亡和农奴逃亡，造成了劳动力减少。随着劳役减少和雇工工资增加，领主被迫放弃自营地经营，转而把土地外租。[1]同时，由于实行土地分割继承制（partible inheritance），这又导致份地逐渐消失，土地日益集中。土地分割继承是东盎格利亚的特殊习俗，分割继承者可以出卖自己的那份土地，这在 12 世纪末得到了法律认可，到了 13 世纪时，这种现象已相当普遍。卖者的亲属有优先购买土地的权利，并受到司法的保护。[2] 就这样，东盎格利亚的维兰和习惯佃农，像英格兰其他地方一样，处在快速发展的土地市场之中。土地的分割继承和买卖使得维兰的份地支离破碎，此前规则的份地已经不存在了。而随着份地的次级分割继承，最终导致了份地的瓦解。到中世纪晚期，份地的数量减少，土地逐渐集中于少数人手中，1/5 的人拥有近一半的土地。[3]

由于劳动力价格和地租的上涨，农奴逐渐放弃了佃耕。他们逃往别处。

---

① Frances G. Davenport, "The Decay of Villeinage in East Anglia", *Transactions of the Royal Historical Society*, New Ser., Vol. 14 (1900),pp.126-129; Jane Whittle, *The Development of Agrarian Capitalism :Land and Labour in Norfolk, 1440-1580*, Oxford University Press, 2000,p.192.

② Barbara Dodwell, "Holdings and Inheritance in Medieval East Anglia", *The Economic History Review*, New Series, Vol. 20, No. 1 (Apr., 1967), p.61.

③ Bruce M. S. Campbell, "Population Change and the Genesis of Commonfields on a Norfolk Manor", *The Economic History Review*, New Series, Vol. 33, No. 2 (May, 1980), p.190.

1378 年卷宗中，在被调查的 78 个土地承租人中，仅有 16 个是农奴。1400
年的佛恩塞特庄园，仅有 16 个家庭是佃农；到 1500 年，佃农的家庭为 8 个；
1525 年，佃农为 5 个；1550 年，佃农为 3 个；1575 年，佃农消失，农奴制
在东盎格利亚地区彻底消失。[①] 随着份地瓦解和农奴逃亡，本来就发展不充
分的庄园体制开始崩溃，到 15 世纪末，庄园体制在东盎格利亚地区已经消失
殆尽。中世纪晚期东盎格利亚的土地集中趋势，为资本主义大农场的发展奠
定了基础。

（二）区域城市体系形成及其重要性

罗马不列颠时期，东盎格利亚地区就出现了城市，尤其是设置了军事移
民城市，如科尔切斯特。罗马人撤离不列颠后，尤其是 400～700 年间，关
于东盎格利亚城市的记载较少。[②] 但随着盎格鲁萨克森人到来和丹麦人的入
主，很多区位优越的聚落发展成城市。罗马军事据点赛特福德，9 至 11 世纪
一直是英格兰最大和最重要的城市之一。[③] 1070 年赛特福德成为东盎格利亚
郡治，后来郡府才迁至诺里奇。[④] 这一时期很多城市是因地方交换活动的发
展而形成的，商人聚集在某个地点买卖商品，交换最初是临时的和不规则的，
后来逐渐变成了长期的和稳定的，交易地点就成了城市。东盎格利亚很多沿
海城市就是以这种方式发展起来的。这些城市名称中含有"wich"，其意就
是"进行贸易的地方"，如诺里奇、伊普斯威治、顿尼奇等。最初这些地方
只有商人进行交换的几排小屋，后来发展为一定规模的城市。[⑤]

这一时期，东盎格利亚一些宗教中心发展成为城市，如伊利、伯里圣埃
德蒙兹等。伊利原为一处避难所，7 世纪建立了一个女隐修院，870 年被丹麦
人破坏，970 年在其废墟上又修建了本笃会隐修院，后来发展成了一座城市。
伯里圣埃德蒙兹地处萨福克郡腹地，最初是盎格鲁萨克森人的定居地，10 世

---

① Frances G. Davenport, "The Decay of Villeinage in East Anglia", p.131.

② D. M. Palliser, *The Cambridge Urban History of Britain, Vol.1, 600-1540*, p.641.

③ D. M. Palliser, *The Cambridge Urban History of Britain, Vol.1, 600-1540*, p.645.

④ D. A. Dutt, *Norfolk*, Cambridge: Cambridge University Press, 1909, p.148.

⑤ Norman Pounds: *The Medieval City*, Greenwood, 2005, p.60.

纪初建有修道院，1020 年又建立了本笃会隐修院；[①] 1066～1086 年间，修建了 342 座房屋。1086 年前，城里的职业有面包师、裁缝、啤酒酿造者、洗涤工、鞋匠、厨师、搬运工等，都是为圣者、修道院院长以及修士服务的。[②] 随着宗教房屋的修建，当地的经济得以发展。11 世纪后，为地方服务的市集得到发展，城市不断壮大。[③]

根据《末日审判书》记载，1066～1086 年间，东盎格利亚不少城市人口剧减，经济状况不佳，不少房子人去楼空。如诺里奇 1066 年拥有市民 1320 人，到 1086 年减少到 650 人，同时还有 98 座房屋被毁。赛特福德、伊普斯威治、顿尼奇等城市也出现了类似状况。[④] 面对城市衰落的景象，诺曼征服者意识到了问题的严重性，他们开始向这些原有城市移民，主要是法国人。如顿尼奇的市民就由 120 人增加到 236 人，其中有 24 位法国人。[⑤]

12、13 世纪可以认为是东盎格利亚城市蓬勃发展的时期。原因一方面在于国王和封建主们认识到了城市作为市场中心对他们的重要意义，即能为他们获得货币、增加财政收入，因此他们竞相建立城市，授予特许状。另一方面是经济的不断发展为城市兴起奠定了基础。这两个世纪里，城市特许状的授予成了东盎格利亚地区城市发展的显著特征。如伯里圣埃德蒙兹于 1102～1103 年接受城市特许状，诺里奇 1194 年，顿尼奇 1200 年，大雅茅斯 1208 年，伊普斯威治 1200 年。[⑥] 领主们还授予了许多中小城镇特许状，如金斯林、克莱尔、贝克尔斯、邦吉、纽马基特、萨德伯里、奥福德、哈德利等。总体来看，这一时期东盎格利亚城市是在经济发展、农村能提供更多剩余粮食和食品、工商业独立发展的基础上兴起的。导致各个城市兴起的具体原因可能会各有不同，牵涉到经济、政治、宗教、军事因素，但首要功能都是本地区的工商业中心，都是本地区农业发展有剩余的产物。它们的兴起，使东盎格

---

① 参见《不列颠百科全书》，第 3 卷，中国大百科全书出版社 2002 年版，第 265 页。

② E.Lipson, *The Economic History of England*, Vol.1, p.190.

③ Susan Reynolds: *An Introduction to the History of English Medieval Towns*, p.40.

④ H. C. Darby, "The Domesday Geography of Norfolk and Suffolk", pp.444-445.

⑤ Ibid, p.445.

⑥ D. M. Palliser, *The Cambridge Urban History of Britain,Vol.1, 600-1540*, p.649.

利亚的传统农牧业经济与国内外市场有更好的联接。

14、15 世纪里，东盎格利亚城市继续发展。根据其人口、财富以及地理位置，可将该地区城市分为三类：港口城市；中心城市诺里奇；内陆城市。相对英格兰其他地区而言，东盎格利亚形成了较为独立完整的城市体系、比较紧密的城市交往网络。

1. 港口城市

东盎格利亚地区河流众多，河道交通便利，贸易活动可以通过这些河道直达海岸，加之东盎格利亚海岸线较长，因此形成了许多优良的海港。诺福克郡只有两条入海的河流——大乌斯河和耶尔河，因此也形成了两大港口——大雅茅斯和金斯林。

大雅茅斯最早是为保护布罗兹地区耕地免受海水侵蚀而建的。[①] 它是从北海进入东盎格利亚腹地的重要通道，地理位置优越，因此很多外来部族都到过此地，如盎格鲁人 495 年就到过这里。10 世纪时，大雅茅斯遭到了丹麦人侵袭，诺曼人也曾来过此地。[②]《末日审判书》记载，当时有 70 个市民在此居住，总人口约为 500 人。[③] 中世纪大雅茅斯因盛产鲱鱼而闻名，因此有大型捕鱼船，鲱鱼一部分在本地销售，大部分通过海路运到德意志、俄国、意大利等。[④] 由于捕鱼业发达，12 世纪还曾将鲱鱼作为流通货币进行交换。[⑤] 这时大雅茅斯作为英格兰东部沿海重要港口，在与波罗的海和地中海等地的贸易中占据重要地位，出口货物主要是羊毛。1334 年大雅茅斯成为一个富裕的海港。[⑥] 14、15 世纪，随着东盎格利亚毛纺织业的发展，尤其是毛纺织业中心诺里奇的兴旺，大雅茅斯成了诺里奇毛纺织品的主要出口港。从诺里奇沿河而下可直达大雅茅斯，运输便利。海外贸易和鲱鱼捕捞刺激了大雅茅斯的帆船制造业兴起。金雀花王朝时期大雅茅斯就以造船而闻名。大雅茅斯造

① D.A.Dutt, *Norfolk*, p.56.

② W. S. Shears, *This England: A Book of Shires and Counties,* London: The Right Book Club,1948, pp.68-69.

③ D. M. Palliser, *The Cambridge Urban History of Britain,Vol.1, 600-1540*, p.647.

④ D. A. Dutt, *Norfolk*, pp.83-84.

⑤ Heather Swanson: *Medieval British Towns*, New York: St. Martin's Press, 1999, p.35.

⑥ Susan Reynolds: *An Introduction to the History of English Medieval Towns*, p.57.

船业也有军事目的。当需要将军队运到国外时，大雅茅斯就能提供大量船只。1295 年，它的舰队拥有 53 艘船。1346 年，包围加来的英国舰队中有 43 艘船来自于该城。1631 年，英国舰队从大雅茅斯出发去援助瑞典的古斯塔夫·阿道夫。[①]

金斯林位于沃什湾东南，距离乌斯河入海口 2 英里，曾是丹麦人登陆之地。诺曼时期就是一个重要据点，建有几座修道院，1204 年获得国王约翰的特许状。[②]金斯林港口条件优越，乌斯河口可同时泊停几百艘船只，可进行大宗货物的装卸。早在 12 世纪，金斯林就与大陆，与挪威及波罗的海沿岸有着大量商业往来。其出口货物以羊毛为主，后来变成了毛纺织品。金斯林也是英国进口葡萄酒最多的港口之一，其时有不少低矮的葡萄酒储藏室。金斯林也与内地航运系统相连接，进口货物能及时地运输到腹地，如诺福克郡的赛特福德，萨福克郡的伯里圣埃德蒙兹，以及剑桥、伊利、贝德福德、彼得伯勒及大沼泽区各城市。[③]中世纪的金斯林一派繁荣景象，码头经常停靠船只，城市里建有大量谷仓和货仓。[④]

萨福克郡的港口伊普斯威治濒临奥韦尔河口湾，距海 12 英里，其间有长长的海湾，既可作为防御之用，也可当作泊船港口，地理条件优越。[⑤]1200 年约翰王将自治特许状授予该城。[⑥]伊普斯威治是中世纪英格兰出口羊毛的重要港口，与加莱及地中海地区都有密切来往。[⑦]爱德华三世时它曾派遣 12 艘船只参加围攻加莱的战斗。伊普斯威治与伦敦、赫尔、纽斯卡尔之间的贸易往来稳定。[⑧]它原向佛兰德尔纺织城市出口羊毛，后随着 14 世纪外来移民到来英国毛纺织业发展起来，伊普斯威治转向出口毛纺织品，由此它走向

---

① D. A. Dutt, *Norfolk*, p.90.

② W. S. Shears, *This England: A Book of Shires and Counties*, p.72.

③ D. A. Dutt, *Norfolk*, p.92.

④ Doreen Wallace, *East Anglia*, London: B. T. Batsford, 1943, p.91.

⑤ C. D. Harris, "Ipswich, England", *Economic Geography*, Vol. 18, 1942, p.1.

⑥ 参见《不列颠百科全书》，第 8 卷，中国大百科全书出版社 1999 年版，第 423 页。

⑦ Susan Reynolds, *An Introduction to the History of English Medieval Towns*, p.148.

⑧ W. A. Dutt, *Suffolk*, Cambridge University Press, 1909, p.74.

繁荣。①中世纪萨福克郡到达伦敦有两条主要道路，一条是从伊普斯威治出发，越过斯陶尔河，到达伦敦；另一条是从伯里圣埃德蒙兹或赛特福德出发，经纽马基特，到达伦敦。②道路为伊普斯威治发展陆上贸易奠定了基础。伊普斯威治离科尔切斯特较近，中间地带的农民交换产品时，既可到伊普斯威治，也可去科尔切斯特。③因此，伊普斯威治的市场影响力可达埃塞克斯郡北部。④内外贸易奠定了伊普斯威治的经济重要性，它在中世纪晚期成为萨福克郡郡治。

东盎格利亚的港口城市还有奥福德、伍德布里奇、顿尼奇和洛斯托夫特等。这些港口在当地经济发展和英格兰对外贸易中都起着举足轻重的作用。但到 16 世纪前期，由于本地毛纺织业衰落，这些城市的对外贸易受到了很大冲击；同时，由于伦敦在英国对外贸易中取得垄断权，在国内形成了以伦敦为中心的全国商业网，地方港口城市逐渐衰微。后随着农业发展和毛纺业在16 世纪后期再次繁荣，东盎格利亚港口城市也得到了一定恢复和发展。

2. 中心城市诺里奇

诺里奇位于温瑟姆河与耶尔河汇流处。城市创建于盎格鲁萨克森时代，1004 年发展为重要的商业中心。⑤诺曼征服前，随着丹麦人在诺里奇的定居，他们对东盎格利亚的政治管理不断加强。诺里奇经济地位的上升，尤其是在诺曼征服之后的发展，使得东盎格利亚政治中心逐渐转移到诺里奇。1095年，东盎格利亚主教驻地由赛特福德迁到了诺里奇，诺里奇成了宗教中心。⑥12 世纪，诺里奇成为当地政治中心。⑦这样，政治和宗教的双重作用，促使诺里奇发展为东盎格利亚人口最多、最为富裕的中心城市。

中世纪诺里奇有众多工商行业，如纺织业、银行业、皮革、保险业、食

---

① C. D. Harris, "Ipswich, England", p.1.

② W. A. Dutt, *Suffolk*, p.108.

③ Doreen Wallace, *East Anglia*, p.51.

④ Doreen Wallace, *East Anglia*, p.39.

⑤ 参见《不列颠百科全书》，中国大百科全书出版社 2002 年版，第 252 页。

⑥ D A.Dutt,*Norfolk*, p.144.

⑦ Susan Reynolds, *An Introduction to the History of English Medieval Towns*, p .41.

品加工等，这为其经济发展提供了基础。[①] 作为该地区最大的贸易中心，城内 20 多条商业街巷里店铺林立。[②] 14 世纪，诺里奇就拥有近 70 种职业，如制鞋匠、制革匠、屠夫、鱼贩、织工、金匠、马具工匠等。[③] 城内建有储存货物的仓库和成排的商铺，可谓一派繁荣景象。诺里奇最发达的是毛纺织业。爱德华三世时期，大量佛兰德斯移民来到诺福克郡，并带来纺织技术。他们中大部分人定居在诺里奇，诺里奇的毛纺业因此发展起来，成为纺织业中心。后由于毛纺业从城市向乡村地区转移，诺里奇的毛纺织业有所衰落。16 世纪后期，随着欧洲大陆新教难民移居，该城毛纺织业再次兴旺。诺里奇的繁荣是与周围乡村的支持密切相连的。周围乡村为诺里奇的市场服务，向诺里奇市民提供农产品和纺织原料羊毛，而诺里奇可向周围农民提供一些生活必需品。如城里举行的星期六牲畜市场就具有这样的作用，农民可以买进耕牛，屠户也可买进牲畜屠宰。[④] 当然，中世纪诺里奇的发展也非一帆风顺，1348 年的"黑死病"曾夺去诺里奇 1/3 人口。[⑤] 尽管如此，14 世纪的诺里奇仍是当地的贸易和工业中心。

3. 内陆城市

东盎格利亚的内陆城市大多是在 12、13 世纪发展起来的，规模不大。这些城镇既是当地的市场中心，也是乡村与更大城市相联系的桥梁。较著名的有赛特福德、伯里圣埃德蒙兹、克莱尔、科尔切斯特、艾伊、伊利等。

赛特福德在诺曼征服前一直是东盎格利亚最重要的城市之一。《末日审判书》时的赛特福德拥有 943 位市民，其人口可与约克、林肯等城市相比。[⑥] 1072 年，东盎格利亚主教驻地迁到赛特福德，促进该城进一步发展。赛特福

---

①   Larry R. Ford, "Continuity and Change in Historic Cities: Bath, Chester, and Norwich", *Geographical Review*, Vol.68, No.3 (Jul.,1978), pp.267-268.

②   主编曾于 2011 年 12 月 12～16 日憩于诺里奇城，在该城和诺福克郡观光考察。这些街巷今天还以"诺里奇巷"（Norwich Lanes）总称而作为该城旅游购物特色项目名闻遐迩，中世纪市政厅前露天市场面积今天仍为英格兰城市之最大，这些都让人追忆其往昔商业繁华景象。

③   Heather Swanson, *Medieval British Towns*, p.24.

④   Doreen Wallace, *East Anglia*, p.37.

⑤   W. S. Shears, *This England*, p.65.

⑥   D.M. Palliser, *The Cambridge Urban History of Britain,Vol.1, 600-1540*, p.646.

德一度还是诺福克郡府所在地。[1]

伯里圣埃德蒙兹位于萨福克郡西部，其名来源于东盎格利亚国王埃德蒙。该国王被丹麦人杀害之后，埋葬于当地的修道院，后有很多朝圣者来拜祭埃德蒙国王的神祠。英格兰有很多国王、贵族去世后埋葬于此。自由大宪章也是无地王约翰在这里签署的。[2] 伯里圣埃德蒙兹离斯陶尔河有 12 英里，到朗梅尔福德和克莱尔都有直通的大道，交通便利。[3] 11 世纪后，市集得到发展，城市也不断壮大。13 世纪后纺织业发展使老城市获益最大，伯里圣埃德蒙兹成为东盎格利亚最为富裕和人口众多的城市之一。每年在"天使山"举行的集市，聚集着大量外地商人。伯里圣埃德蒙兹是萨福克郡西部的经济中心。[4]

克莱尔位于萨福克郡西南，斯陶尔河北岸，诺曼人在此建有城堡。据《末日审判书》记载，克莱尔拥有一个市场，领主重视并可能授予其特权，以保护其贸易活动。居民多为城堡建设者和外来手工业者。[5] 14、15 世纪，克莱尔的毛纺业繁荣，呢绒出口到国外，本地商人约翰·泰克耳就曾和一外国商人一道将价值 1,000 马克的呢绒运到西班牙。[6]

科尔切斯特临近萨福克郡，是罗马军事据点。诺曼征服后，诺曼人权贵重建了该城。14 世纪该城发展起毛纺织品生产；直到 15、16 世纪，它一直是埃塞克斯郡东北部的重要经济中心。[7] 中世纪英格兰几乎没有城市将经商自由权利给予外来者，但科尔切斯特却相对自由，出生在该城的任何人都有人身自由和经商自由。[8] 这为其工商业发展提供了保障。

---

[1]　D. A. Dutt, *Norfolk*, p.148.

[2]　W. A. Dutt, *Suffolk*, p.122.

[3]　Doreen Wallace, *East Anglia*, p.47.

[4]　W. S. Shears, *This England*, p.89.

[5]　Gladys A. Thornton, "A Study in the History of Clare, Suffolk, with Special Reference to Its Development as A Borough", *Transactions of the Royal Historical Society*, 4[th]Ser., Vol.11 (1928), p.87.

[6]　Gladys A. Thornton, "A Study in the History of Clare, Suffolk, with Special Reference to Its Development as A Borough", p.101.

[7]　Susan Reynolds, *An Introduction to the History of English Medieval Towns*, p.155.

[8]　Heather Swanson, *Medieval British Towns*, p.71.

（三）乡村毛纺业初步发展

东盎格利亚毛纺织业历史悠久。早在 12 世纪萨福克郡就可能出现了毛纺业。[1] 13 世纪，伯里圣埃德蒙兹和科尔切斯特都是著名的纺织业中心。[2] 这些地方常有大批从事纺织品买卖的伦敦商人，将这里的毛纺织品输往国外。萨福克郡一份 1282 年补助金清单中，记录着四个染工及几个织工从事毛纺织业的史实。同期伊普斯维治港口的关税记录中也有类似记载：科尔切斯特、萨德伯里等地毛纺织品还运到伊普斯威治，以便出口。[3] 14 世纪佛兰德尔纺织工匠移民，其中一些人移居诺里奇、伊普斯威治和科尔切斯特等地。最早到达东盎格利亚的佛兰德尔移民是 1336 年。[4] 此后不断有佛兰德尔移民迁来。[5] 他们促进了这里的毛纺业发展。诺里奇成为著名的毛纺业中心和呢绒销售中心，它以生产"沃斯特德"绒线呢为主，附近的沃斯特德村是这种呢绒的发源地。[6] 这种呢绒由长绒羊毛加工而成，然后用梳子梳理修整，并不需要漂洗。[7] 爱德华三世向从事沃斯特德呢绒生产的外来移民颁发了特许状。[8] 伊普斯威治、伯里圣埃德蒙兹和科尔切斯特等城市主要生产"克西"呢（一种窄幅粗质呢绒）及宽幅呢绒。"克西"是萨福克郡一座小村庄的名称。

从 14 世纪起，毛纺业在东盎格利亚城乡普遍兴起。这是诸多因素综合作用的结果，丰富的自然资源、廉价的劳动力等因素对毛纺业的兴起和繁荣产生了重要影响。

首先是资源因素。东盎格利亚河流众多，水力资源丰富。区域内有斯陶尔河、乌斯河、比尔河、耶尔河、温瑟姆河、韦弗尼河等河流，尤其是萨福

---

[1] E. Lipson, *The History of the Woollen and Worsted Industry*, London: A. and C. Black, 1921,p.230.

[2] E. M. Carus-Wilson, "The English Cloth Industry in the Late Twelfth and Early Thirteenth Centuries", *The Economic History Review*, Vol. 14, No. 1 (1944), pp.32-33.

[3] William Page, *The Victoria History of the County of Suffolk*, Vol. II, Folkestone [Kent]: Dawson, 1907, p.255.

[4] D. A. Dutt, *Norfolk*, p.66.

[5] C. A. Dutt, *Norfolk*, p.66.

[6] 参见 [英]M.M. 波斯坦等:《剑桥欧洲经济史》，第 2 卷，第 568 页。

[7] 参见 [英]M.M. 波斯坦等:《剑桥欧洲经济史》，第 2 卷，第 568 页。

[8] W. J. Ashley, "The Early History of the English Woollen Industry", *Publications of the American Economic Association*, Vol. 2, No. 4 (Sep., 1887), p.54.

克郡和埃塞克斯郡边界有一个河流网，湍急的河水注入斯陶尔河、奥韦尔河和德本河等河流，有利于水力漂洗坊的建立。水力代替了脚力，大大提高呢绒漂洗的速度和质量，降低了毛纺织品的生产成本和价格。东盎格利亚的农牧混合经济发达，还能为毛纺业发展提供大量羊毛。

其次，东盎格利亚乡村劳动力充足，劳动力价格低廉。东盎格利亚人口众多，而农民份地较小，且实行"分割继承制"，迫使只有小块土地的诸子需要从事工副业以弥补收入的不足。"由于保有地一再被分割，驱使他们中的许多人成为工资劳动者。"[①] 1380～1381 年的赋税清册记载，东盎格利亚乡村有 50%～70% 的男性村民具有雇工身份。[②] 在 15 世纪的萨福克郡，大量农民农闲时从事毛纺织业生产。[③] 在东盎格利亚广大农村，由于庄园规模较小，生产关系较为松弛，劳动者通常拥有较大人身自由，[④] 社会流动性较大，这为他们以毛纺业为副业提供了可能。劳动力价格低廉使生产成本降低，促使毛纺业从城市向乡村扩展。

再次，乡村没有行会束缚，吸引城市毛纺织业工匠为摆脱行会控制而转移到农村。中世纪晚期的城市行会日益保守，"它既排斥生产资料的积聚，也排斥协作……排斥社会生产力的自由发展"[⑤]。因此，有进取心的工匠为了摆脱这种控制，不断与行会作斗争。14 世纪早期，诺里奇织工就出现了反对行会的斗争。[⑥] 15 世纪后期，诺里奇纺织业行会仍规定学徒年限为 7 年，禁止织工一次收带两个以上学徒，规定毛纺织业师傅所带学徒 3 人中只能将 1 人升为熟练工人。[⑦] 相对于行会控制的城市而言，农村却较为自由。因此织工们不愿再受行会的限制而逃离城市，给乡村毛纺业带去了技术。[⑧]

---

① [英]约翰·克拉潘：《简明不列颠经济史：从最早时期到 1750 年》，第 161 页。

② R. H. Hilton, The English Peasantry in the Later Middle Ages, Oxford: Clarendon Press, 1975, p.37.

③ 参见蒋孟引主编：《英国史》，中国社会科学出版社 1988 年版，第 260 页。

④ D. C. Douglas, The Social Structure of Medieval East Anglia, pp.124-127.

⑤ 《马克思恩格斯选集》，第 2 卷，人民出版社 1972 年版，第 266 页。

⑥ Edward Miller, "The Fortunes of the English Textile Industry during the Thirteenth Century", The Economic History Review, New Series, Vol. 18, No. 1 (1965), p.73.

⑦ E. Lipson, The History of the Woollen and Worsted Industry, p.111.

⑧ W. J. Ashley, An Introduction to English Economic History and Theory, Part II, Longmans, Green & Co.,1936, p.110.

14、15 世纪的东盎格利亚毛纺业的兴旺，促使其后来成为英国最早的原工业化地区之一。这时，东盎格利亚形成了两个毛纺业中心：一是诺里奇及其东北的沃斯特德等村镇；一是萨福克郡和埃塞克斯郡边界的斯陶尔河谷地带。

在诺里奇，城内外到处是生产毛纺织品的场景，其呢绒出口额在英格兰占很大比重。14 世纪中期，当地"沃斯特德"绒线呢出口量占英格兰总出口量的 15%～20%。[①] 诺里奇毛纺织品通过水路运到大雅茅斯，然后再出口到国外。后来随着以伦敦为中心的全国统一市场形成，诺里奇毛纺织品先通过陆路运到伦敦，再输往国外。绒线呢生产给诺里奇带来了巨大财富，其在英格兰城市中的纳税排名从第 8 位上升到第 2 位。[②] 到 15 世纪时，绒线呢产业处于衰退状态，其出口仅占英格兰出口的一小部分。

在萨福克郡，哈德利庄园 14 世纪里毛纺业有较大发展。1312 年其征税记录中只有 2 个漂洗工；1381 年则有 7 个漂洗工、6 个织工、5 个裁剪工、3 个染工。1390 年，当地一位布商为发展毛纺织业，曾向伦敦一名大商人借款 40 英镑，不久后，哈德利成了繁忙的呢绒制造业城镇。15 世纪，呢绒工业沿着斯陶尔河发展起来，其产量可与英国西部著名毛纺业产地科茨沃兹相比。斯陶尔河两岸的埃塞克斯郡和萨福克郡的几乎所有村庄，都因毛纺业发展而富裕起来。斯陶尔河支流布瑞特河上的毛纺织业生产中心也不逊色，有的毛纺村庄财富和人口可与城镇相比。[③] 16 世纪 20 年代，新兴毛纺业城镇拉文翰所纳的补助税排在英格兰城市的第 13 位，超过了约克等大城市。[④] 这一地区毛纺织品产量，从 1354～1358 年年均 678 匹，上升到 1394～1398 年年均 5,397 匹，再到 15 世纪 70 年代年均 7,815 匹。[⑤] 这里的大呢绒制造商如拉文翰的斯普林家族，其家产可与西部纽伯利著名的呢绒制造商杰克家族相比。

① J. L. Bolton, *The Medieval English Economy 1150-1500*, London: J. M. Dent & Sons, 1980, p.199.

② Susan Reynolds, *An Introduction to the History of English Medieval Towns*, p.154.

③ William Page, *The Victoria History of the County of Suffolk*, Volume Two, p.255.

④ G. D. Ramsay, *The English Woollen Industry 1500-1700*, p.30.

⑤ J. B. Mitchell, *Historical Geography*, London: English Universities Press, 1965, p.234.

斯普林家族成员为了修建教堂和塔楼，曾捐赠过大量财物。

15 世纪时，东盎格利亚毛纺业发展到了一个顶点。当时，英格兰的毛纺业逐渐形成了西部、东盎格利亚和约克郡三大毛纺织业中心。1470 年，整个东盎格利亚毛纺织品产量约为全国的 1/4，西部的萨默塞特郡、格洛斯特郡、威尔特郡生产的毛纺织品约占全国总产量的 1/3，约克郡占 1/8。[①] 在所有各郡中，萨福克郡的生产量居于首位，约为 5,188 匹，诺福克郡的毛纺织品产量约为萨福克郡的 1/6，为 830 匹。[②]

东盎格利亚毛纺业的繁荣，一方面使很多城市受益，这些城市或从事毛纺业生产，或从事毛纺织品贸易，财富急速增加；[③] 另一方面，很多乡村也因生产毛纺织品而逐渐富裕起来。可以说，中世纪晚期毛纺织业使东盎格利亚在英格兰经济中占据着重要位置，有研究者认为："在整个中世纪，东盎格利亚在英格兰经济发展中所起的作用仅次于伦敦，尤其是在与欧洲大陆的贸易往来和其他交流方面。"[④]

15、16 世纪之交，东盎格利亚的沃斯特德呢绒生产有所下降。原因之一是国内外市场竞争加剧：一面是本国廉价粗纺毛呢的竞争，如约克等郡的粗纺毛呢产量增加；另一面，则是"沃斯特德"呢绒也开始在佛兰德尔一些地方生产，加剧了国际竞争。有些城市毛纺业衰落还有一些自身原因，如诺里奇发生一系列疫病和火灾。[⑤] 16 世纪中期后，随着大量尼德兰宗教难民和法国胡格诺教徒的到来，传入了先进的毛纺业生产技术和毛纺织新品种——"新呢布"，使东盎格利亚地区的毛纺织业再一次繁荣。

总之，中世纪的东盎格利亚作为传统农业区，农牧业生产较为发达，农村的封建关系又相对松弛，自由小农较多；城市的兴起和城市体系的初步形成，工商业的发展，在区域内构成了较为完整的商品流通体系，并同国内外

---

① E. Lipson, *The History of the Woollen and Worsted Industry*, p.220.

② 蒋孟引主编：《英国史》，第 249—250 页。

③ 参见 [英]M. M. 波斯坦等：《剑桥欧洲经济史》，第 1 卷，第 487 页。

④ W. S. Shears, *This England*, p.54.

⑤ E. Lipson, *The Economic History of England*, Vol. 1, p.492.

市场有一定商业往来；由于各种因素的作用，东盎格利亚又成为英国最早发展毛纺业的地区之一。总体上看，其经济水平当处于英格兰前列。然而，在这样一个发展领先的地区，其经济转型的进程却充满了变数。

二 16世纪至17世纪初：变革与转型

16世纪至17世纪初，是东盎格利亚经济史上最引人注目的时期。这一时期东盎格利亚的经济变革与转型，领全国风气之先。圈地运动在这里比较有声势地进行；引进"新呢布"技术使得这里的乡村工业格外兴旺，它成了英格兰最重要的毛纺区。随着农业变革和"新呢布"工业发展，东盎格利亚与外界联系更加密切，原来相对独立的区域性发展，正在融入以伦敦为核心的国内市场体系。然而，繁荣背后的隐忧是：由于初期国内市场体系被伦敦控制，东盎格利亚同国内外市场的直接联系被大大削弱。

（一）圈地运动与农业变革

"圈地"一词是针对"敞田"来说的。在敞田制下，无论条田、草地，还是荒地，都没有永久性的牢固围界。凡是将条田的地界铲除，把分散的条田合并起来，使之连成一片，再用固定的树篱圈围起来，就叫做圈地；或者是把荒地和公共牧场占为己有，用栅栏将它和外界隔离开来，限制在公共牧场上放牧牲口，甚至完全废除在公地上放牧的权利，也叫做圈地。英国的圈地现象早在12世纪就已经出现，[①] 不过仅是个别现象，规模不大，没有造成深刻的社会影响。15世纪后期，圈地波及英国35个郡，发展为圈地运动。

15、16世纪圈地运动兴起的原因是复杂的。呢绒业的发展导致对原料羊毛的需求不断扩大，是15世纪后期至16世纪圈地活动活跃的直接原因。1347～1348年，英国出口的呢绒仅为4,423匹；到1392～1395年间，年均出口4.3万匹，是半个世纪前的近10倍；15世纪中期，呢绒年均出口量为

---

① 参见 [英] 约翰·克拉潘：《简明不列颠经济史：从最早时期到1750年》，第172页。

5.4万匹。这是一个历史的转折点，即英国从羊毛输出国转变为呢绒出口国。此后英国的呢绒生产和出口扶摇直上，15世纪末年均输出6.3万匹，16世纪初8.4万匹，16世纪中叶达12万匹。[①] 呢绒业发展对羊毛的需求与日俱增，养羊成为有利可图的事业。16世纪里，主要由美洲金银流入而造成的所谓"价格革命"，使得以征收货币地租为主的英国领主实际收入大降。为了获取养羊业的巨大利润，也为了避免因价格革命而造成的损失，领主们不顾农民的反抗，掀起了圈地运动。被围圈起来的土地除了作为牧场外，还建起来了大农场，领主们或自己经营，或出租给租地农场主。

东盎格利亚的圈地运动较为缓慢，但其影响并不逊于其他地区。1488～1517年，圈地运动已在诺福克郡各地普遍出现，但相对和缓且规模较小，被圈占地块多在40英亩以下，平均为56英亩，只有个别地方，如弗利特切姆和克斯雷两个村庄，福雷布里奇和斯密斯登两个百户区，圈地面积达到300英亩以上。[②] 1517年的土地调查报告记载，各个地区佃农被逐的现象并不多。在诺福克被调查的大片地区中，只有76所房屋和一个小村庄被毁掉。[③] 16世纪中期后，圈地运动变得相当激烈。如萨福克郡中部的土地圈围大多是在16世纪进行的。[④] 1517～1579年圈地调查委员会所报告的圈地最严重的10个郡中，诺福克郡名列第5，共圈地9,334英亩，涉及122个村庄。[⑤] 1600年，全英格兰圈地占国土总面积的29%；其中埃塞克斯作为已经"完全圈地"的郡，圈地约占其总面积1,554平方英里的90%上下；萨福克郡圈地600平方英里，占该郡总面积的41%。[⑥] 圈地运动使农民失去了赖以为生的土地，他们被迫奋起反抗。1549年诺福克郡爆发了著名的凯特起义，

① [英]M. M. 波斯坦等：《剑桥欧洲经济史》，第2卷，第565—566页。

② H.C Bill, *Medieval East Anglia*, p.60.

③ [英]约翰·克拉潘：《简明不列颠经济史：从最早时期到1750年》，第275页。

④ R. A. Butlin, "The Enclosure of Open Fields and Extinction of Common Rights in England, circa 1600-1750", in H. S. A. Fox & R. A. Butlin (eds.), *Change in the Countryside : Essays on Rural England, 1500-1900*, London: Institute of British Geographers, 1979, p.72.

⑤ Joan Thirsk, *The Agrarian History of England and Wales, Vol.4, 1500-1640*, p.241.

⑥ J. R. Wordie, "The Chronology of English Enclosure, 1500-1914", *The Economic History Review*, New Series, Vol. 36, No. 4 (Nov., 1983), pp.489-490.

萨福克郡农民和工匠也纷纷参加。他们占领了诺里奇，提出了限制牧羊业发展等内容的"29条纲领"①。起义在一定程度上阻止了当地的圈地狂潮，使东盎格利亚保留了许多富裕小农，他们的后代成为资产阶级革命时期"新模范军"的主力。

早期圈地运动对东盎格利亚毛纺业和农业的发展都产生了重要影响。大量失地农民变成了廉价劳动力，这是东盎格利亚毛纺业在此期间兴旺繁荣的重要因素之一。圈地运动对当地农业的发展影响更大。它使资本主义性质的大农场开始建立。圈占的土地被改成大牧场、大农场，圈地者使用雇工劳动；有的则将圈占的土地租给农场主，征收资本主义性质的地租。英国著名经济史家托尼认为，16世纪中叶，英国的农场制已有相当程度发展，部分地区约有一半土地转入农场主手中。根据对16世纪诺福克郡16个庄园、18个农场的调查，面积100英亩以上的大农场12个，500英亩以上的4个，最大的超过700英亩。②虽然这时农牧业的资本主义经营还不占主导地位，但大农场代表了社会经济发展的方向。汤森家族是16世纪东盎格利亚农场主的典型代表。该家族把资本主义性质的农业和养羊业结合起来，获得了丰厚利润。亨利八世即位时，汤森家族的地产年净收入为290英镑，到1551年，该家族的地产年净收入为623英镑。汤森家族还饲养了大量绵羊，1516年达1.8万只。出售羊毛使汤森家族获得了极大财富，如1544至1548年间，出售羊毛年均收入为121英镑。③

圈地运动也为农业技术变革扫清了道路。以往的敞田制不利于新耕作制度推广，如收获后的田地用于全村牲畜放牧的传统，就不利于冬季牧草的栽培。④而圈地后形成的大农场，土地成片，有利于采用先进耕作技术和种植

---

① L. Stephen , *Kett's Rebellion: the Norfolk Rising of 1549*, Woodbridge: the Boydell Press,1977, p.9.

② R. H. Tawney, *The Agrarian Problem in the Sixteenth Century*, New York: Harper & Row,1967, p.212.

③ C. E. Moreton, *The Townshend and Their World: Gentry, Law and Land in Norfolk, c.1450-1551*, Oxford: Clarendon Press, 1992, p.131, p.132, p.164, p.166, p.177. 转引自沈汉:《英国土地制度史》，学林出版社2005年版，第86、87、88页。

④ 参见曾尊固等:《英国农业地理》，第65页。

新作物。1565 年，荷兰移民将越冬饲料芜菁种植技术带到诺里奇，[①] 解决了牲畜冬季的饲料问题，这既有利于牲畜繁殖，也减少了常年牧场，有利于耕地面积扩大；芜菁还能改造土壤，其根系可将土壤中营养吸收起来。[②] 牲畜增加使粪肥更多，农业受益。排水工程也是圈地带来的有益后果。英格兰湿地和沼泽地较多。圈地解除了条田分割的小土地所有制限制，排水工程得以实现，东盎格利亚西北部沼泽地得到开垦。总之，圈地运动给东盎格利亚带来的不只是生产关系革命，也使农业技术和耕作制度有了革命性进步，农业生产率提高，农产品运往伦敦等地，还出口到国际市场。即使是战争时期，东盎格利亚港口向法国和苏格兰出口大小麦等粮食的贸易也没有中断。[③]

（二）大陆移民推动下"新呢布"工业兴起

16 世纪里，西欧许多国家爆发了宗教改革运动。不少新教徒为了避开宗教迫害而逃亡。当时的英国成了大陆宗教难民首选的移居地，都铎王朝欢迎和鼓励移民的政策比 14 世纪爱德华三世更加灵活。如对外来新教移民颁发许可证，允许其经营自己的行业；授予专利权，吸收拥有技术和资本的外国人来英国；实行宗教信仰自由的原则等。[④] 离大陆最近的东盎格利亚地区，态度更为积极。如诺里奇为了发展毛纺业，1554 年自愿出资"从海外招募数名外国人，并引进几台织机和其他一些相关设备"；1565 年获得皇室颁发的特许状，允许移民有权制造各种纺织品。这一特许状涉及 30 位尼德兰移民及其家人和奴仆，总数接近 300 人，允许他们有权制造"轻纺物、阿拉斯呢（Arras）、赛斯呢（Says）、天鹅绒、花毯、混织呢（Staments）、克西呢，以及在英格兰从未生产过的外国产品"。市政机构还对 24 个荷兰人和 6 个瓦隆人颁布许可证，支持他们的生产活动。交给他们一个教堂，作为他们检查织

---

① K. J. Allison, "The Sheep-Corn Husbandry of Norfolk in the Sixteenth and Seventeenth Centuries", *The Agricultural History Review*, V, No. 1 (1957), p.27.

② Mark Overton, "The Diffusion of Agricultural Innovations in Early Modern England: Turnips and Clover in Norfolk and Suffolk, 1580-1740", *Transactions of the Institute of British Geographers*, New Series, Vol. 10, No. 2 (1985), p.214.

③ G. R. Elton, *England under the Tudors*, London: Routledge, 1991, p.244.

④ 参见吴于廑主编：《十五十六世纪东西方历史初学集》，武汉大学出版社 2005 年版，第 180—181 页。

物和封印用的公所。[①] 1569 年诺里奇的尼德兰移民达到近 3,000 人，1578 年达到 6,000 人。1586 年，科尔切斯特的尼德兰移民达 1,293 人。[②] 大雅茅斯、赛特福德等地也定居有大量移民。

移民们对新的生存环境相当满意。一个移民在写给家人的信中劝亲友立即赴英："我和我的兄弟将供给你们在这里作为织工的一切所需，因为在这里可很容易地从事毛纺织业。"还有人写信向妻子报平安，并要求妻子变卖家产尽快迁过来。他说，这里的塞斯呢生产兴旺，赚钱容易，他已准备好了纺织工具等待着妻子到来。[③] 1567 年 12 月 15 日一位移民的信中这样写："在原来的地方，我们无法生存，我的 6 个孩子睡觉的床都没有，而在诺里奇的境况则较好，而且赚钱也非常容易。"[④] 这些信件说明了工匠们移居英国后生产生活条件已得到改善，也反映出"新呢布"技术在东盎格利亚等地已充分发挥作用。

"新呢布"最早出现于 14、15 世纪的低地国家、法国以及意大利的佛罗伦萨等地。[⑤] "新呢布"生产使用的是用精梳的长纤维羊毛制成的精纺纱线，或是由精纺纱线和粗纺纱线混纺而成，或是由精纺纱线和丝线混纺而成。而东盎格利亚原有毛纺织品中很多品种就是以精纺纱线为原料的，如"沃斯特德"绒线呢，这为"新呢布"的发展奠定了技术基础。[⑥] 新呢布很多品种如"贝斯呢"（Bays）和赛斯呢，共同特点是轻巧，色彩鲜艳，价格便宜，适合大众消费。其生产主要分布地包括诺里奇及周围，萨福克郡的斯陶尔河和布瑞特河谷，埃塞克斯郡的科尔切斯特和布伦特里及周围乡村。[⑦]

诺里奇是引进新呢布生产最成功的城市，有研究者称：移民们带来了新

---

① W. J. Ashley, *An Introduction to English Economic History and Theory*, Part II, pp.114-115.

② 吴于廑主编：《十五十六世纪东西方历史初学集》，第 175—176 页。

③ M. A. Lipson, *The Economic History of England*, Volume1, p.495.

④ K. Hotblack, "The Dutch and Walloons at Norwich", *History*, Vol.6, Issue 24 (Jan,1922), p.236.

⑤ D. C. Coleman, "An Innovation and Its Diffusion: The 'New Draperies'", *The Economic History Review*, New Series, Vol. 22, No. 3 (Dec., 1969),p.420.

⑥ B. A. Holderness, *Pre-industrial England: Economy and Society from 1500 to 1750*, London: Dent, 1976, p.87.

⑦ B. A. Holderness, *Pre-industrial England: Economy and Society from 1500 to 1750*, p.91.

呢布生产技术，开启了东盎格利亚毛纺业史上的"诺里奇时代"[1]。诺里奇生产的新呢布有贝斯呢、赛斯呢、莫卡多呢、卡尔斯呢（Carrels）、斯坦莫尔斯呢（Stammells）等。表 7-1 显示，1570 年后在诺里奇检验的由外来移民生产的呢绒数量较大，1574～1575 年后长期维持在 3 万匹左右。[2] 新呢布生产使诺里奇的财富出现跳跃式增长，税收比以前增加两倍多。[3]

表 7-1　1566～1588 年在诺里奇检验的外来移民生产呢绒数量 [4]

年份	产量（匹）	年份	产量（匹）
1566～1567	1,193	1577～1578	23,205
1567～1568	3,864	1578～1579	31,057
1568～1569	4,359	1579～1580	21,607
1569～1570	4,091	I 580～1581	27,062
1570～1571	13,584	1581～1582	30,766
1571～1572	18,986	1582～1583	31,075
1572～1573	23,171	1583～1584	36,705
1573～1574	26,687	1584～1585	37,109
1574～1575	31,725	1585～1586	38,723
1575～1576	29,576	1586～1587	35,349
1576～1577	29,992	1587～1588	34,097

诺里奇新呢布工业的繁荣，与城市当局的严格管理分不开。外来移民受到了保护，其生产活动也由市政来管理。伊丽莎白女王还派遣两位官员来管理，并规定了产品的销售地点，[5] 这也有利于毛纺业有序发展。外来移民促进了诺里奇的发展。当时文献说："他们带来了新的毛纺织品……他们不仅仅雇佣他们自己的人，也雇佣城里其他人，甚至是诺里奇周围 20 英里以内的人……诺里奇得到了很好的发展，许多被破坏的房子被重新翻新……他们还

---

[1]　W. J. Ashley, "The Early History of the English Woollen Industry", p.84.

[2]　可以作一个简单的数字对比：1550 年左右英国年呢绒出口达到最高水平，也不过 12 万匹左右。

[3]　E. Lipson, *The Economic History of England*, Vol.1, p.496.

[4]　N. J. Williams, "Two Documents Concerning the New Draperies", *The Economic History Review*, New Series, Vol. 4, No. 3 (1952), p.357.

[5]　N. J. Williams, "Two Documents Concerning the New Draperies", p.358.

向教会捐赠财物，这对救济穷人起到了很大作用。"[1]

科尔切斯特也是著名的新呢布生产中心。科尔切斯特很早就与毛纺织贸易相联系。13 世纪末，其居民绝大多数从事毛纺织业；毛纺织品大多通过伊普斯维治输出。中世纪晚期，在乡村毛纺业竞争下，城市毛纺业衰落，因此带来新呢布技术的外来移民受到了科尔切斯特的欢迎。该城当局曾向枢密院发表看法说："对于外来移民，我们只有赞扬，……来到这里的人，诚实守信、遵规守纪，没有任何怨言。"[2]科尔切斯特以生产贝斯呢为主。

萨福克郡和埃塞克斯郡交界处的斯陶尔河谷，也主要生产贝斯呢和赛斯呢。赛斯呢比较耐穿，通常用于制作成人外套；贝斯呢一般用廉价毛线织成，通常制成斗篷和宽大的内衣。小城拉文翰生产的佩匹塔纳斯呢（Perpetuanas），上面有斑驳花纹，而且较为轻便，商人们把它运到俄国，被当地的鞑靼人和西伯利亚部族人制成披肩和腰带等装饰品。[3]

新呢布生产过程比旧呢绒复杂，能吸纳更多的剩余劳动力。在旧呢绒生产中，重 84 磅的羊毛仅需 14 人参与生产，而新呢布生产中，同样重量的羊毛则需要 40 到 50 个人手。[4]伊丽莎白时期，东盎格利亚的乡绅和权贵每年都以优质的毛纺织品向女王进贡。[5]女王还于 1578 年亲临诺里奇视察，观摩外来织工们的精湛技艺。八男八女在一个长 40 英尺宽 8 英尺的台子上为女王展示了毛纺织品的生产过程，得到了女王赞扬。[6]总之，新呢布织造使东盎格利亚毛纺业发展达到了顶点。毛纺业繁荣为当地带来了财富，使本地人富裕起来；[7]同时也为英国创造了收入，轻质新呢布在国际上尤其是地中海市场

---

[1]　E. Lipson, *The Economic History of England*, vol. I, p.496.

[2]　E. Lipson, *The Economic History of England*, vol. I, p.497.

[3]　Charles Wilson, "Cloth Production and International Competition in the Seventeenth Century", *The Economic History Review*, New Series, Vol. 13, No. 2 (1960),p.211.

[4]　William Page, *The Victoria History of the County of Suffolk*, Volume II, p.267.

[5]　W. S. Shears, *This England: A Book of the Shires and Counties*, p.58.

[6]　K. Hotblack, "The Dutch and Walloons at Norwich", *History*, Vol.6, Issue24 (Jan.1922), p.238.

[7]　著名经济史家托尼曾引用 1672 年的一本书说，当时的诺福克是一个富裕的郡，100 个放高利贷者中有两人分别拥有 10 万英镑财产，有 1 人拥有 4 万英镑。这在当时都属巨富。[美] 查尔斯·P. 金德尔伯格：《西欧金融史》，第 49 页。

十分畅销。① 东盎格利亚不但成为新呢布生产中心，也是 16 世纪中期至 17 世纪中期英国最重要的毛纺业中心。

（三）国内市场体系中伦敦的从属者

16、17 世纪是英国从农本转向重商的时期，统一国内市场的形成是商业发展的必然结果。国内市场形成之时，也形成了伦敦这个全国市场体系的中心。16 世纪的伦敦，首先是英格兰的政治首都，是王室行政机构、司法机构和议会活动的所在地，还建有众多的宗教机构和医院，也是教育中心。伦敦又是英国最大的交通中心，具有优越的交通运输条件，泰晤士河横贯东西，沿河而上可深入到英国南部腹地，沿海岸可以航行英国东部和南部各港口。陆路方面，1541 年伦敦已有 9 条大道通往全国各地，1570 年又增加了 8 条。② 交通四通八达，使伦敦成为全国最大的市场地和商品集散地。伦敦的地理位置更有利于其参与国际贸易，它既可以从旧商路到达波罗的海地区，也可跨过海峡，通过当时欧洲最大的商业金融业中心安特卫普，发展同西欧大陆各国的贸易。15 世纪末以后，英国的海外贸易迅速向伦敦集中，1500 年，它占去了全国呢绒和羊毛出口贸易的一半，16 世纪中叶最高时超过了 90%。③

而东盎格利亚在国内市场中的地位，现在却需要通过与伦敦的贸易才能实现。它所产的毛纺织品和粮食等，须通过伦敦而同国内外市场联系。这样，它几乎成了伦敦的从属者。

东盎格利亚每年都有大量的毛纺织品出口。以往，诺里奇毛纺织品主要通过大雅茅斯出口，萨福克郡毛纺织品主要通过伊普斯威治出口。但随着伦敦从政府取得呢绒出口垄断权，基本上剥夺了地方港口直接向国外输出毛纺织品的权利。东盎格利亚毛纺织品只能先运到伦敦完成交易，然再由伦敦出

---

① 　D. C. Coleman, "An Innovation and Its Diffusion: The 'New Draperies'", p.424.

② 　T.S.Willan, *The Inland Trade, Studies in English Internal Trade in the Sixteenth and Seventeenth Centuries*, p.2.

③ 　C. G. A. Clay, *Economic Expansion and Social Change: England 1500-1700*, p.199.

口商输往大陆。1576 年，伦敦还命令诺里奇新呢布只能在公共大厅成交。[①]
诺里奇市政不让市民执行伦敦这一规定，但多数东盎格利亚商人还是得屈
从。16 世纪 80 年代后，诺里奇通过伦敦出口的毛纺织品数量超过从大雅茅
斯出口。[②] 后来，诺里奇新呢布几乎全部先运到伦敦，然后再向国内外批发
或出口。[③] 1606 年、1620 年、1622 年、1628 年、1632 年、1640 年这些年度
（即有较详细统计材料的年度），萨福克郡通过伦敦出口短匹呢绒共达 71,662
匹，[④] 平均每年将近 1.2 万匹。

　　1500 年至 1650 年伦敦人口增长了 7 倍，[⑤] 因而对粮食的需求量猛增，东
盎格利亚又成为伦敦粮食的重要供应者。如诺福克郡，1585～1586 年度向
伦敦输出粮食 12,439 夸脱，占当年伦敦从沿海各郡输入粮食总量的 25.7%；
1624 年 10,873 夸脱，占 17.6%；1638 年 19,550 夸脱，占当年伦敦粮食输入
总量的 20.4%。埃塞克斯郡 1615 年向伦敦输出粮食 10,368 夸脱，占当年伦
敦从沿海各郡输入粮食总量的 15.1%；1624 年 12,765 夸脱，占 20.7%。[⑥] 东
盎格利亚谷物主要通过本地港口运往伦敦。[⑦] 这些港口的船只每年还将大量
纽卡斯尔海煤运往伦敦。东盎格利亚还向伦敦供应其他食品，如诺福克牛羊、
麦芽，萨福克黄油和奶酪。[⑧]

　　东盎格利亚与英格兰内地的联系，则多表现为输入毛纺业所需羊毛和毛
线。诺福克郡沃斯特德绒线呢，需要精梳长羊毛作原料，但诺福克所产主要
是短羊毛，长羊毛则来自林肯郡和北安普顿郡等地。后来又通过布里斯托尔

---

① 　E. Lipson, *The Economic History of England*, Vol.1, p.464.

② 　N. J. Williams, "Two Documents Concerning the New Draperies", p.358.

③ 　John Smail, *Merchants, Market and Manufacture*, New York: St. Martin's Press, 1999, p.128.

④ 　B. E. Supple, *Commercial Crisis and Change in England 1600-1642*, Cambridge University Press, 1959, p.103.

⑤ 　D. M. Palliser, *The Cambridge Urban History of Britain*, Vol.2, 1540-1840, p.316.

⑥ 　F. J. Fisher, *London and the English Economy, 1500-1700*, London: Hambledon Press, 1990, p.62. 转引自
王乃耀：《英国都铎时期经济研究》，首都师范大学出版社 1997 年版，第 179 页。

⑦ 　J.A. Chartres, *Internal Trade in England 1500-1700*, London: Macmillan, 1977, p.28.

⑧ 　B. A. Holderness, *Pre-industrial England Economy and Society 1500-1700*, London: Dent, 1976, p.141.

和伦敦从爱尔兰输入毛线。[1] 萨福克郡毛纺业所需羊毛也主要来自林肯郡和北安普顿郡。[2] 16世纪晚期林肯郡羊毛质量下降，萨福克便从白金汉、北安普顿和莱斯特等郡获得优质羊毛。埃塞克斯郡科奇沙尔等地1560年前素色呢绒所需优质羊毛来自远方的什罗普郡和斯塔福德郡。东盎格利亚毛纺业者还从西密德兰斯托布里奇集市购买羊毛；或通过布里斯托尔输入爱尔兰羊毛，再经伦敦转运至东盎格利亚；或从伦敦购买羊毛，那里每年要宰杀数万只绵羊供市民消费，羊毛就地销售，但质量较差。[3]

16世纪至17世纪初是东盎格利亚经济史上最辉煌的时期。一方面，转型时期英国最为突出的两大经济变革——圈地运动和原工业化，在东盎格利亚表现得极为成功；另一方面，小农经济也比别的地区更为稳固。然而，由于"被"整合进了以伦敦为核心的市场体系，原料供应和产品输出都需依赖外地的东盎格利亚毛纺业，便隐含着一定的生产危机。

三 17世纪初至19世纪初：危机与调整

17世纪中期后，各种因素促使东盎格利亚毛纺业逐渐衰落。这个乡村工业兴旺的地区，没能再向前迈上工业革命和工业化的大道，反而连已有的原工业化优势都在丧失。然而，毛纺业危机或许刺激了东盎格利亚经济的调整。17世纪中期后，东盎格利亚的农业优势再次凸现，利用地理便利移植荷兰的先进农业技术，引进新作物，革新生产工具，改变耕作制度，在英国率先掀起了"农业革命"，农业产量和商品率大幅度提高，成为伦敦等工商地区所需农产品的供应基地。从此，东盎格利亚主要以商品化农业区面目出现。

---

[1] Peter J. Bowden, *The Wool Trade in Tudor and Stuart England*, London: Frank Cass Publishers,1971, p.65, p.67.

[2] Joan Thirsk, *The Rural Economic of England: Collected Essays*, London: Hambledon Press, 1984, p.218.

[3] Peter J. Bowden, *The Wool Trade in Tudor and Stuart England*, p.64, p.66.

（一）毛纺业衰落与工业化受挫

17 世纪初期，英国经历了一场总体性的经济危机。17 世纪 20 年代后，东盎格利亚毛纺业受到很大冲击，萨福克郡成为英格兰最困难的郡之一。1622 年萨福克通过伦敦出口的短匹呢绒出口减少了 1/3，1628 年达到最低点 5,089 匹。[①] 1626 年东地公司（Eastland Company）从伊普斯威治出口毛纺织品 3,340 匹，1627 年下降到仅 728 匹。一个呢绒商在四年间仅销售了 60 匹呢绒。一个呢绒制造商最多时曾雇佣 100 个工人，1627 年雇工人数不足 20 人。[②] 1622 年一年中，萨福克 12 个呢绒商损失了 3,000 多英镑。[③] 1629～1631 年间，南欧贸易出现危机，与此相联系的东盎格利亚毛纺业衰微局面更为严重。其旧呢绒处于市场饱和状态，大量毛纺织品积压。1631 年，萨德伯里的纺纱工和织工工资下降。一位乡绅同情纺纱工，建议他们上书地方管理机，后来呢绒商们同意增加工资。[④] 在新呢布制造中心布伦特里，失业织工于 1629 年 4 月围聚在当地法庭，抱怨无法维持家庭生计，要求呢绒制造商继续雇佣他们。[⑤]

埃塞克斯郡也出现了毛纺业萧条现象。当西班牙禁止进口贝丝呢和赛斯呢等新呢布产品时，直接影响到生产这些产品的埃塞克斯郡。该郡约有四五万人从事毛纺业，毛纺业衰落使他们生活困难；毛纺织品大量积压在伦敦和本地城市的货仓里。很多人甚至放弃了毛纺织行业。科尔切斯特原有两万多人从事贝丝呢和赛斯呢等毛纺织品生产。西班牙禁止销售英格兰毛纺织品后，科尔切斯特的贝丝呢贸易急剧下降，由每周销售 400 匹降到不足 50 匹，每匹仅赚 4 厘利润，后几乎停止了交易。科尔切斯特的另一种毛织品赛斯呢，最初每周也销售 400 匹，后也几乎停止了交易。积压的赛斯呢后来以低价运往法国、意大利等地。由于价格低贱，赛斯呢逐渐停止了生产。[⑥]

---

① B. E. Supple, *Commercial Crisis and Change in England 1600-1642*, p.104.

② William Page, *The Victoria History of the County of Suffolk*, Volume II, p.266.

③ William Page, *The Victoria History of the County of Suffolk*, Volume II, p.260.

④ William Page, *The Victoria History of the County of Suffolk*, Volume II, p.268.

⑤ B. E. Supple, *Commercial Crisis and Change in England 1600-1642*, pp.104-105.

⑥ Joan Thirsk & J. P. Cooper, *Seventeenth-Century Economic Documents*, Oxford: The Clarendon Press, 1972, pp.32-33, pp.224-225.

东盎格利亚毛纺业的衰落与毛纺织品质量低劣有关；毛纺织品质量低劣，又因为羊毛质量下降；而羊毛质量下降，则是大规模圈地养羊的一个后果。17世纪初，英格兰羊毛质量开始逊于西班牙羊毛，在国际市场上难以与采用西班牙美利奴羊毛作原料的大陆毛织品竞争。[1] 17世纪20年代，西班牙禁止用他国羊毛制成的毛纺织品在本国出售，因此来自东盎格利亚的新呢布未能准入。英国检验制度不完善造成了质次呢绒外输，也导致了东盎格利亚毛纺织品在国际市场上信誉降低，竞争力差。

东盎格利亚毛纺业衰落，还有市场竞争、能源缺乏及国际战争等因素的影响。长期的国际战争，使没有护航能力的英格兰东部商人的船只无法向地中海等地区运输货物，他们只得把贸易委托给商人冒险家公司。[2] 战争也使西班牙和法国这些东盎格利亚新呢布的传统市场逐渐萎缩。市场竞争主要来自约克郡新呢布生产的崛起。约克郡本来是向诺里奇供应制造绒线呢的毛线。对诺里奇毛纺业来说，输入约克郡毛线有两个潜在威胁：一是若约克郡也用毛线生产绒线呢，那它离毛线供应地更近，生产成本更低，竞争力更强；二是从外地引进原料，可能导致生产的不稳定性。[3] 事实上约克郡西莱丁区也很快发展了绒线呢生产。经济史家很早就注意到了绒线呢工业从东盎格利亚向约克郡西莱丁区转移的态势。[4] 18世纪40年代，诺福克对约克郡绒线呢生产的竞争提出了抗议。[5] 18世纪70年代，约克郡绒线呢产量超过东盎格利亚；[6] 19世纪初，全国所产87,744匹绒线呢中，78,994匹是约克郡生产

---

[1]　P. J. Bowden, "Wool Supply and the Woollen Industry", *The Economic History Review*, New Series, Vol. 9, No. 1 (1956), pp.53-54.

[2]　B. E. Supple, *Commercial Crisis and Change in England 1600-1642*, p.104.

[3]　J. H. Clapham, "The Transference of the Worsted Industry from Norfolk to the West Riding", *The Economic Journal*, Vol. 20, No. 78 (Jun., 1910), p.201.

[4]　J. H. Clapham, "The Transference of the Worsted Industry from Norfolk to the West Riding".

[5]　D. T. Jenkins and K. G. Ponting, *The British Wool Textile Industry 1770-1914*, London: Heine Educational Books Ltd, 1982, p.2.

[6]　Carole Rawcliffe & Richard Wilson, *Norwich Since 1550*, London: Hambledon, 2004, p.231.

的，① 占了 90%。诺里奇只从事优质呢绒生产，约克郡主要生产中低档呢绒，更符合大众市场需求。约克郡毛纺品后来还被允许出口到东方，挤占了由东印度公司出口的诺里奇呢绒在东方的传统市场。② 印度棉织品及 18 世纪英国自身棉纺业发展，也对诺里奇毛纺业构成挑战。③ 棉织品色泽鲜艳，花色多，轻质，便宜且较易清洗，很容易为人们接受。当时已开始用煤取暖且房屋密封较严，冬天在房内不需穿太厚的毛呢；夏天女性穿平纹细棉布则是一种时尚。随着流行款式变化，法国等地的呢绒、精纺呢和丝绸都进入了英国，这对东盎格利亚毛纺业也造成了冲击。

在走向工业化时，东盎格利亚受到了资源的制约。首先它缺煤。英格兰的煤矿主要分布在北部，约克郡就是产煤区，许多矿脉几乎冒出地面。东盎格利亚则远离煤产地。虽然它可通过海运得到煤，但长距离运输和重税，④ 使海煤价格昂贵，这就会加重生产投入，使毛纺业生产成本加大，生产规模缩小。其次，钢铁缺乏也使诺里奇毛纺业中机器的应用远落后于约克郡。1839前诺里奇基本没有动力织布机，而 1835 年时约克郡就有 2,856 台动力织布机；十年后诺里奇拥有了 428 台，而约克郡却增加到 30,850 台。⑤ 机器应用大大提高了约克郡毛纺业产量，并加速其向工厂制转变，而仍采用家内制的东盎格利亚毛纺业则毫无竞争力。⑥

（二）农业革命和商品化农业趋势

当传统毛纺业的颓势无法扭转之时，东盎格利亚又开始了新的经济转型，即发展商品化农业，变成工商业地区生活品的供应基地。这一转型的成功，来自于两方面因素：一是该地区率先进行种植技术上的"农业革命"，粮食

---

① Edward Baines, "On the Woollen Manufacture of England; With Special Reference to the Leeds Clothing District", *Journal of the Statistical Society of London*, Vol. 22, No. 1 (Mar., 1859), p.14.

② E. Lipson, *The History of the Woollen and Worsted Industry*, p.249.

③ Carole Rawcliffe & Richard Wilson, *Norwich Since 1550*, p.231.

④ 如在 1762 年，经过大雅茅斯运输到诺里奇的煤为 26,000 查尔特隆（英格兰旧干量单位，在称量煤时约等于 36 蒲式耳），每查尔特隆征税 8 先令多，其中的 3/8 是大雅茅斯市政当局多征收的。Lloyd Prichard, M.F., "The Decline of Norwich", *The Economic History Review*, New Series, Vol. 3, 1951, p.376.

⑤ E. Lipson, *The History of the Woollen and Worsted Industry*, p.250.

⑥ A. Ferriday, *A Regional Geography of the British Isles*, London: Macmillan, 1961, p.153.

等农作物的产量大幅度上升；二是邻近的工商业区非农业人口迅速增长，为东盎格利亚发展商品化农业提供了市场。

17、18 世纪东盎格利亚的农业革命主要包括：（1）推广新作物。17、18 世纪，除传统的农作物大麦、小麦、裸麦外，新的农作物三叶草、芜菁和萝卜等被大力推广。芜菁是饲料作物。三叶草是由荷兰移民带来的，[①] 这种豆科牧草既可将土壤中的氮固定在根瘤中以保持地力，又能为牲畜提供优质饲料。萝卜 1650 年左右在大田里试种，17 世纪 60 年代遍及了东盎格利亚。萝卜既可为牲畜提供过冬饲料，又由于需要中耕除草而有利于次年农作物生长。总之，这些新作物既能为牲畜提供饲料，扩大牲畜饲养规模，又能促进粮食产量的提高。（2）改进生产工具。16 世纪前，英国农民主要使用多牛拉的重犁。16 世纪，"荷兰发明了一种只用两匹马就可拉动的较轻的犁，并在 16 和 17 世纪传入英国，特别是诺福克和萨福克"[②]。后这种犁被称为诺福克犁，犁辕两侧装有滑轮，较为轻便。通过对诺福克犁改进，又发明了"罗宾汉"犁，其犁铧呈三角形，由两马挽犁，比矩形的重犁效果更好。18 世纪 60 年代，诺福克郡开始使用罗宾汉犁，并用铸铁代替木材制造耕犁，土壤得到深耕。（3）沼泽地和石楠林地。东盎格利亚沼泽地的开垦始于 16 世纪。此后两个世纪里，英国排干和开垦沼泽地大规模进行。著名的"大沼泽"排水造田工程得地 30 余万英亩，东盎格利亚占了大半。[③] 由沼泽地开垦出的耕地主要为煤土，含有丰富的碳化植物物质，呈黑色，[④] 非常肥沃，因此东盎格利亚西北部很快就成了英国的粮食高产区。此外，东盎格利亚西部石楠林地也得到了开垦，扩充了耕地面积。（4）推广诺福克轮作制。这是一种四区轮作制，即

---

① E. L. Jones, "Agriculture and Economic Growth in England, 1660-1750: Agricultural Change", *The Journal of Economic History*, Vol. 25, No. 1 (Mar., 1965), p.4.

② [英]亚·沃尔夫：《十六、十七世纪科学、技术和哲学史》，周昌忠等译，商务印书馆 1997 年版，第 524 页。

③ C. Singer, E. Holmyard, A. Hall and T. Williams (eds.), *A History of Technology*, Vol.3, *From the Renaissance to the Industrial Revolution c1500-c1750*, Oxford: Clarendon Press, 1957, p.320.

④ 本书主编 2004 年春和 2011 年冬两度实地考察，乘火车从彼得伯罗去伊利时，见沿途大沼泽农田均呈煤黑色。

在四块地里分别种植芜菁、小麦、萝卜和大麦，四年里轮流更换，不让任何地块休闲，同时又能保持地力。[①] 这种耕作制度17世纪末在诺福克郡开始采用，[②] 18世纪在东盎格利亚广泛传播，[③] 并在全国范围内逐渐推广，最终成了英国农田耕作制度的基础。[④]

诺福克轮作制等新农业技术给东盎格利亚农业带来了深远影响。首先，促进了种植业和畜牧业的有机结合与发展。芜菁和三叶草等作物的种植，使牲畜有了可靠的冬季饲料来源，为牲畜过冬创造了条件，从而避免了以往在秋季大量宰杀牲畜的做法。而绵羊等牲畜在芜菁地里放牧时，一方面饲养了羊群，另一方面羊粪又为下年播种小麦准备了肥料。由此，饲料作物种植和诺福克轮作制推广，形成了"更多的牲畜，更多的肥料；更多的肥料，更大的收成；更大的收成，更多的牲畜"[⑤] 的良性循环。其次，大大提高了农作物产量。经济史家对东盎格利亚农业产量的多种估计，都注意到了其大幅度增长的趋势。

表 7-2 诺福克郡和萨福克郡小麦产量的估计（单位：蒲式耳／英亩）[⑥]

年份	产量	年份	产量
1520	9～11	1700	14～17
1600	11～13	1750	15～20
1630	12～14	1801	20
1670	14～16	1831	23

表 7-2 显示，1520～1831年间，诺福克和萨福克两郡小麦产量一直呈上升状态：1520至1700年的增长率为55%左右；1700至1831年增长率为35%～64%。18世纪90年代的纳撒尼尔估计，其时诺福克郡小麦每英亩产量

① 参见 [英] 亚·沃尔夫：《十六、十七世纪科学、技术和哲学史》，第 522 页。

② J. H. Plumb, "Sir Robert Walpole and Norfolk Husbandry", *Economic History Review*, New Series, Vol. 5, No. 1 (1952), p.86.

③ D. C. Coleman, *The Economy of England 1450-1750*, p.116.

④ G. E. Fussell, Constance Goodman, "Crop Husbandry in Eighteenth Century England: Part 2", *Agricultural History*, Vol. 16, No. 1 (Jan., 1942), p. 62.

⑤ R. A. Dodgshon, *An Historical Geography of England and Wales*, London: Academic Press, 1979, p.161.

⑥ Anne Digby and Charles Feinstein, *New Directions in Economic and Social History*, The Macmillan Press, 1989, p.15.

为 24 蒲式耳，同时代的威廉·马歇尔估计亩产量为 20 蒲式耳。[1] 对于萨福克郡，18 世纪旅行家阿瑟·杨估计小麦亩产量为 22 蒲式耳，大麦为 28 蒲式耳。[2] 经济史家坎贝尔推算，1660～1679 年间该郡小麦、裸麦、大麦、燕麦的亩产量分别为 12.8 蒲式耳、14.1 蒲式耳、13.9 蒲式耳和 13.1 蒲式耳；到 18 世纪 60 年代，则分别为 25.5 蒲式耳、25.0 蒲式耳、30.9 蒲式耳和 38.3 蒲式耳；[3] 即小麦增长了 99%，裸麦增长了近 77%，大麦增长了 123%，燕麦增长了 192%。在另一种估计中，两郡小麦亩产量 1600 年平均为 11.4 蒲式耳，1700 年为 17.6 蒲式耳，1800 年为 22.7 蒲式耳，[4] 两百年间正好增加了 1 倍。1800 年议会一份报告记载，诺福克郡和萨福克郡小麦亩均产量为 20 蒲式耳，裸麦为 24 蒲式耳，大麦为 32 蒲式耳，燕麦为 36 蒲式耳，豌豆为 20 蒲式耳。[5] 综合分析，所有的粮食作物产量都大幅度增长。根据一些农户的遗嘱分析，从 1587 至 1729 年，每个农场的大麦种植面积增长了 2.8 倍，大麦平均总产量增长了 4.4 倍。18 世纪 20 年代，大麦种植面积占每个农场种植总面积的 57%，[6] 远超过其他三类谷物（小麦、燕麦、裸麦）种植面积之和，是最主要的粮食作物。大麦主要用作啤酒原料，几乎是百分之百的商品化。燕麦用作饲料，而饲料喂养的畜禽也主要是供应市场。由此也可看出，越是商品化的农业，生产率提高越快。

东盎格利亚的商品化农业，首先是满足本地非农业人口的生活需求。这一时期东盎格利亚城市人口有所增加，如诺里奇 1650 年为 2 万人，1801 年

---

[1] Mark Overton, "Estimating Crop Yields from Probate Inventories: An Example from East Anglia,1585-1735", *The Journal of Economic History*, Vol. 39, No. 2 (Jun., 1979), p.375.

[2] Arthur Young, *General View of the Agriculture of the County of Suffolk*, London: B. Macmillan,1797, pp. 52-55.

[3] Bruce M. S. Campbell, Mark Overton, "A New Perspective on Medieval and Early Modern Agriculture: Six Centuries of Norfolk Farming c.1250-c.1850", p.70.

[4] Gregory Clark, "Yields Per Acre in English Agriculture, 1250-1860: Evidence from Labour Inputs", *The Economic History Review*, New Series, Vol. 44, No. 3 (Aug., 1991), p.457.

[5] Mark Overton, "Estimating Crop Yields from Probate Inventories: An Example from East Anglia,1585-1735", p.375.

[6] Mark Overton, "The Diffusion of Agricultural Innovations in Early Modern England: Turnips and Clover in Norfolk and Suffolk, 1580-1740", p.213.

为 36,238 人。^① 更重要的是，18 世纪东盎格利亚成了伦敦及西北工业区所需农产品（包括畜牧产品）的供应基地。伦敦人口 1700 年达 57 万人。^② 1800 年接近 100 万人。约克郡西区 1700 年为 242,139 人，1801 年为 572,168 人。^③ 工商业人口增加，需要大量粮食，东盎格利亚的农业优势便大有市场前景，越来越受到重视，地方当局甚至还强迫农民种植谷物。^④ 1650 年后，东盎格利亚农产量大幅度提高，也有了更多的谷物运往伦敦等地及国外。如 1676～1677 年度，从金斯林输出的谷物达 23,000 夸脱，从大雅茅斯输出的谷物超过了 24,000 夸脱。^⑤ 粮食贸易中大麦比重最大，如 1732～1733 年大雅茅斯输出的谷物中，大麦占 78.4%，小麦为 21.6%。^⑥ 18 世纪东盎格利亚农民考虑生产更多的谷物，就是为了满足约克郡西区和兰开夏工业人口对于粮食的需求。^⑦ 东盎格利亚还向大陆出口粮食。18 世纪后期，诺福克的谷物出口达到顶点，其出口量超过英国所有其他地方谷物出口之总和。^⑧ 除粮食外，这里的畜禽产品也享誉国内，如"诺福克鸭"就是全国最好的良种鸭。^⑨ 畜牧业发达的萨福克郡南部，大规模的奶牛饲养都是面向市场的，每年向外地尤其是伦敦输送大量的黄油和奶酪。如 1687 年圣诞节到 1688 年圣诞节，在全国各地运至伦敦的黄油和奶酪中，萨福克郡运去黄油 13,599 费尔金（1 费尔金约合 9 加仑），占全国运至伦敦总量（56,859.5 费尔金）的 23.9%，是第二大供应地；奶酪 38,115 费尔金，占全国运抵伦敦总量（411,823 费尔金）

---

① Edward Baines, "On the Woollen Manufacture of England; With Special Reference to the Leeds Clothing District", p.16.

② D. M. Palliser, *The Cambridge Urban History of Britain,Vol.2, 1540-1840*, p.316, p.650.

③ Edward Baines, "On the Woollen Manufacture of England; With Special Reference to the Leeds Clothing District", p.15.

④ W. S. Shears, *This England: A Book of the Shires and Counties*, p.58.

⑤ N. S. B. Gras, *The Evolution of the English Corn Market from the Twelfth to the Eighteenth Centuries*, Cambridge: Mass., 1926, p.113. 一夸脱（quarter）小麦为 10 英担，约合 250 公斤，可满足 1 人 1 年所需。

⑥ J. A. Chartres, *Internal Trade in England 1500-1700*, p.19.

⑦ A. Ferriday, *The British Isles*, London: Macmillan, 1961, p.154.

⑧ John Lindsay Olsh, "The Growth of English Agricultural Productivity in the Seventeenth Century", *Social Science History*, Vol. 1, No. 4 (Summer, 1977), p. 476.

⑨ 主编 2004 年在英国德比市 Sainsbury 超市亲眼见到货架上"诺福克鸭"要比其他品种肉鸭价格高一倍左右，其品牌颇似中国的"北京鸭"。

的 9.3%，是第三大供应地。①

农业生产率提高促使经济结构发生变动，即加速了东盎格利亚传统毛纺业的衰落。经济史家克拉克森曾指出：一个国家从事工业的劳动力增加，必然要求农业生产率有相应提高，而"如果农业生产率的改善发生在原工业化地区，其结果可能是推迟而不是促进这里的工业化。……在英国，工业革命时期东盎格利亚成了这个国家最先进的农业地区之一，而其传统的呢绒工业却衰落了"②。农业史家琼斯指出：随着农业革新慢慢成熟，乡村社会的资源转向了农业，制造业则趋向衰微。③农业生产率提高，使农业劳动者从事工业的机会成本提高，工业劳动力的成本上涨。于是在东盎格利亚这个原本的原工业化地区，呢绒商纷纷把资金投向更加有利可图的农业。即使是东盎格利亚本地工业的发展，也转向了与本地农业更相关的行业如啤酒制造等。18世纪后，东盎格利亚主要以商品化农业区面目出现。

然而在现代经济中，农业创造的财富指数远低于工商业，因此诺福克、萨福克及埃塞克斯这几个以往财富水平（地均财富）曾经领先的郡，18世纪起却靠后了（见表 7-3）。此外，由于商品化农业所需劳动力减少，东盎格利亚农村出现了大量剩余劳动力。而本地工商业发展趋缓，城市吸纳力有限，不能消化这些剩余人口，因此他们便向外迁移，流向伦敦和约克郡西区、兰开夏等工商地区，造成东盎格利亚地区人口增长缓慢，④人口密度相对偏低。从 1701 年至 1751 年，诺福克郡人口从 242,511 人减至 221,255 人，再计算此期间自然增长 16,261 人，向外迁移人口应达 37,517 人；萨福克郡从161,245 人减至 159,577 人，再计算此期间自然增长 12,607 人，向外迁移应

①　J. A. Chartres, *Internal Trade in England 1500-1700,* p.29.

②　L. A. Clarkson, *Proto-Industrialization: The First Phase of Industrialization?* p.33.

③　E. L. Jones, "Agricultural Origins of Industry", *Past and Present*, No.40 (1968), p.40.

④　如诺福克郡，1700 年人口为 245,842 人，1801 年为 273,479 人，一个世纪仅增长 11%；工业发达的约克郡西区同期则增长 136%。见 Edward Baines, "On the Woollen Manufacture of England; With Special Reference to the Leeds Clothing District", 第 15 页。1700 至 1800 年间，英格兰总人口增长 71%。见 Mark Overton and Bruce M. S. Campbell, "Production and productivity in English agriculture 1086-1871", *14th International Economic History Congress*, Helsinki, Finland, 21 to 25 August 2006, p.34。

达 14,275 人。[①] 该地区城市发展也进入沉寂时期，城镇只成了这一农业区的物资和人口集散中心地而已。[②] 较大城市数量极少，1831 年，英格兰 155 个超过 1 万人口的城市中，东盎格利亚地区仅仅只占 5 个。[③]

表 7-3　14 至 19 世纪东盎格利亚诸郡在英格兰各郡财富水平排名中的变化 [④]

年份	1332	1453	1503	1636	1660	1693	1803	1843
埃塞克斯郡	20	25	23	15	6	7	13	19
萨福克郡	15	17	15	10	2	10	25	23
诺福克郡	3	3	21	25	17	18	24	27

当然，地均财富（或可称地均 GDP）不等于是人均 GDP。现代商品化农业并不需要太多的劳动力，因而势必是农业区人口密度较小，并难以出现大型的工商人口聚落，因此近代东盎格利亚没有形成在英国有影响的大城市，也没有直属中央政府的城市。[⑤] 诺里奇这个曾在英国位列前三的地区中心城市，1700 年后工商业地位也大为衰落，贫困人口不断增多，18 世纪前中期用于济贫的年度开支均在 3,000～6,000 英镑之间，18 世纪晚期均在 1 万至 2 万英镑之间。[⑥] 当然，如果按人均 GDP 或人均财富衡量，东盎格利亚未必比工商业地区低。如晚至 2004 年，包括了诺福克、萨福克、埃塞克斯、剑桥等郡在内的英格兰东部区（人口密度为 288 人／平方公里），人均 GDP 指数为 96.2（以

---

① P. Deane and W. A. Cole, *British Economic Growth, 1688-1959: Trends and Structure*, second edition, Cambridge, 1967, p.103, pp.108-109, p.115. 张卫良：《现代工业的起源——英国原工业与工业化》，光明日报出版社 2009 年版，第 70 页。

② 主编 2011 年 12 月中旬实地考察时，发现诺里奇市中心面积和建筑物决不亚于伯明翰、曼彻斯特等近现代工业城市，但那是中世纪和近代早期遗留下来的；大雅茅斯从港口演变成了暑期海滨休假地，冬日几公里长的海岸和沙滩上几乎见不到游客；沃斯特德只是个两条街路的小村庄，低矮民宅中却矗立着一个与其极不相称的高大教堂，那是十六七世纪毛纺业发达人口众多、后来却破败衰落的历史见证；而整个诺福克郡可说是地广人稀，主要大田作物是小麦和萝卜，机械化、商品化农业的特点极为显著。

③ Edward Royle, *Modern Britain, A Social History 1750-1985*, pp. 21-22.

④ E. J. Buckatzsch, "The Geographical Distribution of Wealth in England, 1086-1843: An Experimental Study of Certain Tax Assessments".

⑤ 参见杨玉芳等编校：《世界分国地图·英国》，中国地图出版社 2007 年版，第 32 页。

⑥ M. Prichard, "The Decline of Norwich", p. 371.

全英格兰为 100），仅次于伦敦（人均 GDP 指数为 156.2）和东南区（人均 GDP 指数为 109.9），远高于工业发达的西北区（人口密度为 482 人 / 平方公里，人均 GDP 指数为 89.9）和西密德兰区（人口密度为 408 人 / 平方公里，人均 GDP 指数为 90.3）。[1] 后两者是主要工业区，人口密度大，地均财富处于前列。[2]

四 东盎格利亚转型道路的启示

东盎格利亚作为一个相对独立的地理单元，其经济的区域性特征较强。区内较早形成了较为完整的产品交换和流通体系，并能通过若干经济中心和港口与国内外市场相联结。在各种因素共同作用下，东盎格利亚的农业经济历来发达，长期在英国处于领先水平。经济水平达到一定高度时，其转型的需求更迫切、主动性更强，转型完成所需的经济基础也更厚实，对转型带来的经济波折和社会震荡也更有承受力和化解力。因此东盎格利亚在几次经济变革中几乎都充当了领头羊。15、16 世纪是最先发展乡村工业、出现原工业化的重要地区之一；17、18 世纪最先发生农业革命、发展商品化农业的，也是东盎格利亚地区。

这个相对独立的地理单元又不是孤立隔绝的。特有的地理位置，使它具有区域开放性的特点，更容易受到外来因素影响。这种影响有正负两面。它与大陆建立贸易联系较早，商业往来较多。由于临海，它也与本国沿海有一定往来。但对外交往的便利又引起了一种短视，即在接受外来技术时只是一种简单的产业承接，一种低水平的转移；而未在消化的基础上进一步创新和提升，故而外来移民带来的"新呢布"产业的发展最终难以为继。过于依赖国外市场也易使产品发生销售危机，除了国内外竞争因素外，政治经济局势

---

[1]　Irene Hardill, *The Rise of the English Region? Regions and Cities,* p.106.

[2]　E. J. Buckatzsch, "The Geographical Distribution of Wealth in England, 1086-1843: An Experimental Study of Certain Tax Assessments".

或政策变化也极易打断贸易链条。如 16 世纪伦敦商人取得特许，夺走了地方商人的呢绒出口权，使东盎格利亚呢绒出口必须先到达伦敦，结果东盎格利亚毛纺业成了伦敦的从属物，须仰伦敦商人之鼻息。

是否根据资源特点来发展经济，在东盎格利亚的转型中也有正负两面的经历。东盎格利亚土地特别肥沃，种植农业是最佳发展方向。中世纪东盎格利亚的传统农业发达，17～18 世纪东盎格利亚农业生产率高并率先走向商品化农业，都利用了自然资源。负面例子是，16 世纪后期东盎格利亚虽成为全国最重要的毛纺业中心，但本地区并不能提供支撑这一中心的足够的原料，羊毛多从密德兰等地运来，这使东盎格利亚毛纺业发展受到了极大掣肘。

在东盎格利亚社会经济转型的进程中，承续和变革都起到了积极作用。而无论承续还是变革，其作用的有效发挥都是该地区社会主体——以自由小农为主的劳动者主动适应社会变化的结果。中世纪时作为主流生产关系的庄园制，在东盎格利亚却相对较弱；而保留下来的较多的分散自由小农，则有很高的劳动积极性，创造出较高的劳动生产率。圈地运动作为农业资本主义发展的先导，在东盎格利亚有较大规模的发生，有助于这里的混合农牧业发展和资本主义农业产生；同时这里也发生了农民们激烈的反圈地斗争，小农在最大的程度上保留了下来，他们并没有成为向新社会前进的绊脚石，而是积极参加反专制斗争，成为英国革命"新模范军"的骨干和主力，为资产阶级夺取政权立下了汗马功劳。小农还在生产中不固守传统，他们以极大的热忱开展耕作制度和技术上的革命，并促使东盎格利亚率先走上商品化农业之路。除农民外，一些具有首创精神和主动性的改革者也以东盎格利亚为首选试验场，如托马斯·柯克最先在诺福克北部推广四区轮作制，汤森创造的芜菁条播栽培法最先在诺福克中部运用，罗伯特·兰塞姆在伊普斯威治改良了生铁犁等，[①] 促进了农业产量增长。

另一个颇令人深思的启发是，虽然一个地区的经济必须是开放式的，必

---

① 参见 [英] G. 巴勒克劳夫、R. 奥弗里主编：《泰晤士世界历史》，第 201 页。

须紧跟国家整体经济的变化，但同时也须有一定的独立性，否则当外地的、全国的或国际的形势发生变化时，就会因过于依赖外部市场或被捆绑在外在经济条件下而使其进一步的发展遭遇困境。东盎格利亚毛纺业不能再往前走，就与其产品受伦敦商人之掌控和国际市场之波折密切相关。从某种意义上讲，东盎格利亚农业革命虽然体现了劳动者的主动性，但却是面临毛纺业颓势的无奈之举。东盎格利亚成为了商品化农业区，对英国整体来说也许是一个成功的地区性分工，但对东盎格利亚自身来说很难说是成功，因为它实际上成了全国经济整体中为"核心区"服务的"边缘区"，扮演着向"核心区"提供工业原材料和农产品的"殖民地"角色，其地区经济社会总体面貌也远远落后于工商业地区。

总之，从中世纪晚期开始的东盎格利亚经济转型，呈现了一条曲折的路线，对其进行探究，有利于理解近代英国崛起进程的复杂性，也有助于认识传统农业区转型的多样性。东盎格利亚从中世纪传统农业区转型为商品化农业区，其道路是曲折的，但其最终定型又是准确的。曲折是指它经历了一条"农业→工业→农业"之路。15、16世纪，东盎格利亚兴起了乡村毛纺业，16、17世纪初之交是英国毛纺业最发达的地区，无论是生产技术、生产规模，还是对国内外市场的占有，都在英国各地区中居于领先地位。作为英国最发达的原工业化地区之一，东盎格利亚理应率先从原工业化走向工业化，成为英国的重要工业区。但历史并未青睐它，各种因素的作用使它没有沿着发展工业的方向继续走下去，而是从原工业化转向农业商品化。说它在经济上的最终定型是准确的，则是因为从自身条件看，东盎格利亚发展农业的优势胜于发展工业；与别的地区相比较，东盎格利亚更适合于发展农业，若不顾条件硬性发展工业则要遇到更多的竞争。这是富于启发性的：传统农业区只要能在国内市场网络和地区分工体系中占有恰当的位置，在转型中有机地融入工业化社会潮流，就是找到了正确的发展战略，而不一定非要大搞工业化、转变成工业区不可。当然这种正确也只是相对的，因为在工业化社会里，工业是主导、是强势，农业是从属，是弱势。因此东盎格利亚即使成了发达的商品化农业区，它在英国经济全局中的地位也难再处于先进行列。

第八章
从繁荣到衰落：18～19世纪诺里奇的毛纺业

～～～～～～

　　15世纪后，以羊毛纺织和毛纺品出口为核心的毛纺业逐渐成为英国的"民族工业"，其规模在18世纪达到巅峰。据估算18世纪全英有将近30%的人口从事与毛纺业相关的工作，几乎遍及英格兰每个村庄和城市。[①] 东盎格利亚是16世纪后期至18世纪初英国最重要的毛纺区。诺里奇是该地区毛纺业的主要中心。考察18～19世纪诺里奇毛纺业从繁荣到衰落的经历，可对东盎格利亚的曲折转型有更深刻、更细化的认识。

　　随着16世纪开始大规模欧洲大陆移民的涌入以及东盎格利亚地区相对独特的土地和法律制度，诺里奇的毛纺业积累了大量技术织工和自由劳动力，以"新呢布"技术的推广使用，使诺里奇毛纺业在17世纪取得了飞跃性发展，并在18世纪早期到达了巅峰，开创了毛纺业史上的"大诺里奇时代"[②]。

　　但在这长达两个世纪的辉煌之后，从18世纪中期至19世纪中期，随着工业革命的发展以及西北工业区的崛起，以诺里奇为中心的东盎格利亚地区，却由于种种因素而迅速衰落。原有的兴旺的乡村毛纺业并没有成为其进行工业革命和迈向工业化的捷径，反而由于自身能源资源的缺乏（尤其是煤炭和钢铁），以及约克郡特别是以利兹为中心的西莱丁区（West Riding）崛起，诺里奇毛纺织业举步维艰，再加上连年的国际战争，使得东盎格利亚长期依赖的法国和西班牙等国际市场萎缩，还有随之而来的印度

[①]　W. G. Hoskins, *The Age of Plunder, England of Henry VIII 1500-1547*, New York: Longman, 1979, p.151.

[②]　W. J. Ashley, *The Early History of the English Woolen Industry*, Publications of the American Economic Association, Vol.2, 1887, p.84.

棉纺织品的冲击，最终使得英国毛纺业重心完全转移到西北区域的西莱丁区，诺里奇也从此衰落。"民族工业"经济重心的这一转移成为英国工业革命时期的标志性现象之一。

一　18 世纪早期诺里奇的繁荣

17～18 世纪的诺里奇是一座繁荣而骄傲的城市，以至于当时的英国作家哈灵顿爵士做出这样的评价："我认为这座城市（诺里奇）可以被视为另一个乌托邦，其居民遵纪守法，街道一尘不染，贸易繁荣昌盛，市民的生活既高贵典雅又乐善好施，以至于虽有朱门酒肉臭，却无路边饿死骨。"①

这一时期英国著名文学家笛福的著作《笛福游记》(*Defoe's Tour though Great Britain*）对 18 世纪早期诺里奇的繁华有着细致入微的描写。笛福于 1723 年第一次到诺里奇，其书中叙述了由于诺里奇市议会 1710 年通过了禁止从东印度公司进口棉花的法令，从而使它在此时达到了其毛纺业繁荣的顶峰。笛福叙述说，从一个"身份显赫的纺织匠"那里得知，仅仅在诺福克郡，就有超过12 万人受雇于与毛纺业相关的种种行业。笛福也通过计算诺里奇及其周边乡村纺织机的数目对诺福克毛纺业的从业人口进行了推算，认为这个数字是大致可信的。笛福还指出了这一时期以诺里奇为核心的毛纺业的扩张。②

这个数字是相当令人惊讶的，因为有资料显示，直到 1750 年诺里奇的纳税人口也才大致在 36,000 人左右，这也就意味着几乎所有的诺里奇市民及其周边乡村的居民都在从事毛纺业。这一数字无疑有夸大的成分，但依然可以从中推断，要雇用如此庞大的纺织工队伍，诺里奇的毛纺织业生产组织形式已经突破了家庭手工作坊而向聚集工人相对密集的纺织工场转变，而且在如此庞大

---

① John Harington and Henry Harington, *Nugae Antiquae: Being a Miscellaneous Collection of Original Papers, in Prose and Verse; Written During the Reigns of Henry Viii., Edward VI., Queen Mary, Elizabeth, and King James,* Vol. II, London: Vernor and Hood, 1804, p.170.

② Daniel Defoe, *Daniel Defoe's Tour though Great Britain,* Vol. I, London: JM Dent and Co, 1927, p.61.

的纺织工队伍中，几乎肯定包括了童工和妇女。这一数字虽然没有其他数据加以佐证，但是如此庞大的从业人数无疑反映了诺里奇毛纺织业的繁荣。

另外有资料表明，在18世纪中期，纺织业在诺里奇市民职业中所占的比率最高达到了55.2%。[1]虽然从18世纪末开始，皮鞋制造业开始在诺里奇兴起，并于1835年在从业人数上和已经衰落的纺织业基本持平，但是这两个行业加起来也只占了市民从业比例的相当小的一部分，无法和诺里奇毛纺织业辉煌时期的职业占有比相提并论。[2]

对18世纪诺里奇毛纺业更为精确的描述来自于阿瑟·杨（Arthur Young）的《东部游记》（*The Farmer's Tour Through the East of England*）。杨于1771年受国王之命考察诺里奇，其详细记述并评估了诺里奇地区毛纺业发展状况。杨把1763年前二十年间的诺里奇称为英国毛纺织业的"著名地区"。据其估算，1700～1770年间，诺里奇的贸易至少扩大了4倍，毛纺业规模至少扩大了3倍。在诺里奇及其周边乡村，至少有12,000台织布机，如果按照一台织机需要有至少6名工人工作来估算的话，那么此时在诺里奇地区大概有72,000人在从事纺织工作。[3]杨还估算了诺里奇地区的对外贸易额（表8-1）。

表 8-1　诺里奇 1771 年对外贸易额

描　述	金　额
1. 定期通过船只向鹿特丹（Rotterdam）出口的货物	每年 480,000 英镑
2. 通过马车运往伦敦的货物，每吨平均价值 600 英镑	每年 676,000 英镑
3. 通过船只或货车运往其他地方的货物	每年 200,000 英镑
总计	每年 1,356,000 英镑

注：此表根据拜恩（A. D. Bayne）《诺里奇及诺福克工业和贸易史》（*History of the Industry and Trade of Norwich and Norfolk*）所引用的表格重新编制。[4]

---

[1]　J. K. Edwards, *The Economic Development of Norwich, 1750-1850, with Special Reference to the Worsted Weaving Industry*, Unpublished Ph.D. thesis, University of Leeds, 1965, pp.41-51.

[2]　J. K. Edwards, *The Economic Development of Norwich, 1750-1850, with Special Reference to the Worsted Weaving Industry*, pp.41-51.

[3]　Arthur Young, *The Farmer's Tour Through the East of England*, printed for W. Strahan, London; W. Nicoll, London; B. Collins, Salisbury; and J. Balfour, Edinburgh, 1771, p.41.

[4]　A. D. Bayne, *History of the Industry and Trade of Norwich and Norfolk*, Norwich: Matchett and Stevenson, 1858, p.44.

诺里奇织工的收入水平也证明了城市的繁荣。根据杨的估算，整个诺里奇地区 12,000 台织机，每台织机年平均收入可达 100 英镑，如果一个织布机有六个织布工，那么每个工人的平均工资一年可达 16 英镑，也就是周薪 6.6 先令左右。[①]根据马斯耶（J. Massie）对 1756 年各行业周薪的估算，伦敦毛纺织工人的周薪平均在 7 先令左右。[②] 考虑到作为首都的工人薪水普遍高于地方，诺里奇这一时期毛纺织工人的薪金无疑在同行业中处于较高收入水平。从购买力来讲，如果参考杨提出著名的 18 世纪家庭收支模型（这个模型假设一家五口，分别包括父母、一个 15 岁孩子、一个 10 岁孩子及一个婴儿），杨的统计数据显示，18 世纪晚期，这一家五口的平均开销包括：食物支出一年 15 英镑 12 先令、房租支出一年 1 英镑 10 先令、衣物支出 2 英镑 10 先令、生病及其意外支出 1英镑，一年合计为 21 英镑 17 先令，[③] 也就是说一周要赚 8 先令 5 便士才能使一家五口人过上平均水准生活。杨同时论及了家庭收入构成，综合了各个不同行业的不同收入群体之后得出了如下平均值：18 世纪女工薪资平均水平是男工的 1/4 左右，而 10 岁童工薪资和女工差不多，15 岁男工的薪金水平基本上是成年男工的一半左右。[④] 考虑到这一时期诺里奇庞大的织工队伍中不可避免地包括大量女工和童工，因此可以推断，毛纺业织工的家庭生活水准是远在平均线之上的。

反映诺里奇这一时期繁荣的另一例证是 18 世纪诺里奇人口的快速增长。东盎格利亚地区自中世纪开始即为英国东海岸重要的农业及对外贸易地区，诺里奇是这一地区的主要经济中心，大雅茅斯和伊普斯威治是主要对外窗口。大雅茅斯在整个中世纪都是欧洲渔业的中心之一，其渔业核心的地位一直到 17

---

① A. Young, *Farmer's Letters, Vol.I: To the People of England, 1768; Vol.II: To the Landlords of Great Britain*, London: Printed for W. Strahan, 1771, pp.37-47.

② J. Massie, *Calculation of Taxes Paid by Different Class of the Community*, Rylands Library, Pol. Pamph, Vol.72, p.27.

③ A. Young, *Farmer's Letters, Vol.I: To the People of England, 1768; Vol.II: To the Landlords of Great Britain*, pp.37-47.

④ A. Young, *Farmer's Letters, Vol.I: To the People of England, 1768; Vol.II: To the Landlords of Great Britain*, pp.37-47.

世纪才被荷兰超越。① 同时由于其地理位置，加之庞大的渔业船队，其海外贸易业在这一时期达到顶峰。② 依托于大雅茅斯渔业和外贸船队的兴盛，这一区域的工商业和贸易也有所发展，诺里奇在 11 世纪曾经是仅次于伦敦的全英第二大城市。③ 其人口虽在 1650 年才勉强达到两万人左右，但仍是英国第二位城市。而此后一百年间，依靠着毛纺织业的繁荣和城市的发展，诺里奇的人口出现了快速的增长，1752 年即达到 36,169 人，1786 年达到了 41,051 人（表 8-2）。

表 8-2　诺里奇 1650～1800 年人口变化

年份	人口
1650	20,000
1662	20,000
1671	22,000
1676	22,000
1693	28,881
1752	36,169
1786	41,051
1801	36,854

注：1. 表中 1786 年之前的数据根据比特尼菲（R. Beatniffe）所著的《诺福克游记》（The Norfolk Tour）中所统计的数据重新制表。④
2. 表中 1693 年的人口数据在其他文献中有引用为 28,911 人，⑤ 在此依然应用其原始数据。
3. 表中 1786 年 41,051 人的人口数据包括 1,000 名在主教区驻扎的士兵，所以在有些书中的数据引用为 40,051 人。⑥
4. 其 1801 年的数据引自 1801 年人口普查报告。⑦

但也正如表中所示，在经历了将近一百年的繁荣之后，到了 19 世纪，因

---

① E. Lipson, *Economic History of England,* Vol. III, 7ed edited, London: A. and C. Black, 1937, pp. 147-150.

② A. R. Saul, *Great Yarmouth in the 14th Century: A Study in Trade, Politics and Society, Unpublished Ph.D. Thesis*, University of Oxford, 1975, p.1.

③ Heather Swanson, *Medieval British Towns*, Associated Lecture, the Open University, Macmillan Press Ltd., 1999.

④ R. Beatniffe, *The Norfolk Tour*, Norwich, 1795, pp.72-73.

⑤ W. Hudson and J. C. Tingey, *The Records of the City of Norwich*, Vol II, General Books LLC, London, 2010, p.322.

⑥ J. K. Edwards, "Norwich Bills of Mortality, 1707-1830", *Yorkshire Bulletin of Economic and Social Research*, Vol.21, 1969, p.95.

⑦ *Second Report of the Commissioners of Inquiry into the State of Large Towns and Populous Districts*, 1845, Vol. XVIII, p.280, kept in East Anglia University.

毛纺织业的衰落之缘由，以人口数量的减少（1801 年比 1786 年减少 1,400多人）为表现，诺里奇开始了不可避免的衰落。

二　19 世纪诺里奇毛纺业的衰落

首先注意到诺里奇衰落的学者依然是亚瑟·杨，其在 18 世纪末就敏锐地观察到了诺里奇衰落的开始。他在完成《东部游记》的二十多年之后，对曾经繁华无比的诺里奇这么评论道："事实上，诺里奇的毛纺织主在来自约克郡（Yorkshire）的竞争压力下痛苦不已，其不管是在产量上、出口量上还是在工业化程度以及生产活跃性上都已经被全面超越。"[1]

诺里奇进入 19 世纪后的衰落最明显的表现，即为其曾经引以为傲的庞大的织工队伍和织机数量的急剧减少。有资料显示，1808 年，诺里奇仅仅只有8,000 台纺织机还在保持着"中速生产"（in a medium state）。[2] 在三十年之后，1838 年由手工纺织工人委员会（Handloom Weaver's Commission）展开的诺里奇手工纺织工人人口普查给出了更详细的数据。其数据显示，这一年诺里奇及其周边的乡村只有 5,075 台纺织机还在进行生产，其织工人数下降到了惊人的 4,054 人。在这 5,075 台纺织机中，只有 600～700 台纺织机雇佣 400 人左右的织工，还在维蒙特哈姆（Wymondham）和豪斯汉姆（Horsham）两地进行对外贸易生产。更为严重的是，统计表明，整个诺福克郡里一些在上世纪里以毛纺织业而兴起的城镇，如戴斯（Diss），其精纺毛呢产业已经完全消失了。[3]

1841 年的人口普查报告更加显示了诺里奇毛纺织业的衰落。在诺里奇大约有 4,600 人（包括男女）的职业为纺织工。其中大致有近 1,000 人从事亚麻纺织、帆布纺织、粗麻布纺织等非精纺毛呢，故而大致还有超过 3,500 人

①　A. Young, *Annals of Agriculture and Other Useful Arts*, Vol.22, printed for the Editor by J. Rackham, 1794, p.167.

②　R. Beatniffe, *The Norfolk Tour*, 6th edited. Norwich, 1808, p.14.

③　*Handloom Weaver's Commission, Assistant Commissioner's Reports, Part II*, 1840, kept in Norfolk Record Office, p.309.

在诺里奇从事毛纺织工业。同时从年龄上看，从事纺织工种的男工年龄普遍偏大，很难发现有小于 20 岁的纺织工人，同时，其工作也极其不稳定。从人口总量上看，其 1831～1841 年间城市人口的数量几乎没有任何变化。[①] 诺里奇从事纺织人口所占总人口的比例见表 8-3，织布机数量的变化见表 8-4。

表 8-3 诺里奇 1750～1840 年纺织工人所占人口比例变化

	1751～1760	1761～1770	1771～1780	1781～1790	1791～1800	1801～1810	1811～1820	1821～1830	1831～1840
纺织业	55.1%	32.5%	37.1%	40.3%	19.6%	21.9%	18.4%	17.1%	8.4%
皮革业	3.3%	3.7%	4.7%	4.1%	6.3%	12.2%	10.7%	8.0%	7.5%
其他产业	41.6%	63.8%	58.2%	55.6%	74.1%	65.9%	70.9%	74.9%	84.1%
总计	100%	100%	100%	100%	100%	100%	100%	100%	100%

注：本表根据爱德华兹（J. K. Edwards）在其论文中所引用的《诺里奇自由人登记表》（Norwich Freeman Enrolments）重新整理计算。[②]

表 8-4 诺里奇 1771～1851 年织机数量

年份	诺里奇及其周边	诺福克乡村	总计
1771	6,000	6,000	12,000
1808			8,000
1819			10,000
1825	8,000		
1830	6,000		
1838	5,075	800	5,875
1845	3,250		

注释：1. 本表根据杨、比特尼菲、钱伯斯（J. Chambers）以及手工工人纺织委员会的统计报告的数据综合整理得出。[③]

2. 表中 1838 年后的统计中，蒸汽纺织机的数量也被统计在内。

[①]　*Census of 1841, Occupation Abstract*, Published in 1844, kept in East Anglia University.

[②]　J. K. Edwards, *The Economic Development of Norwich, 1750-1850, with Special Reference to the Worsted Weaving Industry*, pp. 41-51.

[③]　Arthur Young, *The Farmer's Tour Through the East of England*, printed for W. Strahan, London; W. Nicoll, London; B. Collins, Salisbury; and J. Balfour, Edinburgh, 1771; R. Beatniffe, *The Norfolk Tour*, 6th edited, Norwich: printed and sold by R. Beatniffe, 1808; J. Chambers, *A General History of the County of Norfolk*, Vol. I, Norwich: printed by and for J. Stacy, 1829; *Handloom Weaver's Commission, Assistant Commissioner's Reports*, Part II, 1840, kept in Norfolk Record Office.

这种局面是由多种原因造成的，不管是利兹崛起挤压了国内市场份额还是国际战争打乱了其海外贸易，乃至是其本身管理体制的僵化落后，都给诺里奇衰落的命运埋下了种子。

三　诺里奇毛纺业衰落的原因分析

诺里奇毛纺织业的衰落被一些英国经济史学家认为是工业革命中工业化工厂对于"原工业化"手工工场的最终胜利。因此，诺里奇毛纺织业衰落及英国毛纺织业在工业革命中转移问题，从 19 世纪起就是经济学家和史学家讨论的焦点之一。衰落原因可从多方面探讨。

（一）来自西莱丁区和兰开夏的竞争

19 世纪 30 年代后，诺里奇毛纺织业的衰落是显而易见的，特别是相对于已经完成了工业化的西莱丁毛纺织业，由此英国毛纺织业也从"原工业化"的乡村手工业过渡到了大机器的工业化生产。在这一过程中，诺里奇遇到了来自利兹为中心的西莱丁棉纺织业的强劲竞争。

人口的快速增长是西莱丁区崛起的标志之一。利兹作为西莱丁区的核心城市，人口从 1801 年的 53,161 人飞增至 1851 年的 172,270 人；布拉德福作为第二大城市，人口也从 1801 年的不到 14,000 人，上涨到 1851 年的 103,778 人，增幅比例可谓惊人。①

18 世纪诺里奇面临的最大威胁是以利兹为中心的西莱丁毛纺区的快速崛起。西莱丁在 1700 年之前名不见经传，但进入 18 世纪后，由于其紧邻工业革命发源地兰开夏郡，而兰开夏又是以发达的棉纺织业闻名于世，所以在崛起的初期，西莱丁区大量借鉴了兰开夏崛起的技术和经验：其于 1738 年就首次在毛纺织业中运用了飞梭技术，而诺里奇则是直到将近二十年后才开始尝试应用这项技术。同时缩绒（fulling）技术也在西莱丁区毛纺业中大量应用，

---

① 　Henry Rees, "Leeds and the Yorkshire Woollen Industry", *Economic Geography*, Vol.24, 1948, p.28.

通过将羊毛加湿、加热、摩擦、加压、收缩10%~25%，以增加其密实度的加工方法，使呢绒在经和纬上均行收缩，成为光滑、牢固的织物产品，其密实度可类似毛毡，这就大大提升了西莱丁区毛纺品的耐用度，[①] 在市场上形成强劲的竞争能力。

由于这一时期西莱丁的长羊毛成为高端毛纺业的主要原料，使得这一地区在发展初始即获得了巨大的原料优势，这一优势始终伴随着利兹崛起的始终。[②] 在此基础上，利兹逐渐发展形成了三种足以和诺里奇引以为傲的新呢布竞争的纺织产品。其一为驼毛呢衣，其最大的特点是宽大，往往被作为雨衣使用，"更多地被底层女性所青睐"；其二为精纺毛料服装，其品牌的名字如今看起来千奇百怪，主要满足于上流社会女士的着装需求；其三为丝绸和精纺毛织物制成的邦巴辛毛葛（bombazine），在当时乃至现在都在全英国享有盛名。[③]

发展初期的利兹选择了非常聪明的做法，避开诺里奇占有份额最重的高端精纺毛呢和服装市场，而把其销售的重点放在了低端市场上。证据表明，从1741年开始，在工薪阶层的服饰市场中，出产于西莱丁的驼毛呢衣开始大量出现。[④]

在此后的三十年间，依托于上述种种优势，利兹毛纺织业开始了飞速的发展，以至于有学者断言："早在1780年，西莱丁所出产的毛纺织制品的价值就已经和诺里奇所出产的相当了。"[⑤] 虽然这种断言缺乏一定的数据支持，但可见利兹在工业革命之前就具备了足以与诺里奇毛纺织业竞争的强大生产力。

随着工业革命的深入发展，特别是到了19世纪，由于西莱丁区紧临工业革命的发源地兰开夏，因此得以大量借鉴兰开夏崛起的技术和经验。早在

---

①   Henry Rees, "Leeds and the Yorkshire Woollen Industry", p.14.

②   Henry Rees, "Leeds and the Yorkshire Woollen Industry", p.28.

③   W. B. Crump, *The Leeds Woollen Industry, 1780-1820*, Leeds: The Thoresby Society, 1931, p.10.

④   W. B. Crump, *The Leeds Woollen Industry, 1780-1820*, p.47.

⑤   Henry Rees, "Leeds and the Yorkshire Woollen Industry", p.40.

1791 年，利兹的毛纺织生产者就集资从兰开夏郡购置了蒸汽动力的纺纱机，并成功地将其运用到了毛纺织业，随后联合发表了支持利兹毛纺织业机械化的声明。[①] 以 1792 年本杰明·哥特的毛纺织企业开始大量从曼彻斯特引进蒸汽设备为标志，利兹毛纺织业的工业化开始大踏步地展开，到了 1825 年，蒸汽动力的毛纺织机在西莱丁地区已经推广开来。[②]

工业化强大的生产力使西莱丁区出产的毛呢制品物美价廉，并迅速占领了国内外市场。1783～1796 年，来自纽约和费城的商人对英国纺织业的订单统计表明，利兹的毛纺织品占了其中的 20.9%。[③]19 世纪，有学者估计，1830 年出产的英国毛呢制品中，有近 80% 是西莱丁区出产的。[④]

由于此时正值英国海外市场急剧扩张时期，因而不能简单地判断 1750 年前后西莱丁纺织品在国内市场大量涌现就一定挤占了诺里奇纺织品的市场，毕竟诺里奇毛纺织业的贸易重心一直是海外市场而不是国内。但从邻近利兹的其他传统纺织区的衰落可以看出西莱丁在这一时期所具有的强大竞争力。最明显的例子莫过于基德明斯特，这个从 17 世纪开始即为英国地毯的重要产地，在这一时期由于西莱丁区控制了上游原料的供应，逐渐沦为受其控制的下游生产商，随后更是被西莱丁产品完全挤出了市场。[⑤]

1787 年西莱丁建起了第一座精纺毛呢工厂，标志着西莱丁在毛纺织市场向诺里奇的全面宣战。西莱丁凭借着更为便宜的价格和良好的国内市场基础迅速挤占了市场，同时大力扩大生产规模并把市场瞄准了海外。到了 1820 年，西莱丁几乎已经没有面向国内生产的精纺毛呢工场了；1825 年，蒸汽动力的精纺磨坊在西莱丁地区推广开来（表 8-5）。而另一方面数据统计，直到 1830 年左右，诺里奇才出现了应用蒸汽纺织机的第一次尝试。[⑥]

---

①　*Proclamation Issued by Leeds Cloth Merchants*, November 18,1791, kept in Leeds University Liberal.

②　Henry Rees, "Leeds and the Yorkshire Woollen Industry", p.43.

③　Henry Rees, "Leeds and the Yorkshire Woollen Industry", p.39.

④　Edward Baines, "On the Woollen Manufacture of England: With Special Reference to the Leeds Clothing District", *Journal of the Statistical Society of London*, Vol. 22, 1859, pp.1-34.

⑤　W. J. Ashley, "The Early History of the English Woollen Industry", p.85.

⑥　Henry Rees, "Leeds and the Yorkshire Woollen Industry", p.40.

表 8-5　1836～1945 年西莱丁地区蒸汽织机的数量变化

年份	西莱丁地区蒸汽织机的数量
1836	2,768
1841	11,458
1843	16,870
1845	19,121

注：此表由《1840—1845 年工厂调查报告》（Factory Inspectors' Reports, 1840-1845）中的数据整理而成。[1]

如表所述，到 1845 年，蒸汽织机的广泛使用已使得手工织机成为明日黄花，这种大规模机器化生产的竞争力是在 1830 年仅仅只有 4 台蒸汽织布机、依然以手工工场为基本生产单位的诺里奇毛纺业所不能比拟的。

最终，随着蒸汽梳毛机的出现和普及，以及澳大利亚优质羊毛的引进，诺里奇丧失了最后的技术优势，从业人口不断减少，处于垄断地位的梳毛工种在 1840 年后已经完全消失了。1861 年，整个诺里奇只有不到 4,000 人还在从事毛纺织业，诺里奇的毛纺织业完全衰落。

（二）海外市场的萎缩

虽然利兹在 18 世纪中期给诺里奇的毛纺织业在国内市场造成了一定麻烦，但这时诺里奇毛纺织主最为头疼的问题在于其海外市场的不稳定性。

正如同上文中杨所估算的，在 1771 年诺里奇近 135.6 万英镑的年收入中，有近 1/3 来自于由鹿特丹中转的北欧市场。同时，运往伦敦的毛纺织品也有大量通过伦敦和东印度公司的贸易网，贩卖给亚洲市场。诺里奇的毛呢制品在南欧市场也占有很大的份额，西班牙以及意大利的贵妇对于诺里奇生产的邦巴辛织物相当青睐，且西班牙和意大利的僧侣基本都是身着诺里奇生产的驼毛呢衣。美洲大陆也是相当重要的买家。甚至有记录表明，18 世纪的诺里奇毛纺织品远销到俄罗斯境内的鞑靼人部落，而且还相当受欢迎。[2]

---

[1]　*Factory Inspectors' Reports, 1840-1845*, the Yorkshire section was printed separately, a copy kept in the Bradford Reference Library.

[2]　W. Hudson and J. C. Tingey, *The Records of the City of Norwich*, Vol. II, p.411.

但随之而来的美国独立战争给诺里奇的海外贸易带来了第一次重大危机，严重打击了其在北美的市场。1770～1780 年英国和北美殖民地之间的贸易额，相较于 1760～1770 年下降了近 10 倍，一直到 1790 年才恢复到 1765 年的贸易水平。[①] 1779 年，英国商船甚至很难在地中海进行贸易。[②] 一位名叫伍德福德的诺里奇纺织从业者在 1781 年 1 月的日记中写道："国家局势日益恶化，诺里奇的形势也好不到哪去，到处都是拦路强盗和入室抢劫的消息。诺里奇的海外贸易从未如此糟糕，到处都是失业的贫苦织工。"[③]

再加上来自利兹在国内市场的压力，使得诺里奇毛纺织品的贸易量急速下降。但诺里奇熬过了这次危机，美国独立战争带来的海外贸易混乱终于随着 1783 年 3 月英美停战协约的签订而恢复。诺里奇城举行了大规模的庆祝活动，主教和市长都亲自参与市民的庆典。[④] 在 1783 年英美和平条约签订之后到拿破仑战争这一段时间中，凭借着此前积累的市场优势，以及法国大革命造成的法国纺织业的混乱，进而导致欧洲精纺毛呢货源的短缺，使得诺里奇毛纺织品迅速重新占据海外市场。

仅 1785 年一年，诺里奇从大雅茅斯出口的精纺毛纱的出口量，就几乎相当于 1750～1754 年出口量的总和。有历史学家这么描写诺里奇商人在这几年间的活动："由于诺里奇的纺织业主在生产毛纺织品的时候考虑到欧洲大陆各个区域不同的风土人情乃至气候条件，因而进行了针对性的生产和销售，致使诺里奇的毛纺织品在 1784～1795 年间畅销欧洲大陆各国以及各大著名市场，如法兰克福、莱比锡等北方集市，或萨莱诺等南方集市。"[⑤]

虽然诺里奇渡过了 18 世纪 70 年代的这次危机，但正如一些学者指出的，在 18 世纪后期，战争的威胁始终伴随着诺里奇海外市场，而且更危险的

---

① E. B. Schumpeter, *English Overseas Trade Statistics 1697-1808*, Oxford: Clarenden Press, 1960, p.69.

② E. Lipson, *Economic History of England*, Vol. III, 7ᵉᵈ edition, p.190.

③ Carole Rawcliffe and Richard Wilson, *Norwich since 1550*, p.47.

④ Carole Rawcliffe and Richard Wilson, *Norwich since 1550*, p.49.

⑤ A. D. Bayne, *History of the Industry and Trade of Norwich and Norfolk*, p.44.

是，诺里奇的毛纺织业正越来越依赖这个愈发不稳定的海外市场。[①] 随后而来的法国大革命和拿破仑战争给了诺里奇海外贸易以真正致命的打击，特别是在法国大革命后期，英国几乎所有的制造业都遭受了一定程度的衰退。1790～1810 年间，英国对欧洲大陆的贸易额下降了 50% 左右，其中毛纺织品在 1800～1807 年间下降了 1/3。[②] 对于以海外市场为生命线的诺里奇毛纺织业来说，其影响尤为严重。有学者在 1838 年写道："在法国大革命初期，诺里奇确实趁着法国南部纺织业的混乱而使其出口额有一定的提升，但在法国大革命后期，特别是随着拿破仑的大陆封锁政策的颁布，诺里奇和欧洲大陆的贸易随之断绝。不管是从德国、荷兰还是俄罗斯，都不再有订购诺里奇毛纺织品的订单，这种局面一直持续到 1820 年才得以改变。"[③]

与此同时，自 18 世纪 60 年代开始，诺里奇毛纺织业在伊比利亚半岛的市场开始因政治因素受到冲击。1798 年出版的诺里奇当地的《月刊杂志》（*Monthly Magazine*）中，一位署名为 "T" 的作者发表了一篇文章，记述了 14 位诺里奇毛纺织业的领袖联名向诺里奇市政议会请愿，称诺里奇毛纺织业自 1756 年以来对葡萄牙贸易开始下降，这种趋势一直持续到了 18 世纪 80 年代。[④] 而对于法国及中北欧的贸易也笼罩在法国大革命的阴影中。

19 世纪 20 年代，英国爆发了一场产能过剩的经济危机，经济的不景气和关税壁垒使诺里奇丧失了最后的海外市场，即便贸易逐渐恢复正常，诺里奇毛呢织品的价格优势在西莱丁蒸汽工业化的竞争优势面前仍显得无能为力。1833 年，东印度公司丧失东亚市场专属垄断权，诺里奇丧失了最后一个稳定

①   J. K. Edwards, *The Economic Development of Norwich, 1750-1850, with Special Reference to the Worsted Weaving Industry*, pp.109-116.

②   E. B. Schumpeter, English Overseas Trade Statistics 1697-1808, p.69.

③   A. D. Bayne, *History of the Industry and Trade of Norwich and Norfolk*, p.50.

④   J. K. Edwards, *The Economic Development of Norwich, 1750-1850, with Special Reference to the Worsted Weaving Industry*, p.78.

的海外客户，而来自西莱丁更质优价廉的毛呢织品则趁机进入了远东市场。[①]
行业的衰败和混乱的状况使得诺里奇市政议员维莱特（Edward Willett）于
1836 年发出了这样的感慨："这座城市以及这个行业从没有这么令人感到绝
望过。"[②] 总之，等到海外贸易有所恢复之时，西莱丁毛纺业的工业化也已基
本完成，诺里奇的传统手工纺织品再无市场可言。

（三）梳毛工的垄断和原料危机

诺里奇毛纺织业的衰落与诺里奇各大纺织业行会的垄断性也密不可分。
这是几乎所有"原工业化"工业都会遇到的问题。把持诺里奇纺织品的质量
检验权和分销权的，是由各大纺织主组成的纺织行会及后来的贸易委员会，
其检验权虽然在 1727 年被诺里奇市政收回，但是纺织行会的联合实际上控制
着诺里奇毛纺织业的生产。最为典型的就是诺里奇所特有的梳毛师傅行会。

16 世纪，自诺里奇的毛纺织品以精梳毛呢制品为主之后，这里就兴起了
一种特殊工种即梳毛工，并在"新呢布"流行后更加发展壮大。在诺里奇，
传统的纺纱工人并不从事精纺毛纱的梳理工作，织工所需精纺毛纱只能从专
业梳毛工那里取得，以至于 1760～1790 年间，诺里奇毛纺织业的常态即为
梳毛师傅从全国各地收购羊毛并在自己的作坊里梳理完毕使之成为精纺毛纱
的原料，然后再将之售卖给贩纱商或织工。这些梳毛师傅甚至组织起了最早
的贸易公会组织，不仅仅从供货渠道和价格上对于毛纱进行垄断，同时在质
量鉴定和分销渠道上也形成了垄断。[③] 这就使得梳毛这一职业在诺里奇毛纺
织生产中占据绝对主导地位，导致大量资本和原料囤积在梳毛工以及商人资
本家手里。在这种局面下，普通纺织业主和织工由于忍受不了梳毛工的垄断
或者要追求更高的利润，开始纷纷转行或移居。于是，不管是毛纺织从业人
数还是其年龄构成，这一时期诺里奇的毛纺织业都面临着熟练技工断层的危

① Erick Kerridge, *Wool Growing and Wool Textiles in Medieval and Early Modern Times*, London: Palgrave Macmillan, 1972, pp.37-38.

② House of Lords Record Library, Main Papers, Norwich and London Railway Bill, 1836: Evidence from Edward Willett, Alderman and Textile Manufacturer.

③ J. K. Edwards, *The Economic Development of Norwich, 1750-1850, with Special Reference to the Worsted Weaving Industry*, p.70.

机。这种局面造成了恶性循环，即技术纺工逐渐减少，造成了诺里奇地区纺织技术发展的停滞。同时，梳毛工作为既得利益者，为了维持自己的垄断地位，对于技术革新也不热衷。这一切都导致了东盎格利亚地区的技术革新异常缓慢，迟至1818年还在继续使用纺纱杆（distaff），而其他地区在1780年就已经逐渐放弃使用了；其在1838年才在工厂中大量运用飞梭技术，而上文提到，利兹的毛纺织业在将近一个世纪前就开始使用了；在1836年，整个诺福克郡才仅仅有300台蒸汽织机，西莱丁已拥有2,768台（见表8-6）。这一切都致使诺里奇的毛纺织业逐渐从全国毛纺织业的技术领先者沦为原料提供者。

表 8-6　1835～1861 年诺福克郡和约克郡蒸汽织机数量（台）变化

时间	诺福克	约克郡西莱丁区
1836 年	300	2,768
1850 年	1,379	29,539
1856 年	1,378	32,611
1861 年	1,029	42,969

注：本表根据爱德华兹《1840—1845 年工厂调查报告》以及里斯（Henry Rees）著作中所提供的数据重新总结而成。[1]

梳毛工兴起造成的另一后果即为东盎格利亚区本地产的短羊毛由于毛绒太短而不能进行精加工梳理，必须要大量进口长绒羊毛作为精纺原料。而其本地优质却价格相对低廉的短羊毛被大量出口到约克郡，尤其是以利兹为中心的西莱丁地区，制成物美价廉的毛呢衣物来满足社会大众的需求；以此为基础，利兹的毛纺织业尤其是驼毛呢衣的流行使其开始逐步占领英国毛纺织业的大众市场，并以此迈出了繁荣的第一步。更重要的是这种严重依赖原料输入的局面对于诺里奇毛纺织业无疑是极其危险的，反之对于自1700年就以生产优质长羊毛著称的西莱丁无疑是崛起良机，其长羊毛经加工成精织毛纱

---

① 　J. K. Edwards, *The Economic Development of Norwich, 1750-1850, with Special Reference to the Worsted Weaving Industry*, p.78; *Factory Inspectors' Reports, 1840-1845*, the Yorkshire section was printed separately, a copy kept in the Bradford Reference Library; Henry Rees, "Leeds and the Yorkshire Woollen Industry", p.28.

原料大量输出，从而为本区毛纺织业发展积累了大量的原始资本。这种优势一直伴随西莱丁毛纺织业崛起的始终。

霍布斯鲍姆等学者认为，诺里奇工业化的失败亦源于其守旧的、庞大的织工的态度。织工们一方面想借以抵制蒸汽织机的引进以维持高收入水平，另一方面又想在维持高收入水平的情况下和已完成工业化的西莱丁区竞争，最终导致了诺里奇不仅在工业化上的落后，同时织工工资水平也下降了，这场抵制引进蒸汽纺织机的胜利无疑是一场"皮洛士式的胜利"[1]。19世纪20年代，随着毛纺织业利润的减少，织工的罢工及骚乱在诺里奇城及其周边乡村时有发生。诱发罢工及骚乱的原因在于诺里奇纺织从业者在引进蒸汽织机失败之后，为了应对工业化的西莱丁和兰开夏的竞争，开始不断削减纺织工人的工资以削减成本。据记载，诺里奇织工的工资在1829年相较于1820年下降了近20%，在1839年更是下降到50%。[2]再加上毛纺织业工人几乎占诺里奇城市人口的一半，那么在这样的形势下，失业及贫困织工的集会游行甚至是暴力事件几乎是不可避免的。诺里奇的纺织工人面临着衰退行业或产业转型城市所面临的最为典型的困境：行业工人对于自己工资及待遇保证的抗争使得整个行业处于混乱甚至危机的局面；而如果行业工人不抗争，那么他们的命运将完全托付给前途未卜的行业，结果对工人来说也许会更糟。

随着毛纺织业利润率的下降和行业的持续混乱，曾经大量涌入的商业资本开始撤资。证据表明，自1793年后，由于行业的不景气，一些知名的毛纺织从业者及商人，如格雷家族、帕特森家族、摩斯家族以及詹姆斯家族都纷纷从毛纺织业中撤资，将资金转而投入银行业和酿酒业。[3]1791年，威廉·泰勒就劝父亲把资金从毛纺织业中抽取出来，说："这个行业（毛纺织业）能给我们带来多大的财富，就能让我们损失多大的财富。"[4]资金流失局

---

[1]　E. Hobsbawm, "The Machine Breakers", in *Laboring Men: Studies in the History of Labor*, London: Weidenfeld & Nicolson, 1964, pp.17-22.

[2]　Carole Rawcliffe and Richard Wilson, *Norwich since 1550*, p.238.

[3]　Carole Rawcliffe and Richard Wilson, *Norwich since 1550*, p.241.

[4]　J. W. Robberds, *A Memoir of the Life and Writings of the Late William Taylor of Norwich*, John Murray, 1843, Vol. II, p.65.

面在拿破仑战争后更加严重。1843 年,格雷(1775～1861,此时其家族已经
转型为银行家)写道:"随着这座城市(指诺里奇)的衰落,(凭借毛纺织业)
积累大量财富的上层老家族已经几乎消失殆尽,他们中有的仍能成为乡绅,
有的却只能接受破产的命运。"[1]

在这样的社会及投资环境下,别说是新技术的引进,就是正常生产都极
为困难。而此时正值英国西北部工业革命高潮,诺里奇的毛纺织业错过了通
向工业化的最后机会。

---

[1] Carole Rawcliffe and Richard Wilson, *Norwich since 1550*, p.241.

第三编

西北工业区

第九章
约克郡西莱丁区乡村毛纺业的发展

约克郡西莱丁区面积约为 7,200 平方公里，区内大部位于奔尼山区，西北高、东南低。[①] 中世纪时，东边的约克城是著名的毛纺业中心。当约克城毛纺业在 15 世纪衰落时，西莱丁乡村毛纺织业开始兴起；16、17 世纪，西莱丁毛纺业得到较快发展；18 世纪成为英国最重要的毛纺业中心。区内毛纺业城镇利兹和哈利法克斯，其呢绒产品驰名欧洲。它和兰开夏乡村纺织区、西密德兰铁工业区、约克郡南部的"哈兰姆郡"铁工业区，以及东密德兰西北区一道，共同构成了 18 世纪英国新兴的西北工业区，并发展为率先发生工业革命的地区。

一　西莱丁区乡村毛纺业的发展和繁荣

西莱丁区地处英格兰北部，南、西与诺丁汉郡、德比郡、兰开夏等为邻，北面是约克郡的北莱丁区，东面为约克郡的东莱丁区。这一地区主要由布雷德福、哈利法克斯、考德戴尔、克尔克利斯、利兹和威克菲尔德等城镇连同附近乡村组成。它的经济基础是毛纺业。毛纺区位置在西莱丁中部偏西，宽约 15 英里、长 18 英里，主要毛纺城市有利兹、布雷德福、哈利法克斯、哈德斯菲尔德和威克菲尔德等，还有许多小城镇穿插其间。西莱丁区东部以农

---

① Arthur Raistrick, *West Riding of Yorkshire,* London: Hodder and Stoughton, 1970, p.15.

业为主，西北山地以畜牧业为主，西南则是农牧混合型。①

西莱丁区呢绒生产出现较早，13 世纪时（也许更早）利兹城就拥有了织工和染工。② 但 15 世纪前西莱丁的毛纺业几乎可以忽略。如 1396 年到 1398 年，西莱丁呢绒年产量仅 590 匹，而约克城呢绒年产量达 1,192 匹，③ 整个西莱丁产量不及约克城的一半。

15 世纪后，西莱丁毛纺织业迅速发展，这和整个英国毛纺业呈现的从东南向西北转移、从城市向农村转移的趋势有关。诚如经济史家托尼所论："15 世纪，呢绒工业在乡村慢慢扩展开来，它的发展一定会给乡村带来持续的繁荣。"④ 1469 到 1478 年间的有统计数字的 8 年里（表 9-1），西莱丁呢绒生产不是很稳定，但年均产量为 2,011 匹，是 14 世纪末呢绒年产量的 3.4 倍。

表 9-1　15 世纪西莱丁地区呢绒年均产量

年份	呢绒年均产量（匹）
1469～1470	2,586
1471～1473	1,894
1473～1475	2,188
1475～1478	1,780

这时候，西莱丁区涌现许多毛纺业生产中心，如哈利法克斯、利兹、威克菲尔德、巴恩斯利、布雷德福等。哈利法克斯 15 世纪作为呢绒生产中心蜚声全国。利兹 1381 年呢绒年出口量是 305 匹，1488 年增加到 405 匹。威克菲尔德作为毛纺织品市场也越来越著名。⑤ 布雷德福、哈德斯菲尔德、威克菲尔德、哈利法克斯等地，市场相隔很近，每星期都有到市场上售卖呢绒的

---

① Arthur Raistrick, *West Riding of Yorkshire,* p.21.

② [英] 约翰·克拉潘：《简明不列颠经济史：从最早时期到 1750 年》，第 340 页。

③ Herbert Heaton, *The Yorkshire Woolen and Worsted Industries,* Oxford University Press, 1920, pp.74-75.

④ R. H. Tawney, *The Agriculture Problem in Sixteenth Century,* London: Longmans, Green and Co., 1912, p.14.

⑤ Herbert Heaton, *The Yorkshire Woollen and Worsted Industries,* p.79.

织工，不需离开自己的村庄太远。①

从 15 世纪中叶到 16 世纪中叶，英国毛纺品产量翻了三番。② 然而，这主要是乡村毛纺业发展的结果。原有大城市毛纺业则呈现了衰落趋势。如约克城，15 世纪初毛纺织行会有 50 个成员；1561 年则只剩下 10 个贫穷织工。③而新兴城镇和乡村不受行会束缚，而且拥有廉价劳动力和丰富的水力资源，毛纺业迅速发展。16 世纪时，"无数呢绒工人散布于英格兰农村，散布于从坎特伯雷到康沃尔，从伍斯特到肯特的数不清的农舍和村庄之中"④。

西莱丁也是从这时开始引起关注。这一时期西莱丁毛纺业在规模上相对较大，而且毛纺织品质量也比较好。16 世纪里，英国政府颁布了许多法令，对提高毛纺织品质量起到了一定监督作用。英国政府对出口毛纺织品进行了严格检查，防止劣质产品出口毁坏英国毛纺织品声誉。尤其是对出口到德意志、波兰和俄国的西莱丁呢绒做了极为严格而细致的检验。西莱丁毛纺织品能够通过检验，正说明了它的质量好。出口检验使西莱丁毛纺织品获得了良好声誉，改变了人们以往的成见，大大有利于西莱丁毛纺业的发展和繁荣。

旅行家阿瑟·杨曾描述，在西莱丁可以看到很多勤奋的纺织工人，⑤ 正是他们的辛勤劳动使得该地区毛纺业大发展。从 15 世纪 60 年代到 16 世纪 90 年代，西莱丁区毛纺织品产量增加了 10 倍以上。⑥ 1595 年对约克郡毛纺业的调查记录反映，利兹大约每星期生产 30 包纺织品，每包 4 匹呢绒，有棕、蓝和红等颜色。若每周生产 120 匹，那么利兹全年呢绒产量当在 5,000 匹上下。与 1468～1469 年间年均 400 匹比起来，1595 年利兹的毛纺织品增加了 10 多倍。⑦

① 参见 [法] 保尔·芒图:《十八世纪产业革命》，第 85 页。

② R. H. Hilton, *The English Peasantry in the Later Middle Ages*, p. 91.

③ D. M. Palliser, "The Trade Gilds of Tudor York", in. P. Clark & P. Slack (eds.), *Crisis and Order in English Towns 1500-1700*, p.92.

④ W. G. Hoskins, *The Age of Plunder: The England of Henry VII, 1500-1547*, London and New York: Longman,1976, p.151.

⑤ Herbert Heaton, *The Yorkshire Woollen and Worsted Industries*, p.263.

⑥ Bernard Hobson, *The West Riding of Yorkshire*, Cambridge University Press, 1921, p.68.

⑦ Henry Rees, "Leeds and the Yorkshire Woolen Industry", *Geography Economic*, Vol.24, No.1 (Jan., 1948), p.28.

毛纺业发展使西莱丁人口增长快。按旅行家笛福的说法，西莱丁是古老、富有同时也是人口相对较多的地区，这一特点应在此前一个多世纪（故而曰古老）就具备了。1560 年，哈利法克斯 520 所住屋就可容纳所有的人；而 1569 年该城与威斯特摩兰公爵对抗时，人口达到了 1.2 万。[①] 利兹在 15 世纪还是小村镇，1550 年人口增加到了 3,000。

随着毛纺业发展，西莱丁逐渐取代约克城，引领约克郡的毛纺织工业。[②] 17 世纪，西莱丁区呢绒产量比 15 世纪增加了 8 倍，为英国提供了 1/5 的出口呢绒。[③] 随着西莱丁毛纺业发展，该地区吸引了国内市场更多的关注。17 世纪最后四十年里，可能由于西莱丁的土地和劳动力都非常低廉，因此许多有进取心的商人来到这里。如诺福克的制造商和商人把羊毛送到西莱丁，梳理、纺织和编织等一系列生产过程都在这里进行。许多从事毛纺织品贸易的商人，经常从西莱丁购买呢绒，再售卖到英国各地，或通过伦敦出口到欧陆以及美洲。

17 世纪末，英国毛纺业产值 700 万英镑，占全国工业的 30%。1770 年，毛纺业总产值占纺织业产值的 58%。[④] 1772 年至 1774 年，英国制造品出口总额 848.7 万英镑中，毛纺织品总额为 396.7 万英镑，占 46.7%。[⑤] 英国三个最重要的毛纺织区各有特征：西部地区主要生产宽幅呢，如"卡斯尔库姆呢"；东盎格利亚生产"沃斯特德呢"和"克西呢"，后生产"新呢布"；西莱丁生产普通呢绒和绒线呢，普通呢绒生产以利兹和威克菲尔德为中心，绒线呢以哈利法克斯为主。时间上三个地区也是各领一段风骚：15 世纪至 16 世纪前期，西部是英国最重要的毛纺织区；16 世纪后期至 17 世纪，东盎格利亚是最重要的毛纺织区；18 世纪，西莱丁成为最重要的毛纺织区，受各种

①　Herbert Heaton, *The Yorkshire Woollen and Worsted Industries,* p.79.

②　D. C. Coleman, *The Economy of England 1450-1750,* p.75.

③　钱乘旦：《现代文明的起源与演进》，南京大学出版社 1991 年版，第 67 页。

④　杨杰：《英国现代化的初级阶段：工业革命》，载丁建弘主编：《发达国家的现代化道路：一种历史社会学的研究》，北京大学出版社 1999 年版，第 142 页。

⑤　R. Davis, *The Industrial Revolution and British Overseas Trade,* Leicester University Press, 1979, p.14, p.21.

因素影响，西部和东盎格利亚毛纺业相继衰落了。[1]

18世纪里，西莱丁的毛纺织品出口比重大幅度增加。[2] 该世纪初，西莱丁毛纺织品在英国呢绒出口中占比为20%，到1770年已达到50%。1772年全国纺织品出口总额为443万多英镑，其中230万英镑来自西莱丁。18世纪里英国呢绒产量翻了2倍，而西莱丁则增加了8倍，其增长速度是全国的3到4倍。1800年西莱丁呢绒产量约是1770年的3倍。[3] 从国会检查的西莱丁呢绒出口数量（表9-2），可窥1727～1800年西莱丁毛纺业的发展状况。

表9-2 18世纪由国会检查的西莱丁地区呢绒出口数量 [4]

年份	窄幅呢 匹数	宽幅呢 匹数	码数
1727		28,990	
1730		31,579.5	
1735		31,744.5	
1740	58,620	41,441	
1745	63,423	50,453	
1750	78,115	60,477.5	
1755	76,295	57,125	
1760	69,573	49,362.5	
1765	77,419	54,660	
1770	85,376	93,075	2,717,105
1775	96,794	95,878	2,841,213
1779	93,143	110,942	3,427,150
1785	116,036	157,275	4,844,855
1790	140,407	172,588	5,151,677
1795	155,687	250,993	7,759,997
1800	169,262	285,851	9,263,966

① L.W. Moffit, *England on the Eve of the Industrial Revolution*, New York, 1925, pp.145-146.

② L. A. Clarkson, *The Industrial Revolution: A Compendium*, Humanities Press, 1990, p.221.

③ Herbert Heaton, *The Yorkshire Woolen and Worsted Industries*, p.280.

④ Herbert Heaton, *The Yorkshire Woolen and Worsted Industries*, p.278.

1738 年西莱丁区生产毛织品 7.5 万匹，1740 年达到 10 万匹，1750 年达到近 14 万匹。有学者认为，1750 年是西莱丁的重要转折时期。此后二十五年西莱丁毛纺业发展更快，远超东盎格利亚。1770 年西莱丁区毛织品产量达 17 万多匹。西莱丁毛纺业成为英国新兴的支柱工业，并逐渐成为世界性的精毛纺中心。

18 世纪晚期，西莱丁遭遇了多次生产过剩的危机，对当地毛纺织业造成了一定影响。第一次危机发生在 1788 年。这一年西莱丁地区的呢绒产量下降了近 6%。1793 年再次爆发危机，西莱丁毛纺织品从 1792 年的 1,210 万码，减少到 1793 年的 1,080 万码。[①]

18 世纪西莱丁毛纺业也遇到了一些不利因素。同法国、俄国等国的商业竞争，导致西莱丁毛纺织品在国际市场上受到了影响。如 1742 年，利兹许多公司的毛纺织品成交量大幅下降。1751 年，利兹许多商家要求议会致函奥地利，减轻其沉重的职责。西莱丁毛呢非常适合做军事服装，符合许多欧洲国家的政府要求，尤其是俄国。然而在 18 世纪，俄国彼得大帝意识到纺织业的重要性，大力发展本国纺织工业来供应俄国军队，这样西莱丁毛织品销售在俄国受到了重创。西莱丁毛纺织品的北美市场在 18 世纪后期也由于战争而受到了影响。约克郡与北美原已建立了重要的贸易关系，然而英国与北美殖民地的纷争，导致了西莱丁毛纺织品销售的滑落。随后而来的美国独立战争，美洲市场被关闭了，使西莱丁毛纺织业大受影响。市场的低迷程度从 1775 年 8 月约翰·卫斯理的信中可知："在英格兰，我这两年一直住在东部，西部，北部和南部，本人断言，总体来说贸易相当的低迷，以致成千上万的人处于失业状态。我看到了三四个制造业城镇有这种状况，比如西莱丁地区。"[②]

虽然经历了内外双重挑战，西莱丁毛纺织业在 18 世纪仍取得了很大发展。18 世纪 70 年代，阿瑟·杨估计英国毛纺织品出口价值在 800 万到 1,000

---

① 杨杰：《英国现代化的初级阶段：工业革命》。

② Herbert Heaton, *The Yorkshire Woolen and Worsted Industries*, p.277.

万英镑之间，其中西莱丁毛纺织出口价值大概是 330 万。[①] 可能数字有些夸大，但不可否认的是，1770 年约克郡毛纺产品已占英国毛纺业的 1/3，占英国纺织品出口的近 1/2。利兹商人托马斯·沃尔里克向议会介绍情况时，称 1772 年西莱丁毛纺织业年产值达到 186.97 万英镑。[②] 1785 年的窄布输出量是 1727 年的近 6 倍，1800 年呢绒产量约是 1770 年的 3 倍。有旅行者描述了 1790～1818 年北部毛纺区对南部形成了竞争。由于西莱丁的优势，它成了英国工业革命的关键地区之一。

西莱丁地区毛纺织业发展，是适应市场需要的产物。西莱丁毛纺织业主要生产符合乡村市场需求的低中等质量的毛纺织品。这就是马克斯·韦伯说的："走向资本主义的决定性作用，只能出自一个来源，即广大群众的市场需求"，或叫做"需求的大众化"[③]。西莱丁毛纺织业与广阔的农村市场有密切关系，它最重要的毛纺品粗制呢绒，面向大众，适合农民的消费水平。由于距离原料产地和市场都近，节省了运费，从而降低了一定的生产成本。

随着毛纺业发展，西莱丁毛纺织城镇也日益繁荣。这时西莱丁地区形成了以利兹和威克菲尔德为代表的普通呢绒生产基地和以哈利法克斯为中心的精纺织基地。威克菲尔德是重要的粮食市场，有许多呢绒、粮食和羊毛的仓库，还为毛纺织工、染色工和商人提供住所，钱币和财富也就流入了这个城镇。利维称威克菲尔德是"一个美观的、巨大的和富裕的呢绒城市"[④]。利兹在这个时期更有大的发展。利兹和哈利法克斯都织造两种通称为粗哗叽和夏龙绒的粗毛织物。[⑤] 阿瑟·杨在游记中指出，法国的织物无法和利兹呢绒竞争。利维评价说，利兹是全区的大市场，是西莱丁区毛纺织业的最主要中心。[⑥] 利兹不仅是毛纺织中心，还是西莱丁区的中心城市，其影响向南延伸

---

①   D. T. Jenkins & K.G. Ponting, *The British Wool Textile Industry 1770-1914*, p.2.

②   Defoe, *A Tour through the Whole Island of Great Britain*, New York: Classic, 1968, p.605.

③   [德] 马克斯·韦伯：《世界经济通史》，姚曾廙译，上海译文出版社 1981 年版，第 263 页。

④   Defoe, *A Tour through the Whole Island of Great Britain*, p.86.

⑤   参见 [法] 保尔·芒图：《十八世纪产业革命》，第 32 页。

⑥   J. Patten, *English Towns 1500-1700*, Dawson Press, 1978, p.178.

到设菲尔德，向东到赫尔。① 利兹、布雷德福、哈德斯菲尔德和哈利法克斯等城市集中在西莱丁区，这些城市的声誉鹊起。②

各个毛纺业城镇在 1770 至 1780 年间日益繁荣，建造了一些呢绒市场，布雷德福的"匹头市场"建于 1773 年；科恩的建于 1775 年；威克菲尔德的建于 1776 年；哈利法克斯的"制造商市场"建于 1779 年，利兹的"混合呢绒市场"更早，修建于 1750 年。③ 哈利法克斯的呢绒市场是一个三层的方形大建筑物，市场里有 370 个房间。④ 为适应呢绒成交量的扩大，利兹于 1711 年修建了一个呢绒交易大厅，1755 年和 1775 年分别建起了第二个和第三个呢绒交易厅，交易厅不断建立反映了利兹毛纺织业发展的速度。⑤

毛纺织业发展促进了西莱丁的人口增长。1700 年，西莱丁区居民达到 24 万左右，1750 年有 36 万，1801 年为 58.2 万。⑥ 城镇人口也有了增长。如利兹，1666 年至 1731 年间人口翻了一番，18 世纪中叶约为 1.6 万人，1760 年和 1801 年该城人口两次翻番。⑦ 毛纺业发展创造了财富，使城市有充足的资金去建设会堂、教堂、剧院、图书馆等。布雷德福是商业、制造中心和毛纺织品市场，18 世纪中期只有几千人，1801 年达 1.3 万人。⑧

经历了长期发展后，18 世纪西莱丁最终成了英国最重要的毛纺业区。西莱丁毛纺织业之所以有如此好的发展，与其独特的地理环境和生产组织形式等因素密切相关。

---

① 参见陈曦文、王乃耀主编：《英国社会转型时期经济发展研究：16 世纪至 18 世纪中叶》，首都师范大学出版社 2002 年版，第 21 页。

② 参见 [法] 保尔·芒图：《十八世纪产业革命》，第 115 页。

③ W. Cunningham, *The Growth of English Industry and Commerce*, Vol.1-2, Cambridge Uiversity Press, 1915, p.452.

④ [法] 保尔·芒图：《十八世纪产业革命》，第 410 页。

⑤ L .W. Moffit, *England on the Eve of the Industrial Revolution*, pp.218-219.

⑥ [法] 保尔·芒图：《十八世纪产业革命》，第 36 页。

⑦ R. G. Wilson, *Gentlemen Merchants, The Merchant Community in Leeds 1700-1830*, Manchester Uiversity Press, 1971, p.231.

⑧ H. Rees, "Leeds and the Yorkshire Woolen Industry", p.28.

二　西莱丁区毛纺业繁荣原因探析

西莱丁毛纺织业具备多种有利条件。第一，该地区具有优越的地理环境和丰富的水力资源。第二，西莱丁便利的水陆交通，有利于开拓国内和国外市场。第三，充足的劳动力资源，降低了发展毛纺织业的成本。第四，毛纺织技术的发展，提高了西莱丁毛纺织业的发展速度和生产效率。18 世纪西莱丁毛纺织业较大发展，更与家内制这种生产组织形式相关。

（一）西莱丁区毛纺业发展的有利条件

1. 自然环境因素

马克思说："任何历史记载都应当从这些自然基础以及它们在历史进程中由于人们的活动而发生的变更出发。"[①] 同样，毛纺织业发展也必须基于一定的自然基础，并不是英国所有地方都适合发展毛纺织业。英国地理上有个非常有意思的事情，就是从布里斯托尔湾到沃什湾画一条线，可以把英格兰明显地分为西北和东南两个部分：西部和北部的地理环境大致相同，是高地，温度低，降水量相对较大；东部和南部具有相似的特点，是低地，较温暖。所以英格兰西部和北部的养羊业发展快，东部和南部则适合发展种植农业。

西莱丁地区东为低地，西为奔平宁山脉，有很深的河谷，山地为畜牧业的发展提供了良好的地理条件。这一地区常年受北大西洋暖流的影响，属于温带海洋性气候，温暖湿润，四季气温相差不大。这种气候十分适合牧草生长，所以西莱丁畜牧业发达，常年拥有数量巨大的羊群，从而可以为毛纺织业在本地发展提供充足的羊毛原料。

西莱丁丰富的水资源也是促使其毛纺织业发展的重要因素。毛纺织业是由洗毛、梳毛、纺线、织呢、漂洗、染色、起绒、修剪等一系列生产步骤所构成的，其中漂洗是重要环节。对于漂洗来说，水源是非常重要的，而水源充足的地区在英国主要是奔宁山区一带。西莱丁是英格兰水力资源丰富的少

---

① 《马克思恩格斯全集》，第 3 卷，人民出版社 1986 年版，第 23—24 页。

数地区之一，境内有艾尔河、考尔德河及乌斯河三条主要河流。这些河流湍急，非常适合羊毛清洗和呢绒漂洗。艾尔河水从奔宁山脉中部流出，流过约克郡北区的南部，在靠近约克郡东部边界与乌斯河汇合。考尔德河发源于奔宁山区考尔德峡谷，流经威克菲尔德等地，最后汇入艾尔河。乌斯河是西莱丁地区最长的河流，其境内长度为 63 公里。[①] 它对西莱丁影响较大，整个地区大约 79% 的面积属于乌斯河流域。这些河流无疑为毛纺织业的发展创造了良好条件。形象地说，西莱丁的山涧从奔宁山脉流出，滋养着大群健壮的羊群，[②] 河岸溪畔矗立着越来越多的纺织作坊。

水力资源使得西莱丁的乡村呢绒业广泛发展起来。艾尔河、考尔德河和乌斯河两岸到处是漂洗坊，并逐渐形成居民点，从而促使河流普遍的小村庄快速发展。都铎王朝时期，许多漂洗坊在这些河流附近建立，大量漂洗工和纺织工到这些地方定居，许多乡村变成了重要的呢绒生产基地。利兹、威克菲尔德、哈利法克斯都位于河流两侧，它们正是利用其丰富的水力资源发展了毛纺织业，并从毛纺织村镇发展为新兴的毛纺业城市。各种有利条件使西莱丁主要毛纺织品克西密呢因为价格低廉和质量上乘而广受欢迎。

西莱丁乡村毛纺织业的发展，也在于这里有发展毛纺织业作为农民副业的需要，这也是自然条件所引起的结果。经济史家希顿在评论西莱丁时说："有这样一类人口，硗薄山地的耕作不足以养活他们，而且他们是世代工匠所获得的技巧的继承人，因而这类人口全被注定要从事工业劳动。"[③] 西莱丁地区有 1/3 的面积是山地，丘陵也多，土地相对贫瘠，仅有少量平地适宜于耕作，且被山脉、高地和沼泽所分隔。由于西莱丁地区土地贫瘠，气候潮湿和寒冷，因而不适合小麦等农作物生长，农民种植燕麦和饲料作物都比较困难，更不用说种植大小麦。居民们靠农业生产已不能满足基本生活，因此他们或多或少地需要从事副业来贴补家用。这里的农民"一只脚站在田地，一只脚

---

①   Bernard Hobson, *The West Riding of Yorkshire,* pp.1-5.

②   参见 [英]M.M. 波斯坦等主编：《剑桥欧洲经济史》，第 3 卷，经济科学出版社 2002 年版，第 568 页。

③   Herbert Heaton, *The Yorkshire Woolen and Worsted Industries,* p.281.

踏在风箱上"[1]，这句话形象地反映了当时西莱丁乡村小生产者的生产状态。农民的经济方式也就因之表现为："农业生产与非农业生产并存、自给自足与商品市场并存、谋生与谋利并存。"[2] 在亚当·斯密看来，利兹、哈利法克斯等地的制造业，就是按照这个方式，自然而然地发展起来的。[3]

由于需要发展毛纺织业作为主要副业，从而使毛纺织业在西莱丁经济中据有非常重要的地位。西莱丁主要靠约克郡东区提供粮食，那里土壤肥沃，盛产谷物。当然，西莱丁居民并不是一开始就以毛纺织为主要职业。最初，他们主要从事农业生产，从事毛纺业者多是些茅屋农。直到18世纪，他们中还有人仍然租种6至12英亩地，农闲时从事纺织。[4] 西莱丁乡村农民把自己生产的毛纺织品送到附近集市，增加了收入，也促进了本地财富的增长。

2. 水陆交通的便利与改善

西莱丁地区毛纺织业是面向国内外市场的，因此交通便利与否是发展毛纺织业的一个关键。17世纪前，西莱丁区的道路状况非常不好，马车罕见，经常靠四轮车运输。人们刚一走出利兹城，便进入"一个接连不断的荒野，乌黑而可怕的、凄凉的荆棘地，旅客们穿过那个地方，像马匹跟着蹄迹前进那样，是由一些用以指示洞窟和坑洼的、间或树立的标竿来向导的"[5]。不只是利兹，大多数西莱丁城镇附近都是这种恶劣的道路状况。18世纪后，这种情况发生了改变。约克郡采取商业化方式来管理道路修建，由信托公司来负责管理道路维护。125个信托公司在约克郡成立，管理1,737英里道路，这些道路大多修建在西莱丁地区，[6] 因此在18世纪西莱丁道路网上，更多见到

---

① [英]约翰·克拉潘：《简明不列颠经济史：从最早时期到1750年》，第264页。

② 马克垚主编：《中西封建社会比较研究》，学林出版社1997年版，第152—153页。

③ 参见[英]亚当·斯密：《国民财富的性质和原因的研究》，上卷，郭大力、王亚南译，商务印书馆1996年版，第370页。

④ 陈曦文：《英国16世纪经济变革与政策研究》，首都师范大学出版社1995年版，第70页。

⑤ [法]保尔·芒图：《十八世纪产业革命》，第69页。

⑥ J.R.G. Wilson, *Gentlemen Merchants: The Merchant Community in the Leeds, 1700-1830*, Manchester Universsty Press, 1971, p.3.

的是四轮马车。^①笛福描述说，1727 年，利兹商人到伦敦去都是靠马车。18 世纪中后期，西莱丁通过了一系列改善陆路交通的法令。1740 年一项法令决定扩建从利兹到哈利法克斯的道路。从 1740 年到 1759 年通过的类似法令有六项，最后一项法令就是为修建从利兹经威克菲尔德到达设菲尔德的道路，这条道路后来成为西莱丁通向伦敦的一条主要道路。道路的修建主要依靠商人阶层。如利兹收费道路的修建依靠了十二个商人，奥特利收费道路的托管人出借了 1,250 英镑，五位利兹商人出资 1,050 英镑。^②西莱丁陆路交通的改善，大大促进了该地区毛纺织工业的发展。

水路和海路运输作为交通网络的重要组成部分，对于西莱丁地区更为重要。在兰开夏和约克郡之间，有三条大水路穿过奔宁山脉：一条从利兹至利物浦，中经艾尔河上游流域从西北向东南伸延的那块低地；另两条则将曼彻斯特同哈德斯菲尔德及哈利法克斯山谷联系起来。^③这三条水路为西莱丁毛纺织业发展提供了便利。18 世纪中叶，开始修建运河。1777 年修建的大基干运河，联结了默西河、特伦特河和塞文河三条河流，沟通了利物浦、赫尔和布里斯托尔三个港口城市，而西莱丁就位于运河道上，可以建立广泛的内陆联系。利兹的运河航运发达，对其毛纺织业的发展起到了很大的促进作用。

西莱丁区的海路运输也比较发达。经济史家博尔顿说到，工业能集中在约克郡西莱丁区等地，原因之一就是"容易得到原料和容易进入运输系统（主要是港口）"^④。西莱丁区东面的重要港口是赫尔。赫尔位于亨伯河河口，是优良的海港，主要服务于西莱丁区、德比郡和诺丁汉郡等地的进出口贸易。^⑤英国的港口大多与可通航的内河连接，赫尔港也如此。它通过唐河可到达设菲尔德，通过艾尔河和科尔德河可达威克菲尔德、利兹和哈利法克斯。

---

①　H. Rees, "Leeds and the Yorkshire Woollen Industry", pp. 28-34.

②　B. R. Duckham, *The Transport Revolution 1750-1830*, London, 1972, p.147.

③　参见 [法] 保尔·芒图：《十八世纪产业革命》，第 55 页。

④　王加丰、张卫良：《西欧原工业化的兴起》，中国社会科学出版社 2004 年版，第 200 页。

⑤　C. W. Chalklin, *The Rise of the English Town 1650-1850*, Cambridge University Press, 2001, p.15.

赫尔港很早就是约克郡的主要外港，约克商人通过赫尔港向外运送呢绒等货物。早在1562年，约克城的商人公司就和船主签订了协议，规定了约克城到赫尔港之间的运输费用，如1吨铁等商品的运费为2先令4便士，1拉斯脱亚麻、柏油和红腓鱼等为2先令6便士，1包呢绒为1先令8便士，1吊车铅粉为1先令2便士至1先令6便士。[①]

赫尔港与西莱丁的经济联系极为密切，互动性强。如果没有赫尔港，西莱丁就无法向外输送毛纺织品；如果没有西莱丁，赫尔港则无从发展壮大。西莱丁出口的呢绒大多通过赫尔港运到伦敦，并从伦敦运回染料菘蓝和茜草等，降低了运输成本，因此呢绒价格有所下降。哈利法克斯和利兹等城镇的毛纺织业发展与赫尔港息息相关。如在18世纪之前哈利法克斯通过利兹和威克菲尔德商人进出货物。18世纪中叶，哈利法克斯将考尔德河的河段延伸，使其毛纺织品通过廉价水运直接运到赫尔港。利兹则通过亨伯河通达赫尔，入海通道便捷。赫尔港在促进西莱丁毛纺织业发展的同时，自身也得到了发展，其贸易量大幅增加，城市经济总量增大，人口规模也得到扩大，从1750年不到1万人，增加到1840年6.7万人。交通条件的改善，大大促进了西莱丁毛纺织品在国内外市场的顺利流通。

3. 充足的劳动力资源

工业发展制约因素很多，其中劳动力是最重要因素之一。经济史家拉姆齐对毛纺织业详尽研究后认为："决定工业发展的三个因素有原料、水力和劳动力的供应，其中劳动力做为一种生产条件显然更为重要。"[②] 米勒也论述道："廉价劳动力是农村地区真正重要的因素，因为梳、理、纺和织这些工序在毛纺织生产中占整修前劳动力价格的70%到90%。"[③] 钱伯斯说："在整个家庭工业的历史中，有雇主将其活动从自治城市转移……无疑乡村纺织工

---

①   T. S. Willan, *The Inland Trade, Studies in English Internal Trade in the Sixteenth and Seventeenth Centuries*, p.22.

②   P. Ramsay, *Tudor Economic Problems*, p.86.

③   E. Miller & John Hatcher, *Medieval England: Rural Society and Economic Change 1086-1348*, Longman Group Ltd, 1978. p.73.

业的地点对拥有流动资本的所有者而言，大部分由寻求廉价劳动力的供应所决定。"[①] 1580 年，在约克郡，纺织一匹宽幅呢绒，需要 15 个工人劳动一周。复杂的呢绒制品需要劳动力更多。若从成本看，每匹呢绒的工资开支约占总成本的 55%～65%，原料等支出占 35%～45%。由此可看出，毛纺织业发展主要依赖廉价劳动力供应，而不在于本地是否有足够的原料。[②]

西莱丁毛纺织业的发展，还得益于大量外国移民。英国在 13 世纪就制定各种政策吸引外国织工移民。亨利三世在 1271 年下令邀请佛兰德尔的工人。14 世纪，开始大规模接受外来移民。1337 年法令规定，所有外国的呢绒工人，不论他们来自哪一个国家，都可以进入英格兰、爱尔兰、威尔士和苏格兰，在国王统辖下的任何一个地方定居。[③] 在这些政策推动下，许多外国织工纷纷来英国移民，好多移民来到约克郡落户。移居到约克的织工可以享受与英国居民相同的权利。爱德华三世统治时，自由人登记卷档中，就有从佛兰德尔移入约克郡的手工业者几百人之多，其中有织工 170 人，染色工 100 人，漂洗工 50 人。[④] 16 世纪 60、70 年代，尼德兰又一次出现移民高潮。1560 年，移居英国的尼德兰人达 1 万人，[⑤] 其中有的来到了西莱丁。[⑥] 移民中既有工人，也有富裕商人，他们不仅提供了劳动力，也提供了技术、资金和市场。16 世纪毛纺织业的技术基础是工人的技艺，因此对于成长中的西莱丁毛纺织业来说，这些技术无疑是非常宝贵的财富。

西莱丁乡村毛纺业的劳动力中，还有许多来自本地城市。这种移民也起着重要作用。事实上，从 15 世纪起就有不少城市人口向农村转移，这从约克城的人口变化可看出来。

---

① 张卫良：《英国原工业化地区的形成》，《史学月刊》2004 年第 4 期。

② D. C. Coleman, *The Economy of England 1450-1750*, p.78.

③ 参见陈曦文：《英国 16 世纪经济变革与政策研究》，第 76 页。

④ 王乃耀：《英国都铎时期经济研究》，第 146 页。

⑤ [德] 桑巴特：《现代资本主义》，第 1 卷，商务印书馆 1958 年版，第 599 页。

⑥ [英] M. M. 波斯坦等：《剑桥欧洲经济史》，第 3 卷，第 565 页。

表 9-3 约克城 1311~1551 年自由人口登记表 [1]

年 份	毛纺织工	麻纺织工	漂洗工	剪毛工	染色工	床罩工	织工小计	新登记自由人总数
1311~1321	1		1	1		1	4	463
1321~1331	2			2	5		9	529
1331~1341	9		2	5	7	2	25	659
1341~1351	20		2	5	19	3	49	742
1351~1361	44		15	8	25	8	100	813
1361~1371	69		21	16	27	19	152	1,049
1371~1381	53	1	13	7	23	31	128	823
1381~1391	41	4	16	15	25	17	118	931
1391~1401	64	1	22	12	33	17	149	1,183
1401~1411	34		9	7	14	3	67	785
1411~1421	4	4	12	13	26	16	115	1,185
1421~1431	32	1	20	12	22	19	106	1,037
1431~1441	36	1	20	8	14	8	87	856
1441~1451	51	3	23	7	26	15	125	962
1451~1461	35		20	13	17	9	94	639
1461~1471	31	1	22	10	15	9	88	738
1471~1481	23	3	12	9	28	16	91	806
1481~1491	15	2	9	8	11	13	58	675
1491~1501	21	8	11	7	14	11	72	580
1501~1511	9		9	3	8	11	40	542
1511~1521	9	8	6	2	6	22	53	531
1521~1531	8	5	3	1	5	19	41	517
1531~1541	5	8	3	1	6	26	49	617
1541~1551	7		2		3	30	42	578
合计	663	50	273	172	379	325	1,862	18,240

约克城人口数量逐年递减。15 世纪初约为 12,000 人，到 16 世纪中期的时候，约克城人口仅仅约为 8,000 人。[2] 其中织工的数量也出现锐减。1400 年，约克羊毛织工行会至少有 50 名成员。[3] 1561 年，约克城内只有 10 个或 14 个贫穷的织工。1590 年，毛纺织工人最多有 12 人。随着约克

① J. N. Bartlett, "The Expansion and Decline of York in the Later Middle Ages", *Economic History Review* Vol.12, No.1 (1959), p.21.

② J. N. Bartlett, "The Expansion and Decline of York in the Later Middle Ages".

③ Herbert Heaton, *The Yorkshire Woolen and Worsted Industries*, p.62.

城人口减少，房租日益下降。1401 年约克主教堂城内的房地产半年租金是 85 英镑，1456 年为 50 英镑，1521 年仅为 32 英镑。[①] 租金量下降说明租房的人少了。

人口数量锐减，可能有人口出生率下降因素，然而从 1560 年到 1650 年，约克地区的人口增长了近一倍，所以人口出生率没对当地人口产生重大影响。也可能有灾难因素，如流行病和战争。如 15 世纪中期玫瑰战争使很多人流离失所，但逃离城市的人相当一部分很可能逃到农村包括西莱丁了。随着约克城的经济衰退，更多的城市人向乡村转移。那些转移到乡村的劳动者，还形成了与约克城市工业的激烈竞争，1544 年约克居民不得不提出抗议。[②] 1522年一条法令指责那些未经充分训练的人离开城市转向农村，生产质量低劣的产品。[③]

这些来自国内外的移民不仅给西莱丁毛纺织业提供了劳动力，而且提供了先进的技术和资本。这些移民中很多是有经验的工匠。他们通过言传身教，影响到周围的毛纺织工人，促使乡村毛纺织工人的劳动技术不断提高。

4. 日益提高的生产技术水平

经济史家亨利·皮朗曾论道："纺织业存在于一切国家。只需刺激它的生产、改善它的生产技术，就可以使它成为一种真正的工业。"[④] 这就是说，生产技术是发展纺织业的关键。

中世纪后期纺织技术的发展，大大提高了毛纺织业的发展速度和生产效率。呢绒的生产过程非常复杂，它包括洗毛、梳毛、纺线、织呢、漂洗、染色、起绒和修剪等多个步骤，其中漂洗是最繁重的过程。12 世纪水车技术传入英国。12 世纪末，寺院经营的毛纺业中出现了由浆叶水轮带动木锤的漂洗坊。水力漂洗坊把水车和漂洗工具连接起来，用水力来带动锤子拍打呢绒，把漂洗工从沉重的脚踏劳动中解脱出来。水力漂洗机广泛使用，引起了呢绒

---

① J. N. Bartlett, "The Expansion and Decline of York in the Later Middle Ages".

② 参见 [英] 多布:《资本主义发展之研究》，滕茂桐译，新民书店 1954 年版，第 239—240 页。

③ K. Powell and Cook, *English Historical Facts 1485-1603*, Macmillan Press, 1977, p.186.

④ [比] 亨利·皮朗:《中世纪欧洲经济社会史》，乐文译，上海人民出版社 2001 年版，第 35 页。

工业的巨大变化。13 世纪水力漂洗坊被推广到整个英格兰，被历史学家称为"13 世纪的一次产业革命"[1]。水利漂洗坊需设在水资源丰富之地，要求河流有一定的落差，因此促使生产向水流更为湍急的农村转移。西莱丁地区适合建立水力漂洗坊，因为它位于奔宁山区，河流落差很大，具有充足的水力资源，因而建立了很多水力漂洗坊。1780 年西莱丁有 104 个漂洗坊，1800 年增加到 197 个。[2]

纺纱机的运用对毛纺织业发展也产生了巨大作用。在 14 世纪前，纺纱主要用纺纱杆和纺锤，纺纱杆的顶端是一个分叉，把羊毛放在它的上面，然后把纺纱杆挂在纺织工人的手臂上。他们用手拉纤维，从而纺成毛纱。14 世纪纺纱机传入英国，这种设备采用的是纺织工人用一只手摇动轮子，这个轮子带动纺纱杆，另一只手用来拉线。15 世纪逐步推广开来，纺纱机的运用使得纺纱的速度快了一倍。18 世纪，工业革命最先在纺织行业发生。不过，飞梭、珍妮纺纱机、水力纺纱"骡机"、水力织布机等技术，最初都用于棉纺织行业，但也有用于毛纺业的。威尔逊曾指出，西莱丁毛纺业在 18 世纪早期踏上了鼎盛之路，其发展由于纺织机械的出现而大大加速。[3] 如 1785 年走锭精纺机主要用于纺棉，而西莱丁则采用珍妮机纺毛。这些技术简化了生产过程，提高了生产效率。原来生产一匹 21 平码的宽幅呢绒需要 15 个工人工作一星期，现在，织造、印染一匹 18 平码的克尔赛呢只需要 8～9 个工人用同样时间完成。[4] 1780 年到 1800 年间，大约 30 家精纺工厂和数百家小型的粗梳工厂在西莱丁区建成。18 世纪 90 年代，利兹、哈德斯菲尔德和哈利法克斯先后出现了一些规模较大的工厂。1800 年，约克郡有 18 家精纺工厂，这些工厂多以水力为动力。[5] 18 世纪晚期，蒸汽机开始应用于毛纺业。1792 年，约克郡的毛纺织工厂首次安装蒸汽机。蒸汽机的逐步使用，使西莱丁毛

---

① ［英］约翰·克拉潘：《简明不列颠经济史：从最早时期到 1750 年》，第 215—216 页。

② 刘景华：《城市转型与英国的勃兴》，中国纺织出版社 1994 年版，第 176 页。

③ 参见王加丰、张卫良：《西欧原工业化的兴起》，第 251 页。

④ ［英］罗伯特·杜普莱西斯：《早期欧洲现代资本主义的形成过程》，朱智强等译，辽宁教育出版社 2001 年版，第 151 页。

⑤ D. C. Coleman, *The Economy of England 1450-1750*, p.163.

纺织业有了新的发展。如布拉德福的地理位置虽不特别好，可它却能在短短五十年内发展得非常快，这不能不说是蒸汽机的巨大功劳。随着毛纺织的发展，布拉德福的人口在 19 世纪初期有了迅猛的发展，人口年增长率保持在 10%。[1]

（二）家内制：西莱丁先进的毛纺业组织

马克思《资本论》所提到的分散的手工工场，[2] 也就是经济史家常说的家内制（domestic system），它包括典型家内制和初级家内制两种形式。

典型家内制，是呢绒商把从市场上购买的羊毛分发给纺工，让他们纺成毛线，随后付给纺工工资；呢绒商再把这些毛线交给织工，让他们织成粗呢，并给这些织工工资。随后把这些粗呢拿到自己设立的简陋厂房里，由一些雇佣劳动者进行精整、漂洗等工序。典型家内制又称"外放制"（putting-out system），或者包买商制度。这种制度很早就风行于除西莱丁区以外的英国几乎所有呢绒产区。布罗代尔认为："包买商制度是一种生产组织形式，根据这种形式，商人在分发活计时，向工人提供原料，并预付部分工资，其余部分在交付成品时结清。"[3] 典型家内制又包括两种，一种是生产者在生产过程中用自己的生产工具，另外一种是生产者使用包买商提供的工具。

而初级家内制主要在 16、17 世纪的西莱丁流行，在利兹和哈利法克斯等地随处可见。这种家庭生产者具有独立性，其家庭就是一个小作坊，独立自主地安排和完成呢绒生产过程。保尔·芒图这样介绍西莱丁地区的家内制，"在约克郡的家庭工业制度中，工业是掌握在许多老板兼工匠的手中，他们每人都有很小的资本。他们从商人手里买进羊毛，在自己家里，得到妻儿的帮助，还有几个工人，在有必要时他们也把羊毛染色，使羊毛经过制造上的种种演变直至成为未整饰的呢绒为止。"[4] 也就是说，这些家庭生产者老板兼工

---

[1]　J. James, *A History of the Worsted Manufacture in England*, Cass Press,1968, p.350.

[2]　参见马克思：《资本论》，第 1 卷，第 815 页。

[3]　[法] 费尔南·布罗代尔：《15 至 18 世纪的物质文明、经济和资本主义》，第 2 卷，顾良、施康强译，三联书店 1993 年版，第 333 页。

[4]　[法] 保尔·芒图：《十八世纪产业革命》，第 43 页。

匠，一般以自己劳动为主，采取自我雇佣的形式，拥有属于自己的生产工具。利兹、布雷德福、哈利法克斯四周的几千个小生产者，同时有两种身份：从自主上看是老板，从职业和生活方式上看却是工人。他们自己生产或者从当地购买羊毛，把完全由自己生产出来的纺织品卖给那些行商。呢绒生产者通常又是农业生产者，他们拥有几英亩土地，虽然他们几乎不能耕种，但他们通常饲养一两头牛和一两匹马，"每一制造者都须有一两匹马，以便到城里去购买原料和食品，把羊毛运至纺工家里，把织成的呢绒运至漂洗坊，以后在制造完工后，把呢绒运至市场去出售"①。这种半农半工的方式，既能保证生活的基本需求，又使得自身保持独立性。

他们看起来是独立的小生产者，但其实受商人控制，原因在于他们资金微薄，周转困难，"每周制造一匹克西粗呢，不得不在周末将其出卖，所得钱款既要购买下周生产所用的材料，还须购得维持自己与家庭所需要之食物，直到下一匹呢绒制成和出卖"②。有些呢绒生产者甚至处于贫困的边缘。如乔纳森·克罗瑟拥有 1 台织机和 3 台纺车，而他的遗产清单显示，这是个处于贫困边缘的家庭，因为他仅留下很少的家用品以及 1 匹马和一些干草，连同织机和纺车在内，其遗产总共才 15 英镑。③ 由于生产者因为贫困而难以维持独立的生产，商人便趁机通过赊账方式卖给他们原料羊毛，但要求按照商人提供的规格进行生产为条件，因而逐渐从控制生产者的原料供应和产品销售，进而控制生产过程和生产者。

原料羊毛在毛纺织业中一直占据非常重要的地位。英国羊毛的供应量虽然每年都在增长，但并不能完全满足本国毛纺织业的需要。17 世纪里，羊毛供应紧张的形势有些舒缓。这一时期，养羊水平不断提高在一定程度上增加了羊毛的产量。但西莱丁的羊毛不能满足本地毛纺织业的需要，毛纺织业的原料主要来自外地。如哈利法克斯使用的优质羊毛大部分出于林肯郡。④

① ［法］保尔·芒图：《十八世纪产业革命》，人民出版社 1975 年版第 41 页。
② 刘景华：《城市转型与英国的勃兴》，第 33 页。
③ ［美］约翰·斯梅尔：《中产阶级文化的起源》，陈勇译，上海人民出版社 1994 年版，第 24 页。
④ G. D. Ramsay ,*The English Woollen Industry 1500-1750*,The Economic History Society Press ,1982, p.20.

而他们自己的粗糙羊毛则卖给了罗奇代尔。许多呢绒制造商所用的羊毛只有1/10来自本地，需远走百里去购买羊毛。[①] 西莱丁地区主要使用密德兰羊毛。密德兰离西莱丁遥远，需要长途跋涉，这需要运输资金，而小毛纺织主无经济能力，不具备足够的资金，因此一些羊毛商趁需而入，他们从密德兰购买羊毛，再高价卖给小生产者，等小生产者加工好呢绒品后，再卖给商人。1555年，哈利法克斯最先获得让中间商从事羊毛转运的特许。[②]

这个时期，分散的工场手工业已经常见，而且出现了集中的手工工场，一些分散的手工工场主同时经营集中的手工工场。约克郡亦有小型工场。如一个工场主家有21架织机，其中11架在自己作坊里，雇工达100余人，其余织机则分散于织匠家中。[③] 利兹的呢绒工场一般都有雇工120人，通常分成两组，分工细致。一个呢绒工场主曾这样吩咐他的工头："60个人应当这样分派工作：12个人去选料、染色和选羊毛；30个人去纺纱和刷毛梳毛，12个人去织呢和剪呢，剩下6个人去帮助别人干活。"[④]

随着集中工场的发展，在18世纪后期出现了一个比较新鲜的组织形式，就是公司工厂。18世纪西莱丁的工厂和家内制有密切的关系，公司资本是通过向呢绒工人征集获得的。如利兹的凯利特和布郎公司的大部分持股人就是当地呢绒工人，小部分来自利兹的大小商人。[⑤] 毛纺厂将生产工序如纺线、织布、后处理放在同一个地方完成。规模化生产使工厂比家庭生产者的成本更低，因此外包体系就被工厂生产逐渐取代了。

在西莱丁，工厂的发展和家内制的发展并不冲突。18世纪工业革命中，许多地区发生了工人反机器的骚乱，然而奇怪的是，西莱丁的生产者非常支持技术革新。这与当地的毛纺织业组织形式有关。西莱丁的家内制，采用新技术能大规模增加毛织品产量，同时又不改变生产者所处的环境和生产组织

---

① 刘景华：《走向重商时代——社会转折中的西欧商人和城市》，第82页。

② Herbert Heaton, *The Yorkshire Woolen and Worsted Industries*, p.94.

③ E. Lipson, *The Economic History of England*, Vol. II, p. 84.

④ [苏]梅舍亮柯娃：《论17世纪英国资产阶级革命前夜英国工业的发展》，《历史译丛》第1集，1960年。

⑤ 参见王加丰、张卫良：《西欧原工业化的兴起》，第275页。

形式，因而获得支持。1773 年，西莱丁就应用多轴纺纱机，随后又应用珍妮机和走锭精纺机，这些技术都促进了毛纺织业发展。

直到工业革命前夕，家内制依然存在于西莱丁地区，而且是这里毛纺织工业主要的生产形式。马克思在《资本论》中提到："还有广大的地区，生产仍脱离商人的直接控制。英国许多地区的羊毛加工业处于这种状态……这种自由生产有个前提条件，在附近的市场容易取得原料，成品一般也在那里销售。……直至 18 世纪，英国的许多村民还把他们的织物直接送往市场。"[1] 19世纪初，利兹四周还有 3,500 多个这样的人：居住在简陋的居所内，运用自己的生产工具，在妻儿帮助下或雇佣一些劳动力从事纺织生产；自己购买原料，织成纺织品后在市场上出售。1803 年，西莱丁区的呢绒总产量中只有 1/16 产自资本家经营的大工厂；其余约 43 万匹则是出自老板兼工匠的小工场里。[2]

总之，18 世纪西莱丁毛纺织业能够较大发展，与流行家内制这种形式相关。工厂制出现后，西莱丁呢绒业能够把家内制这种传统形式与工厂制这种新的组织结合起来。美国经济史学家康斯说道："在 18 世纪的大部分时间里，约克郡呢绒业的竞争优势基于把它自己最好的传统与通过任何可能的途径模仿、借用新产品及其制作方式结合起来，而不是基于新的技术。从长远的观点看，呢纺织是长期以来最能持续保持成功的工业部门，然而技术的引进在这儿特别缓慢，家内生产制度仍很重要。"[3]

三　西莱丁区乡村毛纺业发展的影响

虽然西莱丁地区毛纺织工业起步晚，但从 15 世纪起经历了较快发展过程。15 世纪初，西莱丁毛纺织业就具有较强的竞争力。15、16 世纪之交，它已在英国居有重要地位。乡村毛纺织业的发展，对乡村地区的社会经济结

①　马克思：《资本论》，第 3 卷，人民出版社 1975 年版，第 373 页。

②　[法] 保尔·芒图：《十八世纪产业革命》，第 117 页。

③　王加丰、张卫良：《西欧原工业化的兴起》，第 281 页。

构，对城市的发展和变化都产生了重大影响。一方面促进了哈利法克斯和利兹等新城镇兴起，另一方面又加剧了约克等旧有毛纺织城市的衰落，并促使约克等城市在经济发展方向上做出调整。

（一）对乡村经济社会的影响

西莱丁毛纺织业发展对乡村经济社会所产生的影响，主要表现为促进了本地区小城镇的广泛兴起，以及促使农业经济结构发生变革。

1. 促进地方小城镇的兴起

西莱丁毛纺织工业所产克尔赛呢，不但供应普通民众消费，而且还常被商人用来包装贵重的呢绒。其产量规模大，面向的国内外市场也大。乡民们把自己生产的呢绒送到各地小集市上，这些小集市也因交易日益频繁而逐步发展为工商业小城镇。利兹、布雷德福、哈德斯菲尔德、威克菲尔德、哈利法克斯等城镇就是这样兴起来的。它们都是具有一定规模的毛纺织品集散地，彼此相隔很近。尤其是利兹和哈利法克斯，是西莱丁乡村集市发展为城镇的突出代表，西莱丁呢绒主要通过这两个重要市场中心流向英国各地。如"利兹一些较大的商人，带着马夫，驮着货物，足迹遍及英伦三岛的所有集市和城镇，以批发形式卖给各地的商店，并惠以信用待遇"[1]。

利兹是西莱丁的中心城镇，位于奔宁山脉东麓，艾尔河畔，面积为 562 平方千米，水力资源和煤铁资源都比较丰富。利兹呢绒市场是约克地区最大的毛纺织品市场之一。它在盎格鲁萨克森时代即成为小手工业城镇，13 世纪时（或更早一些）就拥有织工和染工，[2] 开始发展毛纺织业。但在 15 世纪之前，它的人口较少。[3] 随着毛纺织业发展，人口不断聚集，利兹成为该地区重要的集市贸易中心和农产品交易市场，对内为本地农村服务，对外联系毛纺织品商人，从事羊毛制品销售。16 世纪时，利兹每年大约能生产 5,000 匹呢绒。[4] 随着毛纺织业发展和毛织品贸易的扩大，利兹人口也快速增长。16

① L.W. Moffit, *England on the Eve of the Industrial Revolution*, p.222.

② 参见 [英] 约翰·克拉潘：《简明不列颠经济史：从最早时期到 1750 年》，第 340 页。

③ K. G. Ponting, *The Woolen Industry of South-West England*, New York: Augustus M. Kelley, 1971, p.3.

④ Herbert Heaton, *The Yorkshire Woolen and Worsted Industries,* p.263.

世纪中期，利兹人口达到 3,000；[1] 1775 年利兹大约有 1.7 万人；1801 年达到 5.3 万人。

作为乡村地区新兴的城镇，利兹起着连接农村和城市的功能。利兹是普通呢绒生产区，除了本身是呢绒织造中心外，它还吸收城南和城东广大乡村地区的初级毛织品，进行剪呢修整、染色和成衣等加工工序。[2] 而周围的农民也可自行组织生产。如利兹附近农村的呢绒制造商约翰·鲍逊，拥有库房、作坊和染坊，拥有纺车、织机和梳毛机，聚积有羊毛、毛纱、油脂和明矾等材料，还使用三个学徒，雇用许多纺工。[3]

哈利法克斯是西莱丁另一个毛纺织业中心，织造通称为粗哔叽和夏龙绒的两种毛织品。它位于奔宁山脉东侧，长 17 英里，宽约 11 英里，有奥尔德河及支流流经。这是个山区城镇，大部分土壤由于太贫瘠而无法耕作，只能发展呢绒业。早在 14 世纪，哈利法克斯就已存在毛纺织活动，近代早期纺织业成为居民普遍的谋生手段。[4] 17 世纪后期，纺织业成为哈利法克斯最重要的经济部门。它主要生产克瑟呢这样质地比较粗糙的毛呢，用于制作毛毯和外套。18 世纪哈利法克斯毛纺织业大发展。《笛福游记》曾这样描述哈利法克斯："随着我们走近哈利法克斯时……在每个山脚下，又碰到一些越来越大的村庄……不久，我们就看到居民的职业。在太阳出来，光芒开始发亮时，我们就看到几乎每一屋前都有一个张布架，每个架上都有一块普通的呢绒……阳光对此布帛的作用（白色的布帛在太阳下发出光辉），形成一种最宜人的景色……从山下到山顶，到处都是同样的景色：无数的房屋和无数张布架，而每一架上都有一块白色的布帛。"[5] 由此可知毛纺织业在哈利法克斯是何等普遍。[6] 笛福还提到，18 世纪 20 年代，哈利法克斯每年生产"10 万

---

① K. G. Ponting, *The Woolen Industry of South-West England,* p. 5.

② J. Patten, *English Towns 1500-1700,* p.178.

③ Herbert Heaton, *The Yorkshire Woolen and Worsted Industries,* p.18.

④ Herbert Heaton, *The Yorkshire Woollen and Worsted Industries,* p.75.

⑤ [法] 保尔·芒图:《十八世纪产业革命》，第 37 页。

⑥ 参见 [法] 保尔·芒图:《十八世纪产业革命》，第 48 页。

匹夏龙呢"[1]。按希顿的说法，这个城市不利于人们居住，但那里的人非常富裕。[2] 原因就是发展了毛纺织业生产。哈利法克斯的毛纺织业者又是小土地所有者，生活富足。如笛福描述说，该地的每个农场有"小围地……每块围地面积大约2到7英亩"[3]。"人们往往会看到一个家庭人口稍多的织工，在市集那天到哈利法克斯去以每头8英镑或10英镑的价格购买两三头大阉牛，把它们牵回去宰杀食用。"[4]

伴随毛纺织工业的发展，哈利法克斯的人口增长很快。1450年时，哈利法克斯13所住宅就可容纳所有居民。到1560年时，就需要520所住宅了。1548年附近小教堂调查时达到9,000至1万人。[5] 1569年与威斯特摩兰公爵对抗时，哈利法克斯有1.2万人。1664年为3,844户，1764年增至8,263户，1810年12,031户。[6] 哈利法克斯大部分人口都从事纺织业。[7]

周围的乡村工业为哈利法克斯的毛纺织业提供半成品，"那些在郊区工作的制造者，每逢星期六就来到城里，并随身带着自己所织造的东西……呢绒商人到市场去，从制造者手里买进白色呢绒，以后便按照需要将其染色和整饰。由于这个市场——纵使已经这样大——不敷每星期六前来哈利法克斯的大量制造者的需要，所以那一天全城都变成白色呢绒市场。我在街上、广场上、酒店里都看到他们，我在晚上回利兹时又碰到很多制造者骑着马或坐着小马车回家去"[8]。1600年左右，在邻近哈利法克斯的索尔比村和沃利村，400名公簿持有农中的大多数，都必须依靠"纺织与修整呢绒等工作生活"[9]。

同样是毛纺织城镇，利兹和哈利法克斯在毛织品种类和对工人的技艺要求方面有很大不同。利兹是普通呢绒生产区，哈利法克斯则织造粗哔叽和夏

---

① 　[美] 约翰·斯梅尔：《中产阶级文化的起源》，第66页。

② 　Herbert Heaton, *The Yorkshire Woolen and Worsted Industries*, p.79.

③ 　Defoe, *A Tour through the Whole Island of Great Britain*, p.600.

④ 　Defoe, *A Tour through the Whole Island of Great Britain*, p.103.

⑤ 　Martha Ellis Francois, *The Social and Economic Development of Halifax*, 1966, p.225.

⑥ 　[美] 约翰·斯梅尔：《中产阶级文化的起源》，第59页。

⑦ 　Herbert Heaton, *The Yorkshire Woolen and Worsted Industries*, p.80.

⑧ 　[法] 保尔·芒图：《十八世纪产业革命》，第41页。

⑨ 　J. Thirsk, *The Agrarian History of England and Wales, Vol. 4, 1500-1640*, p.426.

龙绒两种。由于毛纺织品种类不同，因此在梳毛方面对工人的技艺要求也有所不同。哈利法克斯是用梳毛，而利兹则是刷毛，梳毛比刷毛要求更高的技术和技艺。如果说刷毛是一项熟练活的话，那么梳毛就是一项技术活，所以梳毛工可以取得更高的工资。除技术细节外，对原料和工人技能要求方面也有不同。梳毛用的是上等质量的、价格高的长羊毛。刷毛用的是短而卷缩的羊毛，其价格便宜却较难获利。前者特别需要资本，后者则需要有训练有素的人工。后一种可以在小作坊中兴旺起来，而前一种则更适合由商人资本控制的生产组织，普通技工无须包揽所有工序，他们可以依靠梳毛的高工资生活。因此哈利法克斯周围的农村技工更依赖城市的包买商提供生计。

小城镇作为中转站，一方面连接着周围乡村，另一方面连接着城市社会。就本身而言，小城镇与乡村的关系更紧密，因为它与乡村发生直接的联系，农民把自己的手工品送到类似利兹这样的城镇，城镇便利用当地的乡村工业来为自己服务，反过来也影响着乡村生活的各个方面，这些城镇就能带领乡村尽早去除农业社会的特征。"城乡关系的面貌一改变，整个社会的面貌也跟着改变。"① 在工业化进程中，这些城镇作为城市社会伸向乡村的触角，也把资本主义关系伸向乡村各个角落。英国成为工业化强国是与乡村工业化和小城镇发展分不开的。诚如布罗代尔所说："不是伦敦，而是曼彻斯特、伯明翰、利兹、格拉斯哥以及无数的中小城市为新时代鸣锣开道。"②

2. 对乡村农业结构的影响

工业发展后，反过来必然促进了农业的商业化和现代化。西莱丁乡村同样经历了这样的过程。西莱丁地区耕地非常少，山地占 1/3。土地贫瘠造成当地农民仅仅依靠农业不足以维持最基本生活，因此农民们只有依靠制作呢绒等副业来维持生活。而毛纺织业发展促使附近农业逐步商业化。也就是说，从事毛纺织业的乡村非农业人口增多，促使粮食生产越来越面向乡村工业人口，粮食商品化趋势加强。再进一步，促使粮食生产专业化程度加强。

---

① 《马克思恩格斯选集》，第 1 卷，第 123 页。

② ［法］费尔南·布罗代尔：《15 至 18 世纪的物质文明、经济和资本主义》，第 1 卷，第 664 页。

西莱丁乡村毛纺织业人口所需的粮食主要来自西莱丁地区东部，那里工业不重要，农业的主要目的是为纺织区种植粮食。17、18 世纪英国发生农业革命，农产量快速增长。14 世纪后期，英国小麦、黑麦、大麦、燕麦等四种谷物的播种量与收获量之比为 1∶5.2，17 世纪后期达到 1∶9.3，到 18 世纪后期达到 1∶10.1。[①] 1700 年，英国一个农业劳动力能养活 117 人，1800 年能养活 215 人。[②] 因此农民手中有更多的粮食供应市场。为了满足西莱丁毛纺区人口的生活需要，除西莱丁东部的粮食外，还从约克购买粮食。而约克则主要依靠从林肯郡和东盎格里亚调入粮食来供应西莱丁地区。

农民生活水平提高也为工商业品提供了市场。于是在西莱丁形成了一个良性交换圈，土地肥沃地区主要发展商品化农业生产，向西莱丁工业区输出粮食，而乡村工业区则向东部农业区输出价格低廉的毛纺织品。东部农业区居民购买西部工业区呢绒产品时，必须要先取得货币才能完成购买行为，这样也就促进了东部农业区生产日益商业化。

随着毛纺织业的发展，越来越多的人进入毛纺工业。西莱丁乡村则形成了半农半工的阶层。城市人口在总人口中只占很小比例。18 世纪初英国城市人口约占总人口的 20%～25%，1801 年为 33%。[③] 18 世纪中叶，利兹不超过 15,000 居民；哈利法克斯有 6,000 居民，哈德斯菲尔德的居民不到 5,000，而布雷德福三条街道夹于牧场之间。在总人口中占较大比例的是乡村人口，而且大多从事毛纺织工作，在某种意义上，乡村是在为城镇呢绒商提供劳动。在利兹附近，没有一个佃农专靠种地谋生，所有人都在程度不一地为城市呢绒商工作。[④] 16 世纪末，西莱丁的里士满城是一个较大针织业中心，针织工达千人。以它为中心、为基地，周围地区也发展针织业，该城 20 英里以内的 16 个小镇和村庄也有针织工千人以上。[⑤] 日益扩大的半农半工阶层自己生产

---

① ［法］费尔南·布罗代尔：《15 至 18 世纪的物质文明、经济和资本主义》，第 1 卷，第 141 页。

② 顾銮斋：《资源、机遇、政策与英国工业化的启动》，《世界历史》1998 年第 4 期。

③ ［法］保尔·芒图：《十八世纪产业革命》，第 37 页。

④ 参见［法］保尔·芒图：《十八世纪产业革命》，第 26 页。

⑤ J. Thirsk, *The Rural Economy of England: Collected Essays,* London: Hambledon Press, 1984, pp.245-246.

的粮食不足以维持生活，因此也需要从市场购买粮食和毛纺织原料。当地织工每织出一匹呢绒随即出卖，用所得的钱来购买下次使用的羊毛原料，购买全家所需的食品，直到再次织出呢绒和卖掉产品为止。[①]

总之，15~18世纪的西莱丁，其西部工业区向东部农业区输出价格低廉的毛纺织品，东部农业区则向西部提供粮食等生活资料。不论西部工业区还是东部农业区，原有的自然经济被打破，进入商品经济阶段。

（二）西莱丁毛纺织业与约克城的交互作用

马克思曾说："中世纪（日耳曼时代）以土地为历史的起点，它的进一步发展导致了城市和乡村之间的对立。"[②] 由此我们可以认识到，中世纪乡村与城市是对立的。进入15世纪以后，随着生产力发展和经济水平提高，出现了一种不同于中世纪乡村和城市对立，而是城市和乡村相互联系、协调发展的城乡关系。这一时期，西莱丁作为一个乡村地区，它和约克城的关系就属于这种既相互影响又相互促进的关系。西莱丁乡村不再以农业为主，而是发展起手工业。约克城工匠为西莱丁不仅提供了先进技术，也为西莱丁毛纺业提供了一定资本。西莱丁乡村毛纺织业发展对约克城毛纺织业衰落造成了一定影响，但约克城并没有一蹶不振，而是开始利用西莱丁毛纺织品发展服装加工业。

1. 约克城对西莱丁地区毛纺织业的影响

乡村工业之所以有较大发展，是和城市的作用分不开的。布罗代尔形象地说："城市好比是许多变压器，它加大电压，加速转换节奏，不停地搅动人们的生活。"[③] 乡村和城市有着千丝万缕的关系，约克的资本、信息、技术对西莱丁乡村工业产生了一定影响。

城市为乡村提供了窗口。虽然偏僻落后地区居民的生活用品仍由小商小贩在起沟通作用，但产品从生产者手中到达定期市集或常设市场，主要是靠批

---

① 参见陈曦文：《英国16世纪经济变革与政策研究》，第86页。

② R. H. Hilton introduced, *The Transition from Feudalism to Capitalism,* London: New Left Books, 1976, p.176.

③ 陈曦文、王乃耀：《英国社会转型时期经济发展研究》，第33页。

发商以城市为中心进行的。[①] 约克在早期成为西莱丁与外部经济往来的窗口。它作为英国北部中世纪最重要的商业城市，市场规模大，交通便利，因此西莱丁呢绒主要通过约克向外输送。依靠约克这个市场，西莱丁不断扩大与外部市场的联系，置身于更大的市场。通过约克这个窗口，西莱丁的小呢绒生产商可以了解市场信息，并以此为据来调整生产，避免盲目性，由此约克城为西莱丁提供了了解市场的平台。西莱丁地区毛纺织业有时还受到伦敦影响，虽然比较间接。如利兹的交易市场上，常有买主手持伦敦出口商或外国商人指定规格与花色的货单进行购买活动。[②]

约克城的商人、企业家、技术人员和工匠给西莱丁乡村工业提供了先进的技术，对乡村工业发展发挥了重要作用。最初西莱丁农民的纺织技术并不精湛，主要承担一些简单的工作，如羊毛梳理、分类和纺纱等初级工序，而染色、起绒、剪呢和修整等高级工序大多在约克城进行。16 世纪后，随着工匠逐渐向西莱丁转移，约克城的许多先进生产技术转到了西莱丁农村，结果使羊毛分类、梳理、纺纱、绕线、织呢和漂洗等主要工序大多在乡村进行，染色、起绒和剪呢修整等高级和最后工序也有不少在乡村进行。许多农民在城市学习先进的技艺，然后带回乡村发展。西莱丁区就有一部分人员在诺里奇学徒期满后，带着新学的技艺返回本地发展生产。[③] 在缩绒工序转到农村后，城市的纺线工和织布工被农村的工人组织取代了。呢绒商把羊毛分配给农户来纺线和织造。原始的手纺车纺纱和织布，作为业余生产活动，通常由农家妇女来完成。呢绒商将从农村工人收集来的呢绒送到漂洗厂，进行清洗和缩绒处理，然后再将成品呢绒运送到国内外市场出卖。

约克城还向西莱丁乡村提供资本。由于小生产商在城市的竞争中没有任何优势，所以想通过向农村渗透来获得自身发展。西莱丁的呢绒生产商可以自行完成生产过程，但由于自身资金不太充足，因此很难购买下次生产所用的原料，不能维持家庭需要。这些小生产者资本就进入了购买原料环节，从

---

① 　参见 [法] 保尔·芒图：《十八世纪产业革命》，第 86 页。

② 　Defoe, *A Tour through the Whole Island of Great Britain*, p.205.

③ 　J. Patten, *English Towns 1500-1700*, p.239.

而成功地实现了向农村渗透。1555 年，中间商人最先在哈利法克斯获得从事羊毛转运的特权。[①] 于是约克商人从林肯郡购买优质羊毛卖到哈利法克斯，以供应该地区呢绒业。从某种意义上说，约克城市资本保证了乡村工业的发展。没有约克城市资本，西莱丁地区工业很难进行，或者很难扩大规模。

  2. 西莱丁毛纺织业对约克城的影响

  西莱丁毛纺织业对约克城所形成的冲击更大、影响更深刻。中世纪的约克曾是英国最重要的羊毛纺织和贸易中心之一。有句谚语说约克有一天会盖过伦敦，[②] 这虽然是句玩笑话，但反映了约克曾经的兴旺。约克主要生产供上层消费的精细呢绒，用脂虫粉把呢绒染成绯红色，作为贵族们的服装布料。14 世纪时，约克城从事呢绒行业的人数占有相当大比例。该世纪后期约克大约 1 万多人口中，呢绒业行会的工匠师傅就有约 250 人，如果把从事呢绒行业的生产和销售人员都算上，呢绒行业在约克城应是人数较多的行业。

  然而在中世纪晚期，约克城的毛纺织业开始衰落了。14 世纪末，它的呢绒平均年产量为 13,000 匹。1394～1395 年，约克城被检验的出口呢绒就有 3,200 匹。15 世纪中期后，约克城出现持续并且明显的衰落。[③] 1468 年到 1469 年，标准呢绒的年产量仅为 1,809 匹，1473～1478 年年均送交检验的呢绒只有 1,173.25 匹，1475 年到 1478 年为 922.25 匹，八十年间减少了 2/3。[④] 15 世纪的一百年里，约克呢绒产量大约减少了 70%。在约克经济衰退的同时，西莱丁农村由于生活成本较低，且有廉价的劳动力和丰富的资源，其毛纺织业呈快速发展态势。同属一个郡内彼此相邻，又在同一时期，约克城市毛纺织业走向衰落，乡村地区毛纺业日益兴旺，这种反差与两者间的竞争是有密切联系的。

  毛纺织业衰落的同时，约克还有更不利的情况。其商人在汉萨商人的控制下无法进入北海进行贸易活动，在低地国家则无法与伦敦商人相抗衡。约

---

① Herbert Heaton, *The Yorkshire Woolen and Worsted Industries*, p.94.

② 参见 [法] 保尔·芒图:《十八世纪产业革命》, 第 33 页。

③ 参见 [英] M.M. 波斯坦等:《剑桥欧洲经济史》, 第 3 卷, 第 568 页。

④ Herbert Heaton, *The Yorkshire Woollen and Worsted Industries*, p.60.

克本来担当西莱丁乡村呢布销售和外运中心的角色，到这时西莱丁的呢绒制造商绕过约克而直接与伦敦来往，把呢布卖给伦敦商人并从伦敦买回原料。[1]随着约克毛纺织业衰落，城市的地位和重要性日趋下降。它在英格兰城市中的排名，14 世纪 30 年代在地方城市中位居第 2，仅次于布里斯托尔；16 世纪早期降到了第 11 位；16 世纪中期约克的排名有了短暂回升，排到了第 3 位；18 世纪，约克城市毛纺业发展速度越来越慢，城市的排名也越来越靠后。[2]

　　约克城市的衰落有其自身的原因。行会对手工业的发展在早期曾经起到保护的作用，行会在质量、规格等方面对产品做出的严格规定，有利于提高产品品质，但到后期约克的行会对经济发展的束缚和阻碍作用越来越大。虽然行会对约克城发展产生了不利影响，但西莱丁对约克形成的威胁更大，约克越来越感到这种威胁。从某种意义上说，是西莱丁地区的发展导致了约克的衰落。正如研究者巴特莱特所说："该城市的纺织工业和贸易，至少在 14世纪的 2/3 时间里高度繁荣，15 世纪以后便走向衰落，这是由于来自西莱丁的纺织品竞争的加强，约克城的呢绒市场被它们侵占，为此伦敦商人从赫尔或约克转走了。"[3] 早在 14 世纪初，约克城织工就曾向国王请愿。他们在1304 年申诉说，如今"各种人在农村的不同地方，而不仅仅是在这个城市和其他城镇，制造染布和磨光的布"[4]。爱德华下令禁止那些非法经营者今后再从事这一工作。虽然不知道这法令的直接执行结果，但有证据表明农村的呢绒生产继续发展。[5] 约克的毛纺业中心角色逐渐被西莱丁所代替。[6] 15 世纪西莱丁毛纺织业崛起，该地所产呢绒物美价廉，约克便在毛纺织业争夺战中败下阵来。1468～1469 年，西莱丁生产的呢绒产量 3,000 匹，大约是约克城的 1.5 倍，约克城呢绒产量仅为 1,972 匹。[7]

---

[1]　J. L. Bolton, *The Medieval English Economy 1150-1500*, pp.247-248.

[2]　H. C. Darby, *A New Historical Geography of England*, Cambridge University Press, 1973, p.243.

[3]　陈曦文、王乃耀：《英国社会转型时期经济发展研究》，第 21 页。

[4]　[英] M. M. 波斯坦等主编：《剑桥欧洲经济史》，第 3 卷，第 562 页。

[5]　Herbert Heaton, *The Yorkshire Woolen and Worsted Industries*, p.52.

[6]　Philip Abrams & E. A. Wrigley, *Towns in Societies*, p.269.

[7]　Herbert Heaton, *The Yorkshire Woolen and Worsted Industries*, pp.74-78.

面对西莱丁乡村毛纺织业的发展，约克城开始生产转向，利用西莱丁毛纺织品来进行加工，发挥自身的技术和市场优势。16、17 世纪的约克用西莱丁物美价廉的呢绒和皮革加工成服装，逐渐成为呢绒服装业和皮革服装业中心。都铎王朝后期，该城成衣行会成为最有实力的行会。此外约克也发展商业职能，成为伦敦所产消费品在北方的最大集散地。约克还从林肯郡和东盎格利亚调入粮食，供应西莱丁的毛纺织人口。约克商人有在赫尔购买粮食的特权，这就具有较大的竞争优势。

总之，约克城为西莱丁地区提供了资金、技术和生活物质的支持。当西莱丁毛纺织工业逐步发展起来的时候，约克城市以积极的姿态回应这个变化，改变发展方向，转变经济职能，进行自身结构的调整，最终使西莱丁区和约克城走上城乡共同发展的状态。这种城乡变化加快了从农业社会向近代工业社会转变的进程。

（三）西莱丁地区在英国经济发展中的地位

毛纺织业作为"民族工业"，在英国经济发展中占有重要地位。而西莱丁地区作为 18 世纪最重要的毛纺织业基地，又在英国毛纺织业中占有极其重要的地位。由此，西莱丁在 18 世纪英国经济发展中的重要性也就不言而喻了。15 世纪之前西莱丁地区毛纺织业刚起步，生产规模很小，因而在全国还微不足道。16 至 17 世纪西莱丁毛纺织业虽然经历了一定发展，但还是落后于西南各郡和东盎格利亚地区。18 世纪，西南地区和东盎格利亚毛纺织业相继衰落，西莱丁毛纺织业却上了新的台阶。1700 年，西莱丁地区制造的毛纺织品尚只占全国产量的 1/5，18 世纪西莱丁一改从前形象，不再是廉价呢绒的代表，而以精毛纺织品为主要产品。当西南部和东盎格利亚仍在生产结实的绒面呢时，西莱丁区则生产适合大众消费的起绒薄呢。[①] 18 世纪里，整个英国的毛纺织品产量增加了 150%，而西莱丁毛纺织品产量则增加了 750%，在全国毛纺品产量中的比重上升到 60%。利兹、布雷德福、哈利法克斯和哈德斯菲尔德等西莱丁新兴的毛纺织业中心，也成了 18 世纪英国最重要的毛纺

---

① 参见 [法] F. 布罗代尔：《15 至 18 世纪的物质文明、经济和资本主义》，第 487 页。

织业城市。

可是，西莱丁虽然成长为 18 世纪英国最重要的工商地区之一，但它并没有成为最早发生工业革命的地区。为了维护毛纺织业的既有优势，这里颁布了不少法令，用来保护本地的毛纺织业。由于对毛纺织工业生产过程的各个环节都进行了严格的规定，反而使以西莱丁地区为代表的英国毛纺织工业受到了束缚。阿瑟·杨批评说，"当英国工业的特殊才能用在铁、棉、玻璃或瓷器上面时，就会极其卓越地表现出冒险的热情、积极性和创造精神；而这正是你在毛纺织工业所不能看到的。在毛纺织业中，一切都是呆滞的、不活泼的、无生气的。"①

西莱丁毛纺织业生产组织形式的演化也比较慢。英国毛纺业生产组织的发展经历了手工作坊、分散的工场手工业、集中的手工工场和原始工厂等几个阶段，原始的工厂组织在 18 世纪初就开始产生。它更多地使用机器，集中雇佣工人，具有更大的生产规模和生产效率，能创造更多的利润。但它在西莱丁毛纺织业中出现较晚。直至 18 世纪 90 年代时哈里法克斯和利兹等地才有规模较大的原始工厂形式，1795 年才建立机器毛纺厂。原因很可能是西莱丁毛纺业流行的初级家内制对工厂的抵制。即使到 19 世纪中期，西莱丁地区的机器毛纺厂也没有几家。西莱丁毛纺织工厂的发展起步晚，速度慢，制约了毛纺工业迈向机器时代。

虽然西莱丁不是最早进行工业革命的地区，但它对工业革命的发生也有着自己的影响，这从西莱丁毛纺织业和兰开夏棉纺织业的相互联系中可以看出。英国早期的棉纺织业分布较为集中，大致固定在两三个地区：兰开夏的南部，德比郡北部以及苏格兰的克莱德盆地。第一个区域最为重要，兰开夏也因此被称作"工业革命的摇篮"。1788 年，兰开夏有了 40 多家纱厂。② 而兰开夏作为最早进行工业革命的地区，其棉纺业发展与西莱丁毛纺织业有着紧密联系。当兰开夏棉织工业开始发展后，它原来的毛纺织业却由西莱丁地

---

①　陈紫华：《一个岛国的崛起：英国工业革命》，西南师范大学出版社 1992 年版，第 215 页。

②　[法] 保尔·芒图：《十八世纪产业革命》，第 198 页。

区所承接，^①这就为兰开夏棉纺织业生产更加专业化创造了条件。另一方面，西莱丁毛纺织业中所实行的家内制，也对兰开夏的棉纺工业组织产生了一定程度的影响。兰开夏棉纺工业中普遍采用的发放制，仍属于家内制的一种形式，并且是从模仿毛纺业开始的。最初，兰开夏的织工多是乡间农民，除了从事纺织生产外，还从事田间劳动。他们住在村舍中，四周的土地还需他们耕作，^②妻子和子女从事梳理纱线和纺织。这种依附农本经济的农家家内纺织，是乡村毛纺织业的前身，从农本经济中蜕变出来的乡村毛纺织业，又是后来成为工业革命先锋的棉纺织业的前身。^③兰开夏棉纺织工业承袭了乡村毛纺织业的生产组织，由分散的家内制，到相对集中的手工工场，直至发展成为集中经营管理的工厂制。

西莱丁毛纺织业的发展，在英国经济史上具有重要地位。其一，以西莱丁毛纺业为代表的乡村工业推动了英国乡村经济向资本主义的过渡。西莱丁毛纺织工业的发展，直接推动了西莱丁地区小城镇的发展，典型者如利兹和哈利法克斯。利兹在 18 世纪成长为约克郡最重要的毛纺织业中心，城市人口增加到 1801 年的 5.3 万人，后来又成长为英国最重要的现代工业城市之一。西莱丁城镇的发展繁荣，促进了约克地区乡村经济过渡到资本主义，推动了英国资本主义发展总的进程。

其二，约克郡工业的快速发展得益于西莱丁乡村毛纺区和约克城的共同发展。西莱丁地区与约克城相互影响，相互促进。约克城发展毛纺织业的时间较早，它为后起的西莱丁毛纺织业提供了了解市场的窗口。约克城的毛纺织技术传到西莱丁，则加速了该地区毛纺织业的发展进程。西莱丁毛纺织业发展起来后，与约克城产生了激烈竞争。虽然由于各种原因约克城的毛纺业日益衰落，但它又利用临近西莱丁毛纺品产区的地理优势，适时转变自身的经济方向，由毛纺织业城市转变为服装业中心和农产品集散地。约克城与西莱丁共同发展，促进了约克郡的经济繁荣。这种城乡协调发展加速了英国从

---

① 参见吴于廑:《吴于廑文选》，第 173 页。

② 参见 [法] 保尔·芒图:《十八世纪产业革命》，第 158 页。

③ 参见吴于廑:《吴于廑文选》，第 174 页。

农业社会向工业社会转变的进程。

其三，西莱丁地区与英国工业革命有紧密的关系。西莱丁和兰开夏相邻，其工业生产的组织形式对于作为工业革命摇篮的兰开夏产生了一定影响。兰开夏棉纺工业发展起来后，它的毛纺业又转移到西莱丁，从而使自身能集中财力人力专事棉纺业。兰开夏棉纺工业中普遍采用的发放制，它是从模仿西莱丁毛纺业家内制开始的。西莱丁毛纺织业的发展，还对工业革命时期企业家的培养和资本的积累起到了重要作用。

在相当长的时期里，毛纺织业是英国的民族工业，西莱丁乡村毛纺业在18世纪将这一民族工业推到了发展顶点。虽然工业革命是从棉纺织业开始的，但毛纺业为英国转型和崛起所起的作用也极其重要。西莱丁毛纺业还为棉纺织业的工业革命做出了直接贡献。从这个意义上说，西莱丁地区毛纺业发展兴旺的景象不应被人们淡忘。

第十章
中世纪老城转型的样本：约克

当西莱丁区毛纺业欣欣向荣之时，邻近的约克城也开始破中世纪之茧，走上经济转型的道路。约克在中世纪里一直是英国第二大城市，这一地位从 15 世纪开始动摇，经历了一个多世纪的衰落。16 世纪中期后约克再次复兴，同时也随着国内整体经济形势的变化而出现功能上的转型。然而，由于各种条件的作用，虽然近代约克并未恢复中世纪时代的辉煌和重要性，但还是具有中世纪老城转型的样本意义的。

一 中世纪约克的兴盛和繁荣

约克出现的时间较早，罗马不列颠时期是罗马人为防御苏格兰人而建立的堡垒，后又被选定为罗马下不列颠（Britannia Inferior）的首府，成为行政中心，公元 4 世纪又成为罗马不列颠基督教的一个中心。罗马人撤出不列颠后，公元 7 世纪约克成为诺森布里亚王国的首府，是北方最大的城市居住点。此后约克先后被丹麦人、挪威人和萨克森人占领。1067 年至 1069 年，约克两度成为北部抵抗诺曼人运动的中心。[①] 威廉两次征服该城，几乎将整个城市毁掉。当威廉在英国的地位稳定下来后，约克因其重要的战略和商业地位而得以重建，其军事中心功能得到加固。根据《末日审判书》，这时的约克

---

① P. M. Tillott, *A History of the County of York, City of York*, London: University of London,1961, p.2, p.17.

有 5,000～7,000 人。[①]

约克在 12、13 世纪发展极快。即使经过了黑死病肆虐，1377 年征收人头税时，约克城超过 14 岁的纳税人为 7,200 人，另有约 3,600 人在 14 岁以下。[②] 因此约克总人口应在 1 万以上，可能还多于布里斯托尔、次于伦敦而位居全国第二。[③] 一个多世纪后，一位来英国旅行的意大利人这样评价："在英国除了伦敦外，唯有布里斯托尔和约克称得上城市。"[④] 约克的重要性可见一斑。

约克的发展及其地位，很大程度上得益于其优越的地理位置。它位于英格兰东北部的约克谷地，有通航河流汇入乌斯河，往上游能很容易地通往奔宁山区，特伦特河又可使约克与密德兰地区相联系，往下能通向北海和国外市场。它也是从英格兰东南部通往苏格兰边境的必经之路，尤其是与苏格兰人发生战争时，约克的重要性更显突出。[⑤] 可以说，是统治者的重视造就了约克。

约克首先是个宗教中心。它在 7 世纪时为主教驻地，8 世纪时升为大主教驻地。作为宗教中心，约克的地位仅次于坎特伯雷，它是英格兰北部教区首府，约克大主教所辖的范围包括约克郡、诺丁汉郡、坎伯兰郡、威斯特摩兰郡和兰开夏北部。约克大教堂吸引着众多朝圣者、牧师以及俗人来参加宗教活动。[⑥]

其次，约克又是重要的行政司法中心。出于统治的需要，威廉让约克逐渐成为约克郡的行政管理中心。在发生动乱、王朝战争期间，以及英格兰与苏格兰发生战争时，约克的战略地位更受重视，大量贵族、王家仆从、骑士

---

① [英] 约翰·克拉潘：《简明不列颠经济史：从最早时期到 1750 年》，第 84 页。

② J. Krause, "The Medieval Household: Large or Small?" *The Economic History Review,* 2nd ser. Vol.10 (1957), pp.420-432.

③ [英] M. M. 波斯坦等主编：《剑桥欧洲经济史》，第 3 卷，第 32 页。

④ C. A. Sneyd, *Italian Relation of England: A Relation or rather A True of the Island,* London: Camden Society, 1847, p.41.

⑤ J. B. Mitchell, *Historical geography,* London: English Universities Press, 1954, p.135.

⑥ J. N. Bartlett, "The Expansion and Decline of York in the Later Middle Ages"，pp.17-33.

等频繁光顾该城。战争期间，国王爱德华一世、二世、三世、四世都曾先后驾临约克。不论平时还是战时，负责维护北英格兰的行政司法人员也是在约克会商。当14世纪伦敦固定为王国首都时，约克则成了辅助性的行政中心。[①]约克郡郡守也将约克当作驻所。郡法庭还在这里审理较小案件和关押囚犯。北方诸郡的巡回审判法官通常也在约克会面，在这里他们可以对约克郡以外行使司法权。

约克又是一个重要的社会中心。它是北英格兰绅士们活动的中心，在约克有各种各样的奢侈品，种类繁多的工艺品，还有许多服务业，这些物品与服务吸引着北部的乡绅和有钱的社会名流来约克消遣和娱乐。很多乡绅甚至把遗产捐给了当地教会，许多人通过联姻与当地权贵建立了关系。[②]

约克更是个重要的经济中心。它为城市居民及来到约克的人提供其所需物品和服务。它首先是一个大市场，是英格兰北部最重要的物资集散地，在这里汇聚了大量国内外商品，来自北英格兰各地的商人可以在这里进行商品买卖活动。其次，它是北英格兰最重要的手工业城市，城里的手工业产品供应着广大地区的需要。如14世纪末，约克制造的弓箭供应给切斯特、什鲁斯伯里等地。约克是北英格兰地区铸钟的主要供应者。约克的纺织业久负盛名，供应着北方广大地区的需要，其呢绒还远销爱尔兰、加斯科尼和普鲁士等国外市场。

约克还是个重要的货物中转和集散中心。从大陆进口的货物，约克郡出口的货物，都在这里装卸后再中转。约克商人将四面八方的商品汇聚于此后，再运往各地市场。采自斯韦尔代尔、文斯勒德和卡文地区的铅，须经由约克外运。约克还是个羊毛贸易中转城镇，英格兰北部大部分羊毛都要在此汇聚，然后通过赫尔港外运出口。[③]从赫尔进口的大陆葡萄酒、香料和纺织染料，都须经由约克商人之手销售到本郡及达勒姆等地的顾客手中。

---

① 参见 [英] 肯尼思·O. 摩根主编：《牛津英国通史》，王觉非等译，商务印书馆1992年版，第231页。

② J. N. Bartlett, "The Expansion and Decline of York in the Later Middle Ages", p.19.

③ J. L. Bolton, *The medieval English economy 1150-1500,* p.194；Maud Sellers, "York in the Sixteenth and Seventeenth Centuries", *English Historical Review,* Vol. 12, No. 47 (Jul., 1897), pp. 437-447.

在中世纪英格兰，约克是最重要的毛纺业城市之一。公元 1000 年前左右，约克港口和集市上就有羊毛和呢绒了。据推测，可能来自分散于约克郡各地的手工业作坊。12、13 世纪时，已有很多史料提及约克的纺织业。1164 年的税收花名册（pipe roll）里第一次提到了约克织工，而且其织工们上缴国库的税收仅次于伦敦，[①] 因此可以确定这时约克已有大量人员从事纺织业。

佛兰德尔移民的到来，使约克的毛纺业迅速发展起来。佛兰德尔人进入约克郡，最早可能是诺曼征服期间随同威廉一世而来的。如威廉一世曾赐予佛兰德尔人德罗格大量约克郡地产。[②] 14 世纪，在爱德华三世政策的吸引下，佛兰德尔织工大量移居英国，约克是接受织工移民最多的城市之一。约克城自由人登记册显示，许多尼德兰织工 14 世纪中期就已在约克工作了：[③] 1334 年尼古拉斯来自比利时，他是一个织工；1352 年托马斯·巴奔，来自佛兰德尔，织工；劳伦休斯，来自佛兰德尔，织工；乔治·福特，来自佛兰德尔，漂洗工；1357 年，来自根特的格纹·吉法德和莱维克，都是织工；1359 年来自多德雷赫特的佩特雷斯，布匹小贩；1360 年来自洛维尼的阿诺德，染工。佛兰德尔人大量涌进，推动了约克毛纺业大扩展。爱德华三世统治期间，约克有 170 名织工、100 名染工、50 个漂洗工和 30 个床罩织工，还有大量剪毛工、羊毛打包工等。[④] 1350 年后半个世纪，纺织业在城市工业占据了生活较大比例，有 1/6 的自由人是呢绒商、织工、床罩织工、染工、漂洗工和剪毛工等，如果再把裁缝包括在内的话，与纺织业相关的市民（freeman）比例达到了 28%。[⑤] 新登记为自由人的织工、漂洗工和染工，从 14 世纪 50

①　H. Heaton, *The Yorkshire Woollen and Worsted Industries*, p.3.

②　H. Heaton, *The Yorkshire Woollen and Worsted Industries*, p.10.

③　R. B. Dobson, "Admissions to the Freedom of the City of York in the Later Middle Ages", *The Economic History Review*, New Series, Vol. 26, No. 1 (1973), pp. 1-22.

④　H. Heaton, *The Yorkshire Woollen and Worsted Industries*, p.15.

⑤　J. N. Bartlett, "The Expansion and Decline of York in the Later Middle Ages", p.23.

年代的 69 人上升到 14 世纪 60 年代的 117 人。[1] 从 1331 至 1371 年，织工、漂洗工、剪毛工、染工和裁缝的人数增加了 6 倍之多，纺织业中登记的自由人在新登记自由人中所占比例由 2% 上升到 15%。[2] 14 世纪下半叶约克有 17% 的市民从事与呢绒相关的行业。[3] 1394 年的呢绒检验账册中有 3,256 匹呢绒盖有约克的印章，其中有些人缴纳税款数目相当大。如商人约翰·布雷思韦特缴纳了 134.5 匹呢绒的税款；绸布商罗伯特·沃德缴纳 79 匹呢绒的税款；呢绒商理查德·瑞德缴纳 74.25 匹呢绒的税款；商人托马斯·嘎韦缴纳 110.5 匹呢绒的税款；商人托马斯·霍姆应缴 70.5 匹呢绒的税款。[4] 这不但反映了约克纺织业的发达，也反映出有一些商人资本可能通过外放制等途径进入了生产领域。14 世纪最后三十年约克纺织业达到了顶峰，它成了英国北部最重要的手工业城市。

商业也是约克经济的支柱，而且如果没有商业发展，约克纺织业也许不可能有那么快的发展，因为纺织业需要商人拓展市场。14 世纪初，英国的对外贸易主要掌握在外国商人手中。如外国商人主导了约克附近港口赫尔的羊毛出口。1304 年至 1311 年米勒节，赫尔出口了 47,000 包羊毛，英国本土商人仅占 18,000 包，其中约克商人所占份量极小。1324～1325 年，本土商人通过赫尔出口 1,300 包羊毛，约克商人只占 200 包。14 世纪中期后，形势发生了改变，约克商人成了从赫尔出口羊毛的主力。如 1378～1379 年赫尔出口 2,700 包羊毛中约克商人占了 1,600 包。14 世纪中期后，约克商人出口呢绒数量不断增长，而且还为快速发展的英国毛纺业找到了新的市场。他们通过赫尔外运产自约克和西莱丁区的呢绒，从 1347～1357 年的 1,000 匹增加到 1357～1367 年的 8,000 匹。此后在赫尔出口呢绒中他们占到了一半，1387～1397 年呢绒出口增加到近 38,000 匹。他们的进口贸易也增长很快，

① Pamela Nightingale, "The Rise and Decline of Medieval York: A Reassessment", *Past and Present*, No. 206 (Feb. 2010), pp.3-44.

② J. N. Bartlett, "The Expansion and Decline of York in the Later Middle Ages", p.23.

③ J. L. Bolton, *The Medieval English Economy 1150-1500*, p.200.

④ P. M. Tillott, *A History of the County of York, City of York*, p.87.

在 1383～1384 年和 1398～1399 年之间，可以大概确定英国商人、约克商人约占从赫尔进口的葡萄酒总量（1,500 吨）的 1/3。14 世纪行将结束时，约克商业极其繁荣，约克商人 1398～1399 年度通过赫尔出口的货物价值量至少达到了 25,000 英镑，通过赫尔进口的货物价值达到 10,400 英镑。[①]

13、14 世纪之交时，由于英格兰忙于苏格兰战争，其王国政府和国库在长达 14 年的时间里从伦敦迁往约克，国王经常驾临约克，议会也在此召开，法庭和军队也经常在该城办公，还有许多骑士、贵族和士兵源源不断地经过约克前往苏格兰边境。这些人群的大量需求给约克的服务业等行业带来了发展机会。如 14 世纪早期有不少于 25% 的新自由人进入食品贸易行业。[②] 而且各个工商行业都有新发展。"对于木匠、金属匠、裁缝、制绳工、弓箭匠、刀剑匠和砖瓦匠来说，他们不仅要为教堂，市民和整个城市的建筑业提供服务，而且还要为国王的城堡和其他军事设施提供服务。"[③] 14 世纪中期后，伴随着纺织业和对外贸易的兴旺，约克几乎所有的行业都获得快速发展。自由人登记在 1331～1371 年间的每个十年都有稳定增长。1381～1391 年这十年间的自由人登记数比前一个十年多出 100 人。[④] 因此到 14 世纪即将结束时约克已处于一种十分繁荣的状态。然而当 15 世纪来临的时候，约克却陷入了衰退的漩涡。

二　15 世纪后约克的衰落

与英国大多数地方城市一样，约克在中世纪晚期经历了严重的衰落。约克是英国老城市衰落的一个典型，其衰落过程开始于 15 世纪初，一直持续到 16 世纪中期。以人口指标衡量，约克在中世纪盛期居民达 12,000

①　J. N. Bartlett, "The Expansion and Decline of York in the Later Middle Ages", pp.21-27.

②　J. N. Bartlett, "The Expansion and Decline of York in the Later Middle Ages", p.26.

③　P. M. Tillott, *A History of the County of York, City of York*, p.85.

④　J. N. Bartlett, "The Expansion and Decline of York in the Later Middle Ages", p.22.

人以上，而到 1524 年，从其缴税状况估算，人口已不足 8,000 人，[1] 约克的衰落，最初出现在两大经济部门即商业和纺织业上，最终导致城市全面衰落。

进入 15 世纪后不久，约克商人从事的国际贸易便开始衰退。这可通过 15 世纪前期他们在赫尔对外贸易中所占份额的下降反映出来。1407～1417 年十年间约克商人在赫尔的对外贸易总值为 39 万英镑，而 1437～1447 年十年间仅为 2.5 万英镑；1407～1417 年他们通过赫尔进口的葡萄酒超过 14,000 吨，而 1437～1447 年这十年进口葡萄酒不足 1,000 吨；按照货物重量所缴纳的税收仅是 1407～1417 年这十年的一半。[2] 约克商人的对外贸易量下降主要反映在羊毛出口减少上。这和英国政府此期间限制羊毛出口、鼓励本国毛纺织业发展的总形势有关，全国羊毛总出口量从 1360 年左右的每年 35,000 包下降到 1420 年后的不足 10,000 包。[3] 英格兰由羊毛出口国转变为呢绒出口国。15 世纪早期约克通过赫尔出口的羊毛下降极快，而他们通过赫尔出口的呢绒增加量并没有抵消羊毛出口减少所带来的损失。[4] 其羊毛出口量从 1407～1417 年这十年的 35,000 包下降至 1437～1447 年这十年的 19,000 包；而在英国呢绒出口快速发展的 15 世纪前期，赫尔的呢绒出口在 15 世纪中期时尚未达到它在 14 世纪末的水平。15 世纪下半叶，约克商人通过赫尔外运的羊毛在 1487～1497 年这十年间又缩减至 2,000 包。[5] 15 世纪末约克商人虽然也在英国与西班牙的贸易中分得一杯羹，但由于伦敦商人在与低地国家的贸易中的优势越来越大，赫尔的对外贸易便持续萎缩。如其呢绒出口从 1497～1507 年的 25,000 匹缩减至 1508～1518 年的 15,000 匹，而后又减至 1537～1547 年的 7,000 匹，葡萄酒进口量在 1507 年达到了更低的水平。进出口货物税额从 1497～1507 年的 6.8 万英镑下将到 1537～1547 年的不到 4 万英镑，

---

[1] W. G. Hoskins, "English Provincial Towns in the Early Sixteenth Century", *Transactions of the Royal Historical Society,* 5th Ser., Vol. 6. (1956), pp. 1-19.

[2] J. N. Bartlett, "The Expansion and Decline of York in the Later Middle Ages", p.27.

[3] Alan Dyer, *Decline and Growth in English Towns 1400-1600,* Cambridge University Press, 1995, p.7.

[4] J. L. Bolton, *the Medieval English Economy 1150-1500*, p.248.

[5] J. N. Bartlett, "The Expansion and Decline of York in the Later Middle Ages", pp.28-29.

赫尔的对外贸易价值总量此时约为每十年7.5万英镑，只有15世纪初每十年40万英镑的1/5。[①] 这时的约克商人，不管是团体还是个人，比其理查二世时期的前辈穷困许多。16世纪上半叶，约克市长中仅有一半是商人出身。[②]商人在政治生活中的地位也下降了。

约克纺织业发展在14世纪晚期达到高峰，有超过12%的新自由人进入纺织业领域。但也是在这个时候，出现了来自乡村地区竞争的迹象。纺织业在14、15世纪从城市转向乡村，尤以从约克等城市转向约克郡西莱丁区最为明显。[③] 理查二世时期，约克就有织工向国王议会请愿，要求调查城市周围的情况，他们抱怨至少有200人参与了与此相关的职业，这使约克行会很难缴纳租金。[④] 国王于是在1399年为此召开了会议，1400年给予约克行会以特权，约克的织工可以向附近乡村地区的织工征收税款，以便能够补充他们向国王缴纳的租金。

进入15世纪后，越来越多的证据显示约克纺织业的不断衰退。亨利五世和亨利六世统治期间，约克织工再次向国王申诉，要求能够获得像亨利二世所给予的那种特权保护。1425年，漂洗工也开始关注外部竞争者所漂洗的呢绒，到1470年这种忧虑逐渐增多。他们过去曾经漂洗来自乡村和城市的呢绒，而现在却相反了。为此，城市当局制定了规定，"如城市所织的呢绒不得给予城外的漂洗工漂洗，外边漂洗的呢绒也不得进入约克城内，以便使城市漂工能像乡村的同行那样廉价地做工作。"[⑤] 而织工由于贫困，每年所纳的租税也从10英镑减少到5英镑。亨利七世给予约克行会垄断城内和城外漂洗呢绒的特权，但这些措施并没能够改变约克纺织业的困境。

约克市政当局也注意到城内纺织业所遇到的困难，他们为此也制定了许多法规，试图阻止纺织业的衰退。"如任何市民不得拥有来自城外纺织和漂洗

---

① J. N. Bartlett, "The Expansion and Decline of York in the Later Middle Ages", p.31.

② 如这些人中有3个金匠，2个制革匠，1个鱼商，1个旅馆老板，1个杂货零售商，1个手套匠，1个雕刻师和1个玻璃工。J. N. Bartlett, "The Expansion and Decline of York in the Later Middle Ages", p.32.

③ Robert Tittler, Norman L Jones, *A Companion to Tudor Britain*, Oxford: John Wiley & Sons, 2007, p.339.

④ P. M. Tillott, *A History of the County of York, City of York*, p.88.

⑤ P. M. Tillott, *A History of the County of York, City of York*, p.89.

的呢绒，约克城外任何人要在约克出售呢绒，必须以约克商人的利益为前提，同意作为他们的供应者。"① 即便这样，他们的买卖也有严格的规定，只被允许在星期四集市出卖产品，并且还必须让约克的呢绒商和裁缝行会检查他们的货物。

约克纺织业衰落的主要原因之一是乡村纺织业发展所形成的竞争。如达勒姆修道院在 1419 和 1449～1458 年间是从约克呢绒商手中购买呢绒，而到 15 世纪末年则转向哈利法克斯和利兹的呢绒商手中购买。② 甚至就连约克自身也被西莱丁呢绒所进入，以至于市长和议员们频繁讨论如何加强对城内销售的乡村呢绒的管理，专门设立了两个集市。1502 年约克的艾森星泰德集市规定：来自肯达尔、里彭、纳尔斯伯罗、利兹、哈利法克斯和布拉德福等地的呢绒可在这里销售。③ 也有越来越多的约克市民用来自乡村的呢绒制作衣服，因为乡村呢绒要比约克生产的价格便宜。在新登记的自由人中，织工、漂洗工、剪毛工和染工的人数从 1401～1451 年的 430 人减少到 15 世纪下半叶的 331 人；1351～1401 年间，织工的自由人登记数平均每十年超过了 50 人，而 15 世纪下半叶平均每十年只有 25 人。④ 15 世纪头 75 年西莱丁毛纺业发展特别快，相反这一时期是约克毛纺织业下降最严重的时期。这可从呢绒检验人账目看出。从 1394 年 9 月 23 日到 1395 年 9 月 22 日，约克为 3,200 匹呢绒（每匹缴纳 4 便士）和 1 匹红呢绒（6 便士）缴纳了补助金，总税额达 53 英镑 7 先令 2 便士。而根据 1468～1469 年的 10 个半月数字再换算，一年销售呢绒 1,809 匹，税额为 30 英镑 3 先令。七十多年里约克呢绒年均销量减少了将近一半，后来下降更快，如表 10-1 所示：⑤

---

① P. M. Tillott, *A History of the County of York, City of York*, p.90.

② P. M. Tillott, *A History of the County of York, City of York*, p.79.

③ P. M. Tillott, *A History of the County of York, City of York*, p.90.

④ J. N. Bartlett, "The Expansion and Decline of York in the Later Middle Ages", p.30.

⑤ H. Heaton, *The Yorkshire Woollen and Worsted Industries*, p.60.

表 10-1 1394～1488 约克的呢绒产量和缴纳的补助金

年份	呢绒数	缴纳的补助金		
		英镑	先令	便士
1394～1395	3,200 匹呢绒和 1 匹红呢绒	53	7	2
1468～1489（年均）	1,809 匹呢绒	30	3	0
1473～1475	1,173.25 匹呢绒	19	11	1
1475～1488	922.25 匹呢绒	15	7	5

如果以 1475～1488 年均来比较 1394～1395 年度，八十年的时间里约克所生产呢绒数量减少了 2/3 以上。

表 10-2 1311 年至 1551 年约克新自由人登记进入主要纺织行业人数

年份	毛纺工	麻纺工	漂洗工	剪毛工	染色工	床罩织工	织工总计	自由人登记总数
1311～1321	1	—	1	1	1	1	5	463
1321～1331	2	—	—	2	5	—	9	529
1331～1341	9	—	2	5	7	2	25	659
1341～1351	20	—	2	5	19	3	49	742
1351～1361	44	—	15	8	25	8	100	813
1361～1371	69	—	21	16	27	19	152	1,049
1371～1381	53	1	13	7	23	31	128	823
1381～1391	41	4	46	15	25	17	118	931
1391～1401	64	1	22	12	33	17	149	1,183
1401～1411	34	—	9	7	14	3	67	785
1411～1421	44	4	12	13	26	16	115	1,185
1421～1431	32	1	20	12	22	19	106	1,037
1431～1441	36	1	20	8	14	8	87	856
1441～1451	51	3	23	7	26	15	125	962
1451～1461	35	—	20	13	17	9	94	639
1461～1471	31	1	22	10	15	9	88	738
1471～1481	23	3	12	9	28	16	91	806
1481～1491	15	2	8	8	11	13	58	675
1491～1501	21	8	11	7	14	14	72	580
1501～1511	9	—	9	3	8	11	40	542
1511～1521	9	8	6	2	6	22	53	531
1521～1531	8	5	3	1	5	19	41	517
1531～1541	5	8	3	1	6	26	49	617
1541～1551	7	—	2	—	3	30	42	578
合 计	663	50	273	172	379	325	1,862	18,240

资料来源：J. N. Bartlett, "The Expansion and Decline of York in the Later Middle Ages", p. 22.

16 世纪约克的纺织业进一步萎缩。1501 到 1551 年这半个世纪里，织工、剪毛工、漂洗工和染工的自由人登记加起来仅有 96 人，而 1451 到 1501 年的半个世纪里间这些人数登记多达 331 人。在 16 世纪早期的任何一个十年里，新的自由人登记当中没有超过 8 个染工和 3 个剪呢工。[①] 16 世纪上半叶，自由人登记中显示拉丝机制造匠和梳毛机制造匠的人数仅有 10 个。1517 年，纺织业中仅有染呢工能进入约克较大的行业之列，织工和漂洗工则属于城市里 15 个最不重要的行业，剪毛工和纺织业其他行业几乎消失了，到 16 世纪中叶整个纺织业死气沉沉，毫无生机。[②] 1561 年，约克市长珀西瓦尔向国王报告说到了约克毛纺业的衰落情况："整个城市的织工不到 10 人，而这些人以前可以依靠羊毛或者亚麻来进行生产，而现在他们必须依靠亚麻，而且整个城市仅有 4 台羊毛织机，这些织机还因为缺少劳动力而放置不用。" 16 世纪末，约克从事毛纺业的人数更少了。如 1509～1518 年时，纺织行业——织工、染工、漂洗工、床罩织工加起来共有 55 人，而 1594 年减少至 28 人，从业结构也发生了变化：28 个人中有 10 个亚麻织工、1 个羊毛织工、2 个粗厚棉布织工、2 个丝织工。[③]

对外贸易和纺织业的衰退，对整个约克城市产生了严重的影响。

衰减最为明显的就是城市人口。约克人口大约在 15 世纪初达到了高峰，尔后便开始下降，一直持续到 16 世纪中期。1431～1451 这二十年间登记在册的自由人数要比 1381～1401 这二十年少了 14% 以上。1487 年，约克市政当局向亨利七世诉说约克人口减少了一半。[④] 1491～1501 年间自由人新登记数比 1331 年以来任何一个十年都少。16 世纪上半叶自由人登记数比 15 世纪上半叶少 20%。[⑤] 人口减少使得约克从 1377 年英国最大的地方城市下降到 1520 年的第六位，排在诺里奇、布里斯托尔、埃克塞特、索尔兹伯里可能还

①　J. N. Bartlett, "The Expansion and Decline of York in the Later Middle Ages", p.32.

②　H. Heaton, *The Yorkshire Woollen and Worsted Industries,* p.59.

③　P. M. Tillott, *A History of the County of York, City of York,* p.125, p.127.

④　David M. Palliser, *Tudor York,* Oxford University Press, 2002, p.201.

⑤　J. N. Bartlett, "The Expansion and Decline of York in the Later Middle Ages", p.32.

有纽卡斯尔之后。① 约克人口绝对数也大大减少：在 1548 年时大约有 8,000 人，② 比 15 世纪初少得多。

不少人企图通过购买免除权来逃避担任市政官员，市政当局对此严重关注。1450 年，他们获得了一个议会法案，被批准对任何想要获得免除权的市民征收 40 英镑罚款。③ 由于担任市政官员不仅压力重，而且开支大，所以很多人都试图逃避，为此他们要付出很重的罚款。普遍出现试图逃避担任官员的现象，暗示着与城市衰退有明显关系。④ 15 世纪中期以来，许多市民宁愿付罚金也不愿担任官职。如一个叫做雷纳德（Rainald）的市民在 1483 年被选为财政总管，为了不担任此职，他付了 10 英镑罚款。⑤ 1501～1502 年，一个面包师为了不担任城市官职，缴纳了 20 英镑。1509 年，鱼商约翰·罗杰被选为治安官（sheriff），他要免于此职必须缴纳 18 英镑，但他钱不够，直到 1524 年他变得非常富有时才缴纳这些钱。⑥ 不少人为不担任官职或缴纳罚金而选择离开城市。当 1526 年约翰·史密斯被选为治安官时，他拒绝担任，迁移到了西普顿地区。

人口减少，房屋的租金也随之下降。"约克好几块地产显示房屋租金在 15 世纪下滑了一半。"⑦ 约克大主教从 250 处出租屋（tenement）所得的收入，由 1426 年的 160 英镑下降到 1456 年的 100 英镑，1500 年再降为 35 英镑。⑧ 乌斯河管理人通过各种途径从城市财产中收取的用以维持乌斯河大桥的收入也下降了。1440 年乌斯河管理人最早的一个账册显示，曾经房租租金相当

---

① 　David M. Palliser, *Tudor York,* p.202.

② 　J. N. Bartlett, "The Expansion and Decline of York in the Later Middle Ages", p.32.

③ 　David M. Palliser, *Tudor York,* pp.204-205.

④ 　R. B. Dobson, "Urban Decline in Late Medieval England", *Transactions of the Royal Historical Society,* Fifth Series, Vol. 27 (1977), pp. 1-22.

⑤ 　Jennifer I. Kermode, "Urban Decline? The Flight from Office in Late Medieval York", *The Economic History Review,* New Series, Vol. 35, No. 2 (May, 1982), pp.179-198.

⑥ 　David M. Palliser, *Tudor York,* p.205.

⑦ 　Alan Dyer, *Decline and Growth in English Towns 1400-1600,* p.38.

⑧ 　J. N. Bartlett, "The Expansion and Decline of York in the Later Middle Ages", p.32 ; David M. Palliser, *Tudor York,* p.205.

高，可到这一年许多房屋空出，租金下降很快，1454 年乌斯河看管人所得收入从 129 英镑下降到 105 英镑，再下降到 15 世纪末的 74 英镑，1528 年下降到 59 英镑。[1] 堂区教堂建立数量能够反映城市财富情况。1351～1400 年间，建立了 21 个教堂，1401～1450 年只有 14 个，1451～1500 年 7 个，1500 年后仅 1 个。[2] 许多私人的财产收入也在这个时期下降了。[3] 城市财富的减少，使得各种租金越来越难交付，于是在 1485 年 12 月市政当局写给亨利七世的请愿中，复述了约克过去对于王国防卫的重要贡献，要求国王确认理查三世给予的补助金和减少土地租金。[4] 15 世纪中期，城市财政通常都陷于赤字，1463 年赤字高达 250 英镑。[5]

纺织业和对外贸易的衰落又导致了约克作为货物集散中心功能的减弱。随着西莱丁毛纺织业在同约克的竞争中逐渐占据优势，英格兰北部的呢绒集散中心也逐渐从约克商人手中转出，该地区的呢绒商直接与伦敦人进行贸易，他们将伦敦作为呢绒的销售出口，同时还将其作为原材料来源地。[6] 同时，伦敦商人凭借着外贸特权，能够为西莱丁毛纺织业提供大量进口染料，并为西莱丁呢绒出口提供现成市场。随着约克商人在赫尔所进行的对外贸易的下降，越来越多的伦敦商人趁机向北英格兰和约克渗透，他们到这里搜寻约克郡呢绒和铅产品，并将大量的进口货物运来。如 16 世纪末，伦敦商人乔治·博尔斯就忙于通过赫尔来将各色货物与商品供应给北方的消费者。[7]

其他行业也遇到了衰退问题。如从事皮革制造的自由人登记数从 1401 至 1451 年的 114 人下降到 15 世纪下半叶的 25 人；制弓匠和制箭匠在自由人登

---

[1]　J. N. Bartlett, "The Expansion and Decline of York in the Later Middle Ages", pp.29-30.

[2]　David M. Palliser, *Tudor York,* p.206.

[3]　J. N. Bartlett, "The Expansion and Decline of York in the Later Middle Ages", p.30.

[4]　L. C. Attreed, "The King's Interest: York's Fee Farm and the Central Government, 1482-92", *Northern History,* XVII (1981), pp. 24-43.

[5]　J. L. Bolton, *The Medieval English Economy 1150-1500,* p.248.

[6]　J. L. Bolton, *The Medieval English Economy 1150-1500,* p.248.

[7]　参见 [英] 彼得·克拉克、保罗·斯莱克：《过渡期的英国城市 1500—1700》，第 67 页。

记中也从 15 世纪上半叶的 81 人下降到 1451～1501 年的 35 人。①

约克纺织业衰落，最直接的因素就是西莱丁地区毛纺织业的竞争。西莱丁乡村纺织业兴起后，到 15 世纪下半叶对约克呢绒制造业产生了严重冲击。到 1468～1469 年，西莱丁生产的呢绒约为 3,000 匹，而同期约克的呢绒则只有 1,972 匹。② 西莱丁所产呢绒不仅占据了约克呢绒原有的北部市场，其物美价廉的克瑟呢还出口到欧洲。16 世纪，约克纺织业进一步受西莱丁冲击，许多织工从约克转向西莱丁地区，城市纺织业则一片衰败。约克一个历史家笔下这样描述 1561 年的约克："在我所提到的这个城市中，关于织工和用来纺织毛线织机……衰落的原因，据我所了解和知道的是这个城市就像它在古老的时候缺少呢绒制造业，这项工业却在邻近的哈利法克斯、利兹和韦克菲尔德越来越多并且广泛普及。因为那些地方不仅水力资源丰富，而且作为贫穷的大众，诸如像纺纱工、梳毛工还有其他一些纺织业所必需的工人，都可以在那里通过自己的双手获得便宜的黑麦、燕麦等便宜的救济物品，而这些在约克这样的城市是短缺的和价格昂贵的。"③ 西莱丁地区纺织业能够异军突起，一般都认为原因在于这里有丰富的水源可用来漂洗羊毛，靠近原料产地，便于就近取材节约运费，劳动力成本也很低。1561 年约克市长珀西瓦尔在给国王的报告中，谈到约克毛纺织业的衰落，也谈到纺织业转向哈利法克斯、利兹和韦克菲尔德等地的原因，说那儿不仅水源丰富，而且纺纱工、梳毛工等可以放养自己的母牛，购买染料费用也较便宜。④

西莱丁地区毛纺业发展还有其内在动力。在农村，封建农奴制从 14 世纪末开始崩溃，社会环境较城市来说相对宽松，更没有城市那样诸多的限制手工业发展的措施。"这些乡村地区的手工业有一个共同特点，即它们不受中世纪行会组织的支配。"⑤ 城市行会的种种规定影响不到乡村，使得这里可以根

---

① J. N. Bartlett, "The Expansion and Decline of York in the Later Middle Ages", p.30.

② H. Heaton, *The Yorkshire Wollen and Worsted Industries,* pp.74-78.

③ H. Heaton, *The Yorkshire Woollen and Worsted Industries,* pp.54-55.

④ P. M. Tillott, *A History of the County of York, City of York,* p.125.

⑤ G. R. Elton, *England under the Tudors,* p.241.

据市场需求来扩大生产规模。这对那些处于城市底部的贫困市民，尤其是手工业者有很大的吸引力，从而促使城市纺织业向农村转移。希顿认为，约克纺织业逐渐转向西莱丁地区原因有两个："一方面，征税过重使约克的工业负担加重，所有的手工业和生产过程都有手工业行会的法规和规定来管理，加上详细的检查体系，使得物价和生产成本过高，同时城市政府又处于混乱状态。另一方面，西莱丁工业没有严格的法规限制和高额的财政负担，加之生活成本很低，在这样的情况下，在同约克的竞争中乡村和小城镇胜出是不可避免的。"[1] 吴于廑先生认为，行会控制下的城市产品大多价格高，多为富裕上层所选购，这决定了产品的需求面不大，而乡村纺织业主要生产面向广大平民的"大路货"，产品需求大，能够使生产社会化。[2] 奇波拉也认为乡村纺织业胜出的原因在于：除了农村地区有丰富的水力外，一个重要因素是不需细加整修的份量轻的窄幅呢布更有前途。[3] 由此看来，能否生产适合市场需求的产品直接决定了城市的命运。

约克自身的不利因素也阻碍了纺织业的发展。这主要指行会对纺织业的束缚。行会出现之初毫无疑问保护了城市弱小的手工业，然而到中世纪后期手工业发展需要更大自由的时候，行会非但没有认识到这一需要，反而固执地坚持旧有特权，甚至变得更加保守和封闭。随着行会日益狭隘和排外，它们制定了越来越多的规章，[4] 限制毛纺织业扩大规模。如呢绒重量和尺度必须标明，呢绒在到达商店之前必须盖章。床罩织工为了生存需要而使用多于一台的纺机来处理纱线，也在 1551 年被禁止。[5] 如果违反了规定，行会将给予重罚。如染色行会规定，染工第一次违反规定，罚款 40 便士；第二次，罚款半马克；第三次，驱除染色行会，并且从此再也不准许从事染色工作。[6] 行会的征税索取也

---

[1]　H. Heaton, *The Yorkshire Woollen and Worsted Industries*, p.54.

[2]　参见吴于廑：《吴于廑文选》第 132—133 页。

[3]　参见 [意] 卡洛·M. 奇波拉主编：《欧洲经济史》，第 1 卷（中世纪时期），徐璇译，商务印书馆 1988 年版，第 208—209 页。

[4]　参见 [美] J.W. 汤普逊：《中世纪晚期欧洲经济社会史》，第 544 页。

[5]　P. M. Tillott, *A History of the County of York, City of York*, p.126.

[6]　H.Heaton, *The Yorkshire Woollen and Worsted Industries*, p.37; J. L. Bolton, *the Medieval English Economy 1150-1500*, p.266.

造成手工业者负担沉重，约克的租金土地税（fee-farm）对织工来说始终是一个梦魇。1561 年市政当局记载说，由于这年赋税过于严重，使得许多人逃离了约克而去了乡村。[①] 约克这一时期对外来移民格外猜忌和戒备，也是促使其纺织业衰落的重要原因。它不像诺里奇和伦敦那样为大陆难民提供定居特许，而是极力限制他们进入，结果 16 世纪中期仅有 4 个法国胡格诺难民移居约克。[②]

发生在 1455～1485 年间的红白玫瑰战争，对约克城的破坏也是极大的。1485 年，约克当局在向亨利七世请愿中，将它衰落和破败的原因归于红白玫瑰战争，约克参与了在韦克菲尔德、陶顿和阿尔本的战争，与约克家族一起反对兰开斯特王朝。[③] 结果约克作为约克家族的基地，在战争中难逃厄运，战争使得城市一片荒凉，许多织工逃离城市，使得约克的呢绒业遭到巨大的损失。此外，不间断的瘟疫和流行病，也加剧了城市的衰落过程。

学术界最近还有一些新探讨。一篇重新评论约克兴衰的论文中，作者通过对约克信贷和货币流通的分析，从另一个侧面道出了约克纺织业衰落的原因。他认为，随着英国对羊毛出口的禁止，使得 1375～1389 年出口到佛兰德尔的羊毛降至 1315 年以来最低水平，羊毛出口减少意味着赚来的货币减少。虽然这段时间呢绒出口增多了，但它所获利润并没有羊毛出口大。同时约克还资助国王对法战争，如 1370 年约克曾给国王提供两笔总数达 900 英镑的贷款，超过布里斯托尔而在 14 世纪晚期成了地方城市中最大的王室债权人，[④] 耗干了约克本不富足的货币。对法战争中北方比南方的损失更大，海军的战争导致海盗丛生和北海地区不安全因素增多，这些使外国商人离开北方港口南下伦敦。更为不利的是，从 14 世纪晚期开始，国际上金银流通短缺，英国北方货币短缺比南方更为严重，约克出现了严重的货币荒，人均货币流通量只有 1 到 2 先令，仅为 14 世纪中期的 1/5。约克商人还失去了以前大规模的

---

①　H. Heaton, *The Yorkshire Woollen and Worsted Industries*, p.52.

②　Maud Sellers, "York in the Sixteenth and Seventeenth Centuries", pp. 437-447.

③　R. B. Dobson, "Urban Decline in Late Medieval England", pp.15-16; Richard Holt and Gervase Rosser, *The English Town: A Reader in English Urban History 1200-1540*, London: Longman,1990, pp.279-280.

④　Christian D. Liddy, "Urban Conflict in Late Fourteenth-Century England: The Case of York in 1380-1", *English Historical Review*, cxviii.pp.1-32.

信贷人即地主、教士等。由于工业产出时间较长，并需要商人用货币购买原材料、付给工人工资，而缺少货币和信贷的支持，约克从 14 世纪发展起来的呢绒业后劲不足，或者说约克纺织业根本就没有得到充分的发展。商人为了短期利益甚至没有投资纺织业，缺少货币也使顾客购买的欲望随之减少。西莱丁纺织业虽说也遇到货币短缺等类似问题，但由于不用缴税，而且工人多是在农闲工作，相比城市工人来说其房租更便宜，许多工人还有自己的一小块地，可以种植粮食，因此对货币需求量较小，而且可以通过物物交换来获取报酬，抵挡货币短缺带来的困难。随着 15 世纪北海地区战争和海盗增多，从陆路进入伦敦对西莱丁人更有吸引力。他们和伦敦商人建立了稳固的信贷关系，伦敦商人付给他们货币，赊给他们纺织染料等，他们再把纺织品卖给伦敦商人，有了信贷关系，他们的工业发展更有动力。伦敦也利用 15 世纪北方出现的"货币荒"而将金融和商业触手伸了过来，这都对约克纺织业带来了不利影响。[①]

　　约克商业衰落的原因是多方面的，同欧洲大陆市场的中断，缺少足够的船只，海盗横行，伦敦和本区商人的竞争等。[②] 其中伦敦商人的排挤和竞争是最直接的原因，地方城市原有的地区贸易功能逐渐被伦敦商人所侵占。[③] 伦敦商人由于拥有特权，使得它具有很大的优势。羊毛曾是约克重要的出口品，但当全国性羊毛出口 14 世纪中期持续下降后，伦敦在羊毛贸易中所占比例却由 1280 年的 20% 上升到 1540 年的 80%。[④] 即便在英国主要依靠出口呢绒时，"伦敦商人的竞争对于约克的呢绒出口贸易是致命的打击"[⑤]。15 世纪面对来自汉萨商人和伦敦商人的竞争时，约克的贸易量价值总额下降了 75%。[⑥] 按照戴尔的说法，伦敦商人的竞争使约克失去了它的大部分对外贸易，但他

①　Pamela Nightingale, "The Rise and Decline of Medieval York: A Reassessment", *Past and Present*, No. 206 (Feb. 2010), pp. 3-44.

②　P. M. Tillott, *A History of the County of York, City of York,* p.168.

③　R. B. Dobson, "Urban Decline in Late Medieval England", p.20

④　Nightingale, *Growth of London,* pp.99-100, cited from David M. Palliser, *The Cambridge Urban History of Britain, Vol. 1, 600-1540,* Cambridge University Press, 2008, p.412.

⑤　J. I. Kermode, "Merchant, Overseas, and Urban Decline: York, Beverley and Hull c.1380-1500", *Northern History,* 23,1987, pp.51-73.

⑥　J. L. Bolton, *The Medieval English Economy 1150-1500,* p.249.

又认为这并非不可避免的，因为埃克塞特就能保持它作为制造和市场中心的地位。① 原因可能是东北部地区普遍贫困，再加上羊毛贸易和农业的衰退，使约克处于不利地位。在 14、15 世纪英国的对外贸易中，伦敦所占的主导地位不断上升，在全国外贸中所占比例从 13 世纪初的 17% 上升到 15 世纪末的 61%，而东部港口城市则普遍衰落。② 伦敦的成长很大程度上是以赫尔、波士顿、林恩等东部港口城市衰落为代价的。③ 约克不是沿海城市，它必须依靠赫尔作为外港来从事远途贸易；而伦敦在 16 世纪初控制了赫尔，④ 使约克进出口通道受到了很大的影响。

约克的通航河流中曾有许多鱼桩妨碍了运输。这个问题在约克市政记录中多次提及。1530 年约克提出法案要移走这些障碍物，或给予设置者一个月 40 镑的罚款。从 1533 年夏开始，在鱼桩所有者（主要是大主教、德勒姆主教和牧师）和市政委员之间展开了一场争吵，到 1580 年时还在继续。这年商人冒险家公司还提到，乌斯河桥倒塌也给商业带来了永久障碍。⑤ 对约克不利的还有潮汐没有过去那样高，不能浮起吨位大的船只，而体积大的船只又是长途运输大体积货物所必需的。⑥ 由于海船吨位在不断增加，即便河道疏浚得很好，海运船队也难以到达，约克的船运业还是要被临海的赫尔超过。1544 年施鲁斯伯里伯爵谴责约克，说它没有为国家防卫提供船只。市政回复说他们没有自己的船只和水手，整个城市仅有 2 艘适合于海运的船，它与赫尔之间的贸易往来主要靠 10 艘载重仅为 30～40 吨的轻船。⑦ 第二年，市政当局列出了约克所拥有的船只数，它仅有 3 条运量分别为 42 吨、38 吨和 36 吨的较大船只。⑧ 随着欧洲的战争不断，英国尤其重视战舰的建造，因为船

---

① Alan Dyer, *Decline and Growth in English Towns 1400-1600*, p.19.

② David M. Palliser, *The Cambridge Urban History of Britain, Vol. 1, 600-1540*, p.485.

③ David M. Palliser, *The Cambridge Urban History of Britain, Vol. 1, 600-1540*, p.478.

④ David M. Palliser, *Tudor York*, p.211.

⑤ P. M. Tillott, *A History of the County of York, City of York*, p.128.

⑥ Maud Sellers, "York in the Sixteenth and Seventeenth Centuries", p.438.

⑦ David M. Palliser, *Tudor York*, p.211.

⑧ P. M. Tillott, *A History of the County of York, City of York*, p.129.

只增多意味着海岸安全度增加，赫尔抓住这一时机造船，并垄断了北方运输贸易，这对约克又是不小的打击。①

三　16 世纪中叶后约克的转型与复兴

由于约克在中世纪繁荣中保留了相当雄厚的资产，因而它能经受住最坏的衰退期，依然能够成为伦敦外的第六大城市。15 世纪中期，约克仍然是亨伯河以北最大的城市，尽管它在 16 世纪中期被纽卡斯尔超过，但它和纽卡斯尔的规模仍然是利兹或赫尔的 2 倍。由于位于河流和道路的交汇处，约克依然在为旅行者和贸易商提供方便；它的市场、集市和商店等使其仍然是重要的交换中心，它甚至还可以利用地理位置来控制商道。如用船装载运往赫尔或更远地区的里士满希尔的铅等货物，必须在约克称重转运，并缴通行税。它还是地区间的农产品交易中心。南部和东部的牧场和沼泽地产品，北方高地的森林产品，西部农牧混合带的农产品要在约克交换。它更是北英格兰的交换中心：它是东莱丁羊毛，约克谷地黄油、长腿袜和肯达尔呢绒的贸易场所；它还将霍尔德尼斯和林肯郡的谷物运往约克郡高地很多地方。正是这些有利条件，使得约克虽经一个多世纪衰落而经济不至于完全破产。② 诚如经济史家克拉克认为："如果城市能够获得诸如手工业、分配和服务中心角色的话，就能够经受得起最坏的经济动荡，这样的地方城市有约克、诺里奇和布里斯托尔。"③

16 世纪中期开始，约克在逐渐从衰落中复苏。伊丽莎白统治期间，约克人口再次达到 12,000 人。由于北方教会委员会（1561 年设于约克，为北方 8 个郡服务）和北方议会（1561 年由国王永久设于约克）的存在，使约克

---

① Maud Sellers, "York in the Sixteenth and Seventeenth Centuries", p.438.

② David M. Palliser, "A Crisis in English towns? The Case of York, 1460-1640", *Northern History*, XIV (1978), pp.108-125.

③ Peter Clark, *The Transformation of English Provincial Towns 1600-1800*, London: Hutchinson, 1985, p.19.

在 1561 至 1641 年的八十年里作为行政和司法都会的重要性增强了。从伊丽莎白晚期至詹姆斯早期，北方议会所听证的诉讼案件由每年 1,000 例上升到 2,000 例，这足以为该城的商店、旅馆等服务业带来商机，有利于约克复苏。而且 1560 年后几个世纪里，约克仅发生过两次比较严重的流行病，移民数量和本地人口都出现了稳定增长，显示约克重新具有了对外来者的吸引力。这些吸引力是由约克作为贸易市集的恢复所带来的，更是由约克作为社会中心和北方行政中心的地位带来的。[①]

复苏后再度发展的约克，在经济上与过去有很大不同。中世纪繁荣时期的约克依赖的是贸易和制造业（尤其是呢绒），而复苏时期的约克所依赖的却是服务业，其社会生活和行政功能非常迎合周围乡村地区绅士和贵族的需求。特别是 17 世纪和 18 世纪早期，约克是唯一没有专业化经济功能的地方大城市，它的兴旺严重依赖其社会中心和行政中心地位。[②]

（一）经济结构的逐步转型

16 世纪中期后，约克主要为了适应其社会和行政中心地位而在经济结构上逐步转型。

复苏后约克经济发展的最大特点，就是其工业功能减弱，非工业职能凸显。此时的约克，没有重要的制造业，没有大规模的工业基地，但是有许多专业人员和零售商人，还有一小群休闲人群和大量服务人员。[③] 它的经济依靠其作为重要的市场中心来支撑，它为周围广大地区提供服务，同时也由这些地方供应生活品。其人口中很大一部分从事为居民提供基本需求、为乡村绅士提供奢侈品和服务的生产和贸易。[④] 约克主要行业的自由人从业登记（表 10-3）可说明这一情况。

---

① David M. Palliser, "A Crisis in English Towns? The Case of York, 1460-1640", p.120.

② David M. Palliser, "A Crisis in English Towns? The Case of York, 1460-1640", p.122.

③ Christopher Chalklin, *The Rise of the English Town，1650-1850*, Cambridge University Press, 2001, p.25.

④ P. M. Tillott, *A History of the County of York, City of York,* p.219.

表 10-3 约克 1500～1600 年进入各行业的自由人数和所占比例

职业	1500～1510		1510～1520		1520～1530		1530～1540		1540～1550	
	人数	比例	人数	比例	人数	比例	人数	比例	人数	比例
服装业	128	23.0	81	15.6	86	16.9	104	17.5	128	21.4
餐饮业	83	14.9	116	22.4	100	19.6	132	22.2	119	19.8
分发业	87	15.7	48	9.3	85	16.7	80	13.4	70	11.7
建筑业	42	7.6	36	6.9	51	10.0	50	8.4	53	8.8
纺织业	56	10.1	58	11.2	43	8.4	57	9.6	49	8.2
家庭服务	35	6.3	34	6.6	42	8.2	52	8.7	50	8.3
食品杂货	60	10.8	60	11.6	46	9.0	43	7.2	58	9.7
制革业	29	5.2	28	5.4	26	5.1	39	6.6	39	6.5
乡村服务	23	4.1	37	7.1	12	2.4	20	3.4	23	3.8
个人服务业	13	2.3	20	3.919.6	19	3.7	18	3.0	11	1.8

资料来源：David M. Palliser, *Tudor York*, pp. 156-157.

接左表

1550～1560		1560～1570		1570～1580		1580～1590		1590～1600		总计	百分比
人数	比例	人数	比例	人数数	比例	人数	比例	人数	比例		
145	23.0	122	20.6	141	23.2	161	25.1	173	24.8	1,269	21.4
125	19.7	123	20.7	132	21.7	134	20.9	125	17.9	1,189	20.0
73	11.5	82	13.8	69	11.3	90	14.1	138	19.8	822	13.8
47	7.4	49	8.3	57	9.4	71	11.1	58	8.3	514	8.6
52	8.2	34	5.7	40	6.6	26	4.1	49	7.0	464	7.8
50	9.5	55	9.3	47	7.7	48	7.5	44	5.3	467	7.8
56	8.9	37	6.2	35	5.7	31	4.8	29	4.2	455	7.6
39	6.2	49	8.3	47	7.7	47	7.3	47	6.7	390	6.6
25	4.0	22	3.7	25	7.1	22	3.4	19	2.7	228	3.8
10	1.6	20	3.4	16	3.0	11	1.7	15	2.2	153	2.6

　　1500 年至 1600 年的一百年间自由人职业登记，共有 9 个主要行业，分别是：个人服务业，包括理发师、外科医生、药剂师和公证人；纺织业；服装业，包括成衣业和制鞋业；皮革业，包括制革工、剥皮工、马鞍匠和鞣皮匠；饮食业，包括渔民、旅馆老板、屠夫、面包师等；家用品制作业（household），如蜡烛、小刀和白镴德制作者等；建筑业；商贸运输业，包括商人和运输工、水手等；服务乡村业，包括铁匠、马刺制造匠等。从每十年进入这些组群的自由人登记数看，一个世纪里各组的规模没什么根本变化。服装贸易业是最大行业，有超过 1/5 的自由人从事。饮食业紧随其后，1510～1540 年间还曾取代服装业成为最大行业。商贸运输业接近这两个行业。这三组的从业者登记不断扩大，从世纪初的 53% 上升到世纪末的 62%。其他组群都出现了轻微下降。

　　先来分析约克的手工业从业状况。从表中可以看到：在约克，从事纺织业的人数相对较少，纺织业的地位大不如以前，如 1350 年后的半个世纪里，每年有 1/6 的自由人登记是呢绒商、织工、床罩织工、染工、漂洗工和剪毛工，如果要把裁缝包括在内的话，纺织业所占的自由人比例几乎达到了 28%。[1] 即便如此，纺织业里的行业情况也发生了变化，传统的织工、纺工、剪毛工等都出现了严重下降，甚至有的还消失了，增多的是染工、床罩织工、亚麻织工。如 1510～1550 年之间有多达 97 个自由人是床罩织工。[2]

　　另一个明显的变化是皮革行业相对扩展。约克是位于农牧混合带的典型城市，牲畜来源较多，当约克占主导地位的纺织业缺失的时候，以畜皮为原料的制革业的重要性便日益凸显。[3] 根据帕利泽的数据，1500 年～1600 年间约克的四个皮革行业——制革工、皮革商、马鞍制造匠和鞣皮匠占到了自由人登记的 7.2% 的比例，如果将鞋匠和手套将都包括进来的话，这一数字达

---

①　J. N. Bartlett, "The Expansion and Decline of York in the Later Middle Ages", p.28.

②　David M. Palliser, *Tudor York,* p.162.

③　David M. Palliser, "The Gilds of Tudor York", in Paul Slack and Peter Clark (eds.), *Crisis and Order in English Towns 1500-1700,* London: Routledge & Kegan Paul, 1972, p.93.

到了 14.8%。①

　　服装业（或叫成衣制造业）虽然 16 世纪初有过衰退，但在 16 世纪中期后又恢复了，16 世纪最后二十年占到自由人登记的 1/4，其服务范围远超出城市。这一行业中最大的要数裁缝了，此外还有服装商。如 1541 年服装商约翰商店中有 479 码西莱丁呢绒和 247.5 码其他呢绒。1585 年，议员克里斯托弗同时还是一个服装商，欠了四个伦敦商人 1,700 英镑呢绒款。服装贸易行业中还有依靠皮革的鞋匠和手套匠，其数量也在这个世纪中增多了。特别是手套匠，在伊丽莎白统治期间人数不断增加，发展成为第 12 大行业。他们从城市屠户那儿取得皮革，将其制成手套和钱包，鞋匠则利用皮革制作鞋类。虽然资料较少，但可从一些个案中可知其规模还是不小的。如 1522 年，一个鞋匠遗留了不少于 120 双的鞋子。一个女鞋匠，1589 年时店中有 13 双普通鞋、2 双儿童鞋、22 双轻软舞鞋、4 双双层底鞋，还有许多市民和附近乡村的村民欠了她鞋钱。②

　　服装业和皮革业的发展并成为约克城最大的两个行业，正是城市根据附近乡村产品和乡村工业产品来调整自身产业特色的结果。

　　另一个重要行业是饮食服务业，它在所有行业中所占比例仅次于服装业，占据了 20% 的自由人登记。这个比例显示他们所提供的服务范围绝不限于约克本城，还应包括周围广大地区。其中面包师所占比例最大，其次是旅馆老板和屠户。旅馆老板增加最快，在伊丽莎白统治初期，旅馆老板每十年增加 6～9 个，之后的增加更为显著。16 世纪 60 年代有 21 个，16 世纪 70 年代 23 人，16 世纪 80 年代 27 人，16 世纪 90 年代达 30 人。③"由于考虑到众多到此来旅行的游客和途经该城的旅客等原因，约克提供的马厩可以容纳 1,350 匹马，还有 1,025 张床位，在 16 世纪，约克是伦敦和苏格兰之间的主要停靠站。"④ 旅馆老板不仅数量增多，而且变得相当有身份

---

①　David M. Palliser, *Tudor York*, p.163.

②　David M. Palliser, *Tudor York*, p.164.

③　David M. Palliser, *Tudor York*, p.166.

④　Maud Sellers，"The City of York in the Sixteenth Century"，English Historical Review, Vol.9, No.34(Apr., 1894), p.290.

和富有。如亨利七世统治时，旅馆老板在市政机构里的还比较少，甚至还有诸多规定限制他们参政。而从 16 世纪 40 年代开始，旅馆老板参选方面就没有什么限制了。[①] 旅馆老板的增加，可能是从都铎时期开始英国内陆贸易和旅行发展的结果。"在 16 世纪早期的文件记录中已经断断续续地出现了国内贸易，特别是在旅行者的手册中经常出现法律诉讼。"[②] 1570 年开始，内陆贸易有明显的发展，尤其是食品贸易方面，通常大城市都会全力参与进来。[③] 约克集市的发展也将许多顾客带入城内。约克的旅馆数目从 1560 年左右开始增多，还可能与前述两个重要机构设在约克有关。如北方议会所听证的诉讼案件由每年从 1,000 例上升到 2,000 例，[④] 其中必有许多当事人因诉讼未完而住在城内，这就为当地的商店、旅馆等服务业带来许多商机。1577 年，全约克郡的旅馆大概有 239 个，而约克和其郊区不少于 86 个，超过全郡的 1/3，1596 年数据显示，约克市政会给予 64 人以开办旅馆的资格。[⑤]

商贸运输行业也日益重要。约克的商业和商人从以前的低迷状态中恢复了。整个 16 世纪里约克商人支配了赫尔的贸易和海运，输出铝和呢绒，输入各种货物，包括谷物、亚麻、生铁、葡萄酒和油类等。[⑥] 约克成了进出口货物的集散地和地区分发中心，16 世纪最重要的是对铅和粮食的转运。16 世纪早期，商人行会以及市政委员都宣称铅是他们最重要的商品。[⑦] 位于里士满希尔和克雷文产地的铅对于约克的繁荣至关重要，因为它们的铅要沿河向下经过约克，再由约克运往更远的地区。约克商人的活动也深入很远的内地，16 世纪 70 年代他们曾为北方和中部多达 10 个郡的地区提供海鱼。[⑧] 约克商

---

① David M. Palliser, *Tudor York,* p.166.

② W. G. Hoskins, "English Provincial Towns in the Early Sixteenth Century" ,pp. 1-19.

③ Alan Everitt, "Country, County and Town: Patterns of Regional Evolution in England" , *Transactions of the Royal Historical Society,* 5th Ser., Vol. 29 (1979), pp. 79-108.

④ David M. Palliser, "A Crisis in English Towns? The Case of York, 1460-1640" , p.120.

⑤ David M. Palliser, *Tudor York,*p.167; " A Crisis in English Towns? The Case of York, 1460-1640" , p.120.

⑥ 参见 [英] 彼得·克拉克、保罗·斯莱克：《过渡期的英国城市 1500—1700》，第 50 页。

⑦ David M. Palliser, *Tudor York,* p.189.

⑧ David M. Palliser, "A Crisis in English Towns? The Case of York, 1460-1640" , p.121.

人还在谷物贸易中担任中间人角色。他们从东部富裕的产粮区购入谷物，卖给西部高地牧区和西莱丁纺织业区。1535 年时约克有 38 个谷物商人。他们中一个叫威廉的人囤积了大量来自林肯郡和霍尔德尼斯的谷物，价值高达 100 英镑，从而使约克的谷物价格大涨。[①] 约克还从更远的地区购入谷物，1596～1597 年，他们从诺丁汉郡和莱斯特郡，甚至从大陆购入谷物。在光景不错的年份，他们还可能将购自霍尔德尼斯的谷物运往伦敦。如在伊丽莎白时代，约克还通过赫尔向伦敦出口谷物。[②]

这一时期约克的市场和集市也得到很好发展，这与约克作为本地区贸易交汇地和集散地有很大关系。克拉克曾经认为，市场贸易与内地贸易是地方都会存在的基础。[③] 16 世纪是市场和集市发展的重要时期，它使绝大多数城镇受益。[④] 约克的市场和集市这时发展很快，有星期二市场、人行道市场、盐市场、皮革市场、鱼市场、酒市场、谷物市场、黄油市场等，还有许多集市。[⑤] 虽然对这些市场的记录较少，但它们肯定被本地居民所利用。来自达勒姆郡休沃斯和奥斯本尔德威克（约克郡北部一地方）的居民经常来光顾这里的市场；而位于布特汉姆路上的市场就是为克里夫顿等地来此的人服务的。约克的专业谷物市场，吸引着附近地区的谷物到此销售；还有来自远方的波克灵顿和巴恩比·邓等地的盐也在此销售。[⑥] 都铎和斯图亚特王朝早期，至少有 53 个市场在约克郡举行，其中许多得到了约克居民的赞助。16 世纪末时，约克商人和伦敦商人还经常在豪顿市集碰面，商谈业务。

市场和集市对城市经济无疑起到了重要作用。[⑦] 约克每三日一次的拉马

---

①　David M. Palliser, *Tudor York*, p.190.

②　参见 [英] 约翰·克拉潘：《简明不列颠经济史：从最早时期到 1750 年》，第 267 页。

③　参见 [英] 彼得·卡拉克、保罗·斯莱克：《过渡期的英国城市 1500—1700》，第 48 页。

④　Peter Clark and Paul Slack, *Crisis and Order in English Towns 1500-1700*, p.13.

⑤　P. M. Tillott，*A History of the County of York, City of York*, pp.484-489.

⑥　David M. Palliser, *Tudor York*, p.181.

⑦　P. M. Tillott, *A History of the County of York, City of York*, p.168.

斯集会吸引着整个西部地区的消费者。① 在该城市场上销售的外来货物和家畜有马、牛、猪、羊、野兔、奶酪、黄油、鱼、木头、树皮、泥炭、皮革和羊毛等。海鱼来自斯卡伯勒，谷物来自林肯郡和霍尔德尼斯。还有来自坎伯兰郡的大麻，兰开夏郡和约克郡的皮革。就连贝弗利的市政委员也在约克购买野禽，达勒姆的修道院也来约克采购所需的鱼、谷物、香料、葡萄干、糖和纸张。②

总之，手工业在约克经济中只占很小一部分，其经济发展越来越依赖于服务业和市场。

随着经济转型，城市和乡村的联系进一步加强。在中世纪里，城市和农村的关系以对立为主，而到近代早期，随着乡村工业的发展，特别是随着乡村城市化进程不断加快，城市与乡村的关系变得是相互依靠，互相融合。城市和乡村的人口在15、16世纪的相互流动就已经非常明显。③ 约克也是这样。

首先是城乡分工更加明确，并且互相补充。中世纪晚期时，约克的呢绒生产遭到了西莱丁地区强有力的竞争，从而陷入衰退。到了近代早期，约克在呢绒生产上调整了方向，"它在染色方面居于主导地位，而乡村地区则控制了漂洗，另外城市还有一个优势那就是乡村地区的制造商要来城市中销售他们加工或已加工好的呢绒"④。城镇依靠农村的羊毛和磨坊，乡村剪毛工则依靠城镇的市场和良好的声誉，也需要城市熟练的染呢工。⑤ 城市商人也开始转向农村地区投资。"工业，尤其是呢绒业开始转向农村，伴随着这些的是商人开始投资于农村。"⑥ 这时城市对乡村工业的抱怨也不像16世纪早期那样突出，17世纪城市控制乡村地区呢绒生产的企图，暗示城镇服装商越来越自

---

① 参见 [英] 彼得·卡拉克、保罗·斯莱克:《过渡期的英国城市 1500—1700》，第 49 页。

② David M. Palliser, *Tudor York*, p.184.

③ W. G. Hoskins, "English Provincial Towns in the Early Sixteenth Century", pp.1-19.

④ Peter Clark, *The Transformation of English Provincial Towns 1600-1800*, p.113.

⑤ Peter Clark, *The Transformation of English Provincial Towns 1600-1800*, p.122.

⑥ Peter Clark and Paul Slack (eds.), *Crisis and Order in English Towns 1500-1700*, p.11.

信，而不再担心缺少一个可靠的工业基地。① 随着对乡村经济的渗透与控制，地方城市逐渐将乡村变成自己的"经济领地"，并以自身为聚核，构筑区域性的一体化经济。

其次，城市中与乡村工业相关的行业步向兴旺，约克就是利用西区盛产呢绒的优势，发展呢绒服装业的成功典型。在近代早期，约克在经济上调整了方向，在手工业生产方面，它的制革业和服装业发展了起来，制革所需要的毛皮等材料，大都是来自乡村地区；约克服装业发展所依靠的呢绒大都是从西莱丁乡村引进的。"约克有一个裁缝，他留下了 220 英镑的净资产，包括别人欠他的 100 英镑，其中一些欠款来自城市附近的乡民。"② 毫无疑问的是他经常购买农村地区的呢绒。蒂洛特也提到，"纺织业，皮革制造者，还有屠夫和其他食品供应者明显要依靠乡村的产品来谋生；从事建筑和提供服务的职业，不仅为城市，而且还为城外的顾客提供服务。"③

农村的产品则越来越依靠城市市场和城市的资本与技术。乡村工业必须由城市作依托，作窗口，依赖城市的技术市场、资本市场、信息市场和商品市场。乡村产品通常要到临近的城市销售。约克拥有大量的市场和集市，能够吸引附近地区的产品。特别是城中的拉马斯三日大集市，吸引着整个西部的消费者。④ 总之，乡村和城市的关系变得更加和谐，以前存在于城乡之间的紧张关系逐步让位于一个更加健康的融合。⑤

到了近代早期，英国那些大的地方城市经济结构日趋复杂，与中世纪相比，城市中的职业种类复杂繁多，诸如像约克、诺里奇和埃克塞特等，通常都有相当数量的职业，并且职业结构很复杂。⑥ 伊丽莎白统治期间，布里斯

---

① J. P. Cooper, "Economic Regulation and the Cloth Industry in Seventeenth-Century England", *Trans. Roy. Hist.*, Soc.20(1970), pp.73-99.

② David M. Palliser, *Tudor York*, p.162.

③ P. M. Tillott, *A History of the County of York, City of York*, p.168.

④ 参见 [英] 彼得·克拉克、保罗·斯莱克：《过渡期的英国城市 1500—1700》，第 49 页。

⑤ N. R. Goose, "In Search of the Urban Variable: Towns and the English Economy, 1500-1650", *The Economic History Review,* New Series, Vol. 39, No. 2 (May, 1986), pp.165-185.

⑥ John Patten, "Urban Occupations in Pre-Industrial England", *Transactions of the Institute of British Geographers,* New Series, Vol. 2, No. 3, Change in the Town (1977), pp. 296-313.

托尔、诺里奇和约克有多达 100 多种职业。[①] 约克在日用品制造行业有制蜡、糅皮、制帽、制碗、制针和锡器制作等 30 余种，日常服务业包括理发，旅店，屠宰以及高级消费品和奢侈制造业等多达 20 余种行业。[②] 约克还较早地出现了律师、医生、印刷商、出版商等行业。1550 年后的一个世纪里，见证了城市手工业多样化的发展，减轻了城市在发展中的不稳定性。[③] 而且对于多数城市来说，1550 年之后，手工业都不怎么突出，即便当城市从衰退中恢复的时候，也是基于多样化和新产品。城市职业数量增多，显示出城市经济的复杂性，产业多样化是城市中最为常见的现象。[④] 城市经济结构越是复杂，城市在发展中就更容易抵挡各种不利的因素，更容易在复杂多变的经济中生存，更具弹性。

17 世纪晚期，在英国许多大城镇中，许多女性进入生产领域，这是因为服务业等职业更适合女性，这也是城市繁荣的一个新标志。[⑤] 妇女在约克经济中所起的作用也是重要的，虽然在自由人登记中妇女只占 1% 的比例，但实际从事生产和贸易的妇女要比这个比例高很多。许多行业成员中可以包括妇女，有些允许妇女及女儿帮助行会成员生产，只有一个行业（织工行会 1578 年）对此有禁令。好几个行业还允许寡妇来接替丈夫的事业，这一规定于 1529 年就得到了市政当局批准。前提是自由人的遗孀没有改嫁，她们就可以继续从事家族事业，并且还可以招收新的学徒。1575 年，一个当地农民的儿子被送去当伊莎贝尔·斯特雷克的学徒，她是一个制革工的遗孀；两年后，她又招收了另一个约克男孩。[⑥] 妇女除了经营事业外，还是劳动力的重要储备。证据显示，16 世纪妇女的地位并不比她们的 19 世纪后辈要低多少。[⑦]

---

①   Peter Clark, *The Cambridge Urban History of Britain. Vol. 2, 1540-1840*, p.358.

②   刘景华：《城市转型与英国的勃兴》，第 90 页。

③   Alan Dyer, *Decline and Growth in English Towns 1400-1600*, p.48.

④   Peter Clark, *the Transformation of English Provincial Towns 1600-1800*, p.19.

⑤   Peter Clark, *The Cambridge Urban History of Britain, Vol. 2, 1540-1840,* p.359.

⑥   David M. Palliser, "The Gilds of Tudor York", p.100.

⑦   Maud Sellers, "The City of York in the Sixteenth Century", p.294.

就全国范围看，作为手工业组织，16、17 世纪行会的经济重要性下降了。[①] 行会自身也发生了变化。如昂温所说，许多相关行会合并重组，在 16 世纪中期盛行于整个英国。[②] 在生产上"为了摆脱困境，求得生机，行会组织不得不做出一些适应性的反应，抛弃了长期以来行业或工序的专一性"[③]。许多相关的手工行业合并，组成公会（company）。约克的行会在面对衰退局势和竞争压力也进行了合并，[④] 最先开始于都铎早期，如 1494 年约克制帽匠行会率先合并其他手工业行会。[⑤] 类似的合并还有，1551～1552 年约克服装商和裁缝行会合并，随后制袜工也加入；1591 年男服经销商、毛毡制造匠行会和制帽匠行会合并。[⑥] 合并后基本生产单位仍是小作坊，但普通作坊主的经济独立性逐渐消失，公会从根本上改变了内部生产关系，经济活动具有资本主义性质。[⑦] 行业合并成新公会，对城市经济来说是一个积极后果。

（二）社会中心职能的增强

从中世纪起，约克就是北英格兰重要的社会中心。到近代早期，它作为重要社会中心的职能更增强了。光顾约克的人越来越多。1660 年，出租大马车服务还将约克与伦敦联系了起来。不管来自远方还是近处，人们来到约克或是做生意，或是为了娱乐。[⑧] 郡里许多家庭一年中有很长时间里要住在其位于约克城里的家中。公众的娱乐活动增多了，城中有舞会，音乐演出和盛宴，而且还有出名的野味晚餐，这种社会氛围不仅因为王室和一些公爵的偶尔光顾而增加了，而且还因为市政委员的宴会而变得更加强烈。[⑨]

约克的社会结构也出现了显著变化，尤其是绅士和专业群体的兴起。由

---

① C. Coleman, *The Economy of England 1450-1700*, Oxford University Press, 1978, p.74.

② George Unwin, *Industrial Organization in the Sixteenth and Seventeenth Centuries*, London: Frank Cass, 1972, p.31.

③ 金志霖：《英国行会史》，上海社会科学院出版社 1996 年版，第 153 页。

④ C. Coleman, *The Economy of England 1450-1700*, p.74.

⑤ J. Patten, *English Towns, 1500-1700*, p.159.

⑥ David M. Palliser, "The Gilds of Tudor York", p.90.

⑦ 参见金志霖：《论西欧行会的组织形式和本质特征》，《东北师范大学学报》2001 年第 5 期。

⑧ P. M. Tillott, *A History of the County of York, City of York*, p.198.

⑨ P. M. Tillott, *A History of the County of York, City of York*, pp.198-199.

于绅士数量、财富和权力的增长，城镇成为这群人的社会、政治、购物和娱乐中心。和他们相联系的是一些职业人员，这些人主要是医生、律师、神职人员、教师。[①] 城中琳琅满目的商品和各种各样的服务对绅士充满了巨大的诱惑力，城市宏伟的建筑还刺激了绅士在约克建立房屋和家宅的欲望。[②] 大城市里的季度会议和定期性集市，也对绅士产生了吸引力。[③] 正如克拉克认为："郡城财富复兴的一个关键因素是它们日益发展为迎合乡绅等需要的休闲和服务中心。"[④] 作为重要社会中心，约克不仅吸引本地富有的市民，而且还引来越来越多的乡绅，他们经常光顾约克，有的还在城中拥有房屋。18世纪的德雷克甚至认为城市主要支柱是依靠许多乡绅居住在城市里。[⑤] 关于约克城中绅士们社会生活的影子，可从一位观察家18世纪30年代描述球类比赛的场面反映出来："约克确实很出众，尤其是400～500个男女一同参与的时候，他们所带来的优美的光泽让约克异样夺目。简单地说，绅士们优雅的举止，富有的穿着，还有妇女们的打扮是那样入时，这种场面恐怕是欧洲任何地方都不能相比的。"[⑥]

通过约克自由人登记反映的职业情况看，15世纪末起，律师、办事员、内科医生、文书起草人和绅士的数量在增加。[⑦] 这是社会上对这类专业服务需求增多的缘故。随着北方议会和北方教会委员会在约克的设立，再加上郡和教会的行政机构和法庭，这些都需要许多人员来充实。[⑧] 许多显赫的民法专家和律师来到约克定居，如拉尔夫、约翰·吉布生、爱德华·斯坦尔普、

---

① Alan Dyer, *Decline and Growth in English Towns 1400-1600*, p.44.

② Phil Withington, "Views from the Bridge: Revolution and Restoration in Seventeenth-Century York", *Past and Present,* No. 170 (Feb., 2001), pp. 121-151.

③ N. R. Goose, "In Search of the Urban Variable: Towns and the English Economy, 1500-1650", pp. 165-185.

④ Peter Clark, *The Cambridge Urban History of Britain, Vol. 2, 1540-1840*, p.261.

⑤ P. M. Tillott, *A History of the County of York, City of York*, p.245.

⑥ Peter Clark, *The Transformation of English Provincial Towns 1600-1800,* p.233.

⑦ R. B. Dobson, "Admissions to the Freedom of the City of York in the Later Middle Ages", pp. 1-22.

⑧ David M. Palliser, "A Regional Capital as Magnet: Immigrants to York, 1477-1566", *Yorks. Arch. Jour,* Vol. 57 (1985), pp.111-123.

约翰·弗恩和约翰·本内特等。乡下人、绅士、约曼和农民经常来到城市咨询或委托律师。另一组重要群体是内科医生和外科医生。这时约克的医生中，好几个还获得了医学博士学位，其中内科医生斯蒂芬·汤姆森成功地治好了患病的诺森伯兰伯爵。托马斯在威尼斯获得了医学博士文凭，1556 年获得内科医学院的行医执照，[1] 他是伊丽莎白时期约克的重要医生。医药咨询师罗伯特·马斯克文，也是城市议员兼食品杂货商。他经常被委以重任，1578 年，市政委员委任他同三位外科医生去给一个年轻面包师检查，因为怀疑他可能得了水痘，但他单独一人执行了任务；1578 年，他因治好三个患病的妇女而受到同事赞扬。[2] 这一时期医生增加得很快，16 世纪共有 93 个外科医生和 16 个药剂师登记为自由人。[3]

社会娱乐方式也越来越大众化和多样化了。中世纪约克最为有名的表演当属圣体节表演了，通常是一些神秘剧。行会是主角，不同的行会表演不同的神秘剧。一般情况下，行会将圣经故事作为表演题材，通常由相关行会用它们的生产工具、产品表演相关的故事。如船木行会表演诺亚方舟剧，面包师行会表演最后的晚餐，理发师行会表演基督受洗剧，木匠表演耶稣复活剧等。[4] 伊丽莎白统治期间，城市记录频繁地提到了戏剧团，1559 年至 1603 年间一份不完整的清单显示，约克的剧团演出超过了 40 场。[5] 在神秘剧退出舞台时，越来越多的人关注仲夏夜前夜演出。[6] 演出通常在拂晓后就开始，伴随着音乐和狂欢持续到这天傍晚。

运动和娱乐也出现了新形式。与中世纪的活动比较单一相比，这一时期运动和娱乐形式更丰富了。这时约克的市政记录中提到了斗鸡、纵犬袭熊和

---

① P. M. Tillott, *A History of the County of York, City of York,* p.157.

② David M. Palliser, "Civic Mentality and the Environment in Tudor York", *Northern History,* XVIII (1982), pp.78-115.

③ David M. Palliser, "Civic Mentality and the Environment in Tudor York", p.91.

④ Alan D. Justice, "Trade Symbolism in the York Cycle", *Theatre Journal,* Vol. 31, No. 1 (Mar., 1979), pp. 47-58.

⑤ P. M. Tillott, *A History of the County of York, City of York,* p.158.

⑥ Maud Sellers, "The City of York in the Sixteenth Century", *English Historical Review,* Vol. 9, No. 34 (Apr., 1894), pp. 275-304.

斗牛，还有掷骰子游戏、卡片游戏等，而十五子棋游戏还在 1573 年被抨击为恶意中伤射艺。1566 年，有两个男孩因为在教堂中踢足球而遭到教会人士的鞭打。赛马比赛的最早记录是 1530 年，在威廉·马洛里和奥斯瓦尔德之间进行，胜利者得到了一个银铃。频繁提到的还有啤酒店带来的快乐，这毫无疑问是低层平民放松的最主要途径。[①] 17 世纪约克又出现了两项新的娱乐活动，即最早出现于 1632 年的烟草店和 1669 年出现的咖啡屋。18 世纪，保龄球也被当作大众消遣活动，啤酒屋、商店和咖啡屋已非常多，仅知道名字的咖啡屋就有 30 多个。[②]

到 18 世纪 30 年代，约克已经牢固地确立了它在约克郡甚至是更广地区的社会中心地位。作为郡和教区中心，作为郡选举举行的地方，以及作为立法会议城市和地区市场中心，约克是那些希望享受更舒适生活的约克郡人的首选之地。

（三）文化教育中心职能的渐显

从中世纪直到宗教改革，约克的文化教育和宗教是互相融合的，教育基本上被宗教团体所控制，而且约克的宗教信仰基本上都是统一的天主教。随着宗教改革的进行，约克出现了明显的变化，在宗教方面是天主教衰弱，清教的影响上升；文化教育开始打破过去那种由宗教控制的局面，世俗教育纷纷出现。

宗教改革对约克这样的天主教中心的冲击是巨大的，约克城 40 个教堂中就有 15 个被废除了。[③] 1536 年这一年，市政当局的一个法令就使约克关闭了大约 1/3 的教堂，并且卖掉了地基和建筑物。[④] 1540 年后一个世纪里，城市的宗教和文化机构都发生了重要变化，尤其是城市共和主义与清教改革贯穿其中。[⑤] 城镇和城市社团在使教会及其作用转向世俗社会性方面起了重要

---

① P. M. Tillott, *A History of the County of York, City of York*, p.159.

② P. M. Tillott, *A History of the County of York, City of York*, p.246.

③ Peter Clark, *The Cambridge Urban History of Britain. Vol. 2, 1540-1840*, p.274.

④ David M. Palliser, "A Crisis in English Towns? The Case of York, 1460-1640", p.118.

⑤ Phil Withington, "Views from the Bridge: Revolution and Restoration in Seventeenth-Century York", *Past and Present*, No. 170 (Feb., 2001), pp. 121-151.

的作用。1540～1580 年间，中世纪城市许多基本的制度结构被废除或是根本上改变了。城市生活的主要焦点，诸如博爱、小教堂、礼仪，都消失了，市民和政府找到了新的集体精神和用新的方式来组织他们的社会交往。在清教徒影响下，清教信仰成为体现他们社会观点和对问题作出反应的重要依据。虽然宗教继续在人们生活中扮演重要角色，但教会作为一个统一性机构已经减弱了，以前单一的（同一的）宗教信仰和风俗一去不复返了。城市开始适应多样化的信仰和教徒。与宗教分裂相伴随的，还有世俗社团的增加和世俗教育的发展。①

伊丽莎白统治时期，城市新教成了英国社会的一支重要力量。② 约克虽然是一个比较保守的城市，宗教改革对它的影响可能来得稍晚点，但城市里的天主教毫无疑问是在不断衰落，清教的影响在不断上升，特别是在早期斯图亚特王朝时期，约克教会生活中最显著的特点是清教主义的影响扩张。赫顿和马修大主教的宽容政策助长清教运动，他们几乎没有打扰具有清教思想的教士和俗人。一个清教徒神职人员亨利·胡克还在 1617 年被任命为约克的执事长和 1632 年教堂的领唱者。③ 市政委员通过其职权鼓励传道，并任命清教徒担任城市传道士一职。1607 年，城里的传教者理查德·哈伍德被允许在他可以吸引公众的地方传教。在内战的前十年中，几个杰出的市政委员还与清教徒有密切的联系。除了一贯支持的传教外，市政委员还以多种方式来表达他们的清教观点。1643 年，当三个重要的清教议员——霍伊尔、阿伦森和沃克斯离开约克时，市政会拒绝接受国王提名的候选人作为城市的传教士，而是点名只接纳清教徒肖恩。④ 内战期间特别是 1643 年，所有的天主教章程都被废除，好几个教区的神父逃走了。不少市民还经常缺席葬礼仪式，还因不给孩子受洗礼而受到控诉，这当中毫无疑问有新教徒。到 1743 年，整个城

---

① Peter Clark, *The Cambridge Urban History of Britain. Vol.2, 1540-1840*, p.263.
② 参见 [英] 彼得·克拉克、保罗·斯莱克：《过渡期的英国城市 1500—1700》，第 151—152 页。
③ P. M. Tillott, *A History of the County of York, City of York*, p.201.
④ P. M. Tillott, *A History of the County of York, City of York*, p.202.

市的教堂只剩下 23 个，并只有 18 个神父。[1] 天主教在约克衰落了。

伴随着天主教衰落，以前由教会控制的教育也开始走向世俗化。16 世纪后期至 17 世纪初期，城市兴起了一大批新的世俗教育机构，其中许多是伦敦商人和地方商人努力的结果。[2] 一些私人教育也发展起来了，贵族、教士和官员雇佣私人家庭教师。如 1594～1596 年，一个有学问的教师在庄园中教授亨廷顿的外甥和其他学生；约克副市长的儿子在 17 世纪 30 年代也被私人教师教授知识。[3] 17 世纪约克建立了许多小型私人学校。有时市政会付给教师工资，让他们向穷人的孩子教授知识。17 世纪 40 年代，约克市政会还在 1641 年和 1648 年间促成了两个关于在约克建立大学的提议。[4] 政府也在创办学校，最具雄心的计划是 1705 年建立了两所分别为男童和女童服务的慈善学校；尽管这两所学校收到了城里的神职人员和绅士的捐助，但它们主要是市政委员的成就。男童学校打算为 40 个男孩提供教育，这些儿童要么是孤儿，要么是贫困自由人的儿子；女童学校也以同样的方式办学。18 世纪上半叶，学校受到市政委员的持续关注，男童学校在整个世纪都很兴旺。[5] 世俗化教育带来了积极效果。整个 16 世纪里约克市民的识字能力明显提高了。关于日常事务的公告可以张贴在公共场合让市民读看，而不再只通过口头形式或由打钟人与公告传报人来传递消息。如 1562 年，市政会制定了旅馆老板所要遵守的规则，把它张贴在标杆上，以便所有的人都能够看到和读到它；1574 年，关于劳工支付费用的通告也张贴在三个公众场地，以便劳工能够注意到他们该有的待遇。[6] 广泛的识字能力提高暗示着已有广为接受的教育。虽然并没有办很多学校，但市民可以通过多样途径来提高识字能力。随着内陆贸易增多和居民生活水平提高，人们对于教育的需求也增加了，小册子和其他形式的流行文学以前所未有的规模涌现。为了迎合日益增多的读者，

---

[1] P. M. Tillott, *A History of the County of York, City of York*, p.203.

[2] 参见 [英] 彼得·克拉克、保罗·斯莱克：《过渡期的英国城市 1500—1700》，第 155 页。

[3] David M. Palliser, "Civic Mentality and the Environment in Tudor York", pp.102-103.

[4] P. M. Tillott, *A History of the County of York, City of York*, p.199.

[5] P. M. Tillott, *A History of the County of York, City of York*, p.253.

[6] David M. Palliser, "Civic Mentality and the Environment in Tudor York", p.102.

城市出现了数不清的订阅图书馆和更小的公共图书馆，以及报纸。这一时期，约克的印刷出版业也发展了起来，如"在都铎早期的约克，出版业和印刷业出现了一定程度的繁荣"①，只不过刚开始时约克出版业是由外国人主导着的。到 1660 年时，印刷业在约克已很完善；根据 1662 年的许可证执照法，这项事业在约克继续发展。一个叫巴尔克利的人在 1662 年建立了出版社，出版了许多神学著作。另一个出版商约翰·怀特，在 1688 年 11 月因出版奥兰治·威廉的宣言而出名并受到奖赏，随后他创办了为北方诸省服务的王室印刷厂。② 印刷商通常与书商合作，书商在 17 世纪里也增多了。在约克出版和销售的书籍大多是当地作者所创作的。许多世俗人所著的医学著作和科技著作也出版了。印刷出版业的增多，对城市起到了十分重要的作用。到 17 世纪末，地方印刷出版业的复兴还增加了约克的文化影响力。③

总之，约克曾是英格兰第二大城市和最重要的地方城市，是典型的中世纪老城市。由于城市旧有性质的规定和自身经济结构的局限，中世纪晚期约克在面临经济变革尤其是乡村工业兴起和农村经济变革的时候，竞争无力，陷入长达一个多世纪的衰落，其衰落历程比别的地方城市来的还要早。但约克并没有一蹶不振，它利用自己的有利地位，积极应对危机，从而使自己一步步复兴。1700 年时，约克市民颇为乌斯河上壮观的伊丽莎白大桥及沿河两岸的商店、议会大楼和繁忙的交通景象而自豪。④ 约克面对衰落做出积极反应，是中世纪城市在困境中奋斗而成功的典范。不过，由于作为以往繁荣基础的中世纪农耕社会条件已经逝去，约克的北方中心地位也就不再，被工业社会中的工业中心城市利兹和纽卡斯尔所取代。

---

① David M. Palliser, "A Regional Capital as Magnet: Immigrants to York, 1477-1566", p.112.
② P. M. Tillott, *A History of the County of York, City of York*, p.200.
③ 参见 [英] 彼得·克拉克、保罗·斯莱克：《过渡期的英国城市 1500—1700》，第 60 页。
④ 参见 [英] 彼得·克拉克、保罗·斯莱克：《过渡期的英国城市 1500—1700》，第 62 页。

第十一章
西北大港利物浦的崛起

英格兰西北工业区兴起过程中,利物浦作为它连接国际市场的窗口功不可没。

诺曼征服后,中世纪英国港口城市多集中于东部及南部地区,西海岸港口如布里斯托尔、利物浦的发展相对要晚一些。利物浦是一个典型的依靠对外贸易而发展起来的城市。11、12世纪时仅是一个"小渔村",中世纪晚期才与爱尔兰有少量商贸往来。近代早期,利物浦凭借其优越的地理位置,柴郡切斯特盐和兰开夏棉纺、煤炭业等经济腹地的发展,陆路交通和内河航运网络的完善,由英国与大陆国家之间战争带来的发展契机等有利条件,以及先后以重商主义和自由贸易理论为指导的国家政策背景下,与爱尔兰、法国和西班牙等欧洲大陆国家,后来扩及与波罗的海沿岸和地中海沿岸城市进行直接贸易、转口贸易。英属北美殖民地建立后,利物浦在与美洲、西印度群岛之间的对外贸易中获利颇多。1709~1807年的近一个世纪里,利物浦也通过黑奴贸易得到进一步发展,以至于马克思说:"利物浦本来是靠奴隶贸易成长起来的,奴隶贸易就是它的原始积累的方法。"[①]工业革命时期,利物浦成为英国西北工业区制成品输出和工业原料输入的主要港口。19世纪随着英国社会"中国风"热潮和东印度公司在远东贸易中垄断权力的削弱,利物浦以中国为主的远东贸易兴起,港口职能再次得到强化;城市原有工业如造船业、制陶业、制绳业、钟表业等以及金融银行业的发

---

① 马克思:《资本论》,第1卷,第838页。

展在历经波折后，继续为利物浦的繁荣服务。总之，利物浦经济虽起步较晚，但发展速度迅速，至18世纪中期已成为仅次于伦敦的英国第二大港口城市。

在一般人印象中，利物浦就是大西洋三角贸易、甚至黑奴贸易的中心。然而，如果将利物浦置于英国西北工业区兴起以及工业革命发端这一历史大背景中，从探讨利物浦与其工业腹地的关系入手，把利物浦视作兰开夏工业革命首发区的对外窗口，那么对利物浦成长的内在轨迹就会有更新的认识。

一 近代早期利物浦经济的起步

利物浦位于默西河进入大西洋的入海口，是英国第二大优良天然深水港。这种优越的地理位置，被有的学者描述为"来往于利物浦的船只，可以免受英吉利海峡的拥挤和北海风高浪急的颠簸之苦"①。相比之下，利物浦周边的自然条件就略显不利，以致于近代早期以前的利物浦很难与外界沟联。随着18世纪英国西北部乃至全国公路、河运交通网络的完善，利物浦这些不利条件逐渐被克服。地理区位方面，利物浦既靠近乡村工业最发达的纺织中心兰开夏，又靠近17世纪后期兴起的柴郡盐业中心切斯特；离以伯明翰为中心的西密德兰"黑乡"铁工业区较近；离约克郡西区毛纺业中心利兹、布雷福德等亦不远。广阔的经济腹地不仅有利于它以货物集散为主要职能，而且还在很大程度上依靠腹地曼彻斯特等工业城市的支持。利物浦的海外贸易日益繁荣，从中世纪的小渔村到18世纪中期便成长为仅次于伦敦的英国第二大港口城市。

---

① ［法］保尔·芒图：《十八世纪产业革命》，第70页。

（一）中世纪中后期的利物浦

作为小型农业和渔业聚落的利物浦建立于 13 世纪初。其时约翰王力图征服爱尔兰，当他由南至北考察兰开夏后，发现了利物浦作为港口的便利条件。1207 年，约翰王颁布了给其移民自由人身份及特权的法令，利物浦由此开始从小村向城镇转变。

从此时至都铎王朝建立近三百年里，利物浦小城的发展呈抛物线状：初步发展的 13 世纪—发展小高峰的 14 世纪—急速衰落的 15 世纪。虽然利物浦规模小、地位微不足道，但也是"能够适应变化，能够强劲助变的增殖器"[①]。建城之时就规定要举办周六市场和每年 11 月圣马丁日的市集。虽然其初衷是为了收取外地商人的交易费，但客观上确立了利物浦增强城市功能的路径，也使其市民有能力从亨利三世手中购买特许状。特许状第一次规定利物浦市民有权自行选举市政官取代国王代理人，也可组成以规范城市贸易为目的的商人行会组织。从利物浦所要缴纳的盾牌钱数额涨幅即可见其发展趋势。1219 年利物浦上交的"盾牌钱"仅 13 先令 4 便士，而普雷斯顿交 6 英镑 13 先令 4 便士；八年后利物浦上交 7 英镑 6 先令 8 便士，普雷斯顿上交 10 英镑，由此可见新兴的利物浦发展速度之快。[②]

14 世纪是利物浦发展的小高峰。一是周市场和年市集上交易货物种类繁多、规模增大。不仅周边人们在市场、市集出售剩余农产品，还有商人从温切斯特等地购进的香料、酒等商品在此出售，偶尔也有肯达尔和兰开斯特的铁制品、盐、毛织品等，年市集上外来商人更多。其二，虽然利物浦海外贸易有限，主要运输远征爱尔兰的英王军队及其日用物资，但也向爱尔兰小量地输出毛织品、铁制品和谷物等，输入兽皮、羊毛和法国酒等。其三是与市场、市集相联系的手工作坊出现。1378 年利物浦已有 3 名织工，还有 2 名裁缝、1 名踩革匠、4 名制靴者、5 名鞋匠等。最为兴盛的是酿酒业，1324 年

---

① [法] 费尔南·布罗代尔：《资本主义的动力》，杨起译，三联书店 1997 年版，第 10 页。

② Ramsay Muir, *A History of Liverpool*, London: The University Press of Liverpool by Williams, 1907, pp.19-20.

利物浦至少有35人酿制艾尔啤酒，1378年至少有18家酿酒作坊，[1]以满足普通民众和聚集于此的军队的需求。

利物浦的急速衰落是在1399至1485年间。与英国其他城市城镇相对稳定发展不同，利物浦却江河日下，原本规模就很小的爱尔兰贸易因红白玫瑰战争而变得断断续续，其长期影响使利物浦直到16世纪末都未恢复到14世纪末的水平。人们记忆中它就是个"小渔村"。

（二）近代早期利物浦起步机遇

1695年吉布森旅行到此，提及利物浦是"近些年来发展最为迅速的城镇"，这是将利物浦与其在15世纪时较低的状况相对比。16世纪的利物浦人口不超过1,000，它既无法与布里斯托尔和纽卡斯尔等地方港口相比，也不能与附近的威根和普雷斯顿相比，然而17世纪末利物浦人口突增至近7,000人，经济发展加快，其港口城市地位开始超过附近的切斯特。[2]

16、17世纪利物浦开始从一个沿海小城转变新兴的贸易中心，国内背景在于近代早期重商主义理论和政策的影响，以及兰开夏工业的兴起。兰开夏工业区的兴起，有利于充当物资集散中心角色的港口城市利物浦的发展。港口城市与腹地城市构成相互支持的关系。没有港口城市，腹地城市与周围组成的工业生产区就会呈封闭性；没有腹地城市，港口城市则无从生存。利物浦的腹地除了兰开夏外，还伸展到以伯明翰为中心的西密德兰铁工业区。17世纪90年代时，西密德兰区的钢铁产品、马鞍等在伦敦、爱尔兰等地已经很有声誉。[3]国际背景则是，哥伦布发现美洲新大陆后，世界日益成为一个互相联系的整体。有学者认为，"在工业革命前数世纪，英国的海外贸易大致经历了三个高涨时期，其第二、第三个高潮发生在1630～1688年和18世纪中叶。"[4]第二个高潮在于开拓了英国和北美贸易，利物浦港口的地理

---

[1]　Ramsay Muir, *A History of Liverpool*, p.7, p.45.

[2]　Diana E. Ascott, Fiona Lewis and Michael Power, *Liverpool 1660-1750, People, Prosperity and Power*, Liverpool University Press, 1988, pp.8-9.

[3]　P. Large, "Urban Growth and Agricultural Change in the West Midlands during the Seventeenth and Eighteenth Centuries", in P. Clark (ed.), *The Transformation of English Provincial Towns 1600-1800*.

[4]　陈曦文：《英国都铎王朝前期对外贸易和重商政策》，《世界历史》1990年第4期，第76页。

位置优势慢慢凸显，从此开始了与美洲长达两个多世纪的商贸活动。1651～1696年英国数次颁布和修改航海条例，更有利于本土港口城市贸易的发展。总之，英国西北部纺织工业区、铁工业区的发展增强了利物浦腹地的经济实力；而英属北美和西印度群岛殖民地的确立，使原贸易对象主要是爱尔兰的利物浦港口融入了大西洋英美贸易圈。

战争也使利物浦从正常和非正常两条途径受益。英西战争期间，利物浦的海上掠夺行为猖獗。"1555年一名西班牙商人向议会抱怨遭到利物浦和切斯特海盗抢劫，并亲眼见到法国和西班牙的商船被掠至默西河。"[①] 亨利八世、伊丽莎白一世征服爱尔兰时，利物浦与切斯特担负着人员运输和军需物资供给的任务，"1534年斯凯芬顿总督及其率领的军队分别从切斯特和利物浦两地抵达爱尔兰"[②]。伊丽莎白一世时出征爱尔兰的军队规模更大，"埃塞克斯伯爵的军队和另外6支队伍由利物浦港出发至爱尔兰，平均每人运费达1英镑之多，航行途中人均食物所需为2先令；停留在利物浦港口的队伍每人每餐要3便士，喂养每匹战马日需4便士"[③]。利物浦是供应出征爱尔兰的英军食物和满足其运输需求的主要港口。不过英国内战期间，利物浦成为保皇党的支持者，多次遭到军事围攻，损害了经济和贸易发展，利物浦为此曾向议会申请经济补偿。[④]

（三）16、17世纪利物浦贸易

16、17世纪是利物浦商业贸易发展历程中的起步阶段，其对外贸易主要分为爱尔兰贸易和大西洋贸易两类。

1. 爱尔兰贸易

利物浦的爱尔兰贸易始于中世纪晚期。16世纪至英国内战前夕，其特点是稳中有升。从爱尔兰输入的有曼彻斯特纺织业所需的亚麻线、利物浦蹂革业所需的兽皮，以及动物油脂等；输至爱尔兰的产品则多样化。如1586年

---

①   Ramsay Muir, *A History of Liverpool*, p76.

②   Ramsay Muir, *A History of Liverpool*, p.68.

③   Ramsay Muir, *A History of Liverpool*, pp.76-77.

④   Diana E. Ascott, Fiona Lewis and Michael Power, *Liverpool 1660-1750, People, Prosperity and Power*, p.8.

17 艘赴爱尔兰的商船中，有 6 艘运载从威根经陆路运至利物浦出口的煤炭，余下多是纺织品，如曼彻斯特和肯达尔生产的亚麻布、约克郡毛织品，设菲尔德的刀具、长柄镰刀以及马鞍、缰绳、皮革制品等；当年有 16 艘来自爱尔兰都柏林的商船入港。[①] 利物浦的爱尔兰贸易繁盛于 17 世纪初，伊丽莎白对外战争结束使贸易环境较以前相对有序，詹姆斯一世时期的移民又促进了爱尔兰北部工业发展。[②] 内战期间利物浦遭到三次围攻，其爱尔兰贸易一度低迷，此时虽至少有 140 名小商人进行海外贸易活动，但规模均很小。复辟王朝是利物浦发展史上的重要转折点，爱尔兰贸易迅速恢复。"海关记录 1664、1665 年由利物浦出口至爱尔兰的煤、盐、铅、铁和纺织品共 246 吨，进口鲱鱼、绵羊、马、牛、亚麻线共 403 吨，这些构成了当年利物浦海外贸易的 90%。"[③] 可以说，17 世纪后期以前，爱尔兰贸易始终在利物浦对外贸易中占据重要地位，距离近应是原因之一。

2. 大西洋贸易的兴起

英国在争夺西印度群岛殖民地战争获胜以及陆续在北美建立殖民地，使得国内与北美、西印度之间的商贸联系愈加紧密，大西洋英美贸易圈渐渐形成。英国的美洲烟草、蔗糖贸易等逐步从伦敦扩展到布里斯托尔、利物浦和格拉斯哥等西海岸港口。[④] 利物浦参与大西洋贸易的首个证据是关于安蒂洛普从巴巴多斯运回蔗糖的记载。[⑤] 从表 11-1 可见，1665 至 1702 年间利物浦蔗糖进口量呈上升趋势。蔗糖贸易催生了蔗糖精炼业，英国第一家蔗糖精炼厂是伦敦商人史密斯创办的。因伦敦瘟疫和大火，他于 1668 年将工厂移至利物浦，建造了 40 英尺长、四层楼高的工厂，据估算该厂每年可为利物浦带来价值 4 万英镑的蔗糖贸易。[⑥] 同期的烟草贸易更重要，爱尔兰、苏格兰和英国北部等地对烟草的需求几乎都是利物浦烟草贸易满足的。托马斯·约翰逊

---

① Ramsay Muir, *A History of Liverpool*, p.84.

② Ramsay Muir, *A History of Liverpool*, p.104.

③ Diana E. Ascott, Fiona Lewis and Michael Power, *Liverpool 1660-1750, People, Prosperity and Power*, p.16.

④ Paul G.E. Clemens, "The Rise of Liverpool, 1665-1750", p.213.

⑤ Diana E. Ascott, Fiona Lewis and Michael Power, *Liverpool 1660-1750, People, Prosperity and Power*, p.16.

⑥ Ramsay Muir, *A History of Liverpool*, pp.138-139.

是这时利物浦从事烟草加工业的最重要商人之一，他1701年说"烟草贸易是英国最主要的贸易之一"，利物浦反对威胁烟草贸易的敌人。[1]

表11-1 1665～1750年间利物浦盐出口、烟草与蔗糖进口情况（部分）[2]

年　份	盐（千蒲式耳）	烟草（百万磅）	糖（千cwt）
1665～1669	6	0.00	0.7
1670～1679	26	0.20	4.9
1680～1688	30	0.68	5.7
1689～1696	239	1.49	8.0
1697～1702	300	1.75	11.6

　　利物浦烟草、蔗糖贸易增长与国内市场的需求息息相关。17世纪，烟草、蔗糖、甜酒和糖浆成为英国人的日常生活品。然而需求量虽然增加，奴隶贸易尚未规模化，英国必须向北美、西印度群岛输入资本和劳动力用于生产。17世纪70年代，一方面由布里斯托尔、伦敦输送的劳动力数量不能满足切萨皮克对劳动力的需求，另一方面切萨皮克和南卡罗来纳等地新开发的土地又增加了劳动力需求。于是利物浦商人开始参与到劳动力输出活动中，将兰开夏的农民，爱尔兰自愿放弃土地、参与殖民地生产的人们转移到北美。17世纪70年代其移民人数为每年30至40人，到烟草贸易兴旺的80年代移民最多的一年超过300人。相比较，17世纪60年代布里斯托尔商人年均运送500人到北美，该世纪最后二十年仅为年100人。[3]由此可说明利物浦商人对北美、西印度烟草贸易的重视程度。同期蔗糖贸易亦是如此，17世纪50年代巴巴多斯转变为蔗糖生产区，已无力提供日常所需生活资料，战争又破坏了当地农业生产，波士顿至西印度的谷物出口近乎中断、肉类出口锐减。因此，爱尔兰的劳动力和农产品输入对巴巴多斯至关重要。由此利物浦的爱尔兰贸易与西印度殖民地蔗糖贸易结合在一起，其商船运载爱尔兰的食物和劳动力到达巴巴多斯和牙买加，再将西印度蔗

---

[1]　Ramsay Muir, *A History of Liverpool*, p.139.

[2]　Paul G.E. Clemens, "The Rise of Liverpool, 1665-1750", p.212.

[3]　Paul G.E. Clemens, "The Rise of Liverpool, 1665-1750", p.213.

糖等运回利物浦。

16、17 世纪利物浦可能与伊比利亚、法国等也有些贸易联系，不过规模不大。[①] 这一时期利物浦商业贸易开始兴旺，经济发展、人口增加，必然导致城市规模扩大。建城之初利物浦只有 7 条道路，17 世纪后期城市街道建设出现了新气象。1699 年利物浦终于成为一个独立的教区，还建造了圣彼得教堂等宏大建筑。

二　18 世纪利物浦经济的发展

18 世纪是利物浦历史中较为辉煌的一阶段，该世纪中叶其成为仅次于伦敦的英国第二大港口，尤以美洲贸易著称，是烟草、糖料、棉花的主要输入港和兰开夏纺织品的第二大出口中心，形成了以曼彻斯特为中心、利物浦为起点和终点的兰开夏大工业发祥地。[②]

人口统计、城市规模等是反映城市发展的指示器。安妮女王统治之初利物浦大约有 6,000 人，1720 年增长为 12,000 人，1750 年人口是 1720 年的 2.5 倍，[③] 1792 年人口约是 1760 年的 2 倍，为 6 万人左右。[④] 人口迅速增长的主因是爱尔兰移民。一位作家曾写道："1795 年来自爱尔兰、威尔士的移民构成了利物浦城市人口的大部分。"[⑤] 此时的两幅城区地图还较清楚地体现了利物浦城市规划的发展状况。在 1725 年绘制的第一幅利物浦地图中可以看出此时已有 37 条街道；后来的另一幅地图中又新添了许多新街道、新建筑。[⑥] 笛福曾说 18 世纪利物浦是大不列颠的奇观之一，其财富、人口、商业、建筑物与日俱增，以至于难以预料会发展到怎样的地步。阿瑟·杨也曾特意去利

①　Diana E. Ascott, Fiona Lewis and Michael Power, *Liverpool 1660-1750, People, Prosperity and Power*, p.8.
②　参见 [法] 保尔·芒图:《十八世纪产业革命》，第 83 页。
③　Paul G.E. Clemens, "The Rise of Liverpool, 1665-1750", p.216.
④　Ramsay Muir, *A History of Liverpool*, p.243.
⑤　Ramsay Muir, *A History of Liverpool*, p.244.
⑥　Ramsay Muir, *A History of Liverpool*, pp.179-180.

物浦看看,"这个城市在世界贸易上占着非常著名的地位,以致在它附近经过时不能不去看看它。"①

(一)18世纪利物浦发展的条件

18世纪利物浦从众多英国港口中脱颖而出,并在殖民地贸易中能与伦敦争高下,不仅因其面朝爱尔兰海易于进入大西洋,与北美、西印度群岛的贸易激增,更和英格兰西北部乃至国内交通运输网络的完善、自身港口设施的健全、经济腹地兰开夏郡和约克郡纺织工业等的发展、利物浦市政支持等因素密切相关。

1. 国内交通网络的完善

研究18世纪60年代利物浦的学者兰顿曾说18世纪初期英格兰各地之间的交通联系仍不很便利。②"直到18世纪中叶利物浦进一步发展还要受制于与英国主要工业区域不便的交通联系。"③陆路交通方面,利物浦与其邻近城镇如普雷斯顿、沃灵顿的公路直到1726年才得以兴建,1746年又将其延伸至圣海伦斯,1753年再次延伸至沃灵顿。

利物浦港附近河流航运条件并不很有利:联结利物浦和曼彻斯特的默西河17世纪末仅能通航至沃灵顿;联结利物浦和切斯特等地的默西河支流韦弗河也只有一小段通航。利物浦港口盐、煤等贸易最初严重依赖运费昂贵的公路运输。18世纪英国进行了河运改造和运河开凿,使得1840年前,运河成为英国大宗商品采取的主要运输方式。④

18世纪初英格兰西北地区河流改造主要集中于兰开夏郡和柴郡,尤其是利物浦地区。⑤1720年默西河、欧韦尔河改造提案通过,联结了利物浦和曼彻斯特;1721年又通过了联结利物浦和柴郡的韦弗河改造提案,后数次延伸,因此柴郡盐产品可以第一时间较廉价地运至利物浦港出口;道格拉斯河

---

① [法]保尔·芒图:《十八世纪产业革命》,第82页。

② Diana E. Ascott, Fiona Lewis and Michael Power, *Liverpool 1660-1750, People, Prosperity and Power*, p.22.

③ Ramsay Muir, *A History of Liverpool*, p.256.

④ Charles Hadfield, *British Canals: An Illustrated History*, Phoenix, 1959, p.180.

⑤ 参见张卫良:《工业革命前英国交通运输业的发展》,《杭州师范学院学报》2004年第1期,第95页。

运改造于 1742 年完成，将威根、里布尔联结起来，使得威根煤炭可由水路运至利物浦，运费大为降低。上述河运改造主要是针对天然河流。1757 年桑基运河竣工，将利物浦与煤炭产地圣海伦斯等联结起来，开启了内河航运新时代。1761 年，由"运河之父"布里奇沃特公爵三世主持开凿的布里奇沃特运河通航，被誉为"世界上最伟大的人工奇迹"[①]。有人将其比之为 1830 年利物浦—曼彻斯特铁路通车，认为是英国运输史上的重大转折点。[②] 利物浦和曼彻斯特间陆路运输费用是每吨 40 先令，河运费则只有 12 先令，运河开通后运费只需 6 先令。[③] 后于 1766 年、1767 年、1792 年陆续修凿了联结赫尔港与利物浦的大基干运河、利物浦—利兹运河、联结默西河与塞汶河的斯坦福—沃斯利运河等。布里奇沃特公爵说，"一条好运河应该是脚跟沾着煤的运河。"[④] 的确，18 世纪下半叶英国的运河几乎都与煤炭产地如威根、沃斯利联系着。

交通改善有利于区域经济发展，威廉·莫斯于 1796 年介绍利物浦城市时说："通过多条国内河流和运河，利物浦与外界建立了便利、稳固的联系：如其邻近发展中的工业城市曼彻斯特、煤炭工业区威根、陶器制造区斯塔福德郡、盐业生产地柴郡。"1788 年通过河运至利物浦及由此进出口的生产原料和工业制成品达 465,000 吨，同年其海外贸易达 479,001 吨。[⑤] 18 世纪的利物浦是兰开夏、约克郡西区、斯塔福德郡、西密德兰原料和工业品的进出口港。

2. 利物浦港设施的健全

17 世纪晚期至 18 世纪，利物浦海外贸易激增，港口进出的国内外商船和利物浦商人所拥有的商船数量呈现上涨趋势。有学者统计 1707 年从利物浦港进出商船总数约为 170 艘，1753 年则达到 318 艘；1709 至 1715 年间

---

① [英] 阿萨·勃里格斯：《英国社会史》，陈叔平等译，中国人民大学出版社 1989 年版，第 251 页。

② Philip Sidney Bagwell, *The Transport Revolution*, London: Routledge, 1988, p.4.

③ Ramsay Muir, *A History of Liverpool*, p.257.

④ Philip Sidney Bagwell, *The Transport Revolution*, p.11.

⑤ Diana E. Ascott, Fiona Lewis and Michael Power, *Liverpool 1660-1750, People, Prosperity and Power*, p.23.

港口商船载货总量翻了一倍，1716 至 1744 年间商船载货总量年增长率约为 0.7%，1744 至 1851 年间年均增长率约为 4.9%。[①] 1751 年，利物浦拥有商船的数量为 22 艘，总吨位达 19,175 吨，水手 3,319 人；到 1801 年，其商船数量达到 821 艘，总吨位达 129,470 吨，水手为 12,315 人。[②]

以往商船大多借助潮涨潮落出入利物浦港。[③] 贸易扩展后需要对港口设施进行建设，市政当局也看到了这一点。1708 年 11 月市政首次提出要请专人对港口建设进行规划，以便适应日益增长的进出商船数量和商业贸易活动的发展。1718 年，利物浦第一个码头——老码头（the Old Dock）建成，至 1826 年停用。笛福形象描述了该码头："以前这里没有利于船只进出和停泊的防波堤和码头，后来利物浦商人随着其商业贸易的扩展，逐渐意识到较大码头和船坞的建成对于城市进一步发展十分有利。"[④] 此后，1753 年利物浦索尔特豪斯码头投入使用，这时两个码头总面积不超过 8 英亩。1756 至 1815 年间相继又有 4 个码头和船坞建成。1815 至 1835 年间利物浦再建造 8 个、占地总面积超过 45 英亩的码头、船坞。[⑤] 至此，码头、船坞总面积从 18 世纪中叶的 8 英亩扩增至 72 英亩。

3. 腹地经济的发展

"利物浦能够在 17 世纪中后期逐渐发展成为一个重要的港口城市，是充分利用兰开夏南部制服业的结果，其纺织品海外市场已经扩及西班牙、法国和地中海沿岸国家。"[⑥] 18 世纪中叶，利物浦已成为兰开夏纺织品的第二大出口中心。[⑦] 18 世纪 40 年代起利物浦将斯塔福德郡陶瓷产品运往北美的贸易兴起，1759 年韦奇伍德陶瓷业为韦弗河运带来 600 吨陶瓷产品，二十年后该

---

①   Diana E. Ascott, Fiona Lewis and Michael Power, *Liverpool 1660-1750, People, Prosperity and Power*, p.18.

②   Ramsay Muir, *A History of Liverpool*, p.181, p.245.

③   Diana E. Ascott, Fiona Lewis and Michael Power, *Liverpool 1660-1750, People, Prosperity and Power*, p.24.

④   Diana E. Ascott, Fiona Lewis and Michael Power, *Liverpool 1660-1750, People, Prosperity and Power*, p.25.

⑤   Ramsay Muir, *A History of Liverpool*, pp.245-246.

⑥   Peter Clark (ed.), *The Cambridge Urban History of Britain 1540-1840*, Cambridge University Press, 2000, p.404.

⑦   刘景华：《十六、十七世纪英国城市经济职能的变化及其意义》，《世界历史》1989 年第 6 期，第 59 页。

数字增长近 6 倍。^① "18 世纪中后期英国历史巨大改变是因为煤炭，距离煤炭产地远近成为各个地方工业发展快慢、好坏的重要因素。"^② 煤炭的使用和蒸汽机的发明，水力和风力被蒸汽所取代，使兰开夏纺织业在 18 世纪后期真正进入兴盛。同时，随着煤炭取代木材成为冶炼燃料，以伯明翰为中心的西密德兰铁工业也像兰开夏纺织业一样快速发展。腹地两大工业区的繁荣，促使作为其进出口港的利物浦惊人发展。

4. 利物浦市政支持

市议会是城市权力机构的核心，利物浦地方议会成立于 1580 年。第一届议会由市长主持，由 12 名市政官员和 24 名普通议员组成。表 11-2 反映了 1650 至 1750 年间利物浦议会中市政官员和普通议员的人数变化。议会中的市政官员负责规范和管理城市商业贸易、社会活动和市民日常生活等事务，市长、征税员等重要官员一般是一年一选，其他如书记员、港口和市场管理员等任期稍长。

表 11-2　1650 至 1750 年间利物浦地方议会中市政官员与普通议员人数统计 ^③

	1650s	1660s	1670s	1680s	1690s	1700s	1710s	1720s	1730s	1740s
普通议员	32	30	32	35	40	28	9	11	21	21
市政官员	9	9	7	6	8	13	8	6	6	0
总计	41	39	39	41	48	41	17	17	27	21

以商业贸易为主要经济活动的利物浦，商人阶层在议会中自然占据多数议席。表 11-3 显示，利物浦议会普通议员中商人所占比例由 17 世纪晚期的 43% 上升到 18 世纪初期的近 70%，在市政官员中也由近 58% 上升为近73%，其中尤以从事大西洋贸易的商人为主。富裕商人比普通市民更容易进入城市管理体制，掌握政治权力无疑又为商业贸易提供更多支持。如在利物浦周边河流航运改造和运河挖掘方面，市议会给予有力支持、商会提供资金保证。如联系柴郡盐业的韦弗河航运改造议案于 1737 年在市议会通过；1754

---

①　John Belchem, *Liverpool 800: Culture, Character & History*, Liverpool University Press,2006, p.127.

②　Ramsay Muir, *A History of Liverpool*, p.250.

③　Diana E. Ascott, F. Lewis and M. Power, *Liverpool 1660-1750, People, Prosperity and Power*, p.145.

年市长向议会提出要求疏通桑基河及其三条支流，可通航至圣海伦斯，将煤炭从利物浦港口输出，利物浦商会也为这一工程提供贷款；1761 年布里奇沃特公爵获议会允许开凿运河；1765 年议会通过改造韦弗河至特伦特河通航状况的议案，以及完善特伦特河至默西河航行条件的方案，并给予财政支持，还通过议案改造德比郡至默西河的航运，并将其与布里奇沃特运河连接。①

表 11-3 17 世纪晚期、18 世纪早期利物浦地方议会成员职业比例一览表（部分）②

行 业	普通议员		市政官员	
	17 世纪	18 世纪	17 世纪	18 世纪
建筑行业	3.1	6.1	—	—
制造行业	27.7	6.1	5.2	9.0
运输行业	18.5	6.1	21.0	9.0
商 业	43.1	69.7	57.8	72.7
教育行业	7.7	12.1	10.5	9.0
总 计	100.1	100.2	99.7	99.7

（二）18 世纪利物浦内外贸易

1688 年内战结束后，英国海外贸易进入了持续发展时期，利物浦城市也从中受益良多。18 世纪利物浦商人热衷于从事海外贸易和转口贸易，积极为腹地工业提供生产原料和寻找市场，扩展爱尔兰贸易规模，提升其在大西洋贸易中的地位，也与欧洲大陆国家开展贸易。1709 年、1751 年、1790 年利物浦进出船只总吨位分别为 30,210 吨、65,406 吨、479,001 吨，1709 至 1751 年年均增长率为 117%，1751 至 1790 年为 632%。③ 用"贸易革命"一词形容 18 世纪的利物浦一点也不为过。

---

① James A. Picton, F.S.A., *City of Liverpool, Municipal Archives and Records, From A.D. 1700 to the Passing of the Municipal Reform Act, 1835*, Liverpool: the Sanction of the City Council, 1886, pp.144-145, p.243.

② Diana E. Ascott, F. Lewis and M. Power, *Liverpool 1660-1750, People, Prosperity and Power*, p.150.

③ Diana E. Ascott, F. Lewis and M. Power, *Liverpool 1660-1750, People, Prosperity and Power*, pp.15-16.

1. 普通海外贸易

爱尔兰贸易为利物浦贸易持续增长提供了有力的支持：1715 年从利物浦离港的商船约有一半开往爱尔兰港口，1/10 开往西印度群岛和北美，1/10 开往欧洲。[①] 数量众多的利物浦商船越过爱尔兰海，到达都柏林等港口，输出英国产出的煤炭、盐、皮革、铁制品、纺织品，进口爱尔兰的农产品、亚麻线等。利物浦与爱尔兰间的贸易之所以能进一步增强，原因之一是 18 世纪爱尔兰的发展，此时都柏林是欧洲发展最为快速的城市之一，其人口从 1650 年的 17,000 人扩增至 1800 年的 168,000 人，贝尔法斯特和伦敦德里等城市也在成长。1709 年进出都柏林的商船达 484 艘，德罗赫达有 278 艘，贝尔法斯特有 158 艘，纽里有 62 艘，伦敦德里郡也有 30 艘。[②] 原因之二是 18 世纪上半叶英国与欧陆国家之间的战争，包括 1701 至 1714 年的西班牙王位继承战争和 1756 至 1763 年的英法战争，严重威胁着英格兰东部和南部港口的正常贸易，甚至一段时间内法国的运船不被允许靠近伦敦和布里斯托尔，而利物浦所在的爱尔兰海域则较为安全，它还是大西洋贸易的一个安全港口，出入的大陆国家商船数量超过了布里斯托尔。[③] 此时伦敦商人对于美洲商品的需求只能通过经由爱尔兰运至利物浦、再从利物浦由水陆交通运至伦敦来满足。[④]《利物浦商业备忘录》中曾写道，战争期间港口的"贸易依旧繁荣，港口受到敌军侵扰较小，来自各地的商船都选择在利物浦港口装卸货物"。1687 年从利物浦离港至北美、西印度群岛的商船共有 21 艘，至波罗的海沿岸有 6 艘，至爱尔兰和马恩岛的共 131 艘；到 1764 年，上述三者分别增长至 188 艘、66 艘、464 艘。[⑤] 原因之三是 17 世纪 70 年代柴郡岩盐的发掘，为利物浦与爱尔兰的贸易增添了新商品。[⑥] 1706 年利物浦市长穆尔克罗夫特曾

---

① John Belchem, *Liverpool 800: Culture, Character & History*, p.129.

② Diana E. Ascott, Fiona Lewis and Michael Power, *Liverpool 1660-1750, People, Prosperity and Power*, p.21.

③ Graeme J. Milne, *Trade and Traders in Mid-Victorian Liverpool Mercantile Business and the Making of A World Port*, Liverpool University Press, 2000, p.52.

④ Ramsay Muir, *A History of Liverpool*, p.137.

⑤ John Belchem, *Liverpool 800: Culture, Character & History*, p.130.

⑥ Peter Clark, *The Cambridge Urban History of Britain 1540-1840*, p.404.

指出柴郡盐贸易在利物浦商贸活动中占据重要位置，商人们经营运往爱尔兰的盐对利物浦商会也十分有利。① 此前，英国商人大多是在爱尔兰和波罗的海沿岸进口盐，布里斯托尔在英国进口盐贸易中占据主导地位。随着英格兰西北部采煤业兴起和柴郡盐矿的发现，为利物浦在盐贸易中取代布里斯托尔提供了有利条件，也使利物浦有能力参与到爱尔兰的盐贸易中。在英国王政复辟初期，利物浦与爱尔兰的盐贸易规模很小，记录表明 1672 年仅有 84 艘载盐船从利物浦港前往爱尔兰，1699 年达到 270 艘，18 世纪 20 年代年均超过 400 艘。② 而且，1680 年以前利物浦盐贸易局限于都柏林、德罗赫达，伴随爱尔兰内河航运的完善，盐贸易向北扩展至贝尔法斯特、卡里克弗格斯、纽里，向南扩展到沃特福德、科克。盐出口量从 17 世纪 80 年代年均 3 万蒲式耳增长到 1696 年的年均 30 万蒲式耳，码头还建立了布莱克本制盐厂。1713 年战争结束后，安定环境使伦敦和布里斯托尔在该区域的贸易恢复，格拉斯哥新兴的烟草贸易也对利物浦商贸地产生冲击。在这关键时期，利物浦通过出口兰开夏煤、柴郡盐两大宗贸易而继续发展。这是 18 世纪利物浦贸易繁荣的两大支柱，一直持续到 19 世纪。利物浦商人对这两类商品贸易的兴趣不低于后期的三角贸易。③

　　利物浦还开辟了与欧陆国家贸易的新线路。它在欧洲的贸易区域大致可以划分为三：其一是波罗的海沿岸地区、挪威等国家，以出口柴郡盐、进口木材、转运烟草贸易为主；1722 年从利物浦发至鹿特丹和波罗的海的船只有 42 艘，载盐量达到 157,000 蒲式耳。④ 其二是尼德兰战争后在这里建立新的商贸联系，其商人在鹿特丹港面对的竞争压力小于阿姆斯特丹港。其三是与南欧的贸易往来此时恢复较快，利其与葡萄牙里斯本和波尔图的酒贸易也开始增长。据统计，1706 年利物浦与法国、南欧、尼德兰、德国、俄国、瑞典、挪威之间的贸易船只为 12 艘，1722 年上升为 53 艘，是 1706 年的 4 倍多；而其中与南欧贸易的船

---

① James A. Picton, F.S.A., *City of Liverpool, Municipal Archives and Records, From A.D. 1700 to the Passing of the Municipal Reform Act, 1835*, p.53.

② Paul G.E. Clemens, "The Rise of Liverpool, 1665-1750", p.217.

③ John Belchem, *Liverpool 800: Culture, Character & History*, pp.126-127.

④ Paul G.E. Clemens, "The Rise of Liverpool, 1665-1750", p.218.

只从 3 艘增至 15 艘，与尼德兰从没有增至 13 艘，与挪威从 8 艘增至 13 艘。[①]

利物浦在 18 世纪迅速成长，最主要还应归结于大西洋贸易。有学者认为 18 世纪英国商业的重心在某种程度上趋向于远离欧洲，而与美洲殖民地的贸易不断上升。[②] 1664～1665 年间北美、西印度群岛贸易在利物浦海外贸易中仅占 2%，而爱尔兰贸易占 90%；1708～1709 年间前者比重已经在 30% 至 60% 之间，[③] 此后长期占据重要地位。

利物浦与北美的烟草和蔗糖贸易起步于 17 世纪中叶，在 18 世纪前二十年由于战争等因素呈现些许衰退，但 1713 年的英法《乌特勒支条约》，1720 年前后伦敦的南海泡沫事件，1721 年利物浦减轻进口工业原料、出口工业制成品税负的政策，使利物浦港美洲贸易在 18 世纪 30 年代后恢复并快速发展。1750 年利物浦从弗吉尼亚、马里兰、切萨皮克等地输入的烟草总量，是 1713 年的近 6 倍；1726～1730 年利物浦输入的烟草总量约占大不列颠烟草总进口的 7%，18 世纪 50 年代上升到 12%。[④] 与之同步增长还有与牙买加和巴巴多斯等地的蔗糖贸易：1750 年利物浦输入美洲蔗糖的总量是 1713 年的近 4 倍，其在 1720 年输入的蔗糖数占英国蔗糖进口总量的 4%，18 世纪 30 年代早期上升到 8%，1742 年达到 14%。[⑤] 蔗糖贸易改变和提升了英国人和爱尔兰人的生活品位及标准。[⑥] 利物浦输入西印度种植园产品不仅为满足本国所需，还有相当大部分是再出口到荷兰、汉堡或波罗的海各地，这是利物浦欧洲贸易的一部分。

2. 私掠贸易

18 世纪战争频发。该世纪上半叶英法两国矛盾激化，发生了西班牙王位继承战争和七年战争；下半叶爆发了美国独立战争和法国大革命等。战争给

---

① 数据源于"1665—1726 年间利物浦从欧洲大陆进口货物商船数量统计"表格。Paul G.E. Clemens, "The Rise of Liverpool, 1665-1750", p.225.

② 参见 [法] 费尔南·布罗代尔：《15—18 世纪的物质文明、经济和资本主义》，第 3 卷，第 669 页。

③ Diana E. Ascott, F. Lewis and M. Power, *Liverpool 1660-1750, People, Prosperity and Power*, p.15.

④ Paul G.E. Clemens, "The Rise of Liverpool, 1665-1750", p.216.

⑤ Paul G.E. Clemens, "The Rise of Liverpool, 1665-1750", p.216.

⑥ 参见 [特立尼达和多巴哥] 艾里克·威廉斯：《资本主义与奴隶制度》，陆至宝等译，北京师范大学出版社 1982 年版，第 71 页。

国际贸易港口城市带来严重损害。战争期间海盗掠夺商船事件经常发生，如1690 年曾有 15 艘私人海盗船和两艘法国战舰在北海峡等候从西印度群岛归来的利物浦商船，[①] 迫使利物浦从南部回到爱尔兰海域。英法七年战争期间利物浦商船深受法国海军和私人海盗的侵掠，如法国布雷斯特城盗匪 1758 年开始经常在爱尔兰海马恩岛出没，掠夺往来商船。[②]"七年战争期间利物浦几乎每一条海外贸易航线都在衰落，港口船只总吨位从 84,792 吨下降至 79,450 吨。"美国独立战争期间北美私掠船经常出没于西印度群岛，对利物浦商船同样造成破坏。一位作家曾说："战争（指英法战争）结束后不久，英国与美洲的贸易几乎陷入了僵局……现存与非洲的贸易也陆续进入停滞状态……码头略显悲凉景象，运输商船搁置无用。"[③]

深受战争所害的利物浦在正常海外贸易受阻之时兴起私掠贸易，有学者认为："起源于 1739 年的利物浦私掠贸易为其带来的益处超过了布里斯托尔和伦敦。"[④] 七年战争时期还有利物浦水手获得类似"英国最勇敢的私掠船员"之类称号。哈钦森就是一名突出的利物浦私掠船长，1757 年 6 月率配备 32 支枪、200 名船员的"利物浦号"协助英国海军作战取胜，并从法国桑岛夺回一艘英国船只。1758 年哈钦森再次出航地中海，捕获 3 艘法国船只。据记载，"利物浦号"曾掠获一艘法国私掠船，并将其在撒丁岛出售，赚取 2 万英镑；还截获两艘满载西印度群岛货物的荷兰商船。[⑤] 美国独立战争期间，利物浦私掠贸易也紧随宿敌法国之后，获得经济利益。美国一名私掠船长达林回忆说，利物浦的"伊莎贝拉号"是他的劲敌，船上 50 名水手击败了他 135 名船员，他倍感奇怪，希望以后不再遇到利物浦私掠船。[⑥] 法国大革命前期，利物浦私掠贸易更加活跃，大量的法国商船被其捕获。

战争带来的无序和混乱，使每次成功的正常海外贸易都被商人们认为是

---

① Ramsay Muir, *A History of Liverpool*, p.137.

② Ramsay Muir, *A History of Liverpool*, p.211.

③ Ramsay Muir, *A History of Liverpool*, pp.217-218.

④ Diana E. Ascott, Fiona Lewis and Michael Power, *Liverpool 1660-1750, People, Prosperity and Power*, p.19.

⑤ Ramsay Muir, *A History of Liverpool*, p.213.

⑥ Ramsay Muir, *A History of Liverpool*, p.222.

上帝的恩赐，足见其消极影响之深。虽然其间利物浦商人以武装商船私掠贸易的方式来弥补普通海外贸易的损失，但其效果和作用甚为有限。

（三）利物浦奴隶贸易

马克思曾说："利物浦本来是靠奴隶贸易成长起来的，奴隶贸易就是它的原始积累的方法。"[①] 西方学者也论道："对利物浦来说，奴隶贸易是其有益的发展体系中的重要元素之一，这种原始贸易为该城带来一笔巨大的财富。"[②]

英国的奴隶贸易开始于 1563 年，由海盗约翰·霍金斯完成。17 世纪英国非洲贸易由伦敦的非洲贸易公司垄断。1709 年，利物浦商人公司与布里斯托尔等联合向议会请愿，反对其垄断英国的奴隶贸易；[③] 同时西印度群岛和北美殖民地对劳动力需求量也要求打破其垄断地位。1713 年《乌特勒支条约》允许英国在二十年内每年向西属美洲殖民地输送 4,800 名奴隶。18 世纪三四十年代英国各港口可以自由与非洲进行奴隶贸易。伦敦、布里斯托尔、利物浦相继成为英国奴隶贸易最主要的港口。该世纪前三十年英国奴隶贸易主导者是伦敦，1725 年南海泡沫事件后出现衰退迹象；1730 年布里斯托尔奴隶贸易（输送 9,982 名非洲奴隶至北美）超过伦敦（8,553 名），而利物浦仅为 2,538 名。[④] 18 世纪 40 年代后，利物浦后来居上，以至于有学者认为，"奴隶贸易的发展史，大体上也是利物浦的发展史。"[⑤]1730 年利物浦有 15 艘船只从事奴隶贸易，1737 年增至 33 艘，1749 年共 75 艘船只，运送 23,200 名奴隶。[⑥] 1753 年的《利物浦商业备忘录》中提到利物浦此时已有 101 名奴隶贸易商人。[⑦] 表 11-4 是关于 18 世纪前中期英国三大港口的切萨皮克奴隶贸易统计，表明了利物浦如何演变成英国主要的奴隶贸易港口。18 世纪末

---

① 马克思：《资本论》，第 1 卷，第 838 页。

② S.G. Checkland, "Economic Attitudes in Liverpool, 1793-1807", *The Economic History Review,* Vol.5, No.1, 1952, p.60.

③ John Belchem, *Liverpool 800: Culture, character & History*, p.131.

④ James A. Rawley, "The Port of London and the Eighteenth Century Slave Trade: Historians, Sources and A Reappraisal", *African Economic History*, No.9, 1980, p.94.

⑤ [特立尼达和多巴哥] 艾里克·威廉斯：《资本主义与奴隶制度》，第 33 页。

⑥ Diana E. Ascott, Fiona Lewis and Michael Power, *Liverpool 1660-1750, People, Prosperity and Power*, p.19.

⑦ John Belchem, *Liverpool 800: Culture, Character & History*, p.132.

利物浦在奴隶贸易中的地位更加突出，1794 至 1807 年间几乎垄断了英国奴隶贸易。[1]1795 年，利物浦占英国奴隶贸易的 5/8，全欧奴隶贸易的 3/7。[2]1802 年，利物浦向苏里南等等输入奴隶超过 3 万人；1803 年下降为约 15,000人，1804 年又到 27,000 人，1807 年利物浦 185 艘船只运载奴隶 43,000 人。[3]据统计，1700 年至 1807 年百余年间利物浦港大约共有 5,000 艘运奴船。[4]

表 11-4 1698 至 1774 年间英国三大港口运往切萨皮克的奴隶数量及其船只数量统计 [5]

	伦 敦		布里斯托尔		利物浦	
	船只数量	奴隶人数	船只数量	奴隶人数	船只数量	奴隶人数
1698～1703	32	3,665	8	145	1	1
1704～1718	65	8,896	28	2,729	11	401
1719～1730	32	5,098	66	10,665	9	985
1731～1745	22	3,090	75	15,078	47	5,787
1746～1760	16	1,714	36	8,604	35	4,832
1761～1774	20	1,748	14	4,190	37	5,569
总 计	187	24,211	227	41,411	140	17,575

利物浦在英国奴隶贸易中能够取得突出地位，原因是多方面的。从利物浦自身看，其一是利物浦商人的成本和价格优势。"由于最大幅度地降低成本，使利物浦的商人得以低价出售其货，因而能与英国其他商人和欧洲大陆的商人进行竞争。"[6]利物浦商人在和西印度和北美贩卖奴隶价格通常比伦敦和布里斯托尔商人便宜 15% 左右。利物浦运奴船的船员和水手工资低于布里斯托尔同业者；而且利物浦商人大多将兰开夏纺织品运至非洲出售，以此作为奴隶贸易的资本，比布里斯托尔商人直接将财富作为资本投入更具有资

① James A. Rawley, *The Port of London and the Eighteenth Century Slave Trade: Historians, Sources and A Reappraisal*, pp.87-90.

② ［特立尼达和多巴哥］艾里克·威廉斯：《资本主义与奴隶制度》，第 33 页。

③ S.G. Checkland, "American Versus West Indian Trades in Liverpool, 1793-1815", *The Journal of Economic History*, Vol.18, No.2, 1958, p.148.

④ John Belchem, *Liverpool 800: Culture, Character & History*, p.132.

⑤ David Richardson, Suzanne Schwarz and Anthony Tibbles, *Liverpool and Transatlantic Slavery*, Liverpool University Press, 2007, p.99.

⑥ ［特立尼达和多巴哥］艾里克·威廉斯：《资本主义与奴隶制度》，第 33 页。

本丰厚、风险小的特点。① 其二是利物浦商人对奴隶贸易更有兴趣，对奴隶来源地和销售市场更具探险和开拓精神。利物浦的奴隶贸易，虽然主要为十大商行所垄断，但是参与者众，"几乎每个利物浦的市民都成了商人……几乎各个阶层的人对几内亚的买卖都兴趣浓厚。"② 也有人认为布里斯托尔奴隶贸易衰落的原因在于其贸易路线和商品的传统化，而利物浦商人则更乐于开拓。③ 表 11-5、11-6 显示，1741 至 1810 年利物浦奴隶贸易商人致力于奴隶来源地和出售地的扩展，而布里斯托尔商人则局限在黄金海岸、安哥拉掠买奴隶，出售市场也集中在弗吉尼亚。

表 11-5　1741 至 1810 年间利物浦港从非洲奴隶来源地输出数量统计④

	塞内甘比亚	塞拉利昂	向风海岸	黄金海岸	贝宁湾	比夫拉湾	西非中部	总　计
1741～1750	2,160	0	460	1,561	684	10,143	6,519	21,527
1751～1760	9,247	2,900	7,757	14,263	8,132	30,876	12,919	86,094
1761～1770	5,518	14,432	27,612	15,915	17,280	55,361	13,643	150,761
1771～1780	3,616	14,796	21,132	17,773	10,548	56,799	6,150	130,814
1781～1790	1,456	8,833	9,351	28,520	13,549	82,588	11,607	155,904
1791～1800	2,682	11,128	12,153	18,293	14,738	111,363	92,530	262,887
1801～1810	2,301	7,869	6,080	14,846	6,504	80,640	53,420	171,660

表 11-6　1741 至 1810 年间利物浦港运送至美洲各地奴隶数量统计⑤

	切萨皮克	卡罗莱纳	牙买加	巴贝多	英属利瓦尔兹	特立尼达和多巴哥	圭亚那	法属加勒比海	西属加勒比海	总　计
1741～1750	1,449	633	24,383	10,228	6,663	0	0	578	239	44,173
1751～1760	3,420	6,225	43,598	22,123	11,966	0	165	11,092	190	98,779
1761～1770	4,561	8,207	40,056	21,269	23,454	26,910	326	9,151	1,307	135,241
1771～1780	793	6,387	53,626	7,866	18,157	38,849	0	880	0	126,558
1781～1790	0	2,217	63,595	3,767	9,746	70,751	0	804	9,410	160,290
1791～1800	0	0	116,163	15,282	4,195	47,923	26,164	19,030	8,852	237,609
1801～1810	0	12,719	50,493	5,344	5,129	33,035	43,074	9,814	14,276	173,884

---

① Diana E. Ascott, Fiona Lewis and Michael Power, *Liverpool 1660-1750, People, Prosperity and Power*, p.26.

② [特立尼达和多巴哥] 艾里克·威廉斯：《资本主义与奴隶制度》，第 35—36 页。

③ Diana E. Ascott, Fiona Lewis and Michael Power, *Liverpool 1660-1750, People, Prosperity and Power*, p.26.

④ Kenneth Morgan, *Liverpool's Dominance in the British Slave Trade 1740-1807*, p.25.（表格部分有修改）

⑤　Kenneth Morgan, *Liverpool's Dominance in the British Slave Trade 1740-1807*, pp.30-31.（表格部分有修改）

1750 年以前，英国的工商业城镇几乎没有不和三角贸易发生关系的，从贸易中获得利润是英国资本积累的主要渠道之一。[1] 利物浦更不例外，奴隶贸易的巨额利润是其经济发展、资本积累的重要途径。一方面直接从事贩卖奴隶贸易获利很大，每个奴隶的最高市场价格将近 25 英镑。[2] 根据当时一位作者估计，1783 至 1793 年利物浦共有运奴船只 878 艘，运载奴隶达 303,737 名，扣除运输费、保险费等成本，每年纯收入约为 30 万英镑。[3] 另一方面，大三角贸易使得每次奴隶贸易可得三次利润，也就是三次追加资本。从利物浦将英国工业品运至非洲高价出售，获得第一笔利润；从非洲运载黑人奴隶，在北美、西印度售出后获得第二笔利润；再从北美满载烟草、蔗糖、棉花等产品返回英国本土，获得第三笔利润。1737 年，利物浦"活跃号"货船装载了价值 1,307 英镑的货物，返回时带来殖民地产品总额为 3,080 英镑的汇兑支票，还未把随后交易的棉花和蔗糖计算在内。1751 年，利物浦"安号"货船出航时设备及所载货物共值 1,604 英镑，归来共获净利 3,287 英镑；1753 年再次出航，货物和设备价值 3,153 英镑，获得净利 4,847 英镑。[4] 表 11-7 是利物浦在 1783 至 1793 年间奴隶贸易高峰从三角贸易获取利润的统计，可见三角贸易为利物浦带来的利润是巨额的。因此，虽然奴隶贸易有风险，据说从 1772 年到 1778 年利物浦商人共损失 70 万英镑；1773 年控制奴隶贸易的 30 个大家族到 1788 年就有 12 家破产，[5] 但仍有许多商人热衷于此，毕竟一次出航利润最高可达 300%。表 11-8 列举了 18 世纪利物浦大奴隶贸易商的个人资产。

除巨大经济利益诱惑外，基督教认可奴隶贸易商人也是一个重要原因。"被上帝惩处的非洲奴隶，要以永恒的被奴役方式弥补其祖先所犯下的罪恶；而对非洲黑人的奴役和贩卖，又是在实现着上帝的意志。"[6] 这在宗教理论上

---

① 参见 [特立尼达和多巴哥] 艾里克·威廉斯：《资本主义与奴隶制度》，第 48—49 页。

② 张卫良：《英国社会的商业化历史进程 1500—1750》，第 306 页。

③ Ramsay Muir, *A History of Liverpool*, p.193.

④ [特立尼达和多巴哥] 艾里克·威廉斯：《资本主义与奴隶制度》，第 34 页。

⑤ [特立尼达和多巴哥] 艾里克·威廉斯：《资本主义与奴隶制度》，第 36 页。

⑥ Ramsay Muir, *A History of Liverpool*, p.190.

为奴隶贸易找到了借口。而且基督教会也采取支持态度。利物浦著名的奴隶商人约翰·牛顿在利物浦教堂就贩奴冒险获成功而一再谢恩，并祈求上帝保佑他今后再成功。他在贩奴船上每天亲自主持两次公众礼拜，每周还要斋戒一天，并跪地虔诚祈祷。他说："前两次航行去几内亚做生意时我感到十分满意，觉得时常能感受到与上帝同在，这些是以往从未有过的。"[①]

表 11-7　1783 至 1793 年间利物浦三角贸易获利统计（英镑）[②]

年　份	利　润	年　份	利　润
1783	1,958,500	1789	881,550
1784	1,266,000	1790	1,368,100
1785	1,474,500	1791	1,555,550
1786	1,584,500	1792	1,946,000
1787	1,276,000	1793	716,150
1788	1,160,000		

表 11-8　18 世纪 94 位利物浦主要奴隶贸易商个人财产统计[③]

价值（英镑）	人数	比例
低于 300	12	12.8%
300～999	8	8.5%
1,000～1,999	12	12.8%
2,000～4,999	23	24.5%
5,000～9,999	17	18.1%
10,000～14,999	6	6.4%
15,000～19,999	3	3.2%
20,000～24,999	3	3.2%
25,000～29,999	1	1.1%
30,000 以上	9	9.6%
总　计	94	

---

① [特立尼达和多巴哥] 艾里克·威廉斯：《资本主义与奴隶制度》，第 40 页。

② 此表格自制，数据源自：J.M'Creery, *A General and Descriptive History of the Ancient and Present State of the Town of Liverpool*, Liverpool,1796, pp.240-250.

③ David Richardson, Suzanne Schwarz and Anthony Tibbles, *Liverpool and Transatlantic Slavery*, p.169.

1709 年利物浦一艘 30 吨位小船从非洲运回 15 名奴隶，成为利物浦奴隶贸易的开端。此后近一个世纪，利物浦从奴隶贸易中获利颇多。就在利物浦商人沉浸在这一巨大成功之时，英国民众对奴隶贸易的态度发生转变，由最初温和的指责和批判发展为激烈的冲突和斗争。1787 年伦敦成立了废除奴隶贸易的社会团体，利物浦也有类似声音出现，如商人本特利和罗斯科早在 1783 年以前就反对奴隶贸易，拉斯伯恩和柯里等都是利物浦废奴运动的代表。1788 年颁布限制奴隶贩子权利的法案，对利物浦产生的第一个影响就是使 22 名船长、47 名大副和 350 名水手失业，他们的家族及相关的商人脱离了非洲贸易。[1] 随着废奴者在议会渐渐占据优势，1807 年 5 月 1 日利物浦最后一艘运奴船"玛丽号"返回，标志着它的近百年奴隶贸易结束。虽然短期内对利物浦产生了消极影响，如 1807 年港口总吨位从年初 662,309 吨下降至年末 516,836 吨，海关税收由 62,831 英镑降为 40,638 英镑，[2] 但随着兰开夏郡棉纺织业的飞速发展、英国自由贸易政策的推行，工业革命期间利物浦的商贸、工业和金融仍然取得全面进步。

三　利物浦与工业革命

利物浦工商业在工业革命期间加速发展，人口亦增长很快。1801 至 1871 年间，利物浦人口增长速度明显快于曼彻斯特。[3] 1801 年，利物浦市人口为 77,653 人；由于人口自然增长、外来移民以及城市区划扩增等因素，至 1911 年其人口增长近 10 倍，一战前约有 746,421 人。[4] 在移民中，爱尔兰移民比重较大，1841 年有 49,639 人，1851 年上升为 83,813 人，19 世纪 70 年代后

---

① ［特立尼达和多巴哥］艾里克·威廉斯：《资本主义与奴隶制度》，第 55 页。

② James A. Picton, F.S.A., *City of Liverpool, Municipal Archives and Records, From A.D. 1700 to the Passing of the Municipal Reform Act, 1835,* p.348.

③ Edwin Cannan, "The Growth of Manchester and Liverpool, 1801-1891", p.112.

④ John Belchem, *Liverpool 800: Culture, Character & History*, p.171.

移民数量逐渐下降。①

（一）利物浦港口职能的再发展

18世纪以海外贸易为亮点的利物浦，在工业革命时期与兰开夏棉纺织业相互依托、并行发展，海外贸易规模增大，真正成为英格兰西北工业区原料和工业品的进出口港。从18世纪初至1835年，港口进出总吨位从450,060吨上升至1,768,426吨，海关税收从23,380英镑增长至20万英镑。②19世纪末期，利物浦成为世界第三或第四大港口，承担着英国1/3的出口贸易和1/4的进口贸易；根据海关记录，有近1/3的英国商船和1/7的世界各国商船进出该港口，利物浦所拥有船只的平均吨位大于英国其他港口。③

兰开夏棉纺织业兴起于18世纪，但至该世纪中叶时并不是很繁荣，1760年乔治三世加冕典礼上，曼彻斯特没有棉纺织工列队游行。④而湿润的自然气候有助于兰开夏乡村纺织工业的发展。同时，18世纪兰开夏纺织业也出现了包买商，生产分工日趋专业、细化，由"棉布老板"将生产原料发放给织工梳理、粗纺，织工可能雇佣了纺工，纺工又可以自己雇佣梳理工和粗纺工进行生产，产品完成后转回棉布老板之手出售给商人和贸易者。工业革命时期以曼彻斯特为中心的兰开夏棉纺织业，棉布产量激增，远销欧美非洲。

"曼彻斯特的发展，是与利物浦的发展，与利物浦的出海口以及整个世界市场都有密切联系"⑤；18世纪中叶起利物浦对兰开夏和约克郡纺织业的作用，远超其他港口。⑥18世纪中后期利物浦的奴隶贸易商人，在美国独立战争之时就已开始不将贸易局限在非洲奴隶上，而是寻找多种替补贸易，譬如棉花贸易。约翰·斯帕林曾是一名奴隶贸易商人，1790年开始将贸易拓展至

---

① Edwin Cannan, "The Growth of Manchester and Liverpool, 1801-1891", p.113.

② James A, Picton, F.S.A., *City of Liverpool, Municipal Archives and Records, From A.D. 1700 to the Passing of the Municipal Reform Act, 1835,* p.347.

③ Ramsay Muir, *A History of Liverpool,* p.298.

④ 参见 [法] 保尔·芒图：《十八世纪产业革命》，第159页。

⑤ [特立尼达和多巴哥] 艾里克·威廉斯：《资本主义与奴隶制度》，第64、67页。

⑥ James A. Picton, F.S.A., *City of Liverpool, Municipal Archives and Records, From A.D. 1700 to the Passing of the Municipal Reform Act, 1835,* p.236.

棉花进口方面。[①] 东印度和中国也可提供棉花，因此工业革命时期利物浦直接从东西印度群岛获得原棉，成为重要的棉花贸易港口。[②] 霍布斯鲍姆曾说棉纺织工业的发展速度基本上标志着整个英国经济的发展速度，不久前还是英国最大黑奴贸易港的利物浦，现在成了进口美国原棉的重要港口。[③] 保尔·芒图也认为，兰开夏堪称为大工业的发祥地，首先是依靠了利物浦及其商业的发展。[④]

利物浦棉花的来源很广，先是来自美国的棉花替代了西印度原棉，美国南北战争期间印度、中国的棉花又弥补了美国棉花的数量下降，战后美国再次恢复其在英国棉花进口的优势。18 世纪下半叶，利物浦开始进口西印度群岛棉花，起初棉贸易规模很小，1758 年仅从牙买加运回 25 袋棉花；随后快速增长，1770 年从西印度运回棉花 5,521 袋。[⑤] 此时美国的棉花出口数量很少，1770 年利物浦港从纽约仅运回 3 袋棉花，1784 年海关记载从美国运进棉花 8 袋。[⑥] 直到 19 世纪美国才成为为兰开夏棉纺业原料的重要产地。1786 至 1790 年间，美国提供的棉花还不到英国所需的 1%。[⑦] 1820 年由美国输入的棉花第一次占英国进口棉花总量的一半以上，1820 至 1830 年间上升至 3/4。[⑧]1846 至 1850 年为 4/5。[⑨] 1851 至 1860 年占 72%，1860 年所占比例高达 85%。[⑩] 而于 1786 至 1790 年间向英国提供进口棉花 7/10 的西印度种植园，1826 至 1830 年间仅提供 1/15，1846 至 1850 年下降到不

---

①   John Belchem, *Liverpool 800: Culture, Character & History*, pp.137-138.

②   参见 [法] 保尔·芒图：《十八世纪产业革命》，第 156 页。

③   参见 [法] 费尔南·布罗代尔：《15—18 世纪的物质文明、经济和资本主义》，第 3 卷，第 665 页。

④   参见 [法] 保尔·芒图：《十八世纪产业革命》，第 84 页。

⑤   Ramsay Muir, *A History of Liverpool* , p.262.

⑥   Ramsay Muir, *A History of Liverpool*, p.262.

⑦   [特立尼达和多巴哥] 艾里克·威廉斯：《资本主义与奴隶制度》，第 123 页。

⑧   [英] 约翰·克拉潘：《现代英国经济史》，中卷，第 285—286 页。

⑨   [特立尼达和多巴哥] 艾里克·威廉斯：《资本主义与奴隶制度》，第 123 页。

⑩   [英] 约翰·克拉潘：《现代英国经济史》，中卷，第 285—286 页。

足 1%。^① 1850 年纽约成为美国第三大棉花贸易港口，^② 利物浦与纽约的紧密联系是 19 世纪利物浦海外贸易的主要特点之一。美国内战期间，利物浦与纽约之间的商贸联系仍得到加强。^③ 然而，英美棉花贸易 "奠定在有限制的奴隶劳动这个不可靠的基础上"^④，美国南北战争反对种植园奴隶制，导致英国棉花进口量骤减，棉价快速上涨。因此，英国棉花供应协会选择了印度为棉花供应地，辅以南美洲的巴西等。利物浦商人能直接与东印度进行棉花等贸易往来，是因为 19 世纪英国贸易已走向自由，英国东印度公司对远东贸易的控制和垄断已逐渐削弱。1814 年后远东市场渐渐成为利物浦又一个重要的贸易对象。不过，虽然印度在英国棉花进口中的比重不断上升，1864 年甚至达到了 2/3，但东方棉花仍是无法满足英国所需，而且印度的棉花还是短纤维，较为粗糙。"棉荒"伴随着南北战争结束而停止，美国棉花种植业迅速发展，1870 年又占了英国进口棉总量的 50%，1880 至 1884 年美国供应了英国所需棉花的 74%。^⑤ 得地利之便的利物浦是英国进口棉贸易的最重要港口，1802 年英国棉花进口有一半是通过利物浦港的，1812 年达 2/3，1833 年高达 9/10。^⑥ 19 世纪四五十年代，由利物浦进口的棉花约占兰开夏所需原棉总量的 75%～90%，利物浦年进口棉花从 1810 年的 4 万吨增长到 1850 年的近 36 万吨。^⑦ 而且，利物浦棉贸易商控制了占英国港口总仓储量 71%，在美国内战时期抬高棉花价格，获取暴利。^⑧ 如 1 磅 "高原棉" 的价格，从 1848 至

① ［特立尼达和多巴哥］艾里克·威廉斯：《资本主义与奴隶制度》，第 123 页。

② Graeme J. Milne, *Trade and Traders in Mid-Victorian Liverpool Mercantile Business and the Making of A World Port*, p.63.

③ Graeme J. Milne, *Trade and Traders in Mid-Victorian Liverpool Mercantile Business and the Making of A World Port*, p.50.

④ ［英］约翰·克拉潘：《现代英国经济史》，中卷，第 286—287 页。

⑤ ［英］约翰·克拉潘：《现代英国经济史》，中卷，第 287 页。

⑥ ［特立尼达和多巴哥］艾里克·威廉斯：《资本主义与奴隶制度》，第 157 页。

⑦ Francois E. Hyde, *Liverpool and the Mersey: An Economic History of a Port 1700-1970*, David & Charles: Newtow Abbot, 1971, p.41.

⑧ Graeme J. Milne, *Trade and Traders in Mid-Victorian Liverpool Mercantile Business and the Making of A World Port*, pp.49-50.

1857 年 5.75 便士和 1858 至 1860 年的 6.75 便士，1864 年抬高至 27.5 便士。[1]

善于抓住商机的利物浦商人在 19 世纪又致力于开拓新的贸易市场，如加勒比海和中南美洲等。拿破仑战争期间南美洲开始成为英国进口棉花的产地，利物浦与南美洲的商贸联系兴起。[2] 拉丁美洲革命的成功打破了西班牙所设置的贸易障碍。利物浦议会积极上书国会建议英国承认中南美洲国家的独立地位，使得商人们可以与之自由贸易，这为后来利物浦成为英国和南美洲之间的主要贸易港口奠定基础。如利物浦商人约翰·格莱斯顿就在其原有贸易的基础上，更热衷于与南美之间的商业往来，从中赚取利润。[3]

19 世纪利物浦海外贸易的持续发展、港口职能的再次强化，既缘于国内交通运输系统的完善，也得益于港口自身紧跟变化实际而及时作出调整。1805 年开通了长达 93 英里的大联运运河，将英格兰北部和南部的所有运河联结、并与泰晤士河连通，使伦敦与利物浦之间的路程由 269.5 英里缩短为 138.5 英里，成为伦敦与中部、西北部的一条重要交通要道。[4] 另外，1835 年伯明翰至曼彻斯特运河通航，标志着英国建成完整的运河系统，各地区之间形成相互联系的整体。因此，有学者评价这是"英国第一次成功建立全国性的交通体系"[5]。在铁路建设上，1830 年 9 月 15 日利物浦至曼彻斯特铁路通车，这对商品集散中心利物浦尤其具有跨时代意义。利物浦港口自身码头的专门化建设也在加强。汽船研制、试航，使得承担海外贸易运输的帆船逐渐被取代，棉花贸易运输中汽船逐渐成为主力，[6] 港口码头建设必须改进以便适应新的需要。利物浦首个汽船码头于 1830 年建成，1848 年、1852 年又相

---

[1]　[英] 约翰·克拉潘：《现代英国经济史》，中卷，第 286 页。

[2]　Graeme J. Milne, *Trade and Traders in Mid-Victorian Liverpool Mercantile Business and the Making of A World Port*, p.53.

[3]　Graeme J. Milne, *Trade and Traders in Mid-Victorian Liverpool Mercantile Business and the Making of A World Port*, pp.51-52.

[4]　Ramsay Muir, *A History of Liverpool*, p.258.

[5]　J. Douglas Porteous, *Canal Ports: The Urban Achievement of the Canal Age*, London and New York: Academic Press, 1977, p.16.

[6]　Graeme J. Milne, *Trade and Traders in Mid-Victorian Liverpool Mercantile Business and the Making of A World Port*, p.63.

继建成第二个、第三个，后来还一再扩建。[1] 1855 至 1870 年间驶入利物浦港的外国船只数量增加 1,000 多艘，最繁忙月份与最清闲月份之间进港船只数量差也在减少。[2] 码头的新建扩建适应着运输需求。1821 年利物浦港共有 9 个码头；19 世纪 30 年代码头可使用总面积为 44 英亩，19 世纪 40 年代扩增到 50 英亩，19 世纪 50 年代上升至 72 英亩。[3] 码头专门化不仅适应着船只类型和吨位大小需要，在面向贸易市场和装卸商品种类方面也有分工。如 1795 年利物浦各码头有明确的海外市场分工：老码头主要停泊西印度贸易和非洲贸易商船，也泊部分欧洲和爱尔兰贸易船只；索尔特豪斯码头主要停泊谷物和木材贸易船只；圣乔治码头主要停泊西印度贸易商船；国王码头主要停泊美洲和波罗的海沿岸贸易船只；女王码头主要停泊美洲贸易和格陵兰渔业船只。[4] 1832 年建成的布伦瑞克码头主要用于加拿大木材贸易，至少至 1857 年。[5] 艾伯特码头是远东贸易船只的主要停泊处，1845 至 1855 年占据了利物浦远东贸易税收总额的 52%。[6] 1855 年由利物浦港进口的中国丝绸有 87% 在这里卸载；同年进口的 40,035 箱中国茶叶有 37,616 箱在艾伯特码头卸货，1863 年 13,192 箱进口中国茶叶中 13,188 箱在这里卸载，可谓垄断了利物浦与中国的茶叶贸易。19 世纪 50 年代中期，利物浦棉花贸易有四大码头，1855 年这四个码头的棉花进口总量占利物浦港总输入量的 67%，1870 年艾伯特成为利物浦进口中国棉花的单一码头。[7] 19 世纪还出现了班轮运

---

[1]　Graeme J. Milne, *Trade and Traders in Mid-Victorian Liverpool Mercantile Business and the Making of A World Port*, pp.73-75.

[2]　Graeme J. Milne, *Trade and Traders in Mid-Victorian Liverpool Mercantile Business and the Making of A World Port*, p.71.

[3]　Graeme J. Milne, *Trade and Traders in Mid-Victorian Liverpool Mercantile Business and the Making of A World Port*, p.67.

[4]　John Belchem, *Liverpool 800: Culture, Character & History*, pp.137-138.

[5]　Graeme J. Milne, *Trade and Traders in Mid-Victorian Liverpool Mercantile Business and the Making of A World Port*, p.76.

[6]　Graeme J. Milne, *Trade and Traders in Mid-Victorian Liverpool Mercantile Business and the Making of A World Port*, p.81.

[7]　Graeme J. Milne, *Trade and Traders in Mid-Victorian Liverpool Mercantile Business and the Making of A World Port*, pp.82-83.

输。① 这与交通运输工具改进即汽船应用有关，航行时间的精确度加强了。班轮运输最早出现于 19 世纪初，1818 年美国黑球轮船公司开辟了从纽约至利物浦的运送移民、邮件和货物的定期航线。1840 年丘纳德公司开通了定期的利物浦至纽约的航线，两周一次。利物浦成为全球各地之间班轮运输中的一站，这种固定、规律的运输方式极为便利了货物的输送和乘客的流动。

（二）利物浦与中国贸易的兴起

19 世纪利物浦在将港口定位为英国西北工业区原料和制成品进出口中心的同时，还紧扣英国社会流行的"中国风"热潮，开展以中国为中心的远东海外贸易，为英国输入具有中国传统文化元素的、深受英国社会各阶层喜爱的中国商品。

"Chinoiserie"一词可译为"中国风"或"中国热"，更为确切地说是指欧洲社会对以中国为中心、包括日本与印度等东亚和南亚国家所生产的能够表现其文化内涵和风格的商品或艺术品的喜爱。英国王室比普通民众更早表现出对中国产品的兴趣，如伊丽莎白一世、菲利普二世等就是中国瓷器的收藏家。17 世纪后期，受荷兰使节和传教士带回欧洲的中国商品和真实表现中国生活的绘画作品的影响，② 以及法国传教士获取的汉学著作在英国的翻译和出版，使"中国风"热潮在英国普通民众中间渐渐兴起。17 世纪英国的动荡和天灾人祸让深受其害的普通民众向往和平安宁的生活，需要一个世外桃源般的理想国，大众心理的变化为中国商品在英国深受喜爱提供了基础。③ 这种自上而下的"中国风"持续了两个多世纪，极大促进了英国市场对诸如茶叶、刺绣、银器、漆器等中国商品和工艺品的需求。

然而 17、18 世纪英国的远东贸易主要控制英国东印度公司的手中。工业革命后，英国工业资本同商业资本为争夺印度展开激烈斗争，东印度公司对印度的控制和贸易垄断日益被打破。利物浦是东印度公司贸易垄断的受损者，

---

① Ramsay Muir, *A History of Liverpool*, p.299.

② Carl Christian Dauterman, "Dream Pictures of Cathay: Chinoiserie on Restoration Silver", *The Metropolitan Museum of Art Bulletin*, New Series, Vol. 23, No. 1 (Summer, 1964), pp.11-25.

③ Carl Christian Dauterman, "Dream Pictures of Cathay: Chinoiserie on Restoration Silver", p.6.

市议会于 1812 年 3 月 20 日向国会众议院请愿，很快松动了东印度公司的贸易垄断权，利物浦与中国的贸易开始恢复。[1] 许多利物浦商人为远东贸易的恢复起了重要作用，终于在 1834 年，英国与中国可以自由地进行商业贸易活动，[2] 利物浦在这一贸易中同伦敦形成竞争和抗衡关系。[3] 利物浦商人和运输业者早已认识到这一机遇，如 1833 年一位利物浦商人在信中写道："利物浦、格拉斯哥已经为远东贸易进行了充分的准备，明年 4 月份将会有数量众多的商船开往中国以及东方的每一个角落。"[4] 他们关注并从事着远东中国贸易，逐渐成为英国同中国贸易的重要港口之一。[5] 约翰·斯怀尔就是该贸易中众多利物浦商人中的一位，他在 19 世纪英国棉纺织业占据优势之时，将创业地点转移至利物浦。1860～1861 年间，他的后人又开始将目光转向中国，经营从中国进口茶叶和丝绸、出口英国纺织品的贸易活动。1866 年，太古洋行在中国上海成立，长江流域开埠后，1872 年又成立了太古轮船公司。至此，约翰·斯怀尔等商人可与中国进行直接贸易往来，霍尔特设计制造了新型汽船，将利物浦至远东的茶叶运输业务全部揽在公司旗下。除经营布匹进口和茶叶出口外，其业务范围逐步扩大至拖驳、船厂、糖房、油漆厂、码头、堆栈、保险等。19 世纪 70 年代，太古轮船公司在日本横滨、中国香港等多个港口设有分公司。1894 年拥有轮船 29 艘，总吨位 34,543 吨；19 世纪末，其经营航线扩展至俄国海参崴、日本、菲律宾、马来西亚、印尼、泰国和澳洲等地。[6] 此外，利物浦的中国贸易也包含较小规模的私人活动。如利物浦霍尔特公司运输船长罗伯特·汤姆森，工作之余长期进行着以赚取利润为目的的私人贸易活动。1859 至 1871 年间其茶叶运输发展至顶

---

[1]　James A. Picton, F.S.A., *City of Liverpool, Municipal Archives and Records, From A.D. 1700 to the Passing of the Municipal Reform Act, 1835,* pp.349-350.

[2]　Peter Lang, *Liverpool China Traders*, Christina Baird, Peter Lang AG, International Academic Publishers, Bern, 2007, p.36.

[3]　Peter Lang, *Liverpool China Traders*, p.35.

[4]　Peter Lang, *Liverpool China Traders*, pp.35-36.

[5]　Peter Lang, *Liverpool China Traders*, p.49.

[6]　沈关宝、李聆：《泊下的记忆：利物浦老上海海员群体研究》，复旦大学出版社 2008 年版，第 17—21 页。

峰，其运茶船经常满载货物回到英国，返航时带出英国食品及利物浦生产的钟表等。①

远东贸易自由后，利物浦商人将大量含有中国文化元素的商品带回国内，其中不乏各种中式日常生活用具，如陶瓷器、中国服装、链扣等金属制品、金银珠宝、银器、中草药、香料、樟脑、丝绸、茶叶、绘画、扇子等。② 中式家具也深受西方人喜爱，尤其在 1800 至 1830 年间达到高峰，漆器家具在美国市场上很受欢迎，竹制家具在英国也如是，③ 以致于这时中国的家具制造业将供应国内和出口国外的产品区分制造，生产日益专门化。④ 中国产品美化和丰富了英国普通民众的生活方式。越来越多的人乐于选择中国的工艺制品，类似于同期的中国城市出现一类"洋化"人群，利物浦也出现了崇尚中国艺术风格的人群。⑤

（三）利物浦的工业和银行业

工业革命期间，利物浦的商业活动更加频繁，港口职能进一步强化。同时利物浦的工业也得到逐步加强，城市功能趋于复杂化，而不仅仅是一个商业中心和货物集散港口。⑥

活跃的商业贸易和港口运输业，为利物浦造船工业和船舶修理业的发展提供有利条件。18 世纪中叶利物浦南北码头附近已有数量众多的造船厂和船舶修理厂。⑦ 18 世纪 90 年代初利物浦造船厂建造过英国第五大吨位的船只。⑧ 奴隶贸易和三角贸易更是促进了造船业包括运奴船建造的繁荣，1775 至 1800 年是利物浦造船业发展的最高峰。⑨ 1778 至 1811 年间利物浦造船厂还为英

---

① Peter Lang, *Liverpool China Traders*, pp.80-81.

② Peter Lang, *Liverpool China Traders*, p.40.

③ Peter Lang, *Liverpool China Traders*, pp.134-135.

④ Peter Lang, *Liverpool China Traders*, p.130.

⑤ Peter Lang, *Liverpool China Traders*, p.49.

⑥ Diana E. Ascott, Fiona Lewis and Michael Power, *Liverpool 1660-1750, People, Prosperity and Power*, p.23.

⑦ Ramsay Muir, *A History of Liverpool*, p.180.

⑧ John Belchem, *Liverpool 800: Culture, Character & History*, p.135.

⑨ Ramsay Muir, *A History of Liverpool*, p.247.

国皇家海军建造了不少于 21 艘各类战船。[1] 奴隶贸易还带动了其他相关工业的发展，如制绳业。[2] 又如附属于造船厂的铸造铁链、铁锚的工厂。生产护船用的铜板，既促进了利物浦地方工业的发展，又使周围地区为满足利物浦的需要而得到发展，如兰开夏和柴郡冶炼的铜。[3] 还有酿造专门满足贩奴船所需甜酒的工厂，1765 年利物浦办起了两个烧酒厂。[4] 利物浦城市历史悠久的钟表业、制糖业等在 18、19 世纪之交继续繁荣。1800 年钟表业雇佣工人达 2,000 人之多，每周生产钟表 150 余只，产品出口至美洲及欧洲的日内瓦等地。[5] 至于随 17 世纪蔗糖贸易而兴起的利物浦制糖业，1774 年共有八家制糖厂将蔗糖精加工销往附近地区，其中布兰卡糖厂兼作经营奴隶贸易，是全英国的最大企业之一。[6] 18 世纪晚期利物浦还有一个特殊工业一度兴盛——捕鲸业和鱼油炼制业。1788 年其捕鲸业发展至顶峰，有捕鲸船 21 艘，总吨位为 6,485 吨。捕鲸业的发展促使鱼油炼制业兴起，在女王码头旁边建造了一个大型鱼油炼制工厂，还有几个鲱鱼加工厂，其产品远销地中海。[7]

利物浦工业在工业革命期间起伏跌宕，而其银行金融业也是一波三折。1774 年的出版物中才首次看到有银行家的记载："威廉·克拉克，银行家兼亚麻布商人，34，城堡街。"[8] 此后，随着英国地方银行数目呈几何级数上升，利物浦私人银行也逐渐发展起来。利物浦早期银行家多为从事奴隶贸易、三角贸易的商人，他们逐渐从一般贸易转向专门贸易、再转向金融业。减少海外贸易风险和压力、便于汇票兑换和资金流转是地方贸易商人逐渐开始从事银行业务的原因之一。19 世纪初期利物浦出现了经营私人银行的热潮。利物浦城市银行史上最为出名的两家银行分别是海伍德银行和莱兰–布林斯银行。

---

[1]　Ramsay Muir, *A History of Liverpool*, p.247.

[2]　Ramsay Muir, *A History of Liverpool*, p.180.

[3]　参见 [特立尼达和多巴哥] 艾里克·威廉斯：《资本主义与奴隶制度》，第 79 页。

[4]　[特立尼达和多巴哥] 艾里克·威廉斯：《资本主义与奴隶制度》，第 74 页。

[5]　Ramsay Muir, *A History of Liverpool*, p.248.

[6]　[特立尼达和多巴哥] 艾里克·威廉斯：《资本主义与奴隶制度》，第 71 页。

[7]　Ramsay Muir, *A History of Liverpool*, p.247.

[8]　John Hughes, *Liverpool Banks & Bankers 1760-1837*, p.2.

利物浦私人银行经过初期发展后，于 19 世纪 30 年代后逐渐向合股银行转化。利物浦首家合股银行是曼彻斯特–利物浦地区银行。1831 年 5 月利物浦银行成立，这是第一个仅由利物浦商人合股创立的银行。先前的许多私人银行也开始向合股银行转变。1830 年利物浦共有七家私人银行，几年后两家转变为合股银行，一家破产，四家先后被并入其他银行。[1] 在很大的程度上，利物浦的银行受到伦敦金融家的牵制。

　　总之，建城于 13 世纪初期的利物浦，直到 17 世纪后期才开始了它真正的发展。它处于工业革命中心区的特殊地位，不但使自己作为对外窗口而对腹地的工业革命贡献巨大，而且也在做出这些贡献时壮大了自己，最终崛起为英国最重要的地方城市之一。

---

[1]　John Hughes, *Liverpool Banks & Bankers 1760-1837*, pp.34-35.

第十二章
分化与分工：密德兰农业区的转型道路

密德兰（Midlands），字面含义就是"中部土地"的意思。这一地区位于英国中部，西接威尔士，东依北海，是东南部和西南部通往北方的必经之地，地理位置优越，交通发达，资源丰富，内有塞文河、埃文河、特伦特河等河流。密德兰作为一个地理区域，研究者对其所涵盖范围有不同看法，但大体上应包括 11 个郡。[①] 按照当代英格兰经济区域的划分，密德兰分为东密德兰和西密德兰两个区域，东密德兰包括林肯、北安普顿、德比、诺丁汉、莱斯特和拉特兰 6 个郡，西密德兰包括斯塔福德、沃里克、伍斯特、什罗普、赫里福德等 5 个郡。[②] 本章以这 11 个郡为研究范围。

在中世纪，密德兰是英国主要农业区之一。到了转型时期，密德兰区则出现了明显的经济分化和地区分工，由此形成了传统农业区转型的密德兰"道路"。本章将密德兰区的转型分成三阶段来考察。第一阶段是 11～13 世纪，密德兰是典型的中世纪农业经济区。从其土地制度、农业生产、农民身分、城市的兴起及职能诸方面予以考察，可以揭示一个中世纪典型农业

[①]　关于密德兰范围的界定有广义和狭义之分。狭义上的密德兰即上述 11 郡。广义上的密德兰笼统地指广袤的英格兰中部地区，即除上述 11 郡外，还包括了贝德福德、亨廷顿、白金汉、牛津、伯克、格洛斯特 6 郡。见张芝联主编：《世界历史地图集》，中国地图出版社 2002 年版，第 40 页。也可参阅《欧洲中世纪简史》中的有关地图。

[②]　当代英格兰共划分为 9 个经济区域，即东北区（North East）、西北区（North West）、约克郡和亨伯区（Yorkshire and the Humber）、东密德兰区（East Midlands）、西密德兰区（West Midlands）、英格兰东部区（East of England）、伦敦、东南区（South East）、西南区（South West）。Irene Hardill, *The Rise of the English Regions: Regions and Cities*, p.104.

区的基本面目。第二阶段是 14～15 世纪，密德兰农业经济开始分化，表现为庄园制衰落，大量村庄被遗弃，小规模圈地，畜牧业发展，种植业萎缩等。第三阶段为 16～18 世纪，密德兰的经济大幅度转型。种植业、畜牧业、乡村工业三大经济部门并立，大规模圈地运动兴起并引起农民暴动，农业中资本主义成分增长。生产的区域性分工出现，西密德兰形成著名的"黑乡"铁工业区，东密德兰仍以农牧业为主；与周围的联系加强，在全国的经济重要性增强。

一　11～13 世纪：典型的中世纪农业区

作为中世纪英格兰典型的农耕经济区，这一时期的密德兰社会相对稳定，人口增长，荒地开垦，耕地面积得到扩展，新的村庄产生；与此同时，农业生产技术不断改进，农业生产力提高，农产品出现剩余；农民需要出售这些剩余，由此商品市场活跃起来，农村与外界的联系增多，货币租日益盛行；一些村庄成长为市镇，城市兴起，对农产品的需求加大，粮价上涨，农业利润增加，是经济的上升时期，也是庄园经济的鼎盛时期。

（一）密德兰的土地制度

密德兰是较早实行二圃制和三圃制的地区。如在南密德兰地区，有 20 份 10 至 11 世纪的宪章可证明当时南密德兰的 7 个郡存在过公用可耕地的敞地制度，其中有一两处可能实现了两圃制。在诺曼征服时期，这里两田圃制占主导地位。12 世纪后期和 13 世纪，一些教区的可耕地明显实行了两圃制和三圃制。[1]

密德兰的敞田制形成了不同于英格兰东南和东盎格利亚的方式，[2] 被称为"密德兰田制"（the Midland System）。与英格兰东部和西南部不规则的敞

---

[1] 参见沈汉：《英国土地制度史》，第 8 页。

[2] H.C. Derby, *A New Historical Geography of England*, p.26, p.27.

田、圈地相比，密德兰地区是以规则的（regular）敞田制为特色的。[1] 规则的敞田区趋向于高度的庄园化，通常每个村庄为一个庄园，[2] 领主自领地和农民的份地条田是混合的。大多数村民是习惯持有农，按照庄园惯例持有土地。少许的自由农完全拥有土地。规则敞田制的基本特征是：（1）按照公社的耕地管理条例，在任何年份，每块条形田种植着相同的庄稼；（2）一个佃户租种的分散的条形田被均分为两田或三田；（3）休耕地、荒地或收获庄稼后的耕地向全体成员开放，这是密德兰敞田制的本质特征，与其他地方大不相同。即使到1600年这些特征在密德兰的大部分区域仍被完整地保留着。[3] 弗隆（furlong）[4] 是田地的轮换单位。私人的弗隆常种植牧草，并得到了公社同意；农民在种植季节拴养或栏养牲畜，收获后，所有的茬子田一起开放用来放养牲畜。这种公田制刺激了条田的巩固、敞地的圈占，影响耕地和草地的比例。

　　二圃制和三圃制是密德兰田制的两个主要形态。在二圃制下，一块地休耕，另一块分为春冬作物地两部分。在三圃制下，一块是冬种谷物（小麦或黑麦）地，一块是春播谷物（大麦或燕麦）或豆类地，第三块是休耕地。田地由弗隆或各种大小块土地构成，每个轮作的弗隆分成条形或田垄，每个田垄通常在1/4和1/3英亩之间。弗隆作为庄稼地的单位，提高了庄稼生产的灵活性。该田制建立于12世纪晚期和13世纪早期。[5] 最初的犁地单位是'地'或"塞利昂"（selion），宽度和长度有不同，但通常少于半英亩。"塞利昂"经常被隆起，这有助于排水。12世纪主要是二圃制，但到1200年时，村庄的土地结构中出现了三"田"。到了1334年，三圃制广泛采用。三

---

[1]　Rosemary L. Hopcroft, "The Social Origins of Agrarian Change in Late Medieval England", *American Journal of Sociology*, Vol. 99, No.6 (May 1994), p.1582.

[2]　Rosemary L. Hopcroft, "The Social Origins of Agrarian Change in Late Medieval England", p.1580.

[3]　H.C. Derby, *A New Historical Geography of England*, p.263.

[4]　弗隆：长度单位，1/8 英里。

[5]　H. S. A. Fox, "The Alleged Transformation from Two-Field to Three-Field Systems in Medieval England", *The Economic History Review*, 2nd series, Vol.39, No. 4, Nov., 1986, p.529.

"田"表明农业生产的三个过程，比两田更有优越性。[1] 对一个农民来说，三圃制增加了 1/8 的可耕地和 1/3 的生产量；如果他在新耕地中利用了"盈余"的土地，产量甚至能增加一半，从而减轻了饥荒的危险性。在中世纪，三圃制标志着土地利用的一大进步。在三圃制下，由于小麦的经济价值高，并需要较大肥力，因而休耕完的土地先播种小麦，小麦收割后的地块里再播种大麦和燕麦。

土地制度的转变，表明农业生产技术的提高、产量和人口的增长。如 1086 年《末日审判书》中沃里克郡约有人口 2.4 万，到 1348 年，沃里克郡的人口增长了 2 倍，甚至于 3 倍；虽然因黑死病瘟疫损失了大量人口，1377 年的人口（45,396 人）仍是 1086 年的 1.9 倍。从 1086 年到 1279 年，该郡佃农从 2,563 人增加到 4,578 人。[2] 人口的增加扩大了对耕地的需求，密德兰地区大量荒地被开垦为耕地。如沃里克郡，1086 年时还有许多土地没有被开垦，到这一时期则获得了大量新垦殖土地。

但三圃制也可能导致土壤肥力枯竭，影响下一步生产，因此只能在肥沃土壤里实行，也需要夏季雨量充沛，适合春种。同时，由于休耕地面积与休耕时间都减少了，那么土地在收获后作为公共牧场、饲养牲畜的能力也相应下降，肥料供给降低，导致地力退化。若实施栏羊施肥，则导致剥削率加大。如 1315 年，伍斯特郡一块自营地出租给 12 名佃户时，其中施过栏羊粪肥的土地，地租为对半分；没有进行过栏羊施肥的，只交纳收获物的 1/3。羊粪稀缺的原因自然是牲畜数量相对不足。所以随着时间的推移，农牧混合制逐渐替代了敞田制，农牧业的发展也推动了田制的这种改变。

（二）密德兰的农牧业生产

密德兰地区自然条件的特殊性，使它既适合种植农业，也适合畜牧业。这一时期，密德兰大部分郡以种植业为主，畜牧业为辅。这里主要种植大麦、小麦、燕麦、裸麦、豆类和谷物等，只有赫里福德和林肯这两郡中地势比较

---

[1]　L. White, *Medieval Technology and Social Change*, Oxford University Press, 1962, p.27.

[2]　J. B. Harley, "The Settlement Geography of Early Medieval Warwickshire", *Institute of British Geographers*, No.34 (June, 1964), p.117.

高的地区是很重要的牧羊区。

东密德兰是实行二圃制和三圃制的核心地区。各郡敞田里最普遍的播种比例是：小麦、裸麦和豌豆类，每英亩约需 2～2.5 蒲式耳种子；豆子、大麦、燕麦，每英亩约需 4 蒲式耳种子。一般来说以小麦种植为主，其次是燕麦，这两种农作物在 12、13 世纪甚至 14 世纪都占有主要地位。在这个以种植业为主的地区，耕地最为重要。1350 年前，东密德兰各郡拥有的耕地数分别为：莱斯特郡 16,061.5 英亩，拉特兰郡 5,548.5 英亩，诺丁汉郡 13,927 英亩，北安普顿郡 47,474.5 英亩。草地数分别为：莱斯特郡 1,591.5 英亩，拉特兰郡 666 英亩，诺丁汉郡 1,367.5 英亩，北安普顿郡 4,536 英亩。牧场亩数分别为：莱斯特郡 629 英亩，拉特兰郡 183 英亩，诺丁汉郡 304 英亩，北安普顿郡 1,545 英亩。[①] 林区分布在诺丁汉、拉特兰、北安普顿和沃里克，以及莱斯特郡西部，覆盖了整个地区的 1/3。

西密德兰耕地中的主要作物是谷物和荚豆。在主要的农耕区里，小麦普遍种植。在沃里克郡南部和伍斯特郡，小麦种植比例最高。在德比郡、斯塔福德郡和伍斯特郡，裸麦种植比例也不小。大麦在沃里克郡和伍斯特郡的南部普遍种植。燕麦主要种植在德比郡和斯塔福德郡。在德比郡北部贫瘠的高地区（Peak District），来自于肯勒·兰利的财产和孟纳什北部村庄的税收收入表明耕地上的唯一庄稼就是燕麦。大多数庄园都有一个小果园，价值比较低，通常是苹果树和梨树，其所产水果或果汁也用来出售，常种植韭菜等蔬菜。农民在住宅四周也有小块土地作果园，但极少见。

密德兰分布的广大林区为农牧业提供了很大方便。西密德兰的林区有：斯塔福德郡的坎诺克、金维尔和尼德伍德；伍斯特郡的法肯汉和威里；德比郡的达菲尔德；赫里福德郡的德克弗德、阿肯伯里、伊洼斯和海伍德。这些林区有更加开放式的牧场，为居民提供了更多的公地权力，他们常在这些地带饲养牛、羊和马，还有猪。多数农民在 13 世纪中叶时，至少有 10 只羊或

---

① Joan Thirsk, *The Agrarian History of England and Wales, Vol 2: 1042-1348,* Cambridge University Press, 1988, p.326, p.338, p.339.

1 头牛、5 只山羊和 3 头猪。1280 年德比郡的麦卡沃尔，每个佃农平均拥有的牲畜为：12.6 只羊，1.7 匹马和牛，1.25 头母牛和 1.9 头猪。[①] 斯塔福德郡 13 世纪时有两个王室森林——坎诺克和凯维。[②] 它们有森林法保护，而且国王从林地中受益，地方领主和农民在林区活动便受到严格限制。

东密德兰诺丁汉郡的罗金汉姆森林等地，有一种水浸的冷性黏地，只适合草的生长而不适合种庄稼。拉特兰西南森林区的农牧业也和罗金汉姆相似。诺丁汉郡的舍伍德森林和莱斯特郡的查恩伍德森林，大多是沙状的、不肥沃的土壤，与东密德兰其他以重土为基础的森林不同，它们的土地更适合养羊。林地在中世纪经济中有重要作用。那时候木材普遍使用，可以用来建房屋、做家具、作栅栏和作燃料，制作马车和犁具。有的林区还包含了草地，为羊群提供了觅食场所，或作为马或牛的牧场，甚至还可以放牧猪等。

英格兰适宜农业的土壤多黏重不透水，土质厚硬，没有得力的犁具和挽力便无法耕作。此外，棕色森林土作为这一带最重要的农业土壤，含矿质养分少，酸度较高，必须经常施以石灰和肥料，才能维持较高的肥力，而深耕有助于将埋在地表下的植被翻上，起到施肥的功效，而深耕当然也需要有重犁。重犁犁队多用于英格兰中部及东部，1086 年那里每平方英里超过 3.5 支犁队，而其他地方尚不足一支犁队。[③] 田间的牵引力以前靠公牛，但后来马开始加入耕畜行列。在公牛不敷使用时，就以公牛和马并为使用，如诺丁汉郡农田地图中的一幅插图所示，一匹马拖着一个耙子，另一匹马拴在一对牛的前面拖着一副有轮的犁。[④] 马敏捷快速，其工作效率是牛的 2～3 倍，不过马必须用价格较高的燕麦来饲养，成本高。三圃制的流行和春季作物燕麦产量增加，与马广泛应用到农业有密切关系。在伍斯特三个庄园里，马在耕畜

① Joan Thirsk, *The Agrarian History of England and Wales, Vol 2: 1042-1348,* p.377.

② Jean Birell, "Common Rights in the Medieval Forest: Disputes and Conflicts in the Thirteenth Century", *Past and Present*, No.117 (Nov.1987), p.26.

③ H.C. Derby, *A New Historical Geography of England*, p.49.

④ 参见徐浩：《农民经济的历史变迁：中英乡村社会区域发展研究》，社会科学文献出版社 2002 年版，第 217 页。

中的比例分别是 17%、60% 和 61%。[①] 13 世纪德比郡农户平均牲畜数为：马
1.7 匹，牛 1.7 头，牛犊 1.25 头，羊 12.6 头，猪 1.8 头。[②] 13 世纪中叶，无
论是领主自营地还是农民份地，田间运输也变成了马拉车为主。整个英国农
村这一比例超过 3/4，在东密德兰等地的马拉运输则完全取代了牛。

（三）农民身份逐渐自由

从 12 世纪开始，英格兰出现了全境规模的垦殖运动，伴随而来的是自由
农民数量的增加。在莱斯特郡的一些村子，自由佃户或索克曼数量增加十分
显著，当然有的村庄如茅斯利等，则仅有很少量的农奴、维兰上升到自由农
行列。[③]

根据希尔顿对斯塔雷百户区（这里 50% 的人口是自由农，27% 的人口
是维兰，23% 的人口是茅舍农或小土地所有者）和卡纳塔百户区（这里仅有
30% 的人口是自由农，46% 的人口是维兰，24% 的人口是茅舍农）的考察，[④]
可以得出这样的结论：与《末日审判书》时期的农奴阶层相比，第一，在
1086～1279 年间，两个百户区的维兰总体数量减少了；第二，自由农在这两
个百户区中的比例可能增加了；第三，茅舍农数量相对稳定。

在密德兰东部，自耕农在 12、13 世纪也增加了，如莱斯特郡的一些村
子，自由佃户或索克曼数量增加十分显著。[⑤] 林肯郡沼泽地区尤其如此。诺
丁汉郡和北安普顿郡自由农民数量增加更是开垦森林的结果。伍斯特郡东部
农民自由份地的增加也和开垦法肯汉森林等林地联系在一起。在密德兰西部
萨洛普郡和赫里福德郡的威尔士边界地区，情况略有不同，垦殖及畜牧经济
比重大，庄园化程度较低，两者共同促成了自由农数量增加。1300 年赫里福
德郡主教庄园的调查表明，将近 40% 的佃户自由持有土地。[⑥] 在密德兰南部，

---

① 　[英] C. 戴尔：《变化社会中的领主和农民——608—1540 年伍斯特大主教的地产》，剑桥大学出版社
1980 年版，第 327 页。转引自侯建新：《社会转型时期的西欧与中国》，济南出版社 2001 年版，第 109 页。

② 　C. Dyer, *Standards of Living in the Latter Middle Ages*, Cambridge University Press, 1989，p.129.

③ 　Hilton, *The Decline of Serdom in Medieval England,* Macmillan Press Ltd, 1983, pp.20-21.

④ 　J. B. Harley, "The Settlement Geography of Early Medieval Warwickshire"，p.118.

⑤ 　R. Hilton, *The Decline of Serfdom in Medieval England,* Macmillan Co., 1983，pp.20-21.

⑥ 　R. Hilton, *The Decline of Serfdom in Medieval England,* pp.22-25.

科斯敏斯基从 1279 年的百户区册（覆盖 7 个乡村）估计，领主自领地在所有的耕地中占 32%，维兰地占 40%，自由持有农占了 28%。[①] 同时，这个比例在各庄园之间有很大差异。[②]

在旧丹麦法区北部、林肯郡、诺丁汉郡，很早就是以自由农为主，其中林肯郡的自由农占到了 50.7%。[③] 维兰制主要盛行于密德兰中南部。这里有较为广阔的土地，温润的气候，比较适合农作物生长并推行条田制轮耕，适合敞田制。典型的庄园化地区是密德兰南部，这里需要大量的农奴劳动来维持庄园的运转。茅舍农和边农主要分布在密德兰中部、东部和南部，大多充当雇工。15、16 世纪盛行可继承公簿持有权的地区有莱斯特郡、诺丁汉郡和密德兰南部等。自由持有农为他们的领有地偿付租金，只提供极少的劳役或不用服劳役。在这一阶段，农民对领主的依附有所松弛，维兰开始获取一定的自由，自由农比例增大。

（四）城市的兴起与功能

随着农业生产进步和剩余农产品增加，人口数量上升，社会劳动分工扩大，交换增多，商品经济日益活跃，这样在商人和手工业者聚集的地方逐渐出现了集市，再渐变为城市。农业生产力提高使农村劳动力出现剩余，给正在兴起的城市提供了劳动力。

12 世纪时，一些新的工商业市镇在密德兰出现，如诺丁汉有 48 所商人房屋。[④] 一些有见识的封建主在城市兴起中起了很大作用。从希尔顿研究西密德兰地区的案例可以看到，中世纪英国存在着大量的领主经济城市，它们是领主阶层参与城市化过程的产物。领主先从国王那里领取建立城市的特许

---

① E. A. Kosminsky, *Studies in the Agrarian History of England in the Thirteenth Century*, Oxford, 1956, p.89. See also E. A. Kosminsky, "The Hundred Rolls of 1279-80 as A Source for English Agrarian History", *The Economic History Review*, III (1931-2), pp.16-44; and "Services and Money Rents in the Thirteenth Century", *The Economic History Review.*, Vol.V (1935), pp.24-45; M. M. Postan, "The Manor in the Hundred Rolls: Essays in Bibliography and Criticism, XV", *The Economic History Review*, New Series, Vol. III (1950-1), pp.119-125.

② H.C. Derby, *A New Historical Geography of England*, p. 86.

③ R. H. C. Davis, "East Anglia and the Danelaw", p.25.

④ H.C. Derby, *A New Historical Geography of England*, p.71, p.72.

状，如从 11 世纪后期到 14 世纪，西密德兰领主共领取了大约 110 张市场特许状。其中一部分领主进行了投资，他们获得许可在能建立市场的地点从事建设。希尔顿重点研究南科茨沃兹山区赛伦塞斯特周围和伍斯特郡北部考文垂周围小城镇群落的兴起时，发现它们的出现都是地方领主大力推动的产物。南科茨沃兹地区位于格洛斯特郡西部，是城市化水平最高的地区之一。考文垂是西密德兰北部的城市，13 世纪时快速发展，超过了郡城伍斯特、沃里克等重要城市，成为这个地区的贸易中心之一。在考文垂周围，沿着"爱汶河谷"直到"伯明翰高原"，出现了呈拱卫状的"小集镇星座"，总共大约有 25 个，对考文垂的贸易兴盛发挥着重要作用。从统计数字看，私人领主城市占城市的绝大多数。13 世纪西密德兰地区的格洛斯特、伍斯特、沃里克 3 郡大约有 47 座城市，其中除郡城和考文垂等少数重要城市属于王室城市外，85% 是私人领主城市。这些城市当中，属于主教的占 4%，属于修道院的占 32%，属于贵族的占 51%，属于小领主的占 13%。[①]

中小城镇按经济功能的性质可划分两种类型。一类是核心城镇，包括中心集镇、小型港口和专业化城镇。如在西密德兰地区，沃里克是经济地位比较重要的中心集镇，经常有显赫的封建家族、修院团体、王室官员乃至王室成员到访。另一类是农村集镇，占小城镇的大多数。它们的工商业活动主要与周围农村相联系。在上述西密德兰三郡，这类集镇有将近 30 个，占全部 47 座城市的 3/5 以上。集镇在规模上都是小城镇，人数在 600～1,000 之间，既服务于一定范围的乡村地区，也是所在地区经济上与外界联系的基地。

密德兰城镇的经济功能具有强烈的为地方服务的性质，是一个或大或小地区的市场中心地。它紧紧依附周围农村，与周围农村在经济上形成"互生"关系，其居民也主要来自周围农村。从《末日审判书》中莱斯特郡的城镇布局可以看到：[②] 它的中心城市是莱斯特，约 1,300 人，是一个较小的郡首府。一些差不多大小的城市分布在几个方向，距它约 25～35 英里。一群各有几百居民的集镇，分布在六个方向，距离莱斯特约 12 英里上下。其中较小的集

①　谢丰斋：《12—14 世纪英国小城镇兴起初探》，《世界历史》2002 年第 4 期，第 54 页。

②　参见 [意] 卡洛·M. 奇波拉：《欧洲经济史》，第 1 卷，第 22 页。

镇不到 200 人。莱斯特这一类的小城市，除了市场功能外，还有更大的作用。它们一般相距约一天行程（20～40 英里），这为陆路商业提供了方便，即能向走完一天路程的游客提供寄宿处。它们也为周围农村居民提供更多样的市场便利，定期性或季节性的贸易能够招徕大量顾客。而从城乡之间的经济关系看，城镇对周围农村的需求大于城镇的服务功能。

城镇一方面吸纳农村分离出来的劳动力，充作农村同外部联系的传力站，另一方面，城市发展促使商品货币关系向农村渗透，对自给自足的农耕经济起着瓦解和分化作用。

二　14～15 世纪：农耕经济分化时期

到 13、14 世纪之交，密德兰已没有新的土地可开垦，种植业优势不再显著。城市商品经济对农村的渗透加深，农村开始种植经济作物。14 世纪中黑死病到来，一些村庄被遗弃，对种植业又是一次打击。从畜牧业获得经济效益的小范围圈地出现，农业经济开始分化。

14 世纪时，新的可耕地开垦殆尽，原有耕地地力衰竭，新垦地多是边缘不毛之地，粮食供应不足，人口的增长率减低，这样，粮价下跌，农业出现危机。14 世纪上半期，气候反常，灾难和瘟疫不断，对农业造成了很大的破坏，以 1348 年的黑死病为顶峰。不过，最初对地主经济没有造成多大的冲击，因为多余的劳动力还是可以找得到的，封建主也可以用很多办法来增加收入，如加强劳役租、利用手中的特权加强剥削等。

15 世纪，农业的衰落趋势加剧，密德兰地区尤为激烈，谷物价格下跌且维持在很低的水平上，许多农民和领主转向了能带来更多利益的羊毛、肉类和奶类产品生产，这类生产活动所需劳动力较少，适应劳动力短缺的状况。这样一来，密德兰地区庄稼种植面积大大减少，[①] 许多农民不再耕作，一些村

---

① Rosemary L. Hopcroft, "The Social Origins of Agrarian Change in Late Medieval England", p.15, p.76.

落被遗弃乃至荒废。养羊业兴起，耕地转变为牧场。经济方式改变促使田制变化，原本有高效敞田制度的密德兰村庄里，许多土地被圈占用作牧场。[①]其佃户农场的规模一般也增加了 30 至 60 英亩。[②] 在这个农业衰退的年代，农业生产率却提高了。中世纪晚期的密德兰人口密度相对较低，劳动力短缺致使工资高涨，因而投资于土地的资金更多了。肥料增加了，豆科作物得到推广，耕作方法也有所改进。耕地和草地交替使用，谷物、豆类、牧草在田中轮换生长，既增加了土壤的肥力，又能饲养更多的牲畜。而畜牧业既增加副食类产量，畜粪提高地力又能增加粮食生产。所以这一时期，亩产量降低，但人均产量提高，劳动生产率上升了。[③] 这种情况促使了农耕经济自身的分化。

（一）庄园制经济瓦解

封建农业衰落的现象之一就是庄园制经济的衰落和瓦解。英国的庄园制经济在 13 世纪达到顶峰时期。如北安普顿郡，最小的地方公共管理组织就是庄园，庄园主拥有一定的司法权。[④] 在典型的庄园制度时期，非自由农与自由农的隶属状态如何，其区别就是劳役。非自由农的封建劳役是庄园制的基础和本质，因此密德兰常被认为是严格意义上的庄园制典型地区。[⑤] 12、13 世纪，占主要地位的典型庄园是以非自由农的劳役为基础的。13 世纪时，维兰的劳役形式在北安普顿郡、林肯郡等占有很高的比例，约占总佃租的40%。[⑥] 不过在 13 世纪末或更早些时，劳役逐渐被货币支付所代替，农民的人身依附关系变得松弛。伴随着这种转换，引起了庄园地产自然经济的分解。利普森考察英国国王特许文书档案后发现，14 世纪农民抗拒劳役和减租斗争十分普遍。到 15 世纪中，减租斗争达到顶点并颇有成效。如沃里克郡莱特霍

[①]　Christopher Dyer, "The English Medieval Village Community and Its Decline", *Journal of British Studies,* Vol.33, Vol.4 (Oct.1994), p.424.

[②]　Rosemary L. Hopcroft, "The Social Origins of Agrarian Change in Late Medieval England", p.15, p.64.

[③]　参见马克垚：《英国封建社会研究》，北京大学出版社 2005 年版，第 305、306、307 页。

[④]　Joan Wake, "Northamptonshire Records", *Speculum*, Vol.33, No.2 (Apr.1958), p.230.

[⑤]　E. A. Kosminsky, "Services and Money Rents in the Thirteenth Century", p.18.

[⑥]　E. A. Kosminsky, "Services and Money Rents in the Thirteenth Century", p.39.

恩庄园的租金总额，在 1437 年下降 2/3 以上。戴尔将伍斯特 8 个庄园农民持有地 15 世纪交的租金与 1299 年的租金作了比较，发现农民持有地的租金下降幅度大。[①]

领主自营地的经营方式也发生了变化，由直接经营到佃户承包经营。霍斯金斯在《密德兰的农民》一书中对莱斯特郡的土地市场进行了研究，认为从 13 世纪以后自由农是土地市场的重要参与者。契约租地的佃户不再依附于领主，而是与之建立起直接的契约关系，即"根据契约占有租地"。契约租地的租期有一定年限，领主可以在续约时按照土地的市场价值相应地提高地租，即领主向佃户收取"竞争性地租"。此外，契约租地农须承担大量的习惯义务，如定期修缮土地上的房屋、把诉讼案提交法庭、交纳租地继承税等，但却很少负担田间劳役。[②] 密德兰地区所有的庄园自营地几乎都以这种形式由佃户承租。13 世纪后，维兰农民转租和购进其他农民土地和领主自营地的案例，在庄园法庭档案中时常可见。1260～1319 年间伍斯特郡的里德戈拉夫庄园记载了 2,756 桩非亲属之间的土地让渡案例，涉及土地的总面积仅为 1,304 英亩，表明土地交易主要在小农家庭之间进行。而且，这种交易可以不经过庄园法庭，即不通过领主同意。根据伍斯特大主教法庭档案分析，公开或半公开的土地买卖，在 1394～1495 年的土地总让渡中约占 20%，在 1464～1540 年间增长到 45%。[③] 13 世纪中期，密德兰的领主开始放弃直营地，而黑死病加速了这一过程，到 15 世纪中期，直接经营直营地的已寥寥无几。在德比郡，兰开斯特的托马斯大起义之后，直接经营地被放弃了，到 1377 年多数领主改行租佃制。在莱斯特郡，某个领主经营的 12 个庄园，14 世纪中期到 1427 年间全都出租了。[④] 通过租佃制农奴获得了真正的人身自由，农奴制也迅速走向瓦解。当然，农奴锐减的第一途径还是黑死病导致大量的死亡。

---

① 参见叶明勇：《14—16 世纪英国乡村商品经济的发展》，《武汉大学学报》1999 年第 6 期，第 126 页。

② 参见沈汉：《英国土地制度史》，第 28 页。

③ [英] C. 戴尔：《变化社会中的领主与农民》，剑桥大学出版社 1980 年版，第 302 页。转引自侯建新：《社会转型时期的西欧与中国》，第 82 页。

④ J. V. Beckett, *The East Midlands from AD 1000,* London: Longman, 1988, pp.85-86.

在林肯主教区，卫生条件较好的牧师的死亡率都高达40%，更何况经济条件差的农奴了。第二种途径是逃亡或迁徙。第三种是赎身。

（二）村庄的遗弃和小规模圈占土地

中世纪晚期，遍布于欧洲的成千上万的村庄被遗弃，引起这一现象的原因比较复杂。而英国和欧洲大陆的情况可能也不一样。欧洲大陆村庄的遗弃被看成是在人口削减或谷物价格下降的情形下——这两种趋势都开始于14世纪——出现的，而英格兰村庄的遗弃一般归结为圈地地主为了从牧场农业中获利，开始于1450年后。如波斯坦所说，英格兰村庄遗弃的"出现可追溯到为了养羊业而进行的圈地运动"[①]。

这时英国的土地垦殖逐渐停止，农耕区开始收缩。从1320年起，西密德兰的荒废地增加，土地贫瘠化。遗弃的村庄多集中在伍斯特郡中部、沃里克郡东部和南部、斯塔福德郡东南部、德比郡等，[②] 条田成为牧场，许多佃农保有地空无一人。遗弃点最密集的地区是沃里克东南部，如凯内顿百户区大约有24%的村庄被遗弃。约翰·劳斯整理的遗弃村庄清单中，提到该区有60个村庄或约一半村庄在1486年被遗弃。[③]

村庄遗弃的原因有：一是农耕经济的分化，经济变化迫使土地制度改变，尤其是在高度规范化敞田制的密德兰村庄里。先前占重要地位的谷物种植制度，现在转变成喂养更多的牲畜，牧场更多，牲畜饲养规模扩大。[④] 牧场养羊所需劳动力较谷物种植要少，原有的村庄劳动力离去。二是佃农数量的逐渐减少。大量证据表明，村庄遗弃是一个缓慢过程，从14世纪持续到15世纪。如1392年沃里克郡福尔布鲁克半数以上的佃农土地，8个耕地区中的4个掌控在领主手中；到1428年，那里仅剩下4个耕地区；到1461年福尔布

---

①　M. M. Postan, *Medieval Economy and Society,* Reading: Cox and Wyman Ltd, 1972, p. 115.

②　Christopher Dyer, "Deserted Medieval Villages in the West Midlands", *The Economic History Review*, 2nd Series, Vol.35, No.1 (Feb.1982), p.20.

③　Joan Thirsk, *The Agrarian History of England and Wales, Vol 3: 1348-1500*, Cambridge University Press, 1967, p.82, p.85.

④　Christopher Dyer, "The English Medieval Village Community and Its Decline", p.424.

鲁克大部分土地作为圈地牧场出租。[1] 伍斯特郡希尔村的租让文件显示，该村佃农数量从 1388 年的 11 人减少到 1447 年的 5 人；伍尔拉舍村的佃农数量从 14 世纪的 20 人减少到 1424 年的 13 人、1442 年的 9 人，16 世纪中期仅剩下两个佃农。在沃里克郡的金斯顿，佃农数量在 1393～1395 年和 1430 年之间几乎减少了一半。该郡的桑顿 1447 年时仅剩 5 个佃农，而这里最多时曾有 21 个佃农。德比郡的巴顿布朗特屋舍建筑的变化，表明这个村庄被遗弃是一个渐变过程。[2] 三是耕地削减，农业劳动力离去。耕地减少可能开始于 14 世纪 20 年代早期。1348 年瘟疫后，耕地出现了较大萎缩。如德比郡北部所收的谷物什一税大幅度减少：罗兰农场 1340 年所交什一税有 2 英镑 6 先令 8 便士，而 1351 年仅为 8 先令。[3]

遗弃村庄的木屋已无迹可寻，小规模的圈地和小农场出现则开始常见。当人口压力减轻后，一些不重要的土地被放弃了。如在林肯郡高原区（Wolds），从 1428 年开始了牧区间的联合，一些定居点被放弃。为了畜牧业而进行的圈地多发生在密德兰黏土区，那里有混合型轮作农业，还有农民们为适应市场对牲畜的需要而短期轮作的草地。在莱斯特、北安普顿、拉特兰和沃里克东南部的那些乡村，约有 8% 以上的土地在 1455 至 1607 年间被圈占。这里的禽畜喂养者经常占有 50～100 英亩的大型地块，他们有时将牢固的栅栏和篱笆环绕在以前弗隆的边界线外，甚至穿过田垄和犁沟界线。密德兰的圈地通常是为了得到牛和羊，皮革、羊毛和羊肉。如莱斯特郡西部的圈地首先是为了养牛，东部高地的圈地则首先是为了养羊。[4]

（三）种植业缩减和养羊业扩张

这一时期，密德兰地区的种植业开始缩减。首先表现为主要农作物小麦产量减少，如伍斯特郡所产粮食中小麦所占比例很低：1240～1458 年伍斯特农民食物中的粗细粮百分比为：小麦 37%，杂粮 3%，黑麦 11%，大麦 13%～

---

[1] Christopher Dyer, "Deserted Medieval Villages in the West Midlands", p.23.

[2] Joan Thirsk, *The Agrarian History of England and Wales, Vol 3: 1348-1500*, p.87.

[3] Joan Thirsk, *The Agrarian History of England and Wales, Vol 3: 1348-1500*, p.82.

[4] H.C. Derby, *A New Historical Geography of England*, p.193.

18%，燕麦 24%，豆类 4%。[①] 其次是耕地面积缩减。1349 年后，西密德兰的耕地比例急剧下降，牧场区由不到 1/10 增加到 1/3 甚至以上。这个改变部分由于一些耕地转变为牧场，部分是因为公地牧场和荒地被圈占。多数农民的房屋位于小的围圈地之内。这些小的圈占地被用于种植牧草、种菜、养猪等。

密德兰地区的特点之一是土地使用的多样性。西南和北部高地的气候适合牧草的生长，而密德兰干旱的低地和东部更适合种植谷物。白垩质地和石灰岩山适于养羊；森林和林地则为养牛、猪和鹿提供了生存场所，湿地牧场适合养羊和牛。多样的土地为农耕经济分化后畜牧业的发展提供了条件。如北安普顿郡高地一个法庭档案记载：瓦特斯·理查德在三田之一的小麦地上饲养了 400 只羊，其他三个佃农分别有 300、200 和 100 只羊。[②] 他们都有自己的羊圈。14 世纪时林肯郡的养羊数目很多，其中有 10 个庄园总计约有 5,100 只羊。[③] 通过对 1343 年价格的判断，最好的羊毛是生产短毛的西密德兰和生产长毛的莱斯特和林肯。[④] 15 世纪时，英国许多领主为了减少劳动力花费，由种植业转向了畜牧业。如沃里克郡为了满足日益增长的肉类尤其是牛肉的需求，15 世纪中期时开始将耕地转向饲养业。德比郡的西北高地也于 1485 年开始扩展牧场。[⑤] 密德兰地区并没有特别发达的乡村毛纺业，因此所产羊毛主要供应邻近的东盎格利亚毛纺业和约克郡毛纺业。

虽然这一时期农业生产处于下降状态，但若没有较高的粮田单位产出率和粮食产品剩余率，就不可能将一部分耕地转化为专门种植饲养牲畜的牧草；没有足够的饲料储存，也就不可能使大批羊群过冬，形成正规的养羊业。因此，养羊业独立的、大规模的发展，是在粮食生产率大幅度提高以后。随着人均粮食产量的增长，畜牧业进入稳定时期，农牧混合经济逐渐形成。而农

---

①　C. Dyer, *Standards of Living in the Latter Middle Ages,* p.153.

②　Joan Thirsk, *The Agrarian History of England and Wales, Vol 3: 1348-1500*, p.69.

③　J. P. Bischoff, "I Cannot Do't without Counters"：Fleece Weights and Sheep Breeds in Late Thirteenth and Early Fourteenth Century England），*Agriculture History*, Vol.57, No.2 (Apr.,1983), p.148.

④　H.C. Derby, *A New Historical Geography of England*, p.161.

⑤　Mavis Mate, "Pastoral Farming in South-East England in the Fifteenth Century", *The Economic History Review,* 2nd Series, Vol.40, No.4(Nov.1987)，p.523.

业衰落和农奴制崩溃后，被释放出来的自由民从 14 世纪后期起成为农村劳动力主体。这些自由农民许多转向了其他行业，其中一部分从事畜牧业。即使在粮食产区，畜牧业也非常重要。犁地的牛、拉车的马、产奶和兽皮的牛，是每个村庄不可缺少的；而羊的毛、肉和皮都是有价值的。畜牧业在年成不好时还是有用的副业，牲畜价格不如谷物价格那样变化频繁。随着生产者自由流动和雇佣关系发展，农村雇工规模一再膨胀。如 14 世纪中叶到 1520 年，德比郡雇工队伍增长了 20%。[①]

种植业失去的利润在日益见长的畜牧业中得到了一定补偿。而畜牧业的发展又带动了乡村工业的发展。乡村工业发展的结果之一是在竞争中促使城市衰落。密德兰的旧有纺织城市从 14 世纪起普遍呈现衰退迹象。亨利三世时期，北安普顿曾有纺织匠 300 名，1334 年这些工匠几乎全部改行或外迁；1322 年，莱斯特全市只剩下一名贫穷的漂洗匠；1321 年林肯织工因为贫穷不再缴纳赋税，十年后，这里一个织工也没有了。中世纪密德兰最重要的城市考文垂，1440 年左右人口超过 1 万，而到 1523 年减少到 6,000 人，此后长期仅维持在 4,000～5,000 人之间。[②] 都铎王朝初期，考文垂尚是一个很大的毛纺织产品制造城市，有 6 个大呢绒绸缎公会，而到 1525～1700 年间，毛纺织业却让位给了乡村地区。[③]

三 16～18 世纪：经济的转型与分工

经历了 14、15 世纪农耕经济的分化，密德兰的传统农业经济开始向农牧混合经济过渡。16 至 18 世纪是英国发生巨大而深刻变化的时代。在这种大背景下，密德兰地区也经历了从农耕经济向资本主义市场经济转变的漫长

---

① J.F.C. Harrison, *The Common People : A History From the Norman Conquest to the Present*, p.29.

② C. Phythian-Adams, *Desolation of A City, Coventry and Urban Crisis of the Late Middle Ages*, Cambridge University Press, 1979, p.81.

③ [英] 约翰·克拉潘：《简明不列颠经济史：从最早时期到 1750 年》，第 339 页。

历程。

这一时期英国经济发生了全方位的转型。农村的主要变化有三方面。一是耕作技术的改进，如"草田轮作制"（Up-and-Down Husbandry）的实行。"草田轮作制"又称"诺福克轮作制"，是英国农业史上一项重要的农地耕作技术的变革。传统休耕制度落后，总使一部分土地处于闲置状态。从 16 世纪起，农场主们找到了一些有效利用休耕地的方法，在休耕地种植经济作物。这些经济作物不仅减少了休耕土地的面积，同时又增加了饲料产量，通过循环利用提高了生产率。它的最大特点是将传统的耕地、牧地和休耕地的界限打破，代之以"耕地—草场—牧地"的全新轮换耕作模式。到 17 世纪中叶时，甚至出现了一种叫"灌水工"的农村技术工人。[①] 通过排干沼泽、开垦荒地以及圈占公有地等手段增加可耕地也成为一个主要趋势。二是农业经济开始向商品经济转化，包括种植业和畜牧业相混合，大规模的圈地运动开展起来。除发展商品化的畜牧业外，另一个趋势是栽培经济作物，调整农产品结构的，如在北方山地、赫里福德河谷和伍德兰等地，土地经营者开始种植蛇麻。[②] 三是乡村工业蓬勃发展，加速了乡村经济的商业化、商品化和资本主义化。除此之外，英国的城镇经济也在发生着变化和转型，并涌现出一批新兴城市。

可以说，英国经济的这些变化，在密德兰都有比较显著的体现。而且随着这些变化，更随着国内市场交换体系的有机形成，密德兰不仅出现了生产部门的分工，而且还出现了生产的地域性分工，即东密德兰农业区和西密德兰乡村工业区。这一格局不仅造成了密德兰地区东西两部分较大的发展差距，而且也奠定了以后几个世纪的经济地理格局态势。与此同时，密德兰特有的地理位置和经济资源，又使其在英国经济整体中的地位发生了新的变化。

---

① Joan Thirsk, *The Agrarian History of England and Wales, Vol. 4: 1500-1640*, p.180, p.181, p.182.
② 参见张卫良：《英国社会的商业化历史进程 1500—1750》，第 113 页。

（一）种植业和畜牧业的结合

在密德兰的混合农业区域里，谷物生产和牲畜饲养相互补充。[1]庄稼（包括豆类以及谷物）用来喂养牲畜；耕牛和马在耕地上工作；羊被圈养在山谷而牛被饲养在田地上，它们的粪肥是田地所需要的。在白垩地的轻质土地上和林肯郡的丘陵、石楠等地带是混合农业。这里的农民主要依靠的是谷物，不过大麦的地位优于小麦。喂养羊的首要目的不是为了它们的毛，而是为了土地所需的粪肥。由于土地有限，畜牧业的发展自然使种植业相对缩小。这时未开垦的土地已所剩无几，如莱斯特郡 17 世纪时 95% 的土地已被开垦，未被开垦的土地只有 1%。18 世纪诺丁汉郡仅有 22,000 英亩林地，只占全郡土地的 4%。哪怕是受森林法保护的王室林地，也逐渐变成了土地。如北安普顿郡罗金厄姆森林长 18 公里，宽 8 公里，过去不允许王室外的任何人随意在划定范围内居住、放牧、砍柴等。但到 17 世纪 20 年代，许多森林被砍掉，土地被出售，因为城乡人口的增长增加了食物需求，需要新的耕地。[2]

因此，16、17 世纪人们为了争夺森林、高地和沼泽地而出现了纷争。他们清除森林，排干湿地，将低地改成新牧场，旧牧场改成谷地，旧谷地改成草地。在未种植专门饲料作物或没有厩栏饲养习惯的地方，家畜放养需要牧地广阔；与用作生产谷物的土地相比，牧地为人提供卡路里的效率低多了，因此不难理解为什么普通农民在正常情况下不能饲养相应比例的牲畜，也就是说，不能用它来辅助人力并为土地提供肥料。饲养业超过一定程度后，牲畜就会与人争地；在一般情况下，人口与牲口的密度成相反变动。[3]因此农牧业应协调发展，转型中的密德兰在这方面提供了成功例子。

虽然密德兰以种植业为主，但畜牧业比例较大的，同时种植业中还包括了饲料种植。沃里克郡南部就种植大量的庄稼（主要是大麦、小麦和豌豆）来饲养牛、猪和羊。许多地区是四田制：小麦、大麦、豆子或野豌豆、休耕的公田。当饲料作物如车轴草和萝卜引进后，轮作的品种更广泛。赫里福德

---

[1]　H.C. Derby, *A New Historical Geography of England*, p.266.

[2]　Joan Thirsk, *The Agrarian History of England and Wales, Vol 4: 1500-1640*, p.3.

[3]　参见 [意] 卡洛·M. 奇波拉：《欧洲经济史》，第 1 卷，105 页。

郡中部的谷物-牲畜制度与沃里克郡和伍斯特郡相似，不过主要谷物是小麦而非大麦，还种植水果和啤酒花，此外猪的饲养较有特色。伍斯特郡北部多是砂石土壤，土地初次翻犁比较容易，但保持其肥沃性却很困难。17世纪早期时，使用石灰来克服这个困难。农产品有小麦、大麦、黑麦燕麦，以及豌豆和大豆等。北安普顿郡的三个森林带以肥沃的灰土地和优质的木灰地而出名。小麦和裸麦广泛种植，燕麦和豌豆则是主要的饲料庄稼。北安普顿郡一些地区是混合的羊-谷物农牧业，饲养着数目巨大的羊群，马和猪的饲养也相当普遍，小麦和大麦是主要的谷物庄稼，豌豆是主要的豆科植物。诺丁汉郡东部大部分为泥灰岩土壤，非常适合耕地农业，农作物也多样化，小麦、黑麦、大麦、燕麦、豆子和豌豆都种植，大麦最重要。畜禽饲养也很普遍。马卡姆村教士威廉·菲尔德的遗嘱清单即反映了这种状况。他在1610年春去世时，留下了7头小牛、8头幼牛、7匹马、1匹驹子、7头猪、28只羊，还有鸡、鸭和火鸡，4.75英亩的小麦、1/2路德（rood）的黑麦、10.25英亩的大麦和19英亩的豌豆。在诺丁汉郡沿约克郡边界区域，以及不远的德比郡边界地带，农民在肥沃土地上采取混合农业制，谷物耕作或牲畜饲养同等重要。从22份遗嘱清单可了解到，相关的每个农场平均喂养了11头牛、两匹马、一群羊和一定数量的猪，种植的作物是小麦、大麦、燕麦和豌豆等。德比郡的东部和南部也是混合型农业。

莱斯特郡和拉特兰的主要农作物是大麦和豆子。莱斯特郡从13世纪以来就是一个耕作程度最高、人口密集的地区。1588年，它的豌豆和豆子种植占了46%，大麦占38.5%，小麦8.5%，裸麦占4%，燕麦占3%。[①] 它的一些农场1588年与1500～1530年相比，冬季谷物（主要是小麦）的种植面积从18.8%降为12.5%，春季谷物（主要是大麦）与豆科作物（豌豆与蚕豆）的种植面积分别从38%和43.2%升至41.5%和46%。[②] 这些收获物和燕麦、豌豆在储藏一段时间后，运往集市销售。平均每个农场有6～9头牲畜、一群

①　W. G. Hoskins, "The Leicestershire Farmer in the Seventeenth Century", *Agricultural History*, Vol.25, No.1 (Jan. 1951), p.11.

②　徐浩：《农民经济的历史变迁》，第239页。

约 30 只的羊、30 英亩的耕地、20 英亩的荒地和牧场。[①] 在贝尔瓦谷地，农民专门从事谷物种植并在集市上出售，相邻的哈尔伯勒则饲养着牛。17 世纪 30 年代，这个重黏土谷地曾被时人加布里尔·普拉特斯认为是欧洲最好的庄稼地；不过到 18 世纪乔治三世时期议会圈地时，这里已完全变成了牧场。[②]

平原区土地的大部分是耕地，但牲畜即羊马牛猪的饲养也很重要。笛福说到，莱斯特郡"大多数的乡绅是养羊者，一些地方的饲养者是如此富裕，因而成长为乡绅"。他说，这个乡村以有最大的羊群和马群而自豪。在北安普顿郡、莱斯特郡、鲁特兰和诺丁汉郡的圈地牧场中，广泛地饲养着长毛"牧场羊"。马的饲养在东密德兰大部分地区都重要。这里有几个著名的马市，如诺丁汉、莱斯特和北安普顿等。1500~1640 年，诺丁汉农民饲养的牛群通常是混合型的；饲养马主要是为了供给诺丁汉郡和德比郡的城镇市场和农场；猪的饲养数量大，因此该区种植了大量豌豆作饲料。1698 年诺丁汉郡约翰·帕尔默拥有的耕地价值为 35 英镑，牲畜价值约 10 英镑，两者构成了他的总财富（105 英镑）的 40%。牲畜中包括 4 头奶牛、2 头小母牛、2 头未长成的奶牛、29 只羊、3 匹母马、2 匹小母马、1 匹阉割过的马和 4 头猪。17 世纪 60 年代，罗金汉姆林区每个农民喂养了 14 至 15 头牛、6 匹马、6 头猪。17 世纪中叶，大量外地农民租种沼泽地来饲养羊。17 世纪 60 年代，如威斯特克尔的亨利·佩西在沼泽区饲养了 140 只羊，同样在家乡也喂养了 140 只。[③]

西密德兰农民也进行奶制品生产，喂养牛羊。[④] 东伍斯特郡一个以养牛为主的村庄，在 1540~1599 年，牛占了牲畜喂养的 43%，羊的饲养数目仅占 14%。[⑤] 不过到 1670 和 1750 年间，该地牛的总数目从 52 头变为 48 头，而马则从 24 匹增长到 27 匹。牛数量的减少和马数量的相对上升，主要是因

[①]　Joan Thirsk, *The Agrarian History of England and Wales, Vol 4: 1500-1640*, p.91.

[②]　W. G. Hoskins, "The Leicestershire Farmer in the Seventeenth Century", p. 9.

[③]　Joan Thirsk, *The Agrarian History of England and Wales, Vol 5: 1640 -1750*, Cambridge University Press, 1984, p.104, p.112.

[④]　Joan Thirsk, *The Agrarian History of England and Wales, Vol 5: 1640 -1750*, p.129.

[⑤]　J. A. Yelling, "Probate Inventories and the Geography of Livestock Farming: A Study of East Worcestershire, 1540-1750", p.122.

为采用四田制。① 赫里福德郡西部边界地区牲畜饲养规模较大。大型牛群包括奶牛、小母牛和小牛，以及数不清的大公牛、阉牛。今天的赫里福德郡以牛肉闻名而不是牛奶或奶制业为特色，这一点早就反映在这个时期赫里福德郡农民的清单上。此外，赫里福德郡喂养猪的数量也是西密德兰其他郡所不可比的。

总之，这一时期的密德兰形成了农牧混合经济，种植业为畜牧业提供了饲料来源，畜牧业又为种植业提供了所需要的粪肥，因此密德兰大多数地区种植业和畜牧业是协调发展的。为了从畜牧业中获得更大的利润，大规模的圈地出现了。

（二）圈地运动与农民反圈地斗争

纺织业的繁荣促进了养羊业的发展。在利益驱使下，对牧场的需要促使农民和领主进行圈地，由此出现了大规模的圈地运动。暴力圈地多出现在英格兰中部地区，即从莱斯特郡到沃里克郡南部，然后穿过北安普敦和牛津到达伯克郡一带。经济史家比里福德认为密德兰特别容易受到圈地的影响，是因为那里的土地即适合种植谷物也适合生长牧草。② 1455 年和 1607 年之间，约有 8%～9% 的密德兰村庄土地被圈占。这个时期英格兰圈地最严重的是密德兰四郡，即莱斯特郡、北安普顿郡、拉特兰郡、沃里克郡，尤其是沃里克郡。此外如德比郡、诺丁汉郡、斯塔福德郡、林肯郡，土地被圈占也达 2%。个别地方如诺丁汉郡的拉克斯顿教区，至 1691 年时约有半数土地被圈占。③

密德兰地区的圈地引起了激烈反抗。因为许多小土地所有者依靠公地来维持生计，而圈地意味着公地所有权丧失。1517 年，枢密院揭示了许多故意驱逐佃农的案例，所有这些都发生在密德兰或中部地区。这些驱逐虽被认为是合法的，但引起了一系列反圈地暴动。④ 密德兰地区实行敞地制已很久远，

---

① J. A. Yelling, "Probate Inventories and the Geography of Livestock Farming: A Study of East Worcestershire, 1540-1750", p.120.

② H.C. Derby, *A New Historical Geography of England*, p.211.

③ Joan Thirsk, *The Agrarian History of England and Wales, Vol 5: 1640-1750*, p.95.

④ Rosemary L. Hopcroft, "The Social Origins of Agrarian Change in Late Medieval England", p.1576.

根基很深，加之地狭人多，想要把土地从世代耕种它们的农民手中夺走，并非易事，势必会遭到他们的强烈反对，因此暴力冲突不断出现。莱斯特郡、北安普顿郡和沃里克郡的村庄农民们，在16世纪和17世纪进行了激烈斗争，保护公田，反对圈占。1607年，密德兰地区发生了严重的反圈地暴动。

但圈地运动使农村社会发生了深刻变化。先是土地所有权和阶级关系的变化，跟着是农牧业的经营方式、耕作制度甚至整个生产面貌的变化。农业生产率提高，生产的地区化、专业化加强，封建农本经济的闭塞性被进一步打破，商品经济获得新的发展。而随着农牧业生产专业化的加强，城镇市场的专门化程度也越来越高。

（三）密德兰乡村工业的发展

乡村工业发展是英国社会转型时期的经济特征之一。密德兰乡村工业出现较早，如林肯郡是生产海盐的主要区域之一，德比郡和萨洛普郡的铅矿比较有名，林肯、诺丁汉、斯塔福德、莱斯特和北安普顿1086～1350年间先后出现了呢绒制造业等。西密德兰则在1185年后不久就出现了用于毛纺业的水力漂洗坊，13世纪前期这一地区水力漂洗坊已较为普遍。[1] 14世纪，1380～1381年间的英国赋税征收册统计，在斯塔福德郡南部、伍斯特郡北部和沃里克郡北部，农民和手工业者的人数比例各占一半。在考文垂主教领地的利奇菲尔德庄园，农民13户，手工业者34户，雇工34户。[2] 16世纪后密德兰乡村工业开始较快发展，原因有：第一，机械的进步一般依靠水力，而乡村一般有良好且充足的水力。如诺丁汉郡利用水流推动水轮来为煤矿排水。木炭是乡村工业中一个主要的燃料资源，密德兰有许多茂密林区。第二，乡村工业的原材料如羊毛或铁矿石的分布状况好，而且还有适宜的人口和良好的国内市场，吸引投资者。密德兰乡村许多修院土地在1540年发现蕴含着丰富的煤，新的所有者开始投资煤矿。长期租约鼓舞着资本大力投入，如诺丁

---

[1]　John Langdon, "Water-Mills and Windmills in the West Midlands, 1086-1500", *The Economic History Review*, 2nd Series, Vol. 44, No.3 (Aug.1991), p.434.

[2]　R. H. Hilton, *The English Peasantry in the Later Middle Ages*, p.31, p.86.

汉郡的渥拉顿，1600 年投入了将近 2 万英镑于煤矿和制铁业。[①]

16、17 世纪是密德兰乡村工业兴起并兴旺的时期。如沃里克郡和伍斯特郡乡村工业于 1640 年开始兴起，扩展迅速。阿丹一带主要是金属行业，包括钉子和针制造业、锡制造业，而制鞋业和手套制造业则分布在该区的西部。采矿业和丝带编织业在沃里克郡东北部普遍存在，亚麻编织业则分布更广。17 世纪早期，萨洛普郡和伍斯特郡成为乡村毛纺业的重要中心。毛纺业的雇佣者和工人散布在各个村庄、农场和集镇里。这些地区其他工业也得到了发展。塞文河为乡村工业的发展和交通提供了便利的水路条件。1650 年伍斯特郡的主要手工业有三种：纺织业、制铁业和制盐业。制盐业极为重要，其中心主要在特罗维奇。由于乡村提供了大量的牲畜皮，皮革制造业在密德兰发展较快，尤其是靴子和鞋，在北安普顿郡有着很大的重要性。16 世纪北安普顿城镇里从事皮革贸易的劳动人口几乎占了 1/4。[②] 除北安普顿的制鞋业外，诺丁汉和北安普顿等城市的手套制造业也很重要。许多小村庄也发展了鞣皮业。16 世纪中叶，伯明翰这个有着"开放的和乡村化的面貌"的小镇，人口约有 1,500 人，其鞣皮业和服装业更重要，但后者的重要性不断增加。在莱斯特，1560 年和 1599 年间的遗嘱清单反映的主要职业有：皮革制造（鞣革者、制手套者等）、纺织（织布工等）、农业（饲养者等）各占 19%，供应食物制造（屠夫等）占 14%，房屋业（木匠、做门窗框的木工、装玻璃工等）占 9%，零售贸易（食品杂货商等）占 6%，各种各样的制造业占 14%。[③] 围绕特伦特河谷有针织工业区，包括诺丁汉郡、德比郡和莱斯特郡的部分地区。一些次要的纺织服饰工业部门也在乡村发展。织袜工业从 17 世纪中叶起在诺丁汉郡以及莱斯特郡的乡村兴起后，舍伍德森林的边缘，诺丁汉郡和德比郡的交界地区，以及莱斯特南部人口稠密的村庄，成为织袜业的主要中心。17、18 世纪之交，花边生产又在北安普敦郡等地兴起，成为低收入农民家庭的补

---

① H.C. Derby, *A New Historical Geography of England*, p.283.

② Joan Thirsk, *The Agrarian History of England and Wales, Vol 5: 1640 -1750*, p.127.

③ H.C. Derby, *A New Historical Geography of England*, p.275.

充副业。[①] 18 世纪诺丁汉郡和德比郡的棉纺区，还是工业革命的发源地之一。据工业史家查普曼的研究，从 1769 年至 1800 年，密德兰地区的近代棉纱企业至少有 69 个，棉纺工厂不少于 100 个。[②]

这一时期西密德兰"黑乡"铁工业区最为著名。这一工业区包括斯塔福德郡南部和伍斯特郡东北部的乡村，自 16 世纪起就发展了制铁业。制铁业中心城镇有伯明翰、达德利和斯托布里奇等。[③] 当旅行家利兰 1540 年访问伯明翰时，发现该地不仅将生铁制成工具和武器，也用熔炉生产生铁；德比郡的希洛尔约在 1576 年出现了最早的鼓风炉的纪录。[④] 1574 年，西密德兰有 3 个熔铁炉；1600 年增加到 11 个，每个熔炉通常出产 100 至 200 吨生铁。斯塔福德郡和沃里克郡东北部是英格兰最大的铁钉生产区。这一地区的铁器制造业人员占总人口的 34% 以上。除小城镇外，这里还有许多工业村庄。有些村庄从事制铁业人数的比例还超过小城镇。如达拉斯顿（58%）、蒂普敦（56%）等村庄就比斯托布里奇（36%）、达德利（22%）等城镇高得多。村庄一般以制钉工人居多，也生产刀片、铁锁和鞍具等工艺较为复杂的铁制品。[⑤] 1560～1640 年间，国内市场对铁钉、铁锁、刃剑、农具和鞍工等五金器具的需求量增大。17 世纪 50 年代后，密德兰的铁制品越来越走向国际市场，向西印度、非洲、瑞典和俄罗斯等地出口以伯明翰为中心的西密德兰铁制品工业区，成为 17、18 世纪英国最为重要的乡村工业区之一。这一工业区与兰开夏棉纺区、约克郡西莱丁毛纺区在地理上相连，成为工业革命前英国的原工业化地区。18 世纪后期，在西密德兰制铁业基础上发展起来的钢铁业，对工业革命的推广起了重大作用。蒸汽机就是由伯明翰企业家马太·博

---

① B.L. Jones, "Agriculture Origins of Industry", *Past and Present*, No.40(1969), pp.62-63.

② S. D. Chapman, "The Transition to Factory System in the Midlands Cotton-spinning Industry", *The Economic History Review*, 2nd Series, Vol.18, 1965.

③ W. H. B. Court, *The Rise of the Midland Industries 1600-1838*, Oxford University Press, 1953.

④ H.C. Derby, *A New Historical Geography of England*, p.231.

⑤ M.B.Rowlands, *Master and Men, in the Midlands Metalmare Trades before the Industrial Revolution*, Manchester University Press, 1975, pp.18-25.

尔顿与瓦特合作，最早在这里制造并应用于生产过程的。[①] 由西密德兰工业区和兰开夏工业区、约克郡工业区，构成了 18 世纪以后直至今天英国最主要的工业生产中心，伯明翰还在后来发展成了英国第二大城市、最大的工业城市。

（四）城镇经济的变化

乡村工业的发展，使得农村在与城市的竞争中处于有利地位，加剧了城市生产的危机。一些传统的毛纺织城市衰落了，如在 16 世纪早期，斯塔福德郡的塔特伯里集镇失去了其初期的城市地位。有的城市兴起了，如 16 世纪早期北安普顿郡的艾恩霍小城兴起，而伯明翰到 18 世纪时迅速成长为巨大的工业中心。作为新兴的工业城市，伯明翰后来成长为英国第二大城市。还有的城市衰落后又复兴了，如 1540 年，考文垂、伍斯特、赫里福德和斯塔福德被列入了需"重建"的衰落城市法令之中。伊丽莎白时期，这些城市的情况有所好转，人口开始增长，如伍斯特人口从 1563 年的 4,250，上升到 1646 年的 8,000；[②] 考文垂曾是英国重要的毛纺织城市，但 15 世纪中期后大约一个世纪，该城人口减少了一半。从 1450 年到 1522 年，考文垂织呢工人数大减，但尚有一定数量的漂洗工。而到伊丽莎白时期，城内已没有漂洗坊，也没有漂洗工了。莱斯特 1563 年人口低于 1377 年，城内主要纺织行业工匠在 1510 年至 1540 年间为 23 人，1580 年至 1603 年为 12 人。[③] 17、18 世纪里，除西密德兰伯明翰等城市迅速成长外，密德兰大部分城市的发展是比较迟缓的。

（五）经济分工和联系的加强

农牧混合业的形成，使得农耕区和畜牧区的农民需要进行频繁的交换，市场经济活跃起来，区域间的联系增多。而乡村工业的发展，使得城乡之间雇工的流动性加强。商品经济的活跃和发展，打破了各个地区的封闭状态。如 16 世纪晚期，赫里福德郡、萨洛普郡、斯坦福德郡和密德兰地区的短羊

---

①　B. D. Bargar, "Matthew Boulton and the Birmingham Petition of 1775", *The William and Mary Quarterly*, 3rd Series, Vol.13, No.1 (Jan.1956), p.29.

②　［英］彼得·克拉克等：《过渡期的英国城市 1500—1700》，第 88 页。

③　W. G. Hoskins, *Provincial England: Essays in Social and Economic History*, London: Macmillan, 1963, pp.89-95.

毛就出售给了英国西南部优质呢绒区的制造商。17世纪早期,密德兰地区的羊毛供应到了东盎格利亚;西莱丁地区的呢绒商,也从林肯郡、莱斯特郡和北安普顿郡购买羊毛。^① 林肯郡和莱斯特郡的长绒羊毛,也送到诺里奇织造;哈利法克斯毛纺业者占用的优质羊毛大部分出于林肯郡。^② 到但卡斯特羊毛市场的,有来自密德兰的商人。

密德兰地区所分布的无数集镇,虽然作为消费中心影响力很小,但作为贸易和手工业中心,对工业进步或提供服务起着重要作用。它们作为本地农产品和原料的集散地,将牲畜、粮食、羊毛等从农村收集来,再在本地或运至外地市场出卖。如林肯郡的羊毛和谷物运到了约克郡;皮革和毛皮在附近城镇购买后,再运到远方的市场。莱斯特郡北部的牲畜和诺丁汉郡的林区产品送到了伯明翰地区,也卖给了约克郡和兰开夏郡的手工业城镇。^③ 随着交换行为的频繁、活动范围的扩大,产品越来越具有商品性,农业逐渐从自然经济过渡到商品经济。因此约在17世纪时,密德兰尤其是东密德兰的传统农业开始向现代商品农业转变。

内陆河流和运河运输对密德兰与外部的经济联系有着至关重要的意义。17世纪30年代后期,埃文河通航,航线远至斯特拉特福,就是说,进入了西密德兰地区。18世纪,密德兰与约克郡、兰开夏之间还修建了密集的运河网,大大加强了密德兰与北部工业区的密切联系。不但密德兰东部的农产品大量地送达约克郡和兰开夏,就连西密德兰伯明翰等地的铁制品业选择兰开夏利物浦作为产品向国外的输出港口。

(六)转型时期密德兰的经济重要性

转型时期密德兰的经济重要性主要表现在:(1)优越的地理位置,使其交通重要性凸现。密德兰位于英国中部,在沟联全国市场方面起到了"上通下达"的作用,在全国经济交流和统一市场形成中占有关键地位。北部农牧业、工业产品和南部产品的交换,必须通过密德兰,而密德兰地区便利的陆

---

① W. G. Hoskins, *Provincial England: Essays in Social and Economic History*,p.62.

② E Lipson, *The Economic History of England*, Vol.2, pp.21-22.

③ Joan Thirsk, *The Agrarian History of England and Wales, Vol 5: 1640 -1750*, p.89.

路水路交通，也方便了区内外产品的运输。17 世纪时，密德兰有着比较发达的陆路交通，从赫里福德、考文垂，到诺丁汉、林肯，都有通达各地的道路，尤其与首都伦敦建立了方便的陆路联系。在长途运输上还有更便宜的水路运输。西密德兰煤区的煤通过塞文河和特伦特河运输到泰晤士河上游以及东部海岸港口；谷物、奶酪、黄油、木材等沿着乌斯河可运到特伦特河上游的诺丁汉。（2）密德兰是英国原工业化程度较高的地区。密德兰北部是轻质土壤，在粮食生产上无法和南部竞争，所以较早地转向了畜牧业专门化生产。这些地区也因此较早地出现圈地运动，耕地变为牧地。随着圈地运动的开展，农村中形成了大批就业不足的无地或少地农民。他们必须转向家庭工业，才能维持生存。由此而析出的大量劳动力，成为原工业化劳动力的主要来源。密德兰的工业生产并不局限于传统纺织业，西密德兰制铁工业是 17、18 世纪最著名的工业之一。（3）密德兰农业为工业的发展提供了基础。吴于廑先生指出："没有农耕世界生产发展到一定水平的前提，重商主义为之前奏的近代工业世界就不可能出现。"[1] 密德兰地区作为一直比较发达的农业区，经过 14、15 世纪农耕经济的分化，到 16、17 世纪农牧混合经济的形成，为自身也为周围地区的工业发展提供了大量原材料。以养羊业为例，14 世纪后，密德兰所产的优质羊毛主要提供给附近乡村工业区。产于林肯郡、莱斯特郡和北安普敦郡的优质长绒羊毛，往南运到格洛斯特郡的西伦斯特和图克斯伯利的羊毛市场；向东运到诺里奇和伯里圣爱德蒙；向北运到约克郡西莱丁区，甚至向更北的地方进入威斯特摩兰郡和坎伯兰郡。

密德兰横跨英格兰中部，区域内地理环境差异明显，这些差异奠定了各个郡的发展基调。作为典型的敞地农耕区，密德兰各郡早期多以种植业为主，但区域内一些并不很适合农耕的高地，则较早地发展了畜牧业。随着种植业发展，粮食有了剩余，畜牧区向农耕区购买粮食和饲料，使交换范围扩大，区内各郡的交往频繁起来，农村市场也活跃起来。14 世纪的战争、瘟疫、自然灾害给密德兰农业以沉重的打击，畜牧业也受到一定波及。但这种低迷的

---

[1]　吴于廑：《历史上农耕世界对工业世界的孕育》，《世界历史》1987 年第 2 期。

局势里也蕴含着变化，如在西密德兰地区，村庄的遗弃有助于土地改变为牧场，农业的天平开始偏向畜牧业。由于密德兰既有适合耕地农业的地区，也有适合畜牧业的地区，所以许多农民"转战"在密德兰区内，而不需要长途跋涉到更远的地方去。这样的流动无疑促使了区内交往，也使得密德兰农耕经济发生了分化，一部分人从事畜牧业，一部分人从事手工业、加工业、采矿业等，还有一部分人继续从事种植农业，最终在 16 世纪形成了农牧混合业。养羊业的发展为乡村毛纺业提供了丰富的原料，更促使了大规模圈地运动的出现，农耕区的许多敞地变成围圈地，无地无业的农民变成了乡村工业的劳动力。总之，农耕经济的分化和区域性的生产分工，就成了传统农业区转型中颇有特色的"密德兰道路"。

第十三章
西密德兰工业区的兴起

　　西密德兰是英国工业革命最重要的地区之一，在某种意义上可称得上与兰开夏并驾齐驱。西密德兰区的贡献主要是对工业革命具有突出作用的采煤业和铁工业。内夫曾经指出，煤炭作为动力能源的发展对于诸多工业部门具有重要作用。采煤业的发展不仅使工业产量增长，而且还伴随着技术进步和生产组织改变。[①] 西密德兰采煤业可以与纽卡斯尔东北采煤区相媲美，而其铁工业则在英国举足轻重。铁工业则分为两个部门，一是铁矿石的开采和冶炼，二是把铁加工为各种铁制品。铁加工业包括刀具制造和铁钉制造等，在工业革命前就有较大发展，主要分布在伯明翰及附近的"黑乡"（Black Country）地区，16 世纪开始起步。17 世纪后期这一乡村地区工商人口占总人口的 62%，其中制铁业占总人口的 33%，有些村庄从事制铁业的人口比例还超过小城镇。[②] 这一时期英国乡村工业发展和煤铁大工业崛起这两大经济现象，可以说奠定了工业革命的"生产基础"，西密德兰为这一基础的奠定功莫大焉，因此理当成为研究工业革命发轫的重点对象。本章重点研究 1650 年到 1850 年，同时为探讨西密德兰工业兴起的条件和基础，时间上略往前溯。

[①]　J. U. Nef, *The Rise of the British Coal Industry*, p.165.

[②]　M. B. Rowlands, *Masters and Men: in the West Midland Metalware Trades before the Industrial Revolution*, Manchester University Press, 1975, p185.

一 17世纪中叶前的西密德兰区经济

西密德兰的地理范围一直比较模糊。本书的西密德兰区指斯塔福德郡、什罗普郡、赫里福德郡、伍斯特郡和沃里克郡这5个郡，这也是今天英国通常所指的地理范围。[①] 工业革命前，西密德兰当然也是传统的农业社会，深受自然环境的影响。其地形多样化，拥有丰富的铁矿石和煤炭资源，境内有塞文河和埃文河通航，交通发达，农业和畜牧业发达，而农牧业发展又为西密德兰乡村工业的兴起提供了经济基础。

（一）自然环境和地理条件

西密德兰位于奔宁山脉之南，西接威尔士，地势平缓是该地区的主要地形，开发相对充分，可耕地较为集中。大部分土壤富含营养成分，质地偏黏重，适宜于用作永久性草地，也可以耕垦。这种优良土壤以棕色森林土为主，土质酸性较低，肥力相对于灰化土较高。在施用石灰和合理施肥的条件下，既可作为优良的草地，也可作为良好农田。南部混合耕作区域属于轻质沙壤，透气性较好，土温上升快，易于耕作，但需要经常施肥以防养分流失。[②]

西密德兰绝大部分地区曾经几乎被森林覆盖，覆盖类型多样性。橡树林最常见，栎木也不少。[③] 法肯汉森林是西密德兰主要的王家森林，科茨沃兹平原的西部、考文垂和沃里克郡北部、伍斯特郡边界都分布着森林。这些林地既可改造成农耕地，也可以作为牧场。木材供应和牲畜饲料来源主要依靠林地。[④] 木材是建造房屋的重要材料，简陋房屋大都依靠木材作支柱，城乡房屋装备不同，因此需要不同种类的木材。木材对西密德兰炼铁业至关重要。

塞文河和埃文河是西密德兰两条主要河流。中世纪塞文河通航可上溯至

---

① 如目前英国BBC的地方电视台每天播送天气预报时，西密德兰就是包括这5个郡；而德比郡通常都归入东密德兰区。

② 参见曾尊固等：《英国农业地理》，第29页。

③ Plauline M. Frost, *The Growth and Localistation of Rural Industry in South Staffordshire 1560-1720*, University of Birmingham,1973, p.80.

④ R H. Hilton, *The West Midlands at the End of the Thirteenth Century*, Cambridge University Press, 1983, pp.12-16.

什鲁斯伯里，沿河南航则至海洋。埃文河的通航条件略差，主要用于运送当地货物。埃文河似乎是一条天然分界线，以南分布着广阔的农地，以北则是广袤林地即阿登森林。塞文河和埃文河不仅可通航，两岸台地还提供了透气性较好的土壤，适于耕种，很早就吸引了人们定居生产。特伦特河是穿越西密德兰的另一条重要河流，发源于比尔达夫山，穿过斯塔福德郡，先往东南方向缓缓流淌，后转向北往东穿过德比郡和诺丁汉郡，与亨伯河交汇后流入北海。

斯塔福德郡南部可利用的资源中，铁矿石最为重要，这种矿石被广泛发现且易于挖掘，矿石成分有较大差异。有泥铁岩，有富含高碳物质的黑菱铁矿，斯塔福德郡北部的黑菱铁矿含有 10% 以上的有机材料，铁含量则在 16%～38% 之间。泥质碳酸盐岩中的铁含量更高，其中最好的矿石铁含量高达 40%，并且硫含量较低。[1]斯塔福德郡南部主要生产冷脆铁，由于石炭纪矿石中含磷，因此铁质较脆。斯塔福德郡南部页岩、耐火土和煤层相结合处发现的铁矿石，呈块状或有小结。总之，该地区南部的铁矿床紧密聚集，在北部则呈分散状。

斯塔福德郡南部煤田最为重要。煤层东西向延伸，距离伍尔夫汉普顿和沃尔萨尔较近，厚煤层距地表不超过 400 英尺，有的地方更浅。厚煤层对南斯塔福德郡具有重大经济意义，它是该地区最早进行开采的煤矿之一。该煤层从达德利开始，穿过科斯利、比尔斯顿、达勒斯顿和温得斯伯里，以及塞奇利和斯陶尔布里奇附近直到西部山脊背部，呈一个巨大弧形。煤田的南端，厚煤层分为顶部、中间、底部三个煤层，这对早期煤炭工业至关重要。

（二）农业和畜牧业特色

12～13 世纪西密德兰的土地耕作主要实行两圃制和三圃制。三圃制就是三圃轮种法，即把土地等分成三部分，轮流播种冬播作物、春播作物和休耕，耕种的那两部分土地，分别种植冬季作物和春季作物。三圃制还提高了土地利用率。土地耕作制度在西密德兰各郡差别很大。在沃里克郡南部和伍斯特郡，占主导地位的是四圃。沃里克郡北部和东北部、斯塔福德郡东南部则实行三圃制。[2]

①   P. M. Frost, *The Growth and Localistation of Rural Industry in South Staffordshire 1560-1720*, p.69.

②   R.A. Butlin, *The Transformation of Rural England,c1500-1800: A Study in Historical Geography*, Oxford University Press,1982,p.44.

在沃里克郡，中世纪便有大量自由持有农，庄园的控制较弱。在西密德兰区庄园衰落的过程中，庄园土地转归自由持有农和公簿持有农所有，许多庄园到近代初期逐渐被这样肢解。15世纪土地逐渐集中在少数家庭的手中。尽管畜牧业和个人出租的趋势增强，但公共混合耕种仍然是大部分乡村经济生活的基调，敞田制仍然是最主要的特征。

西密德兰各郡主要有三类土地：林地、开阔的牧草地和耕地。西密德兰各地农业经济有很大差别。如赫里福德郡及毗邻的伍斯特郡，经过改良过的农田，有利于谷物生长，是西密德兰最大的谷物产区，有"谷仓"之誉。11~13世纪西密德兰农业以种植业为主，畜牧业为辅。主要种植小麦、大麦、燕麦和豆类等。14世纪开始，旧的耕地地力衰竭，新垦之地大多为不毛之地，粮食供应不足，农业出现危机，黑死病导致人口锐减，农业变得不稳定，种植业缩减。14世纪中期后，西密德兰的耕地比例严重下降，而牧场面积由1/10增加到1/3。15世纪农业衰落趋势加剧，谷物价格严重下跌，许多农民转向羊毛和奶产品生产，养羊业兴起，更多的耕地转为牧场，西密德兰区的传统农业经济开始向农牧混合经济转变。

西密德兰的广大林区为畜牧业发展提供了条件。林区有开放的林地和牧场区域，让农民更多地使用公共地，饲养猪马牛羊等牲畜。在赫里福德郡出现了新型农业经营者。如罗兰·沃恩作为牧场经营者，饲养了300头母牛、300头小牛和3,000只羊，生产出大量奶酪、黄油和肉类提供给市场。此人还就管理水草地和发展畜牧业写过一部著作。[1]

西密德兰年降水量在613~750毫米之间，夏季偏干燥，7~8月平均温度为16℃左右，有利于农业。土地利用上以永久性草地为主，畜牧业成为主要经营方向。这里有以伯明翰为中心的城市群，周围还环绕着斯托克等不断发展的城市，形成了很大的当地市场，需要就近供应乳、肉、蛋、蔬菜、水果等。本区也邻近伦敦，受到伦敦市场的影响。奶牛和肉畜饲养成为两大主导农业部门。距离城市较近和耕地少的地区以发展奶牛业为主，肉用养畜业

---

[1]　Joan Thirsk (ed.), *The Agrarian History of England and Wales, Vol.4:1500-1640*, pp.100-101.

则分布在距城市较远和耕地较多的地方，主要饲养牛和羊。

（三）乡村铁工业的起步

15～17 世纪，乡村工业在英国广泛兴起。以伯明翰为中心的西密德兰"黑乡"铁工业区是著名的乡村工业区。斯塔福德郡和伍斯特郡东北的乡村，从 16 世纪起就开始发展制铁业。从 1518 到 1597 年，黑乡已经拥有了一些特有职业，如制铁业中的锻工、吹制工，到处都有的制钉者。制钉者主要分布在舍德莱等地；沃尔索尔以金属马具工匠为主；西布罗米奇以带扣制造为主；刀柄制造主要在拉歇尔；锻工聚集在佩里巴和希利等地。16 世纪中期，西密德兰工业区的人口已多于斯塔福德、伍斯特和沃里克等郡的农业区。至 17 世纪中期，有些工业村庄的人口甚至增长了 4 倍。

制钉业是伍斯特郡制铁工业的重要分支，并且延伸到了斯特福德郡。制钉业所需技术较少，但钉子的使用范围广，种类较多。一些制钉者集中精力制造特殊钉子，如图钉、曲头钉、大头钉、长钉、钉子套、大帽钉、卷角的马掌钉等。一些制钉者自己购买铁条，但大部分都由五金商供应。制钉者提供燃料、炉床、锤子和风箱，钉子在屋后小工场中制造。制钉活动主要在农闲季节，农忙时则暂停。钉子造好时，要打包，贴货签，送到五金商那里出售。

制锁业有简单的挂锁和胸锁制作，都由五金商规模化采购和出售。精致复杂的锁则由黄铜制成，带有发条装置、技术设备、警钟和装饰特色，但这些都要求客户付出高额费用。复杂的锁可根据个人要求定制，锁匠和顾客商谈完成交易。

长柄大镰刀制作技术含量最高。不同地方使用的镰刀也不尽相同。镰刀在制造中需要不同的温度，还要将铁和铜熔接起来。镰刀成型后送到研磨机中打磨，再返回工匠手中完成余下工序。最后由家庭成员或雇小贩在市镇中出售镰刀。相对于其他金属工，他们有更多的土地和家畜，住宅宽敞，有些人还有大作坊。在舍德莱、黑尔斯欧文等工业村庄中，制造长柄大镰刀的铁匠将工业和农业联系了起来，他们为本地也为外地市场生产商品。

沃尔索尔的工匠则制作各种金属马具如马刺、马勒、马蹬等，工具和材料多，技术精到，工匠们的专业化程度很高。任何铁制马具都可在沃尔索尔买到，各个工匠各司其职，很少转向制造别的产品。沃尔索尔的金属马具制造最显著的特点是制造过程的细化，如制作一个马刺需要四个独立步骤，每一步骤都在单独的作坊中进行，四个工匠合作：马刺头制造者、扣袢制造者、马刺扣制造者、滚轮制造者。① 而马嚼子有 6 种类型，每一种都有 6 种不同的边饰和尾饰，每一个零件都需要不同的制造技术和材料。

伯明翰的铁工业较西密德兰其他地区起步要晚。刀剑和匕首是当时伯明翰生产的主要铁器。伯明翰第一次被提到是在 1538 年的《利兰游记》，该游记中说，伯明翰有一条漂亮的街道，居住着铁匠和刀匠……有很多铁匠制造刀子，很多金属马具工匠制造马衔，该镇在很大程度上是由铁匠和他们的铁器来维持。② 伯明翰可制造大部分切割工具以及弯刀。威廉·坎登谈 1576～1586 年间他经过的伯明翰等小市镇时称，"这些小市镇到处挤满了居民，有很多铁匠存在，街道上到处回响着锤炼的声音"，"还建造了大量的漂亮的建筑。"③ 坎登对伯明翰的描述充满赞美之词，他判定这个城镇比其他地方更为繁荣。16 世纪末伯明翰人口扩大，中等富裕的人数增多，手工业很兴旺。17 世纪它的发展更醒目，1627 年牛津出版的一本地理学著作提到："在伯明翰居住着很多铁匠，他们制造不同种类的金属器具。"④

对于铁工业来说，炼铁炉是必不可少的。1560 年前后在坎诺克林地的佩吉特庄园和什罗普郡西部建立起密德兰地区第一批高炉。这些早期的高炉呈方形构造，大约 20 英尺高，一般建在斜坡下，这样可以在高炉顶部搭建一座桥，可用手推车运送矿石、木炭、石灰岩石。据估算，坎诺克林地炼铁炉在 24 小时不断生产的情况下，每天出铁量达一吨。⑤ 到 1603 年，密德兰地区至少建立起 9 座这样的高炉，1640 年有 15 座高炉投入生产。

---

① W. H. B. Court, *The Rise of Midlands Industries 1600-1838*, Oxford University Press,1938, p.31.

② Samuel Timmins, *The Resources, Products, And Industrial History of Birmingham And The Midland Hardware District*, London: Robert Hardwicke,1866, p.209.

③ W.H.B. Court, *The Rise of Midlands industries 1600-1838*, p.44.

④ Samuel Timmins, *The Resources, Products, And Industrial History of Birmingham And The Midland Hardware District*, p.210.

⑤ M. B. Rowlands, *The West Midlands from AD 1000*, London and New York: Longman Inc.,1987, p.146.

水力利用对密德兰乡村工业有重大的推动作用，15 世纪末水力被运用于锤铁。将生铁在火炉中反复加热和敲打转化成熟铁，每个过程都依靠水力。伊丽莎白时期，坎诺克和布罗姆利等地生产出质量不等类型多样的条形熟铁。起初条形铁是用人工切缝，17 世纪 20 年代起将水力运用于切缝。水力还被运用于西布罗姆维奇的滚切机，来大批量地切割铁块。

总之到 17 世纪前期，西密德兰在悄然发生着变化，小市镇兴起，乡村工业起步，尤其是金属工业的增长，促使城镇和村庄居民的职业多样化，初步显现工业特征。乡村逐渐工业化，出现越来越多的炼铁小村庄，煤矿周边纷纷建立起市镇，荒地上也建起农舍，用于制钉等工业。财富集中和适应性强的劳动力大量增长，使得密德兰由农业社会向工业社会的转变成为可能。但当地资源只能满足早期手工业的需求，当制造业面对更广阔市场时，就需要更多的资源以及专业技能和商业知识。商人则为西密德兰的各种金属制造品寻找市场。农业的存在缓冲了由季节性需求和贸易中断、过度生产所造成的恶劣影响，经验、技术和交流网络逐渐建立，这些都构成了西密德兰的经济社会基础，利于它在未来取得更显著的发展。

二　西密德兰乡村工业的兴起（17～18 世纪）

这是西密德兰社会和经济都经历巨大变化的一百年。在这里，到处都能看到乡村工业的大发展，除了制钉、制针、马具等有代表性的铁制品工业外，陶器、玻璃、枪支制造等新兴乡村工业部门也兴起来了。日益壮大的乡村工业成为经济的坚实基础，也带动了新兴城镇的形成。在水陆交通改善的前提下，新兴城镇以市场为纽带，加强了西密德兰内部以及本区与外部市场的联系，建构起与国内外市场相联系的商品流通体系。

（一）乡村工业大发展

1. 具有代表性的乡村工业部门

制针业。英国制针业可以追溯到 16 世纪 50 年代，是由佛兰德尔的难民引进的。制针业首先出现在伦敦和格洛斯特，17世纪早期扩展到多切斯特和奇切斯特，逐渐蔓延到乡村地区。在西密德兰，制针业主要集中在什罗普郡的马奇温洛克，伍斯特郡的布里奇诺斯，伍斯特郡和沃里克郡边界的斯塔德利。西密德兰的制针业，据说是威廉·利在17世纪上半期带来斯塔德利的，17世纪80年代当地至少有20个制针工匠。[①] 制针方法需要一定技能，但制造过程较为简单。钢块拉制成金属丝后，切成针的长度，拉直磨尖，将不锋利的那端打磨扁平，并冲压出一个针眼，再把周围挫平；将针打磨和拉直处理后，经过回火处理，针变得更加坚硬。再用金刚砂研磨膏和肥皂的混合物将其擦亮，擦掉回火处理时产生的氧化物和污点。再次擦洗时，用氧化锡给针镀上光泽，清洗、晾干、再用金刚石擦亮，打包贴好标签再出售。

17世纪后期，其制针业增长最快的沃里克郡斯塔德利附近。[②] 斯塔德利的制造商为扩大销售，极力提高产品市场份额，雇佣各式各样人员，自由选择材料和方法，鼓励创新，这种自由促使斯塔德利人在和伦敦的贸易中廉价出售高质量钢针，并引进便宜的铁针。有利的地理位置是西密德兰制针业迅速发展的一大因素。制针业区域位于伯明翰和黑乡金属工业区。制针业所需的原材料供应方便并且价格低廉，比利生产包装纸，雷迪奇的锻造厂生产铁，法肯汉和斯塔德利拥有丰富的木炭资源，这些优势是伦敦的针工业所不具备的。

从需求方面分析，西密德兰有稳定且日益扩大的市场，"从1630年到1700年，伍斯特郡、沃里克郡、斯塔福德郡的人口从25,000增长到32,500人。"[③] 人口的增长带动了需求。不断扩大的工业市场则支撑着对针的需求，伍斯特郡的手套制作需要针，比尤德利的帽商也需要针。东伍斯特郡鞋匠和皮革匠对不同类型针产品的需求，为制针者提供了稳定的市场。在伯明翰和沃尔萨尔，马具贸易也增大了对针的需求。西密德兰制针者采用了更为可行的销售方法：他们将针卖给在乡村做生意的五金商。而随着西密德兰

---

① S.R.H. Jones, "The Development of Needle Manufacturing in the West Midlands before 1750", *The Economic History Review,* New Series, Vol. 31, No.3(1978).

② S.R.H. Jones, "The Development of Needle Manufacturing in the West Midlands before 1750".

③ S.R.H. Jones, "The Development of Needle Manufacturing in the West Midlands before 1750".

金属器贸易的扩大和五金商人的数量增长，到 18 世纪早期，伯明翰的商人和旅客都参与到乡村贸易中，通过这些中间商，斯塔德利的针能出售给整个地区的顾客，远远超出了伍斯特郡和沃里克郡的范围。

玻璃制造业。玻璃制造在黑乡工业中占有重要地位，它是在政府支持下引进的一个新的工业分支。斯塔福德郡早在 13 世纪就制造玻璃，但市场需求小，仅向教堂和贵族供应。玻璃工业的大规模发展始于 16 世纪末。17 世纪早期，黑乡的玻璃制造技术较高，1611 年获得专利，使用煤作为燃料制造玻璃，1613 年该专利修改为覆盖几乎所有的玻璃制造。禁止进口国外玻璃的规定也扩大了国内的玻璃市场。17 世纪末，这里的玻璃工业雇佣了数百工人。

17 世纪初斯陶尔布里奇和周围村庄建立起玻璃制造业，斯陶尔布里奇原是一个服装小镇，包含多种行业，但没有玻璃工业。17 世纪末，斯陶尔布里奇的玻璃工业达到顶峰，成为全国重要的玻璃制造中心，后来它的玻璃供应逐渐遍及世界。斯陶尔布里奇有着制造玻璃天然的资源优势，这里拥有最著名的耐火黏土。斯陶尔布里奇的玻璃业还有一个特征，是从事玻璃制造的家庭与约曼农家庭之间的联姻，联姻家庭在斯陶尔布里奇玻璃业中逐渐占据优势。经济利益促使行业中家庭的联合，因此玻璃工业发展规模大。1679 年，有 17 家玻璃厂，其中 6~7 家制造窗户玻璃，5 家制造瓶用玻璃，5 家制造氧化铅玻璃。1698 年，每家氧化铅玻璃厂雇佣大约 50 个工人，若其他玻璃厂类似，那么工人总数达到 650~800 人之间。[①] 玻璃工业也构成了黑乡独特的工业景观。18 世纪，达德利和伯明翰也发展了玻璃工业。

枪支制造业。枪支制造是伯明翰工业的重要组成部分，1689 年在这里建立，在其时的战争中发展迅速。1689 年伯明翰获得了由政府签发的第一个枪支合同，为马尔堡战争制造滑膛枪，在接下来的几年中，由政府财政支付伯明翰的枪支制造商。该行业迅速在达拉斯顿和达德利等教区发展。1700 到 1710 年间枪支制造者出现于温得斯伯里、达德利和斯陶尔布里奇的教区档

---

① 　P. M. Frost, *The Growth and Localistation of Rural Industry in South Staffordshire 1560-1720*, p.509.

案中。1750 年，伯明翰的大农场主和加尔顿公司在非洲卖出 12,000 支枪支，而这只是他们出口贸易的一部分。枪支通过布里斯托尔、伦敦和利物浦的代理机构出口，这些机构用特制轮船来争取订单，不仅装运枪支，还可装载钉子等 40 多类金属制品。枪支的制造由枪锁工匠、枪管铁匠和枪把制造者分工完成，工序有时还会细分，精于磋磨的工人、打褶装置和润饰者参与其中，通常制作一支枪需要 14 个环节。

制钉业。制钉是斯塔福德郡南部最重要的个体金属手工业，雇佣了大量的乡村工人；也是分布最广泛的手工业，几乎覆盖了斯塔福德郡南部和伍斯特郡北部所有的产煤区，并延伸到周围地区，在金属工人中占比高达 60%。制钉者最早在 14 世纪出现于莱姆河上纽卡斯尔。[①] 16 世纪制钉工业从伯明翰和达德利等城镇向周围乡村扩散。相比于其他产业，制钉更具吸引力，原材料获取方便，工艺简单易学，所需生产工具少，受到手工业者和商人的青睐。同时，钉子贸易也向人们提供了工作机会，鼓励了周边地区人们向制钉区域移民。

17 世纪金属手工业者迅速增加，制钉者是其中最重要的。表 13-1 展现了 1681～1720 年遗嘱等材料中提到的金属工作者数量，可看出制钉者占金属工人总数的 59%，其中西布罗姆维奇制钉者最多，舍德莱、金斯温福德、蒂普顿同样也是重要中心，罗利里吉斯、温得斯伯里、沃尔萨尔、达拉斯顿等城镇都是钉子制造的代表。舍德莱一直是重要的制钉中心，16 世纪末金属工人还组成了一个团体，17 世纪中期金属工人占比从 38.35% 上升到 64.68%，其中制钉业是人们选择最多的，铁钉贸易的比例也从 16 世纪末的 33.4% 上升到 17 世纪中期的 50%。据估计，17 世纪 80 年代舍德莱制钉业雇佣的工人不少于 2,000 人。[②] 温得斯伯里有一种铁被称为金色金属（Blond metal），专门用来制造钉子。1681～1706 年温得斯伯里登记在册的工人中，制钉者占 36%。在金斯温福德贸易中，制钉者（21.2%）的比例仅次于制锁工匠（25%）。

---

① P. M. Frost, *The Growth and Localistation of Rural Industry in South Staffordshire 1560-1720*, p.464.

② P. M. Frost, *The Growth and Localistation of Rural Industry in South Staffordshire 1560-1720* , p.464.

表 13-1 斯塔福德郡南部的金属行业 [1]

城镇	钉子	锁子	带扣	马具	利器	各类铁器	其他金属	总计
奥德里奇	1	—	—	—	—	—	—	1
比尔斯顿	1	4	—	—	—	7	—	12
博宾顿	—	—	—	—	—	—	—	0
布鲁德	—	—	—	—	1	—	—	1
布什伯里	—	—	—	—	—	—	—	0
科德斯尔	—	—	—	—	—	—	—	0
达拉斯顿	14	—	3	—	—	3	—	20
达德利	4	—	—	—	—	—	—	4
恩维尔	—	1	—	—	—	—	—	1
大巴尔	—	1	1	1	—	—	—	3
哈勃尼	2	—	—	—	—	—	—	2
汉兹沃斯	2	1	—	—	2	—	1	6
希姆利	3	—	—	—	1	—	—	4
金斯温福德	25	5	—	—	6	—	—	36
金弗	1	—	—	—	3	—	—	4
佩里巴	—	—	—	—	—	—	—	0
帕廷厄姆	—	—	—	—	—	—	—	0
佩尔索尔	—	—	—	1	—	—	—	1
佩恩	—	2	—	—	—	—	—	2
贝利巴亚	1	—	—	—	—	—	—	1
旺伯恩	6	—	—	—	—	—	—	6
罗利里吉斯	17	2	—	—	—	—	—	19
拉歇尔	—	—	—	—	—	—	—	0
舍德莱	28	8	—	—	8	—	—	41
塞松	—	—	—	—	—	—	—	0
申斯通	2	—	—	—	—	—	—	2
斯梅西克	4	0	0	0	0	0	0	4
泰特霍尔	—	2	—	—	—	—	—	2
蒂普顿	19	—	—	—	1	—	1	21
垂苏尔	—	1	—	—	—	—	—	1
沃尔索尔内区	7	5	7	21	—	1	5	46
沃尔索尔外区	10	3	—	4	—	1	1	18
温得斯伯里	16	1	3	1	—	2	—	23
温尼斯菲特	—	4	—	—	—	—	—	4
西布罗姆维奇	49	—	—	—	1	—	—	50
威伦霍尔	—	4	—	—	—	—	—	4
沃尔夫汉普顿	4	10	4	—	1	3	1	23
总计	213	54	18	28	24	17	9	363
金属工人所占百分比	59	14.8	5.0	7.7	6.6	4.7	2.4	100

[1] P. M. Frost, *The Growth and Localistation of Rural Industry in South Staffordshire 1560-1720*, p.466.

2. 铁器商的作用

铁器商是一种新型的中间商。在西密德兰乡村工业发展过程中，铁器商之重要性相当于制造商品的铁匠。他们首先要和铁器制造者达成交易，获取大量的铁以及赊购锻铁炉和滚切机，还要确保大量产品供应远距离的市场，要考虑雇主和雇员的关系，处理与顾客的关系。

铁器商的家庭背景多种多样。很多铁器商是铁匠家庭出身，如安布罗斯·克罗利是斯陶尔布里奇一位制钉者的儿子；约塞夫·艾伦是伯明翰一位带扣制造者的儿子，温得斯伯里的塞缪尔和亨利·菲多是铁器商的儿子。[①] 也有些铁器商介于制造商和五金商之间，虽然他们的店铺里不含劳动工具，但储存了铁、钉子、秤杆和工作台。还有些铁器商是从店员和雇工成长起来的。有些铁器商来自于商人家庭。更多的铁器商是农业家庭出身，如亚德利的乔治·比塞尔依靠土地谋生，但他的一个儿子发展为铁器商，另一个儿子成为布商。

他们在帮助父亲打理事务的过程中学习贸易。如约翰·吉本斯将儿子托马斯送到布里斯托尔当代理商并学习贸易，后托马斯返回西密德兰建立自己的事业。1710 年，沃尔夫汉普顿的约瑟夫·特顿描述了他如何被培养成为一个熟悉贸易的铁器商，他的铁器商父亲又是如何教授他学习铁钉贸易在伦敦出售的。[②] 有的铁器贸易商未受过专业训练，如 1683～1690 年有 9 人被起诉到沃里克巡回审判庭，原因是他们没有经历过学徒期，不被大家所信任。

所有铁器商的共同点是拥有一个密切的关系网，这个关系网建立在家庭、婚姻、宗教和邻里关系之上，建立了经商所需的资金链。铁器商家族大都能保持三到四代的兴旺。如 1733～1750 年有 50 个铁器商从奈特家购买铁块，其中有 39 家延续了父辈时代的贸易。[③]

---

① M. B. Rowlands, *Masters and Men: in the West Midland Metalware Trades before the Industrial Revolution*, Manchester University Press, p.110.

② M. B. Rowlands, *Masters and Men: in the West Midland Metalware Trades before the Industrial Revolution*, p.111.

③ M. B. Rowlands, *Masters and Men: in the West Midland Metalware Trades before the Industrial Revolution*, p.120.

　　铁器商最主要的活动是保证原料铁的供应。他从国内市场上采购铁，必要时也从国外市场采购。西密德兰铁器商购买了英国境内生产的大部分铁，流向西密德兰的铁来源广泛。1677年安德鲁·亚兰顿这样描述："迪恩森林的大部分沟铁沿塞文河送往伍斯特郡、什罗普郡、斯塔福德郡和沃里克郡的锻铁炉中，制成条形铁。由于沟铁性质较软，因此在斯陶尔布里奇、达德利、伍尔夫汉普顿、舍德莱、沃尔沙尔、伯明翰等地被打弯锻造，然后加工成各种小商品送往英国各地，……制成品甚至销往世界许多地方。"[①]与铁器工匠有关联的大铁货商如斯陶尔布里奇的托马斯·弗雷家族，从内战时期发现了商机，投资铁工厂，建立起覆盖铁高炉、锻铁炉和滚切机的大型生产体系。1672年，保罗·弗雷在迪恩森林拥有的高炉和锻铁炉生产出1,500多吨生铁，其中2/3送到其兄弟菲利普·弗雷的斯陶尔工厂加工，该工厂占了生铁总消费量的40%，其余60%送往西密德兰等地的高炉，形成了一个完整的生产网络。1692～1710年是这些工厂发展的鼎盛期，其中与密德兰有紧密联系的是斯陶尔河谷的滚切机、鲁格利滚切机、斯陶尔河谷的锻铁炉和比尤德利的仓库，[②]加起来共有10个工厂，17世纪末实际上向西密德兰铁器商交付了1,500吨的铁棒和铁条。[③]

　　通过研究奈特家族企业的往来账簿，可获得这类铁棒和铁条的销售量。该家族的工厂主要分布在斯陶尔河谷、什罗普郡和迪恩森林，该家族经营的工厂虽少于弗雷家族，但生铁资源更加广泛，除英格兰外，还来自威尔士和爱尔兰等地。这个公司的三部账簿[④]还证明了与西密德兰五金贸易有直接联系的细节。第一个账簿记载了与斯陶尔河沿岸维尔沃里、威林顿等地工厂的

---

①　A.Yarranton, *England's Improvement by Sea and Land*, London,1677, pp.44-45, p.57. 转引自 M. B. Rowlands, *Masters and Men : in the West Midland Metalware Trades before the Industrial Revolution*, Manchester University Press,1975, p.54。

②　R.G. Shafer, "Genesis and Structure of the Foley Ironworks in Partnership in 1692", *Business History* ,vol. xiii,No.1(1971),p.19.

③　M. B. Rowlands, *Masters and Men: in the West Midland Metalware Trades before the Industrial Revolution*, p.58.

④　引自 M. B. Rowlands, *Masters and Men: in the West Midland Metalware Trades before the Industrial Revolution*, p.56. 这三部账簿分别为 "The General Sale of Rods and Bars", "The Sales of Bridgewood Bar at Bewdley", "Bromford and Nechells Park"。

交易往来信息，1727～1750 年间，记入账单的 238 名消费者中绝大部分是西密德兰铁器商，其间他们共购买了 25,000 吨铁，年均超过 1,000 吨。第二个账簿记载了比尤德利仓库中的条形铁交易，1733～1750 年间，记入账单的 129 名消费者大都是西密德兰的长柄大镰刀制造者和铁器商，这期间购买了 3,500 吨条形铁，年均 200 吨。第三个账簿记载了 1746 年奈特家族接管阿什顿高炉和布罗姆福德锻铁炉，并在奈彻尔斯帕克建立了滚切机。1747～1760 年间共有 6,900 吨铁棒出售给伯明翰消费者。①

　　国外的铁首先是从瑞典和西班牙进口，瑞典铁质量高，制造利器和刀具必不可少。瑞典铁多经伦敦和赫尔进入西密德兰，② 如 1730 年桑普森·劳埃德通过赫尔进口瑞典铁。一般来说，西密德兰铁匠过去使用的是较便宜的冷脆而坚硬的铁，他们对从俄罗斯和美国进口的铁更感兴趣，可以成为英国冷脆铁的低廉替代品。

　　1715 年，有 30 吨俄罗斯铁进入英国，此后到 1749 年进口快速增长，高峰时期达到了 15,000 吨。伯明翰的制造商从 1730 年开始使用俄罗斯铁，他们还通过实验将各种类型的俄罗斯铁进行对比，认为莫斯科铁或穆勒铁更接近于英国的冷脆铁，适合制造铁钉，并且比英国铁便宜。爱德华·奈特从 1739 年起进口穆勒铁或俄罗斯铁，年进口量达 170～267 吨。③ 俄罗斯铁价格低廉，引起了铁器商的担忧，认为低价格的俄罗斯铁可能削弱英国铁的地位。这种担忧促使铁器商将目光转为价格稍贵的北美铁。

　　1728～1729 年间，英国从宾尼法尼亚等殖民地进口生铁达 1,127 吨。密德兰铁器商与殖民者长期保持联系，他们认为种植园消费密德兰铁制品最多，种植园的铁更适合用于制造铁器，如威廉·杰文在伯明翰做过实验对比，发现费城铁能够制造钢。1730 年后，克罗利公司开始对北美铁感兴趣，1735 年以每吨 6 英镑 5 先令的价格，从巴尔的摩公司购买 12,000 吨生铁。爱德

---

①　M. B. Rowlands, *Masters and Men: in the West Midland Metalware Trades before the Industrial Revolution*, p.59.

②　C. C. Owen , "The Early History of the Upper Trent Navigation", *Transport History*,vol.i,No.3(1968), p.233.

③　M. B. Rowlands, *Masters and Men: in the West Midland Metalware Trades before the Industrial Revolution*, p.63.

华·奈特从 1730 年开始在其斯陶尔河谷锻铁炉使用布里斯托尔进口商供应的北美铁。奈特曾向下议院委员会描述生铁进口和铁器出口的过程。1717～1757年间，因木柴缺乏，木炭成本上升，加上对炼铁厂数量的限制，英国铁产量下降，无法满足制造商的需求。密德兰铁器商便向议会呈交了 11 次请愿书，在其压力下，议会立法允许进口北美铁可以免税。[①] 这样，北美铁条和铁棒最终像瑞典铁一样在英国建立了自己的贸易体系。虽然北美铁在 18 世纪对于英国经济发展的作用微弱，但对于西密德兰铁器商来说却意义重大，即在关键时期弥补了国产铁和进口铁的不足，使制造商可以继续生产，不至于因为原材料供应不足而生产中断，同时也给较小的密德兰铁器商带来获取利润和扩展自己的新机会。

（二）新兴城市的发展及职能

西密德兰区的城市网络自成一体，同时又与外界建立了重要联系。城镇发展与公路及水路运输的改善密切相关，伦敦和北部、西部省份间的主要道路大多经过密德兰，许多在主干道上的小城镇常作为中途站繁盛起来。16 世纪，西密德兰的通航河流是塞文河，从布里斯托尔上溯经伍斯特郡和什罗普郡可到什鲁斯伯里；特伦特河则往东流向诺丁汉，再到达赫尔与北海相连。17 世纪后期这些河流地区经济得以发展。由于运煤的需要，17 世纪 60 年代埃文河的通航延伸至沃里克郡。1712 年，特伦特河通航至伯顿，加速了城镇工业繁荣的进程。

16 世纪西密德兰城市网络缺乏主导性城市，反而呈现多中心模式。随着乡村工业发展，新兴的地方城市发展起来。乡村工业发展逐渐集中的结果之一，就是在各乡村工业区不断涌现新的工业中心。[②] 这些新兴城市以所在地区的乡村工业为基本特色。乡村工业的吸引力促使建立起商品市场，也建立起资金、劳动力和辅助服务之间的联系链条。较大城市与附近地区形成一个

---

① M. B. Rowlands, *Masters and Men: in the West Midland Metalware Trades before the Industrial Revolution*, pp.64-65.
② 西密德兰地区新兴的工业中心有达德利、伍尔夫汉普顿、西布罗米奇、沃尔沙尔、斯陶尔布里奇、温得斯伯里、汉兹沃斯、舍德莱、蒂普顿等。

个经济圈，它们与乡村的联系虽然不如中小城镇和乡村的联系那样紧密，但城市的经济变动，一般都要波及辐射区域内，产业优势为工业化村庄和小城镇提供服务，高速马路的建设加强了城市间的联系，促使其人口和财富增长迅速。如 1680～1720 年间，伯明翰的人口增长了两倍，到 1750 年人口达到 25,000 人；1751 年沃尔夫汉普顿的人口增至 7,500 人。[1] 随着城镇规模扩大，它们的经济也变得更加具有特色，并能向当地提供更广泛的社会服务。伯明翰发展出一个新的专属于五金商生活的居住区，工厂则集中在迪尼顿、格贝思、斯陶尔布里奇、达德利、伍尔夫汉普顿等地。伯明翰还发展为最大的仓储地点。城镇旅店是车夫和运输者网络的连接点，商人在更大的城市旅店中会面交谈生意。进出城镇人员具有很大的流动性。工业村庄和小城镇的制造工人和五金商往伯明翰迁移，在此他们可以更有效地利用信贷交换和邮政服务。1697～1756 年之间登记在册的 1,330 个贫穷移民，[2] 主要来自周围乡村工业区，其中包括一些有技能的人，也有些移民来自较远地区甚至伦敦。

　　什罗普郡的什鲁斯伯里在伊丽莎白时代经历了显著的商业扩张，[3] 两个因素巩固着它的主导地位。首先它是塞文河航运的终点，能够垄断较大腹地范围的贸易；其次它是威尔士呢绒编织布的市场中心和加工中心，这些布匹大都再由伦敦出口，这就使什鲁斯伯里与伦敦间建立了良好的陆路联系。18 世纪，什鲁斯伯里作为地区中心、休闲中心和社交中心的地位更加显著，还发展了手套制造等工业。沃里克虽不在主要驿道上，但临时的议会选举使得这个城市吸引人。许多贵族和专业人士因季度会议、巡回法庭等来到这里。该城 1694 年大火之后重建，街道拓宽了，建筑按统一规格标准用砖或石建造，屋顶铺以瓦片或石板。

①　Pat Hudson, *Regions and Industries: A Perspective on the Industrial Revolution in Britain*, Cambridge University Press, 1989, p.119.

②　Pat Hudson, *Regions and Industries: A Perspective on the Industrial Revolution in Britain*, p.120.

③　Peter Clark, *The Cambridge Urban History of Britain, Volume II: 1540-1840*, Cambridge University Press, 2008, p.105.

伴随着工业化进程，斯塔福德郡和什罗普郡出现了工业化村庄，推动了城镇发展，它们分别增加了 5 个新市镇。更多的新城镇与交通相关，如斯陶尔波特和伍斯特都位于新运河水道和塞文河的连接处。斯塔福德郡南部的煤、铁工业创造了若干新城镇。

城镇也发展出新的社会功能。居民们紧跟伦敦和贵族阶层的生活潮流，咖啡屋和浴室在伯明翰建立起来，伍尔夫汉普顿还举行优雅的音乐会和戏剧表演。城镇还是知识和信息的传播中心，1741 年，伯明翰创办了报纸，并迅速在西密德兰地区传播。报刊相继创办，报道外国和伦敦的消息，还刊登公共集会、房屋买卖、工作招聘、宠物招领之类的信息。

17、18 世纪里，中小城镇人口不断增加、商业气息浓厚。市场日那天，人们赶到镇上，街道上挤满了买主和卖主，牛羊牲畜，一车车玉米和大包的衣服，市场上摆满了货摊，空气中夹杂着叫卖声和动物粪便的气味。较小的市镇，只有在每周集会那天才会有商业性的熙攘。1700 年最大的市镇大约 2,000 人左右，大多数市镇在 1,000～1,500 人之间，仅服务本地的市镇更小，居民数量多在 800 以下。1673 年，西密德兰共有 69 个市镇：斯塔福德郡 19 个，沃里克郡 16 个，伍斯特郡 11 个，什罗普郡 15 个，赫里福德郡 8 个。[①]这种中小城镇是城乡联系的桥梁，主要是面向周围农村，以本城及周围农村为服务范围、辐射区域。

（三）商品流通体系的建立

1. 商品消费量增加

18 世纪上半期西密德兰金属工业面临新的发展机遇，国内外市场对其商品的需求大为增加，新兴的消费者群体需要流行商品，技术也在不断改进，黄铜和合金产品与传统的铁制品一样产量不断提高，这些变化又促进了新组织方法的引进。

对传统产品需求的增加首先发生在西密德兰，1740 年后交通和国内外贸易的发展需要更多马来运送商品，拉车马匹的增加刺激了对金属马具的需求。

---

① Peter Clark, *The Cambridge Urban History of Britain, Volume II, 1540-1840*, pp.430-431.

同时，温泉的开发和矿泉疗养地吸引人们旅行，刺激了对马刺、马嚼子、马腹带和马镫的需求。随着人口增长和房屋建设，对钉子和锁的需求上升。如伍尔夫汉普顿，1673 年只有 543 户缴纳壁炉税，1750 年增至 1,440 户，1780 年达 2,270 户；舍德莱 1666 年缴纳及不缴纳壁炉税的共 259 户，1780 年增加到 1,000 户；威伦霍尔 1666 年共 134 户缴纳壁炉税，1760 年增加到 250 户。[①] 建造房屋时屋顶木板条需要大量钉子，如在伍尔夫汉普顿，单一所坚固房子所用的钉子就价值 22 英镑 7 先令。在沃尔沙尔、伯明翰以及国内各地，建造房屋的趋势发展迅速，因此大大增加了对密德兰钉子、锁和铰链的需求。

生活必需品也扩展了新的市场。18 世纪 30 年代后，粮食价格降低、农产品产量上升、工资稳定等因素，促使民众生活水平提高，他们将收入盈余部分用于档次更高的衣食消费，消费种类增多：有人购买更多的衣服，包括毛织品和棉织品；有人购买更多的皮革制品、纽扣、黄铜；有人购买肥皂和蜡烛；有人更喜欢陶器和玻璃饮用器皿；有人想多买些白面包和啤酒。生活水平的提高促使人们不断更新需求，这就为市场提供了稳定的客源。五金制造商们还生产新奇商品来吸引顾客，如黄铜工匠和锁匠制造小金属饰品用于家庭或个人。尽管有些商品耐用性较差，但消费者仍然愿意购买时下流行的商品。

在对外贸易方面，一方面是传统铁制品出口快速增长，另一方面还增加了新奇商品和生活必需品的出口。1700 年英国金属制品虽只占制成品出口总额的 3%，但却是仅次于纺织品的第二大商品。1722～1724 年间，份额增长到 7%，1752～1754 年间增长到 9%。金属制品中出口增长最快的是锻铜和熟铜，1698～1702 年锻铜的年均出口量只有 1,500 英担，接下来五年中年均增加到 16,000 英担，锻铁出口量增长了 7 倍，钉子出口量增长了 3 倍。[②]

密德兰的五金商较早加入出口贸易。1657 年在殖民地巴巴多斯，来自伯

---

① M. B. Rowlands, *Masters and Men: in the West Midland Metalware Trades before the Industrial Revolution*, p.125.

② M. B. Rowlands, *Masters and Men: in the West Midland Metalware Trades before the Industrial Revolution*, p.127.

明翰的各类钉子、钩子、铰链、铁钳比来自伦敦的便宜很多。[①] 塞文河和布里斯托尔港口为密德兰五金商进入快速增长的市场（主要指美洲殖民地）提供了便利，而英属美洲殖民地人口从 1700 年的 30 万增长到 1776 年的 300 万，购买力也提升了 5 倍。1700 年的钉子出口中，在美洲市场的比例高达 4/5，锻铁的出口量占一半。[②] 几乎每周都有商船从布里斯托尔驶往弗吉尼亚、巴巴多斯或牙买加，运送密德兰的钉子、锄头、镰刀和其他锻铁制品。

1710 年后西密德兰人还向欧洲和殖民地大量出口流行（新奇）商品，1712 年向法国出口手表、闹钟、带扣、纽扣、各式各样的黄铜，1728 年向荷兰、法国、意大利和德国输送大量锻铁和黄铜。西密德兰人还学到生产玩具，1720 年，这些行业在伯明翰和斯塔福德郡南部建立起来，1759 年它们制造的玩具价值达 60 万英镑，其中 5/6 用于出口。每年生产的带扣价值达 30 万英镑，同样大部分用于出口，主要销往欧洲和殖民地市场。[③]

从 18 世纪早期起西密德兰开始对外出口枪支，1698 年打开了非洲市场，伯明翰和西密德兰的锻铁工人等请愿，要求枪支贸易维持开放性，应将商品大量运到国外。1766 年，伯明翰向非洲海岸运送的枪支高达 15 万支。[④] 出口贸易增加了就业机会。

2. 水陆交通条件改善

18 世纪里，无论水路还是陆路，每一种可能的运输手段都被最大限度地利用起来。

塞文河是西密德兰铁制品的重要交通干线，欧洲最繁忙的河流之一，距离伍尔夫汉普顿只有 14 英里，其上游 150 公里的河段在一年中大部分时间都可通航。塞文河通航的主要港口是威本霍尔和比尤德利，从 17 世纪早期起铁器成为河运货物。铁器在仓库中封装好后，从比尤德利沿塞文河顺流而下达

---

① 　R. Pelham, "The West Midlands Iron Industry and the American Market", *University of Birmingham Historical Journal*, vol.xi, No.2 (1950), p.150.

② 　M. B. Rowlands, *Masters and Men: in the West Midland Metalware Trades before the Industrial Revolution*, p.127.

③ 　M. B. Rowlands, *Masters and Men: in the West Midland Metalware Trades before the Industrial Revolution*, p.128.

④ 　B. Smith, "The Galtons of Birmingham", *Business History*, Vol, Lx, No.2(1967), p.139.

到布里斯托尔。货船载重量是 40～80 吨，驳船的载重量是 20 吨。"五金商还和拥有轮船的家庭达成交易"①，"1758 年有 47 艘货船从比尤德利出发，75 艘从布里奇诺斯出发"②。

17 世纪末开始的河流整治给密德兰五金商提供多条路线。17 世纪 60 年代埃文河从沃里克郡通航可远至斯塔福德。泰晤士河可通航至牛津并在 1700 年上延至莱奇莱德，密德兰商品沿塞文河顺流而下到达格洛斯特后，再由陆路到达莱奇莱德，它逐渐成为密德兰货物的装运地。

特伦特河航行上延到伯顿，给密德兰五金商带来往东北方向的水运销路。1689 年一位航运支持者称："英格兰东部和北部使用的所有钉子和大多数铁器基本是由伯明翰、伍尔夫汉普顿、沃尔沙尔以及斯塔福德郡和沃里克郡等地制造的。"③ 密德兰五金商利用特伦特河与波罗的海建立了联系，伯明翰出口商通过这条航线将五金器皿出口，再进口生产所需的原材料，如制陶工人所需的火石，瑞士和俄罗斯的铁，波罗的海的木材、大麻和沥青等。

1732 年西北方向的韦弗河航运开通，为密德兰和利物浦之间提供了一条长达 80 英里的便捷水路运输线，装船地点在南特威奇，主要被斯塔福德郡南部的制陶工人和煤矿主利用。也有密德兰五金商运送钉子。伯明翰的罗伯特·阿布尼利还从韦弗河运送过 12 箱枪支。④

密德兰五金商还发现了利用海岸线的便利。1737 年，桑普森·劳埃德描述了他的表兄菲多和叔叔彭伯顿如何在 20 年中通过英吉利海峡运输钉子到利物浦。"在他们行驶的航道中经常看见装满货物的船。"⑤ 18 世纪中期，利物浦正成为向爱尔兰、美洲和非洲出口的大港。

1714 年，斯塔福德郡修建了第一条公路，改善了从伦敦到切斯特这条主

---

① B. Trinder, *The Industrial Revolution in Shropshire*, Chichester: Phillimore, 1973, p.108.

② G.L.Gomme, *Topographical History of Worcestershire*, London: Elliot Stock, 1899. Cited from Marie B. Rowlands, *Masters and men: in the West Midland Metalware Trades before the Industrial Revolution*, Manchester University Press,1975, p.99.

③ C.C. Owen, "The Early History of The Upper Trent Navigation", p.233.

④ M. B. Rowlands, *Masters and Men: in the West Midland Metalware Trades before the Industrial Revolution*, p.101.

⑤ M. B. Rowlands, *Masters and Men: in the West Midland Metalware Trades before the Industrial Revolution*, p.101.

要道路中经过本郡路段的路况。1729 年，整个斯塔福德郡的公路连同利奇菲尔德到伯顿的公路成为国内道路网络的一部分，经考文垂到梅里登的公路在 1723 年修建起来，紧接着修建了从伯明翰经沃里克到班伯里的道路，从伯明翰途经斯特拉特福到牛津的道路，从伯明翰到布里斯托尔和伯明翰到霍利黑德的公路。

陆路的运费通常比水路运输贵，但都受到季节、环境、货物规模、打包方式等变量的影响。如沿塞文河从比尤德利到布里斯托尔顺流运输，每吨花费 10 先令，[①] 从布里斯托尔逆流而上到比尤德利则要 15 先令，将一吨铁从伦敦运送到比尤德利只需 15 先令，而将一包镰刀从比尤德利运到布里斯托尔就需 3 先令 6 便士。

在某些特定情况下，五金商更倾向于陆路运输，所以他们拓展了交通线路，雇佣了大量兼职或临时运送者。早在 16 世纪密德兰就有车夫定期从利奇菲尔德和斯塔福德往返伦敦，密德兰人则在萨顿科菲尔德和这条线路建立联系。这样的道路还有很多：一条路线途经伍尔夫汉普顿向西到达什鲁斯伯里，另一条向南穿过达德利、斯陶布里奇。1700 年有许多货车从沃尔沙尔、伯明翰、斯陶布里奇以及伍尔夫汉普顿出发到达伦敦，有的货车一周行驶 3 次。向切斯特和利物浦的定期运输也建立了起来。1745 年，一个伍尔夫汉普顿的车夫将线路延伸到利物浦、肯德尔、怀特黑文、泰恩河畔的纽卡斯尔、格拉斯哥，将收货地点设置在伯明翰、比尤德利、伍斯特和基德明斯特等地，运输队伍每周从伍尔夫汉普顿出发。除了这些定期往返的车夫，还有大量农夫和农场主在泰晤士河、特伦特河、塞文河流域承包马队，在淡季运送货物。这种兼职的运输者相对于专业车夫来说，收取的费用相对较低。运价低廉促使运输队伍很快壮大，到 1760 年这类运输者已经大量存在。

总之，与 17 世纪中期前乡村工业的起步和缓慢发展相比，这一时期的西密德兰乡村工业很兴旺：制针业、制钉业和枪支制造业等行业迅速发展，铁制品成为西密德兰向外输出的重要商品，在此期间还发展出了玻璃制造业。

---

① Shilling, 英国旧辅币，1 英镑 =20 先令，1 先令 =12 便士。

铁器商的活跃使得这一时期原料和产品的贸易极为活跃，来自欧洲及世界多地的生铁为工业的原料需求提供了支持，新兴城市的发展为商品贸易提供了交易市场，商品流通体系的建立则为中远距离贸易提供了便利，公路连同水路发达则可将大量产品运往更远的市场。

这一时期西密德兰乡村工业的发展为其后来的突飞猛进打下了基础。18世纪中期工业革命浪潮席卷而来之时，大机器和煤矿资源的使用，进一步完善扩大的交通网，工厂制的高效率组织形式，将为西密德兰工业的发展提供更多的成长空间。

三 西密德兰工业区的形成（18～19 世纪）

18、19 世纪英国工业革命期间，西密德兰成长为著名的工业区。"焦炭炼铁法"等新技术的应用，使铁工业生产迅速扩大；炼铁、制陶、皮革业等对燃料煤的大量需求，促进了采煤工业兴起；蒸汽机率先在伯明翰应用，使煤、铁工业中技术革新的效果成倍放大；机器生产为工厂制的建立创造了条件；人口快速增长，农村剩余劳动力向城市流动，工业化的发展，促进了西密德兰工业城市的繁荣。

（一）采煤工业兴起

英国本是一个森林资源丰富的国家，中世纪人们用来冶炼矿石的唯一燃料是木炭。传统的工厂通常建立在森林附近，人们认为森林逐渐消失的原因是炼铁业发展。为了保护森林，伊丽莎白时期曾经颁布过好几项法令，限定某些郡炼铁厂的数目，禁止在伦敦周围 22 英里内开设炼铁厂。[①] 木材危机到18 世纪已经凸显，严重影响了正常的生产与生活。人们迫切需要新的能源来代替木材，这就为采煤业发展提供了契机。

密德兰是英国重要的煤区，整个区域煤炭储量约 220 亿吨，占全国 15%，

---

① ［法］保尔·芒图:《十八世纪产业革命》，第 224 页。

西密德兰煤层主要覆盖于什罗普郡、斯塔福德郡南部和沃里克郡。早从 17 世纪开始，这一地区就有了煤矿开采，18 世纪的运河建设和道路网不断完善，为煤炭开辟了更广阔的市场。

什罗普郡有四块煤田，其煤产量从伊丽莎白统治前的年均 6,000 吨增加到 17 世纪末的 15 万吨。斯塔福德郡著名的厚煤层，吸引了许多冒险家到来，这一地区成了人口聚集中心和煤矿开采中心，达德利等城镇市民成为铁匠或矿工。斯塔福德郡南部大约有 12 个或 14 个煤矿，每个煤矿的年产量约在 2,000 吨到 5,000 吨之间。① 沃里克郡在伊丽莎白统治最后十年也有不少冒险家来到，将资金投到这里，承包矿井并购买采矿设备。17 世纪主要煤矿位于博德沃，早在 1602 年年纯收益就达到了 300 英镑，1631 年前年产量达到 2 万吨。②

工业革命时期黑乡消耗了大量煤炭。如 1798 年伯明翰运河系统运送的煤一个星期内达到 15,000 吨，其中 8,000 吨运往伯明翰，2,000 吨运往伍尔夫汉普顿和塞文河，5,000 吨用于附近城镇、农村和工厂的消费。17 世纪黑乡地区的 12 至 14 个煤矿，年产煤总量 5 万吨左右。 这只相当于 18 世纪末这些煤矿三周的产量。斯陶布里奇和达德利之间的运河一周内运输 1,200 吨煤。什罗普郡的煤矿 19 世纪初每年能生产 26 万吨煤，主要用于当地的铁制品生产。③ 维多利亚时期对熔炉的煤耗量统计，每吨铁要消耗 7 吨煤，每个熔炉一周生产 50 吨铁，而该地区有 100 座熔炉处于全年运行状态，因此，全年要消耗 175 万吨煤炭资源。有种说法称，17 世纪产煤是以万吨来计算，而 18 世纪是以十万吨为单位，19 世纪则以百万吨来计算。这种经济语言的差异，确实反映了黑乡地区煤况规模和产量的变化。通过不同时期的对比，可以看出西密德兰地区的采煤业发展迅速。而采煤业的兴起来自于各种因素的作用。

在煤炭工业的大发展中，大土地所有者独领风潮。如 1800 年领主高尔在布里尔顿矿井雇佣了 227 个工人，一年就赚了 3,000 英镑，这只是他在斯

---

①　J.U. Nef, *The Rise of the British Coal Industry,* London,1932, pp.65-66.

②　J.U. Nef, *The Rise of the British Coal Industry,* p.68.

③　W.H.B. Court, *The Rise of Midlands Industries 1600-1838,* p.168.

塔福德郡拥有的众多矿井之一。领主达德利和沃德在挖掘新矿坑、建造运河和铁路、引进新的通风设备方面投入了大量资金，他的煤矿年产量达到40万吨。在沃里克郡，煤炭业发展大都依靠专业的煤矿主，纽迪吉特投入2,000英镑在格里夫开掘新煤矿，并引进来自纽卡斯尔的工程师建造蒸汽机。[1] 斯塔福德郡煤田开采主要是大土地所有者和约曼合伙经营，也有铁器制造商参与，几乎每个锻铁炉都拥有自己的煤矿和铁矿。1830年，铁器制造商控制了斯塔福德郡南部的采煤业，如比尔斯顿主要的煤矿主是一些领主，他们同时也是铁器制造商。1840年，斯塔福德郡有400个大小煤矿，平均每个煤矿雇佣60～70个工人。[2]

17世纪时，采煤业的一大困难是煤的外运，只有在10～15英里范围内运输煤炭才有利可图，故矿主只能将煤卖给本地的制造商。18世纪，以开凿运河为代表的交通条件改善使煤更快地接近销售市场，从而刺激了采煤业发展。1766年首先开始修建伯明翰到温得斯伯里的运河。1772年伯明翰运河开放运输，煤从黑乡运往伯明翰更为方便。同年，斯塔福德郡和伍斯特郡之间也开通了一条长46英里的运河，改善了到塞文河的通航条件，并在斯陶尔波特将特伦特河和默西河连接起来。

西密德兰采煤业扩张与当地对煤炭的大量需求密不可分，建立大型企业需要较多的钢铁，而钢铁工业是煤炭消耗大户。此外，除日用生活取暖外，煤还被广泛应用于玻璃、肥皂、食盐和陶器等工业。例如，"斯塔福德郡北部的陶器工业一直是最大的用煤者，在黑乡除钢铁工业外其他重要工业包括玻璃工业、建筑业、五金制造业和皮革工业"[3]。黑乡地区煤矿密集，煤田的大规模开采始于19世纪早期。如在西布罗米奇1800年没有煤矿，1828年，其东部边界的巴尔山脉有了少量矿井，1836年建立了60个矿井。在西部和西

---

① M. B. Rowlands, *The West Midlands from AD 1000*, pp.246-247.

② M. B. Rowlands, *The West Midlands from AD 1000*, p.247.

③ B.R. Mitchell, *Economic Development of the British Coal Industry 1800-1914*, Cambridge University Press, 1984, p.29.

南部，新的煤矿围绕着金斯温福德、劳斯温福德和黑尔斯欧文建立起来。[①]

采煤技术的创新也促进了采煤业兴起。安全技术和生产技术是煤矿开采的两种主要技术。煤炭生产技术包括开采方式、工具和矿井中的煤炭运输方法三个关键性的生产技术。"房柱法"一直是英格兰北部煤矿的主要开采方式。"长壁式"开采法的发源地是什罗普郡，也在斯塔福德郡广泛运用，这种方法开采效率较高。从1700年到1830年，"房柱式"开采法逐渐被"长壁式"开采法所替代，开采效率大为提高。至于采煤工具，从18世纪至19世纪中期，煤矿工人主要使用凿子、楔形物或者铁锹等工具进行煤层挖掘。火药和机械在19世纪初开始使用，19世纪前10年，工人逐渐使用机械工具进行煤炭开采，什罗普郡在1820年开始用火药爆破进行采煤。18世纪里，煤炭的主要运输工具是煤篮、煤箱等，19世纪逐渐被木箱所代替。在大型矿场中，有轮小车和马车是主要运输工具。木轨和铁轨开始引入，什罗普郡在1790年引入了铁轨。18世纪末，矿中铁轨已有相当大的规模。在此基础上，又引入了蒸汽机作为运煤动力，运输效率大大提高且运输成本明显降低。

采煤的安全技术包括排水、通风和照明三方面。开挖横洞和抽水机是蒸汽机发明之前的主要排水方式，但随着矿井深度不断增加，常用的重力、风力和马力已无法满足生产需要。人们便将注意力集中于机械排水，蒸汽机的出现有效地解决了这个难题。18世纪初蒸汽机被引入排水系统，排水效率大大提高，成本则明显地降低。18世纪末，蒸汽机广泛应用于煤矿。19世纪后，用于排水的蒸汽机类型和数量都有了明显增加，在排水中占据主要地位。与此同时，蒸汽机也用于在矿井中提升煤。"穿越气流"以及适于南斯塔福德郡煤矿的"排泄方式"通气方法大大提高了矿井的通风环境。以风力和水力为动力的机械通风也有较好效果，1827年，首次出现以蒸汽机为动力的通风方法。火炉通风依然流行。至于矿井照明技术，安全灯逐渐代替蜡烛照明。生产技术或安全技术的创新和提高，都大大提高了采煤效率，降低了采煤成本，有力地促进了采煤业的兴起。

---

① 　W.H.B. Court, *The Rise of Midlands Industries 1600-1838*, p.166.

（二）铁工业生产扩大

由于木材紧缺，英国冶铁业一度衰落，18 世纪 20 年代到中期英国的铁产量下降。[1] 国内的铁矿石已不能满足本国的冶铁业需求，只得依靠进口瑞典和北美的铁。18 世纪中后期，随着焦炭高炉法取代木炭冶炼生铁，蒸汽动力取代水力用于高炉生产，新的精炼技术也引入生铁转化为熟铁的过程中。同时，铁工业迁移到煤区附近，铁的产量和多样性增加。西密德兰的高炉铁产量出现了增长，其拥有的锻铁炉不仅在总产量上多于其他地区，在平均产量上也处于优势。格洛斯特郡 12 座锻铁炉每年生产 750 吨铁，平均每座铁炉年产量有 62 吨左右，什罗普郡拥有 14 座锻铁炉，平均每座年产量高达 140 吨；伍斯特有 10 座锻铁炉，平均产量不低于 160 吨，斯塔福德郡和沃里克郡的锻铁炉虽然较小，但也达到了西密德兰的平均水平，斯塔福德郡 14 座锻铁炉平均产量是 127 吨，沃里克郡 5 座锻铁炉平均产量为 100 吨。[2]

无论精炼还是锻造，什罗普郡的铁工业在 1717 年都是最大的生产中心。1788 年，什罗普郡 3 个木炭高炉和 21 个焦炭高炉的精炼铁不少于 24,900 吨，占英格兰和威尔士总产量的 1/3；1796 年，该地区 23 个焦炭高炉的产量为 32,985 吨，1806 年上升到 54,966 吨；1823 年为 57,923 吨。[3] 18 世纪末，斯塔福德郡有 21 座焦炭高炉运行。1788 年，斯塔福德郡有 6 个焦炭锻铁炉。拿破仑战争刺激了铁工业发展，1805 年，斯塔福德郡 31 个熔炉一年共生产 49,460 吨生铁，是英格兰和威尔士总产量的 1/5。[4] 1806 年，斯塔福德郡已建立 42 个焦炭炉，大部分炉主是在西密德兰工业中已有悠久传统的家族。

西密德兰铁工业的扩大建立在焦炭炼铁法技术之上。用煤炼铁的实验之成功归功于亚伯拉罕·达比。"首先，他把煤炼成焦炭，以除去煤中的杂质；

---

[1]　T.S. Ashton, *Iron and steel in the Industrial Revolution*,Manchester University Press,1924, p.13.

[2]　W.H.B. Court, *The Rise of Midlands Industries 1600-1838*, p.173.

[3]　W.H.B. Court, *The Rise of Midlands Industries 1600-1838*, p.175.

[4]　M. B. Rowlands, *The West Midlands from AD 1000* , p.237.

接着，增加高炉的容积，增加铁矿石与焦炭接触的时间；再次，为使焦炭充分燃烧，提高炉温，必须采用功效更高的鼓风设备，增加鼓风量。"[1]1750 年后，由于木材缺乏，木炭生铁的成本急剧上升，同时焦炭生铁成本则大幅度下降，而燃料是产生成本差异的主要原因，18 世纪 50 年代，两种燃料的成本差每吨约为 1.5 至 2 英镑，而且这一差距不断拉大。[2] 用煤代替木炭给制铁业主节约了巨大成本。1737 年，伍斯特郡斯陶尔河地区一些锻铁炉已使用煤。[3] 18 世纪 50 年代末，科尔布鲁克戴尔地区开始采用焦炭炼铁法。焦炭高炉和搅炼炉、轧钢机不仅促使铁产量提高，而且改变了聚落形态：斯塔福德郡生铁产量从 1788 年的 6,900 吨增长到 1815 年的 125,000 吨，黑乡在全国所占份额从 9.8% 增长到 31.6%；从 1801 年到 1831 年，斯塔福德郡南部煤田区人口增长了两倍多，个别教区甚至增长了三到四倍；新的居民点多涌现在高炉附近。

焦炭熔炉冶铁需要更先进的精炼技术来消除生铁表面的硅酮、锰和碳质，18 世纪中期后，许多人不断尝试用煤炭代替木炭将生铁精炼成条形铁，这是一个极大的技术难题，需要克服硫污染和脱硅这两大难题。温得斯伯里的约翰和查尔斯·伍德在 1761 年获取了将焦炭生铁转化为可锻铸铁的专利。[4] 1763 年获得的第二份专利更进步，在精炼过程中第一步脱硅，第二步脱硫，第三步脱碳。这一过程由于要捣碎金属，被称为"装埚砸碎法"，这一方法在什罗普郡较盛行，故又称"什罗普法"。1771 年，斯塔福德郡的杰森和赖特获得用煤将生铁转化为可锻铸铁的专利，事实上是对"装埚砸碎法"的改进。[5] 1773 年，"装埚砸碎法"在西布罗米奇炼铁厂投入使用，锻铁炉从 1784 年 14 座迅速增加到 1788 年的 57 座。什罗普郡和斯塔福德郡在 18 世纪

---

① 王章辉：《英国经济史》，中国社会科学出版社 2013 年版，第 143 页。

② C.K. Hyde, *Technological Change and the British Iron Industry,1700-1870*, New Jersey, Princeton, 1977, p.62.

③ T.S. Ashton, *Iron and steel in the Industrial Revolution*, p.88.

④ M. B. Rowlands, *The West Midlands from AD 1000*, p.237.

⑤ G. R. Morton and N. Mutton, "The Transition to Cort's Puddling Process", *Journal of Iron & Steel Institute*, Vol.205, No.7(1967), pp.723-725.

中后期铁工业的快速扩张，就是建立在"装填砸碎法"技术改进的基础上。

在"装填砸碎法"之后，奥尼恩斯和科特发明了"搅炼法"。其主要过程是"把生铁打成碎块，放在焦炭火上精炼，使它失去一部分碳素，之后把它同一些富于氧化铁的矿渣放在反射炉里。从它熔化时起，它所含的碳素就同氧结合起来，为了促进这种结合，人们使用一根铁钩子或搅拌棒用力搅动金属溶液，就产生一种沸腾状态，继续搅拌白热的熔液并不时地改变火力的强度：纯金属渐渐聚集起来成为一种海绵状的熟铁块。将这种熟铁块集拢起来送到锤下榨出来矿渣，最后放在轧辊中间去压延"[①]。这种方法大大缩短了锤锻的辛苦工作，并能迅速地大量生产。使用搅炼法之前，平均 12 个小时只能生产 1 吨条形铁，使用搅炼法在相同时间内可生产 5 吨小型条形铁或 15 吨大型条形铁。这一炼铁技术后来被制铁业主们迅速采用，尤其是南威尔士和斯塔福德郡。1815 年这地的条形铁产量占全国的75% 左右。[②]

铸造业也在西密德兰急速发展。为了满足对铁制桥梁、蒸汽机汽缸铸件的大量需求，博尔特和瓦特在伯明翰等地铸造厂专攻复杂的重型铸造，同时用低廉的可锻铸铁来代替黄铜制造各种小型金属容器或金属空心制品，如壶、锅、坩埚等，先铸模锻烧，用蒸汽驱动的机床镀锡，再手工添加装饰，制成后在国内外市场大量销售。伊松斯和肯里克建立的公司，一年就出售了价值 2,000 英镑的金属空心制品。铸铁的使用范围更为广泛，如用于铸铁铰链、厨房炉册、烤箱、钉子、窗框等，还被用于房屋建造和教堂装饰。链条制造是密德兰 19 世纪早期新建起来的独立部门，许多制钉者改行成为链条制造者，1830 年建立的少量大型工厂还开始制造重型铁链。另一个以小型车间形式建立的新工业是螺母及螺栓制造，19 世纪早期出现在达拉斯顿，当时最大的雇主是亚历山大·科特里尔在 1851 年雇用了 14 个工人，1861 年雇用了75 个人。[③] 随着稳定发展，后来由小工场形式过渡到大工厂。

---

① ［法］保尔·芒图：《十八世纪产业革命》，第 234 页。

② C.K. Hyde, *Technological Change and the British Iron Industry, 1700-1870*, p.123.

③ M. B. Rowlands, *The West Midlands from AD 1000*, p.239.

（三）蒸汽机等新技术应用

18 世纪中期到 19 世纪中期西密德兰的技术革新也走在前列。西密德兰对工业革命做出的最有意义的贡献是蒸汽动力技术的应用和传播。蒸汽动力是一种关键性的技术突破，使用煤作燃料，由此达成了英国的能源平衡，改变了英国的经济轨道。

随着煤矿开采规模扩大，浅层的煤炭资源已不能满足采煤业发展的需求，煤矿主将目光转向更深的煤层，但由于抽水问题受到了严重的阻碍，1698 年托马斯·萨韦里曾经使用蒸汽发动机抽水，但由于马力有限，其抽水高度限于 20 英尺并且燃料消耗高。1710 年，纽康门蒸汽机解决了抽水高度受限问题，率先在黑乡地区投入使用。但这种蒸汽机仍存在两大技术缺陷，其一是对汽缸冷却和加热带来的高燃料消耗，其二是不规则的运动阻碍了发动机直接提供旋转运动。瓦特发明的蒸汽机解决了纽康门蒸汽机的高燃料消耗问题，1769 年瓦特获得了单动式蒸汽机的专利。瓦特蒸汽机不需要对汽缸反复加热，这样就节约了燃料消耗。1782 年瓦特获得了联动式蒸汽机专利，大大提高了蒸汽动力的功能。瓦特与合伙人博尔顿坚持探索将往复运动转换成旋转运动，设计出"行星齿轮装置"，蒸汽机从火力机转化成原动力。18 世纪 80 年代，瓦特和博尔顿在伯明翰建造了第一台应用型蒸汽机。1794 年，瓦特和博尔顿使用更为简单和有效的曲轴，同时双动式蒸汽机装置也促进了向旋转运动转化。1795 年，瓦特和博尔顿合伙建造了 143 个往复式动力机和 139 个旋缸发动机，应用到英国甚至国外。[①]

在西密德兰，蒸汽机被运用到高炉、纺织厂、纱厂等大型工厂。相对于常规的火力机，消费等量的燃料，蒸汽机至少多做一倍工作。影响最广泛的是炼铁业和纺织业。18 世纪早期为木炭炼铁高炉提供动力的主要是水轮，19 世纪早期蒸汽动力的应用使炼铁高炉的机械化操作程度大大提高。1775 年，伯明翰附近布鲁姆菲尔德煤矿一架蒸汽抽水机，在燃料耗费量同等的情况下比纽康门机器抽水快两倍。瓦特的发明第一次用于抽水以外的用途，是一架

---

① M. B. Rowlands, *The West Midlands from AD 1000*, p.236.

高炉鼓风器。① 到 1780 年威尔金森拥有 4 台蒸汽机为其高炉鼓风。② 瓦特发明的"行星齿轮装置"和"四连杆机械运动"解决了把梁摆动转变为转动的难题，联动式蒸汽机开始为高炉风箱、锻锤和辊轧机提供动力，蒸汽动力驱动的第一台锻锤是在威尔金森的高炉应用。蒸汽机使英国铁工业发生了根本变化：一方面，蒸汽机推动巨大的鼓风机，可使高炉容积大大扩充；另一方面，蒸汽动力使制铁业主不必将厂址选在河流附近，从而摆脱了对水源的依赖性，一地可建多座高炉。煤和铁成了冶铁业区位选择的决定性因素，铁工业越来越集中在西密德兰煤区、约克-德比郡和南威尔士煤田。表 13-2 显示，西密德兰工业区的什罗普和斯塔福德两郡生铁产量，1720 年占全国的 28%，1815 年上升到 44%。

表 13-2 1720 年和 1815 年英国生铁产量分布（吨）③

地区	1720 年	占全国比例（%）	1815 年产量	占全国比例（%）
迪恩森林	4,250	24.4	0	0
什罗普郡	2,550	14.46	50,000	12.6
斯塔福德郡	2,400	13.8	125,000	31.6
约克-德比郡	2,400	13.8	约 40,000	约 10.0
北威尔士-柴郡	2,250	12.9	约 5,000	约 1.3
威尔德	2,000	11.5	0	0
南威尔士	1,500	8.6	140,000	35.4
苏格兰	0	0	约 20,000	约 5.0
其他	0	0	约 15,000	约 4.0

新技术中焦炭炼铁法带来的影响极为深远，即大大提高了铁产量。铁和钢性能好，是第一次工业革命的主要用材。从 1767 年开始，铁轨就开始代替木轨，将矿山与高炉相连接。威尔金森是"钢铁工业的创始人"，他受到铁制鼓风器的启发，制造铁椅子，又为啤酒厂和酒坊制造酿酒桶和各种尺寸的铁管子。他还和达比共同计划建造铁桥。在什鲁斯伯里建筑师普里查德的协

---

① 参见 [法] 保尔·芒图：《十八世纪产业革命》，第 263 页。

② T.S. Ashton, *Iron and Steel in the Industrial Revolution*, p.70.

③ C.K. Hyde, *Technological Change and the British Iron Industry, 1700-1870*, p.123.

助下，1779 年世界上第一座铁桥由亚伯拉罕·达比在什罗普郡的塞文河上建成。这座铁桥是拱形结构，跨度 100 英尺，高 52 英尺，宽 16 英尺，全部用铁浇铸而成。它是 18 世纪工业革命的象征。[①] 1795 年塞文河洪水，石桥基本被破坏，铁桥则完好无损。第二座金属桥 1796 年建于森德兰的韦尔河。第三座铁桥 1797 年建于塞文河布罗斯利上游。

（四）工厂制建立和推广

近代工厂制首先在英国棉纺织业中诞生。纺织业中与工厂制建立直接相关的是阿克莱特发明的水力纺纱机，新机器可装纱锭数量增加，纺织速度加快，制成的纱又比手纺车纺织的纱要结实。因为机器体积庞大，必须建立在河流旁由水力来带动。1771 年，阿克莱特及合伙人在临近西密德兰的德比郡克朗福德设厂，几年之内，克朗福德纱厂就发展起来了。[②] 到 1779 年，厂里已拥有几千个纱锭雇佣三百个工人，随着机器的运转而工作，一种全新的生产组织形式即工厂就出现了。阿克莱特的成功，引发了机器工厂取代手工工场的热潮，以机器生产为特征的近代工厂纷纷出现，并迅速在纺织业行内推广，进而又推广到采矿业、冶铁业、铁制品工业和制陶业等。

西密德兰的五金器具、铁器、陶器、玻璃、刀剑等制造品最初都是在小作坊里生产出来的。18 世纪工厂在西密德兰的兴起及推广，经历了一个循序渐进的进程。在和瓦特合作以前，博尔顿就经营一个类似于近代的大工厂。蒸汽机发明后，首先在博尔顿的工厂投入使用，他的索霍工厂是当时西密德兰最有名的工厂，改良蒸汽机在索霍工厂的运用远强于水轮，博尔顿和瓦特还在索霍工厂不远处斯建立了一个庞大而完整的铸铁厂。达比家族在科尔布鲁戴尔建立了炼铁厂。到 18 世纪六七十年代，炼铁厂扩建成了西密德兰最大的工厂。18 世纪末，该厂铁产量达到一万三四千吨。[③] 1770 年，约翰·威尔

---

① 这一遗址被称为"铁桥峡谷"，1986 年成为英国被列入世界遗产名录的第一个工业遗址。这是对其在工业革命中贡献的认可，《光明日报》2017 年 1 月 14 日 05 版《英国铁桥峡谷记录"工业考古学"之美》有提及相关内容。

② 阿克赖特在克朗福德建立的第一个水力纺纱厂，与隆贝等人在德比城郊建立的第一个水力丝织厂一道，作为"世界上第一批工厂遗址"而于 2005 年被列为世界文化遗产。本书主编曾多次实地考察两地。

③ ［法］保尔·芒图：《十八世纪产业革命》，第 239 页。

金森和兄弟威廉建立了好几个炼铁厂。后来他把布罗斯利的炼铁厂逐渐扩大。西密德兰地区最早的纺织厂是罗伯特·皮尔在伯顿建立的。1839 年斯塔福德郡建立了 15 个纺织厂，沃里克郡建立了 16 个纺织厂，包括棉纺织厂、毛纺织厂和丝绸织造厂。毛纺工厂和精纺纱厂也相继在斯塔福德郡、沃里克郡和伍斯特郡北部建立起来。银行家威廉等人 1797 年在沃里克创建了一个羊毛纺织厂，雇佣了 500～1,000 个工人，1823 年他们每周出售的纱线价值 4,800 英镑。[①]

在玻璃工业中，新玻璃厂大都建立在运河附近，并且专门研发新产品。18 世纪末 19 世纪初西密德兰的玻璃工厂主要集中在斯陶尔布里奇、达德利和伯明翰，[②] 主要市场面向伦敦和国外。1797 年达德利有 3 个玻璃公司，建立了 5 个玻璃工厂。在伯明翰，犹太移民奥本海默建立了玻璃工厂专门生产红色玻璃。1808 年，休斯生产雕花玻璃，奥赛尔专门生产枝形吊灯和玩具等，还垄断了玻璃眼镜生产。1814 年托马斯·舒特将工厂建立在伯明翰运河边，1828 年由钱斯兄弟公司接管，大规模生产玻璃片、光学玻璃和平板玻璃。

总之，18 世纪 70 年代到 19 世纪初是西密德兰地区工厂制的兴起时期。工厂制的兴起标志着人类生产组织形式的巨大飞跃。与传统的生产组织相比，工厂制体现出一些新特征。首先，工厂制需要大量的资本，尤其是固定资本比重上升，厂房的建设，雇佣人员的增多，机器的建设，都需要资本高度集中。其次，工厂制建立后使得劳动力高度集中，分工进一步增强，促进了劳动生产率提高，再次，为了保证工厂生产能够有序进行，厂主还制定了严格的规章制度，实施规范化管理。训练工人们改掉自由散漫的习性，互相协调合作，与机器节奏一致，按固定时间上下班，服从统一管理。这种制度化管理，充分发挥了劳动者的工作潜力。

---

① M. B. Rowlands, *The West Midlands from AD 1000*, p.240.

② W.H.B. Court, *The Rise of Midlands Industries 1600-1838*, p.219.

（五）工业城市群形成

从 18 世纪中期开始，西密德兰的人口快速增长。1760 年到 1801 年，西密德兰人口整体上增长了 60%，城市更高。如 1750 年，伍尔夫汉普顿人口为 7,454 人，1801 年上升到 12,565 人。1750 年伯明翰人口为 23,688 人，到 1801 年人口增长了两倍。[1] 从 1801 年到 1831 年，英格兰和威尔士的人口年均增长率为 1.6%，而同样时段内沃里克郡年增长率为 2%，斯塔福德郡为 1.8%。表 13-3 显示了西密德兰一些工业城镇人口的飞速增长。另如斯梅西克人口在 1811 到 1821 十年间增长了 47%，特伦特河畔斯托克的人口在 1801～1811 十年间增长了 37%。伯明翰三十年间人口增长高达 80%，1821～1831 年期间增长速度最快。

表 13-3 密德兰地区工业城镇人口 [2]

城镇	1811	1821	1831
威伦霍尔	3,523	3,965	5,834
沃尔沙尔	4,881	5,585	6,647
西布罗米奇	7,485	9,505	15,327
蒂普顿	8,407	11,546	14,951
伯斯勒姆	8,625	10,176	12,711
达德利	13,925	18,211	23,043
伍尔夫汉普顿	14,836	18,380	24,732
考文垂	17,923	21,292	27,070
特伦特河畔斯托克	22,495	29,333	37,220

到 1831 年，西密德兰有 45% 的人居住在城镇，远超全国 36% 的平均水平。新兴工业城市很快超过旧城市，伯明翰最为显著，它成为全国第三大地方城市，仅小于曼彻斯特和利物浦。沃里克郡的利明顿，18 世纪只是个小山村，19 世纪初成功转身为温泉小镇，旅游业带来更多的财富，人口也从 1811 年的 543 人增至 1831 年的 6,209 人。[3]

城市化和工业化虽有区别，但更是相互联系的，工业化加快了城市化进

---

[1] M. B. Rowlands, *The West Midlands from AD 1000*, p.173.

[2] M. B. Rowlands, *The West Midlands from AD 1000*, p.175.

[3] M. B. Rowlands, *The West Midlands from AD 1000*, p.174.

程。在西密德兰工业区，伯明翰、伍尔夫汉普顿、沃尔沙尔、斯陶布里奇和达德利这几个较大城市，基本都是工业城市。在斯塔福德郡北部，陶器小镇伯勒斯姆等和斯托克等初具规模的城市连成一片。在沃里克郡北部，以考文垂为中心形成了丝织区。城镇为了促进自身工业发展，常在邻近寻找补充而不是竞争对抗。尤其是在黑乡五金制造区，每个城镇都有自己经营的特色产品。

一些大的城市如伯明翰、伍尔夫汉普顿、沃里克、斯塔福德等，还是西密德兰工业区重要的商业中心。如伯明翰是整个西密德兰五金制造工业区的主要货物集散地，不仅为周边城镇提供市场，还是西南和西北更远地区产品的销售市场。伍尔夫汉普顿拥有 6 个大仓库，仓库中充足的货源为周围商品交换市场提供了所需品。达德利、斯陶布里奇和沃尔沙尔在 18 世纪也发挥着类似的商业职能。

城镇还是金融中心和文化中心。小城镇拥有一两家银行和报社，大城市拥有多家银行、交易所、保险公司和多家报社。西密德兰的第一家银行于 1765 年在伯明翰开业。①

18 世纪 90 年代，其他城市也纷纷成立银行。密德兰每一个大城镇都有以家族关系为基础的银行。这些银行贴现票据，发行自己的汇票，提供透支和贷款服务，从大量小投资者手中收集资金。新城市中的文化体、讲习所、文学和哲学社团、戒酒协会等组织也刺激了城市经济。一些较大规模的制造业还吸收了妇女和儿童。到 19 世纪中期，城乡居民间的区分已没那么严格。城市的建设开始进行深思熟虑的规划。如伯明翰的街道被规划为棋盘式布局，分成地块来建设工业厂房或房屋筑造。城镇都有住宅区和工业区之分。

城市的增加和规模的扩大推动了交通运输发展，交通是将城市连接起来的最主要渠道。除了塞文河、埃文河、特伦特河等河流通航条件的改善，主要公路的修建外，1790 年到 1800 年间西密德兰的水道增长了接近两倍，新运河中最重要的是伯明翰运河和法兹雷运河，将沃里克郡西北部工业区和牛津运河以及伦敦联系起来，沃里克和拿普顿运河也加入了牛津运河中。1793

---

① M. B. Rowlands, *The West Midlands from AD 1000*, p.191.

年开始修建从密德兰到伦敦的主要干线运河——大枢纽运河，于 1805 年建成通航，具有重要的战略意义。连接伯明翰、考文垂和斯塔福德的运河系统长度达 160 英里。[①] 公路建设在 1750~1770 年间和 1800~1820 年间数度展开，大部分公路连接了斯塔福德南部的煤田和陶瓷区的道路，得益于公路的便利，煤田周围又兴起了一批中小城镇，如卫星般环绕在煤田四周。发达便捷的水陆路交通网创造了优良的运输条件，除了便于获取原材料，还能将产品快速运到外部市场，从而极大地促进西密德兰城市群的工商业繁荣。

总的来说，从 18 世纪中期开始，西密德兰工业区开始成为英国工业革命的重要地区，兴旺的西密德兰煤铁工业将英国这两大支柱产业的发展推到了高峰。西密德兰工业区较早进行技术革新，使用新机器设备，增加雇佣劳动力数量，在原有手工工场基础上成功过渡到工厂制。工厂制的扩散意味着机器大生产取代传统手工生产成为主流，资本和劳动力高度集中。技术支持、资本流动和充足劳动力为西密德兰进一步工业化提供了前提。工业化进程加快和人口快速增长推动了区域里的城市化，多个大城市成为重要的工商业中心。随着城市规模扩大，工业区内部及周边的交通条件进一步改善，城市群得以出现。西密德兰工业区中心城市伯明翰与西北其他工业区的城市如曼彻斯特、利物浦等是近代英国著名的大工业城市，正是它们的兴起促使英国开启崭新的工业时代。

四 西密德兰工业区与英国工业化进程

西密德兰从传统农业社会向工业社会转型成功，其工业化是一个持续的过程，其发展大致形成了三个阶段，每一个阶段都与英国经济发展的大旋律相吻合。17 世纪之前，西密德兰以发展农业和畜牧业为主，乡村铁工业尚处在起步阶段。17 世纪中期开始，乡村工业尤其是铁工业多样化的发展，为西

---

① 王章辉：《英国经济史》，第 189 页。

密德兰铁器产品拓展了国内外市场。乡村工业是西密德兰工业区资本主义成长的主要道路，到 17 世纪末，西密德兰地区越来越多的家庭，精心于制造大规模的用于销售的物品。陶器、玻璃制品，尤其是金属加工品贸易，基本依赖于简单而又传统的商品生产。同时人们也越来越重视创造，生产新的材料，扩大市场范围，寻求新的客户，贸易网络不仅在地理空间上，而且在社会阶层中也得到了扩张。西密德兰工业从 1690 年开始，尤其是 1720 年至 1755 年这段时期得到了显著发展，塞文河、特伦特河和运河所构成的水运系统，将西密德兰工业区金属制品和玻璃制品快捷地运往国内外市场。

18 世纪中期到 19 世纪中期是西密德兰工业区形成的阶段。原有技术已不能满足市场对铁器的需求，从而刺激了对新机器和新技术的追求。技术革新在煤炭和钢铁两大工业中的作用尤其举足轻重。充足的资本和劳动力这两种条件在 18 世纪晚期的西密德兰均已具备。人口自然增长加快，农村剩余劳动力向城市转移，大规模的集中生产成为可能。蒸汽机使用加快了生产组织形式的革新，工厂制应运而生。人口激增，有充足的人力供应给新兴工厂。商业、制造业和农业的兴旺也提供了大量资本。通达的运河和道路交通网将西密德兰和各地紧密联系，运河和公路运输降低了原材料和产品成本，工业产品以价格优势不断开拓市场。

西密德兰工业区是率先进行工业革命的地区之一。利用新发明，广泛推进机器生产，是工业革命的基本进程。采煤业中开采方式、煤炭运输方法等生产技术的创新，排水、通风、照明等安全技术的提高，冶铁业中"焦炭炼铁法""装埚砸碎法""搅拌法"的成功试验，蒸汽机率先使用，都是成功样板。西密德兰的什罗普郡和斯塔福德郡在英国炼铁业中占有重要地位。炼铁业的扩大得益于新技术广泛应用。1788 年，什罗普郡 24 座高炉的生铁产量达到 24,900 吨，占全国总量 40%。1796 年，什罗普郡 23 座高炉生铁产量32,969 吨，仍占全国 25%。1796 至 1806 年，什罗普郡生铁年产量 54,966吨，增长了 66%，占全国的 22%。[1] 斯塔福德郡的炼铁业 1796 年生铁产量为

---

① Richard Meade, *The Coal and Iron Industry of United Kingdom*,London: C. Lockwood and Co.,1882,pp.489-490.

13,210 吨，占全国 10% 以上，1806 年 47,592 吨，约占全国的 20%。[①]1815 年生铁产量为 125,000 吨，占全国产量的 31.6%。[②]总之，西密德兰工业区对维持英国采煤业和冶铁业的优势地位贡献极大。

西密德兰煤铁工业的另一贡献是吸纳了大量非工业资本转化为工业资本，贵族和大土地所有者等被煤铁行业高利润吸引，将资产投入到煤铁工业，以固定资产形式转化为工业资产，比流动资本更有利于工业发展。机器生产提高了生产效率，提高了产品质量，加快了生产速度，商品流通因此加快，各部门之间协调合作，产业间联系也更加紧密。

西密德兰工业的发展促进了工业城市的成长，壮大了城市工商业经济。伯明翰最终成长为英国第二大城市，成为机器生产、蒸汽机制造和金属加工的重要中心。伍斯特因陶瓷业而加快了发展速度。伍尔夫汉普顿是这个地区又一个大城市，制造锁、工具和家具等铁器和黄铜器皿。在斯塔福德郡，斯托克、莱姆河上纽卡斯尔等作为一定规模的陶器制造业城市出现。生产更加专业化。城市繁荣，财富增加，为工业革命扩展积累了资本。经济基础稳固、经济机制形成、社会力量成熟，进一步加快了西密德兰工业化和城市化的进程。

工业增长对人口的分布及物质生活产生了重大影响，推动了人口非农业化和城市化。1811 年，沃里克郡约有 60% 的居民在工商业中工作，斯塔福德郡至少有 50%。中产阶级进一步培育，乡村居民和城市居民之间已没有那么严格的区分，城市生活时尚逐渐向乡村渗透，乡村居民不再局限于土地，而是更多地走进城市和工厂。

英国的工业化进程中呈现出区域性特征，形成了地区性分工。西密德兰工业区作为英国重要的工业区，其形成和成长提高了英国工业化的水平。革新技术、机器生产、转化资本、资本积累、生产组织的现代化等，都在西密德兰工业区得到了实现。这种区域性的发展逐渐扩延成整个国家实现工业化。

---

① Richard Meade, *The Coal and Iron Industry of United Kingdom*, p.524.

② C.K. Hyde, *Technological Change and the British Iron Industry, 1700-1870*, p.231.

煤铁等大工业在这里崛起，成为工业革命最先在英国发生的直接导因之一。西密德兰工业区与兰开夏棉纺区、西莱丁毛纺区及南约克郡"哈兰姆郡"钢铁工业区一道，从 18 世纪后期起共同构成了著名的英格兰西北工业区。它们在英国崛起过程中根据自身资源和区位优势，相互联系，相互协作互补，有利于全国人口和财富的均衡分布，推动了英国经济重心由东南向西北的战略转移，推动了英国整体的工业化进程。

第四编

西南农业区

第十四章
西南区经济的发展与转型

英格兰西南区近似大不列颠的一个半岛，是相对独立的地理单元，区域
特征较为突出，发展具有一定的特殊性，是英国原工业化的发源地，也是农
村就地城镇化的早期典范。将西南区作为考察对象，探讨 11 至 19 世纪中叶
该区域经济的发展与转型，以及在英国经济全国性整合中的地位和变化，亦
具有样本意义。

一　中世纪典型的农耕经济区

中世纪里，英国总人口的 90% 以上生活在农村，居民以农民和渔民为
主。与整个英国一样，中世纪西南区的人口也是以农牧业为生，整个西南区
是一个典型的农耕经济区。

（一）农牧业生产发展

西南区的农业经济具备英国中世纪典型农耕区的基本特征，但该区域的
土地制度呈现了与英格兰中东部不同的特征。敞田制（Open-fields）是中世
纪西欧主要的土地耕作制度。[①] 这种制度强调休耕，实行二圃制与三圃制。

---

① Joan Thirsk，"The Common Fields"，*Past and Present*, No. 29 (Dec., 1964), pp. 3-25.

与东盎格利亚非典型的敞田形式相比，西南区东部四郡[①]与广大的英格兰中部地区相类似，以常规的敞田制为主。这种形式的敞田区通常围绕在居住区四周，由二到三个 400 英亩大小的农耕组织构成。这种规范的土地组织形式一般都趋向庄园化，一个村庄即一个庄园。[②] 在敞田制下，领主与农民的土地都表现为条形状态且混合在一块。这种田制的基本特征是：（1）农户所持有的耕地与草地必须以条状分布于田地之中且每块条形田只能种植相同的作物；（2）无论是耕地还是草地，在庄稼收割后或休耕时都应该向所有农户开放；（3）耕作条田的农户享有在公共牧场与荒地放牧牲畜、收集木材等活动的权利；（4）每名农户所耕种的条田并不是集中在一起，而是被分割为两田或三田与其他农户的租种地相混；（5）上述各项权利和义务都由庄园法庭来制定。[③] 这是常规敞田制的基本内容，它与英国其他地区的敞田制有很大差别，如英国西北部农民很早就用篱笆把土地圈围起来；而东盎格利亚由于历史上曾被丹麦人占领，北欧人的聚落形式比较分散，东盎格利亚受其影响，区域内部多为分散型村庄，故该地区的庄园制较弱，庄园体系松散。[④] 西南区则是高度庄园化的聚居形式。[⑤]

　　西南区是实行二圃制与三圃制的主要地区。[⑥] 在诺曼征服后的四百年里，

---

① 康沃尔郡、德文郡、萨默塞特郡西部以及格洛斯特郡、多塞特郡与威尔特郡的一部分，这些地区由于人口密度低，农民的居住地比较分散，加之经济以畜牧业为主，因此并没有出现像区域东部那种以核心村庄（nucleated villiage）与常规敞田制为核心的土地制度。这些地区盛行非常规敞田制。S.J. Rippon, R.M. Fyfe, A.G. Brown, "Beyond Villages and Open Fields: The Origins and Development of A Historic Landscape Characterised by Dispersed Settlement in South-West England", *Medieval Archaeology*, 2006, pp.31-70.

② R.L. Hopcroft, "The Social Origins of Agrarian Change in Late Medieval England", *The American Journal of Sociology,* Vol. 99, No. 6 (May, 1994), pp. 1559-1595.

③ C. J. Dahlam, *The Open Field System and Beyond,* Cambridge University Press,1980,p.21. Joan Thirsk, "The Common Fields", pp. 3-25.

④ H. C. Darby, "The Domesday Geography of Norfolk and Suffolk", *The Geographical Journal,* Vol. 85, No. 5 (May, 1935), pp. 432-447.

⑤ H. C. Darby, *A New Historical Geography of England before 1600*, p.263.

⑥ 二圃制与三圃制在本质上并无差别。前者是将耕地等分为两份，每年只耕种其中的一份，剩下的那部分休耕。后者是将一块土地平均分为三份，每年耕种其中的 2/3，余下的土地休耕。在耕种的那部分土地上，一块种植冬季作物（小麦或黑麦），另一块种植春季作物（大麦或燕麦）。处于休耕期的土地一般会用于放牧，以保持地力，来年耕种。

二圃制庄园分布于科茨沃兹至英吉利海峡的高地地区。[1]格洛斯特郡的查尔顿阿伯茨庄园与威斯顿伯特庄园、萨默塞特郡巴斯以南到南斯托克、多塞特郡的吉林厄姆教区都实行二圃制。[2]亨利八世九年对威尔特郡格拉斯顿伯里庄园的调查也同样表明那里存在若干二圃制教区。[3]由于要求可耕地生产出更多的农畜产品，最早从 13 世纪起，二圃制开始向三圃制转变。[4]萨默塞特郡东南部的四个教区——马托克、赫斯特、科特、鲍尔亨顿，各自都有独立的三圃制耕地。在鲍尔亨顿的 29 户公簿持有农中，有 10 户的土地是由宅基地、耕地与牧场三部分构成，其中耕地和牧场均被当作农用地分配在三圃地当中。[5]在 14 世纪前期，多塞特郡、威尔特郡与萨默塞特郡所调查地区的二圃田数量从 81 下降到 43，三圃田则从 12 上升至 46。[6]

土地制度与休耕模式发生转变，意味着农业生产技术进步，农作物产量提高，人口增长。格洛斯特郡在 1086 年每平方英里约为 8 至 15 人，而到 1377 年上升到了 25 至 35 人；萨默塞特郡中北部也从不到 15 人上升至将近 30 人；[7]这与整个英格兰的人口增长趋势一致，当然也要求有更多的耕地，于是西南区的大片荒地、沼泽甚至林地被开垦为耕地。如 11 世纪萨默塞特郡南部许多未开垦的土地，到 14 世纪得到了大量垦殖，出现了 43 个新居民区。[8]

西南经济区自然条件的多样性，使该区既适合发展种植业，又适合发展畜牧业。东部的格洛斯特郡、萨默塞特郡、威尔特郡以及多塞特郡是实行二

---

[1] 萨默塞特郡东部、整个科茨沃尔德地区、之后向东延伸跨越了格洛斯特郡、沃里克郡、牛津郡，以及位于低地带的伯克郡、威尔特郡与多塞特郡，见 H. L. Glay, *English Field Systems*, Harvard University Press, 1915, p.29, p.63。

[2] H. L. Glay, *English Field Systems*, p.30.

[3] H. L. Glay, *English Field Systems*, p.24.

[4] 参见沈汉：《英国土地制度史》，学林出版社 2005 年版，第 8 页。

[5] H. L. Glay, *English Field Systems*, p.33.

[6] Joan Thirsk (ed.), *The Agrarian History of England and Wales*, Vol.2:1042-1350, Cambridge University Press, 1990, p.344.

[7] R. A. Dodgshon, R. A. Butlin, *An Historical Geography of England and Wales*, Academic Press, 1990, p.72.

[8] Joan Thirsk (ed.), *The Agrarian History of England and Wales*, Vol.2:1042-1350, p.218.

圃制与三圃制的主要区域，春播作物以燕麦、大麦以及各种豆类为主，冬播作物以小麦、黑麦为主。而西部康沃尔郡与德文郡中海拔较高的地区则是重要的畜牧区。

多塞特郡境内多白垩质高地，主要庄稼是小麦、大麦与燕麦，其中小麦的种植面积最大。1248 年，怀克的埃尔韦尔庄园售出了 23 夸脱（quart）小麦、24 夸脱小麦糠、22 夸脱大麦以及 15 夸脱燕麦。密尔本与帕文顿庄园以大麦为主要作物，后者还种植少量的豌豆与黑麦。相对于谷物种植，该郡的畜牧业要更为普遍，《末日审判书》记载这片地区有 163 匹马、604 头牛、1,567 头猪、22,977 只绵羊、780 只山羊、1 头驴。[①] 其中羊群的数量最多，如该郡的帕德尔顿、克兰伯恩、阿伯茨伯里和兰布列德等教区分别有绵羊 1,600、1,037、600、353 只。蒙塔丘特修道院档案记录，1150 年该修道院曾对外接受了 29 头牛、250 只绵羊、2 匹马。1189 年格拉斯顿伯里修道院的一座庄园有 24 头公牛、9 头乳牛、2 匹马和 24 头猪。威尔特郡的伊顿庄园，1288 年产出 220 夸脱夏谷、173 夸脱小麦、74 夸脱黑麦、62 夸脱燕麦，拥有 14 匹马、166 头牛、633 只绵羊、260 只鸡和 40 只鹅。该郡的斯特拉顿庄园 13 世纪七八十年代养羊数量为 2,500 只以上。而阿尔瓦蒂斯顿和艾伯斯伯恩两座庄园种植豆类作物，面积达到 44 英亩。13 世纪末以后，该郡的羊群增多，粮食产量逐渐下降。[②]

萨默塞特郡东部的黏质土地区主要产小麦、燕麦与豆类。该郡格拉斯顿伯里修道院的四座庄园即南布伦特、东布伦特、温斯库姆与贝罗，小麦、燕麦与豆类的耕作面积分别达到了 347、218 和 542 英亩。《末日审判书》时期，该郡曾有 834 匹马、4,422 头牛、6,847 头猪、46,981 只绵羊和 4,505 只山羊。[③] 以羊只数量最多，养猪的数量也是当时西南区内最多的。而西南角上的康沃尔与德文两郡由于潮湿的气候与贫瘠的土壤，燕麦种植较多，每

---

① 　由于统计数字的覆盖范围只是威尔特郡登记在册的 319 个居住区中的 140 个，故实际数字应远高于此。

② 　Joan Thirsk (ed.), *The Agrarian History of England and Wales, Vol.2:1042-1350*, p.358, pp.361-362.

③ 　Joan Thirsk (ed.), *The Agrarian History of England and Wales,Vol.2:1042-1350*, p.362, p.365.

年的土地耕作量超过了其他作物的总和。德文郡西部的艾克斯敏斯特庄园曾在 1287 年将 186 英亩的领主自营地（总计 225 英亩）用于种植燕麦。除燕麦外，该区耕种最普遍的是小麦、大麦与豌豆，小麦每英亩需要约两蒲式耳种子，大麦每英亩需要约六蒲式耳种子，豌豆则需要一个半蒲式耳种子。[1] 与该区相对落后的种植业形成鲜明对比的是它的畜牧业经济。整个中世纪里英国的养羊业广泛分布，康德两郡是最重要的畜牧区之一。[2] 据《末日审判书》记载，该区有 950 匹马、8,600 头乳牛、4,200 头猪、63,250 只绵羊和 8,150 只山羊。若以每个犁队平均用 8 头耕牛计算，两郡拥有耕牛共计 55,000 多头。[3]

由于 1350 年以前有关西南经济区农牧业生产的统计资料比较匮乏，因此无法对该地区的农牧业也生产进行全面、准确的阐述。但从可收集的资料来看，整个西南区在 15 世纪以前一直是以农牧混合经济为主，特别是在土壤肥沃地区，耕地占据主要地位。德文郡塔维斯托克修道院的领主自营地在 1350 年以前，谷物的销售利润要远远高于乳制品和羊毛。[4] 即便是在土壤贫瘠地区，极端畜牧化的现象在此期间也很少出现。[5] 但由于地形地势以及农业习惯上的差别，区域内部亦有所差异，即康德两郡的畜牧业生产与东部四郡相比占有更大比重，特别是养羊业。从长远来看，这种差异更有利于区域内部的协调发展。

（二）乡村毛纺业起步

早在 13 世纪，英国西部诸郡就已在呢绒的生产方式上发生过一次革命性变化，那就是水力漂洗机的应用。这一变化的基础在于西部已发展了毛纺业。在中世纪里，英国西南区 6 郡除了康沃尔之外，其余 5 郡的乡村毛纺业都有较大发展，主要生产宽幅呢与哔叽呢两种呢绒。其生产工序大致包括羊毛分

---

① Joan Thirsk (ed.), *The Agrarian History of England and Wales*,Vol.2:1042-1350, p.392, p.394.

② 从中世纪起，英国的养羊业广泛分布，逐渐形成了 4 个主要养羊区：东盎格利亚养羊区、北方养羊区、密德兰与东南养羊区、西南养羊区。

③ Joan Thirsk (ed.), *The Agrarian History of England and Wales*,Vol.2:1042-1350, pp.395-396.

④ Joan Thirsk (ed.), *The Agrarian History of England and Wales*,Vol.2:1042-1350, p.398.

⑤ John Hatcher, *Rural Economy and Society in the duchy of Cornwall 1300-1500*, Cambridge University Press, 1970, pp.11-12.

类、梳理、编织、漂洗、起绒、剪绒、磨绒等。其中漂白工序需借助漂白土和水来清理呢绒胚布，去除残存的羊毛脂。这不仅能改善呢绒的质量和精密度，使之更加经久耐用，还能使呢绒表面的毛质纤维交叉缠绕，遮蔽经纬交织的幅面，使之更加光鲜亮泽。在水力漂洗坊出现前，英国乃至整个西欧的漂洗方式都非常传统，"将从织机上取下来的粗质呢绒放入木桶，加入适量的漂白土和水以去除杂质，然后由三名工匠在木桶中用双脚踩踏"①。这种方式耗时费力，效率低下。13世纪水力漂洗机出现之后，漂洗方式发生了实质性变革，由过去的以人力为主变为以机械为主。"水力漂洗坊是水力轮与漂洗工具相配套的机械化装置，即由水力轮旋转产生动力，进而使垂直方向的木锤上下运动，交替捶击木桶中的粗呢胚布。"②基于构造方式的差异，水力轮可分为下推式与上击式两类：前者利用水流推动水轮底部，一般可以固定浮在河道上或者建立在堤岸旁；后者是借用从高架水渠上流出的水或者人造水管，使流水冲击水轮上部而转动，这种水车可安装于斜坡甚至陡坡上，不但打破了下推式水轮在安装上的局限，扩大了水轮的使用范围，而且还抬高了水流落差，增加了水轮产生的动能，优势显而易见。机械动力取代人工大大降低了劳动强度，生产效率也明显提升，只需一名工匠站在水轮旁边观察由水轮带动的木锤，主要任务是将木桶内的呢绒摆放合理，以确保水轮正常运行。因此，有学者认为水力漂洗机的广泛应用可算得上一次产业革命，对英国来说，其实际效果并不亚于18世纪中叶开始的工业革命。③

灌溉、谷物加工抑或羊毛纺织，凡配有水力漂洗机的手工作坊便可称之为水力漂洗坊。水力漂洗机在英国出现的时间，一般认为是12世纪。1173年帕克斯顿的漂洗机是目前英格兰已知的关于漂洗机的最早记载。④根据现有史料可知，英格兰最早的四座水力漂洗坊可上溯至12世纪的亨利二世

---

① 马克垚：《西欧封建经济形态研究》，中国大百科全书出版社2009年版，第351页。

② E. M. Carus-Wilson, "An Industrial Revolution of the Thirteenth Century", *The Economic History Review*, Vol.11, No.1(1941), p.43.

③ E. M. Carus-Wilson, "An Industrial Revolution of the Thirteenth Century", p.40.

④ M. M. Postan, E. E. Rich, Edward Miller (eds.), *The Cambridge Economic History of Europe*, Vol.1, Cambridge University Press, p.670.

（1154~1189）时代，其中有两座位于西南区，一座在格洛斯特郡科茨沃兹，另一座在威尔特郡马凳河畔的斯坦利。另外，在威尔特郡的马尔梅斯伯里或附近可能也有一座由水力漂练厂。到 1327 年前可以确定的水力漂洗坊数量达到了一百五六十个，实际的数量应该远高于此，总有一些漂洗坊未被记载。①

以往的人工漂洗非常辛苦，有了新的水力漂洗方法后，英国逐渐形成了产业布局。由于西部水力更易获得，更易找到安装水力轮的地点，毛纺业从 13 世纪开始从英国东南部城市（曾经的工业中心）逐渐向西部、北部及南部的乡村转移，西南区开始发展为英国毛纺业最重要的生产区。②从伯克郡西部的纽伯里进入威尔特郡境内，就进入了在这个时期的主要毛纺业地带。格洛斯特郡、威尔特郡、萨默塞特郡以及德文郡的乡村是主要生产区。

（三）城镇的兴起与职能

西南区早在盎格鲁萨克森时期就出现过重要城市，诺曼征服的直接结果是使许多城镇的建筑遭到破坏。如德文郡的埃克塞特、利得福德、巴恩斯特普尔共有 126 所房屋被毁坏，多塞特郡许多市镇遭到了毁灭性打击，沙夫茨伯里等城镇与 1066 年相比减少了 94 所房屋，320 处地产废弃。③随着生产的进步，农业技术得到改进，农副产品有所增加，人口数量不断提升，生产分工更加明确，商品交换与商品经济发展起来，促使居民和商品活动集中，逐渐形成集市贸易，从而出现了城市。诺曼征服后出现了许多新自治市镇，如康沃尔郡从 11 世纪末起出现了 38 座小城镇，④德文郡 71 座城市大多在 13 世纪建立。⑤

---

① ［英］约翰·克拉潘：《简明不列颠经济史：从最早时期到 1750 年》，第 215—216 页。

② 科茨沃兹丘陵、门蒂普斯、威尔特郡与伯克郡丘陵间的峡谷地带、德文郡与康沃尔郡湖区，所有这些地区水力在 14 世纪初得到了普遍利用，发展速度惊人。M. M. Postan, E. E. Rich, Edward Miller , *The Cambridge Economic History of Europe*, Vol.1, p.672.

③ D. M .Palliser (ed.), *The Cambridge Urban History of Britain, Vol.1, 600-1540,* Cambridge University Press, 2000, p. 594.

④ D. M. Palliser (ed.), *The Cambridge Urban History of Britain, Vol.1,600-1540*, p.597.

⑤ M. Kowaleski, *Local Markets and Regional Trade in Medieval Exeter,* Cambridge University Press,1995, p.42.

在城市兴起的过程中，除了生产力因素之外，一些有远见卓识的封建领主也起到了很大作用。他们通过自身的法权力量，主动参与城市化进程：首先向国王申请建立城市的特许状，然后给预设地点以城市身份，再吸引工商业者与农村剩余劳动力到来，从而形成城市，即从上到下人为建立，先有名后有实。领主们在西南区建立了大量的城市。在比较落后的康沃尔和德文郡，许多封建领主通过在自己地产上建立城镇的方式来收取地金。[①]

格洛斯特郡赛伦塞斯特附近小城镇群落之所以能兴起，很大程度上也得益于封建领主的大力推动。[②]

无论是何原因使城市兴起，城市的首要功能必定是充当一定范围内的工商业中心。按照经济功能的差异，此时该地区的中小城镇大致可分为两种类型。一类是专业化城镇，这类城镇多分布于沿海。如德文郡的达特茅斯、普利茅斯以及普尔，它们的兴起得益于达特穆尔高地的锡矿开采。[③]另一类是农村集镇，这类城镇一般带有浓厚的乡村气息，没有明显的城市特征，主要职能是面向周围农村，是周围农村剩余农产品以及农产品与城镇手工业产品进行交换的场所，是附近各个村庄的共同市场中心，也是周围乡村经济上同外界联系的窗口，居民一般在 2,000 人以下。其中不少是专业市场。如达特穆尔高地边缘的班普顿、阿什帕顿、格雷迪顿主要负责本地牲畜的放养与销售。[④]格洛斯特郡奇平康普顿小城以转运科茨沃兹丘陵的羊毛而闻名。[⑤]城镇一方面吸纳从乡村农业中分离出来的剩余劳动力，另一方面其迅速发展的商品货币关系不自觉地向乡村地区渗透，不断瓦解着自给自足的自然经济，最终促使封建庄园制走向崩溃。

综上所述，15 世纪以前的西南区经济已呈现出多样性。农业的发展为畜牧业提供了必不可少的人力与食料，畜牧业的发展某种程度上代替了人力，

---

① M. Beresford, *English medieval boroughs: a hand-list: revisions, 1973-1981,* Cambridge University Press, 1981, pp.59-65.

② 参见谢丰斋：《12—14 世纪英国小城镇兴起初探》，《世界历史》2002 年第 4 期，第 54 页。

③ D. M. Palliser (ed.), *The Cambridge Urban History of Britain, Vol.1, 600-1540,* p.603.

④ D. M. Palliser (ed.), *The Cambridge Urban History of Britain, Vol.1, 600-1540,* p.597.

⑤ 参见刘景华：《西欧中世纪城市新论》，湖南人民出版社 2000 年版，第 44 页。

减轻了农民的劳动强度。而两者的进步在客观上促进了手工业的发展。农业生产力提高使农村出现了剩余劳动力，这些人很大一部分离开农村进入城市，成为手工从业者。畜牧业发展使羊群数量激增，羊毛产量增长，这就对羊毛加工技术提出新的要求，进而推动了水力漂洗机的应用。机械动力取代人力又产生了更多的剩余劳动力。因此，自然环境、农业、畜牧业、手工业，以及商业，相互间初步形成了良性循环。但不能过高估计此时的经济水平，西南区的经济总体水平比较低，区域内经济也是分散发展，没有形成明确的分工体系，也未能结成密致的经济板块。

二　经济转型时期的西南区

黑死病到来时，西南区经济社会已经历了约两个半世纪的较好发展。黑死病爆发后，人口大量死亡，许多村庄被遗弃，种植业受到重大打击。为了获取利益，西南区与英格兰东部率先圈地，开始种植饲料作物，畜牧业比例上升。与此同时，西南区的乡村毛纺业蓬勃发展，15世纪一度成为英国工业最发达的地区，出现了以雇佣劳动为基础的工场手工业。城市经济也发生变化，日益具有商业化、专业化、开放化特征。

（一）农耕经济的演变

中世纪晚期，英国广大乡村发生了农业变革。新农业技术的应用、土地的圈围与合并、工资劳动的产生是此次变革的核心内容。这些变革为后来的农业革命铺平了道路。但在这些变革的背后隐藏着巨大的区域差异，西南区和东盎格利亚是率先发生变革的地区。

西南区之所以率先变革，与其农业社会组织有直接关系。前文已提到，区域东部的土地制度以常规敞田制为主，区域西部的康德两郡以及东部四郡的部分地区，虽然土地同样呈现敞田形式，但却是一种非常规的敞田制度（Irregular Open Fields）。在这种土地组织形式下，村庄规模不大，各村庄并非紧密分布，居民分散居住。乡村教堂往往单独存在，并非村庄的标志性建筑。在多山地区，存在许多圈围土地，鲜有土地开放。这种土地制度与常规的敞田制有很明显的差别：（1）公社对耕地的掌控力有限，土地持有人可在任何年份种植不同的庄稼。（2）佃户的条形土地集中分布，与领主土地相隔离。（3）休耕地与收获庄稼后的耕地归农户个人管理，并不向全体成员开放。（4）庄园领主权力有限，农民负担较轻，货币地租盛行，自由民数量庞大。[①]

　　这种非常规的土地组织形式有利于 14 至 16 世纪英国农业的发展与变革，是该时期土地市场活跃的条件。乡村共同体观念薄弱，个人意志凌驾于公社管理之上。在这种观念下，土地实行分割继承，土地在所有继承人中平均分配；财产的私有属性更强，农民按照自己的意愿处理土地，或圈围或转让；[②]农民以市场为导向进行农事安排，他们可根据市场需求选择要种的庄稼，怎么种，什么时候收割都由自己决定。土地分割继承与私人财产权促进了土地市场的发育，有小块土地的农民可购买土地扩大地产，也可卖掉土地从事非农职业。14 世纪中叶以后，西南区出现了许多农田合并扩大的现象。同时阶级分化更加明显，土地不足的农户为了生计或成为大农场主的工资劳动者，或成为乡村毛纺业的毛纺工人。

　　黑死病对西南区的农牧业经济有重大影响，促使农村生产关系发生变化：人口大量消亡，威尔特郡的唐顿、康沃尔郡东部两庄园农奴死亡率接近 2/3，格拉斯顿伯里修道院下的 22 个庄园平均死亡率高达 55%，西南边区授职的基督教士有将近一半死亡。[③]农村出现大量无主荒地，土地重新回到领主手中，劳动力不足，雇工工资上涨，领主被迫放弃自营地而将其出租；种植业萎缩，畜牧业比重上升。加上该地区盛行土地分割继承，农民份地一再缩小进而将其转让。人口减少以及土地分割继承与转让使庄园土地支离破碎，最

①　R.L. Hopcroft, "The Social Origins of Agrarian Change in Late Medieval England", pp. 1582-1584.

②　在 15 世纪中叶，康德两郡佃户土地通常超过 36 英亩，150 至 200 英亩的佃户农场也大量出现。庄园很少有小于 15 英亩的份地，少于 5 英亩以下的份地几乎绝迹，这里改进土地的圈地并没有像在密德兰那样引起公众愤怒。Joan Thirsk (ed.), *The Agrarian History of England and Wales, Vol.3: 1348-1500*, Cambridge University Press, 1991, pp.303-324.

③　J. Hatcher, *Plague, Population and the English Economy 1348-1530*, Macmillan Publishers Ltd, 1984, pp.22-23.

终导致份地瓦解，庄园制崩溃。14 世纪后，土地越来越集中在少数人手中，这就为资本主义性质的农业生产奠定了基础。16 世纪初，格洛斯特郡布雷丁顿庄园自营地上有 16 户被称为自由人佃户，他们的土地使用期为 99 年。[①]

康沃尔公爵领在 14 世纪有 17 个庄园，黑死病爆发后领地上的农奴逐渐减少。1347 年，克里姆斯兰德庄园有 19 个农奴，1356 年为 13 个，1364 年为 12 个。1406 年最后一次对农奴佃户与协定佃户区别征税。[②] 此后，农奴制在这里似乎已经消失。瘟疫夺去的不光是下层人民的生命，它还削弱了地方领主对社会的控制力。1381 年农民起义主要发生在自由民较多与自由租赁制占主要地位的地区，这些地方佃农数量少，庄园束缚小。西南区的康德两郡，多塞特郡与萨默塞特郡也是起义的主要区域。[③] 至 16 世纪，这些地区原本就发展不充分的庄园制基本消失。而出于劳动人手短缺与地租上涨的原因，劳动力市场供求关系失衡，底层的农奴把握住了市场优势，纷纷放弃耕地出逃，或者成为大农场的工资劳动者，或者彻底离开土地，成为手工劳动者。

15 世纪后半叶，圈地在英国大片地区展开，发展为圈地运动。西南区的圈地运动虽起步早，但发展较慢，并未大量出现密德兰地区那种成片的大型农场。都铎王朝以前，这里就有过圈地，[④] 15 世纪时，呢绒大亨斯普顿在科茨沃兹南部丘陵与威尔特郡边区建立起一块大地产。[⑤] 沼泽是当时圈围的主要土地，[⑥] 德文郡、萨默塞特郡西部、多塞特郡西南部往西，一直到康沃尔

---

①   M. K. Ashby, *The Changing English Village, A History of Bledington, Gloucestershire 1066-1914*, The Roundwood Press, 1974, p.108.

②   John Hatcher, *Rural Economy and Society in the duchy of Cornwall 1300-1500*, pp.61-62.

③   M.M. Postan, H.J. Habbakuk , *The Cambridge Economic History of Europe*, Vol.1, p.609.

④   在英国的西部和北部高原沼泽区，土地公有制对农民的影响较少，公地制度与其附带的共有束缚比较薄弱甚至完全不存在。Joyce Youings, "The Monasteries", in Joan Thirsk (ed.), *The Agrarian History of England and Wales,* Vol.4, p.339.

⑤   J.L. Bolton, *The Medieval English Economy 1150-1500,* pp.283-285.

⑥   像德文郡这种毛纺业发达地区，这种现象尤为显著，蚕食的沼泽地是他们所侵占土地中最大的一项。

郡的兰兹恩德角都是圈围地区。[①]1500 年后，社会局势趋于稳定，人口缓慢稳定地增加，像德文郡那样拥有很多分散村庄与田地的典型地区，旷地与森林不断受到蚕食。正如伊丽莎白时期一位游客所写，那里多半是由大片篱笆与沟渠隔开的土地。格拉斯顿伯里附近的阿尔德沼泽出现了将近 500 英亩的圈围土地，占该地区土地的将近一半。[②]圈地运动虽使部分农民失去了土地，但这里并没有发生反对圈地的起义，因为此时西南区的土地圈围多以农民自愿为主，强占耕地的现象很少。同样，该地区圈地运动发展并不充分，保留了许多富裕的自耕农。

这时的圈地运动对西南区乡村毛纺业与农业都产生了影响。无地少地的农民转变成了廉价劳动力，成为该地区乡村毛纺业崛起的关键要素之一。而占有大片土地的富裕农民与领主把目光投向有利可图的羊毛、肉类与牛奶生产。[③]不过圈地运动对当地农业的发展影响更大。它破坏了西南区原本薄弱的封建关系，使该地区出现了许多资本主义性质的租地农场，使其成为英国的粮仓之一。早在 13 世纪末，西南区有的地方小麦产量最高曾达到每英亩20 蒲式耳，播种量与收获量之比达 1 : 7。[④] 15 世纪，这里成为英国农业技术先进与普遍繁荣的地区。[⑤]

圈地运动把分散的土地集中在一起，有利于大土地所有制的形成，同时为新农业技术的应用扫清了障碍。过去的敞田制，不利于耕作制度改善，如休耕地、荒地与收获后田地用于放牧牲畜，虽然保持了地力，但影响了土地使用率。[⑥]16 至 17 世纪，佛兰德人将越冬饲料芜菁与三叶草的培育技术带到

---

①　参见 [英] 约翰·克拉潘：《简明不列颠经济史：从最早时期到 1750 年》，第 271 页。

②　Joan Thirsk (ed.), *The Agrarian History of England and Wales*, Vol.5:1640-1750, p.359.

③　B. M. S. Campbell, P. P. John, "Mapping the Agricultural Geography of Medieval England", *Journal of Historical Geography*, 15 (1),(January 1989), pp.24-39.

④　C.R. Stacey, "Agricultural Investment and the Management of the Royal Demesne Manors,1236-1240", *Journal of Economic History* ,1986, 46, pp.919-934.

⑤　H.S.A. Fox, "Devon and Cornwall", in Edward Miller (ed.), *The Agrarian History of England and Wales, Vol. 3: 1348-1500*, pp.152-175, pp.303-324.

⑥　参见曾尊固等：《英国农业地理》，第 65 页。

英国，先是在诺福克，随后向整个英国传播。[1] 这就促进了牲畜由放养到饲养的转化，有利于牲畜繁殖；同时也减少了牧场，提高了土地利用效率，使耕地面积进一步扩大；芜菁与三叶草还能改造土壤，改土肥田，发达的根系生有大量根瘤，能固定空气中的氮素，将土壤中的营养尽力吸收；牲畜集中饲养，数量增加，耕地获取了更多粪肥，使农业获益。在这过程中，排水技术进步，西南区西部与北部的大片沼泽得到开垦。总之，圈地运动不光给西南区带来了生产关系的变革，还促进了新农业技术的推广以及耕作制度的革命性变化，土地的使用率提高，农牧产品剩余率增加，大量的农牧产品通过布里斯托尔，埃克塞特航运至伦敦，甚至出口到国际市场。

（二）乡村毛纺业黄金期

水力漂洗机的广泛应用对英国呢绒生产产生革命性的影响。最先采用水力漂洗机的西部也最先成为毛纺业生产中心。从布里斯托尔向南延伸至英吉利海峡的大片区域，14 至 16 世纪是英格兰呢绒制造的最重要的中心，[2] 也是当时英格兰经济最发达的地区之一。

西部诸郡除了西南 6 郡外，还包括偏中南的伯克郡、汉普郡与沃里克郡。这一地带以北部科茨沃兹山地两麓、斯特劳德河谷与梅迪普斯之间的溪流区域为中心，从 14 世纪开始发展呢绒业。14 世纪中期以前，英格兰每年向欧洲大陆出口至少 30,000 袋羊毛，而这个世纪 80 年代以后，羊毛出口量下降至平均每年 19,000 袋。呢绒产量从 1347～1348 年的 4,423 匹增加到 1392～1395 的平均每年 43,000 匹，产量几乎是之前的 10 倍。所需羊毛原料也从 3,700 袋上升至 11,000 袋。[3]

西部诸郡中，萨默塞特郡和威尔特郡是此次呢绒产量增长的重要地区。萨默塞特郡从 1355～1356 年的 832 匹增加到 1394～1398 年的平均年产

①　Overton, Mark, and Bruce M. S. Campbell, "Productivity Change in European Agricultural Development", in B. M. S. Campbell and Mark Overton (ed.), *Land, Labour and Livestock: Historical Studies in European Agricultural Productivity,* Manchester University Press, 1991, pp.1-50.

②　英格兰毛纺业生产中心还有东盎格利亚，主要由诺福克郡与萨福克郡组成，16～17 世纪之际处于中心地位。以哈利法克斯和利兹为核心的约克郡西莱丁区，则是 18、19 世纪英国最重要的毛纺业中心。

③　M. M. Postan, E. E. Rich, Edward Miller (eds.), *The Cambridge Economic History of Europe*, p.677.

12,376 匹，成为英格兰当时最大的呢绒生产郡，威尔特郡在同期的呢绒生产量从 4,181 匹增加到 7,292 匹，在整个英格兰排第二。布里斯托尔的生产量为 4,063 匹。1394～1398 年整个英格兰呢绒的平均年产量为 49,308 匹，西部诸郡就达到了 28,348 匹，占到了总产量的 57.6%，[1] 生产了整个国家一多半的布，几乎所有的宽幅呢绒都由西部出产。[2] 14 世纪最后二十年是西部诸郡甚至整个英格兰呢绒业腾飞的起点。此后将近两个世纪，该地区的经济地位在全国变得越发显赫。斯科菲尔德 1514 年对教俗财富分配的研究表明，在英格兰最富有的五个郡中，伦敦老城旁边的密德尔塞克斯郡排第一，萨默塞特郡第二，格洛斯特郡排第三，亨廷顿郡排第四，威尔特郡排第五，五个中有三个位于西南区。[3] 15 世纪 70 年代，全国呢绒近 1/4 产于格洛斯特与萨默塞特郡。[4] 这一时期的税收报告也能够反映出西南区的经济变化。1334 年前英国只征收动产税，土地还未被列为动产。1523 年把土地当作动产开始征税且新增了工资税。格洛斯特郡 1523 年的纳税比例比 1334 年多了 62%，而同期东部林肯郡的纳税比例没有增加，诺福克郡只上升了 14%。[5] 此期间增长率最高的城镇几乎都与毛纺业有关。[6]

15 世纪中期，英格兰年均呢绒出口量上升到了约 54,000 匹，消耗羊毛 12,500 袋。而同期的羊毛出口量只有 8,000 袋。这就达到了一个历史转折点，即英格兰从一个原料羊毛出口国变成了制成品呢绒出口国。15 世纪 80 年代，呢绒年均出口量约为 63,000 匹。亨利八世（1590～1547）早期达到 84,000 匹，其末年突破了 12 万匹。西部诸郡也在此时发展到了巅峰，科茨沃兹丘陵、卡

① H.L. Gray, "The Production and Exportion of English Wollens in the Fourteen Century", *The English Historical Review,* Vol.39, No.153 (Jan.,1927), pp.13-35.

② M. M. Postan, E. E. Rich, Edward Miller (eds.), *The Cambridge Economic History of Europe*, p.679.

③ J.N. Hare, "Growth and Recession in the Fifteenth-Century Economy: The Wiltshire Textile Industry and the Countryside", *The Economic History Review,* New Series, Vol. 52, No. 1 (Feb., 1999), pp. 1-26.

④ R.P.Beckinsale, "Factors in the Development of the Cotswold Woollen Industry", *Geographical Journal,* 1937,90(4), pp. 349-362.

⑤ E. M. Carus-Wilson, "Evidences of Industrial Growth on Some Fifteenth-Century Manors", *The Economic History Review,* New Series, Vol. 12, No. 2 (1959), pp. 190-205.

⑥ A.R. Bridbury, *Economic Growth : England in the Later Middle Ages*, The Harvester Press,1975, p.81.

斯蒂勒姆、斯特劳德河谷出产的优质宽幅呢绒在欧洲大陆享有盛誉。这些地区几乎每个村庄都从事呢绒纺织，大大小小的河流上布满了密密麻麻的水力漂洗机，呢绒的磨光、漂洗、染色也都集中在这里。沿着河溪出现了大量新的居民点。科茨沃兹南部的威克沃、特罗布里奇、赛伦塞斯特、马尔梅斯伯里发展成了当地的工业中心。沿河而建的卡斯蒂勒姆居住着漂洗工、染色工、织工及其徒弟与帮工在内的 70 名呢绒工人。西南方的门蒂普斯、布里奇沃特向西一直到巴恩斯特普尔、格雷迪顿、埃克塞特，发展成了生产粗质绒布等轻便廉价纺织品的工业区。东南方向埃文河上的索尔兹伯里同样也是有名的粗绒布生产中心。①

西南区发展为毛纺业中心是诸多因素综合作用的结果。第一，西南区有大片海拔 300 米以下的丘陵山地，②形成了许多短小急促的河流，河水落差大，水能资源丰富，适宜建立水力工厂来提高呢绒的生产效率。第二，西南区气候适宜牧草生长，有利于养羊业的发展，为毛纺业生产提供了充足的羊毛原料。该地区优质羊毛多来自科茨沃兹丘陵。第三，西南区乡村有大量廉价劳动力。与密德兰地区土地的整体继承不同，这里的土地多分割继承，土地越分越小，只有小块份地的农民需要从事副业来补贴家用。第四，西南区庄园封建基础薄弱，领主对农民的控制力有限，农民有一定的人身自由，可从事工副业。第五，乡村地区没有封建行会组织，未形成限制工业发展的封建文化，工副业产品可根据市场需求自行生产。

14 至 15 世纪的西欧，饥荒不断、瘟疫爆发、人口减少、社会动荡。但这个时期的英国，却从一个羊毛原料出口国逐渐变成了呢绒出口国。西南区对这一转变的贡献不可低估。

（三）城镇经济的变化

15 至 16 世纪中期是英国城市普遍出现危机的时期。对于西南区来讲，城市危机比其他地区要来得更早。

---

① M. M. Postan, E. E. Rich, Edward Miller (eds.), *The Cambridge Economic History of Europe*, p.679.

② 曾尊固等：《英国农业地理》，第 281 页。

黑死病对英国城镇产生了很大影响。中世纪的城市普遍地脏、乱、差，这是病毒滋生的温床，因此瘟疫爆发后，大量人口从城镇涌向乡村避难。根据 1377 年的人头税档案统计，当时布里斯托尔、格洛斯特、索尔兹伯里、埃克塞特、普利茅斯登记在册的纳税人数分别为 12,000 人、4,500 人、3,373 人、1,700 人、1,600 人。而像威尔斯、圣杰曼斯、布里奇沃特的纳税人数则在 750 到 1,000 人之间，巴恩斯特普尔有 680 人，巴斯、陶顿、梅尔克舍姆都未超过 600 人。① 除此之外，整个西南区没有超过 500 名纳税人口的城镇。城镇规模小和纳税人口少，表明大瘟疫后城市普遍衰落。② 但从另一方面讲，城镇人口转入乡村，为乡村毛纺业提供了熟练劳动力，增加了乡村劳动力的绝对数量与技术含量，促进了乡村经济发展。

这样，这个时期的西南区乡村工业蓬勃发展。水能丰富的地区出现了许多毛纺业中心，对城市生产造成了更大的危机。③ 一些城市衰落了。如 15 世纪早期，德文郡的普利茅斯的呢绒贸易几乎停止，陷入了发展的困难期，城市纳税额跌至全国第 44。④ 17 世纪，格洛斯特郡有据可查的从事毛纺织业的 2,637 人中，有 2,502 人身处农村，⑤ 像城市的空气使人自由这样的古代谚语，对当地的商人来说已经毫无意义。有的城市兴起了，如 15 世纪末时，威尔特与萨默塞特郡边境区的弗罗姆、沃明斯特、特罗布里奇，埃文河上的布拉德福德发展为地方小市场中心。这些小城市是英国首批专业化的工业城镇，⑥ 随着它们的扩大再生产，不断有人员加入，1435～1450 年，有 160 多非农劳动力迁入了威尔特郡的卡斯蒂勒姆村。⑦ 有的城市在度过危机后复兴了。15 世

---

① D. M. Palliser (ed.), *The Cambridge Urban History of Britain, Vol.1, 600-1540*, p.605.

② A.R. Bridbury, *Economic Growth : England in the Later Middle Ages*, p.43.

③ 15 世纪和 16 世纪前期，由于城市手工业行会对生产力发展的束缚，城市手工业者纷纷迁往乡村地区。

④ D. M. Palliser (ed.), *The Cambridge Urban History of Britain, Vol.1, 600-1540*, p.606.

⑤ A. Tawney and R. Tawney, "An Ocupational Census of the Sevenyeenth Century", *Economic History Review*, 5(1934-5), pp.25-64.

⑥ R. Leech, "Early industrial housing: Trinity Area of Frome", *Royal Commission on Historical Monuments*, 1981, pp.1-18.

⑦ E.M. Carus-Wilson, "Evidences of Industrial Growth on Some Fifteenth-Century Manors"; R. Leech, "Early Industrial Housing: Trinity Area of Frome".

纪中期，巴斯、赛伦塞斯特、韦茅斯等城市的规模都出现不同程度的萎缩，布里斯托尔用来接待皇室贵族的大礼堂等建筑成了一片废墟。[1] 到16世纪初，这些城市的人口重新恢复，在1524年的纳税人口普查中都排进了前50。布里斯托尔更是脱颖而出，15世纪的呢绒出口量一度超过伦敦。[2]

威尔特郡呢绒纺织业发达。索尔兹伯里在14世纪以前只是个普通的中心集镇，后来逐渐发展为南威尔特的呢绒生产中心。它的成功与其优越的地理位置和自然条件不可分开。起初这里的呢绒要出口至低地国家进行染色和最后加工，从15世纪后期起，南安普敦开始进口染料供应其呢绒生产。它与伦敦的距离适中，伦敦的许多商人与呢绒工匠参加这里的呢绒集市，购买精质的条形呢绒。除此之外，皮革生产、羊皮纸制造、手套制造也成为该市的主要行业。[3] 它的工业原料羊毛主要从科茨沃兹等地输入。

与威尔特郡生产宽幅呢绒不同，德文郡以生产轻型粗质呢绒为主。该郡1380年的呢绒出口量只占全国的1%，1500年达到了10%。呢绒生产中心在德文郡东部的格雷迪顿、蒂弗顿、卡伦顿、奥特里圣玛丽、科利顿，它们都由于发展粗呢绒生产而成为非常富有的城市。16世纪前期的纳税额进入了全国前100。[4] 陶顿、托特尼茨、马尔博罗等因呢绒业发展而出现了人口与财富双重增长。17世纪后期，德萨边境的弗尔顿、蒂弗顿、陶顿发展为针织业生产中心，所需羊毛由牛津威特尼城的毛毯工匠提供。[5] 埃克塞特是德文郡贸易的中心，16世纪曾是全国第6大城市，产自索尔兹伯里的优质呢绒经过这里向外转运，[6] 17世纪末，该市人口的4/5参与呢绒贸易，每年在这里成交的哔叽呢价值总量至少有200万英镑。[7] 除毛纺业外，德文郡达特穆尔高地

---

① R. Holt, G. Rosser, *The English Medieval Town: A Reader in English Urban History 1200-1540*, Longman, 1990, p.270.

② J.L. Bolton, *The Medieval English Economy 1150-1500*, p.253.

③ G. M. Young, *The Victoria History of the County of Wiltshire*, Vol.3, Cornell University Library, 1956, pp.117-147.

④ D. M. Palliser (ed.), *The Cambridge Urban History of Britain, Vol.1, 600-1540*, p.605.

⑤ Joan Thirsk, *The Rural Economic of England: Collected Essays*, p.247.

⑥ D. M. Palliser (ed.), *The Cambridge Urban History of Britain, Vol.1, 600-1540*, p.606.

⑦ W.G. Hoskins, *Industry, Trade and People in Exeter 1688-1800 (South West Studies)*, Manchester University Press,1935, p.43.

的锡矿生产也在 16 世纪 20 年代达到顶峰，后因康沃尔郡出现新的锡矿产地而逐渐衰落。由于锡矿业发展，康沃尔郡的帕德斯顿与福伊发展为新的港口城市。博德明处在矿区的中心位置，发展为全国纳税额第 51 的城市。[1]15 世纪，深海捕鱼在西南区各港口飞速发展，尤其是康德两郡。该地区的布里克瑟姆由于捕鱼业而发展迅速。福伊、达特茅斯组建了相当规模的捕鱼船队进行远海捕捞，捕捞范围不断扩大，16 世纪曾到达新大陆架，以捕捞鲱鱼和鳕鱼为重点，所捕鱼类通过埃塞克斯对外销售。[2]

布里斯托尔是英国屈指可数的大城市，也是西南区最大的城市。地理大发现后，国际商路中心从地中海转移到大西洋，英格兰沿海各港口开始频繁参与国际市场体系。布里斯托尔作为英国西部贸易中心，在国内贸易网络中，与伦敦、大雅茅斯，伊普斯威治、普利茅斯、南安普敦、考文垂等工商业城市都有贸易往来。"在这里，一个人只有通过交换才能生存，某种程度上来说，所有人身上都有商人的影子，甚至整个社会已经变得商业化。"[3] 布里斯托尔与西南区各港口来往密切，康德两郡的锡工艺品与大量鱼类经这里转运，行销国内外。巴恩斯特普尔因毛纺业兴起而成长为工业小镇后，它用自己的蜂蜡和酒从布里斯托尔换回呢绒染整所需的菘蓝。[4] 15 世纪后期，布里斯托尔商人在埃文河上建起了大桥以方便将葡萄酒运往内地的国内商人。[5] 布里斯托尔还越来越多地参与国际贸易，其商人出现在爱尔兰、法国、西班牙，其船只和水手到达过冰岛，与德国汉萨商人也有着活跃的贸易。16 世纪前，布里斯托尔逐渐成为英国国内外贸易的重要集散中心，成为西南区对外联系的传送站。

1500～1700 年是英国经济转型的重要时期，商业的持续发展促进了国内统一市场体系的形成，伦敦以首都与国内外贸易核心的面目成为全国经济体

---

[1]　J. Hatcher, *English Tin Production and Trade before 1550*, Oxford University Press,1973, pp.8-26, pp.89-118.

[2]　D. M. Palliser (ed.), *The Cambridge Urban History of Britain*, Vol.1,600-1540, p.607.

[3]　[英] 亚当·斯密：《国民财富的性质和原因的研究》，第 20 页。

[4]　E.M. Carus-Wilson, *Medieval Merchant Venturers*, London: Routledge,1954, p.1.

[5]　D.M. Palliser (ed.), *The Cambridge Urban History of Britain*, Vol.1, 600-1540, p.605.

系的中心。英国的海外贸易和国内的商品流通运输网络都须向它靠拢。16 世纪初，伦敦的羊毛与呢绒出口量稳占全国产量的一半以上，最高时一度达到 90%，[①] 17 世纪初仍占 75%。[②] 西南区在国内市场体系中的地位要靠伦敦来实现。该地区所产的毛纺织品需先运往伦敦才能转化为现实利益，整个西南区乃至整个英国似乎都在为伦敦服务。

西南区是英国 16 世纪最先进的毛纺区，每年要出口大量毛织品。以往，威尔特郡的毛纺织品先运到索尔兹伯里，然后集中打包或运往南安普顿或埃克塞特出口。德文郡与康沃尔郡的粗呢绒等手工产品主要通过埃克塞特或就近直接出口。萨默塞特郡与格洛斯特郡的各类毛织品主要通过布里斯托尔出口。但随着伦敦体系的形成，伦敦成了全国货物唯一的集散中心和国内外贸易枢纽，无论是产品进口还是出口都要先运往伦敦，这就剥夺了地方港口直接展开国内外贸易的权利。西南区各港口的呢绒贸易出现衰落。如 16 世纪布里斯托尔的呢绒出口大幅缩水，最低时不到 15 世纪的一半，人口总量不及伦敦的 1/10，[③] 1495～1496 年出口呢绒 8,614 匹，十年后骤降至 2,735 匹。[④] 布里斯托尔的商人抱怨说，外国商人给他们更多的有利条件，用现金来交换呢绒，不像伦敦商人拖欠数日后也只用些简单商品来交换。[⑤]

14 至 16 世纪是西南区经济史上最辉煌的时期。由于历史原因以及乡村毛纺业的兴起，西南区早英国其他地区一步，率先开始圈地运动，封建农本经济基础受到动摇，农村自给自足的谋生型经济逐渐转变为面向市场的谋利型经济，农业生产的商品化以及农村地区的城镇化加快。随着毛纺织业发展，出现了大量新兴城市，它们与生俱来的在经济功能上的专业化、开放化、自由化特征，使得西南区内部的商品经济日益活跃起来，打破了以往封闭的状态，西南区逐渐形成了以布里斯托尔为核心，以中小城市为骨干，以农村集

---

① C. G. A. Clay, *Economic Expansion and Social Change: England 1500-1700*, p.199.

② S. Inwood, *A History of London*, p.196.

③ J. L. Bolton, *The Medieval English Economy 1150-1500*, pp.249-250.

④ A. Dyer, *Decline and Growth in English Towns 1400-1600*, pp.16-18.

⑤ E. M. Carus-Wilson, *Medieval Merchant Venturers*, p.10.

镇为基础的区域城市网络体系。然而，由于此时全国经济体系以伦敦为核心，加之东盎格利亚新呢布的崛起，从 17 世纪开始，英国经济的中心转向了东部地区。

三　工业革命时期的西南区

从 16 世纪中期起，随着东盎格利亚兴起新呢布工业，英国毛纺业生产中心逐渐从西部诸郡向东转移。西南区作为曾经兴旺的毛纺业地区，在迈向工业化的大道上戛然而止，不但未能完成生产组织的革命，就连原有的工业化优势也丧失殆尽。然而，或许正是由于毛纺业的生产危机促进了西南区经济结构的调整。从 17 世纪后期开始，西南区农牧业方面的优势再次凸显。在政府的推动下，改良农业用地，改善耕作制度，利用海外先进技术，积极推广新作物，农业生产率和商品化程度大幅度提高，成为伦敦和西北工业区农牧产品的供应基地。自此，西南区主要以商品化农业区的面目出现。

（一）乡村毛纺业的衰落

西南诸郡毛纺业的衰落始自 17 世纪早期。据 J.D. 古尔德推算，1600～1614 年，英国各港口呢绒出口价值总量达 154 万英镑，其中宽幅呢绒 119.3 万英镑，占总价值的 77%。1640 年出口价值总量 145.2 万英镑，宽幅呢绒 84.7 万英镑，占总价值的 58%。[1] 宽幅呢绒出口比重下降意味着新呢绒出口增多。从 17 世纪开始新呢绒的生产逐渐超过旧（宽幅）呢绒。16 世纪 30 年代，英国 80% 的出口呢绒是运达中北欧地区，17 世纪早期曾达 90%，1640 年降至 66%，1700 年只有 50%。中北欧纬度高，气温低，质地厚重的宽幅呢绒受人欢迎。18 世纪上半叶，英国出口至西北欧的呢绒价值总量减少了，而出口到南欧的呢绒量上升了 60% 多。因为南欧纬度低，气温偏高，人

---

[1]　D.C. Coleman, *The Economic of England 1450-1750*, Oxford University Press,1977, p.64.

们更偏爱质地轻薄的新呢绒。[1] 过去通过安特卫普陆运至地中海地区的克西呢，如今已被萨福克出产的绒线呢取代。[2] 西班牙和北非也成为重点出口地区。17 世纪末，西南诸郡的毛纺业进一步衰落。如曾因毛纺业兴起的萨默塞特郡工业小镇汤顿，1697 年因毛纺业的衰落，竟有 51 个呢绒工匠举家迁往爱尔兰。

西南诸郡毛纺业的衰落与东盎格利亚新呢绒生产的兴起分不开。第一，中世纪晚期，英国的宽幅呢绒几乎全由西部出产，它用短羊毛做原料，质地坚硬，经纬分明，结实耐用。短羊毛在简单梳理后便可用于纺纱，这就要求羊毛要保证足够的质量。但由于历史原因，西南区很早就开始圈地养羊，直接后果之一是羊毛质量低劣。17 世纪后，英国羊毛质量不断下降，在与西班牙美利奴羊毛的竞争中处于劣势。羊毛质量下降，导致宽幅呢绒生产面临巨大的原料危机，产出的呢绒质量降低，无法与西班牙的优质毛织品在国际上竞争。[3] 而新呢绒原料是经过精梳后的长羊毛，对羊毛质量要求不高，因而并不存在生产原料短缺的问题。[4] 第二，新呢绒生产经过简单操作即可，不需要大规模有组织地进行。西部地区集中的手工工场那种相对有规律的、遵循时间安排的工作并不比东部小生产者更有效率，而且新呢绒对原料质量要求不高，这就降低了小生产者的生产成本。因而对于小生产者来讲，西部在生产组织方面的优势并不明显。第三，新呢绒质地轻盈，颜色鲜艳，所用的又是劣质羊毛，售价不高，在大众市场很受欢迎。[5] 十七八世纪，随着英国对外扩张的进行，英国商人开拓了越来越多的国际市场，新呢绒成为他们打入新市场的重要工业品。而西部地区一直是以宽幅呢绒见长，宽幅呢绒制作工序复杂，生产成本高，主打高档市场，不适合大众消费，即使是向新呢绒转型，同样面临原料来源、市场占有、传统势力打压等一系列问题。此外，新呢

---

[1] 参见张卫良：《英国社会的商业化历史进程 1500—1700》，人民出版社 2004 年版，第 74—75 页。

[2] D.C. Coleman, *The Economic of England 1450-1750*, p.64.

[3] P.J. Bowden, "Wool Supply and the Woollen Industry", pp.53-54.

[4] D.C. Coleman, "An Innovation and Its Diffusion: The 'New Draperies'", *The Economic History Review*, New Series, Vol. 22, No. 3 (Dec., 1969), pp. 417-429.

[5] D.C. Coleman, *The Economic of England 1450-1750*, p.80.

绒生产技术是 16 世纪 60 年代由尼德兰新教难民传入英国的，由于地理关系，这些人多生活在英国东部和北部，因而新呢绒技术并没有在西部广泛传播。

除新呢绒的竞争外，西南区毛纺业生产组织形式存在的结构性与发展性矛盾也是阻碍其发展的关键因素。第一，在分散的工场手工业下，无论是包买商还是小生产者都对生产革新没太大兴趣。包买商是通过支付小生产者低工资，收取成品依靠市场交易，将其高价出售来赚取利润的，因而对生产过程的组织形式与技术变革不甚关心。农村小生产者并不一定是职业的手工工匠，他们从事毛纺业多是为维持生计，毛纺业只是其副业，他们并不具备在现有技术基础上进行再创新的能力；而且西南区发展农牧业的条件优越，一旦工业出现波动，家内制下的手工人员能从容地放弃手中的织机，重新投入土地作业。为数不多的熟练的手工工匠则迁往东部和北部的呢绒发达区。第二，对于技术改进的文化态度往往滞后于技术本身的发展。乡村毛纺业被视为英国民族工业，相关从业人员甚多，民族的工业应该为全英国人服务，如果向工厂制过渡意味着技术进步会造成很多人失业，这违背了他们对传统的崇敬。如 18 世纪 90 年代的格洛斯特，使用起毛机加工呢绒被认为非法且违背了传统文化。[①] 阿瑟·杨在 1767 年写道，羊毛在英国早已被当作神一样的存在，被很多人视为全部财富的基础，一旦出现不利于它单独发展的意见或出现有损其形象的行为，就会出台一系列的法令条例以确保毛纺产品的优越地位以及高额的利润。[②]

就这样，西南诸郡的毛纺业在东部新呢绒工业的冲击与内部组织形式的矛盾下衰落了。从此，西南区不再是英国工业经济的先进地区。

（二）经济发展方向新探索

自 17 世纪后期起，当西南区毛纺业生产陷入颓势无法挽回之时，这里又开始了经济发展新方向的探索，即积极发展第一产业，加大农牧业的投入力度，提高农产品商品率，力争成为工商业发达地区的粮食供应基地。西南区具备转型成功的有利条件：第一，该区地处西南季风带，三面环海，迎对海

---

① Adrian J. Randall, "The Philosophy of Luddism: The Case of the West of England Woolen Workers, ca.1790-1809", *Technology and Culture*, Vol. 27, No. 1 (Jan., 1986), pp. 1-17.

② 参见 [法] 保尔·芒图：《十八世纪产业革命》，第 35 页。

洋湿润气流，全年降水量基本保持在 1,500 毫米以上，无明显偏寒偏旱月份，气候条件既适宜牧草，也适合粮食生长。第二，该地区是英国大西洋三角贸易的前沿，与外界接触频繁，容易接受外来有利因素的影响。第三，该地区是英国农业革命先发区，农牧产品产量高，商品率高。第四，该区的北邻西北工业区、东邻即以伦敦为中心东南商业区经济发展迅速，非农业人口增长快，这为西南区商品化农业发展提供了市场便利。

17～18 世纪，发生在西南区的农业改革主要有：第一，普及新作物和畜牧改良。17 世纪中叶后，除大麦、小麦、黑麦、大豆等传统农作物之外，芜菁、三叶草、萝卜、苜蓿、马铃薯、漂浮水草等新作物被大力推广。芜菁与三叶草是饲料作物，16 世纪由佛兰德尔人传入英国，17 世纪在英国大面积种植。萝卜是寒凉蔬菜，可当做牲畜的越冬饲料。它们都属块根作物，根系发达，可长久保持地力，有助于提高粮食产量，同时又能为牲畜提供饲料，从而改良牲畜饲养方式，扩大畜牧业生产规模。17 世纪，低地国家良种牛传入英国，并与本土牛种结合，加速了牲畜饲养。在萨默塞特郡的米斯特顿，芜菁和三叶草大面积种植，1693 年该地的乳牛数量增长了 1/3，羊群也有明显增长。[1] 第二，大面积施用肥料。英国传统保持地力的方式是将牲畜赶往休耕地或收割地，利用牲畜粪肥来保持土壤肥力，以利来年种植庄稼。17 世纪中叶后，为了改良农地，石灰、泥灰与草木灰被当做肥料大量用于农业生产。肥料的施用中和了西南白垩质土壤酸度，保存了土壤的养分含量，使得大片土地免于休耕而投入生产。1687 年，多塞特郡泰恩海姆和埃格尔斯顿的农田，在施用石灰后种植了三叶草和红豆草。1703 年，在多塞特郡的吉林厄姆教区，泥灰施用已很普遍。17 世纪末，泥灰施用于萨默塞特郡布鲁姆顿农场的大面积土地。[2] 第三，使用新农具。英国南部多白垩质土壤，16 世纪以前，南部农民多使用由两头牛牵引的轻犁。16 世纪后从尼德兰传入了一种轻犁，

---

① E. Kerridge, *The Agriculture Revolution*, London: George Allen & Unwin,1967, pp.283-309; Joan Thirsk (ed.), *The Agrarian History of England and Wales, Vol.5:1640-1750*, p.365.

② Joan Thirsk (ed.), *The Agrarian History of England and Wales, Vol.5:1640-1750*, p.363.

这种犁只需两匹马就可拉动，马的耕作效率是牛的三四倍。[1] 随着技术不断进步，18 世纪铁犁取代了木犁，土壤得到深耕。18 世纪初，英国人杰斯诺塔尔发明了种子播种机，提高了播种效率，节省了劳动时间。同时他还设计出马拉锄，用来消除并排作物间的杂草，并使土地碎化。第四，推行草地漫灌技术。西南区浸水草甸在 17 世纪大规模扩展，原先的耕地转变成了草场，促进了畜牧经济的发展。[2] 18 世纪前半期，多塞特郡的弗罗姆山谷形成了大片草甸网，它们被认为多塞特郡农牧混合业的重地。[3] 第五，开垦沼泽地。英格兰西南的沼泽开垦在大瘟疫以前就已经开始，它们是最早被圈围的土地。伊丽莎白时期（1558～1603），为了满足人口增长对土地的需求，议会通过法令支持沼泽排水，[4] 此后两个世纪里，英国开展了大规模的排水工程。如著名的"大水平工程"使英国新增农用土地 30 多万亩，[5] 西南边区尤其是萨默塞特郡南部和康德两郡的沼泽得以开垦。此外，西南边区的石楠林地也在此期间得到开发。第六，推广新的轮作制度。[6] 这是一种四轮制耕作法：第一年种植苜蓿或芜菁，第二年种植小麦或燕麦，第三年种植萝卜，第四年种植大麦，就这样不停地轮流更换。这种轮作法既能保持地力，也不让任何耕地休闲，促使粮食逐年丰产，又有足量的冬季牧草来圈养牲畜，使饲料、牲畜与收成三者之间相互依赖。该制度 17 世纪末出现于诺福克郡，18 世纪在全国推广，它被认为英国 18 世纪最伟大创造。西南区多塞特郡与萨默塞特郡东部是采用该轮作制度的典型地区。[7]

---

[1]　M.M. Postan, H.J. Habbakuk (eds.)，*The Cambridge Economic History of Europe*, Vol.1, p.144.

[2]　刘景华：《近代西欧早期农业革命考察》，《史学集刊》2006 年第 2 期。

[3]　Joan Thirsk (ed.), *The Agrarian History of England and Wales, Vol.5:1640-1750*, p.366.

[4]　[英] 约翰·克拉潘：《简明不列颠经济史：从最早时期到 1750 年》，第 273 页。

[5]　C.Singer, E.Holmyard, *Renaissance to the Industrial Revolution,c.1550-c.1750*, Oxford: Clarendon Press, 1957, p.320.

[6]　绰号"萝卜勋爵"的贵族汤森（1674—1738），1730 年放弃了政治生活，回到诺福克郡，在自己的地产上改良农业。凭借自己在荷兰的所见所闻，结合自身地产的特点，先是排干地里的积水，用泥灰土和肥料改良土壤，然后参照塔尔的方法，和 18 世纪初期由剑桥大学教授布拉德利（？—1732）提出的四圃轮作制耕作法，在土地上实行有规律的轮种，不到几年工夫，就创立了著名的诺福克制。

[7]　Joan Thirsk (ed.), *The Agrarian History of England and Wales, Vol.5:1640-1750*, p.364, pp.369-370.

18 世纪西南区农业发生的一系列变革，极大地促进了该地区农牧业的发展。1738 年，一位农民曾记载，在多塞特郡的贝明斯特地区，每英亩土地小麦产量最高可达 30 蒲式耳。[①] 萨默塞特郡更是被称为小麦的故乡，1710 年该郡布里奇沃特附近的小麦产量可达每英亩 18 蒲式耳，1740 年，比尔顿地区的产量为小麦 20 蒲式耳，大麦、大豆和豌豆 25 蒲式耳。在该郡与布里斯托尔之间的区域，则种植了大片的马铃薯，18 世纪早期，波尔特布里地区每英亩马铃薯所创造的价值量是每英亩小麦价值量的 3 倍。[②] 德文郡的道尔顿、霍尔科姆以及康沃尔郡部分地区也是马铃薯的主要生产区。除此之外，西南区的园艺业也发展很快，甘蓝、大豆和萝卜主要面向人口稠密区市场而生产。

相对于种植业，西南区畜牧产业的发展更为瞩目。育牛业、肉牛业、养羊业、乳品业、饲料加工业等都有巨大发展。康沃尔郡中部与德文郡北部是育牛业中心，从荷兰引入的良种牛在这大量繁殖。多塞特溪谷地区与萨默塞特郡边区是肉牛业中心，牛肉属高蛋白、低脂肪和低胆固醇肉类，是英国人喜爱的主要肉食。1683 年，据萨默塞特郡皮尔顿的一位农民估计，放养一年的牛犊拉到附近市场上出卖，至少可以获得一英镑的利润。[③] 格洛斯特郡、威尔特郡与多塞特郡是养羊业中心，多塞特羊在全英享有盛誉，其羊毛主要在韦西尔和伯福德销售。笛福曾记载，在多尔切斯特半径 6 英里范围内，羊群一望无际，数不胜数。[④] 多塞特郡东部与德文郡东南部是乳品业中心，乳牛除了产奶还流行出租。1697 年，每 5 头乳牛的年产奶量价值可达 24～25 英镑。1712 年，麦帕德尔的丹尼尔有乳牛 24 头，每出租一头收取 3 英镑租金。随着畜群数量增加，芜菁、三叶草和萝卜大量种植，其价值是一般农作物的两倍。[⑤] 某种程度上讲，西南区饲养的牛和羊等农产品成了它与外界沟通的工具。

[①] Joan Thirsk (ed.), *The Agrarian History of England and Wales, Vol.5:1640-1750*, p.369.

[②] Joan Thirsk (ed.), *The Agrarian History of England and Wales, Vol.5:1640-1750*, p.373.

[③] Joan Thirsk (ed.), *The Agrarian History of England and Wales, Vol.5:1640-1750*, p.373.

[④] Joan Thirsk (ed.), *The Agrarian History of England and Wales, Vol.5:1640-1750*, p.380.

[⑤] Joan Thirsk (ed.), *The Agrarian History of England and Wales, Vol.5:1640-1750*, p.378.

　　总之，在西南区，一面是传统毛纺业衰落，另一面是与农牧产品产量增加、商品率提高。如何认识这对矛盾？一般来说，一个国家或地区工业劳动力的增长必然以较高的农业生产率为前提，如果农业生产率的提高发生在原工业化区，原因可能是该地区工业出现了衰落，人们改变了产业发展的投入方向，最后结果可能是从原工业化蜕变为"去工业化"（De-industrialization）。著名农业史专家琼斯认为，随着农业改革的日臻完善，农业占据了大量社会资源，相比之下，制造业日渐衰微。[①] 因此，在西南区这个原工业化的先发地区，在毛纺业衰落后，人们把资金和精力纷纷投向回报率更高的商品化农业。虽然在区域内部也有工业中心突出，但也是与当地农业密切相关，如食品加工业与果酒业等。18 世纪后，西南经济区逐渐以商品化农业区的面目出现。

表 14-1 西部各郡地均财富在英国的排名变化 [②]

地区 / 年份	1341	1503	1641	1672	1693	1814	1843
康沃尔郡	33	34	22	28	31	36	34
德文郡	32	33	6	26	26	31	24
多塞特郡	19	20	21	21	23	35	36
萨默塞特	21	15	8	8	13	5	8
威尔特郡	13	7	16	20	20	18	32
格洛斯特	8	12	14	19	21	12	11

　　如果以现代经济的要求来衡量西南区的发展水平，这里无疑是落后的，因为在工业经济体系中，工商业发展所带来的财富指数要远高于农业创造。因此，西南区这 6 个地均财富曾领先全国的郡，在本地毛纺业衰退后，排名逐渐落后了。由于商品化农业的机械化水平高，所需劳动力少，加之本地工商业发展缓慢，城市对劳动力的消化能力有限，使得剩余劳动力逐渐向伦敦

① 　E.J. Jones, "Agriculture Origins of Industry", *Past and Present*, No.40,1968, p.70.

② 　E. J. Buckatzsch, "The Geographical Distribution of Wealth in England, 1086-1843: An Experimental Study of Certain Tax Assessments", *The Economic History Review,* New Series, Vol. 3, No. 2 (1950), pp. 180-202.

和西北新工业区转移，由此造成西南区人口减少，城市化进程缓慢，除个别大城市外，其他城镇仍只是农业区普通的人口与货物集散中心。

（三）城市网络的形成

与此时方兴未艾的商品化农业相比，西南区城市的发展比较沉寂，城市化的动力不足，没有出现像伦敦与西北区那样以制造业和商业为基础的新型工商业市镇。城市规模以中小型为主。但这并不意味着该地区城市发展的停滞。西南区各类型城市依然在探索中成长。

如表 14-2 所示，1660 年西南区有多于 1/4 的人口生活在城市，1801 年接近 37%，1841 年超过了 40%，城市人口从 22.48 万增加至 87.87 万。1524 年，该地区许多城镇在英国城市等级排序中名列前茅。布里斯托尔、索尔兹伯里和埃克塞特在英国郡城排列中名列前 5，人口在 5,000 至 8,000 之间，有 9 个城市在英国城市等级排列中位列前 50。[①] 1600 年，普利茅斯和格洛斯特与布里斯托尔、埃克塞特以及索尔兹伯里一道，成为英国排名前 9 的城市。1670 年的税收显示，上述 5 城中除布里斯托尔外，地位都下降了：埃克塞特、索尔兹伯里、普利茅斯、格洛斯特都只有 4,000 人左右，城市排名掉到了 30 名之外。[②] 经过 130 年的发展，1800 年，布里斯托尔、埃克塞特、巴斯、普利茅斯和德文波特[③] 是英国 23 个 1.5 万人口以上城市中的 5 个。1750 年布里斯托尔城市化水平超过诺里奇，巴斯在 1801 年排第 10，普利茅斯排第 7。1801 年埃克塞特排第 4，1841 年掉到了第 7。19 世纪前期，切尔滕纳姆的城市建设最快，格洛斯特也在经历了两个世纪的萧条后有所恢复。但是，老塞勒姆遭遇了人口滑坡，1832 年议会改革被取消选区资格。新塞勒姆也受影响，城市排名掉到 90 开外。康德两郡的城市化现代化进程在 18 世纪中期明显加快，有许多城市的排名飙升。

---

① 此外还包括：德文郡的格雷迪顿、普利茅斯和蒂弗尔顿，康沃尔郡的博德明，萨默塞特郡的汤顿，格洛斯特，见 P. Clark, *The Cambridge Urban History of Britain, Vol 2: 1540-1840*, p.98。

② A. Dyer, *Decline and Growth in English Towns 1400-1640*, pp.64-66.

③ 随着布里斯托尔海上力量的强大而兴起的德文波特与普利茅斯，成为西南区仅次于布里斯托尔的城市。

表 14-2 1660、1801 与 1841 年英格兰西南各郡城市化发展水平（单位：千人）[1]

人口 / 地区	康沃尔	德文郡	多塞特	格洛斯特	萨默塞特	威尔特	布里斯托尔	总计
总人口 1660	100.0	230.0	85.0	120.0	185.0	120.0	16.0	856.0
总人口 1801	188.0	343.0	115.0	195.0	270.0	185.0	58.9	1,354.9
总人口 1841	341.0	533.0	175.0	324.0	418.0	258.0	125.1	2,174.1
城市人口 1660	18.2	67.5	23.1	28.3	40.4	31.4	16.0	224.8
城市人口 1801	52.8	143.7	40.0	50.2	96.5	53.9	58.9	495.8
城市人口 1841	96.3	250.6	63.0	105.0	159.0	76.6	125.1	878.7
城市占比 1660	18.2	29.4	27.2	23.6	21.8	26.1	100.0	26.3
城市占比 1801	28.1	41.9	34.8	25.8	35.7	29.1	100.0	36.6
城市占比 1841	28.2	47.0	36.0	32.4	38.0	30.9	100.0	40.4

　　除了人口与城市等级外，还可从城市数量来观察西南区的城市化水平。如下表所示，1660 年左右，30% 的城市人口居住在 151 个 800 人口以下的市镇中，将近一半的人口居住在 78 个 800 到 3199 人口的城镇中，只有 21% 的人口生活在 6 个比较大的城市。[2] 位列第 100 的城市人口有 700 人，人口排在前 63 的城市在 1,000 人以上。到了 1801 年这种情况发生变化，不到 10% 的人居住在 90 个 800 人以下的市镇，35% 的人居住在 115 个 800 至 3,199 人口的城镇，剩余部分的 1/3 生活在 23 个 3,200 至 6,299 人口的城市中，而几个大城市[3] 生活着该地区 13.3% 的人口，现在排在第 100 的城市有 1,150 人，前 63 位的城市人口都在 2,000 人以上。尽管 1801 年至 1841 年因农村人口增长缓慢影响了城市人口增长率，但中型城镇的规模在此期间激增。排第 100 的城市达到了 1,790 人，前 63 位的城市都在 3,000 人以上。只有 3.2% 的人口生活在

① 　C. M. Law, "The Growth of Urban Population in England and Wales,1801-1901", *Transactions of the Institute of Britain Geographers,*1967, pp.125-143.

② 　布里斯托尔（16,000）、埃克塞特（11,500)、索尔兹伯里（7,000）、普利茅斯（5,400）、格洛斯特（4,750）、蒂弗顿（3,500）。P. Deane, W. A. Cole, *British Economic Growth 1660-1959*, Cambridge University Press, 1964, p.103.

③ 　布里斯托尔（58,850）、普利茅斯（43,500）、巴斯（34,000）、埃克塞特（20,500）、索尔兹伯里（8,700）、格洛斯特（8,000）、弗罗姆（7,000）。D. B. Horn, M. Ransome (eds.), *English Historical Documents*, Vol.10, London: Routledge, 1957, pp.323-324.

800 人以下的集镇，175 个 3,200 人以下的城镇中只有不到 1/4 的人口，比三大城市人口总数 [1] 还要低。超过 6,400 人的城镇容纳了 48 万人，大约占西南区总人口的 22%。1660、1801、1841 年三个时间都排名前 63 的城市中，有 42 个一直都是，其余 21 个城市则有所变换。[2] 排名下滑的主要是小工业城镇，如图克斯伯里、赛伦塞斯特、舍伯恩。有些港口排位也出现下落，如达特茅斯、莱姆雷吉斯和迈恩黑德。新涌现的城市主要是康德两郡的海滨或矿业城市，德文波特是仅次于布里斯托尔与普利茅斯的区域第 3 大城市。增长最快的是巴斯、弗罗姆、韦茅斯和切尔滕纳姆，它们都被议会授予了选区资格。

表 14-3 1660、1801、1841 年西南区各类城镇人口 [3]

城镇人口规模	1660			1801			1841		
	数量	人口	百分比	数量	人口	百分比	数量	人口	百分比
199 人以下	10	1,130	0.5	5	490	0.1	2	195	0.0
200～399 人	50	14,135	6.4	14	4,295	0.9	6	1,875	0.2
400～799 人	91	49,980	22.2	71	42,105	8.5	40	26,490	30.
800～1,599 人	51	52,785	23.5	70	75,780	15.3	78	88,705	10.1
1,600～3,199 人	27	58,475	26.0	45	98,645	19.9	49	108,060	12.3
3,200～6,399 人	3	12,650	6.1	23	93,890	18.9	40	173,351	19.7
6,400～12,799 人	2	18,500	8.2	3	23,700	4.1	13	117,255	13.3
12,800～25,599 人	1	16,000	7.1	1	20,500	4.1	2	28,900	3.3
25,600～51,199 人				2	77,500	15.6	2	73,800	8.4
51,200～102,399				1	58,850	11.9	2	135,000	15.4
102,400～204,799							1	125,100	14.2
总计	235	224,835	100.0	235	495,755	100.0	235	878,695	100.00

---

① 布里斯托尔（125,100）、普利茅斯（80,000）、巴斯（55,000）。P. Clark (ed.), *The Cambridge Urban History of Britain, Vol 2: 1540-1840*, p.73.

② P. Clark (ed.), *The Cambridge Urban History of Britain, Vol 2: 1540-1840*, p.74.

③ P.Clark, J. Hosking, *Population Estimates of English Small Towns 1550-1851: Revised Edition*, Leicester England University of Leicester Centre for Urban History,1993, pp.103-108; D. Rollison, *The Local Origins of Modern Society*, London,1992, pp.27-32; D. Underdown, *Revel, Riot and Rebellion*, Oxford University Press, 1985, pp. 293-296.

由于西南区缺乏大型工业化城市，城市化速度比其他发达地区缓慢，尤其是 1801 至 1841 年，城市人口仅上升 4.2%。但该地区的城市人口一直在持续增长，基础设施建设也稳步推进。在铁路普及以前，[①] 该地区内部或地区之间主要通过航运来进行：英吉利海峡与布里斯托尔海峡是两条主要的航线，主要贸易方向是欧洲，17 世纪还开辟了大西洋贸易。布里斯托尔、北德文郡以及萨默塞特郡各港口同爱尔兰在南北双线有比较密集的贸易往来。

内河系统则将区域内部联系在一起，也沟通了西南区同其他地区的来往。格洛斯特郡与威尔特郡都能通过河运直抵伦敦城下。河流航道的改善、运河的建立以及公路系统的完善，使南威尔士和塞文河上游地区的货物逐渐向内陆渗透，客观上带动了内陆城市的发展。港口、内陆城镇、河流、运河、公路网以及后来的铁路使西南区逐渐形成一个有机整体。

总之，17 至 19 世纪是西南区转型的完成时期。17 世纪毛纺业中心的转移使西南区的原工业化优势丧失，从而不得不转向其他产业。探索新发展方向的最终结果，是把该地区打造成了农牧结合的商品化农业基地。随着商品农业的稳步推进，该地区的城市建设亦悄然进行，虽然城市化程度不高，但始终是向前发展。从 19 世纪开始，西南区已彻底摆脱中世纪的分散状态，区域内部、区域之间的联系越发紧密，在英国整体经济中的位置也日渐重要。

四　西南区经济发展及转型的启示

地处大不列颠岛西南部的西南半岛，占地 18,000 多平方公里，区域性特征较强。在英国从传统农业社会向近代工业社会的转型历程中，西南区依据自身的地理特征、自然资源与农牧业传统，积极探寻适合本地区的经济发展

---

① 　西南区 1872 年左右形成了密集的铁路网，见 Joan Thirsk (ed.), *The Agrarian History of England and Wales, Vol. 7: 1850-1914*, p.413。

方向，其发展轨迹呈现出一条"传统农牧业—先进毛纺业—商品化农牧业"的曲折道路，最终找准了自身的经济定位，成为现代英国不可或缺的经济板块。这一区域发展和转型道路上的曲折性或许只是个例，但在其转型成功的背后蕴含着不少带有普遍意义的启示。

其一，要形成区域经济发展的竞争力。西南区地理位置相对独立，有较好的气候、地形与土壤条件，有丰富的自然资源，有常规与非常规的土地制度。对这些条件的有效利用，使区域内部各要素，相互影响，相互促进，从而形成区域发展的坚实基础。西南区自然条件的多样性为其农牧业的多样化发展创造了先天的优势，人们抓住这种优势，因地制宜，开发区域的内部潜力，很早就推行轮作农业，加上该地区有别于传统的土地制度，很早就开始圈地，农牧业很早就得到较好的开发，这为该地区经济的快速持续发展奠定了基础。

其二，要提高区域经济发展的技术支撑力。现代人说"科学技术是第一生产力"，这种说法也可用在转型期的英国，经济发展必须依靠技术支撑。西南区得天独厚的内河网络为新技术的运用提供了有利条件。13世纪的漂洗革命就最先发生在西部地区，这里密密麻麻的短小河流有利于水力漂洗坊普遍建立，呢绒工场因此最先在这里扎根，从而引领了英国工业生产组织的变革。十七八世纪的农业革命，这里也较早进行，这就全方位提升了农牧经济的发展水平，为商品化农业的形成做了技术上的保证。

其三，要促进区域经济结构的优化。西南区作为英国一个特定区域，无论是区域内部还是区域之间都有自身的特点。总体来讲，西南区既适合农业又适合畜牧业，是一个农牧业紧密结合的区域。区域东部侧重农业，西部侧重畜牧业，这就为区域内部农牧业与工业的协调发展夯实了基础。土地耕作要保持地力，牲畜培养要提供食料，工业发展要保证原料。西南区的天然牧场与人工草地为牲畜生长提供了食料，牲畜粪便作为肥料为土地耕作及牧草生长保持了养分，羊毛生产又为呢绒业供给原料，这一切都促进了西南区15世纪原工业化的形成。17世纪呢绒业衰落后，西南区审时度势，开发商品化农业，成为经济发达区粮食作物的供应基地，区域之间趋向平衡。

其四，要凝聚区域经济发展的向心力。区域经济系统协同发展需要区域内部各要素之间、区域与区域之间共同发力。1350 年以前，英国的城市化速度缓慢。1350 年以后，随着各种社会因素的变化，整个英国都加快了城市化步伐。西南区也不例外，由于毛纺业的发展兴起了很多乡村市镇，对内它们与周围地区构成基础层次的交换系统，对外它们是各个小区域之间的联络站。与其他区域之间的联系也因城市化发展而变得日益紧密，从而在促进英国一体化经济体系形成的过程起到了良好作用。

第十五章
西部毛纺业："原工业化"先锋及受挫

西部（West Country）毛纺业①是15、16世纪英国最具特色和影响力的"原工业化"部门。在这时，这里出现了包买商制度，也出现了工厂制前身——集中的手工工场，可以说已发动了生产组织上的工业革命，称得上"原工业化"的先锋。但历史并没有青睐它：一方面乡村毛纺业并没有引导西部继续向工业化挺进，另一方面，曾是毛纺业最发达地区的西部，18世纪起却成了英格兰最不富裕地区之一。由西部毛纺业的例子，可以引起对"原工业化"命题的再次反思；从区域发展角度，则可细化地探索这一地区经济转型的曲折道路。

一 西部毛纺业在英国的地位

（一）英格兰毛纺织业的兴起

西欧呢绒业有悠久历史。罗马时期毛纺织就逐成规模，毛纺织业的浆布匠和染匠都有手艺行会，同时也有以家庭为单位的呢绒生产。②从西罗马帝国衰亡直至10世纪后期，西欧呢绒业在乡村得到了延续，庄园成为呢绒的主要生产地。11世纪城市兴起后，呢绒业由乡村向城市转移，贵族和骑士成为城市呢绒的主要买主，所以城市呢绒业发展迅速；同时它又讲究质量，具

---

① 一般认为，西部毛纺区包括威尔特、多塞特、萨默塞特、格洛斯特、德文等5郡，以及伯克郡、牛津郡和汉普郡各一部分。

② ［德］特奥多尔·蒙森：《罗马史》，第1卷，李稼年译，商务印书馆2005年版，第175页。

有奢侈品性质，因而很难进入寻常百姓家。而庄园呢绒业也过渡为以家庭生产，产品以家用为主，剩余部分到市场上出售。纺织成了小农们耕作之余的劳作。①

　　中世纪英国最初也有些呢绒业中心，如北方的约克等。英格兰乡村也大量存在自家纺织呢布的现象。但中世纪英国所需较好的呢绒主要从佛兰德尔等地进口，同时又源源不断地向它们出口羊毛。从事英国与欧陆之间羊毛贸易的人以外国人为主。② 14世纪中叶后，英国经济发生了多方面变化，与呢绒业相关的有五方面。其一是大量耕地改为了牧场，羊毛产量大量增加。由于人口急剧减少，出现了工资极高的现象，牧场经营比耕地占有的劳动力少。对中世纪晚期英国人口有多种估计。一种认为从1348年378万人一直下降到1430年210万人。③ 另一种估计认为，英格兰人口从14世纪70年代的280万下降到16世纪20年代约230万。④ 其二是在1258年牛津条例亨利三世禁止羊毛出口的法令基础上，14世纪先后几个爱德华国王进一步禁止羊毛输出并鼓励尼德兰织工移居英国。⑤ 14世纪30年代后，英国的羊毛出口逐渐减少，呢绒业则开始加快发展。其三，呢绒业生产中心转移到英国。由于英国羊毛出口减少，佛兰德尔的呢绒业生产环境恶化，大量织工在优惠政策吸引下移居英格兰，加快了英格兰呢绒业发展。第四，呢绒业生产逐渐由城市向乡村转移。城市呢绒业不断缩减，甚至消亡；乡村毛纺业则蓬勃向上，几乎遍及整个英格兰，呢绒业很快成为英格兰的民族工业。第五，羊毛和呢绒贸易不再由外国商人主导，英国商人成立了羊毛出口商公司、商人冒险家公司等对外贸易垄断组织，并最终控制了本国对外羊毛和呢绒贸易。⑥

---

①　参见徐浩：《浅析西欧中世纪工业组织的变化》，《世界历史》2005年4期。

②　参见刘景华：《外来因素与英国的崛起——转型时期英国的外国人和外国资本》，人民出版社2010年版，第5—6页。

③　[美]道格拉斯·C.诺斯、罗伯特·P.托马斯：《西方世界的兴起》，张炳九译，学苑出版社1988年版，第99页。

④　Mark Bailey, "T. S. Ashton Prize: Joint Winning Essay, Demographic Decline in Late Medieval England: Some Thoughts on Recent Research", *Economic History Review*, New Series, Vol. 49, No. 1 (Feb., 1996), pp. 1-19.

⑤　参见吴于廑主编：《十五十六世纪东西方历史初学集》，第24、169页。

⑥　Eileen Power, *Wool Trade in English Medieval History*, pp.51-57.

英格兰之所以成为西欧最大的羊毛产地，与其气候湿润的特殊地理环境有关。诺曼征服前，英格兰羊毛就已扬名欧陆，但由于来往较少，所以羊毛贸易难成规模。诺曼征服后，不列颠小岛与大陆的联系增多，羊毛贸易亦随之兴起。[①] 据米勒估计，13 世纪末英国共有 1,500 万～1,800 万只羊，用于出口羊毛的羊只约为 750 万～950 万只；达比认为英国在 14 世纪中叶有 800 万只羊。尽管两人估计有所不同，但都能说明英国出口羊毛量的巨大。[②]

而佛兰德尔人与意大利人或事海上贸易以逐利，或纺纱织布以为生。羊毛商从英国贩运来羊毛，在本地出售；分散的工匠将买来的羊毛纺织成为呢绒；呢绒再由呢绒商人运到欧洲各地出卖。这就是 12、13 世纪欧洲的呢绒产业链。看起来是意大利人和佛兰德尔人控制了英国羊毛贸易，实则其经济命脉掌握于英格兰人之手。[③] 这些商人获得参与英国羊毛贸易的权利是来自英王的特许状；他们遍布于英格兰各地的代理人也多是英国人，如那些在乡下收购羊毛的人。英王有时还利用羊毛资源来影响外交事务，从而使英国在国际风云变幻中左右逢源。许多欧洲国家由于羊毛的威胁，对英国是处处讨好，否则真会带来经济损失和政局动荡。如意大利呢绒业的大部分和几乎整个佛兰德尔呢绒业都仰赖于英国羊毛，一旦英国停止供应，呢绒业就会陷入困顿。如 1297 年的佛兰德尔"几乎空空如也，只因没有了英格兰羊毛"。1336 年，受百年战争影响，英国停止了羊毛供应，致使佛兰德尔人成群结队四处流浪乞讨，甚至远至法国。1444 年也有类似事情，致使莱顿一地就有 2,000 多人失业。[④]

英王并不满足于这个羊毛提供者角色，因为呢绒业利益更诱人。诚如 17 世纪重商主义代表托马斯·孟所说："请将我们的羊毛与需要剪毛、清洗、梳理、纺、织、浆、染、整理以及其他种种修理工作的纺织品一比，我们就将

---

① Eileen Power, *Wool Trade in English Medieval History*, p.15.

② 徐浩:《农民经济的历史变迁》，第 269 页。

③ 在国际贸易中提供原材料的一方并非一定是被动方，在有着强大政府作后盾时，它恰恰是主动方。是否被动不在于在国际贸易中所处的产业链位置，而在于是否有一个强有力的中央政府作为对外贸易的后盾。

④ Eileen Power, *Wool Trade in English Medieval History*, p.16.

发觉这些技艺的确可以比自然财富带来更多的利益。"① 发展呢绒业成为几代英王的追求。英国本来是有呢绒业的，但在 12、13 世纪尼德兰、意大利的呢绒业兴盛之时，英格兰呢绒业仍停留于中世纪早期的水平。两种呢绒业有着根本差别。前者购买原料，通过加工成产品出售获利，具有商品经济性质；后者在很大程度上是自给自足的，依靠呢绒生产获利的人不多。更大的区别在于，前者以整个欧洲为市场，生产具有一定国际化成分；后者仅是家用或最多以本地本国为市场，生产方式也没有突破。

不过，英格兰也存在日后发展为西欧呢绒业生产中心的胚芽。② 考古发现及文献资料证明，罗马不列颠曾有多地发展呢绒业；在盎格鲁萨克森时代，据说阿尔弗雷德大帝的母亲就擅长于纺纱。8 世纪时，英格兰呢绒极有可能出口到欧洲大陆。③ 13 世纪，英格兰个别城市出产的呢绒在西欧享有盛誉，斯坦福的"米兰妮丝呢绒"（Milanese）甚至被他国仿造。1272 年被劫掠的西班牙商人货物中有斯坦福、贝沃利和约克出产的呢绒，说明英国呢绒出口是存在的。《末日审判书》列举了伊普斯维治商人所购买的英国一些呢绒种类，在售往欧陆的呢绒中有贝弗利和林肯的彩呢，还有科奇索尔、科尔切斯特、马尔登和萨德伯里的呢绒。④

就是在这样的背景下，英王开始致力于寻求建立自己的呢绒业王国，用英格兰羊毛纺织出英格兰呢绒出售到欧洲。亨利三世开始了这种努力，1258年牛津议会通过了一项保护本国呢绒业的政策，禁止呢绒出口，并规定英格兰羊毛只能由英国人加工成呢绒，英格兰人只能穿英国生产的呢绒。⑤ 欧洲局势的变动即西欧封建危机的总爆发引起了呢绒业大变迁。这些危机难以遏制，直到 1350 年左右黑死病爆发。这次危机也是西欧社会一个具有历史意义的转机，自此开启了从封建主义向资本主义过渡的历程，其中一个重要内容，

---

① ［英］托马斯·孟：《英国得自对外贸易的财富》，袁南宇译，商务印书馆 1997 年版，第 12 页。

② E. Lipson, *The Economic History of England,* Vol.1, pp.448-449.

③ E. Lipson, *The Economic History of England,* Vol.1, p.443.

④ E. Lipson, *The Economic History of England,* Vol.1, pp.448-449.

⑤ E. Lipson, *The Economic History of England,* Vol.1, pp.448-449.

就是呢绒业生产中心向英国转移。

就羊毛贸易而言，12 世纪时佛兰德尔商人控制着两国间的羊毛贸易，佛兰德尔的圣奥梅尔有 10%～15% 的人以此为业。到 12 世纪末，伊普雷、杜埃取代了圣奥梅尔的地位。但是好景不长，1202 年英国首次宣布征收羊毛税，英国政府开始控制羊毛贸易。1273 年佛兰德尔自英国进口的羊毛中有 34.9% 由英商掌握，16.2% 由法国商人掌握，11.2% 由布拉邦特人掌握。到 14 世纪中叶英商成功建立了他们对羊毛贸易的完全控制权。[①]

14 世纪下半叶佛兰德尔城市经济开始下滑，佛兰德尔的三大城市根特、布鲁日、伊普雷都出现了衰败的征兆。整个佛兰德尔城市呢绒业都在迅速凋敝。这时佛兰德尔呢绒业生产领域出现了两个变化。一是迫于英格兰羊毛禁止出口，佛兰德尔制造出一种使用本地原料或西班牙羊毛的"新呢绒"[②]。这种呢绒质地轻薄，价格便宜，在国际贸易中大有取代旧呢绒之势。二是呢绒业生产从城市转移到乡村和中小城镇。但佛兰德尔乡村呢绒业无法取代中世纪盛期城市呢绒业的规模和地位，同时英国已成为强劲对手。尼德兰革命之后，佛兰德尔的乡村呢绒业再受重创，市场上到处充斥英国呢绒。[③]

英格兰乘佛兰德尔呢绒业衰落之机，大量引进佛兰德尔的纺织人才。早在 13 世纪，英王就已颁法令给予佛兰德尔移民优惠政策，只是因为佛兰德尔当时政治稳定，经济昌盛，呢绒业正在蓬勃发展，很少会有织工离开呢绒业中心而来到这个偏远岛国。佛兰德尔衰落后，其纺织工匠陆续移居英格兰。这一移民浪潮在 14 世纪达到高潮。由于佛兰德尔人大量迁入，和英王对于发展呢绒业的重视，以及英国天然的羊毛生产优势，还有英国人逐步控制本国羊毛贸易，英国呢绒业从此开始蓬勃发展，规模急剧扩大，种类日益繁多，技术水平逐步提高，生产模式也有了根本性变化。呢绒业终于在 15、16 世纪时成为英国的"民族工业"。

---

① 刘景华:《西欧中世纪城市新论》，第 326、329、349 页。

② D. C. Coleman, "An Innovation and Its Diffusion: the 'New Draperies'", *The Economic History Review,* New Series, Vol. 22, No. 3 (Dec., 1969), pp.417-429.

③ 参见刘景华:《西欧中世纪城市新论》，第 337—343 页。

（二）西部毛纺业的中心地位

西欧呢绒业生产中心转移到英格兰时，英国的呢绒业分布并非是整齐划一，而是有中心与边缘之分，而且这个中心与边缘也不断移位。英国呢绒业生产中心先后有三个。最早的生产中心是西部诸郡，在14至16世纪形成并保持了英国呢绒业中心地位，也因此成为英格兰最富裕的地区之一。第二个呢绒业生产区是东盎格利亚，主要由诺福克郡和萨福克郡组成，兴旺于16～18世纪，在17世纪中保持了中心地位。第三个呢绒业生产中心是约克郡西莱丁区，以利兹和哈利法克斯为核心，是18、19世纪英国毛纺业的最大中心。[①]

西部诸郡包括格洛斯特郡、伯克郡、汉普郡、多塞特郡、萨默塞特郡、德文郡和威尔特郡。这一地区以科茨沃兹和梅迪普斯（Mendips）的溪流地带为中心，14世纪时发展为英格兰呢绒主要产区。14世纪最后二十年是英国呢绒出口增长较快的时期。记录表明萨默塞特和威尔特郡是这次增长的关键地区。到14世纪90年代，有12,000匹呢布的萨默塞特已成为英格兰最大的呢绒生产郡，威尔特郡以7,000多匹高居第二。[②] 14世纪其实只是西部呢绒业发展的起点，此后随着本地呢绒业的发展，西部诸郡经济地位更为显赫。对英格兰财富分布的研究表明，1514年最富有的五个郡中，有三个在西部呢绒区：其中萨默塞特郡列第二，格洛斯特郡列第三，威尔特郡列第五。[③] 从1334年和1523年税收的对比也可明显看出西部的成长。1523年林肯郡上缴的税与1334年几乎相同，诺福克郡上缴的税比1334年多14%，而格洛斯特郡则要多62%，而格洛斯特郡财富的增长点正是呢绒业。[④] 16、17世纪，西

---

① 参见刘景华主编：《走向重商时代——社会转折中的西欧商人与城市》，第79—82页；刘景华：《西欧中世纪城市新论》，第108—109页；[法] 保尔·芒图：《十八世纪产业革命》，第34—35页。

② J. N. Hare, "Growth and Recession in the Fifteenth-Century Economy: The Wiltshire Textile, Industry and the Countryside", p.3.

③ J. N. Hare, "Growth and Recession in the Fifteenth-Century Economy: The Wiltshire Textile, Industry and the Countryside".

④ E. M. Carus-Wilson, Evidences of Industrial Growth on Some Fifteenth-Century Manors, *The Economic History Review*, New Series, Vol. 12, No. 2 (1959), pp. 190-205.

部的呢绒生产中心地位仍然不可撼动，首要的宽幅呢生产地仍旧是西部。

西部呢绒业的发展也可从漂洗机应用上略窥端倪。漂洗机的使用是呢绒业在近代的发展趋势，漂洗机的增减可以作为判定呢绒业发展的依据之一。有研究者曾对 1086～1500 年间格洛斯特、沃里克和伍斯特三郡的水磨（mill）数量和类型做过较为精确的考察，涉及上述三郡的 104 个庄园。在这三个郡中，漂洗机在 1185 年首次出现，仅比英国第一台"工业磨"（industrial mill）出现的时间晚二十年，这台"工业磨"是一个鞣革机，出现于 1164～1165 年档卷中（Pipe Roll）。此后漂洗机的数量在这三郡中不断上升，13 世纪上半叶，大约占水磨总数 10% 左右，这一比例一直比较稳定。[1]

15 世纪时，谷物磨在减少，磨的总数也在减少，而漂洗机却在增加。这种原因是多方面的，一个原因就是谷物磨的收益比漂洗机高，所以人口增加时，谷物磨就会替代漂洗机，而人口减少时，漂洗机又会替代谷物磨。另一个原因是 14 世纪爱德华二世进一步禁止羊毛输出并鼓励尼德兰呢绒工匠移入。[2] 佛兰德尔人移民促进了英国呢绒业发展，带动了漂洗机的增加。综上所述，西部诸郡在 14～16 世纪确为英格兰呢绒业生产中心。英国在经济萧条期成功完成了从羊毛出口国到呢绒出口国的转变，西部毛纺区功不可没。

二 西部毛纺业生产组织的革命

法国史家保尔·芒图认为，生产组织是大工业的核心，是大工业区别于其他工业的主要特征。[3] 芒图的大工业是指工业革命时期的纺织业、冶金业等产业。大工业以工厂为组织形式，以机器为生产工具。工厂制何以出现，机器何以由来？马克思认为工厂的出现是生产组织演化的结果，工厂制源于手工工场，手工工场则源于包买商制度。根据马克思的阐释，生产组织由低

---

① John Langdon, "Water-Mills and Windmills in the West Midlands 1086-1500".

② 参见吴于廑主编：《十五十六世纪东西方历史初学集》，第 24、169 页。

③ 参见 [法] 保尔·芒图：《十八世纪产业革命》，第 9、14 页。

到高的演进大致可分为三个层次：分散工场手工业、集中手工工场和工厂。

法国年鉴派史家布罗代尔采用了于贝尔·布尔让1924年对工业革命前生产组织的分类法。布尔让认为15至18世纪的全部工业组织可以分为四类：第一类是遍布欧洲各地的家庭小作坊，数量多，分布最普及，生命力也最顽强。它具有谋食经济的品性，只是部分地遵循市场和利润准则。第二类是"位置分散，但互有联系的工场"，即分散的工场手工业。它的生产尽管是分散进行的，但有一位商人负责居中协调、联络和领导，"他提供原料，主持从纺到织，从缩绒、印染和整修直到完成最后一道工序，付清工资，最后把远程或短途贸易的利润留给自己"。在这种生产组织中，各种生产工序互为制约。分散的工场手工业在中世纪即已存在，如1350年左右佛罗伦萨的呢绒业，通常还被看成意大利资本主义的萌芽形态。第三类是"集中的制造厂"即集中的手工工场，其特点是劳动力集中在同一处场房之中，有利于各工序的协调、分工和监督，从而提高生产效率、改善质量。第四类是"拥有机器设备以及用水和蒸汽为动力的制造厂"，即马克思所称的"工厂"。它最大的特征是使用动力，这种工厂在16、17世纪的造船、采矿等行业就有存在，18世纪后期大量出现。这四类生产组织大致可按出现的先后顺序排列，但它们之间并非一定存在严格的前后相继关系。①

各种生产组织就其本质而言是一种合作关系。对于这种生产中的合作，19世纪中叶约翰·穆勒称之为简单合作，以与整个社会的合作即复杂合作相区分。穆勒认为简单合作是工业文明发端的重要条件。对于简单合作的优势，亚当·斯密特别注重与合作相伴的分工所带来的生产效率巨大提高。他把分工的好处归结为三点：第一，提高每个工人的灵活性；第二，节约更换活计时所损失的时间；第三，会产生节省劳动的机器。前两点是集中手工工场能够取代分散工场的原因，而第三点则是集中的手工工场能够过渡到工厂的原因。②

---

① 参见 [法] 费尔南·布罗代尔：《15 至 18 世纪的物质文明、经济和资本主义》，三联书店 1993 年版，第 311—316 页。

② 参见 [英] 约翰·穆勒：《政治经济学原理》，上卷，赵荣潜等译，商务印书馆 1991 年版，第 138—147 页。

15、16 世纪英格兰西部呢绒业中，其生产组织方式发生了革命性的变化，其包买商制度和集中手工工场在英格兰率先出现，也最为典型。

（一）西部毛纺业中的包买商制度

西部呢绒生产表现出了接近于工业革命的特征，尤其是生产组织方面，甚至可以说西部已发动了生产组织上的工业革命。张云鹤先生考察西部呢绒业生产组织时指出："英国呢布工业的资本主义生产关系产生于 14 世纪"，并以两种方式呈现出来，一种是分散的工场手工业，一种是集中的小型手工工场。分散的工场手工业包括两种类型，其中之一是商人直接支配生产。这种现象 14 世纪出现于西部诸郡，15 世纪时已非常普遍。这就是西部著名的包买商制度。反映集中的小型手工工场出现的较早的重要资料，是爱德华三世发给布里斯托尔市长和市政官的一份令状。这份令状提到布里斯托尔市民托马斯·布兰克特等市民在家里安装织机，雇佣织工。[①] 两种类型的生产组织在 14 世纪都已出现，标志着西部生产组织的大踏步迈进。其实，分散的工场手工业还可进一步细分为初级"家内制"和典型"家内制"。初级家内制指商人向纺织工赊卖原料和购买商品，盛行于约克郡西区；典型的"家内制"指由商人定期把羊毛发放给乡村居民纺织的制度，盛行于西部和东盎格利亚，以西部为最典型，这是英国呢绒业的主要生产组织形式。[②]

包买商是指"向小手工业者贷给或供给原材料以至工具，给予一定酬金或工钱，然后收取成品转向市场销售的商人，又称包买主"[③]。随着15、16世纪英国乡村人口迅速增加，出现了大量无地少地的农民，他们急需找到谋生的活计。另一方面城市中拥有资本的商人又急需廉价劳动力，乡村工业便发展起来了。在乡村工业产生的这种背景下，形成了包买商制度，在此之前，农民也从事某些手工业生产，尤其是纺织，但其目的是自用；流入市场的商品是城市行会手工业生产的。行会对于从业者的进入有着严格限制，设置

---

① 参见吴于廑主编：《十五十六世纪东西方历史初学集》，第140—141页。

② 参见刘景华：《城市转型与英国的勃兴》，第31—39页。

③ 《中国大百科全书·经济学卷》，第1卷，中国大百科全书出版社1988年版，第10页。

5～7年的学徒期，对手工业产品的质量设置严格的标准，也严格限制产量。这样的生产无论是在雇用劳动力、扩大生产规模等方面都是极不自由的。乡村工业发展，则超越了行会管辖，打破了上述限制。当然乡村工业也包括五金、纽扣、手套、钟表等，但以纺织业为主流。[①]

英国西部包买商制度的形成也有个过程。它首先是商人资本力量推动的结果。商人资本的趋利性推动了生产由城市向乡村流动。克伦本兹认为商人资本通过外放制调动了广大农村的无技术又无组织的劳动力。布里伯雷认为呢绒生产规模越大，越昂贵，对商业资本则越依赖，而独立生产者制造的呢布一定是小而轻又便宜。提出了原工业化理论的门德尔斯认为城市商人资本在支配农村生产的过程中转化为产业资本，商人演化为实业家。[②]

以上诸种看法都强调商人资本的作用，但霍尔德尼斯的观点大有不同，他既看到了土地资本对于乡村工业的推动，也看到了约曼农的作用，甚至认为约曼农起了最主要的作用，认为约曼农阶层通过婚姻、继承或财富积累逐步实现了由小生产者向作坊主的转变。[③]14、15世纪西部呢绒业的发展道路之一就是这样的。拥有小块土地的约曼农往往从事纺织以补充农耕收入的不足，所以可以说这里的纺织工就是约曼农。纺纱织布是一家一户的事情，但销售则不是分散进行，而是相邻的织工结成一组，组中织工轮流将呢绒运到伦敦等市场上销售，有时也负责羊毛的采购。年长日久比较具有销售才能的织工就逐渐固定地负责邻近几户织工的呢绒销售和羊毛采购，并从中获利。这些人逐渐被冠以呢绒制造商（clothier）的名称。但他首先仍旧是一个织工，其经济和社会地位与邻居并无多少差别。行情好时他们可能积聚财富，行情坏时则可能破产。大多数呢绒制造商没有奴仆或学徒，而约有1/20的织工却拥有学徒或帮工。呢绒商与织工间并不存在雇佣关系，而只是一种临时

---

① John P. McKay Bennett, D. Hill John Buckler, *A History of Western Society,* Vol. II, 5th edition, Chicago: Houghton Mifflin Company, 1995, pp.636-637.

② Michael Zell, "Credit in the Pre-Industrial English Woollen Industry", *The Economic History Review* , New Series, Vol. 49, No. 4 (Nov., 1996), pp. 667-691.

③ Michael Zell, "Credit in the Pre-Industrial English Woollen Industry".

合作；合作总是在变动之中，双方随时都可能更换另一方。一般而言双方的合作都限于邻近地区，即呢绒制造商提供给邻居羊毛，并从邻居那里收回呢绒。[①] 这种提供与收回不是通过钱货两清的交易实现的，而是通过赊贷方式。羊毛提供给织工邻居时，织工邻居不需要提供任何凭证或货币；织工邻居把织造的宽幅呢交给呢绒制造商时，呢绒制造商同样不需要提供任何凭证或以货币相交易。待宽幅呢售出后，呢绒制造商收回自己购买羊毛的成本和提取一部分交易利润，把余下的交给织工邻居。这样的组织方式也源于当时货币的匮乏，以及货币系统不完善所导致的风险，如铸币不足值等。这种不需要货币参与的组织方式主要依靠邻里间的信誉和中世纪传统共同体的制约。呢绒商和织工邻居间不需借助货币形成的交易，风险必然是双方共同承担。这种关系在本质上基于中世纪沿袭下来的村庄共同体习俗的合约关系，但在形式上已接近雇佣关系了。因为在这种生产循环中，提供资本的是呢绒制造商，资本是以信用形式而不是以货币形式出现的，提供劳力的是织工邻居，出售商品和负责利润分配的也是呢绒制造商，他们逐渐控制了市场，而使织工邻居处于一种提供劳力的地位。

呢绒制造商与织工邻居之间这种形式上接近于雇佣的关系，在15、16世纪时逐渐演进为在本质上向雇佣转化，呢绒制造商中的佼佼者逐渐脱离了纺织生产开始专心于呢布贸易，合约关系就完成了向雇佣的转变。由于这些呢绒制造商早期都是织工，熟悉生产，所以他们从最初亲自织布，转变为提供羊毛或纱线甚至工具给织工，然后收取成品运到伦敦等市场出售。而"织工邻居"则逐渐处于受雇佣的状态，尽管"工场"是在自己的家里，工作时间也由自己安排。包买商制度就这样在西部形成了。如格洛斯特的科茨沃兹乡村，15世纪时出现了许多呢绒制造商；威尔特郡卡斯尔库姆村，15世纪也土生土长了不少呢绒制造商。[②]

---

①   G. D. Ramsay, *The English Woolen Industry 1500-1750*, pp.23-24.
②   参见刘景华：《西欧中世纪城市新论》，第108页。

（二）城乡变化与包买商制度的变化

包买商制度在 15、16 世纪形成之际也在发生着巨大变化，这个变化与呢绒业城乡分布的变化相联系。14、15 世纪中世纪的城市还保持着强大的影响力，行会依然有活力，因此呢绒生产仍然集中在城市里。西部诸郡有大量的城市，并形成了一个较大的城市群，从而也构成了较大的城市经济圈，这里的重要城市有巴斯、布里斯托尔、萨利斯伯里等等。这一时期城市呢绒业向乡村的转移仅有少量的发生，呢绒业生产中心仍旧主要在城市里。如 14 世纪 90 年代，萨利斯伯里主导了威尔特郡的呢绒生产，该郡 89% 的呢布在这个城市盖章。1396～1397 年萨利斯伯里检验的呢布中几乎有 90% 与 1399～1400 年选区市民的名字是对应的。1421 年有关一次大规模抗议活动参与者的记录表明，萨利斯伯里 14 岁以上男性居民的 25% 直接从事呢绒生产。[1] 在其他地区，城镇也仍旧发挥着主导作用，"1399～1402 年时，多塞特郡的呢绒生产是被舍伯恩主导的，舍伯恩的产量占该郡呢绒产量的 87%；汉普郡是温切斯特主导的，温切斯特的产量占该郡总产量的 77%"[2]。

15、16 世纪西部涌现许多呢绒业城镇，它们多是以此前乡村呢绒业发展为基础的。如 13 世纪时已有染匠和织工来到斯特劳德河谷利用那里的水资源制造呢布。后来位于布里姆斯库姆的一个水磨被用作漂洗机，有 9 个人为了得到使用漂洗土的准许而付出租金。14 世纪后期，斯特劳德河谷的明钦汉普顿的漂洗土挖掘规模有很大提高。[3] 15 世纪中叶斯特劳德谷及其周围，工业活动开始扩张。土地价值上升，地租水涨船高。从比兹利幸存的少量法庭档案中可以看出，这一时期购买继承权趋势正在增长。漂洗机能够以丰厚价格转租出去。如朗福德一台今天仍旧著名的呢绒漂洗坊，被一个领主以 15 先令

---

①　J. N. Hare, "Growth and Recession in the Fifteenth-Century Economy: The Wiltshire Textile, Industry and the Countryside".

②　J. N. Hare, "Growth and Recession in the Fifteenth-Century Economy: The Wiltshire Textile, Industry and the Countryside".

③　E. M. Carus-Wilson, "Evidences of Industrial Growth on Some Fifteenth-Century Manors".

4 便士拥有，1450 年以 66 先令 8 便士的价格转租出去。① 亨利六世和爱德华四世时期，斯特劳德河谷的呢绒业显著增长，这可从染色用水和漂洗机用水量的增长反映出来。亨利七世初期，"斯特劳德河"作为一个贸易用语，在英格兰及欧洲大陆都十分知名，"斯特劳德红呢"天下无双。沿着大路到赛伦塞斯特再到伦敦的大路，原是用来运输明钦汉普顿牧场出产的羊毛和奶酪的，现在则运送起农民生产的呢绒，这些呢绒最终进入伦敦的布莱克威尔大厅。② 斯特劳德河谷的卡斯尔库姆村在 1334 年尚不构成一个征税单位，但随着呢绒业发展，14 世纪末这里已有两个小教堂。到 15 世纪，"卡斯尔库姆"优质呢绒已经在欧洲市场上闻名遐迩了。威尔特郡西部如黑茨伯里和沃明斯特，呢绒业向乡村地区的扩展在 1379 年就已存在了。③

萨默塞特郡和格洛斯特郡也如此。1395～1396 年的记录表明萨默塞特的城市呢绒业持续增长，同时城市呢绒业也在向乡村迅速扩展。巴斯、威尔斯和弗洛姆 3 座城市呢绒生产量总和占到该郡产量的 36.5%，还有另外几个已有很长时间的呢绒业生产城市。乡村呢绒业开始发展后，萨默塞特郡也出现许多类似斯特劳德河谷或卡斯尔库姆的地方，不过这时乡村工业只是城镇呢绒业的补充，处于次要地位，产量只占全郡的 10%。④ 14 世纪至 15 世纪初，包买商还住在城里，介入乡村发展纺织业的现象还不多见，传统城市依旧发挥主要作用。

从 15 世纪下半叶开始，随着乡村工业发展，英国一些旧有城市明显衰落，如约克、考文垂、莱斯特和林肯等，英国其他 50 多个主要城市都有类似经历，人口或减少或很少有增长，仅仅只有首都伦敦例外。⑤ 西部也存在同样情况。威尔特郡府索尔兹伯里在 1394 和 1395 年盖了检验印的呢绒

---

① E. M. Carus-Wilson, "Evidences of Industrial Growth on Some Fifteenth-Century Manors".

② E. M. Carus-Wilson, "Evidences of Industrial Growth on Some Fifteenth-Century Manors".

③ J. N. Hare, "Growth and Recession in the Fifteenth-Century Economy: The Wiltshire Textile, Industry and the Countryside".

④ J. N. Hare, "Growth and Recession in the Fifteenth-Century Economy: The Wiltshire Textile, Industry and the Countryside".

⑤ 刘景华:《西欧中世纪城市新论》，第 102—105 页。

占该郡的 89.4%，而 1467 年它与威尔顿盖检验章之总和才占到该郡产量的 22.7%；① 格洛斯特郡老城市温奇库姆 1523 年比 1334 年上缴的税要少。斯特劳德河谷村庄比兹利，1523 年上缴的税却是 1334 年的 13 倍；罗德博罗，1523 年上缴税收是 1334 年的 5 倍。1334 年，老城市赛伦赛斯特这个科茨沃兹区的首府，上缴的税是比兹利的 6 倍，1523 年比利兹上缴的税反多于赛伦赛斯特。1523 年比兹利这个毛纺村庄的 251 个纳税人中，却有 112 个是挣工资的人。② 比兹利这样的地方逐渐由村庄演变成了新兴城镇。这样的城镇 16、17 世纪时已在西部大量存在，以至于 18 世纪初笛福到西部考察时将这样的城镇视为"大城市"。他写道"德文郡充满着大城市，这些大城市又充满着居民，而这些居民又普遍地从事工商业"。但德文郡除了普利茅斯外没几个大城市，他说的多是因呢绒业而发展起来的新兴城镇或大村庄而已。③ 那些饶有资财的呢绒制造商逐渐脱离生产，居住到这些新兴城镇中，定期到乡村发送原料和收回成品，或者委托代理人办理此事。这样，包买商制度在 16 世纪的西部已极为盛行，一直到 18 世纪都是西部呢绒业生产的主要组织形式。④

（三）包买商制度与初级"家内制"的比较

包买商制度即是"通常所说的分散的工场手工业，这是乡村毛纺业的主要生产组织形式，流行英国各地"，也可称为"典型的家内制"。除西部外，同样盛行典型家内制的还有东盎格利亚，⑤ 但东盎格利亚的家内制出现较晚，盛行于 17 世纪，且在形式上没有在西部基础上突破。所以分析包买商制度往往以西部为例。与"典型家内制"相对应的是初级的"家内制"，它是指商人资本向独立的毛纺工人赊卖原料和购买产品，但不参与生产过程的形式。

---

① J. N. Hare, "Growth and Recession in the Fifteenth-Century Economy: The Wiltshire Textile, Industry and the Countryside". 作为一个城市，索尔兹伯里看起来并没有出现可估计的衰落，1525 年，它仍然是英格兰的第 5 大城市，在 1377 年它的排名仅是第 6 位。

② E. M. Carus-Wilson, "Evidences of Industrial Growth on Some Fifteenth-Century Manors."

③ 参见 [法] 保尔·芒图：《十八世纪产业革命》，第 36 页。

④ 参见刘景华：《走向重商时代——社会转折中的西欧商人与城市》，第 97 页。

⑤ G. D. Ramsay, *The English Woolen Industry 1500-1750*, pp.23-24.

这种生产组织的社会化程度要比典型的家内制低，毛纺织生产者的独立性更强，生产也更为分散。这种组织形式以约克郡西区最有代表性。

笛福在 1724 年对约克郡乡村毛纺业的描述，有助于对这种生产组织进行详尽研究。笛福描述，从黑石到哈利法克斯是山谷相间的地形，有充足的泉水和较多的小煤矿。为了利用煤和水力，人们把房屋建在了山上，村庄房舍之间鸡犬相闻，相距较近。每个房子旁边都有一个张布架，几乎每个张布架上都有呢绒，或一匹手织粗呢，或斜纹里子薄呢。放眼望去，二三英里内，从山顶到山脚，率皆如此。每个房屋都是一个小作坊，作坊依水而居，以渠槽或管道导水作为动力。人们挤在自家屋子里，男性户主忙于织布，孩子梳毛，妻子纺纱，没有一双手是闲着的，从四岁多点的小孩一直到耄耋之年的老人。房屋之外没有一个人晃动，看不到乞丐，也没有闲人。在村庄中还有涤毛坊和染坊，两者都是村民共用的。

由于各家各户需引水，以及染房和涤毛房要用水，山顶下来的泉水就被分作了多股。土地已被分成了许多小块圈地，每块地从两英亩到六七英亩不等。每三到四块这样的圈地，就有一所拥有这土地的房屋。这种土地的小块分布，以及住房的分散，是为了人们从事呢绒业的便利。每一个生产者都喂养一两头奶牛，种植养鸡需要的谷物。每一个呢绒商必须喂一匹马，也可能是两匹，为了他的生产而运送东西。马把羊毛和食品从市场上运到家里，把纺好的纱线运给织工；把呢绒布运到漂洗坊，把成品运到市场出售。笛福一路上发现了三个这样的山村，村庄中 1/5 的人以呢绒业为生。①

哈利法克斯的居民无论穷富都以畜牧业为主。农牧之外，当地人依靠纺织补充农业的不足，此地早在 14 世纪就有毛纺织活动，这与西部乡村毛纺业出现时间相仿，但直到 16、17 世纪才发展起来，17 世纪中叶这里人口的大部分都从事纺织业。最有代表性的产品是克瑟呢，质地较粗，是制作毛毯和外套之用的窄幅呢绒。制造克瑟呢的工具造价较低，如卢克·格林伍德拥有

---

① 以上是对笛福对于三个拥有家庭呢绒业村庄的描述的综合。D. B. Horn M. A. D. Litt and Mary Ransome M.A. (eds.), *English Historical Documents 1714-1783*, pp.448-450.

两台织机、几台纺车等设备，总价才 3 英镑 5 先令，基本上相当于当时 5 英担（stones）羊毛的价值。这大概是独立的小纺织户在约克郡西莱丁区占据主导地位的原因之一。[①]

总之，约克郡的初级家内制盛行的时间要比西部的典型家内制晚，在生产组织形态上又落后于前者。因此就分散的工场手工业而言，西部毛纺业的贡献具有开创性和典型性，是 17 世纪东盎格利亚和 18 世纪约克郡西莱丁区没有超越的。

（四）包买商制度的缺陷与集中工场出现

包买商制度推动了呢绒业在几个世纪内持续发展，但也存在一些弊端，由对弊端的克服催生了一种新的生产组织——集中的手工工场。弊端之一：一个家庭内纺工与织工的数量不匹配。发明于 15 世纪的飞轮纺车，虽然比中世纪的手纺车提高了速度，但纺纱仍旧是纺织过程中最慢的环节，需要 3～5 个纺工来为一个织工提供纱线。[②] 这样一个家庭人员就不能构成一个独立的生产单位，家里的女主人需要去找寡妇或未婚的成年女性来协助纺纱。这就有可能使这家户主逐步成为一个小有资本并有适当雇佣的生产者，从而由家内制逐渐演化为小的集中工场。弊端之二：生产分散且组织性不强，家内制生产时紧时松。织工每周六得到工资，然后休整 2～3 天。在周六交出布匹前，他们须拼命工作；如果完不成定额，包买商也无可奈何。行情好时，纺织工倾向于干活懒散，这自然让包买商失望；包买商也很难规定和限制布匹的质量。所以包买商也倾向于寻找一种更为合理的方式，解决这种无纪律、难组织的问题。于是，包买商利用自己掌握的市场优势，逐步尝试组织集中的生产。这是家内制生产向集中工场过渡的第二条道路。这一弊端是农耕经济的固有属性。在从包买商制度向集中工场转化的过程中，实业家们花费了大量精力使早期的工人遵守有节律的工作时间。弊端之三：家内制生产者和包买商之间经常互相猜忌，纷争不断。前者怀疑后者送来原料不

---

① ［美］约翰·斯梅尔：《中产阶级文化的起源》，第 19—26 页。

② ［英］查尔斯·辛格主编：《技术史》，第 3 卷，高亮华等译，上海科技教育出版社 2004 年版，第 114—115 页。

足量，后者则怀疑前者偷窃原料。双方还常就布匹的质量争得不可开交。这最终决定了生产者和包买商的分道扬镳。但两者所走的道路却汇合到一起，生产者与包买商彼此看到了对方的长处，最终都走向集中的手工工场，可谓异曲同工。①

英国呢绒业中，分散的工场手工业和集中的手工工场早在14世纪都已产生。15世纪，家内制在乡村工业中比较普遍，②但是集中工场在乡村工业中发展得稍晚。家内制和集中工场在乡村工业数世纪发展中长期并存，家内制由于上述弊端而有不断向后者转化的趋势。

集中的手工工场也以西部为最典型，关于这一点保尔·芒图做了精辟论述，认为手工工场建立之初可能仅仅是为应一时之需，然后才逐渐成为一种固定形式：16世纪时，一些有进取心的西部呢绒商，如著名的马尔梅斯伯雷的威廉·斯塔普，想要监督织工们（可能招收了新织工），把他们聚拢到一起做工，一些修院建筑便作了织布场所。"这样的试验很少而且很短命，当市场从狂热中恢复正常时，这样的工场也就解散了。"③也有些手工工场逐渐地固定下来。集中工场的例子莫过于16世纪初纽伯利城的约翰·温奇库姆的工场了，一首16世纪晚期的民谣这样唱颂他："一屋宽且长，织机器二百张。织工二百人，排列成长行……"④按歌谣的数字统计难免夸张，但说明16世纪晚期英国已有集中工场这种生产组织。这种工场"在16世纪前五十年中有了迅速发展"，曾使都铎王朝感到恐惧，它害怕这会危害传统的手工业组织，所以颁布令状规定从事呢绒业的人只能拥有一架呢绒织机，也不得将织机或安放织机的房屋出租，否则每周处以20先令的罚金。⑤伯克郡也是西部毛纺区的组成部分。这个典型案例出现在西部，应该是西部存在大量集中工场的

---

① John P. McKay Bennett, D. Hill John Buckler: *A History of Western Society*, Vol. II, 5th edition, pp.636-640.

② 参见张云鹤：《关于地理大发现以前英国资本主义关系产生的两个问题》，载吴于廑主编：《十五十六世纪东西方历史初学集》，第137—142页。

③ G. D. Ramsay, *The English Woolen Industry 1500-1750*, pp.23-24.

④ 朱寰主编：《世界上古中古史参考资料》，高等教育出版社1987年版，258页。这篇史料译自阿什利所著的《经济史》。

⑤ [法]保尔·芒图：《十八世纪产业革命》，第18页。

反映。1550 年前，西部诸郡的索尔兹伯里、伯福德（牛津郡，被认为是通向科次沃兹丘陵的南大门）、纽伯利、赛伦赛斯特、巴斯，均有类似的工场。[①]

总之，从分散的工场手工业和集中的手工工场两方面看，西部的呢绒业都达到了 15～18 世纪的最高水平，它在生产组织方面可谓发动了一场"工业革命"。尤其是集中工场，它离工业革命的工厂制实际上只有一步之遥，即未应用机器生产。

三　西部毛纺业生产组织革命的失败

西部毛纺业创造的分散工场手工业和集中手工工场，虽然被"原工业化"和工业革命早期所广泛运用，但在工业革命早期却是运用于棉纺业而非毛纺业。它没有导致毛纺业包括西部自身的毛纺业率先走向生产技术革命，因此西部毛纺业的生产组织革命，无论对毛纺业，还是对西部诸郡，都只能说是不成功的，其根本原因在于17、18 世纪英格兰毛纺业出现了不利于进一步变革的因素。

（一）羊毛供应难题与毛纺业技术革命的失败

1. 羊毛质量的变化及其影响

16 世纪之前，全欧洲最好的羊毛是英格兰羊毛，在英格兰又以科茨沃兹丘陵地带和林肯郡的羊毛为最好。在中世纪的英格兰，长羊毛的生产几乎可以忽略不计，英格兰大量出口的优质羊毛都是短羊毛，很少有劣质而粗糙的长羊毛。16 世纪以前的长短羊毛并无明确的区别，各类羊的羊毛长度相差不多。[②] 到了 16、17 世纪英国出现了大量长羊毛的生产，到 18 世纪长羊毛的出产已极为普遍。

羊毛的好坏受气候的影响、草地的影响，也受饲养方式的影响。羊得到的营养越多，它的个头就越大，羊毛就越长。在敞田制下农民难以提供充足

---

① 参见 [英] 查尔斯·辛格主编：《技术史》，第 3 卷，第 109 页。

② P. J. Bowden, "Wool Supply and the Woollen Industry".

的饲料，羊很难被很好地喂养。荒地和休耕地所提供的饲料也极为有限。所以羊的个头小、毛短。圈地运动开展后以及早期农业革命影响，圈地养羊使羊群得到了充足的饲料，[①] 正如领主厄恩利所说，"随着圈地运动的扩展，羊被更好地喂养，羊毛更长，更重，尽管羊毛的质量有所下降。"[②] 长羊毛和短羊毛品质的优劣从对两者的梳理上即可看出。对于短羊毛只需要粗梳即可，对于长羊毛却需要精梳，精梳的过程比粗梳要复杂很多，粗梳机早在 18 世纪四五十年代已基本实现了机械化，但是精梳机直到 19 世纪才实现机械化。[③] 从梳理工作的角度看短羊毛也明显优于长羊毛。因此在 16、17 世纪，优质短羊毛的供应在英格兰逐渐下降，粗糙的长羊毛供应逐步增多，[④] 这种现象到了 18 世纪已在英格兰具有普遍意义并产生了决定性影响。圈地运动对于羊毛质量和长度的影响在全英格兰各地表现得千差万别，但在那些草场宽阔丰美的地方，其影响最坏。这些地方主要集中在从西部的威尔特郡到东部的诺福克郡和北部的约克郡东区这一 V 形地带。在这一 V 形地带，敞田制持续的时间最长，在 16 世纪末仍然是主导性的农业体系。这一地带在中世纪生产大量的优质羊毛，虽然如此它仍然成了 15 世纪中叶以来圈地运动的中心，[⑤] 它逐渐产出越来越多的更长和更粗糙的羊毛。而且由于气候的变迁，原来丰美的草地也不如以前了，这样更使羊毛质量低劣。

羊毛的质量降低为当时的一些制造商察觉。1586 年，一个从密德兰获取大量羊毛的西部呢绒制造商抱怨道："英国羊毛的粗糙程度已经大大增加了"，约克郡西莱丁区的一个呢绒制造商也同样抱怨林肯郡的羊毛质量。羊毛质量下降还可从羊毛价格上看出来：从 14 世纪中期到 16 世纪末林肯郡和密德兰地区的羊毛价格呈下降趋势。随着这些地方的羊毛质量变差，另一些地方的羊毛就获得了更好的认可。例如汉普郡羊毛在中世纪质量一般，到

---

①　John P. McKay Bennett D. Hill John Buckler. *A History of Western Society,* Vol. II, pp. 627-630.

②　P. J. Bowden, "Wool Supply and the Woollen Industry".

③　参见 [英] 查尔斯·辛格主编:《技术史》，第 3 卷，第 110—112 页。

④　P. J. Bowden, "Wool Supply and the Woolen Industry".

⑤　参见徐浩:《农民经济的历史变迁》，第 182 页。17 世纪以前的早期圈地运动主要发生在英格兰中部 14 郡，规模较小，原因之一在于英国王室为保护自耕农对于圈地极力抑制。

17 世纪中叶则被认为是英格兰最好的羊毛之一。过去被蔑称的"康沃尔羊毛"，在 1582 年也被认为是极好的羊毛。英国羊毛在品质上与西班牙美利奴羊毛相比最终占了下风，英国呢绒的国际声誉也因此受损，出口量大减。①

美利奴羊是北非柏柏尔人 12 世纪下半叶带到西班牙的品种。13 世纪以美利奴羊为主的西班牙牧羊业得到了王室支持，从北部高地到南部平原都构成转场放牧带，并使全国的农业生产从属于牧业，牧业构成了西班牙经济的主体。美利奴羊毛质地优良、色白、卷曲，13 世纪中叶它甚至被英格兰所进口，但英国法令严禁美利奴羊毛与英格兰羊毛相掺杂，因为英格兰羊毛更柔软，品质更好。13 世纪时大量美利奴羊毛进入佛兰德尔，虽然数量有限，但已成为佛兰德尔第二大羊毛来源，此时佛兰德尔织工往往把美利奴羊毛与英格兰羊毛混合使用，这可能也说明了美利奴羊毛的品质在佛兰德尔人眼中确实逊于英格兰羊毛，这样的混合只是降低成本的商业策略。15 世纪时，随着英格兰羊毛出口减少，美利奴羊毛逐渐成为佛兰德尔等地的第一大羊毛来源。② 这时美利奴羊毛应该能与英格兰羊毛不相上下了。到 16 世纪时随着美利奴羊的改良，其羊毛品质已经胜过了英格兰羊毛，成了欧洲最好的商用羊毛。17 世纪后期，西部威尔特郡呢绒商乔治·旺森为西班牙羊毛所付的价钱是当时格洛斯特呢绒商所购英格兰羊毛的两倍。③ 此时欧洲的羊毛品质排行榜要重新排列了：最好的是西班牙的羊毛，其次是英格兰的，再次为法国朗格多可克和贝里的羊毛。④

羊毛质量下降的同时是其数量的迅速上升，据迪恩和科尔的估计，英国 1695 年的羊毛产量为 4,000 万磅，1741 年为 5,700 万磅，1805 年为 9,400 万磅。⑤ 英国羊毛质量下降数量上升的趋势对呢绒制造业产生了巨大影响。英格兰原以短羊毛为原料的宽幅呢加工衰落，而以长羊毛为原料的新呢绒却在

---

① 　P. J. Bowden, "Wool Supply and the Woollen Industry".

② 　Eileen Power, *Wool Trade in English Medieval History,* pp.13-15.

③ 　G. D. Ramsay, *The English Woolen Industry 1500-1750,* pp.23-24.

④ 　参见 [英] 查尔斯·辛格主编:《技术史》，第 3 卷，第 110 页。

⑤ 　徐浩:《农民经济的历史变迁》，第 269 页。

欧洲市场竞争中取得优势。[1] 宽幅呢生产有被法国、尼德兰等大陆国家打压的趋势，因为这些国家从西班牙获取了优质羊毛。[2] 英国则独占长羊毛的原料供应，以其成本优势和从尼德兰引进的生产技术在新呢绒工业中取得优势。[3] 由于新呢绒工业的发展，西部的呢绒生产中心地位在17世纪被东盎格利亚所取代。同样由于新呢绒工业的发展，17世纪末毛纺业生产中心又从东盎格利亚转移到约克郡西莱丁区。

一方面，英格兰在传统呢绒业的国际竞争中落败，传统呢绒业在18世纪转向了国内市场。英格兰传统呢绒业在欧洲市场的竞争失利主要是因为原料质量较差，英国使用的是劣质长羊毛，而法德等国是优质短羊毛。这种劣势不是通过羊毛加工工艺革新能够挽回的。另一方面，新呢绒工业的进步被羊毛供应的限制所阻碍，这种限制一直存在到新的羊毛生产地在欧洲和澳大利亚发现，[4] 不是通过羊毛加工技术革新就可以打破的。18世纪，圈地农场开始用块根植物来养羊，羊毛产量增加了，但质量却没有提高。那为何英国不恢复短羊毛生产呢？因为其一，同样面积的牧场，从一只长毛羊身上剪下的羊毛在四磅以上，从一只短毛羊身上剪下的羊毛则只有一磅，[5] 因此长羊毛产量要远高于短羊毛。其二，长羊毛加工的附加值可达羊毛价值的4~5倍，短羊毛加工的附加值只有2~3倍，[6] 这样，生产长羊毛更为有利可图。由此可见，传统呢绒业和新呢绒工业中的技术革新，因原料因素而缺乏足够动力。

---

[1] J. H. Clapham, "Industrial Organization in the Woollen and Worsted Industries of Yorkshire", *The Economic Journal,* Vol.16, No.64 (Dec.1906), pp.515-522. 在19世纪早期，绒线呢工业中使用的还都是长羊毛，短羊毛在19世纪40年代后才逐步进入绒线呢工业。

[2] P. J. Bowden, "Wool Supply and the Woollen Industry".

[3] 参见 [英] J.O. 林赛主编：《新编剑桥世界近代史（第7卷）：旧制度1717—1763》，中国社会科学院世界历史研究所组译，中国社会科学出版社1999年版，第43页。当时英国经济上最主要的竞争对手法国的呢绒业在整体上是次于英国的。

[4] Phyllis Deane, "The Output of the British Woolen Industry in the Eighteenth Century", *The Journal of Economic History,* Vol.17, No.2 (Jun.1957), pp.207-223.

[5] P. J. Bowden, "Wool Supply and the Woollen Industry".

[6] Phyllis Deane, "The Output of the British Woolen Industry in the Eighteenth Century".

2. 羊毛供应不足的原因及其影响

尽管长羊毛普遍增加了羊毛产量，但羊毛供应仍旧不能满足需求。"以动植物为原料来源的经济增长往往以损害未来为代价。16、17 世纪的英格兰就是一个典型案例，当它的工业原料以动植物为来源时，它面临着一种两难选择。"[1] 这时的英格兰，炼铁业和造船业的发展意味着大量木材砍伐。而林地扩大是有限的，因为荒地少，林地扩大就意味着耕地和草场缩小。所以国家制定了不少法律责成人们植树造林。早在 1482 年前，圈地养林已经成为一种习俗。六十年之后即 1543 年《森林法》通过，以应对木材的紧缺。这个法令适用于境内所有森林，并且具有强制性。法令规定被砍伐树的树龄、树身粗细等，以及围圈复林措施等，违者要处以罚金。如果 2 英亩以上荒地没有树木，应将其变为草场，还要处以罚金。1559 年通过法案禁止砍树制炭炼铁。[2] 1570 年出台法律要求增加圈地养林规模。16 世纪末开始，英格兰最重要的迪恩森林开始了人工造林。18 世纪 30 年代《旁观者》杂志甚至预言，不消几年，英格兰将不知如何筹措足够木材以满足建造舰队的需要。[3] 在这种情况下，对土地的争夺导致了 15～18 世纪经济发展的瓶颈。[4]

人口增长需要更多的耕地，呢绒业发展需要更多的草场，炼铁业和造船业发展需要更多的林地，这就导致了土地的紧缺。人们最终找到了解决问题的办法即用煤替代木材。而英格兰近地表煤层最为丰富，早在 4 世纪时就有很多地方开采过煤，6 至 13 世纪英格兰采煤似乎中断。14 世纪后采煤又重新进入人们视野，17 世纪早期煤开始广泛应用于生活与生产，尤其是制造玻璃、建材、染料、制糖、提炼食盐等工业部门。煤炭产量不断提高。在 1700

---

① 　E. A. Wrigley, "The Supply of Raw Materials in the Industrial Revolution", *The Economic History Review*, New Series, Vol.15, No.1, 1962, pp.1-16.

② 　John Nisbet, "The History of the Forest of Dean, in Gloucestershire", *English Historical Review*, Vol.21, No.83 (Jul,1906), pp.445-459.

③ 　参见［英］雅各布·范德林特：《货币万能》，王兆基译，商务印书馆 1997 年版，第 6、18、28、29 页。

④ 　E. A. Wrigley, "The Supply of Raw Materials in the Industrial Revolution", *Economic History Review*, New Series, Vol.15, No.1, 1962. ［英］雅各布·范德林特：《货币万能》，第 28、29 页。

年至 1760 年间，煤产量增长了一倍，从年产约 300 万吨增加到约 600 万吨。[①]
即使如此，这种替代规模也极为有限。就炼铁业而言，17 世纪初时英格兰人
已经用煤炼铁，但直到 1760 年整个英国也只有 17 个焦炭鼓风炉，1775 年增
加到 31 个，全国大部分炼铁生产仍以木炭为燃料。原因是用煤炼铁存在技术
难题，直至 1784 年科特发明搅拌炉熟铁冶炼工艺后才得到彻底解决。18 世
纪时木材尚且是炼铁的主要燃料，更何况 15～17 世纪呢？[②]

　　土地供应的紧张程度因为煤的使用得到了部分缓解。圈地运动在 18 世纪
又进一步扩大，羊只数量不断增加，当时人统计"17 世纪末英格兰和威尔士
有羊 1,100 万只，1741 年增至 1,600 万只，19 世纪初为 2,600 万只"[③]。羊毛的
供应也增加了。但若换个角度看，就会发现圈地本身就说明了羊毛供应的紧
缺。因此羊毛供应仍然存在一种天然的限制——有限的土地面积。17、18 世
纪的农业革命使农产量极大提高。17 世纪的一个农业劳动力已可提供 1.5 个
非农业劳动力的口粮，这为牧场的扩张提供了可能。这时流行的诺福克轮作
制，是一种四区轮作制，即分别种植苜蓿、小麦、萝卜和大麦，不让任何耕地
休闲。苜蓿和萝卜是用作牛羊饲料，可见羊毛生产的广泛性。17 世纪末，萝
卜已遍种于所有适合它生长的土地上。萝卜为牲畜提供了过冬饲料，有利于
提高羊毛产量。大田作物三叶草和萝卜这两项作物的普遍种植，被认为是英
国农业革命达到高潮的主要标志之一。由此也可看出，农业革命一定程度上
也是一场为呢绒业提供原料的革命，因为苜蓿、三叶草、萝卜都是羊的饲料。
而 17 世纪初英格兰南部已经普及了的草场漫灌技术也促进了畜牧业发展。[④]

　　英格兰的呢绒业蒸蒸日上，需要不断增加羊毛供给，这就要求更多的牧
场，于是圈地运动进一步发展。18 世纪末，从前以种植粮食而驰名的莱斯
特郡，几乎全部成为人工草地；德比郡的一半以上，柴郡的 3/4，兰开夏

①　[英] J.O. 林赛主编：《新编剑桥世界近代史（第 7 卷）：旧制度 1717—1763》，第 41 页。这些煤很
大一部分是供家庭使用的。

②　参见 [意] 卡洛·M. 奇波拉主编：《欧洲经济史》，第 4 卷上，商务印书馆 1989 年版，第 139 页。

③　徐浩：《农民经济的历史变迁》，第 269 页。

④　参见刘景华：《近代欧洲早期农业革命考察》，《史学集刊》2006 年第 2 期。

的 3/4 都是牧场。① 但人口大量增加要求一定的耕地数量，又限制了圈地规模。人口增长引起了 1765 年左右起谷物价格的高涨，耕地变牧场的进程就放慢了。据估计，1760～1820 年圈占土地 700 多万亩，占英格兰三个半世纪全部圈地面积的 85%，由此也可看出 1760 年前圈地规模其实很小；1760 年后所圈的地很多用作耕地。所以圈地养羊的牧场受到耕地的极大挤压。② 据阿瑟·杨等人的统计：1770 年英格兰和威尔士耕地与草地面积之比为 62%，1801～1827 年这一比例在 60%～70% 间，1836 年达 92%，1851 年为 103%，1854 年为 123%。总之是耕地面积在上升。③

草场面积是有限的，决定了羊的数量和羊毛产量也是有限的。而呢绒业不断发展需要更多的羊毛。于是在英格兰出现了这样的现象：一方面想通过圈地创造更多的牧场，以扩大羊毛产量；另一方面通过改良饲料使个体羊能产出更多羊毛。但这种增长是有极限的，因为前者受土地数量制约，后者受羊的生理特征制约。羊毛不能像木材那样找到一种无机物来替代，这就出现了羊毛供应的相对紧张。④ 18 世纪的羊毛走私现象表明，当时羊毛作为一种工业原料不但在英国而且在西欧范围内都是紧缺的。诚然走私并不意味着紧缺，但看到从英格兰走私到法国的羊毛售价是羊毛商售给本地呢绒制造商的两倍，就不会怀疑这意味着羊毛的紧缺。这种走私是因为英国限制羊毛出口的，这种限制本身就说明了英国对于羊毛的重视或说明羊毛供应相对紧张。与这种走私贸易相伴随的是法国织工劳动力的廉价，即使法国的羊毛成本是英国的两倍，法国呢绒制造商也依旧有利可图。⑤ 这反映出英国劳动力成本的高昂。这一时期，英国物价普遍上涨和工人阶层生活成本提高，当然也需工资提高。呢绒业经营成本增加，削弱了竞争力。当然，若将上述三者即羊毛价格、加工成本、技术作一个整体考虑的话，"法国的毛织品在整体上还是要次于英国"⑥。

---

① ［法］保尔·芒图：《十八世纪产业革命》，第 136 页。

② 参见［法］保尔·芒图：《十八世纪产业革命》，第 136 页。

③ 徐浩：《农民经济的历史变迁》，第 160、182、183 页。

④ J. H. Clapham, "Industrial Organization in the Woollen and Worsted Industries of Yorkshire".

⑤ 参见［英］雅各布·范德林特：《货币万能》，第 49—53 页。

⑥ ［英］J.O. 林赛主编：《新编剑桥世界近代史（第 7 卷）——旧制度 1713—1763》，第 41 页。

在羊毛供应紧缺的 16～18 世纪，英国呢绒业已发展得非常成熟，生产能力很足，所以不存在羊毛积压而是出现了无毛可纺现象。[①] 呢绒工人大量失业也说明了这一点。[②] 呢绒业本身出现了产能的相对过剩，所以就不会有改进技术、使用机器以提高生产效率的刺激了。[③] 正如菲利斯·迪恩所认为，"很可能呢绒业的进步被原料供应的限制所阻碍，这种限制一直存在到新资源在欧洲和澳大利亚的发现。"原料缺乏对于工业革命的限制也可以在荷兰找到例证。荷兰在交通、财富、知识、技术、海军、富有技能的农场主等方面甚至都要比英国好，但由于它缺乏资源，所以只能致力于金融而不是生产，故而没有率先发生工业革命。[④]

这一时期呢绒业的扩张主要是在家内制作坊进行的。哪怕是约克郡西莱丁区这个最先进的呢绒业之乡，直到 18 世纪末时工业革命都几乎没有开始。[⑤] 18 世纪最后三十年东盎格利亚呢绒业衰落了。约克郡绒线呢工业的原料短缺随着 1845～1855 年布拉福德建立南美羊驼毛和安哥拉山羊毛纺纱公司而缓解，呢绒业工业革命也大约在此后才正式开始。[⑥]

（二）西部毛纺业的衰落

1697 年，51 个呢绒制作者携家带口离开了西部小城陶顿及邻近，远迁爱尔兰定居，这只是众多离开者中的一部分。离开的原因正是该地呢绒业的衰落。而这个过程可能溯之于更早，往后持续的时间也很长。1763 年，国王对全国征收苹果酒税，这引起了一些人反对，其中约瑟夫·马西在 1764 年议会辩论时阐述了苹果酒税对西部会造成严重影响，因为这时西部已不富有了，呢绒业生产中心早转移了。西部余下的人许多陷入了贫困之中。而就整个英格兰而言，1764 年的呢绒出口量是"光荣革命"时的 3 倍，产量增长主要来

---

① 张卫良:《英国社会的商业化历史进程 1500—1750》，第 62、63 页。

② James R. Jacob, George Bock, Marvinperry, Myrnachase, *Western Civilization: Idea, Politics & Society from the 1400s,* fourth edition, Houghton Mifflin Company, 1992, pp.492-493.

③ Phyllis Deane, "The Output of the British Woolen Industry in the Eighteenth Century".

④ James R. Jacob, George Bock, Marvinperry, Myrnachase, *Western Civilization: Ideas, Politics & Society from the 1400s,* p.483.

⑤ Phyllis Deane, "The Output of the British Woolen Industry in the Eighteenth Century".

⑥ J. H. Clapham, "Industrial Organization in the Woollen and Worsted Industries of Yorkshire".

自东盎格利亚和约克郡西莱丁区呢绒业的贡献。据他估计，那时约克郡西莱丁区的呢绒制造量是三十年前的 4 倍。下面来自西莱丁区呢绒生产登记册的数据也许能够印证约瑟夫的结论。

表 15-1　1726～1750 年西莱丁区呢绒生产数量

年份	匹数	年份	匹数
1726	26,671	1741	46,363
1731	33,563	1744	54,627
1736	38,899	1747	62,480
1737	42,256	1750	60,964

约克郡西区所生产一匹呢布的长度，1750 年（70 码）比 1733～1734 年（30～40 码）增加了 1 倍左右，这也意味着该区呢绒的实际产量比匹数的统计数据又要多出 1 倍。[①]

西部呢绒业生产之所以在 17～18 世纪出现衰落，主要是竞争不过先是东盎格利亚后是西莱丁区的新呢绒生产，这样呢绒业生产中心在 16、17 世纪转移到东盎格利亚，18 世纪又转移到约克郡。1787 年第一个新呢绒纱厂在约克郡建立，1820 年新呢绒家内制生产在约克郡基本消失。[②] 西部呢绒业在 17 世纪有所衰落，到 18 世纪进一步衰落，大量纺织工失业后，被迫迁徙到东部或成为流浪人口。新呢绒的出现导致了三个结果。第一是有利于小生产者，它实际上阻碍了生产组织的集中进程。因为新呢绒操作工序简单方便，大规模生产比小生产者不存在什么效率优势。第二是新呢绒只需要劣质的羊毛就行。第三，新呢绒售价便宜，是一种大众消费品，易于开创大众消费市场。而西部以生产宽幅呢绒擅长，它定位的是高档市场，要实现向新呢绒的转型，面临着各种桎梏，例如市场不同，传统势力压制等。还有一个重要原因是，新呢绒技术是 16 世纪时佛兰德尔人传播的。这些移民大都到了东部和北部，很少到西部，这样新呢绒在西部就难以传播了。

[①]　J. Massie, *Observations on the New Cyder-Tax (1764)*, 转引自 D. B. Horn and Mary Ransome (eds.), *English Historical Documents 1714-1783,* pp.453-454。

[②]　J. H. Clapham, "Industrial Organization in the Woollen and Worsted Industries of Yorkshire"。

新呢绒出现以前，西欧国际贸易中并不存在轻薄、便宜、粗糙的毛织品。农民生产的产品只是国内纺、国内织，只与边缘市场相联系，与进入主要市场的毛织品在质量和种类上是不同的。进入国际贸易的英格兰呢绒是宽幅呢绒，以西部诸郡的产量最大，质量最好。宽幅呢绒对于羊毛的质量要求较高，而英格兰最好的羊毛正是出产于西部的科茨沃兹丘陵地区。西部发展宽幅呢绒的另一个有利条件是水力资源丰富，尤其以斯特劳德河谷。

新呢绒最早出现于佛兰德尔，产生的原因主要是英国 14 世纪以来限制羊毛出口导致佛兰德尔呢绒业原料的紧蹙，最终迫使佛兰德尔不得不使用本地的劣质羊毛，同时又要保证产品受欢迎，这样便产生了新呢绒技术。新呢绒技术随着佛兰德尔移民而传播到英格兰东部。在中世纪后期的英国呢绒出口中，宽幅呢绒为主打产品，它由较短的羊毛作原料，结实、耐用。[1] 而新呢绒与宽幅呢则有较大区别。新呢绒技术的前身是绒线呢（worsted）技术，在英国有着悠久历史，15 世纪时曾被宽幅呢的亮光所遮掩。然而在南欧的意大利，绒线被大量用作经线，这种技术最终在佛兰德尔演变为新呢绒技术并传播到英国。绒线呢尽管不易漂洗，但更适合较温暖的地区——新呢绒也具有这种特征。在法语或英语中有一些以 "stame" 作词根的名字，很明显意味着纯精纺呢。如 Stammets 是英格兰典型的新呢绒的名字。[2]

17 世纪形成了更轻、更多彩和不那么耐用的织品时尚。时尚流行使固守传统的人纷纷购买新呢绒，传统呢绒的盛誉一去不复返。虽然旧呢绒并未消失，宽幅呢仍在制造，但传统的呢绒生产结构已经被新呢绒改变，那种毛织品和绒线品，毛、麻、丝的旧分类被打破，混合织物更为普遍。到 17 世纪末印度棉制品进口，织物变得更轻、更薄、更多彩。[3]

新呢绒的出现最终导致了宽幅呢被取代和西部呢绒业的衰落。这可以 16～18 世纪英国毛织品出口的变化为印证。据估算，16 世纪 30 年代，4/5 以上的英国呢绒出口到中欧和北欧市场，17 世纪早期达到 9/10，1640 年

---

①   D. C. Coleman, "An Innovation and Its Diffusion: The 'New Draperies'".

②   D. C. Coleman, "An Innovation and Its Diffusion: The 'New Draperies'".

③   D. C. Coleman, "An Innovation and Its Diffusion: The 'New Draperies'".

则降为 2/3，1700 年只有一半。1700～1750 年英国出口到西欧西部和北部[①]的毛纺织品的实际价值减少了，而出口到南欧的毛纺织品上升了 60% 多。中欧和北欧气温较低，所以传统的厚厚的宽幅呢更受欢迎。而南欧气温较高，长羊毛织就的轻而薄的呢绒更有市场。[②]

西部呢绒业虽然衰落了，但它在某种意义上促进了棉纺织业发展，为工业革命的发生充当了先锋，这种促进尤其体现为生产组织上对棉纺织业的孕育作用。

（三）毛纺业在生产组织上对棉纺业的孕育

西部呢绒业的生产组织孕育了棉纺织业。棉纺织业在工业革命中的重要性是其他行业所无法比拟的。保尔·芒图称棉纺织业是"近代大工业最先的和典范的工业"[③]。吴于廑先生也认同芒图的论断：诚如法国学者芒图所说，"最早引发工业革命的棉纺织业，毕竟是'机械装置在十足意义上的第一个事例'，是'近代大工业的最先的和典范的工业'。"[④]

从棉纺织业引入英国到 18 世纪后期棉纺织业出现革命性变化，时间只有二百年左右。棉在 15 世纪左右传入英国。欧洲大部分地区气候不适宜种棉花；惟有受地中海气候控制的南欧才可少许种植，质量也属下乘。所以棉织在英国农家经济中没有丝毫地位。[⑤] 欧洲棉纺织业发展主要是在新航路开辟的背景下印度棉纺织业的冲击造成的。棉纺织在 16 世纪末由尼德兰移民从佛兰德尔引入英国，[⑥] 1585 年安特卫普陷落后，有两名织工将棉织技术带到了曼彻斯特。这就是英国棉纺织工业的最早起源。最初清楚地提到棉纺织业的文件，始于 1610 年。[⑦] 1613 年在专利登记表中出现棉织产品。[⑧] 17 世纪英国直接引进了印度的棉纺织技术，故而印度的棉纺织业是英国棉纺织业的直

---

① 　原文为"西欧和北欧"。此"西欧"应指西欧西部。

② 　参见张卫良：《英国社会的商业化历史进程 1500—1750》，第 74—75 页。

③ 　[法] 保尔·芒图：《十八世纪产业革命》，第 147 页。

④ 　吴于廑：《历史上农耕世界对工业世界的孕育》，《世界历史》1987 年第 2 期。

⑤ 　参见吴于廑：《世界历史上的农本与重商》，《十五十六世纪东西方历史初学集》，第 9 页。

⑥ 　William H. Price, "On the Beginning of the Cotton Industry in England", *The Quarterly Journal of Economics,* Vol.20, No.4 (Aug.1906), pp.608-613.

⑦ 　参见 [法] 保尔·芒图：《十八世纪产业革命》，第 153、154 页。

⑧ 　参见吴于廑：《历史上农耕世界对工业世界的孕育》。

接导师。① 仅有些微棉纺业基础的英国最终超越了老师印度，一个外来的产业竟然率先发生了工业革命，而且是在英格兰落后的西北地区，个中原因长期成为学界探讨的热点。有人从纺织技术角度，探讨棉花与羊毛质地的异同；有的从经济社会角度做探讨；有的则对两者作综合研究。吴于廑先生认为棉纺织业在英国的发展得益于呢绒业的孕育。印度的棉纺织技术到了英格兰后就与本地原有的毛、麻、丝纺织业相结合，从而实现了棉纺织业的英格兰本土化。"cotton"一词的变化说明呢绒业对于棉纺织业的孕育，"cotton"的原意是"粗毛织品"，后来才具有"棉织品"的意思。吴于廑先生曾提出呢绒业在生产技术、商品市场、生产组织、生产环境四个方面孕育了棉纺织业。② 本节在吴先生预设好的框架下，着重从生产组织角度论述呢绒业对于棉纺织业的孕育。

棉纺织业进入英格兰时，恰逢英国乡村毛纺业繁荣发展，发展中又蕴含着生产组织转变的局面。在这样的背景下，棉纺织业一方面模仿呢绒业的组织形式，另一方面则不断发展这种组织，推动分散的工场手工业向集中手工工场的转变，继而推动集中手工工场向工厂转变。1640年，兰开夏的棉纺织业已小有规模。③ 18世纪40年代时，兰开夏普遍出现了作为商人工厂主的企业家。他们买进麻纱和原棉，将其分给织工们。然后织工雇佣纺工，纺工雇佣梳理工人和粗纺工人，依次完成梳理、粗纺和纺的工序。织物一经织好，便交给棉布老板以卖给真正的商人。在此过程中，纺的工作分散在乡间，而织的工作则集中于某一地区，典型的就是曼彻斯特。④ 棉纺织业发展到这一阶段，织已经完成了分散工场手工业向集中工场的转变，但纺依然停留在分散的工场手工业阶段。这种生产模式在西部呢绒业中出现得更早，但不普遍，在兰开夏和约克郡的呢绒业中还很少见，而在棉纺织业中则具有了普遍意义。就这一点而言，棉纺织业已把纺织业中的生产组织推进了一步。

---

① Audrey W. Douglas, "Cotton Textiles in England: the East India Company's Attempt to Exploit Developments in Fashion 1660-1721", *The Journal of British Studies,* Vol.8, No.2 (May, 1969), pp.28-43.

② 参见吴于廑：《历史上农耕世界对工业世界的孕育》。

③ 参见 [法] 保尔·芒图：《十八世纪产业革命》，第 154 页。

④ 参见 [法] 保尔·芒图：《十八世纪产业革命》，第 159 页。

1764 年哈格里夫斯发明珍妮纺纱机，实现了用多个纺锤纺纱。1769 年阿克赖特注册了水力纺纱机，使集中纺纱成为可能，启动了纺纱从家庭向工厂的转移。[①] 1770 年，阿瑟·杨描述了曼彻斯特的棉纺业生产状况。[②] 曼彻斯特的棉纺织品可以分作 4 种：粗斜纹布、格子布、帽子、精纺小件织品。粗斜纹布有 13 类产品，格子布有 9 类产品。生产这 4 种商品的都是工厂，雇佣大量的男工、女工、童工，由工厂主负责一切。所有的人都有经常性工作，雇用是固定的，笛福曾在约克郡见到的家庭生产单位在这里找不到了。这些工人根据工种不同而得到高低不等的工资。很多工种中男女同工同酬，例如粗斜纹布 13 类产品中有 4 类是男女同工同酬。有些工种由女工和童工来做，也有些工种是男工和童工来做。笛福曾见到的男女儿童依据性别和年龄的分工在这里也看不到了。笛福时代的包买商和家内制生产单位在这里合二为一，前者转化为工厂主，后者主要转化为雇佣工人。对比 1724 年笛福所见到的约克郡呢绒业与 1770 年阿瑟·杨所观察的兰开夏棉纺织业，就会发现它们已是两个不同的世界了。到这时，棉纺织业基本上完成了从分散的手工工场向机器大工厂的转变。18 世纪后期这种转变随着技术变革和机械改良而渐次加快。1779 年塞缪尔·克拉普顿结合珍妮机和水力机的长处发明了"骡机"，再次提高了生产效率。阿克赖特又申请到了梳棉机、曲柄梳棉机、进料机、粗纺机的专利，[③] 纺纱的准备工序也实现了机械化。这些技术发明加快了从手工工场向工厂的过渡。1785 年卡特赖特发明了以蒸汽作动力的动力织布机。1840 年左右手织机已处于被淘汰状态，1860 年时，手织机几乎绝迹。[④] 1783 年，詹姆斯·奥克顿描述了曼彻斯特的棉纺织业工厂中使用机器的情况。[⑤] 1786 年一个工厂主在信中写道：我认为伟大的革命将要发生在兰开夏的棉纱

[①]　James R. Farr (ed.), *World Ears Vol.9: Industrial Revolution in Europe, 1750-1914,* Detroit: Gale Research Inc, 2002, p.124.

[②]　D. B. Horn (ed.), *English Historical Documents 1714-1783,* pp.461-465.

[③]　参见 [法] 保尔·芒图：《十八世纪产业革命》，第 183 页。其实，梳棉机的发明者是丹尼尔·伯恩，曲柄梳棉机的发明者是哈格里夫斯，进料机的发明者是约翰·利斯，粗纺机的发明者是海斯。

[④]　参见钱乘旦、许洁明：《英国通史》，上海社会科学院出版社 2003 年版，第 216 页。

[⑤]　D. B. Horn (ed.), *English Historical Documents 1714 -1783,* pp.465-467.

工厂中。1790 年走锭精纺机广泛使用，新拉马克工厂的经理威廉·凯勒在这一年宣称首次使用水力驱动走锭精纺机，拉德克里夫说这种走锭精纺机既可以纺纬纱，也可以纺经纱，动力机械使工厂制得到巩固。[1] 而在呢绒业中，以前的两种工业组织形式仍然有极强的生命力。呢绒业中的纺纱工厂 1783 年才出现，也是阿克莱特在兰开斯特附近建立的，四年后他在约克郡建立了一个更大的工厂，主要对长羊毛进行精纺加工。1835 年一种更便利的原用于麻织业的打麻机经改造后用于精梳羊毛。用于纺毛纱的翼锭纺纱机到 1850 年才在英格兰得到使用，到 1870 年时还不普遍。梳理羊毛的精梳机虽在 1792 年被卡特莱特发明出来，但使用并不方便，到 1827 年改进后才逐渐大量使用。即便如此，即使到 1850 年手工精梳还占据主导地位。[2] 就生产组织而言，直到 1820 年新呢绒产业中的家内制纺纱业才在约克郡基本消失。[3]

在英国西部呢绒业生产组织的演变中，存在着资源、就业、利润、技术、组织、效率之间的微妙平衡。这种平衡又出现在由农本而重商的大背景之中。对于农耕经济的特点，俄国恰巴诺夫学派认为农耕经济不以获利为生产目标，不追求效率，不计算单位劳动的收益，其生产遵循劳动–消费均衡模式即包括农业、家庭手工业、商业在内的"家庭经济活动量"与家庭消费量达到均衡状态，其目的在于延续基本的人与物的再生产。[4] 亚当·斯密也分析了工商业经济追求分工、效率和利润的特点。吴于廑先生强调指出：农耕经济是谋食的经济，工商业经济是谋利的经济，从农耕经济向工商业经济的转化是通过耕织结合的农耕经济中织的一面实现的。[5] 但在向工商业文明的过渡呢绒业遇到了资源的禁锢，羊毛、土地、木材、粮食四大资源的紧缺，遏制了呢绒业由谋生经济向谋利经济的转变。15～18 世纪，呢绒业整体上依旧是谋

---

[1]　George Unwin, "The Transition to the Factory System (continued)", *The English Historical Review*, Vol.37, No.147 (Jul.,1922), pp.383-397.

[2]　参见 [英] 查尔斯·辛格主编：《技术史》，第 4 卷，辛元欧等译，上海科技教育出版社 2004 年版，第 202、203 页。

[3]　J. H. Clapham, "Industrial Organization in the Woollen and Worsted Industries of Yorkshire".

[4]　参见徐浩：《农民经济的历史变迁》，第 5—9 页。

[5]　参见吴于廑：《世界历史上的农本与重商》。

生手段，是农耕经济的补充，所以往往分布于畜牧业区或人口稠密的农耕区。但呢绒业毕竟在迈向工商业的征途中走了一大半路程。西部呢绒业在生产组织上几乎完成了工业革命，除了"机器"之外，它一切都已具备。

西部呢绒业在工业革命门口戛然而止，固然是因为东盎格利亚和约克郡西莱丁区的竞争，是由于长羊毛和新呢绒的出现，但这一切的背后是农耕经济巨大的谋食动力。东盎格利亚和约克郡的小自耕农，他们一家一户的纺织终于利用长羊毛、新呢绒，利用了极大提高小生产者效率的纺织机的改良，打败了西部很多的手工工场，使它们停止了向"工厂"的过渡。而羊毛、土地、木材、粮食的紧缺耗尽了呢绒业前进的动力，呢绒业是个负载了太多责任的巨大系统，它承载着英国一半以上的经济收入和众多人口的就业与谋生。这个英格兰的民族工业，如果出现了"工厂"这样的高效率组织，那么它的后果一定甚于所得。圈地运动的"羊吃人"只是一个序幕，它剥夺了小自耕农们赖以生存的手段；工业革命出现的"机器吃人"惨象更可怕，它一定给了马克思以深刻的印象和震撼。所以都铎王朝抑制工场的措施，自耕农们破坏机械的行为，不应该仅仅被作为一种维护落后生产力的现象遭到批判，因为附着于农耕经济的呢绒业还背负着沉重的"谋食"责任。呢绒业没有完成也不可能完成的任务，只能留待一个具有充足资源保证和谋利动力的小产业系统即棉纺织业了。

（四）18 世纪后西部诸郡的落后

18 世纪后，西部毛纺业衰落了。这里既没有形成新的工业活力，没有出现新的重要工业部门，也没有像东盎格利亚那样在农业革命中领风气之先，很快转变为商品化农业基地；而是长久陷于发展迟滞的状态，下落为英格兰经济最不发达地区之一。在英国工业革命中，西部基本上是悄无声息，未在技术进步和工业领域有所作为。伴随经济变化的是政治版图变化。1832 年议会改革时，西部很少有城市增加议员名额，反倒是被减少议员名额的腐败选区最多。[①] 像埃克塞特这样的著名西部城市，在 1799 年就被人认为是"又老又臭"[②]！

---

① 参见 [英] 马丁·吉尔伯特：《英国历史地图》，第 84 页。

② Asa Briggs, *Victorian Cities, A Brilliant and Absorbing History of Their Development*, p.361.

有学者曾对 14～19 世纪英格兰各郡的地均财富（即单位面积所拥有的财富）变化进行排名（表 15-2）。[1] 15、16 世纪西部毛纺业最发达时，其 5 郡中有 4 郡处在前 20 位，毛纺业最发达的威尔特郡高踞第 7 位。到 19 世纪时，5 郡只有两郡还在前 20 位之列，威尔特竟下降到第 32 位，掉进落后郡行列；多塞特郡下降幅度更大，排第 36 位，属于最落后的郡。部分辖区曾属西部毛纺区的牛津、伯克、汉普 3 郡，19 世纪排名都比 15、16 世纪下降了 10 位以上。

表 15-2 14 至 19 世纪英格兰西部各郡地均财富水平排名变化

郡／年份	1332	1453	1503	1636	1660	1693	1803	1843
萨默塞特郡	23	15	16	9	10	13	4	8
格洛斯特郡	8	14	12	20	23	21	10	11
威尔特郡	12	7	7	12	22	20	22	32
多塞特郡	21	21	20	13	21	23	30	36
德文郡	34	32	33	28	25	26	28	24
牛津郡	2	2	2	17	16	8	14	15
伯克郡	7	4	4	6	14	6	19	18
汉普郡	24	22	25	26	24	25	29	33

即使到现代，西部也是英格兰经济最落后的地区之一。2004 年，西南部（前述 5 郡再加康沃尔郡）作为英格兰 9 个经济区之一，面积最大（23,837 平方公里），人口密度最低（208 人／平方公里），为全英格兰平均密度（383 人／平方公里）的 54.3%。人均 GDP 指数较低：若全英格兰为 100，西南区则为 89，仅高于东北区的 76.1 和约克郡的 86.2。[2] 地均财富指数若以全英格兰为 100，西南区只有 48.3，为全英格兰最低，只及西北区（113.1）和东南区（122.8）的四成上下，比东北区（57.8）和约克郡（72.9）都低很多。

---

① E. J. Buckatzsch, "The Geographical Distribution of Wealth in England, 1086-1843: An Experimental Study of Certain Tax Assessments".

② Irene Hardill, *The Rise of the English Regions? Regions and Cities*, pp.105-106.

地均财富低更易凸显外观上的落后。而且，人口密度低也是因其落后而导致大量人员外迁的结果。

西部的落后，横向上是相对于英国其他地区而言，纵向上是相对于15、16世纪它曾因毛纺业兴旺而在全国处于富裕行列而言。曾经的"原工业化"先锋地区，没有率先走向工业化，反倒退为"去工业化"（deindustrialization），也没有带动本地区继续走向经济发展新阶段。从这个例子，我们不得不对所谓"原工业化"持谨慎态度。从本章论述至少可得出这样几点认识：其一，乡村毛纺业一般由包买商所控制，而商人主要依靠市场交易来获取商业利润，因而对于技术革新兴趣不大，难以推进生产向机器化发展；其二，乡村毛纺业多以农民家庭作为生产单位，其技术水平基本停留在家庭手工业阶段，集中工场也只是将各种工序集中、减少生产环节之间的交接手续而已，并未形成新的技术优势；其三，乡村毛纺业及相关行业的就业人员众多，技术革新易使大量工人失业，因此走向工厂化面临的社会阻力大；其四，毛纺业原料产于本国土地，而土地是有限的，因此大规模生产受羊毛供应局限，不像棉纺业原料棉花那样可从西印度和北美种植园大量引进。当 1845 年布拉德福公司引进南美羊驼毛和安哥拉山羊毛，能够缓解绒线呢工业原料短缺时，毛纺业技术革命才正式开始。[1] 而这时英国工业革命已历经一个世纪了。

---

[1]　J. H. Clapham, "Industrial Organization in the Woollen and Worsted Industries of Yorkshire".

第十六章
埃克塞特：一个传统型港口贸易城市

埃克塞特的历史源于罗马不列颠时期，那时的埃克塞特称作"Isca Dumnoniorum"，是作为英国西南地区行政中心而存在的。对埃克塞特有文字记载的最早史书是《盎格鲁-撒克逊编年史》。诺曼征服后，埃克塞特的行政中心地位更加稳固，而且随着地区贸易发展和埃克塞特大教堂建立，它又成为英国西南地区的经济中心和宗教中心。12世纪，这里出现了一周三次的市场，13世纪市场规模扩大、周期性集市出现，地方贸易和地区贸易兴起，其经济辐射范围扩至邻近的康沃尔及西萨默塞特地区，成为英格兰西南第一大城市。

15世纪起，埃克塞特的地区贸易更加繁荣，海外贸易也呈欣欣向荣之势。这是该城及所在地区经济发展推动的结果。虽然德文郡中部被花岗岩覆盖，但其东部、北部却是重要的粮食产地和羊毛产地，而且，腹地农业经济的发达，以及农牧业转换的特殊经济结构，使得埃克塞特成为英格兰重要的粮食交易中心和呢绒产地，其产品不仅在地方市场流通，而且还大量出口到法国、尼德兰等地。呢绒生产和呢绒贸易是埃克塞特经济的支柱产业。作为英格兰西南部港口，埃克塞特也是重要的进出口贸易中转站，法国的葡萄酒、染料、奢侈品等在这里上岸并转运到英格兰各地。16、17世纪初，埃克塞特成为英格兰最大最富有的城市之一，其财富和人口在地方城镇中位居第四。埃克塞特的出口贸易额位居地方港口第三。埃克塞特的商人冒险家在海外贸易中与伦敦商人角逐，足迹甚至伸至美洲。然而，工业革命带来蒸汽动力革命，埃克塞特远离煤炭产区，传统的港口优势不再凸显，其经济地位从而逐渐下落。埃克塞特正是传统型港口贸易城市演变的一个缩影，折射了英国经济发展的总体趋势。

一　诺曼征服后埃克塞特的发展

埃克塞特是德文郡一座美丽的港口城市，英国西南部重要的行政中心、宗教中心和经济中心。它处在埃克斯河的河口位置，南面是狭长的英吉利海峡；西面是为花岗岩所覆盖的广袤的达特穆尔地区；东面和北面是德文郡重要的粮食产地。这座港口城市是英国西南部地区的贸易枢纽之一，在工业革命以前英国对外贸易中有着重要地位。

（一）埃克塞特的早期历史

关于埃克塞特的早期历史，现代人了解和掌握的资料很少。目前有据可查的埃克塞特历史可追溯到罗马不列颠时期。公元 1 世纪中期，为了牢固控制不列颠西南部，罗马军团在埃克斯河畔建立了军事堡垒。罗马人的到来真正赋予埃克塞特以城市的特征。"他们在这里兴建公共集会场所，大教堂，公共浴室以及其他的石结构建筑群"[1]，还修筑起坚固的城墙，建立了城市，命名为埃克塞特（不过，与后来的埃克塞特并非同一地点）。埃克塞特城作为行政中心，管辖范围包括现在的康沃尔郡、德文郡及萨默塞特郡西部地区。

5 世纪初罗马人撤走后，随后到来的凯尔特人依然将埃克塞特作为部落中心，管辖范围与罗马时期相当。尚未有充足的考古材料和文献资料证明 5 至 6 世纪埃克塞特城市发展的持续性，但此期间埃克塞特地区绝非完全是荒

---

[1]　P. T. Bidwell, *The Legionary Bath-House and Basilica and Forum at Exeter*, Exeter University Press, 1979, pp.98-101; P. T. Bidwell, *Rome Exeter: Fortress and Town*, Exeter University Press, 1980, pp.58-60; Christopher Henderson, "Exeter(Isca Dumnoniorum)", *Fortress into City*, ed. by Graham Webster, London, 1988, pp.91-119; W.G. Hoskins, *Two Thousand Years in Exeter*, Chichester, reprint 1974, pp.1-4; Malcolm Todd, *The South-West to AD 1000*, New York: Longman Inc., 1987, pp.205-206, pp.214-216.

芜之地。① 后来，萨克森人统治范围不断西扩，7 世纪末期德文郡大都处于威塞克斯王国统治之下。② 萨克森人在埃克塞特建立了大教堂，著名教士卜尼法斯在这里接受了他最早的教育。③ 9 世纪晚期，阿尔弗雷德大帝在埃克塞特建立一座铸币厂，并重修了城市防务设施，从此埃克塞特又重新焕发出城市气息，并出现了商业活动。④

进入 10 世纪后，埃克塞特在经济上的作用逐渐显现。麦迪科特认为，"事实上，埃克塞特在 10 世纪就已经成为威塞克斯的主要海港了。"⑤ 它主要与法国和爱尔兰进行贸易，并承担了达特穆尔锡的出口，这些都使得 10 世纪和 11 世纪初的埃克塞特经济走向繁荣。更重要的是，埃克塞特的城市地位被确认，同伦敦、约克和温彻斯特一样，只需交纳牲畜、承担非常低的土地税和轻微的军事劳役。城市地位上升的另一个标志，是 1050 年利奥弗里克将主教驻地迁至埃克塞特，⑥ 这标志埃克塞特正式成为西南地区的宗教中心。在有关 1068 年征服者威廉围攻该城的记录中，奥德利克·维塔利斯将埃克塞特描述成"一个建立在平原地区并且有很强防御能力的富足而古老的城市"⑦。1086 年《末日审判书》记载，埃克塞特有 399 户住户，人口 2,000 有余。在这 399 户的住所中，114 所住房由乡村庄园的领主所拥有，这标志着埃克塞

---

①   P. T. Bidwell, *Rome Exeter: Fortress and Town*, pp.86-87; John Allan, Christopher Henderson and Roert Higham, "Saxon Exeter", *Anglo-Saxon Towns of Southern England*, ed. by Jeremy Haslam, Chichester, 1984, pp.409-410.

②   W. G. Hoskins, *The Westward Expansion of Wessex* (Dept. of English Local History Occasional Papers, No.13),Leicester University Press, 1970, pp.35-37; Malcolm Todd, *The South-West to AD 1000*, pp.267-275.

③   C. G. Henderson and P. T.Bidwell, "The Saxon Minster at Exeter", *The Early Church in Western Britain and Ireland*, ed. by Susan M. Pearce(BAR British Series, No.102), Oxford University Press, 1982, pp.145-175.

④   Norman Shiel, "The Saxon and Medieval Mint", *Exeter Coinage*,ed. by J. Andrews, W. Elston, and N. Shiel, Exeter University Press, 1980, pp.9-17; John Allan, Christopher Henderson and Roert Higham, "Saxon Exeter".

⑤   J. R. Maddicott, "Trade, Industry and the Wealth of King Alfred", *Past and Present*, 123:1-51, 1989, pp.23-35; "Trade, Industry and the Wealth of King Alfred: A Reply", *Past and Present*, 135:164-88, 1992, pp.176-188.

⑥   Barlow, Frank, "Leofric and His Times", in *Leofric of Exeter*, ed. by Frank Barlow *et al.*, Exeter, pp.1-16 ; Blake, D. W., *Bishop Leofric*, TDA, 106:47-57,1974.

⑦   Orderic Vitalis, *The Ecclesiastical History of Orderic Vitalis*, Vol. II ,ed. by Marjorie Chibnall, Oxford University Press, 1969, p.211.

特已经成为德文郡的中心。同时，埃克塞特大教堂也吸引着周围乡村的人们前来朝拜——有的甚至来自 15 至 20 英里以外的地方。

（二）诺曼征服后埃克塞特经济的初步发展

有学者认为，中世纪早期的英国城市大多只是军事中心、宗教中心或行政中心，能成为经济中心的为数极少，11 世纪才开始大量涌现具有商品经济职能的城市。[①] 在《末日审判书》中，埃克塞特已被记载为德文郡的中心，其地区经济中心的地位亦日益凸显。1086 年，埃克塞特建立了城堡。也就是说，自诺曼征服后，除了进行商业活动，埃克塞特也开始了早期的城市建设，虽然最初的动机只是为了安全防御。

自 12 世纪起，英国城市进入较快发展时期。[②] 行会作为中世纪重要的社会经济组织，在城市经济生活中的作用不言而喻，12 世纪以后埃克塞特的城市行会亦复如此。行会为了不同目的而存在，有的是宗教因素至上，有的则在保留宗教因素的同时还履行其他职责。埃克塞特最古老的卡尔恩达尔斯行会，除了履行互助、照顾病人和为死者提供弥撒的普遍性功能外，它还注重教育和学习。[③] 这种早期的商人行会，在诺曼征服后得到了进一步发展。12 世纪埃克塞特出现的一个商人行会，由管理城北庄园重要财政收入的财政官所控制，该行会规定，"只有行会成员才可以在埃克塞特城及郊区进行商业贸易，同时在与英国其他地区和诺曼底的贸易中享受免税权，并同伦敦市民享有同等的自由权利。"[④] 可见该行会不仅对埃克塞特的贸易享有垄断权，并且在政治上也处于领导地位。13 世纪随着市政机构日益扩大，该行会的政治和经济影响力逐渐被取代。1205 年，市长成为埃克塞特市政管理体系的核心。随后，原由商人行会把持的贸易垄断权被那些拥有"特许权"或"许可证"的组织所掌控。13 世纪下半叶，手工业行会在埃克塞特大量出现，对城市经济发展起着相当重要的作用。在手工业行会基础上，

---

① 参见金志霖：《英国行会史》，第 9—10 页。

② 参见刘景华：《城市转型与英国的勃兴》，第 6 页。

③ William Hunt, *Bristol,* London: Longmans, Green, and Co., 1889, p.49.

④ Maryanne Kowaleski, *Local Markets and Regional Trade in Medieval Exeter*, p.87.

埃克塞特像其他城市一样，也从 15 世纪起出现了各种形式的公会。公会的出现主要在于销售与生产职能的分离，由此说明商人团体正发生着质的变化，而手工业行会不再严格地封闭自己，而是以商业为动力，接纳性和包容性更强。

罗马不列颠时期的埃克塞特已建立城墙，初步拥有了城市规模。罗马人离开后，埃克塞特城市的发展停滞甚至中断。11 世纪诺曼征服带给埃克塞特的不仅是行政中心及宗教中心地位的巩固，也使埃克塞特的经济进入蓬勃发展时期。马尔梅斯伯里的威廉谈到，"诺曼时期的埃克塞特是一个伟大富饶并且各种商品丰富的城市。"[1] 此时埃克塞特的贸易范围非常广阔。在本地区，它和德文郡西南部的普利茅斯、达特茅斯有着频繁的贸易往来；在海外贸易中，它与法国北部、低地国家、加斯科尼、西班牙的商人保持着贸易关系。13 世纪末，埃克塞特发展了与大陆的羊毛贸易。由于地处重要的羊毛产区，埃克塞特成为英国西南部羊毛出口的重要港口。它还出口达特穆尔的锡矿石、德文郡东部及北部的粮食、鱼及海产品，从国外进口葡萄酒、蜂蜡和染料等物品。12 世纪至 13 世纪初，埃克塞特的贸易规模增大。表 16-1 显示，比起英国东南部港口和西部大港布里斯托尔来，埃克塞特对外贸易总值较小，所占百分比也低，但也显示了它开始作为西南地区的地方性港口而兴起。

13 世纪下半叶起，埃克塞特开始了羊毛输出贸易，原来的酒商们已不再满足于在这里从事单一的葡萄酒进口贸易。他们通过向国王交纳大量税金来获得对外贸易的合法权，进入染色呢绒的交易市场。贸易的扩大给埃克塞特带来巨大财富，城市规模及地位得以快速提升。据《斯蒂芬妮传奇》（Gesta Stephani）作者记载，从渔业交易额和船舶贸易额来看，此时的埃克塞特是英国第四大城市。[2] 教堂数量增加也印证了此期间埃克塞特城市地位的上升，

---

[1] Dorothy Whitelock (ed.), *English Historical Documents, c. 500-1042,* Oxford University Press, 1955, p.xxiv, p.795.

[2] *Gesta Stephani: The Deeds of Stephani(1135-54),* ed. by K. R. Potter, Oxford University Press, 1976, pp.32-33.

12 世纪晚期埃克塞特有 29 座教堂，13 世纪初为 32 座，全英格兰只有 5 座城市超过它。[1]

表 16-1　1203～1204 年英国各大港口的对外贸易 [2]

港口	对外贸易总值（英镑）	所占百分比
纽卡斯尔	3,030	4.1
赫尔	11,460	15.4
波士顿	21,555	29.0
林恩	9,780	13.1
雅茅斯	1,005	1.4
伊普斯维治	540	0.7
伦敦	12,555	16.9
桑威奇	720	1.0
奇切斯特	1,950	2.6
南安普敦	10,680	14.4
埃克塞特和达特茅斯	255	0.3
普利茅斯和福伊	840	1.1
布里斯托尔	8,429	11.7
总计	74,370	100.0

二　14、15 世纪埃克塞特的地方贸易和地区贸易

1297 年，为了便于征收关税，爱德华一世规定羊毛等商品出口仅限于少数几座城市。虽然埃克塞特没有成为英国主要的羊毛出口港，这在一定程度上限制了它的海外贸易，但作为西南部重要城市，埃克塞特在 14、15 世纪的地方贸易和地区贸易中扮演了重要角色。

---

[1]　Rose-Troup, *Frances, Lost chapels of Exeter* (History of Exeter Research Group, no. 1), Exeter University Press, 1923, pp.35-37; John Allan, Christopher Henderson and Roert Higham, "Saxon Exeter", *Anglo-Saxon Towns of Southern England*, ed. by Jeremy Haslam, pp.397-398; J. R. Maddicott, "Trade, Industry and the Wealth of King Alfred", *Past and Present*, 123:1-51, 1989, p.23.

[2]　D. M. Palliser, *The Cambridge Urban History of Britain, Vol.1, 600-1540*, p.477.

（一）14、15 世纪的埃克塞特

埃克塞特的命运受到顿挫，一直延续到 14 世纪中期。[①] 1334 年英国 20 个主要城市的补助税收入中，埃克塞特位列最末。然而，这种挫折并不意味着埃克塞特的经济陷入危机，只是说明相对其他地区的快速发展，埃克塞特的发展相对缓慢。

此时埃克塞特的人口继续增长。原本居住在德文郡北部和东北部的居民来到埃克塞特谋求生路，这从当地姓氏数量的增长速度超过 13 世纪可以看出。虽然埃克塞特城市不再是英国主要的贸易中心，但依然是地区市场的中心和主要港口。埃克塞特依然是德文郡和康沃尔郡的第一大港口，其海外贸易活动更加频繁。它从诺曼底、皮卡第、布列塔尼和加斯科尼进口大量的染料和葡萄酒，还向这些地区出口呢绒。1326 年，埃克塞特成为英国九个毛纺品固定生产地之一。除了作为商业中心外，埃克塞特也是英国西南地区的首要宗教中心和行政管理中心。德文郡地区修道院的男、女修道院长在埃克塞特均有住所，埃克塞特大教堂的存在使得主教可以在这里管理整个德文郡和康沃尔郡的宗教事务。此外，由于拥有王室城堡和便利的监禁条件，埃克塞特也是召开巡回法庭的主要地点。贵族们在埃克塞特拥有住宅等财产。作为地区首府，埃克塞特吸引着整个英国西南地区乡村和小城镇的移民，其经济辐射半径是方圆 20 英里，与当时的约克城相当，仅次于伦敦、温彻斯特和布里斯托尔。

在中世纪的埃克塞特，完全意义上的城市市民享有选举权，并可以成为城市市政机构的代表，他们可以享有许多经济特权，其中最重要的就是贸易零售权。除此之外，还享有在埃克塞特等英国城市贸易中的市场免税权；可垄断呢绒、羊毛和菘蓝贸易；除了食品外，所有贸易商品均以计重的方式出售。自由民在地方法庭中还享有典当物权和缺席审判权。1377 年，埃克塞特仅有占家庭总数 21% 的户主和人口总数 4% 的市民属于该自由民团体。要进入这个特殊团体的途径却是很多的，如赞助、继承、缴纳金钱、赠与、服役

---

①   J. R. Maddicott, "Trade, Industry and the Wealth of King Alfred", *Past and Present*, 123: 1-51, 1989, pp.23-50.

和以学徒的身份加入。① 13 世纪，加入该团体的方式主要通过城市中有名望者的推荐。1308 年，前埃克塞特市长沃尔特·唐特弗尔收取托马斯·德·雷威 3 英镑费用并推荐他加入该团体。② 14 世纪中期，这种身份的唯一合法继承者就是长子，而幼子们要成为城市自由民，只能通过学徒身份或缴纳一定数量金钱。14、15 世纪埃克塞特由商人寡头统治，埃克塞特的市政机构控制在商人及贵族手中，一般城市平民不可能成为城市管理者。

黑死病前半个世纪，大量人口涌入埃克塞特城，流动规模空前。这带给埃克塞特的是市场繁荣，1304～1348 年埃克塞特市场上水产品、麦芽酒、面包等商品的交易额明显上升。而当 1348 年黑死病肆虐时，埃克塞特也未能幸免。人口锐减，如整个德文郡在黑死病中有 60% 的教会人士死亡，埃克塞特城本身就有一半教士死亡，平信徒的死亡率达到 30% 甚至更高。城市法庭开庭审判遗嘱纠纷在 1348～1349 年达到 55 次，比 1330～1340 年均 4 次高出了 13 倍。为填补市长等官员死亡留下的职位空缺，埃克塞特特别召开了 5 次选举大会，分别选出市长、管家、两名验尸官及三名法官。③ 黑死病后，埃克塞特关税记录显示该城税收下降了 1/3。1361 年黑死病再次袭来，教士死亡率仍接近 27%。④ 两次黑死病使得埃克塞特人口锐减，自诺曼征服以来持续发展的经济受到打击，城市进入短暂的萧条期。

黑死病留给埃克塞特两个亟待解决的问题：大量房屋无人居住，劳动力大量缺乏。房屋大量空置造成 14 世纪晚期埃克塞特出现许多明码标价的出租屋，同时，郊区的大量商铺和房屋也因黑死病而大量闲置，原本有农牧业规划的土地现在因无人购买而放弃。此时，中世纪后期英国大部分郡城面临的市场所有权迅速丧失问题也在埃克塞特同样出现。城市劳动力的缺乏给市场

① Maryanne Kowaleski, *Local Markets and Regional Trade in Medieval Exeter*, p.96.

② Margery M. Rowe and Andrew M. Jackson, *Introduction. Exeter freemen 1266-1967* (Devon and Cornwall Record Society, extra ser., Vol. 1), Exeter, 1973, pp.xi-xxxv.

③ *Mayor's Court Rolls, 1348/9*, mm. 14d, 15d, 32d, 35d, 38d, Devon Record Office, p.41, cited from Maryanne Kowaleski, *Local Markets and Regional Trade in Medieval Exeter*, p.35.

④ *Mayor's Court Rolls, 1360/1*, m. Devon Record Office, p.48, cited from Maryanne Kowaleski, *Local Markets and Regional Trade in Medieval Exeter*, p.35.

带来一些变化。如从 14 世纪 50 年代市长法庭所制定的劳动法规可以看出，雇主应该向为他劳动的人提供工作服，这就改变了以前那种工人自带服装的规定。这是 14 世纪晚期法庭一个最常见的特征。虽然黑死病使乡村和城市都有大量人口死亡，但城市的死亡率要高于乡村，再加之"城市的空气使人自由"，因此当城市出现大量的劳动力需求时，周围乡村就成为重要的劳动力来源地。据记载，埃克塞特以北数英里的城市庄园陪审员特别提到，1390～1391 年间，该地有大量维兰逃往埃克塞特。[1] 1381 年，当堂区和修道院的代理人视察其乡村庄园时，埃克塞特周边的斯托克·卡农庄园和艾德庄园的居民们纷纷抱怨一些维兰未经批准就逃往埃克塞特。[2] 而埃克塞特本身在呢绒和皮革制造业方面拥有牢固基础，还拥有广大的服务行业和繁荣的建筑工业，这些也吸引农民来到城市寻找工作机会。15 世纪，许多年轻学徒来自康沃尔、普利茅斯、达特茅斯、巴恩斯特珀尔及周围乡村。15 世纪移民的涌入使埃克塞特从 1377 年的 3,000 人上升到 1520 年的 7,000 人，埃克塞特也一跃成为英国第四大郡府城市。15 世纪中晚期本是英国城市发展的普遍停滞时期，而埃克塞特人口却迅速增长，是其时英国城市发展的一大亮点。

黑死病虽然使埃克塞特人口大量减少，但该城并没有因此陷入持续的衰落之中。1350～1410 年，埃克塞特又迎来了一次商业繁荣。虽然百年战争破坏了法国葡萄酒产区，造成埃克塞特的葡萄酒进口量大量缩减，但往返埃克塞特港口的船只并未减少，反而保持着相对平稳的增长。[3] 埃克塞特最大的圣·尼克劳斯集市的税收此时期也快速增长，1376 年超过 7 英镑，1390～1399 这十年的平均额也略低于 5 英镑。1374 年新建立的伦腾集市，其利润也快速增长，1399 年达到顶峰，逾 5 英镑。城市在 1404 年和 1405 年分别建立了两个新集市，都获得了巨大成功，并一直延续至 16 世纪。由于集市贸易兴

---

[1]　*Court Rolls 2/168/1*, m., Public Record Office, p.12, cited from Maryanne Kowaleski, *Local Markets and Regional Trade in Medieval Exeter*, p.37.

[2]　*Manorial Visitations*, in Exeter Cathedral Library.

[3]　Maryanne Kowaleski, *Local Markets and Regional Trade in Medieval Exeter*, p.89.

盛，14、15 世纪埃克塞特城市肉、鱼、面包以及麦芽酒的税收也逐年增长。1300～1340 年，埃克塞特每年有 188 家啤酒酿造商，有些年份甚至超过 250 家。① 14 世纪晚期，对麦芽酒的消费需求刺激了啤酒酿造业发展，原因一是人们饮用量的增大，反映出人们生活水平提升；二是人口数量的增多。

14 世纪晚期，埃克塞特进入了经济复苏和商业繁荣期。埃克塞特也没有在 15 世纪 20 年代萧条之中受到重创，其居民感到这次危机是相对缓和的，只有旅馆业遭受到轻微损失。往返埃克塞特的船只数量依然同 15 世纪早期一样，甚至在 15 世纪 30 年代早期又创新高，呢绒出口在 15 世纪 30 年代依然持续增长。新开放的三个集市的利润不断增长，15 世纪中期达到最盛。② 1463 年，埃克塞特城市又开设一个新的集市，一直繁荣到 16 世纪。整个 15 世纪 40 年代埃克塞特一直在为获得司法审判权而同教会斗争，耗费巨资进行了旷日持久的诉讼，而这并没有使埃克塞特陷入更大的经济危机中。15 世纪的埃克塞特并不像其他城市一样请求国王或债权人减免包税，而是始终如一地缴纳税金，这也足以说明 15 世纪埃克塞特经济情况良好。

15 世纪埃克塞特的经济繁荣很大程度上是依靠其日益扩张的呢绒工业。1452～1453 年在埃克塞特西部建立了许多新的漂洗磨坊，许多漂洗磨坊也建立在庄园周围。修剪羊毛和染色也是埃克塞特重要的手工业部门。③ 15 世纪，城市依靠毛纺织品贸易获得了巨大发展。15 世纪 30 年代前，城市的手工业组织主要为绕线工行会、皮革工行会、面包匠行会和铁匠行会，以及两大呢绒业行会——裁缝行会和织工、漂洗工及羊毛修剪工所组成的行会。裁缝行会是唯一有实力与城市寡头相抗衡的，1466 年获得了王室特许状，成立合法的团体组织。④ 为了摆脱城市当权者的控制，他们进行了长达二十年的诉讼与争论，甚至发生过暴力事件，直到 1482 年城市给予他们自由权。裁缝行会

① Maryanne Kowaleski, *Local Markets and Regional Trade in Medieval Exeter,* p.90.

② Maryanne Kowaleski, *Local Markets and Regional Trade in Medieval Exeter,* p.91.

③ Carus-Wilson, *The Expansion of Exeter at the Close of the Middle Ages,* Exeter University Press, 1963, pp.22-23.

④ Maryanne Kowaleski, *Local Markets and Regional Trade in Medieval Exeter,* p.93.

持续不断的斗争也说明了当地呢绒贸易的繁荣，行会中富有的商人裁缝和布商由于从事呢绒出口获得了巨大利润，因此激发了其政治野心。1460年前，织工、漂洗工和羊毛修剪工也建立了行会。1471年，该行会建立了漂洗工大厦，迄今依然矗立。这些重要呢绒业行会的出现，反映了埃克塞特呢绒工业的迅速发展。

关税记录显示，15世纪埃克塞特经济繁荣在很大程度上依靠激增的德文郡呢绒出口。作为德文郡第一大港口，埃克塞特在15世纪三四十年代的呢绒出口量大幅增加，虽然在60~70年代中期贸易额有所下降，但此后的增长速度惊人，直至进入16世纪。中世纪晚期，由于劳动力市场供求关系失衡，造成工人工资普遍上涨，因此工人和工匠的购买力增强，埃克塞特出口的轻质价廉呢绒成为畅销产品，此时德文郡港口呢绒出口总额是15世纪的10倍之多。特别要指出的是，埃克塞特和德文郡本地的商人始终牢牢控制着出口贸易，直到1480年以后，德文郡大约只有10%的呢绒出口贸易被外来商人掌控。

（二）埃克塞特的地方市场和集市

中世纪的市场和集市是售买货物的主要场所。地方性小市场上的交换品通常是本地农牧业和手工业品，以及日常生活所需的食物，每周举行一次，顾客的范围大都限于周边。市场上买不到的商品可到市集上买。市集是职业商人们定期集会的场所，他们从事长途的或国际性的贸易，以批发贸易为主。市场和集市举行一般需要国王特许，一般情况下国王会把这种特许权授予领主，有时也会授予村邑或城镇居民。在中世纪晚期旅馆和商铺成为主要交易场所之前，私人贸易多是在这种官方市场和集市之外进行的。食物、制成品和牲畜等贸易，多在市场和集市中进行，市场和集市是中世纪许多商业活动的组织者和管理者。

中世纪德文郡、萨默塞特郡和康沃尔郡都拥有大量的自治市镇和新建城镇。随着德文郡市场和集市的大量出现，自治市镇与市场和集市的关系立刻凸显。中世纪的德文郡有71个自治市镇；1349年前，德文郡拥有108个市场；1500年，市场达到113个，集市达到150个。[①] 不少学者认为，中世纪

[①]　Maryanne Kowaleski, *Local Markets and Regional Trade in Medieval Exeter*, p.42.

德文郡的市场、集市、自治市镇等数量之多、密度之大，是英国许多郡不能比拟的，这是德文郡商业繁荣的突出标志。但中世纪德文郡的税收账册却反映同期该郡人口稀少、贫穷落后。出现这两种极端说法的原因是其所依据的史料不同。

德文郡地形地貌丰富，除山地之外，广阔的平原、丘陵农牧业发达，产品种类繁多，这也使该地区涌现了许多市场和集市，用于各种交换活动。中世纪的市场和集市是在固定时间在指定地点开放的，因此贸易中心在时间和空间上的变换说明经济发展的地区性差异。同时为了贸易活动更便利地进行，一些经常举办集市的城镇要求一定程度的自治权利，并设立专门机构对贸易活动进行管理。有些市场和集市规模小，持续的时间短，前来市场贸易的并非都是本地商人，还有部分外来移民，在市场和集市开放时有一部分人享有市场免税权，这些情况造成虽然市场和集市很多，税收却没有相应的增加。

德文郡市场和集市主要分布在中部地区、以埃克塞特为中心的东南地区以及西北部的巴恩斯特珀尔附近。埃克塞特地理位置良好，周围腹地农业和毛纺织业发达，并且又是德文郡最大的城市，因此其在英国西南的地方贸易与地区贸易中发挥着重要作用。

埃克塞特位于西南半岛主要道路交会处，又是德文郡和康沃尔郡的第一大港口，其腹地面积广阔，人口稠密，经济繁荣。同时，埃克塞特本地人口众多，这也是德文郡其他城市和港口所不能比拟的。作为德文郡和康沃尔郡的宗教和行政中心，它吸引着商人、贵族、农民和牧师前来朝拜，其中一部分人还定居于埃克塞特，这就给当地市场和集市贸易提供了稳定的商人群体和消费者群体。埃克塞特又是英国西南部一周开放三次市场的唯一城市，这说明埃克塞特商业贸易规模之大；星期一、星期三和星期五埃克塞特市场开放的日子里，邻近地区不允许举办市场和集市，这进一步说明埃克塞特在地方市场体系中占据绝对主导位置。

直到 14 世纪晚期，离埃克塞特最近的星期一市场才出现在查德利。这个城市位于埃克斯河以西 9 英里霍尔顿山的另一侧。德文郡其他地区星期三也有市场开放，如阿夫克姆镇，商人们须沿着卡姆河谷向北走 16 英里才能到达。商人们西行 17 英里可到达北陶顿，这里在星期五开放市场。埃克塞特在德文郡东部无任何竞争对手。只有德文郡北部的巴恩斯特珀尔，达特穆尔西部的塔维斯托克，南部的牛顿阿伯特在星期五有市场。

中世纪埃克塞特的重要集市最初都由国王或城市领主控制，但随着贸易发展和市民力量增强，城市与国王或领主在集市所属权上进行了旷日持久的斗争。埃克塞特市场上交易的商品主要是粮食、渔产品及日常用品，而集市上的商品则是种类繁多。在集市进行贸易的商人来自四面八方，本国的羊毛、呢绒、粮食、渔产品及锡矿、牲畜等，外国的菘蓝、染料、葡萄酒、香料等，都是集市贸易交换的对象。

14 世纪埃克塞特有 7 个集市，大都延续到 16 世纪。其中 4 个集市在德文郡的影响力是别的集市所不能企及的，它们在埃克塞特城依次开放，从每年 12 月初延续到来年 4 月初。埃克塞特最古老的集市始于 12 世纪，每年 12 月上旬圣尼古拉节前夕举办三天，这大概也是德文郡和康沃尔郡最古老的集市。圣尼古拉集市属国王所有，利润和市场税全部上缴国王。这个集市与本笃修士会的圣尼古拉修道院有关联。集市与修道院的关系有时也引起紧张事态发生。如 14 世纪 20 年代，城市抱怨圣尼古拉修道院长在卡佛克斯修道院和城市市场之间的土地上修建私人房屋，并可能将其作为市场交易大厅。城市控诉说，由于院长的屋子引走了圣尼古拉集市和周市的贸易，因此城市已连续三年无力向国王缴税。不过，这一争端仅局限于市场税和特权归属问题，并没有涉及修道院院长对于集市的控制权。[1]

对圣尼古拉集市所有权的争夺在城市和国王之间展开。1322 年，城市被赐新的特许状，重新获得城市包税权，作为回报他们必须增加年税。根据新的特许状，市民们不仅可制定新法规来管理集市，记录集市的财政收入，他们还认为这个特许状赋予了他们对圣尼古拉集市完全的所有权。1337 年，由于国王擅自将包税权授予康沃尔公爵，国王开始剥夺埃克塞特对集市拥有的权利，并认为集市的利润应该充公；1347 年，国王又再次诉讼城市对集市的

---

① Maryanne Kowaleski, *Local Markets and Regional Trade in Medieval Exeter*, p.61.

权利不合法，最终又获得了部分集市财政收入。① 从 1376 到 1394 年，关于埃克塞特是否拥有圣尼古拉集市完全所有权的争论进行了长期的法庭辩论，最终，城市通过支付大量费用，获得了集市权利的法律认可。1411 年国王再次承认了城市对集市利润的获得权。

同圣尼古拉集市相比较，对收获节集市所有权的争夺则更加激烈和持久。收获节集市在每年 8 月 1 日举行，为期三天。由于在牧草收割后的城外举行，该集市也被称为克罗狄驰集市。1274～1275 年，埃克塞特市民宣称他们和国王一道拥有该集市的所有权，但德文郡伯爵却莫名其妙地获得了集市一半权利，另一半权利被国王授予了圣尼古拉修道院。但无论如何，并没有充分证据表明埃克塞特对这个集市曾经拥有所有权。在后来的 14 世纪 30 年代、80 年代、90 年代，关于集市所属权的问题城市居民不仅与伯爵及修道院进行了暴力对抗，而且还进行了持久的法律抗争。对于收获节集市权利和利润归属所展开的斗争，说明了一个重要集市对中世纪城市的声望和商业生活的意义。同时，这场斗争也说明了埃克塞特与德文郡伯爵之间在商业特权方面的冲突一触即发。在城市西门财产的所有权、埃克斯河的捕鱼权、托普瑟姆庄园的控制权和埃克塞特港口权利等方面，城市和伯爵也进行了斗争。伯爵在法律上获得了巨大胜利，在集市利润归属上则是城市获得胜利。为了用法律手段对抗城市，伯爵支付了大量费用。14 世纪晚期，伯爵从收获节集市的收入中仅分得 10 先令，1377 年最少时仅分得 3 先令。② 然而市民们对伯爵在法庭上的胜利却不以为然，他们在集市开放期间依然可随时出席市长法庭，1415 年集市期间他们自己的"灰脚"法庭（商人法庭）也得以运行。城市最终在 16 世纪中期取得胜利，城市向修道院购买了集市所有权，实际上控制了集市。

埃克塞特第三大集市于每年五月下旬圣神降临日开市。该集市始于 1240 年前，但从 1291 年逐渐衰落，当时的市长和大法官为了复兴该集市，在五旬节期间派遣信使前往格雷迪顿。此时正是格雷迪顿集市召开之时，信使的

---

① Maryanne Kowaleski, *Local Markets and Regional Trade in Medieval Exeter*, p.62.

② Maryanne Kowaleski, *Local Markets and Regional Trade in Medieval Exeter*, p.65.

职责是在该集市上宣传埃克塞特集市，希望在该集市结束后，贸易商在路过时可以参加埃克塞特的集市贸易。为吸引消费者，信使承诺：前往埃克塞特集市的任何商人都可免收通行费、城墙税等费用。[1] 这些诱惑性的条件表明，城市管理者相信集市贸易带来的利润收入远比城市可征收的通行费重要，这也是他们与其他集市所有者的不同。大多数集市都由非本地居民的领主控制，他们可能对通行费和司法费收入更感兴趣。而城市管理者则将城市看作一个整体，更看重城市生活各方面所带来的长期收益。然而，格雷迪顿的城市上层并不理会信使的宣告词，或者看出了埃克塞特集市潜在的竞争，他们袭击了信使，将信使扣留，并由地方法庭审判。由此，埃克塞特对于复兴集市的努力没有成功，除了在 1309 年五旬节期间开放特定的货摊和商铺，该集市在整个 14 世纪从未被提及。1404 年，城市又在圣灵降临节后第一个星期一开放集市，这被认为是新的冒险，因为城市账册记录集市财政收益仅 13 便士。虽然该集市没有四旬斋集市（Lenten fair）繁荣，但却获得了一些成功，15世纪末，该集市年收入达到了 21 先令。集市收入低一方面是由于德文郡其他圣灵降临节集市的激烈竞争，另一方面是由于城市继续免收或少收通行费。这个集市一直持续到 17 世纪，后来被统称为圣灵降临日集市。[2]

由于埃克塞特两个最古老集市的所有权存在争论，因此市民决定开设所有权完全归自己的集市。1374 年，他们决定在圣灵星期三这天开放一个"新"集市。由于处于四旬斋节前夕，因此集市开放两个月内没有其他集市竞争。据关税账册的记录，渔业品贸易是这个集市贸易的主流。从这本关税账册中还能了解到该集市财政收入快速增加，在最初二十年里，利润额就已达到 5 英镑。四旬斋集市成为 15 世纪埃克塞特最有利可图的集市。

圣托马斯集市始于 15 世纪初，每年 12 月 21 日开放，最初利润也很低，第一年仅 18 便士。该世纪末一度达到 8 先令。该集市持续两周。集市开放一方面迎合了城市商人的圣诞节贸易，另一方面也利用了德文郡缺乏冬季集市

---

[1]　*Mayor's Court Rolls, 1360/1*, m. Devon Record Office, p.18, cited from Maryanne Kowaleski, *Local Markets and Regional Trade in Medieval Exeter*, p.72.

[2]　Maryanne Kowaleski, *Local Markets and Regional Trade in Medieval Exeter*, p.66.

的契机。然而，该集市的举行影响了圣尼古拉集市的贸易，后者的收入因此大幅度下降：1376 年超过 7 英镑；15 世纪早期下降到 4 英镑；15 世纪中期后不足一英镑。[①] 由于城市继续实行低通行税和更多的免税政策，旧集市的财政损失并未从新集市得到补偿。

14、15 世纪，当英国大多数城市陷入持续萧条时，埃克塞特却独领风骚，先后出现许多规模不等的集市。埃克塞特的旧集市以及后来的新集市，基本都延续至 16 世纪，有的甚至到 18 世纪。究其原因一方面是因为埃克塞特腹地广大，经济发达，再加上得天独厚的地理位置，便于商人来此交换；更重要的是城市对集市贸易的重视以及实行免税政策，鼓励商人来此进行贸易。市场和集市贸易的发达不仅给城市带来大量财富，同时也吸引着大量移民到来，为城市发展注入了新鲜血液。

（三）埃克塞特与德文郡各地的经贸关系

作为德文郡第一大城市，埃克塞特的发展对德文郡的影响是不言而喻的。同时，它与德文郡其他地区的经贸往来，对德文郡乃至英国西南部经济的发展都产生着重大影响。

1. 埃克塞特与德文郡北部巴恩斯特珀尔的贸易往来

巴恩斯特珀尔是中世纪德文郡仅次于埃克塞特的城市和工商业中心，位于其北部托河（Taw）河口。同埃克塞特一样，它的历史也可追溯到盎格鲁萨克森时期。《末日审判书》记载它是一个自治市镇，不像埃克塞特那样受到封建特权阶级的严密控制。由于领主长期不居住庄园，因此对该地的控制比较宽松。巴恩斯特珀尔作为德文郡北部的重要港口，其贸易对象主要是布里斯托尔，还会跨过布里斯托尔湾与威尔士、爱尔兰进行贸易，贸易品以牲畜、粮食和呢绒为主。10 世纪该地出现了铸币厂，这预示着巴恩斯特珀尔将成为重要的商业中心，这种地位在很大程度上得益于腹地繁荣的农业，以及从埃克斯穆尔到德文郡中部腹地的呢绒生产。腹地的呢绒制造业，使巴恩斯特珀

---

① 　City Receiver's Accounts, Devon Record Office, cited from Maryanne Kowaleski, *Local Markets and Regional Trade in Medieval Exeter*, p.95.

尔成为 15 世纪晚期德文郡最主要的呢绒出口港。[1] 巴恩斯特珀尔的集市贸易也相当繁荣，并通过集市与埃克塞特有频繁的经贸往来。

　　巴恩斯特珀尔是德文郡除埃克塞特外唯一可长期开放市场的城镇。它的星期五集市，在德文郡北部及中部没有任何竞争对手，也是该城最频繁的集市。它还有星期三集市，这一天虽有比德福德集市的竞争，但巴恩斯特珀尔为了避免竞争，1340 年 7 月 21～24 日又开放了为期四天的新集市，并一直延续下来。星期五虽然埃克塞特也有大型集市，但两地相距较远，彼此并不构成威胁。相反，两个集市在货物流通方面却非常频繁。由于埃克塞特并未临海，停泊在港口的船只吨位较小，船只多以国内短途转运为主，因此埃克塞特实际上承担着西南地区进出口转运贸易。埃克塞特位于西南地区陆路交通的枢纽位置，商人来往频繁，进口货物可由本地商人批发给各地零售商，再由他们长途运输销往德文郡其他地区。德文郡也是重要的农业区，农作物种类丰富，其东部和南部地区除大面积种植果蔬外，主要的粮食作物是燕麦，其次是小麦，而北部和中部地区则盛产黑麦，南部盛产大麦。因此在巴恩斯特珀尔集市中，贸易的商品主要以当地粮食为主，还有牲畜、德文郡中部的羊毛，和从埃克塞特上岸的红酒、菘蓝、染料等。据记载，14 世纪埃克塞特的商人和教会从巴恩斯特珀尔集市上购买了许多马匹。而巴恩斯特珀尔地区的粮食虽然大部分经由布里斯托尔出口至爱尔兰等地，也有一部分由商人从陆路长途运输至埃克塞特，再从这里出口至法国或低地国家。

　　2. 埃克塞特与德文郡南部地区的贸易往来

　　德文郡南部的东西两侧分布着两个重要港口：普利茅斯和达特茅斯。作为重要的外贸港口，它们对于德文郡市场贸易网络的作用可与埃克塞特和巴恩斯特珀尔相媲美。中世纪晚期普利茅斯的贸易规模是巴恩斯特珀尔的两倍，而达特茅斯也与巴恩斯特珀尔不相上下。

　　普利茅斯和达特茅斯不像埃克塞特和巴恩斯特珀尔那样古老，因此这两

---

[1]　Maryanne Kowaleski, "Port Towns in Fourteenth-Century Devon", *A New Maritime History of Devon*, Vol.I, ed. by M. Duffy, B. Greenhill, S. Fisher, D. Starkey, and J. Youings, London, pp.62-72.

个城市的市场和集市在早期并不繁荣。普利茅斯只是个小渔村，1254 年之前没有获得建立市场的许可，这说明它在德文郡商业贸易网络中并不突出。[①]达特茅斯最初的经济发展速度是可与埃克塞特和巴恩斯特珀尔相比拟，12 世纪因其港口优良而曾为十字军舰船的集结地，曾是前往英属法国南部的海上中间站，其地区市场出现过繁荣景象。达特茅斯以北 10 英里处有个古老且富有的城镇托特内斯，与达特茅斯形成经济竞争。这个盎格鲁萨克森时期就已存在的城镇，受到领主非常严密的控制，一旦达特茅斯开始发展，领主就会来保护托特内斯市场。1233 年和 1242 年，托特内斯领主抱怨达特茅斯侵害了其市场的权益，因为来往船只都停泊在达特茅斯并就地交纳关税，而不去往托特内斯。[②]总之，达特茅斯和普利茅斯贸易都在西南部对外贸易中扮演着重要角色，它们与埃克塞特这个西南部经济中心之间往来频繁。

达特茅斯和普利茅斯都拥有优良的深水港，可以停泊大型船只，这就能吸引途径英吉利海峡或前往法国北部的大量船只停留，从而为两地发展对外贸易及沿海贸易提供了契机。两者又都拥有广阔腹地，农牧业繁荣，粮食和羊毛可通过它们外销。两地又都毗邻达特穆尔这个锡矿产地，因此也承担了锡矿出口任务。从两地出口的商品主要销往法国南部和低地国家。从法国波尔多进口的葡萄酒也常由两港登陆英国。14 世纪中期至 15 世纪初期，从达特茅斯上岸的法国葡萄酒年均量从 3 吨上升至 7 吨，[③]而染料、菘蓝等的进口量也逐年上升。由于埃克塞特缺乏大型深水港口，因此对外贸易有限，更多的是进行沿海贸易。这样，东部的埃克塞特和南部的达特茅斯和普利茅斯在商品进出口方面往来密切。埃克塞特集市贸易繁荣，商品种类丰富，集市上往往有大商人收购了大量商品，租用一些小型船只，将货物运至达特茅斯，再由此出口至海外；返航时将从达特茅斯或普利茅斯等港口上岸的国外商品运至埃克塞特，再经过集市分配至各地。因此，埃克塞特是商品中转地，也是集散地。

---

①　Maryanne Kowaleski, *Local Markets and Regional Trade in Medieval Exeter*, p.70.

②　Maryanne Kowaleski, *Local Markets and Regional Trade in Medieval Exeter*, p.72.

③　Maryanne Kowaleski, *Local Markets and Regional Trade in Medieval Exeter*, p.74.

3. 埃克塞特经济发展对德文郡的影响

埃克塞特经济在 14、15 世纪的巨大发展，也促使德文郡的整体发展呈上升势头。首先，埃克塞特市场和集市的繁荣，带动德文郡其他地区市场和集市的出现，比德福德、克雷迪顿、阿什伯顿、金斯坦顿等地都出现了新的集市，并且一度繁荣。贸易的繁荣使 12 世纪以来德文郡经济凋敝、人口稀少的状况得以改变。其次，埃克塞特集市的繁荣不仅为德文郡带来财富，也促使其人口增长，许多商人在埃克塞特及周边定居，移民的到来大大增加了社会财富及人口数量。再次，埃克塞特的对外贸易也推动了德文郡农牧业经济发展。德文郡是西南部最重要的郡，其羊毛和粮食产量对英国西南部关系重大。由于港口及集市发达，德文郡的粮食和羊毛多由埃克塞特出口，或从这里运至南部港口再出口，粮食和羊毛销路畅通促使德文郡农牧业生产健康持续发展。最后，埃克塞特的发展在一定程度上左右着德文郡总体发展大势，作为德文郡的经济、行政和宗教中心，埃克塞特与德文郡可以说是兴衰互倚的。

（四）14、15 世纪埃克塞特的羊毛出口贸易及呢绒贸易

像英国大部分城市一样，埃克塞特的兴起也是所在地区社会经济发展的产物。14 世纪晚期后，生产和经营呢绒出口的东南和西南部城镇和港口繁荣起来。[1] 西南地区所产羊毛质地优良，除了满足国内需求以外还大量出口。与羊毛生产相联系，还有呢绒的生产和输出。埃克塞特处在英国西南部羊毛生产区，羊毛质量优良，呢绒物美价廉，再加之港口条件便利，因此从 14 世纪开始其羊毛和呢绒生产，城市内部各种手工业组织齐全，在呢绒生产方面作用显著。出口也呈现繁荣之势。

德文郡是农牧业转换的经济生产模式，全年气候温和，降雨量分布均匀，具备了发展牧羊业所必需的自然条件。因此，埃克塞特腹地养羊业发达，羊毛产量占德文郡的 70%。[2] 但 14 世纪之前，埃克塞特的羊毛出口量微乎其微，

---

[1] 参见陈曦文、王乃耀主编：《英国社会转型时期经济发展研究：16 世纪至 18 世纪中叶》，第 114 页。

[2] Eileen Power, *The Wool Trade in English Medieval History*, London: Oxford University Press, 1955, p.46.

每年不超过 10 袋。[①] 14 世纪里，埃克塞特的羊毛出口量虽然总体上呈增长趋势，但在某些时期还略有起伏（表 16-2）。特别是 1343～1350 年间，英国所有的羊毛出口港都被关闭，牧场被转而用于农耕。[②] 这主要是因为从 14 世纪 30 年代开始，英国农业大面积歉收，农民为了糊口，放弃了牧羊业，以致羊毛产量下降。1348 年黑死病侵袭英国，最早受影响的是西南部，从这里蔓延至整个英国。黑死病使人口锐减，农牧业凋敝，加上政府为了控制黑死病传播，对港口也实施了管控。百年战争期间，英国颁布了一系列限制羊毛出口法令，因此羊毛出口呈现总体下降趋势。

表 16-2 14 世纪埃克塞特羊毛出口情况统计（单位：袋）[③]

年份	本地商人	外国商人	本地商人和外国商人	总和
1300～1309	474	—	12	486
1310～1319	325	3	618	946
1320～1329	80	—	239	319
1330～1339	87	—	—	87
1340～1349	—	—	—	—
1350～1359	—	763	377	1140
1360～1369	199	—	65	264
1370～1379	—	—	—	—
1380～1389	—	—	—	—
1390～1399	123	60	—	183

14、15 世纪，在英国对外贸易中起主导作用的是外国商人，特别是德国汉萨商人，[④] 但从表中可以看出，1360 年后埃克塞特羊毛出口主要掌握在本地商人手中。15 世纪，英国羊毛出口大幅度减少，呢绒出口量却大幅度地增长，从以输出羊毛原料为主到以输出呢绒成品为主的转折点，发生在 15 世纪

① E. M. Carus-Wilson and Olive Coleman, *England's Export Trade 1275-1547*, Clarendon Press, 1963, pp.36-40.

② E. M. Carus-Wilson and Olive Coleman, *England's Export Trade 1275-1547*, pp.46-47.

③ E. M. Carus-Wilson and Olive Coleman, *England's Export Trade 1275-1547*, pp.40-55.

④ 参见蒋孟引主编：《英国史》，第 173 页。

中叶。同样，埃克塞特 15 世纪的呢绒输出量迅速增加（表 16-3），而且始终被本地商人控制，而这时主导英国对外贸易的汉萨商人基本上未能染指埃克塞特的呢绒输出，外地商人在埃克塞特呢绒输出贸易中的地位也微乎其微。

表 16-3 14 世纪中至 15 世纪末埃克塞特呢绒出口情况统计（单位：匹）[①]

年份	本地商人	汉萨商人	其他外地商人	合计
1350～1359	3,938	—	75	4,013
1360～1369	9,449	—	192	9,641
1370～1379	2,124	—	42	2,166
1380～1389	—	—	—	—
1390～1399	2,120	—	6	2,126
1400～1409	2,432	—	392	2,824
1410～1419	4,012	—	557	4,569
1420～1429	3,223	—	442	3,665
1430～1439	9,238	—	697	9,935
1440～1449	18,191	2	486	18,679
1450～1459	11,332	—	126	11,458
1460～1469	9,659	—	515	10,174
1470～1479	10,749	—	1,155	11,904
1480～1489	22,269	48	6,947	29,264
1490～1499	36,335		5,739	42,074

呢绒大量输出无疑反映着呢绒制造业的发达。13 世纪的水力革命为毛纺织业带来了革新的动力，水力漂洗坊大大促进了呢绒生产，并且使得毛纺织业生产逐渐从城市向农村转移。农村地区的河谷地带出现了许许多多的水力漂洗坊。埃克塞特位于埃克斯河河口平原，水力资源丰富，对于利用新技术发展呢绒制造业具有得天独厚的条件。周围腹地又是重要的羊毛产区，盛产优质羊毛。因此埃克塞特出产着质量好的宽幅呢。这种呢布不仅满足着本国市场，而且大量出口至法国、西班牙等国。在呢绒出口的同时，埃克塞特进口的葡萄酒也与日俱增，15 世纪以每十年约 2,000 吨的速度增长。进口葡萄酒的来源地已不局限于法国，还扩展到了西班牙。西班牙的无花果、无核葡萄干以及海枣等商品也出现在英国市场上。

---

① E. M. Carus-Wilson and Olive Coleman, *England's Export Trade 1275-1547*, pp.75-111.

三 16～18 世纪埃克塞特国际贸易的兴盛

随着羊毛和呢绒大量输出，英国城市经济和城市贸易开始出现新变化，而埃克塞特也在近代早期的贸易发展上凸显了其独有特色。

随着地理大发现和新航路的开辟，英国的海外贸易进入了一个新阶段，埃克塞特的对外贸易也随之发生变化。由于在对外贸易中获得巨大利润，埃克塞特大商人的财富急剧增加。他们成立了商人冒险家公司，其贸易范围随着英国对外扩张而扩大，贸易种类更加丰富。同时，商人们也开始谋求政治上的权力。伊丽莎白时期，埃克塞特的大商人把持着城市管理之权。如 1558 年埃克塞特的议院会议上，与会人数 24 人中仅有 1 位教士，其余都是大商人代表。[①] 这时的埃克塞特是英国最大最富有的城市之一。它不仅同法国保持着传统的贸易往来，而且还试图与纽芬兰建立贸易关系；同时还从伦敦获得无法从自身海外贸易中获得的商品。17 世纪初，它与爱尔兰和波罗的海地区的贸易得到初步发展，荷兰成为 17 世纪上半期埃克塞特对外贸易的主要对象。事实上，西班牙原本是埃克塞特最重要的贸易伙伴。如 1580 年，埃克塞特最大的冒险商威廉·查佩尔在西班牙贸易中盈利 322 英镑。[②] 但英西战争使这种贸易关系不得不中止。如果政治形势许可，埃克塞特商人就会把西班牙羊毛和毕尔巴鄂铁矿石输入英国市场。工业革命和机器化大生产摧毁了传统手工作坊，能源动力的革新使煤炭成为英国市场上炙手可热的商品。埃克塞特远离煤炭产区，而生产呢绒不仅需要煤炭而且还需要大量运输费用，因此，埃克塞特本地呢绒的生产成本上涨。而同时北方新兴城市利兹等能利用煤炭进行呢绒生产，这样，埃克塞特的呢绒生产和呢绒出口逐渐走向衰落。

（一）16～18 世纪埃克塞特的呢绒出口贸易

毛纺织业是英国受到国家保护和控制的第一大工业部门。16 世纪这一百年里，政府为此颁布了无数法令，较重要的是 1512、1514、1523、1534、

---

① W. G. Hoskins, *The Elizabethan Merchants of Exeter*, University of Toronto Press, 1962, p.148.

② W. G. Hoskins, *The Elizabethan Merchants of Exeter*, p.153.

1536、1551、1554、1555、1557、1563、1575、1576、1597 等年份的有关法令。[①] 一般来说，这些法令和条例对呢绒生产和输出有一定促进。而且 16 世纪是呢绒工业组织发生变化的关键时期，这种变化有利于生产发展。

如前所述，德文郡的繁荣在很大程度上得益于羊毛。经济史家胡克说，"羊毛是这里最好的商品，它给德文郡带来巨大的利润并且使大部分人都在为此而工作。"[②] 德文郡，圈地养羊在 13 世纪就已出现，但这时的圈地并不以毁坏农田为代价。它不是将大片土地圈围起来养羊，因此德文郡并不存在那种大牧场，而是零散的农牧混合的小规模饲养，圈地规模非常小。因此，14、15 世纪埃克塞特羊毛及呢绒的生产是以小家庭为单位的。

在埃克塞特毛纺织业的家庭小作坊里，通常都是由妻子、孩子以及仆人轮流纺纱，或用梳毛机来梳理羊毛，普通人基本上以此谋生。虽然这种制造活动是在家庭内部，但购买羊毛及出售羊毛制成品却需要在各种城镇市场中进行，如埃克塞特的市场日。胡克详细描述了这一过程："首先，织布工从纺纱女那里用现金买到纺好的纱线，商人或高级织布工从织布工那里买到呢布并付给对方现钱；然后呢绒商将买到的呢布送到打褶匠或漂洗匠那里进行处理，这一系列工作完成后，付给对方现金；接着商人或呢绒商又对呢绒进行染色处理……或将它们发往伦敦等地来为自己牟取最大利润。"[③] 需要指出的是，这时的呢绒商仅仅是羊毛制成品的贩卖者，并不介入毛纺业生产领域。虽然 16 世纪呢绒生产是在家庭里进行，但此时埃克塞特年呢绒出口量均保持在一万匹左右，出口贸易主导权依然由本地商人掌控。[④]

17 世纪，埃克塞特毛纺织业中出现了早期资本主义的因素，主要表现为生产组织开始出现新变化。埃克塞特哔叽呢工业形成特有的生产组织：承包

---

① A.Luders & T.E.Tombins and J. Raythby, *The Statutes of the Realm*, London: William S. Hein & Co. Inc., 1810-1828, Vol.3,pp. 28-29, pp.136-139, pp.202-212, pp.439-460, pp.544-546; Vol.4, p.112, p.232, pp.286-287, pp.323-326, pp.414-428, pp.626-627; Vol.6, pp.920-923.

② Wallace T. Maccaffrey, *Exeter, 1540-1640, the Growth of An English County Town*, Harvard University Press, 1978, p.160.

③ Wallace T. Maccaffrey, *Exeter, 1540-1640, the Growth of An English County Town*, p.161.

④ E. M. Carus-Wilson and Olive Coleman, *England's Export Trade 1275-1547*, pp.112-119.

商不仅是原料购买者，而且控制整个生产过程，雇用以前家庭作坊里的小生产者来为其生产。这样，埃克塞特的呢绒生产逐渐摆脱传统的家庭作坊形式，进入规模化大生产阶段。1688 年，该行业大部分商人居住在埃克塞特及以北数英里的蒂弗顿地区，他们组建了公司并完全控制了哔叽呢生产领域。他们首先控制未加工原料的来源，接着又拥有生产机器的所有权，这就奠定了其在哔叽呢生产中的主导地位。在哔叽呢的整个生产过程中，生产程序在半岛不同地区分别进行，这有利于将个体小手工匠们集中起来生产。1500～1700年间，德文郡也开始生产"新呢布"：16 世纪 30 年代以后，埃克斯河和卡姆河河谷成为生产克西呢的中心；17 世纪，圣玛丽修道院一带生产出带色呢布；德文郡北部开始生产粗呢；汤顿-查德地区生产类似于棉布的呢绒，用作衣服内衬。新呢布的生产需要各式各样羊毛，而德文郡能提供的羊毛种类和数量有限，因此必须从外输入，威尔士、爱尔兰以及西班牙成了德文郡进口羊毛的主要来源地。

17 世纪德文郡呢绒制造业的新变化，刺激埃克塞特经济走向新的繁荣。作为经济繁荣地区的集散中心，埃克塞特居民忙于为西部各地提供商品和服务。它就像是一个漏斗，从这里出口或进口的商品被快速地分销至各地。由于埃克塞特海港繁忙以及拥有大量的商人仓库，因此这里有一个庞大的"普通雇工"阶层，他们既非行会成员也不是自由人，在码头、仓库甚至商铺从事简单而繁重的装卸工作。

在埃克塞特繁忙的商业活动中，呢绒贸易依然是最主要的，是城市收入的主要来源。随着城市议会为羊毛、纱线和呢绒建立了统一市场后，埃克塞特的呢绒出口量迅速增加。每周的呢绒交易量是 25～30 匹，每匹约值 20～30 英镑，也就是说，每周的呢绒交易额达到 500～625 英镑。[①] 1630 年，埃克塞特商人向低地国家出口染色呢绒获得了巨大利润，这极大地刺激了伦敦商人。他们向议会申诉要求将埃克塞特呢绒贸易限制在伦敦布莱克威尔大厦，这意味着限制埃克塞特呢绒商人的贸易自由，因此遭到埃克塞特商人的强烈

---

① Wallace T. Maccaffrey, *Exeter, 1540-1640, the Growth of An English County Town*, p.163.

反对。他们的利益在呢绒出口贸易方面，而不甘心只成为伦敦市场的商品提供者。而伦敦商人最感兴趣的是在埃克塞特集市上销售自己的商品。根据关税记录，呢绒没有出现在两地贸易中。因此，埃克塞特的呢绒，不管是经由本地商人之手或是经伦敦商人转手，都被销往国外市场。埃克塞特呢绒在国际市场上的影响力逐渐扩大。

呢绒仅仅是最终产品，对于埃克塞特来说，呢绒制造涉及的各阶段都潜藏着巨大的利润空间。除了出售羊毛和纱线以外，埃克斯河边的磨坊是漂洗和染色工艺的中心，也是城市商人资本运作的中心。城市商人大量进口菘蓝用于呢布染色，这些菘蓝不仅在当地市场上流通，还出现在伦敦市场上。从诺曼底进口的羊毛梳理机虽然很小但至关重要，而羊毛本身，特别是柔软的西班牙美利奴羊毛，都从圣塞巴斯蒂安和比斯开湾港口进口。

16～17世纪，呢绒贸易是埃克塞特经济的重要组成部分，但埃克塞特经济的重要性更体现在它作为一个集散中心的功能，呢绒仅是众多交易商品中的一种。首先，埃克塞特是进口外国商品的港口，商人们从诺曼底进口帆布、亚麻布、纸张以及玻璃，从波尔多或加那利群岛进口葡萄酒。商品在埃克塞特上岸后，再分销给西南半岛上零散的代理商。那些普利茅斯、博德明、林普斯顿、伊尔弗拉库姆、巴恩斯特珀尔、陶顿、蒂弗顿、克雷迪顿等许多小地方的零售商或消费者，都从代理商那里购买所需商品。埃克塞特商人也在英国本土频繁进行商业活动。他们从伦敦运来工业制成品、书籍及香料，从肯特运来啤酒花，从威尔士、纽卡斯尔或苏格兰运来煤炭。[1] 这些商品在埃克塞特的地区市场上被分销至西南各地。

从埃克塞特港口记录中不仅可了解其进出口商品的种类，同样也可了解到这些商品来自哪里或运往哪里以及由谁承运。17世纪中期前，埃克塞特港口的商品种类并没有明显变化。呢绒是埃克塞特每年出口最多的商品，但17世纪下半叶起，德文郡呢绒出口量明显下降。锡矿原本也是埃克塞特重要的出口商品，但1550～1600年间锡矿出口量大幅下降。16世纪，埃克塞特的

---

①   Wallace T. Maccaffrey, *Exeter, 1540-1640, the Growth of An English County Town*, p.167.

海外贸易主要集中在三个地区：最重要的是诺曼-布列塔尼城镇，从鲁昂到南特，包括海峡群岛，莫尔列和圣马洛是商人访问最频繁的地区；第二个地区以大西洋中部沿海，以及波尔多、罗谢尔和奥莱龙等，有时也将加斯科尼的葡萄酒、菘蓝以及盐运回埃克塞特；第三个地区是伊比利亚，这条线路曾因战争切断，1603 年重新恢复。17 世纪末埃克塞特还对来自纽芬兰的鱼进行再出口。

　　17 世纪呢绒制造业的新变化，使 18 世纪初埃克塞特呢绒出口以哔叽呢为主（表 16-4）。1700～1714 年是其哔叽呢出口贸易的繁荣时期，荷兰是埃克塞特哔叽呢出口所至的主要地区，1700 年与荷兰的哔叽呢贸易是埃克塞特与其他地区哔叽呢贸易总和的两倍，1710 年达到 4 倍。仅次于荷兰的是德意志、西班牙、葡萄牙及佛兰德尔地区。据港口档案记载，1700 年埃克塞特与荷兰、德意志、西班牙、葡萄牙和海峡地区国家的贸易中，哔叽呢是主要的出口商品，贸易额达到 79.4 万英镑。同时，向佛兰德尔、意大利和殖民地输出的哔叽呢价值达到 85 万英镑。[①] 1709 至 1710 的两年间，埃克塞特的哔叽呢出口额年均 90 万英镑。[②] 1713 年，由于受乌特勒支条约影响，英国毛纺织品出口量大幅下降，埃克塞特的哔叽呢出口也未能幸免，与荷兰的贸易量从 1710 年 42.5 万英镑下降至 1721 年 14.7 万英镑。与西班牙的贸易由于受战争影响一直未能恢复，与葡萄牙和德意志的贸易因受战争影响以及诺里奇哔叽呢的竞争也开始衰落。1750 年战争结束，埃克塞特的哔叽呢贸易才重新繁荣起来。虽然远没有恢复到战前水平，但贸易量逐年增加。从 1750 年起，与意大利的贸易飞速发展，到 1770 年，意大利取代德意志成为埃克塞特哔叽呢出口的最主要国家。[③] 1793 年，由于受美国独立战争影响，埃克塞特的毛纺织品贸易遭遇滑铁卢。当革命军队占领了一个个州后，埃克塞特商人看到自己最后的市场被关闭，商品和海外资产也被没收。各国都减少了对英国商品的进口，唯独葡萄牙是埃克塞特残存的市场。据记载，1800 年上半年，仅

---

①　Port Books, Exeter, E.190/975, in W. G. Hoskins, *Industry, Trade and People in Exeter 1688-1800*, Manchester University Press, 1935, p.67.

②　W. G. Hoskins, *Industry, Trade and People in Exeter 1688-1800*, p.69.

③　W. G. Hoskins, *Industry, Trade and People in Exeter 1688-1800*, p.78.

有两艘商船从埃克塞特出港，而且都去葡萄牙，1800 年埃克塞特哔叽呢总出口量为 9,126 匹，其中运往葡萄牙 8,988 匹。[①] 也就是说，19 世纪到来之际，埃克塞特的出口贸易基本衰落了。

表 16-4　1700～1800 年埃克塞特哔叽呢出口情况统计（单位：英镑）[②]

年份	荷兰	西班牙	葡萄牙	德意志	佛兰德尔	意大利	总计
1700	262,000	49,000	17,000	65,000	—	—	392,000
1710	386,000	12,000	37,000	28,000	—	—	463,000
1721	111,000	8,000	22,000	59,000	—	—	200,000
1730	109,000	26,000	—	99,000	—	—	234,000
1740	116,000	—	—	123,000	—	—	239,000
1750	125,000	30,000	24,000	144,000	13,000	77,000	413,000
1755	69,000	37,000	20,000	119,000	15,000	95,000	355,000
1760	143,000	49,000	14,000	101,000	16,000	76,000	399,000
1765	89,000	63,000	12,000	76,000	17,000	163,000	420,000
1770	121,000	29,000	15,000	62,000	20,000	164,000	411,000
1775	107,000	80,000	11,000	33,000	58,000	184,000	473,000
1780	115,000	—	10,000	27,000	270,000	54,000	476,000
1800	—	—	23,000	—	—	—	23,000

18 世纪埃克塞特的哔叽呢出口不仅推动了其出口贸易发展，而且还促进了它的进口贸易。运载哔叽呢的商船到达目的地后，返程时会将当地商品运回埃克塞特。它们从荷兰、佛兰德尔、德意志运回亚麻制品；从西班牙、葡萄牙、加纳利运回葡萄酒、水果、盐、软木塞等地中海产品；从北美殖民地及西印度群岛运回烟草、糖、朗姆酒、稻米及海军物资；从纽芬兰带回晒干的鳕鱼和火车燃料。这些商品在埃克塞特上岸后都会以再输出的形式分销到国内。埃克塞特的进口品再输出贸易以伦敦为中心，特别是葡萄酒；其次是南部沿海，特别是邻近的普利茅斯和达特茅斯；一部分再出口海外。需要指出的是，在其再出口贸易中与纽芬兰的贸易是最重要、最频繁的，来自地中海的盐、德意志的麻织品、汉堡的帆布、葡萄牙的橄榄油和葡萄酒，都经埃

---

① W. G. Hoskins, *Industry, Trade and People in Exeter 1688-1800*, p.82.

② W. G. Hoskins, *Industry, Trade and People in Exeter 1688-1800*, p.155.

克塞特商人之手再出口至纽芬兰。[1]

（二）17、18 世纪埃克塞特的其他贸易

除最重要的呢绒贸易外，埃克塞特的贸易中还有其他商品贸易，这些贸易对 17、18 世纪埃克塞特的经济发展也具有重要作用。

1. 葡萄酒贸易

近代早期，英国的葡萄酒贸易大部分掌握在伦敦商人手中。1689～1695年间，伦敦商人上缴的葡萄酒关税是英国其他港口关税之和的 11 倍。而在埃克塞特，葡萄酒贸易也相当繁荣。埃克塞特的港口记录显示，葡萄酒关税占埃克塞特关税总额的 1/3。[2]

埃克塞特与法国的葡萄酒进口贸易历史悠久，源于它在法国的吉延地区拥有葡萄酒庄园。17 世纪下半叶受英法战争影响，埃克塞特从法国进口的葡萄酒量迅速下降，1689～1697 年英国宣布停止与法国的所有贸易，埃克塞特的葡萄酒贸易也彻底中断。战争结束后，英国却加大对法国葡萄酒的进口税，每吨达 33 英镑。此时法国葡萄酒大都经西班牙贴上西班牙葡萄酒的标签，以此来逃避沉重关税，只有埃克塞特的部分葡萄酒进口还是走传统线路。

西班牙是 17、18 世纪埃克塞特最重要的葡萄酒来源国。埃克塞特商人往往用自己的毛纺织品来换取西班牙和加纳利港口的葡萄酒，再将这些葡萄酒输至普利茅斯、达特茅斯、威茅斯及伦敦。1700 年伦敦商人还从埃克塞特商人处获得大陆的白兰地酒。[3]

2. 麻织品贸易

英国的丝绸贸易和麻织品贸易主要被伦敦商人控制，1689～1695 年间，麻织品关税额占国家关税总额的 1/10。[4]在英国的麻织品贸易中，赫尔和伊普斯威治经常位于前一二位，埃克塞特在某些时候也会紧随其后。埃克塞特进口的主要是佛兰德尔麻布、德国的窄幅麻布、汉堡的帆布和阿姆斯特丹的

① Hoskins, W. G., *Industry, Trade and People in Exeter 1688-1800*, p.63.

② Hoskins, W. G., *Industry, Trade and People in Exeter 1688-1800*, p.87.

③ Hoskins, W. G., *Industry, Trade and People in Exeter 1688-1800*, p.88.

④ Hoskins, W. G., *Industry, Trade and People in Exeter 1688-1800*, p.91.

麻布，与汉堡的贸易量最大，来往最频繁。这些麻织品都是埃克塞特商人和蒂弗顿商人用埃克塞特毛纺织品直接交换来的，然后再由他们将一部分卖给麻布商，一部分再出口至纽芬兰。随着埃克塞特烟草贸易的衰落，麻织品贸易变得日益重要，有些年份甚至超过葡萄酒贸易。从 1689 年 3 月至 1690 年 9 月，麻织品关税占埃克塞特关税总额的 9%；1692 年 9 月一度达到 44%；随后几年一直占关税总额的 1/3。[①]

3. 与殖民地的贸易

随着新航路的开辟，埃克塞特商人也加入了英国海外殖民贸易行列，烟草和糖是其最主要的进口商品。埃克塞特商人将本地毛纺织品运往殖民地，返途中将殖民地的烟草和糖运回埃克塞特再出口，这一再出口贸易仅次于其葡萄酒再出口贸易，有时甚至还超过。

17 世纪至 18 世纪早期，烟草贸易成为埃克塞特与殖民地最重要的贸易。虽然 1689~1695 年间烟草和糖的关税收益下降，但烟草贸易依然在埃克塞特再出口贸易中占很大比重。1694~1695 年，两个埃克塞特商人从殖民地进口了 687,954 磅烟草，其中 543,583 磅用于再输出。[②] 1721~1731 年的十年间，有 2,929,086 磅烟草进口，其中 2,238,394 磅再输出。1737~1743 年，埃克塞特年均进口烟草 385,300 磅，其中再输出约 256,692 磅。[③]

4. 与纽芬兰的贸易

英国与纽芬兰之间的贸易多由西南半岛商人所控制。据英国地方史学家记叙，1699 年约有 238 艘商船参与到这一贸易。在西南半岛的 100 艘船中，埃克塞特占了 34 艘。同年从纽芬兰返回的 91 艘船中，有 43 艘回到西南各港口。[④]

埃克塞特等西南港口与纽芬兰之间的贸易可称为小"三角贸易"，很难对该贸易的价值直接评估。首先，埃克塞特商人将纽芬兰的熏鱼贩运至地中

---

① Hoskins, W. G., *Industry, Trade and People in Exeter 1688-1800*, p.92.

② Hoskins, W. G., *Industry, Trade and People in Exeter 1688-1800*, p.89.

③ Hoskins, W. G., *Industry, Trade and People in Exeter 1688-1800*, p.90.

④ Hoskins, W. G., *Industry, Trade and People in Exeter 1688-1800*, p.94.

海，特别是西班牙和葡萄牙；然后从这里将葡萄酒、盐、橄榄油及黄金运回埃克塞特。1701 年，到达埃克塞特港口的 128 艘船中，有超过 50 艘运载着西班牙、葡萄牙及加纳利群岛的货物；接着，埃克塞特商人将来自地中海国家的盐、橄榄油及葡萄酒再出口至纽芬兰。销往纽芬兰地区的商品还包括帆布、绳索、渔网、窄幅麻布及日用品。有些商船并没有走三角贸易航线，而是直接将纽芬兰出产的火车燃料、熏鱼及朗姆酒运回埃克塞特。1701 年就有 10 艘直接从纽芬兰回来。[①]

　　1745 年，虽然仅有 48 艘商船抵达埃克塞特口岸，但其中 15 艘是来自纽芬兰的；而从埃克塞特出港的 62 艘商船中，有 9 艘是前往纽芬兰的。后来七年战争却给埃克塞特与纽芬兰的贸易造成了明显破坏。1763 年 9 月至 1764 年 3 月，从埃克塞特出发的 42 艘商船中仅有 4 艘的目的地是纽芬兰，而抵达埃克塞特口岸的 28 艘商船却无一是来自纽芬兰的。[②] 1785 年，贸易又逐渐恢复，但一直未达到 18 世纪初的水平。

　　总起来看，在工业革命前夕即近代早期，埃克塞特的工业和贸易在英国处于先进地位。由于优势明显的地理位置，自罗马时代起埃克塞特就成了西南半岛最重要的城市。诺曼征服后，埃克塞特的经济开始长足发展，13 世纪形成了地方市场。随着市场规模扩大以及开放频率增多，埃克塞特的经济逐渐繁荣；集市贸易出现，使埃克塞特成为西南半岛的经贸中心，来往的商人增多，流通的货物种类增多。由于德文郡是英国重要的羊毛产区，因此作为地区经济中心的埃克塞特从 14 世纪开始大量进行羊毛输出，15 世纪转为呢绒输出，直至工业革命发生前，埃克塞特始终是英国重要的呢绒输出港口。埃克塞特在近代早期持续繁荣的另一重要原因就是西南地区哔叽呢工业特有的生产组织。该行业大部分商人都居住在埃克塞特及附近的蒂弗顿地区，他们组建的公司完全渗入哔叽呢生产领域，控制了原料来源，又拥有生产工具的所有权。哔叽呢的各个生产工序在半岛不同地区进行，有利于将个体小手

①　Hoskins, W. G., *Industry, Trade and People in Exeter 1688-1800*, p.95.

②　Hoskins, W. G., *Industry, Trade and People in Exeter 1688-1800*, p.95.

工匠们集中起来。而由呢绒贸易带来的各种再出口贸易使得埃克塞特的贸易结构趋向多元化，成为促进埃克塞特繁荣的重要因素。总之，埃克塞特已将传统社会港口经济发展到一种最好程度。

但是，随着工业革命的到来，煤炭成为主要的动力燃料。由于地理位置限制，埃克塞特成了英国最后一批使用煤炭作为主要燃料的城镇之一。埃克塞特呢绒生产所依靠的水力资源优势逐渐丧失，呢绒生产需要蒸汽作动力，而蒸汽机又需要煤炭来驱动，因此，埃克塞特的呢绒制造业开始衰落。有些呢绒商为了维持自己的产业，从伦敦购买煤炭，但是高额的运输成本使得生产出来的呢绒价格高昂，在市场中缺乏竞争力。

英国晚期重商主义的代表托马斯·孟（1571～1641）认为，对外贸易是检验一个国家贫穷与富裕的标准，指出："商品贸易不仅是一种使国家之间交往具有意义的值得称誉的活动，而且，如果某些规则得到严格遵守的话，它还恰恰是检验一个王国是否繁荣的试金石。"[①] 现代经济史学家奇波拉也说："贸易是推动整个社会机器运转的巨大机轮。"[②] 由此可见贸易之于一个国家的重要性。同样，贸易的发达对城市经济的发展也至关重要。适时而变是一个国家或城市发展的最佳选择，但变革本身不是件容易的事情。埃克塞特城市兴衰的启示是：必须随着时代发展和环境变化而对经济做出调整和变革，否则，一旦传统优势产业衰落，城市经济发展的新出路又在哪里呢？

---

① ［英］托马斯·孟：《英国得自对外贸易的财富》，第5页。
② ［意］卡洛·M.奇波拉主编：《欧洲经济史》，第2卷（十六和十七世纪），贝昱等译，商务印书馆1988年版，第365页。

结　语

　　从本书的研究中我们可知，首先，英国在崛起进程中经济发展形成了区域化（板块化）趋向，即全英格兰大致分为三大板块，即西北工业区、伦敦及东南的服务业区，以及上述两个板块之间的中间地带即商品化农牧业区。三大板块除东南区是一个以伦敦为核心的整体外，另外两大板块内部还可细分为次级经济区域，即西北工业区可依其工业部门分布差异而生成六个次级工业区域，而中间地带农牧业区则主要依地理区位差异而归为三四个经济区域。其次，三大板块在英国崛起进程中的作用有先后及强弱之分：伦敦是英国崛起进程中最早的引领者，它既作为聚核将散乱的英格兰各地经济初步整合成统一的国内市场网络和民族经济体系，同时又让这一体系完全以伦敦自身为中心，攫取全国的财富和资源来养肥自己。伦敦在16、17世纪的膨胀性成长是以牺牲地方利益为代价的，因而这一体系是一个偏倚的经济体系，而且距离越近，伦敦施展的控制力越强。它甚至剥夺了辐射区域内各地与外部市场的直接接触，如16、17世纪的原工业化地区东盎格利亚和西南各郡的毛纺业之所以衰落，伦敦对其毛织品出口权的控制就是重要原因之一；南安普顿、伊普斯维奇和大雅茅斯等中世纪著名港口之所以一蹶不振，也不排除伦敦对它们的商人极力打压之因素。因此在16、17世纪这种偏倚的经济体系中，全国即使形成经济区域化，也是服从于伦敦的，生产分工体系也比较脆弱，甚至畸形。而到了18、19世纪，因距离伦敦较远而易于摆脱其控制的西北地区，从18世纪初兴起原工业化高潮，紧接而来又成为工业革命的摇篮，率先实现了本区域的工业化，使英格兰形成新的以工业为特征的经济增长极，区域（也包括次级区域）本身的统一经济体系业已成成，英格兰经济布局在地理上形成平衡。在它们的挑战之下，伦敦也积极顺应工业革命趋势，主动与西北工业区融合，向西北区新兴工业输送资本，提供市场，执行西北工业区的对外窗口的一部分功能。而处于伦敦和西北工业区之间的广大中间地带，则分别以向东南的伦敦、向西北的工业区提供农牧生活产品、提供工业原材料等作为自己的生产方向。这样，在全英格兰经济体系中有发力者，有主导者，有依从者，区域分工明确，即有现代工业产品的制造基地，有为工业服务的金融贸易等服务业的中心，有产品在国内市场流通交换的完整网络，有将产品外输、原材料进口的面向国际市场的对外窗口，英格兰也就真正地融合成了一个经济整体，这个整体成为了优势，加速了英国崛起为世界第一个现代化强国的进程。不过工业革命的这三大板块也是不平衡的，明显地呈现出"南北强劲、中间坍塌"的格局。特别是工业革命时西北工业区吸引了南方的大量劳动力，南方成了单一的农牧区。为改变这一失衡状态，19世纪后期英国又来了一次"工业南下"，在东部、中南部和西南部的乡村地区建立不少新工厂，使西北部一部分工业人口回流到南方，西部和北部许多工业大城市的人口还一度减少。这样一来，既改变了南方的落后面貌，又有助于缓和北方城市人口集中、资源短缺等问题，同时也使全国工业的地区布局更为均衡。

从本书各章对英格兰经济的总体性研究以及对众多区域和城市的个案研究，还可得出一些基本认识。一方面，通过这些认识可从英国崛起这一个别事物总结和提炼出带有共同性的规律；另一方面，则可将英国经历凝练为一种模式，或上升为一种方法，既可帮助认识别的国家在通向近代工业社会时所走过的道路，也能对发展中国家现代化实践有所启发。

其一，经济区域化或板块化，是一个国家在从传统农业社会走向近代工业社会所必然要经历的一种状态，这是自然资源和地理区位等条件使然，也是人类能动地利用这些因素的结果。利用的方法和手段是确定其区域经济发展方向的主观因素。因此，实现经济的区域化，既要重视区域内资源等客观条件，又要发挥主观能动性，创造适当的经济生产方式，善于开发既有资源的价值，将有利资源的效应发挥到最佳程度，同时看到本身资源和区位的局限性，避开资源贫乏的短板，化不利为有利，找准最佳的经济发展方向。

在有着一定版图的国家范围内，各地区或区域间必然有着地理条件和自然资源因素的千差万别，包括区位、气候、土地、地形、地质、海拔、水量、矿藏和植被等。诚如英国实证主义史学家巴克尔所说，人类社会早期如农业社会受"自然定律"的影响最大。[①] 而农业社会能否向工业社会转变，地区自然资源的因素依然十分重要。人类面对本地自然资源和条件，必然会创造最适合本地条件的经济方式，使本地资源能够得到最有效的利用；同时也会在一定范围内激活和调动这些资源因素，与毗邻地带形成有机联系的经济运行体系，逐渐结成一定范围的经济区域。

英国就是在从传统农业社会向近代工业社会转型的过程中形成经济板块化或区域性特征的。从西北工业区、伦敦东南服务业区和中间地带农业区这三大板块的凝结，以及从各板块内部次级经济区的形成来看，都可以说是适应和利用这些自然和资源因素的产物。

西北工业区板块，最初是自然资源的劣势更突出，原有农牧业基础比较薄弱，而且自然因素尤其是贫瘠的土壤条件也不利于农牧业水平提高，但这种劣势却激起了变革，即农村人口需要转而从事别的行业作为生计或生计的补充，因此 16 世纪以前这些地区就形成了一定的乡村手工业传统，如西莱丁区的毛纺织业、黑乡地区的小铁制品工业、兰开夏的毛纺麻纺棉纺业等。由此，这些地方不但形成了促成工业革命发生的一定的乡村工业基础，而且自然和资源条件又决定了工业革命时期各次级区域工业发展的方向。兰开夏棉纺织业的发展，虽然最初并没有资源优势，只是几个安特卫普逃难工匠带来了棉纺技术使这里最早发展了英国的棉纺织业，但到 17 世纪英国大西洋贸易和东印度贸易兴旺时，西北大港利物浦能够将印度棉花源源不断地运进兰开夏，这就利用地理区位优势补充了兰开夏的自然资源劣势。西莱丁区毛纺业除了自己的养羊业和毛纺业传统，还承接了邻近兰开夏东部原毛纺业的转移（包括其市场资源），而且还获取邻近东莱丁区以及林肯等东密德兰地区盛产的羊毛原料，利用东海

---

① ［英］巴克尔（T. Buckle）：《英国文化史》，胡肇椿译，商务印书馆 1936 年版。

岸大港赫尔港的区位优势作为与外部市场连接的窗口。伯明翰和达德利为中心的"黑乡"区从铁制品工业向炼铁业扩展，在于工业革命时期又发掘了本地煤铁储量丰富的资源优势。纽卡斯尔一带的采煤业自中世纪起就在英国领先，而工业革命对煤的需求量骤然增大，无疑促使纽卡斯尔采煤工业和煤炭贸易迅猛发展，煤资源成为纽卡斯尔和该地区经济发展的关键因素。不过，同样是具有丰富的煤炭资源，纽卡斯尔煤区的优势更甚，因为其靠海的区位优势，可以沿海航运将这里的煤很方便地输往全国各地尤其是伦敦和东南部，从而获得丰厚的利润回报（运到伦敦的海煤价格要比纽卡斯尔煤产区高好几倍），但反过来这也就少了利用本地煤资源发展本地工业的刺激，因此具有丰富煤资源的纽卡斯尔一带虽然也可因采煤而算入西北工业区，但却是该区新兴制造业最薄弱、存在感最小的次级区域。而伯明翰一带的煤资源，因陆路运费昂贵、运河承运量不大，从而难以"运出去"获得高利润，这样造成采煤区煤价低，从而刺激了就地发展炼铁、瓷器烧制（斯托克）等用煤量较大的工业发展，使西密德兰成为英国最主要的重工业基地，成为其工业影响力仅次于兰开夏的次级区域。一个史实是，需要燃烧大量煤炭的瓦特蒸汽机，最先是在伯明翰投入应用的。

伦敦为中心的东南部商业和服务业兴旺，主要是其地理区位优势和精耕农业传统使然。伦敦从罗马时代成为不列颠第一大城市、中世纪成为英国首都，是其地理位置既能较为便捷地与不列颠各地交通，更便于对英格兰的控制。伦敦的第二个地理优势是离英国最大通航河流泰晤士河的出海口不远，既便于它接近国际市场、参与国际贸易体系，又可避开海上风暴袭击和外来海上力量进攻。还有，伦敦所在的英格兰东南部，其气候、地形、土壤、水量等条件适合于农牧业发展，足以保障伦敦发展所需的生活资料。因此，16世纪后伦敦作为国际贸易枢纽和国内市场体系中心及对外窗口崛起，其区位优势是最关键的。作为首都，伦敦又聚集了大量人口尤其是社会中上层，消费需求庞大，也需要服务业不断发展。社会中上层人口聚集的另一面，是财富的高度聚集，这为伦敦成长为金融中心创造了前提。不断崛起的伦敦一方面可从近畿诸郡（Home Counties）发达的农牧业中获得生活资料的供应，更可从全国各地通过陆路和海路攫取生产和生活资料（如16世纪后纽卡斯尔来的"海煤"），还可从新兴的大西洋国际贸易中获得外来商品，以及可再加工出口的海外初级产品。在这个板块中，伦敦是具有超强吸附能力的绝对核心，东南部各地只是依靠其地理优势和自然资源，充作服务于伦敦的依附区域。它们服务伦敦的功能，也多是依距离伦敦远近、生产传统等因素而有所区分而已，如果蔬供应区、花卉供应区、肉奶供应区、粮食供应区等。

东南区和西北区之间的中间地带，从北偏东的林肯郡等密德兰东部、正东的东盎格利亚，经密德兰中部和南部，最终至英格兰西南部，共20多个郡，在工业革命时期开始松散地构成第三个板块，即商品化农牧区，这也是自然资源和地理位置决定的。不过，这个内部联系松散的板块，与西北工业区和东南服务业区各自内部的有核凝结不可同日而语。说它是板块，只是因为这个广阔地带的生产形态相似而已，即这20多个郡自然条件（土壤、气候和地形地貌等）比较适合粮食种植和牲畜饲养，因此基本沿袭了中世纪以来的农牧业经济方向。不过，因其区位差别，几个次级区域又各有不同的道路。从东密德兰（East Midlands）到密德兰的中南部，中世纪至近代早期一直是较为发达的农牧业经济。它们是早期圈地运动（至16世纪末，牧场取代农田）的主要发生地，养羊业一直是该次级区域的生产传统，羊毛则主要运至邻近的约克郡和东盎格利亚。直到工业革命发生前后，密德兰的东中南地区作为农牧业基地的性质几乎没有发生改变，只不过商品化程度日益加深、农牧业技术不断改进、农牧业产量不断提高而已。相邻的东盎格利亚地区（East Anglia，包括诺福克郡、萨福克郡，以及剑桥郡和埃塞克斯郡的各一部分），不但自然条件适合农牧业，而且其区位特点影响其经济方向不断改变：中世纪作为传统的农牧业区，因其地理位置关系（靠近北海）受到丹麦人较深程度入侵，后者带来的经济社会习俗，使这里形成庄园制弱化、自由农民强大和居住分散式等特点，受封建关系束缚的程度小于密德兰，生产者的积极性更高，从而使该地区农牧业生产达到了中世纪条件下的较高水平；16世纪也由于靠近大陆的区位优势，尼德兰宗教难民最先在这里安顿，他们带来的新技术促使"新呢布"工业快速发展，使得16、17世纪之交的东盎格利亚成为全国最大的乡村毛纺区。但由于气候等因素这里不出产新呢布织造所需的长绒羊毛，因此这一资源短板制约了新呢布制造业进一步发展，导致工匠和工人纷纷向同样是乡村毛纺业区的西莱丁转移，东盎格利亚毛纺业进入18世纪后就呈下行趋势。然而区位优势又为东盎格利亚提供了另一个补偿，即来自荷兰的工程师在东盎格利亚西北大沼泽帮助进行了排水造田工程，荷兰农业革命技术也最先传到这里，故而东盎格利亚人又抓住了这一历史机遇，结合自身距离伦敦市场较近的区位优势，在肥沃土地（自然资源）上发展了发达的商品化农业，以及供应肉和奶的畜牧业。西南部（West Country）与东盎格利亚情形类似。这一地区的康沃尔郡和德文郡位于英格兰的最南端，气候较为温和，有利于农作物和牧草生长，其余各郡（威尔特郡、格洛斯特郡、多塞特郡和萨默塞特郡）则是土质和水量条件均好，适宜于作物和牧草，因此从中世纪以来就有比较发达的农牧业，出产的优质羊毛很早就作为英国的主要出口物，从南安普顿、布里斯托尔等港口运往国外市场。14世纪至16世纪前期该区乡村毛纺业非常兴旺，生产的优质呢绒（也和这里斯特劳德河谷土质偏红可作染料等重要资源有关）源源不断地输往国际市场。最先在这里产生的呢绒制造商（clothier）是最早形式的工场手工业老板。只是到了16世纪中期，伦敦商人靠国王赐予的特权夺走了西南各港的呢绒出口权，区位劣势从而不利于与国际市场交往，造成了西部呢绒业的衰落。在这种不利局势下，西南部再度利用自然条件和农牧业传统，顺应东面伦敦和北面西密德兰工商人口对粮食肉奶等生活资料的需求，发展了商品化农牧业生产。虽然其转型比东盎格利亚要慢要晚，但经济方向在18、19世纪定型后直至今天都不再起伏波折。

其二，经济的板块化或区域化，是与更大范围的全国经济一体化互为前提、互相促进的。从一个角度说，每个经济区域都是全国经济体系的有机组成部分，每个经济区域都与其他经济区域存在有机联系，虽然联系程度各有不同，有的紧密，有的松散，但决不是碎片化、分散化。经济区域化实际上也是全国经济的地理性分工或区域性分工。不过，分工也好，联系也罢，必须融入全国经济一盘棋。从另一个角度看，经济区域化又促进全国经济的一体化，因为经济区域化实际上是各个局部区域的经济一体化，这是为全国经济的全局性整合做前奏、做准备。而在全国性经济整合下的经济区域化，各区域间的生产分工、协作和联系更为加强，从而使全国的一体化经济得到强化和巩固。

在 16 至 19 世纪英国的崛起进程中，经济区域化和全国性整合这两者基本上是相适应的，几乎是同步发展的。16、17 世纪里英国的经济区域化开始显露了雏形，那么全国性的经济整合也只是初步的，英国经济的一体化也只是露出了苗头。而且由于伦敦所处的政治地位、所获的经济特权，它在全国的经济地位过于强势，因此 16、17 世纪初步形成的全国性经济体系是偏倚的，伦敦攫取了这个偏倚体系中的大多数财富和资源，以至于这两个世纪里看起来只有伦敦有较大发展甚至是膨胀式发展。伦敦的膨胀虽然对全国经济尤其是附近地区的发展有带动效应，但这种带动作用抵偿不了它对全国资源和财富的吸纳后果，它享受的毛纺织品出口特权甚至还对邻近区域即东盎格利亚和西南区毛纺织业起到了一定破坏作用。18 和 19 世纪就不同了。西北地区乡村工业崛起后，由于离伦敦较远（又是区位优势）使它们能在一定程度上摆脱伦敦的羁绊，因此在乡村工业基础上结合本地的资源和区位优势，比较顺利地成长为工业革命的发源地。这样形成的能够与伦敦相对应的西北工业区，体现了鲜明的区域工业经济特色，基本上能使英格兰经济全局在整体上趋于平衡，使得英国经济整体化程度更强，真正的区域分工也更明确。而伦敦与西北工业区之间的广大中间地带，虽然内部的经济发展和经济联系是松散的、个别的，但它们都能依靠全国经济体系而分别附着于某个经济强势区域，为其服务，如东盎格利亚主要向伦敦市场输送农牧产品，西南各郡则分别向伦敦和西密德兰输送农牧产品，东密德兰主要是西莱丁、兰开夏和西密德兰的农牧产品生产基地。在 19 世纪初期最终形成的这样一个英格兰经济格局，因为合理均衡而又符合各地资源和区位条件，因此一直沿袭至今天。

其三，无论是经济的区域化，还是全国经济的整合与一体化，都离不开而且主要依靠城市在其中起着主体、核心、骨干和推动器的作用。没有发达的城市作为主体和核心来推动，经济区域化和全国性整合就会是乏力的，区域经济就很难体现出特色，区域内的经济发展会很散乱，区域经济的一体化就更难形成，即使形成也很松散。反过来，经济区域化乃至全国经济的整合与一体化，又大大促进了各级各类城市的发展。没有经济的区域化和全国性整合，区域内城市的发展必然是乏力的，缺乏广阔的腹地支撑，后劲不足。

一方面，城市是文明的结晶，是各种先进社会要素的聚集地，社会的进步也主要体现在城市，至少是最先体现在城市。另一方面，城市又能领导社会潮流，是感受社会新鲜风气的前导站、社会前进的引领者。城市作为经济发展方向的主导者，集聚了相当大部分的社会资源。如城市是社会资金财富的聚集地、控制地和最佳效益产生地；城市是消费能力即市场资源的聚集地，不但城市居民的消费能力强，而且农村居民许多消费行为也在城市完成，城市市场是刺激扩大再生产的重要源泉；城市还常常是新技术、新思想的发源地等等。有城市的有力带动和引领，区域内的农村也会很快被改造，吸纳进区域经济体系之中；如果缺乏城市的带动和引领，其结果一是该区域难以结成密致的经济体系，二是区域内农村经济就会散乱地发展，或游离于本区域原本就松散的经济体系之外。

从英国崛起时期的经济区域（板块）化的进程和结果看，三大板块里城市推动经济区域化的作用有弱有强，区域经济推动城市发展的效果也大小不一，不可等量齐观。在西北工业区的几个次级区域里，工商业城市实际上构成了各区域的经济主体，如兰开夏的曼彻斯特、利物浦、波尔顿、兰开斯特、斯托克波特等，以及邻近的切斯特等；西密德兰区的伯明翰、考文垂、达德利、伍尔夫汉普顿、沃尔沙尔、特伦河畔斯托克等；西莱丁区的利兹、布雷德福、威克菲尔德、哈德斯菲尔德、哈利法克斯；东密德兰西北区的诺丁汉、德比、莱斯特、切斯特菲尔德等；东北采煤区的纽卡斯尔、达拉姆等。在东南部，伦敦作为一个特大城市，其磁场太强大了，其磁力辐射和功能服务范围已经很广，以其为核心已足够凝聚一个较大经济区域的一体化，其他一些中小城镇只需起些辅助作用和传递作用，由此，是辐射区内的丰富资源大大促进了伦敦发展。而且伦敦作为全国经济整合的聚核，还可以攫取全国范围内的经济资源。至于西北工业区和伦敦东南区之间的广大地带，虽然也可以将其称之为一个版块，但其农牧生产（哪怕是商品化农牧业）的特点，使得区域内部郡与郡、城镇与城镇、城镇与乡村间的经济联系松散，难以结成真正的密致板块，也使域内各城镇一般只是农产品集散地和外输地而已。没有或很少有近代大工业

的集中，自然也难以成长起人口较多的大城市。由此，在这广袤的20来个郡里，仅仅只有布里斯托尔算得上英国二流的城市，它的成功还在于一是承担了邻近西密德兰区的部分对外窗口功能，为该区输入一部分工业原材料，输出一部分工业产品；二在于它是大西洋贸易的主要基地，并开拓了与东方的贸易。

　　区域内的所有大小城镇若能有机地构成层级分明、功能区分的城市体系，才能构成区域经济体系的骨架。在这个城市体系中，一般来说应具备几种关系。第一，区域内必须有一个或若干个能成为区域中心或城市体系中心的大城市，只有它（它们）才能担当为区域的经济聚核。在西北工业区的几个次级区域里，几乎都具备了这一条件。如兰开夏有曼彻斯特和利物浦，西密德兰区有伯明翰、考文垂和伍尔夫汉普顿，西莱丁区有利兹、布雷德福，东北采煤区有纽卡斯尔，东密德兰西北区有诺丁汉、德比和莱斯特，"哈兰郡"钢铁工业区有设菲尔德等。英格兰东南部当然有伦敦这个巨大都市。但在中间地带却没有，布里斯托尔虽然较大，但它的辐射主要在区外和国外，故而并非是西南地区的经济聚核。诺里奇虽然大，但在东盎格利亚转变为商品化农牧业基地后，它也随之仅成为诺福克郡农牧商品的集散地而已。第二，城市体系应随城镇层级而梯度性架构，从中心城市到普通城市再到农村城镇。体系中各层级城镇还应有生产和功能分工，如从下往上：农村城镇生产初级工业品，普通城市承担产品进一步加工环节，中心城市将各处（城及乡）工业品集中后进行精加工再投放国内外市场。西北工业区的各次级区域工业生产体系基本上都是这样布局的。伦敦及东南部的商品流通体系也基本与此相似：农村产品流通先集中于地方城镇，再运至伦敦；伦敦产品（包括来自国际贸易的商品）先发放到地方城镇，再到农村。然而在中间地带，即使是各次级区域的农牧产品，也多是在各地城镇集中后，就近、分头输往需要这些产品的地区如西北区和伦敦等，而不需要再在某个中心城市集中后再发运出去。也就是说，中间地带没有形成有中心的、呈梯度的城市体系及其工商功能，所以说这个经济板块是松散的，版块内各次级区域内部的经济联系也是分散的。第三，区域城市体系内还有一类特殊关系，即腹地城市与窗口城市（多为港口）城市之间的关系。窗口（港口）城市在区域经济中主要起连接国内外市场的作用，如利物浦之于兰开夏及西密

德兰，赫尔之于西莱丁，纽卡斯尔之于达拉姆郡，波士顿之于林肯郡及东密德兰，大雅茅斯之于诺福克郡、伊普斯维奇之于萨福克郡，南安普顿之于英格兰南部，埃克塞特之于德文郡，布里斯托尔之于西南部及西密德兰等。如果区域经济整体性强劲，那么这些窗口城市的发展则不可限量，地位也就举足轻重，如利物浦、赫尔、纽卡斯尔；如果区域内经济联系松散，或者与外部联系不很密切，那么这些窗口的地位也就轻微得多，如波士顿、大雅茅斯、埃克塞特等。

区域城市体系还具有很大的上下张力。往上，在其基础上，英格兰最终形成了更为协调的整体性的、开放性的全国性城市网络。这个城市网络在16、17世纪就已成雏形，以伦敦为核心、以地区中心城市为主干、以广大中小城镇为触角，伸展至国土每一个角落，这和当时的全国市场网络及民族经济体系是一致的，并且是这个全国市场网络和民族经济体系的骨架，几乎每一个大小城市城镇在经济功能上都呈现着商业化、专业化和开放化的趋向，以便能更好地适应、融入和构架这个网络和体系。只是这个网络和体系过于向着伦敦这个"心"了，因而是偏倚的。到了18、19世纪，这个网络和体系则因西北工业城市群的兴起及其强大吸附力而呈现与伦敦相比肩的另一"核"，而且"双核"之间有分工、有联系，对外的窗口也多打开了几道，各地城市与双核、与窗口城市以及别的城市形成了纵横交织、错综多元的联系，这样一来，英格兰城市体系进而全国经济的整体性和多元性便大为加强。

往下，区域城市体系也强化了对乡村的影响，促进了域内农村腹地和国内农村地区的城镇化进程。英国农村的城镇化进程是从工业革命时期开始形成高潮的，那时主要是西北工业区等地不少村庄因发展依附于城市的初级生产环节工业而成长为城镇。工业革命完成之时，城市数量在地理布局上已趋饱和、不必也难以再出现新城镇时，农村城镇化的基本内容就是依照城市的生活条件、生活方式和生活观念，将农村改造成具有吸引力的宜居之地，让乡村生活与城市几无差别，甚至更吸引人。这就是从19世纪后期英国普遍兴起的"乡村改造"运动。这种改造不但出现在西北工业区的剩余农村，也广泛出现在中间地带，而且成效显著，而20世纪初中国文人林语堂那句"住要住在英国乡村"的感慨，也从一个侧面反映了英国乡村改造的突出成就。

主要参考文献

中文文献

（一）中文译著

马克思：《资本论》，人民出版社 1975 年版。

恩格斯：《家庭、私有制和国家起源》，《马克思恩格斯全集》第 21 卷，人民出版社 1965 年版。

[英]亨利·斯坦利·贝内特：《英国庄园生活》，侯建新、龙秀清等译，上海人民出版社 2005 年版。

[英]阿萨·勃里格斯：《英国社会史》，陈叔平等译，中国人民大学出版社 1991 年版。

[英]M.M.波斯坦等主编：《剑桥欧洲经济史》，第 1—6 卷，王春法主译，经济科学出版社，2002—2004 年版。

[法]F.布罗代尔：《15 至 18 世纪的物质文明、经济和资本主义》，第 1—3 卷，顾良、施康强译，生活·读书·新知三联书店 1993 年版。

[法]F.费尔南·布罗代尔：《法兰西的特性（1）：空间和历史》，顾良、张泽强译，商务印书馆 1994 年版。

[意]坚尼·布鲁克尔：《文艺复兴时期的佛罗伦萨》，朱龙华译，三联书店 1985 年版。

[法]马克·布洛赫：《封建社会》，张绪山等译，商务印书馆 2004 年版。

[法]P.布瓦松纳：《中世纪欧洲生活和劳动》，潘源来译，商务印书馆 1985 年版。

[英]查尔斯·达维南特：《论英国的公共收入与贸易》，朱泱等译，商务印书馆 1995 年版。

[英]A.G.道布罗夫：《英国经济地理》，王正宪译，商务印书馆 1960 年版。

[英]罗伯特·杜普莱西斯：《早期欧洲现代资本主义的形成过程》，朱智强等译，辽宁教育出版社 2001 年版。

[德]里夏德·范迪尔门：《欧洲近代生活》，王亚平译，东方出版社 2004 年版。

[德]汉斯-维尔纳·格茨：《欧洲中世纪生活》，王亚平译，东方出版社 2002 年版。

[荷兰]约翰·赫伊津哈：《中世纪的衰落》，刘军等译，中国美术学院出版社 1997 年版。

[英]D.怀特洛克：《盎格鲁-撒克逊编年史》，寿纪瑜译，商务印书馆 2004 年版。

[美]保罗·M.霍恩伯格、林恩·霍伦·利斯：《都市欧洲的形成》，阮岳湘译，商务印书馆 2006 年版。

[英]马丁·吉尔伯特：《英国历史地图》，王玉菡译，中国青年出版社 2009 年版。

[美] 马克·吉罗德：《城市与人：一部社会与建筑的历史》，郑忻、周琦译，中国建筑工业出版社 2007 年版。

[美] 查尔斯·P. 金德尔伯格：《西欧金融史》，何健雄等译，第 2 版，中国金融出版社 2010 年版。

[英] W. H. B. 考特：《简明英国经济史》（1750—1939），方廷钰译，商务印书馆 1992 年版。

[英] 彼得·克拉克、保罗·斯莱克：《过渡期的英国城市》，薛国中译，武汉大学出版社 1992 年版。

[英] 约翰·克拉潘：《简明不列颠经济史：从最早时期到 1750 年》，范定九等译，上海译文出版社 1980 年版。

[英] J. 克拉潘：《现代英国经济史》，姚曾廙译，商务印书馆 1997 年版。

[苏] 科斯敏斯基：《中世纪史》，朱永庆译，三联书店 1957 年版。

[英] 约瑟夫·库利舍尔：《欧洲近代经济史》，石军、周莲译，北京大学出版社 1990 年版。

[英] 安格斯·麦迪森：《世界经济千年史》，伍晓鹰等译，北京大学出版社 2003 年版。

[法] 保尔·芒图：《十八世纪产业革命》，杨人楩等译，商务印书馆 1983 年版。

[美] 罗伯特·金·默顿：《十七世纪英格兰的科学、技术与社会》，范岱年等译，商务印书馆 2002 年版。

[英] 肯尼思·O. 摩根：《牛津英国通史》，王觉非等译，商务印书馆 1993 年版。

[美] 道格拉斯·诺斯等：《西方世界的兴起》，张炳九译，学苑出版社 1988 年版。

[美] 道格拉斯·C. 诺思：《经济史上的结构和变革》，厉以平译，商务印书馆 2005 年版。

[美] 帕尔默、科尔顿：《近现代世界史》，孙福生等译，商务印书馆 1992 年版。

[英] 多伊斯顿·派克：《被遗忘的苦难：英国工业革命人文实录》，蔡师雄等译，福建人民出版社 1983 年版。

[比] 亨利·皮朗：《中世纪欧洲经济社会史》，乐文译，上海人民出版社 2001 年版。

[比] 亨利·皮雷纳：《中世纪的城市》，陈国樑译，商务印书馆 2006 年版。

[意] C.M. 奇波拉主编：《欧洲经济史》，第 1—6 卷，徐璇等译，商务印书馆 1988—1989 年版。

[意] 路易吉·萨尔瓦托雷利：《意大利简史》，浓珩、祝本雄译，商务印书馆 1998 年版。

[德] 桑巴特：《现代资本主义》，第 1 卷，李季译，商务印书馆 1958 年版。

[德] 维尔纳·桑巴特：《奢侈与资本主义》，王燕平等译，上海人民出版社 2005 年版。

[英] 施托克马尔：《十六世纪英国简史》，上海人民出版社 1958 年版。

[美] 斯塔夫里阿诺斯:《全球通史》,吴象婴、梁赤民译,上海社会科学院出版社 1999 年版。

[美] 约翰·斯梅尔:《中产阶级文化的起源》,陈勇译,上海人民出版社 1994 年版。

[英] 亚当·斯密:《国民财富的性质和原因的研究》,郭大力、王亚南译,商务印书馆 1972 年版。

[美] J.W. 汤普逊:《中世纪晚期欧洲经济社会史》,徐家玲等译,商务印书馆 1996 年版。

[美] J.W. 汤普逊:《中世纪经济社会史》,耿淡如译,商务印书馆 1997 年版。

[英] E.P. 汤普森:《英国工人阶级的形成》,钱乘旦译,译林出版社 2001 年版。

[德] 马克斯·韦伯:《经济通史》,姚曾廙、韦森译,上海三联书店 2006 年版。

[德] 阿尔弗雷德·韦伯:《工业区位论》,李刚剑等译,商务印书馆 1997 年版。

[特立尼达和多巴哥] 艾里克·威廉斯:《资本主义与奴隶制度》,陆志宝等译,北京师范大学出版社 1982 年版。

[英] 亚·沃尔夫:《十六、十七世纪科学、技术和哲学史》,周昌忠译,商务印书馆 1997 年版。

[美] E. 沃勒斯坦:《现代世界体系》,共 3 卷,罗荣渠、庞卓恒等译,高等教育出版社 1998 年版。

[英] 伊·勒·伍德沃德:《英国简史》,王世训译,上海外语教育出版社 1990 年版。

[英] C.J. 辛格主编:《技术史》,1—5 卷,王前、孙希忠等译,上海科技教育出版社 2004 年版。

[美] 迈克尔·V. C. 亚历山大:《英国早期历史中的三次危机》,林达丰译,北京大学出版社 2008 年版。

联合国教科文组织:《十五至十九世纪非洲的奴隶贸易》,黎念译,中国对外翻译出版公司 1984 年版。

（二）中国学者著作

常俊跃、赵秀艳、赵永青主编:《英国自然人文地理》,北京大学出版社 2013 年版。

陈曦文:《英国 16 世纪经济变革与政策研究》,首都师范大学出版社 1995 年版。

陈曦文、王乃耀主编:《英国社会转型时期经济发展研究》,首都师范大学出版社 2002 年版。

陈晓兰:《城市意象:英国文学中的城市》,广西师范大学出版社 2006 年版。

高达声、汪广仁等:《近代技术史简编》,中国科学技术出版社 1994 年版。

侯建新:《现代化第一基石:农民个人力量与中世纪晚期社会变迁》,天津社会科学院出版社 1991 年版。

侯建新:《农民、市场与社会变迁:冀中 11 村透视并与英国乡村比较》,社会科学文献出版社 2002 年版。

侯建新主编：《经济-社会史：历史研究新方向》，商务印书馆 2002 年版。

侯建新：《社会转型时期的西欧与中国》，高等教育出版社 2005 年版。

蒋孟引主编：《英国史》，中国社会科学出版社 1988 年版。

江立华：《英国人口迁移与城市发展》，中国人口出版社 2002 年版。

金志霖：《英国行会史》，上海社会科学院出版社 1997 年版。

厉以宁：《资本主义的起源——比较经济史研究》，商务印书馆 2003 年版。

李伯重：《江南的早期工业化（1550—1850）》，社会科学文献出版社 2000 年版。

李增洪：《13—15 世纪伦敦社会各阶层分析》，中国社会科学出版社 2005 年版。

刘景华：《城市转型与英国的勃兴》，中国纺织出版社 1994 年版。

刘景华：《西欧中世纪城市新论》，湖南人民出版社 2000 年版。

刘景华：《走向重商时代——社会转折中的西欧商人和城市》，中国社会科学出版社 2007 年版。

刘景华：《外来因素与英国的崛起——转型时期英国的外国人和外国资本》，人民出版社 2010 年版。

刘景华、张功耀：《欧洲文艺复兴史·科学技术卷》，人民出版社 2008 年版。

刘明翰主编：《世界史·中世纪史》，人民出版社 1986 年版。

刘新成：《英国都铎时期议会研究》，首都师范大学出版社 1995 年版。

马克垚：《西欧封建经济形态研究》，人民出版社 1985 年版。

马克垚：《英国封建社会研究》，北京大学出版社 2005 年版。

齐思和：《中世纪晚期的西欧》，商务印书馆 1962 年版。

戚国淦、陈曦文主编：《撷英集：英国都铎史研究》，首都师范大学出版社 1994 年版。

钱乘旦、许洁明：《英国通史》，上海社会科学院出版社 2002 年版。

沈关宝、李聆：《泊下的记忆：利物浦老上海海员群体研究》，复旦大学出版社 2008 年版。

沈汉：《英国土地制度史》，学林出版社 2005 年版。

沈汉、王建蛾：《欧洲从封建社会向资本主义过渡研究》，南京大学出版社 1993 年版。

舒晓昀：《分化与整合：1688—1783 年英国社会结构分析》，南京大学出版社 2003 年版。

王加丰、张卫良：《西欧原工业化的兴起》，中国社会科学出版社 2004 年版。

王乃耀：《英国都铎时期经济研究》，首都师范大学出版社 1997 年版。

巫宝三主编：《欧洲中世纪经济思想资料选辑》，商务印书馆 1998 年版。

吴于廑：《吴于廑文选》，武汉大学出版社 2007 年版。

吴于廑主编：《大学世界历史地图集》，人民出版社 1988 年版。

吴于廑主编：《十五十六世纪东西方历史初学集》，武汉大学出版社 2005 年版。

吴于廑主编：《十五十六世纪东西方历史初学集续编》，武汉大学出版社 2005 年版。

薛国中、安长春主编：《十五十六世纪东西方历史初学集三编》，湖南出版社 1993 年版。

徐　浩：《农民经济的历史变迁：中英乡村社会区域发展比较》，社会科学文献出版社2002年版。

阎照祥：《英国政治制度史》，人民出版社1999年版。

阎照祥：《英国史》，人民出版社2003年版。

阎照祥：《英国近代贵族体制研究》，人民出版社2006年版。

杨　豫：《欧洲原工业化的起源与转型》，江苏人民出版社2004年版。

于洪俊、宁越敏：《城市地理概论》，安徽科学技术出版社1983年版。

曾尊固等：《英国农业地理》，商务印书馆1990年版。

张卫良：《英国社会的商业化历史进程1500—1750》，人民出版社2004年版。

张卫良：《现代工业的起源——英国原工业与工业化》，光明日报出版社2009年版。

张芝联、刘学荣主编：《世界历史地图集》，中国地图出版社2002年版。

赵立行：《商人阶层的形成与西欧社会的转型》，中国社会科学出版社2004年版。

赵秀荣：《1500—1700年英国商业与商人研究》，社会科学文献出版社2004年版。

周一良、吴于廑主编：《世界通史资料选编》，中古部分（郭守田主编），商务印书馆1989年版。

朱孝远：《近代欧洲的兴起》，学林出版社1997年版。

中国地图出版社、人民教育出版社：《历史地图册②》，2009年版。

中国人民解放军军事科学院：《简明军事百科词典》，解放军出版社1985年版。

（三）中文期刊

《历史研究》《世界历史》《史学理论研究》《安徽史学》《北方论坛》《北京大学学报》《长沙理工大学学报》《贵州大学学报》《杭州师范学院学报》《华南师范大学学报》《华中理工大学学报》《内蒙古民族大学学报》《史学集刊》《史学月刊》《首都师范大学学报》《天津师范大学学报》《武汉大学学报》《西华大学学报》《西南大学学报》《浙江大学学报》《浙江学刊》

| 英文文献 |

（一）原始文献类

Bayne, A. D., *History of the Industry and Trade of Norwich and Norfolk*, Norwich: Matchett and Stevenson , 1858.

Beatniffe, R., *The Norfolk Tour*, 6th edited, Norwich, 1808.

Brereton, W., *Travels in Holland, England, Scotland and Ireland, 1634-5*, Publications of Chatham Society, 1844.

Calendar of State Papers, Domestic Series, of the Reign of William and Mary: 1691-1692 , Longman, Green, Longman, & Roberts, 1968.

Census of 1841, Occupation Abstract, Published in 1844, kept in East Anglia University .

Defoe, Daniel, *Daniel Defoe's Tour though Great Britain*, Vol.I, London: JM Dent and Co., 1927.

Defoe, Daniel, *Tour through the Eastern Counties of England 1722,* Publishing on line, 2001.

Factory Inspectors' Reports, 1840-1845, the Yorkshire section was printed separately, a copy kept in the Bradford Reference Library.

Handloom Weaver's Commission, Assistant Commissioner's Reports, Part II, 1840, kept in Norfolk Record Office.

King, Charles, *The British Merchant: A Collection of Papers Relating to the Trade and Commerce of Great Britain and Ireland*, printed for Charles Marsh, and Thomas Davies,1748.

Latimer, John, *The Annals of Bristol in the Seventeenth Century*, Bristol: William George's Sons, 1900.

Luders, A. & T. E. Tombins and J. Raythby, *The Statutes of the Realm* (Vol. II), London: William S. Nein & Co. Inc, 1810-1828.

Massie, J., *Calculation of Taxes Paid by Different Class of the Community*, Rylands Library, Pol. Pamph, Vol.72.

Mitchell, B. R. & P. Deane (eds.), *Abstract of British Historical Statistics,* Cambridge University Press, 1962.

Nugae Antiquae, Vol.2, Published in 1769.

Page, William, *The Victoria History of the Countries of England Nottinghamshire*, London, 1906.

Picton, James A., F. S. A., *Memorials of Liverpool: Historical and Topographical including A History of the Dock Estate*, London: Longmans, Green & Co., Liverpool: G. G. Walmsley, 1875.

Picton, James A., F.S.A., *City of Liverpool: Municipal Archives and Records, from A.D.1700 to the Passing of the Municipal Reform Act, 1835*, Liverpool: the Sanction of the City Council, 1886.

Richardson, John, *The Annals of London,* Cassel Paperbacks, 2000.

Ruding, Rogers , *Annals of the Coinage of Great Britain and Its Dependencies: from the Earliest Period of Authentic History to the Reign of Victoria*, Vol. 1, Michigan University Press,1840.

Second Report of the Commissioners of Inquiry into the State of Large Towns and Populous Districts, 1845, Vol. XVIII, kept in East Anglia University.

Thirsk, Joan & J. P. Cooper, *Seventeenth-Century Economic Documents*, Oxford, 1972.

Timmins, Samuel, *The Resources, Products, And Industrial History of Birmingham And The Midland Hardware District,* London: Robert Hardwicke, 1866.

Young, A., *Farmer's Letters, Vol. I: To the People of England,* 1768; *II: To the Landlords of Great Britain*, London: Printed for W. Strahan, 1771.

Young, A., *Annals of Agriculture and other useful Arts*, Vol.22, printed for the editor by J. Rackham, 1794.

Young, Arthur, *The Farmer's Tour Through the East of England,* printed for W. Strahan ; W. Nicoll; B. Collins , Salisbury; and J. Balfour, Edinburgh, 1771.

Young, G. M., & W. D. Handcock (eds.), *English Historical Documents,* Vol. 12, 1874-1914, London, 1977.

（二）研究著作类

Abrams, P. and E. A. Wrigly (eds.), *Towns in Societies,* Cambridge University Press, 1978.

Abulafia, David (ed.), *The New Cambridge Medieval History,* 7vols., Cambridge University Press, 1998-2005.

Ackroyd, Peter, *London: The Biography,* London: Nan A. Talese, 2001.

Agricola, G., *De Natura Fossilium*, Courier Dover Publications, 2004.

Allen, Robert C., *Enclosure and Yeoman,* Oxford, 1992.

Allen, R.C., *The British Industrial Revolution in Global perspective,* Cambridge, 2009.

Allison, K. J., *A History of the County of York East Riding: V. 1: The City of Kingston upon Hull,* 1969.

Anderson, Romola, R. C. Anderson, *The Sailing-Ship: Six Thousand Years of History*, Bonanza Books, 1963.

Andrews, William and Elsie M. Lang, *Old English Towns*, London: T. Wener Laurie, Ltd, 1909.

Ascott, Diana E., Fiona Lewis and Michael Power, *Liverpool 1660-1750, People, Prosperity and Power*, Liverpool University Press, 1988.

Ashley, W. J., *The Early History of the English Woollen Industry,* Oxford, 1887.

Ashley, W. J., *An Introduction to English Economic History and Theory,* Longman's Green, 1909.

Ashby, M.K., *The Changing English Village, A History of Bledington, Gloucestershire 1066-1914*, The Roundwood Press,1974.

Ashton, T. S., *An Economic History of England and 18th Century*, Taylor & Francis Group Press, 1966.

Ault, W. O. Z., *Open-Field Farming in Medieval England-A Study of Village By-Laws*, printed in Great Britain in 10 point Plantin type by the Aldine Press, Letchworth, 1972.

Bagwell, Philip Sidney, *The Transport Revolution*, London: Routledge, 1988.

Ball, Michael and D. Sunderland, *An Economic History of London, 1800-1914*, London: Routledge, 2001.

Barnett, David, *London, Hub of the Industrial Revolution: A Revisionary History 1775-1825*, London & New York: I. B. Tauris, 1998.

Bartlett, J. N., *Some Aspects of Economy of York in Later Middle Ages, 1300-1550*, London University PHD thesis, 1958.

Beardwood, A,. *Alien Merchants in England 1350-1377*，Harvard University Press, 1931.

Beier, A. L., F. Roger, *London 1500-1700: the Making of the Metropolis*, London: Longman, 1986.

Belchem, John, *Liverpool 800: Culture, Character & History*, Liverpool University Press, 2006.

Bennett, H.S., *Life of English Manor*, Cambridge University Press, 1956.

Beresford, M., *English Medieval Boroughs: A Hand-list: Revisions, 1973-1981*, Cambridge University Press,1981.

Besant, W., *London in the Time of the Stuarts*, London: Academic & Charles Black, 1903.

Bidwell, P. T., *The Legionary Bath-House and Basilica and Forum at Exeter*, Exeter, 1979.

Bill, H.C., *Medieval East Anglia*, Boydell, 2005.

Bogucki, Peter & Pam J. Crabtree, *Ancient Europe 8000 B. C. - A. D. 1000: Encyclopedia of the Barbarian World*, Vol. II, Frank Menchaca.

Bolton, J. L., *The Medieval English Economy 1150-1500*, J. M. Dents & Sons Ltd, 1980.

Bowden, Peter J., *The Wool Trade in Tudor and Stuart England*, London: Frank Class Publishers, 1971.

Brich, Alan, *The Economic History of the British Iron and Steel Industry 1784-1879: Essays in Industrial and Economic History with Special Reference to the Development of Technology*, Frank Cass,1967.

Bridbury, A. R., *Economic Growth: England in the Later Middle Ages*, Oxford University Press, 1975.

Bridbury, A. R., *Medieval English Clothmaking: An Economic Survey*, London: Heinemann Educational Books,1982.

Briggs, Asa, *A Social History of England*, Penguin Books, 1987.

Briggs, Asa, *Victorian Cities, A Brilliant and Absorbing History of Their Development*, London:

Penguin Books, 1990.

Briggs, M., B. A. Cantab, *Economic History of England*, London: W. B. Clive, 1914.

Brigden, Susan, *London and the Reformation,* Clarendon Press: Oxford, 1989.

Britnell, R. H., *The Commercialisation of English Society 1000-1500,* Cambridge, 1993.

Brown, Richard, *Society and Economy in Modern Britain 1700-1850,* Routledge, 1991.

Browne, P., *The History of Norwich from the Earliest Records to the Present Time*, Norwich, 1814.

Buer, M. C., *Health, Wealth and Population in the Early Days of the Industrial Revolution*, Routledge, 1968.

Burke, P. (ed.), *The New Cambridge Modern History*, Vol.4, Cambridge University Press, 1971.

Burton, Anthony, *The Rise and Fall of British Shipbuilding*, London: Constabl,1994.

Buthink, R. A. and A. Dodgshon，*An Historical Geography of England and Wales*，Academic Press, 1978.

Calendar of State Papers, *Domestic Series, of the Reign of William and Mary: 1691-1692* , Longman, 1968.

Cameron, Ronda, *A Concise Economic History of the World: from Paleolithic Times to the Present,* Oxford University Press, 1993.

Campbell, Lindsay June Howling, Peter Sykes, and Bob Willars, *King's Lynn: The First Thousand Years,* King's Lynn Town Guides, 1997.

Carus-Wilson, E.M., *Medieval Merchant Ventures,* London: Methuen & Co Ltd, 1954.

Carus-Wilson, *The Expansion of Exeter at the Close of the Middle Ages,* Exeter University Press, 1963.

Carus-Wilson, E. and O. Coleman, *England's Export Trade 1275-1547,* Clarendon Press, 1963.

Chalklin，Christopher, *The Rise of the English Town,1650-1850,* Cambridge University Press, 2001.

Chambers, J. D. & G. E. Mingay, *The Agricultural Revolution,* London, 1966.

Chambers, J.D., *The Rural Domestic Industries during the Period of Transition to the Factory System, with Special Reference to the Midland Counties of England, Proceedings of the Second International Congress of Economic History;*Vol.2, Aix-en-Provence,1962.

Chapman, S. D., *The Cotton Industry in the Industrial Revolution*, London: Macmillan, 1977.

Chapman, Stanley, *Merchant enterprise in Britain: from the Industrial Revolution to World War I*, Cambridge University Press, 1992.

Charles, King, *The British Merchant: A Collection of Papers Relating to the Trade and Commerce of Great Britain and Ireland*, printed for Charles Marsh, and Thomas Davies, 1748.

Chartres, J.A., *Internal Trade in England 1500-1700,* London: Macmillan, 1977.

Chartres, J., *Agricultural Markets and Trade 1500-1750,* Cambridge University Press, 1990.

Cheyney, Edward P., *An Introduction to the Industrial and Social History of England*, New York, 1916.

Cipolla, Carlo M., *Before the Industrial Revolution European Society and Economy, 1000-1700*, Oxford, 1992.

Clapham, J. H., *The Woollen And Worsted Industries*, Methuen & Co Press, 1907.

Clark, Peter, *The Transformation of English Provincial Towns 1600-1800*, London: Hutchinson, 1985.

Clark, P. ed., *Small Towns in Early Modern Europe*, Cambridge University Press, 1995.

Clark, Peter (ed.), T*he Cambridge Urban History of Britain* 3Vols., Cambridge University Press, 2000.

Clark, Peter, Paul Slack, *Crisis and Order in English Towns 1500-1700, Essays in Urban History*, London: Routledge,1972.

Clark, P., P. Slack, *English Towns in Transition 1500-1700*, Oxford University Press, 1976.

Clarke, Charles Cyril, *The Society of Merchant Ventures of Bristol*, Bristol, 1922.

Clarkson, L. A., *The Industrial Revolution: A Compendium*, Humanities Press, 1990.

Clarkson, Leslie A., *The pre-industrial Economy in England, 1500-1750*, London,1976.

Clay, C.F., *The Economic Development of A Norfolk Manor, 1086-1565*, Cambridge, 1906.

Coleman, D.C., *Industry in Tudor and Stuart England*, Macmillan Publishers Ltd.,1975.

Coleman, D.C., *The Economy of England 1450-1750*, Oxford University Press, 1978.

Collins, Roger, *Early Medieval Europe 300-1000*, Palgrave,1999.

Cooper, J. P., T*he New Cambridge Modern History*, Volume 4, Cambridge University Press, 1971.

Court, W. H. B., *The Rise of the Midland Industries 1600-1838*, Oxford University Press, 1953.

Court, W. H. B., *A Concise Economic History of Britain, From 1750 to Recent Times*, Cambridge University Press, 1976.

Crafts, N. F. R., *British Economic Growth During the Industrial Revolution*, Oxford University Press, 1985.

Croome, H. M., *An Economic History of Britain*, London: Christopher's Press, 1948.

Crump, W. B., *The Leeds Woollen Industry, 1780-1820*, The Thoresby Society, Leeds, 1931.

Cunningham, W. D., *Growth of English Industry and Commerce During the Early and Middle Ages*, 2vols, Cambridge University Press Warehouse, 1905.

Dahlam,C.J., *The Open Field System and Beyond*, Cambridge University Press,1980.

Darby, H. C., *A New Historical Geography of England*, Cambridge University Press, 1973.

Darby, H.C., *A New Historical Geography of England before 1600*, Cambridge University Press, 1976.

Darby, H.C., *The Domesday Geography of Midland England*, Cambridge University Press,2009.

Daunton, M.J., *Progress and Poverty: An Economic and Social History of Britain 1700-1850*, Oxford University Press, 1995.

David, P. A. and M. Thomas (eds.), *The Economic Future in Historical Perspective*, Oxford University Press, 2003.

Davis, R., *English Oversea Trade 1500-1700*, London: Macmillan, 1973.

Davis, Ralph, *The Rise of the English Shipping Industry in the Seventeenth and Eighteenth Centuries*, Macmillan,1962.

Deane, Phyllis and W. A. Cole, *British Economic Growth1688-1959: Trends and Structure*, Cambridge, 1962.

Derby, H.C., *A New Historical Geography of England*, Cambridge University Press, 1973.

Dodgshon, R.A., R.A.Butlin, *A Historical Geography of England and Wales*, London: Academic Press, 1990.

Doubleday, H. Arthur, *The Victoria History of the County of Norfolk*, Victoria County History, 1990.

Douglas, D. C., *The Social Structure of Medieval East Anglia*, Oxford University Press, 1927.

Dowding, W.L., *The Story of Bristol: A Brief History for Young Citizens*, Bristol: The Scholastic Trading Co., Limited, 1906.

Dowell, S., *Sketch of the History of Taxes in England from the Earliest Times to the Present Day*, Longmans Green and Co., 1876.

Dutt, W. A., *Norfolk*, Cambridge: Cambridge University Press, 1909.

Dutt, W.A., T*he Norfolk and Suffolk Coast*, New York, 1910.

Dyer, Alan, *Decline and Growth in English towns 1400-1640*, Cambridge University Press, 1995.

Dyer, Christopher, *Standards of Living in the Later Middle Ages-Social Change in England c. 1200-1520*, Cambridge University Press, 1989.

Dyer, Christopher, *Everyday Life in Medieval England*, Cambridge University Press, 2000.

Earle, Peter, *The Making of the English Middle Clas*s *Business, Society and Family Life in London, 1660-1730*, Berkeley and Los Angeles: University of California Press, 1989.

Edwards, J. K., T*he Economic Development of Norwich, 1750-1850, with Special Reference to the Worsted Weaving Industry*, Unpublished Ph.D. thesis, University of Leeds, 1965.

Ellison, Thomas, *The Cotton Trade of Great Britain, Including A History of the Liverpool Cotton Market and of the Liverpool Cotton Brokers' Association*, London, 1886.

Elton, G. R, *England under the Tudors*, London: Routledge, 1974.

Evant, N., *The East Anglian Linen Industry*, Gower, 1985.

Farr, James R. ed., *World Ears Vol.9: Industrial Revolution in Europe, 1750-1914*, Detroit: Gale Research Inc, 2003.

Ferriday, A., *The British Isles,* London: Macmillian, 1961.

Fisher, F. J., *Essays in the Economic and Social History of Tudor and Stuart England,* Cambridge, 1961.

Floud, Roderick and Paul Johnson (eds.), *The Cambridge Economic History of Modern Britain, Volume I: Industrialisation,1700-1860*, Cambridge University Press, 2004.

Fox, H.S.A., & R. A. Butlin, *Change in the Countryside : Essays on Rural England, 1500-1900*, London: Institute of British Geograprers, 1979.

French, C.N., *The Submerged Forest Palaeosols of Cornwall*, Geoscience in South-West England,1999.

Fryde, E. B., *Studies in Medieval Trade and Finance*, The Hambledon Press, 1983.

Fryde, E. B. *Peasants and Landlord in Later Medieval England 1380-1525*, Stroud, Alan Sutton, 1996.

Giles, J.H., *The Anglo-Saxon Chronicle*, London,1914.

Glay, H.L., *English Field Systems*, Harvard University Press, 1915.

Gras, Norman Scott, Brien, *The Early English Customs System*, Harvard University Press, 1918.

Griffiths, Elizabeth and Mark Overton, *Farming to Halves The Hidden History of Sharefarming in England from Medieval to Modern Times,* Palgrave Macmillan, 2009.

Hadfield, Charles, *British Canals: An Illustrated History*, Phoenix, 1959.

Hall, D., *The Open Fields of England*, Oxford University Press, 2014.

Hammond, J. L. and Barbara Hammond, *The Town Laborers 1760-1832, The New Civilization*, Longmans, Green, and Co., 1920.

Hardill, Irene, *The Rise of English Regions, Regions and Cities,* London and New York: Taylor & Francis Routledge, 2006.

Harrison, W., *Description of Elizabethan England 1577*, Kessinger Publishing, 2004.

Hatcher, John, *Rural Economy and Society in the Duchy of Cornwall 1300-1500*, Cambridge University Press, 1970.

Hatcher, John, *English Tin Production and Trade before 1550*, Oxford University Press,1973.

Hatcher, J., Plague, *Population and the English Economy1348-1530*,Macmillan Publishers Ltd,1984.

Hatcher, John , *The History of the British Coal Industry*, Oxford University Press,1993.

Heaton, Herbert, *The Yorkshire Woollen and Worsted Industries* , Cambridge University Press, 1920.

Hey, David G., *The Rural Metalworkers of the Sheffield Region,* Leicester, 1972.

Higgins, J. P. and Sidney Pollard, *Aspects of Capital Investment in Great Britain 1750-1850: A Preliminary Survey,* Routledge, 2006.

Hill, C. P., *British Economic and Social History, 1700-1982*, London: London Nodder Edcation,1985.

Hilton, R. H., *The West Midlands at the End of the Thirteenth Century,* Cambridge University Press, 1983.

Hinde, Andrew, *England's Population: A History since the Domesday Survey*, Oxford University Press Inc., 2003.

Hobson, Bernard, *The West Riding of Yorkshire,* Cambridge University Press, 1921.

Holderness, B.A., *Pre-industrial England Economy and Society 1500-1700*, London: Dent, 1976.

Holt, Richard and Gervase Rosser, *The English Medieval Town: A Reader in English Urban History 1200-1540,* London: Longman, 1990.

Horn, D. B. and Mary Ransome, *English Historical Documents 1714-1783*, Routledge, 1996.

Hoskins, W. G., *Industry, Trade and People in Exeter 1688-1800*, Manchester University Press, 1935.

Hoskins, W. G., *Two Thousand Years in Exeter*, Chichester, reprint 1974.

Hoskins, W. G., *The Age of Plunder, England of Henry VIII 1500-1547,* New York: Longman, 1979.

Hudson, Pat, *Regions and Industries: A Perspective on the Industrial Revolution in Britain,* Cambridge University Press, 1989.

Hudson, Pat, *The Genesis of Industrial Capital: A Study of the West Riding Wool Textile Industry 1750-1850*, Cambridge University Press, 1986.

Hudson, Pat, *The Industrial Revolution,* London: Edward Arnold, 1996.

Hudson, W. and J. C. Tingey, *The Records of the City of Norwich*, London, 2010.

Hughes, John, *Liverpool Banks & Bankers 1760-1837*, London, 1906.

Hughes, Kristine, *The Writer's Guide to Everyday Life in Regency and Victorian England,* Writer's Digest Books, 1998.

Hughes, E., *North Country Life in the Eighteenth Century*, Oxford University Press,1965.

Hunt, William, *Bristol*, London: Longmans, Green, and Co.,1889.

Hyams. P. R., *Kings, Lords and Peasants in Medieval England*, Oxford, 1980.

Hyde, C.K., *Technological Change and the British Iron Industry 1700-1870*, Princeton Press, 1977.

Hyde, Francois E., *Liverpool and the Mersey: An Economic History of a Port 1700-1970*, David & Charles: Newtow Abbot, 1971.

Inwood, Stephen, *A History of London,* London: Macmillan, 1998.

James, J., *A History of the Worsted Manufacture in England,* Cass Press, 1968.

Jenkins, D. T. ,& K.G. Ponting, *The British Wool Textile Industry 1770-1914,* London: Heine Educational Book Ltd, 1982.

Kermode, Jenny, *Medieval Merchants York, Beverley and Hull in the Later Middle Ages,* Cambridge University Press, 1998.

Kerridge, E., *The Agriculture Revolution*, London: George Allen & Unwin, 1967.

Keynes, S., *Asser's life of King Alfred and other Contemporary Sources*, London,1983.

Kitch, M.J., *Capital and Kingdom: Migration to later Stuart London,* London, 1986.

Kosminsky, E. A., *Studies in the Agrarian History of England in the Thirteenth Century*, Oxford, 1956.

Kowaleski, Maryanne, *Local Markets and Regional Trade in Medieval Exeter*, New York, Cambridge University Press, 1995.

Lane, Penelope, Neil Raven and K. D. M. Snell (eds.) *Women, work and wages in England, 1600-1850,* New York: The Boydell Press, 2004.

Lane, Frederic Chapin, *Venetian Ships and Shipbuilders of the Renaissance*, Johns Hopkins University Press, 1992.

Lang, Peter, *Liverpool China Traders*, International Academic Publishers, Bern, 2007.

Latimer, John, *The history of the Society of Merchant Venturers of the City of Bristol*, Bristol, 1903.

Leech, R., *Early Industrial Housing: Trinity Area of Frome*, Royal Commission on Historical Monuments, 1981.

Lipson, E., *The History of the Woollen and Worsted Industries,* Oxford University Press, 1921.

Lipson, E., *The Economic History of England,* Vol.1-3, London: A. C. Black, 1947.

Lloyd, T. H., *The English Wool Trade in the Middle Ages,* Cambridge University Press, 1977.

Lloyd, T. H, *England and the German Hanse, 1157-1611*，Cambridge University Press, 2002.

Maccaffrey, Wallace T., *Exeter, 1540-1640, the Growth of An English County Town*, Harvard University press, 1978.

MacLeod, C., *Inventing the Industrial Revolution, The English Patent System, 1660-1800*, Cambridge University Press, 2002.

Mallett, M. E., *The Sea Consuls of Florence in the Fifteenth Century*，Papers of the British School at Rome, Vol. 27, 1959.

Masschaele, J., *A Regional Economy in Medieval England*, PhD thesis in University of Toronto, 1990.

McKay, John P., Bennett D. Hill, John Buckler, *A History of Western Society*, Chicago Houghton Mifflin Company, 1995.

M'Creery, J., *A General and Descriptive History of the Ancient and Present State of the Town of Liverpool*, Liverpool, 1796.

Milne, Graeme J., *Trade and Traders in Mid-Victorian Liverpool Mercantile Business and the Making of A World Port*, Liverpool University Press, 2000.

Mitchell, J.B., *Historical Geography,* London, 1965.

Moffit, L.W., *England on the Eve of the Industrial Revolution,* London: King & Son, 1963.

Morgan, Kenneth O., *The Oxford History of Britain*, Oxford University Press, 2001.

Muir, Ramsay, *A History of Liverpool*, London: The University Press of Liverpool by Williams, 1907.

Nef, J. U., *The Rise of the British Coal Industry,* Vol. 1, Frank Cass Co. Ltd, 1966.

Nef, John U., *Cultural Foundation of Industrial Civilization*, Cambridge University Press, 1958.

Oman, C., *A History of the Art of War in the Middle Ages*, Greenhill Books, 1999.

Palliser, D. M., *The Age of Elizabeth: England under the Later Tudor*, Longman, 1992.

Palliser, D.M., *The Cambridge Urban History of Britain,*Vol.1, Cambridge University Press, 2000.

Palliser, David M., *Tudor York,* Oxford University Press, 2002.

Patten, J., *English Towns 1500-1700,* Folkstone, 1978.

Pevsner, Nikolaus, *London: The Cities of London and Westminster*, rev. edition,1962.

Pollard, Sidney, *The Genesis of Modern Management,* Harmondsworth, 1965.

Ponting, K. G., *The Woolen Industry of South-West England,* New York: Augustus M.Kelley, 1971.

Porteous, J. Douglas, *Canal Ports: The Urban Achievement of the Canal Age*, London and New York: Academic Press, 1977.

Porter, Roy, *London: A Social History,* Harvard University Press, Cambridge, 1994.

Postan, M. M., *The Medieval Economy and Society-An Economic History of Britain in the Middle Ages,* Weidenfeld and Nildson, 1972.

Pounds, Norman, *The Medieval City,* Greenwood, 2005.

Pounds , N.J.G., *A Historical Geography of Europe*, Cambridge, 1990.

Powell, E., *The Rising in East Anglia in 1381,*Cambridge, 1896.

Power, Eileen, *The Wool Trade in English Medieval History*, Oxford University Press,1941.

Power, E., *Wool Trade in English Medieval History,* Oxford University Press, 1955.

Power, Eileen, M. Postan, *Studies in English Trade in the Fifteenth Century*, Routledge, 2006.

Prall, Stuart E. and David Harris, Wilson, *A History of England,* Vol.2, Wadsworth Group, 2001.

Qian, Chengdan and Miles Taylor eds., *Proceedings of the British-Chinese history conference,* University of London, 2011.

Raftis, J., *Tenure and Mobility: Studies in the Social History of a Medieval English Village,* Toronto, 1974.

Raistrick, Arthur, *West Riding of Yorkshire,* London: Hodder and Stoughton, 1970.

Ramsay, G. D., *English Overseas Trade during the Centuries of Emergence,* London, 1957.

Ramsay, G. D., *Tudor Economic Problems,* London: Gollancz Press, 1963.

Ramsay, G. D., *The City of London: in International Politics at the Accession of Elizabeth Tudor,* Manchester, 1975.

Ramsay, G. D., *The English Woollen Industry 1500-1750*, the Macmillan Press LTD, 1982.

Rawcliffe, Carole & Richard Wilson, *Norwich since 1550,* London: Hambledon, 2004.

Reynolds, Susan, *An Introduction to the History of English Medieval Towns,* Clarendon Press, 1977.

Rhodes, W. E., *The Italian Bankers in England and Their Loans to Edward I and Edward II,* Members of the Owens College, 1902.

Rich, Edwin, Ernest, *The Staple Court Books of Bristol,* Bristol Record Society, 1934.

Richardson, D., S. Schwarz and A. Tibbles, *Liverpool and Transatlantic Slavery*, Liverpool University Press, 2007.

Rose-Troup, Frances, *Lost chapels of Exeter*, Exeter, 1923.

Rowe, Margery M. and Andrew M. Jackson, *Introduction. Exeter freemen 1266-1967* (Devon and Cornwall Record Society, extra ser., vol. 1), Exeter, 1973.

Rowlands, Marie B., *Master and Men, in the West Midland Metalware Trades before the Industrial Revolution,* Manchester University Press, 1975.

Rowlands, Marie B., *The West Midlands from AD 1000*, London and New York: Longman Inc., 1987.

Royle, E., *Modern Britain, A Social History 1750-1985*, London: Edward Arnold, 1988.

Ruddock, Alwyn A,. *Italian Merchant and Shipping in Southampton 1270-1600*, Southampton University College, 1951.

Russell, Josiah C., *British Medieval Population*, Univ. of New Mexico Press,1948.

Sacks, David Harris, *The Widening Gate, Bristol and the Atlantic Economy, 1450-1700*, University of California Press, 1992.

Saul, Nigel, Chris Given Wilson, *Fourteenth Century England*, vol.2, Boydell Press, 2002.

Schofield, John, Vince Alan, *Medieval Towns: The Archaeology of British Towns in Their European Setting*, Continuum International Publishing Group, 2003.

Schubert, H.R., *History of the British Iron and Steel Industry*, London, 1957.

Schulze-Gaevernitz, Dr. G., Von *The Cotton Trade in England and on the Continent*, Manchester, 1895.

Schumpeter, E. B., *English Overseas Trade Statistics 1697-1808*, Oxford: Clarenden Press, 1960.

Schwarz, L. D., *London in the Age of Industrialization: Entrepreneurs, Labour Force and Liv-

ing Conditions, 1700-1850, Cambridge University Press, 1992.

Sheppard, Francis, *London, A History,* Oxford University Press, 1998.

Smail, John, *Merchants, Market and Manufacture,* New York: St. Martin's Press,1999.

Smith, Alan G. R., *The Emergence of A Nation State: The Commonwealth of England, 1529-1660,* Longman, 1984.

Smith, S.R., *The Social and Geographical Origins of London Apprentices, 1630-1660,* Guildhall Miscellany, IV, 1973.

Sneyd, C. A., *Italian Relation of England: A Relation or Rather A True of the Island,* London: Camden Society, 1847.

Southey, Robert, *The Early Naval History of England,* Carey, Lea & Blanchard, 1835.

Stephen, Inwood, *A History of London,* Macmillan,1998.

Stephen L. K, *Kett's Rebellion: the Norfolk Rising of 1549,* Boydell,1977.

Stobart, Jon and Neil Raven, *Towns, Regions and Industries*: *Urban and Industrial Change in the Midlands, c. 1700-1840,* Manchester University Press, 2005.

Stone, L., *The Crisis of the Aristocracy,* Oxford: Clavendon Press, 1965.

Stone, L., *Social Change and Revolution in England 1540-1640,* Longman Group Limited, 1965.

Stow, John, Henry Morley, *A Survey of London,* Wildhern Press, 2007.

Supple, B.E., *Commercial Crisis and Change in England 1600-1642,* Cambridge University Press University Press, 1959.

Sussman, H., *Victorian Technology: Invention, Innovation, and the Rise of the Machine,* California: Praeger Publishers Inc, 2009.

Swanson, H., *Medieval British Towns,* New York: St. Martin's Press, 1999.

Tawney, R. H., *The Agrarian Problem in the Sixteenth Century,* London, 1912.

Taylor, T. J., *Archaeology of the Coal Trade,* Vol.1, Graham,1971.

Thirsk, Joan, *The Agrarian History of England and Wales,* Vol.2-7, Cambridge University Press, 1967-2011.

Thirsk, Joan, *The Rural Economic of England: Collected Essays,* London: Hambledon Press,1984.

Tiller, Kate, *English Local History: An Introduction,* Stroud: Alan Sutton Publishing Ltd, 1992.

Tillott, P. M., *A History of the County of York, City of York,* London: University of London,1961.

Tittler, Robert, Norman L Jones, *A Companion to Tudor Britain,* Oxford: John Wiley & Sons, 2007.

Toynbee, Arnold, *Lectures on The Industrial Revolution in England,* 飞天音像出版社, 2004.

Trevelyan, G. M., *English Social History,* Longmans, Green and Co., 1942.

Usher, A. P., *The Growth of English Shipping 1572-1922,* The Quarterly Journal of Economics, 1928.

Unwin, George, *The Gilds and Companies of London,* Frank Cass & Company Ltd.1963.

Unwin, G., *Industrial Organization in the Sixteenth and Seventeenth Centuries,* London: Frank Cass, 1972.

Unwin, G., *Studies in Economic History*, London, 1927.

Ville, S., *English Shipowning during the Industrial Revolution,* Manchester University Press, 1987.

Vries, Jan de, *The Industrious Revolution: Consumer Behavior and the Household Economy, 1650 to the Present*, Cambridge University Press, 2008.

Wallace, Doreen, *East Anglia,* London: B. T. Batsford, 1943.

Wareham, A., *Lords and Communities in Early Medieval East Anglia,* Boydell, 2005.

Weatherill, L., *Consumer Behaviour and Material Culture in Britain, 1660-1760*, Routledge, 1988.

Wells, Charles, *A Short History of the Port of Bristol*, Bristol, 1909.

White, Lynn Jr., *Medieval Technology and Social Change,* Oxford University Press, 1962.

Whyte, Ian D., *Migration and Society in Britain,1550-1830,* New York,2000.

Willan, T. S., *The Inland Trade; Studies in English Internal Trade in the Sixteen and seventeen Century*, Manchester University Press, 1976.

Williamson, Jeffrey G., *Coping with City Growth during the British Industrial Revolution,* Cambridge University Press, 2002.

Willuams, Gomer, *History of the Liverpool Privateers and Letters of Marque with an Account of the Liverpool Slave Trade*, London: William Heinemann, Liverpool, 1897.

Whittle, Jane, *The Development of Agrarian Capitalism : Land and Labour in Norfolk, 1440-1580,* Oxford University Press, 2000.

Williams, *The Maritime Trade of East Anglian Ports,1550-1590,* Oxford, 1952.

Wrigley, E. A. *Poverty, Progress, and Population*, Cambridge University Press, 2004.

Wrigley, R.S Schofield, *The Population History of England 1541-1871,* London: Cambridge University Press, 1981.

Young, G. M., *The Victoria History of the County of Wiltshire,* Vol.3, Cornell University Library, 1956.

Zell, Michael, *Industry in the Countryside: Wealden Society in the Sixteenth Century,* Cambridge, 1994.

（三）外文期刊类

African Economic History   *Agricultural History*

Agricultural History Review   *Canadian Journal of History*

Annals of the American Academy of Political and Social Science

Economica   *Economic Geography*

Explorations of Economic History   *Eighteenth-Century Studies*

Geografiska Annaler   *Folklore*

Geographical Journal   *Geography*

Geography Economics   *Geographical Review*

Historical Review   *Historical Journal*

History   *History Workshop Journal*

Journal of Historical Geography   *Journal of Accounting Research*

Journal of Social History   *Journal of Interdisciplinary History*

Midland History   *Medieval Archaeology*

Northern History   *Oxford Journal of Archaeology*

Proceedings of the American Philosophical Society   *Past and Present*

Regional Studies   *Speculum*

Technology and Culture   *Theatre Journal*

The American Historical Review   *The American Economic Review*

The Business History Review   *The American Journal of Sociology*

The Economic Journal   *The Economic History Review*

The Geographical Journal   *The English Historical Review*

The Journal of Economic History   *The Journal of British Studies*

The Journal of Negro History   *The Journal of Modern History*

The Journal of the Anthropological Institute of Great Britain and Ireland

The William and Mary Quarterly   *The Quarterly Journal of Economics*

Transactions and Papers (*Institute of British Geographers*) *The Wisconsin Magazine of History*

Transactions of the Institute of British Geographers   *Transaction of Royal History Society*

Transactions of the American Philosophical Society   *Virginia Law Review*

Yorkshire Archeology Journal.   *World Archaeology*

后 记

　　本书是本人所主持的教育部社科项目《崛起时期英国经济发展的区域性特征研究》和天津市社科重点项目《崛起时期英国的地区经济及整合》的最终成果。在本人的指导下，一些年轻学人也在课题学术思想基础上参与了研究工作，积极查找资料，并撰写部分初稿；本人再对所有文稿进行全面修改、提炼、润色和统稿，并进一步提升其学术观点。各部分初稿撰写者为：

导　言　刘景华

第一章　刘景华

第二章　刘景华

第三章　刘景华

第四章　王秋怡　刘景华

第五章　任传永　刘景华

第六章　解永春

第七章　崔洪健　刘景华

第八章　周东辰

第九章　赵伟伟　刘景华

第十章　张继华

第十一章　张　思

第十二章　韩　丽　刘景华

第十三章　申凯茜

第十四章　巩东林

第十五章　范英军　刘景华

第十六章　张　慧

结　语　刘景华

本书中的部分成果已作为论文，先期发表在《中国社会科学》英文版、《光明日报》《历史研究》《世界历史》《新华文摘》《中国社会科学报》《复旦学报》《武汉大学学报》《经济社会史评论》和《天津师范大学学报》等重要报刊上，使得课题的若干学术观点得以为学界所知，谨向各报刊致以感谢之情！

本书部分内容还作为论文参与了在北京大学举行的第一届中英英国史对话会议和在伦敦大学举行的第二届中英英国史对话会议，论文英文版还被收入伦敦大学历史研究所出版的论文集。这是两国英国史研究同仁对本人的肯定和鼓励，特此深表谢意！

本书出版得到了天津师范大学学科建设办公室、社会科学处、欧洲文明研究院、历史文化学院世界史学科的经费支持和鼓励。两院资料中心为课题研究查找和利用资料提供了诸多便利。本人在此一并致以衷心的感谢！

刘景华

2019 年 7 月

于天津阳光寓所